BECK'SCHE SONDERAUSGABEN

FRANÇOIS FURET
DENIS RICHET

DIE FRANZÖSISCHE REVOLUTION

Verlag C. H. Beck München

Mit 125 Abbildungen im Text

ISBN 3406 07603 3
Lizenzausgabe mit Genehmigung der
S. Fischer Verlags GmbH, Frankfurt am Main

Die französische Ausgabe erschien in zwei Bänden unter dem Titel
›La Révolution‹ bei Réalités Hachette.
Sie wurde von den Autoren für die deutsche Fassung geringfügig gekürzt.
Gesamtherstellung: Clausen & Bosse, Leck
Printed in Germany

Inhalt

ZWEITES KAPITEL

Die europäische Revolution

105

Die neuen Institutionen – Die Entdeckungen Westindiens [illegible] – Das Land des Volkes und die [illegible] Verschwörung – Die Royalisten und die [illegible] des [illegible] – Der Ruf nach dem Militär – Der 18. Fructidor

DRITTES KAPITEL

Das italienische Abenteuer

[illegible]

Die [illegible] und der Oberbefehlshaber – Die [illegible] Siege – Italiens neue Herren – Der Einzug in [illegible] – Die [illegible] Plünderung – Die [illegible] von [illegible] – Die Niederlagen in Irland und Deutschland – [illegible] – [illegible] Campo Formio

VIERTES KAPITEL

Der [illegible] Krieg

[illegible]

Die [illegible] – Die Eroberung Ägyptens – [illegible] und Leid der Schwesterrepubliken – Die Auflösung des [illegible] Europa – Die zweite Koalition – [illegible] – [illegible] Rückkehr – Die letzten Tage der Republik

FÜNFTES KAPITEL

Das neue Frankreich

[illegible]

[illegible] – Pariser Leben – Vergnügen und Spiel – Die [illegible] Gesellschaft – Die Regierung der Aufklärung – Die Künste – Die [illegible] und die Feste des Regimes

SECHSTES KAPITEL

Der Preis eines Jägers

600

Die [illegible] nach dem 18. Brumaire – Die [illegible] – [illegible] – Die Siegesverherrlichung – [illegible]

Personenregister

641

TEIL I

VON DEN GENERALSTÄNDEN ZUM 9. THERMIDOR

ERSTES KAPITEL

Das Frankreich Ludwigs des Sechzehnten

Allzusehr ist die Bastille zum Symbol des Ancien Régime geworden. Die Geschichte hat diese Epoche zunächst einmal in ihrer Alltagswirklichkeit zu beschreiben: in dem alten Wirtschaftssystem. Der Kampf des Menschen um die materiellen Grundlagen des Lebens, die es der Natur abzuringen gilt, vor allem um das Brot, trägt damals noch seine jahrhundertealten Züge: überragender Anteil der landwirtschaftlichen Erzeugung am Nationalprodukt, geringe Arbeitsproduktivität, labiles, ständig in Frage gestelltes Gleichgewicht zwischen der Zahl der Esser und der Menge der Nahrungsmittel. In der Sache und in der Mentalität der Menschen handelt es sich um Subsistenzwirtschaft: im Zusammenspiel von althergebrachter Arbeitstechnik, natürlichem Bevölkerungswachstum und Witterungslaunen gibt es für die unmittelbare Zukunft nur die Hoffnung auf ein gutes oder die Angst vor einem schlechten Jahr. Im Wechsel der kurzfristigen Bemühungen hat man sich an die langfristig gleichbleibende Menge der erzeugten Güter gewöhnt; Wirtschaftswachstum und optimistische Erwartung eines materiellen Glücks sind schon revolutionäre Vorstellungen.

Der Franzose des Ancien Régime zählt also nach wie vor in erster Linie auf den Boden, auf das Korn und die herkömmliche Anbaumethode: die verschiedenen Systeme der Brachekultur, die viel komplizierter sind, als es der vereinfachende Gegensatz zwischen Drei- und Zweifelderwirtschaft ausdrückt. Jedenfalls bleibt ein großer Teil der Äcker unbestellt, und auf die Brache schickt die Dorfgemeinschaft ihre magere Herde. Gemäht wird mit der Sichel, gedroschen mit dem Flegel oder unter den Hufen der Pferde und Rinder. Häufiger als der Räderpflug wird der alte Hakenpflug benutzt, der den Boden nur ritzt. Entsprechend niedrig sind die Erträge: das durchschnittliche Verhältnis zwischen Weizenernte und Weizensaat beträgt etwa fünf oder sechs zu eins. Dennoch reicht die Ernte in normalen Jahren zur Ernährung des Landes. Aber es braucht nur ein schlechtes Jahr zu kommen, ungünstiges Wetter, Frost, Hagel, Trockenheit oder der Krieg und in seinem Gefolge Plünderung und Schatzung – schon beherrscht die Getreideknappheit das ganze wirtschaftliche und soziale Bild. Das Korn wird gehortet, die Preise schnellen in die Höhe, und die Brotteuerung übt sofort ihre soziale Selektionswirkung aus: in Stadt und Land läßt der Hunger die Sterblichkeitsziffer steigen und kappt den Bevölkerungsüberschuß der ärmsten Schichten, drückt die Zahl der Kinder und Erwachsenen auf eine mit der Güterproduktion zu vereinbarende Höhe. So geht es im berüchtigtsten Hungerjahr, 1709, so geht es 1741. Ist der Schreck vorüber, erfolgt die »Säuberung«, geht die soziale Genesung Hand in Hand mit der Rückkehr zu »normalen Zuständen«, sprich zum unsicheren Gleichgewicht.

Aber im alten Frankreich haben nicht nur die traditionelle Anbaumethode und die Witterung ihren Einfluß auf den Ackerbau. Er unterliegt zusätzlich, und zwar fast ausnahmslos, dem Herrenrecht, diesem Erbe aus den längst vergangenen Zeiten, als der Herr im Tausch gegen Früchte des Feldes die Menschen seines Lehnsbereiches beschützte und bei Gefahr die Zugbrücke herunterließ, um ihnen in seiner Burg Zuflucht zu gewähren. Es gibt praktisch kein Land, das nicht dem alten Herrenrecht unterworfen ist und demzufolge Lehnsabgaben zu leisten hat, die genau aufgezeichnet sind im Schloß des Lehnsherrn, wo die Verwalter darüber wachen, daß keine verjährt. Gewiß, seit dem wirtschaftlichen Aufschwung des 16. Jahrhunderts haben Patrizier aus dem durch Handel oder Geldwucher reich gewordenen Bürgertum sich in die Feudalorganisation hineingedrängt und Lehnsherrschaften gekauft. Aber im Laufe des 18. Jahrhunderts akzeptiert der Adel diese Eindringlinge immer widerstrebender; meistens geschieht so etwas überhaupt nur durch eine vom König gewährte Erhebung in den Adelsstand oder durch Verdienste in der höchsten Bürokratie bei Hofe. So ist der Adel fast überall Herr seiner jahrhundertealten Besitzungen geblieben, die deshalb so riesig sind, weil sie sowohl die Grundfläche umfassen, die der Adel unmittelbar für sich bewirtschaften läßt, als auch alle anderen, auf die er die alten Anerkennungsabgaben für seine einst geleisteten Dienste erhebt. Hinzu kommt beim Klerus eine weitere Einnahmequelle, der »Zehnte«, etwa ein Zwanzigstel aller Ernteerträge im Königreich. Und schließlich werden diese auf Grund und Boden beruhenden Einkünfte noch geschützt durch das Privileg für Adel und Geistlichkeit, die Befreiung von der direkten Königssteuer, der *taille*.

Das also ist die Grundlage für die Vormachtstellung der beiden ersten Stände im Königreich Frankreich: Geistlichkeit und Adel leben nicht nur von dem Ertrag ihres eigenen landwirtschaftlichen Besitzes, sondern von der Entnahme eines seit Jahrhunderten gleichen Prozentsatzes aus dem Ergebnis der gesamten bäuerlichen Tätigkeit. Der kleine Bauer auf eigenem Grund ist im alten Frankreich in der Überzahl: etliche Millionen besitzen knapp die Hälfte der bewirtschaftungsfähigen Fläche. Er schuldet dem Grundherrn verwirrend viele Abgaben, und es gibt kaum ein Ereignis im Bauernleben, das nicht mit einer solchen Natural- oder Geldleistung verbunden ist: Ernte, Weinlese, selbst Verkauf seines Besitzes. Und überall in den Grenzen seines Lehnsbereiches jagt der Grundherr nach Belieben, quer durch die reifen Felder und über die Wiesen. Er ist eben der Herr und Meister, nicht der Bewirtschaftende. »Rentabilität« – das ist kleinlich und bürgerlich.

Das alles hat in der Ordnung dieser Gesellschaft seinen Platz. Denn die Vorrangstellung von Klerus und Adel beruht zwar auf dem Verfügungsrecht über Grund und Boden, ist aber zugleich in den Seelen verankert. Die Gesellschaftsordnung besteht nicht nur de facto, sie ist auch nach göttlichem Recht, wie sie ist. Das heißt, sie ist nicht das Ergebnis einer Übereinkunft zwischen den Menschen, sondern der einstimmigen Anerkennung einer gottgewollten Rangordnung. Gottlosigkeit ist denn auch gleichbedeutend mit Anarchie, aber sie ist selten und ziemlich ungefährlich, weil sie geräuschlos und auf wenige eng umgrenzte Sphären der gebildeten Gesellschaft beschränkt bleibt. Die große Menge der Bevölkerung lebt als Analphabeten ganz im Bannkreis ihres Wohnorts und hat keinerlei Möglichkeit, den alten Glauben in Frage zu stellen, der die soziale Rangordnung zementiert.

Ja, selbst wenn sie es könnte, würde sie gar nicht auf den Gedanken kommen, denn die Religion bildet den tragenden Grund des Alltagslebens und aller geistigen Gewohnheiten. Sie bestimmt den Rhythmus der individuellen und der kollektiven Existenz, wie sie im Schatten der alten Dorfkirchen und nach dem Schlag der Kirchturmuhren abläuft. Von der Wiege bis zur Bahre über die Festtage und die Zeiten der Bedrängnis ist die Kirche, ist der Priester Herr über den Kalender des Lebens.

Aber in dieser Fülle von höheren Gesetzlichkeiten, die der ganzen politischen Gesellschaft ihr Gepräge geben, von Gott bis hinab zum bescheidensten Untertanen des Reiches, gibt es an der Spitze des weltlichen Bereiches, noch über den Grundherren, eine entscheidende Station: den König von Frankreich, die erbliche Verkörperung der alten Monarchie. Ein absoluter König ist er, der seine Rechte allein von Gott herleitet, »Vater« aller seiner Untertanen, »erhabener« Herr über das ganze Reich und unmittelbarer Eigentümer eines riesigen Grundbesitzes. Bei ihm ist alle Gewalt, sind alle Gewalten, die wir seither zu unterscheiden gelernt haben: exekutive, legislative und richterliche. Er ist zum Chef einer auf das Versailler Schloß hin zentralisierten Bürokratie geworden, deren wichtigster Teil zweifellos aus dem gewaltigen und komplizierten Steuereintreibungsapparat besteht.

Denn diese Monarchie ist zwar absolut wie alles, was von Gott kommt, aber sie ist darum nicht weniger ein Werk der Zeit. Die Könige von Frankreich haben sie in den vergangenen Jahrhunderten, vor allem seit Heinrich IV., auf den Trümmern der einstigen Territorialherrschaften errichtet und sie durch die politische Domestikation des Adels, dem nur noch der Waffendienst für den König oder Katzbuckeln bei Hofe geblieben sind, erhalten. Der König von Frankreich hat somit eine Art Doppelrolle angenommen. Er bleibt der Mann seiner Herkunft, der Herr der Herren, der höchste Lehnsherr des Reiches. Aber die absolute Monarchie ist auch durch ein Hinauswachsen über die ursprüngliche Lehnsauffassung entstanden: sie ist jetzt zugleich nationales Symbol, öffentliches Verwaltungsorgan, Anregerin und Kontrollinstanz für das Wirtschaftsleben, Schiedsstelle zwischen den bedeutendsten sozialen Interessen. Ihre Macht hat beileibe nicht alle lokalen Privilegien aus der Vergangenheit weggeräumt. Aber sie hat in der wirtschaftlichen Labilität und der verwirrenden Vielfalt der gesellschaftlichen Hierarchien des alten Frankreich die Autorität eines Staates errichtet und fest begründet.

So sieht das alte System, das Ancien Régime, aus. Im Wechsel der Jahreszeiten und der Konjunktur sichert es die ständige Erneuerung der Güter und der Menschen. Mit einer sozialen Ungleichheit, die nicht nur an den kargen Ernten, sondern auch an Recht und Brauch abzulesen ist, ermöglicht es den Zusammenhalt des Reiches. Das absolute Königtum, gestützt auf die Erhaltung der Feudalrechte, aber zugleich geboren aus der politischen Erniedrigung des Adels und getragen von der frommen Zustimmung der Mehrheit, krönt das Gebäude. Es hat die Funktion, das Gleichgewicht zu sichern, und zwar nicht durch gleichgültiges Beharren, sondern durch vorsichtige Korrekturen, behutsame Reformen, wie sie von der königlichen Bürokratie betrieben werden, ohne je das System selber in Frage zu stellen oder zu gefährden.

Wie konnte es unter solchen Umständen zu einem 1789 kommen? Wo und wann finden sich im Frankreich des 18. Jahrhunderts die Bruchstellen dieses jahrhundertealten Gleichgewichts?

Paradoxerweise vor allem in seinem Reichtum. Das ist die große Neuerung. 1789 steht nicht am Ende eines armen Jahrhunderts, sondern bricht im Gegenteil nach einem reichen Jahrhundert über ein reiches Land herein. Reich natürlich nur relativ, verglichen mit der unmittelbar zurückliegenden Zeit und mit den meisten Nachbarländern. Aber reich mit einem Wohlstand, einer wirtschaftlichen Sorglosigkeit, die eines der Geheimnisse des französischen 18. Jahrhunderts ist.

Diese Bewegung, deren große Linie deutlich zutage liegt, ist nicht in allen Einzelheiten meßbar. Das Jahrhundert hat erst nach und nach den Wert wirtschaftlicher Statistiken entdeckt und hat uns nur sehr unvollständige dokumentarische Unterlagen hinterlassen. Weder das wahrscheinliche Anwachsen des Produktionsvolumens noch die weniger eindeutige Zunahme der landwirtschaftlichen Produktivität lassen sich zuverlässig mit Zahlen belegen. Immerhin kann man die Zunahme des Reichtums insgesamt aus den sicheren Bevölkerungsziffern ableiten. Zwischen dem Anfang und dem Ende des Jahrhunderts, zwischen den Berechnungen von Vauban und von Lavoisier, ist die Bevölkerung des Königreiches von zwanzig auf sechsundzwanzig Millionen Menschen gewachsen, und zwar durch eine völlige Veränderung der Todesursachen: die tragischen Hungersnöte als die zyklisch auftretenden Spitzen der Sterblichkeit verlieren ihre Schrecken oder sind ganz verschwunden, und als zusätzliche Entlastung kommt hinzu, daß der

Krieg niemals mehr auf dem Territorium des Königreiches stattfindet. Außerdem nimmt der Wert der Produktion im Laufe des Jahrhunderts rasch zu. Gleichzeitig allerdings steigen auch die Preise. Die Teuerung nach einer langen Zeit niedriger Preise unter der Regierung Ludwigs XIV. beginnt gegen das Ende des ersten Jahrhundertdrittels, in den dreißiger Jahren, und erreicht am Vorabend der Revolution 50 % bis 60 %. Diese langfristige Bewegung schließt weder die Zehnjahreszyklen noch die saisonbedingten Preisbewegungen aus, sondern bezieht sie, ihre Amplituden verringernd, in den Fluß der Expansion ein. So ist das Wachstum der Bevölkerung möglich geworden.

Doch wäre es falsch, daraus zu folgern, alle Franzosen hätten gleichermaßen von der Wirtschaftsentwicklung des Jahrhunderts profitiert. Im Gegenteil. Das Steigen der Preise für landwirtschaftliche Erzeugnisse und das noch stärkere Steigen der Pachten kommen zunächst und vor allem dem Grundbesitz und dem Einkommen der Grundherren zugute. Der untersten Ebene bringt sie nichts, den vielen Kleinstbauern also, die als Selbstversorger auf ihrem Stückchen Land leben und keine Überschüsse haben, die sie auf den Markt bringen oder für das nächste Jahr einlagern können. Sie begünstigt den Landwirt nur in den wenigen Gebieten mit großen Höfen, wo sich erste Ansätze zu einem Agrarkapitalismus zeigen. Kurz, die Preisentwicklung bringt den großen Grundrentennutznießern, den privilegierten Ständen, den weltlichen oder geistlichen Herren, die ohnehin schon juristische und steuerliche Bevorzugung genießen, wirtschaftlichen Gewinn, Zuwachs an Wohlstand. Die Einkünfte aus Grundbesitz verdoppeln sich im Laufe dieses Jahrhunderts.

Der Bevölkerungszuwachs und damit verbunden ein reiches Angebot an Arbeitskräften sowie die sinkenden Reallöhne (die Lohnkurve folgt der Preiskurve mit einigem Abstand) senken die Produktionskosten. Das ergibt einen zusätzlichen Mehrwert, der die

Grundrente um so rascher in die Höhe treibt. So erfolgt eine sehr ungleichmäßige Umverteilung der Einkommen zuungunsten des kleinen Besitz- oder Pachtbauern und aller Lohnempfänger. Man kann sich vorstellen, wie sehr das auf dem Lande den Haß auf die Begünstigten schürt. Es brauchen jetzt nur schlechte Zeiten oder eine akute Krise zu kommen, und die bäuerliche Bevölkerung kennt den Schuldigen: »das Privileg«, den Grundherrn.

Aber die Bauern sind nicht allein. Das Elend auf dem Lande ist dabei, im Reichtum der Städte einen unerwarteten und entscheidenden Bundesgenossen zu finden. Die Stadt des 18. Jahrhunderts wächst, weil die Einkünfte des Adels dort in prächtige Wohnbauten investiert werden und der Bevölkerungsüberschuß vom Lande dort Unterschlupf und Arbeit sucht; der Wohlstand begünstigt die bürgerliche Erwerbstätigkeit in allen ihren Formen. Man muß sie an der Basis betrachten, wo sie am vielfältigsten ist und zugleich besonders rastlos nach Gewinn trachtet, in der Werkstatt und im kleinen Ladengeschäft: viele kleine Prinzipale, die über ein Stadtvolk gebieten, das in manchen Fällen, aber nicht immer, in seine Zünfte gegliedert ist. Wachsen die Absatzmöglichkeiten, drängen sich die Arbeitswilligen, steigt der jährliche Gewinn (und eben dahin läuft die Entwicklung des Jahrhunderts), so vergrößert der allgemeine Reichtum die Erfolgsmöglichkeiten für den einzelnen. Im Bauwesen und im Textilgewerbe, den beiden großen Industrien jener Zeit, gibt es immer mehr echte Unternehmer. Trotz der Zölle zwischen den Binnenmärkten kommen auch Klein- und Großhandel auf ihre Kosten, und der Warenverkehr über See, der sich in den letzten Jahren des Jahrhunderts voll entfaltet, bringt den Kaufleuten und Handelsgesellschaften eine außerordentlich hohe Verzinsung des eingesetzten Kapitals: die vornehmen Viertel von Nantes und Bordeaux werden von dem Geld aus dem Sklavenhandel mit den Westindischen Inseln gebaut. Dieses neue Vermögen bedroht die Vormachtstellung der Grundrente.

Natürlich ist die Stadt des 18. Jahrhunderts nicht allein das Reich der kleinen oder großen Kapitalisten. Ganz abgesehen von dem Luxus der Adelspaläste beherbergt sie auch Tradition und Vorsicht, die unzähligen Rentner nämlich, die königliche Anleihen gezeichnet haben, die vielen Staats-»Beamten«, die ihr Geld in ein käufliches öffentliches Amt gesteckt haben, kurz, eine vom Ancien Régime abhängige soziale Klientel. Ganz zweifellos ist die französische Bourgeoisie des 18. Jahrhunderts eine weitgehend vorkapitalistische Bourgeoisie. Aber es hat ganz den Anschein, als spüre sie schon, daß sie die Wirtschaft lenkt, und als blicke sie schon weiter voraus. Denn ihre geistige Reife ist eindeutiger als ihre wirtschaftliche Reife.

Das 18. Jahrhundert nämlich entdeckt die Macht der »öffentlichen Meinung«. Die Stadt jener Zeit ist vor allem eine Ideenküche; sie entwickelt gemeinsame Ansichten und fast so etwas wie ein politisches Bewußtsein. Die Stadt? Sagen wir lieber: das gebildete Publikum der Städte, vor allem der Stadt Paris, das sich um die Publizisten und um alle reformerischen Ideen schart. Rechtsanwälte, Gerichtsbeamte, staatliche Würdenträger, kurz, ein ganzes Bürgertum, dessen Mitglieder schon sind, was man später, im 19. Jahrhundert, die »Kapazitäten« nennen wird, bildet für die Schriftsteller ein Publikum, das sie von dem alten königlichen Mäzenatentum befreit. Ein Buch über ein historisches oder volkswirtschaftliches Thema, ein Reisebericht, das ist jetzt eine Ware, die ihren Urheber zum reichen Mann machen kann. Und wenn mancher Autor zusätzlich noch die Gastfreiheit der Aristokratie genießt, so geschieht das doch niemals mehr auf Kosten seiner geistigen Unabhängigkeit.

Gibt es denn so etwas wie einen Grundgedanken des Jahrhunderts? Ja: den Geist der reformerischen Erneuerung. Natürlich wird er nicht nur bekämpft, sondern ist auch äußerst vieldeutig und sogar widersprüchlich: der despotische aufgeklärte Staat, wie ihn sich die Physiokraten vorstellen, ist nicht der liberale aufgeklärte Staat Montesquieus und noch weniger die egalitäre Demokratie Rousseaus. Aber selbst diese internen Auseinandersetzungen zwischen der Vielzahl von Strömungen und Milieus stärken noch den Geist des Jahrhunderts und sind ein Zeichen dafür, was Gefühl und Verstand jetzt für das Wichtigste halten: Vernunft, Glück und Toleranz. Um 1750 ist die Schlacht schon weitgehend gewonnen.

Vor dem Tribunal dieser bürgerlichen Kultur, die dem Ancien Régime seine sakrale Weihe nimmt, wirkt die ständig wiederholte Anklage gegen die Sinnlosigkeit der alten Gesellschaftsordnung, die Vernunftwidrigkeit der Offenbarungsreligionen und die Schmarotzerexistenz der Grundherren um so nachdrücklicher, als sie sich nicht nur auf die Demonstration des Vernünftigen und Wünschenswerten stützt. Sie bezieht ihre Kraft auch aus den dunkleren Quellen der Verdrängung und der gesellschaftlichen Demütigung: das auf allen Gebieten von der Entwicklung des Jahrhunderts gestärkte Adelsprivileg schürt den Zorn der Bürger.

So kommt das Gleichgewicht eines in seinen demographischen, wirtschaftlichen und geistigen Gegebenheiten weitgehend veränderten Systems immer mehr ins Wanken. Das Elend der Bauern, die Verarmung der Lohnempfänger, die Macht und die Frustration des Bürgers stellen die Tradition durch eine wenn nicht gemeinsame, so doch gleichartige Anklage in Frage.

Diese Vorwürfe sind zwar überall zu hören, aber nur selten radikal gemeint. Man ist bereit, eine Frist zu gewähren. Reformen verlangt man, keine Revolution.

Reformen? Hier schürzt sich der Knoten des Dramas. Denn gerade in dieser Epoche erlischt die reformierende Kraft des königlichen Absolutismus. Es fehlt durchaus nicht an Plänen, an kühnen Vorstellungen, an klugen Köpfen, ja, gelegentlich nicht einmal an der allerhöchsten Geneigtheit des Königs von Frankreich. Aber die Kräfte des Widerstands sind stärker geworden als die Kräfte der

Bewegung. Der Adel rächt sich für die politische Entmündigung durch Ludwig XIV. Er greift nach der Staatsführung, nach den wichtigen weltlichen und kirchlichen Ämtern, und erdrückt unter seinem gesellschaftlichen Übergewicht, seinem Reichtum und seinem politischen Konservativismus die vernünftigen Anwandlungen des Königs und die Reformpläne der oft bemerkenswert tüchtigen Verwaltung. Der Adel greift den Absolutismus im Namen der Tradition an, während die aufgeklärte Meinung des Dritten Standes ihn im Namen der Reformnotwendigkeiten angreift: dieses Zusammenwirken entgegengesetzter Bestrebungen schwächt die Staatsmacht und drängt sie in eine ohnmächtige Beharrung, an der dem Adel vor allem gelegen ist. Daß damit die letzte Chance für eine vom Monarchen durchzusetzende Lösung verloren ist, hat Turgot 1776 beim Scheitern seiner großen Steuer- und Justizreform erlebt.

So bleibt die wichtigste innenpolitische Frage des Reiches, die Finanzfrage, ungelöst. Mit ihr stellt sich das ganze wirtschaftliche und soziale Problem. Denn die althergebrachte Form der Steuerveranlagung, die den Adel von der *taille* ganz befreit und der Kirche die Möglichkeit gibt, durch immer neue Vergleiche billig davonzukommen, ist nicht nur ungerecht. In einem Jahrhundert mit sprunghaft steigender Grundrente verschont sie die große Menge des produzierten und akkumulierten Reichtums und drückt um so härter auf die Einkünfte der kleinen Leute. Eine ganze Reformschule dieses Jahrhunderts träumt von einer für alle gleichen Steuer nach dem Einkommen. Aber der König weigert sich, »seinen« Adel zu opfern. So erscheint die Finanzkrise des Ancien Régime in ihrer eigentlichen Bedeutung: sie ist die Krise einer Gesellschaftsordnung.

So gesehen, ist sie auch von internationaler Bedeutung. Die Bewegungen, die im 18. Jahrhundert das alte Gleichgewicht in Frankreich zerstören, sind schon jenseits der Reichsgrenzen zu spüren.

In ihren wirtschaftlichen Auswirkungen betreffen die Preissteigerungen und der wachsende Reichtum auch Katalonien, Norditalien und die Länder am Rhein. England erfindet die revolutionäre Anwendung dieses Reichtums: den Industriekapitalismus. Auf geistigem Gebiet hat Frankreich nur noch das Monopol der Sprache. Immer stärker wird in diesem Jahrhundert der Gedankenaustausch zwischen intelligenten Leuten, das Ideennetz einer Aufklärungs-Internationale. England und Frankreich spielen dabei die Hauptrolle, aber ganz Europa hält mit: bis hin nach St. Petersburg, ja, bis nach Amerika laufen die Fäden. Nie ist eine Kultur so spontan kosmopolitisch gewesen wie die der Elite im 18. Jahrhundert.

Chronologisch betrachtet, kann Frankreich das Erstgeburtsrecht nicht für sich in Anspruch nehmen. Schon 1776 definieren die englischen Kolonien in Amerika ihre Unabhängigkeit auf der Grundlage der Gleichheit in einem großartigen liberalen Text, von dem das ganze aufgeklärte Europa schwärmt. Tatsächlich wehren sich gegen Ende des Jahrhunderts die neuen Ideen überall in den alten aristokratischen Gesellschaften des Abendlandes gegen die Bevormundung durch die traditionellen Herrschaften: Demokratie steht gegen Oligarchie in Genf, irische Patrioten gegen englische Unterdrückung, liberale Koalition in den Niederlanden gegen die Diktatur der Oranier, belgische Revolution gegen das Haus Österreich. Aber gestützt von der Internationale der Könige bekommt die alte Ordnung Europas nur erste bedrohliche Stöße zu spüren, keine entscheidenden Schläge.

Die Krise des bedeutendsten Königtums jener Zeit wirkt viel bestürzender. Für dieses monarchische, aristokratische Europa, in dem man überall seine Vettern und Schwäger, Neffen und Enkel hat, wird Frankreich sehr rasch zum Zentrum des Schreckens, so wie es für die Gegenpartei zum Zentrum aller Hoffnungen wird.

Es bleibt nur die Frage, wie die Dinge so auf die Spitze getrieben werden konnten.

Die letzten zehn Jahre vor der Revolution bringen eine Anhäufung von Zündstoff. Ein langsames Abbröckeln der Getreidepreise begleitet die Regierungszeit Ludwigs XVI. Das ist natürlich nur relativ zu verstehen, weil die Preise im Vergleich zum Anfang des Jahrhunderts noch hoch sind. Aber die Zeitgenossen vergleichen mit der Hochkonjunktur der sechziger Jahre. Dabei ist das Korn noch weniger betroffen als der Wein, das zweite Schlüsselprodukt in der traditionellen Polykultur, dessen zunehmender Absatz durch die Entwicklung der Städte begünstigt worden ist. Nach einer Zeit hoher Preise in den Jahren 1766 bis 1778 erfolgt hier plötzlich ein nicht nur relativer, sondern absoluter Rückgang des Preisniveaus, und zwar als Folge einer klassischen Überproduktionskrise, deren unvermittelte Auswirkungen den langsamen Preisrückgang beim Getreide um so spürbarer machen.

Bedeutet das aber wirklich einen allgemeinen Zusammenbruch der Wirtschaft? Der Weinbau ist von jeher eine landwirtschaftliche Produktion mit außerordentlichen jährlichen Schwankungen gewesen, und in denselben Jahren, da der Absatz im Inland zurückgeht, erlebt der Außenhandel einen besonders spektakulären Aufschwung. Auch für die Industrie deuten alle Anzeichen auf eine erhebliche Zunahme der Bautätigkeit in den Städten und damit des ganzen Baugewerbes hin. Selbst in der Landwirtschaft setzen die Vieh- und Holzpreise ihren seit Jahrzehnten gewohnten Anstieg fort. Es sieht demnach ganz so aus, als treffe der zudem nicht überall gleiche Preisrückgang bei Korn und Wein in den achtziger Jahren vor allem die bäuerliche Bevölkerung, den zahlenmäßig größten Teil also, ohne den Mechanismus der Gesamtwirtschaft zu lähmen.

Aber auch die Einkünfte aus Grund und Boden sind geschmälert, und zwar in allen ihren Formen, beim kleinen Landwirt, der seine Überschüsse verkauft, beim Großbauern in der Picardie oder in der Gegend von Cambrai, vor allem aber beim adeligen Großgrundbesitzer, der sich nicht nur durch größere Holzeinschläge schadlos zu halten versucht, sondern im Zuge der allgemeinen Preissteigerungstendenz und unter dem Zwang seines prunkvollen Lebensstils die Depression nach Möglichkeit auf seine Bauern abwälzt, indem er den Satz der Feudalabgaben erhöht und auf alte Ansprüche pocht, die schon verjährt und überholt schienen. Das ist der wirtschaftliche Aspekt der aristokratischen Reaktion.

Gleichzeitig, und zwar unter dem Druck derselben Notwendigkeit, versucht der Adel mehr denn je, die hohen Stellen, vor allem die Staatsämter, ausschließlich für seine Söhne zu reservieren. 1781 wird das Edikt der »vier Wappenviertel« erlassen, das den reinblütigen Adeligen (vier adelige Großelternteile) das Recht vorbehält, ohne vorherigen Soldatendienst als Offizier in die königliche Armee einzutreten.

So schließen sich die Tore immer fester vor einem Bürgertum, das in diesem Jahrhundert an Zahl, Wohlstand und Wissen gewachsen ist. Die soziale Dynamik jener Jahre entsteht aus den beiden unvereinbaren Strömungen: aristokratische Reaktion und bürgerlicher Anspruch. Die bedrohte alte ständische Ordnung schlägt zurück, indem sie ihre ewige Gültigkeit betont und ihre Position befestigt. Bei Hofe wacht sie immer eifersüchtiger über die Ausübung der Macht. Aber mit diesem Gegenangriff macht sie sich Stadt und Land zu Feinden.

Ist demnach die Revolution unvermeidlich? Theoretisch hängt noch alles von der Kraft des Königs zu schiedsrichterlichem Eingreifen und zu Reformmaßnahmen ab. Aber Ludwig XVI. ist immer weniger Herr der Ereignisse. Über seine berühmte »Willensschwäche« und deren psychologische Voraussetzungen sind in den letzten hundertfünfzig Jahren tausend Abhandlungen geschrieben worden, aber es wurde nicht genügend darauf hingewiesen, daß diese Schwäche vor allem das Symbol oder das Spiegelbild der Schwäche des Staates ist. Denn der Absolutismus lebt nur noch als Prinzip. Seine Daseinsberechtigung wird ihm von der gesamten öffentlichen Meinung abgesprochen, und er hat nicht mehr die nötige Autorität, um von mal zu mal schwieriger zu treffende Entscheidungen auch durchzusetzen. In Wirklichkeit neigt er nur noch nach einer Seite: die königliche Gewalt ist wie einst zum Spielball aristokratischer Machtkämpfe geworden. Doch so zerstritten die Parteien bei Hofe sind, sobald es um die Personen geht, so einig zeigen sie sich im entscheidenden Punkte: keine Änderungen der Besteuerung, keine Beeinträchtigung der sozialen Privilegien! Nun ist aber seit dem amerikanischen Krieg das Defizit der Staatsfinanzen derart gewachsen, daß es sich nicht mehr mit Anleihen oder geschickten Transaktionen abdecken läßt. Der König von Frankreich kann sich das Geld nicht holen, wo es ist, nämlich durch die Besteuerung »seines« Adels, und so sucht er das Heil in der Flucht nach vorn: in der Einberufung der Generalstände. Damit gibt er noch einmal den Privilegierten nach, die überzeugt sind, daß sie in dieser Versammlung wie von jeher als die Herren und Meister auftreten werden.

Das ist der Auftakt zur großen politischen Krise von 1788/89. Die Zufälle der Konjunktur sorgen für eine parallele große Wirtschaftskrise, welche die Einkünfte der kleinen bäuerlichen Betriebe schmälert. Alles beginnt mit der schlechten Ernte im zweiten Halbjahr 1788: die Landregen und Überschwemmungen von 1787, die darauf folgende Dürre und schließlich das Hagelunwetter vom 13. Juli 1788 in ganz Westfrankreich vernichten einen großen Teil der Ernte vom Sommer 1788. Sofort setzt wieder der klassische kurzfristige Katastrophenmechanismus ein. Nach dem zähen Sinken, von dem sie seit dem Ende der siebziger Jahre betroffen zu sein scheinen, steigen die Getreidepreise schlagartig an und erreichen im kritischen Augenblick vor der neuen Ernte, im Juni/Juli 1789, den höchsten Stand seit Beginn des Jahrhunderts. Das knappe Brot wird wieder zum teuren Brot. Die absolute Steigerung zwischen 1786 und 1789 mag geringer sein, als sie es zwischen 1763 und 1770 war, aber sie trifft jetzt eine Landbevölkerung, die unter zehn schlechten Jahren gelitten hat, also weder Vorräte besitzt, um durchzuhalten, noch Überschüsse, um sie zu verkaufen. In der Stadt reduziert der Preisanstieg brutal die Kaufkraft der einfachen Leute und die Absatzmöglichkeiten der Gewerbebetriebe, die ohnehin äußerst verwundbar geworden sind, weil der französisch-englische Handelsvertrag von 1786 mit der Senkung der französischen Importzölle auf englische Waren einer gefährlichen Konkurrenz die Tür geöffnet hat. Das Textilgewerbe kränkelt, niemand stellt Arbeitskräfte ein, und die Preise steigen.

So ist der Revolutionszyklus in einen Wirtschaftszyklus eingebettet. Nicht daß man den ersten allein aus dem zweiten erklären könnte. Aber die Wirtschaftskrise steigert alle sozialen und politischen Spannungen, die aus der ganzen Entwicklung des Jahrhunderts entstanden sind, aufs äußerste. Vor allem bringt sie in die große Auseinandersetzung zwischen der Krone, den Privilegierten und den Bürgern der Städte einen neuen Mitstreiter: das Volk. Mit diesem Augenblick sind Adel und König machtlos gegen die von den Ereignissen geschaffene große Allianz des Dritten Standes, die das Ancien Régime von der Bühne fegen wird.

Im alten Frankreich ist die Gesellschaftsordnung keine politische Frage, die dem unberechenbaren Gutdünken der Staatsbürger unterworfen wäre, sondern Ausdruck gottgewollter Ordnung. Anstatt von unten gewährt zu werden, kommt die Autorität von oben; ihre Legitimität steht und fällt also mit der Wahrung der religiösen Tradition: der König von Frankreich hat seinen Thron von Gott und gibt ihn an den ältesten seiner Nachkommen weiter.

Aber – und darin unterscheidet sich die Monarchie vom Despotismus – er herrscht nicht über gleichermaßen tief unter ihm stehende, durch die Absolutheit seiner Macht insgesamt auf ein niedrigstes Maß gebrachte Untertanen. Denn dieselbe Zwangsläufigkeit, die der Monarchie ihre Rechtsbegründung gibt, bestimmt auch ein für allemal die »Ringe« in einer Gesellschaft, die sich aus drei Ständen mit genau festgelegten Rechten und Pflichten zusammensetzt.

Zwei dieser Stände sind privilegiert: die Geistlichkeit und der Adel. Die erstere umfaßt alle Diener der katholischen Kirche, Welt- und Ordensgeistliche (knapp einhundertfünfzigtausend Personen), und hat als Gruppe ihren Anteil an den Privilegien der Staatsreligion: Ehren, materielle Güter, Unabhängigkeit. Die Steuerbefreiung zum Beispiel ist rechtens; der Klerus gewährt der Krone nur eine »freiwillige Gabe«, deren Betrag er in regelmäßigen Abständen selber festlegt und bei seinen Mitgliedern erhebt.

Aber die Geistlichkeit setzt sich, je nach der Bedeutung und der Einträglichkeit der Stellen, aus Bürgerlichen und aus Adeligen zusammen. So bildet der Adel, auf den sich alle Privilegien konzentrieren, die eigentliche Aristokratie.

Denn die Stellung der Menschen ist von vornherein verschieden. Der Adel wahrt seine eigenen Gewohnheiten, die vor allem vom Erstgeburtsrecht bestimmt werden. Von der alten Territorialherrschaft, dem Lehen, das er geerbt hat, bleibt ihm ein Teil der Rechtsprechung (die »Patrimonialgerichtsbarkeit«), Ehrenrechte wie die eigene Kirchenbank, ausschließliche Rechte wie die Jagd, Abgaben und Gebühren. Doch über diesen Anspruch aus der Vergangenheit hinaus formt er mit seinem Stil die ganze Gesellschaft: »wie ein Adeliger leben«, das ist das soziale Leitbild im Frankreich des Ancien Régime. Die Schranke des blauen Blutes, die wenige hunderttausend Menschen von der übrigen Gesellschaft trennt, ist in diesem Land so eindrucksvoll und wird so sehr respektiert wie eh und je. Ja, sie wird sogar immer stärker bewacht: gegen Ende des Jahrhunderts ist der französische Adel von einer Art Abwehrkrampf befallen und lebt in einem genealogischen Fieber, das ein Zeitgenosse »Titelsucht« tauft.

Jedenfalls fasziniert der Adel die übrigen Menschen, die ja fast die Gesamtheit der Bevölkerung ausmachen und »Dritter Stand« genannt werden, ganz gleich, ob sie – und das sind die meisten – so leben wie einst und immer, in der spontanen, jahrhundertelang gewohnten Achtung vor dem »Rang«, oder ob sie in den höheren, bürgerlichen Schichten es mehr und mehr als Demütigung empfinden, keine »geborenen« zu sein, also unter der Ungerechtigkeit des Nicht-Erreichbaren leiden. So artikuliert sich die Forderung nach einer Reform der Gesellschaft. Die Vorrangstellung der Aristokratie gibt eine naheliegende Erklärung für die psychologischen und politischen Reaktionen im alten Frankreich.

Von den zwei privilegierten Ständen hat die Geistlichkeit Vorrang; das entspricht sowohl dem Sakralcharakter ihres Amtes als auch ihrer Rolle im Staat. Die Geistlichkeit garantiert und heiligt auf ewig die soziale, politische und geistige Ordnung. Tatsächlich ist die katholische Religion nach ihrem im Konkordat von 1516 festgelegten Statut die Staatsreligion. Jeder Untertan des Königs von Frankreich ist demnach von Rechts wegen Katholik. Es gibt zwar zwei religiöse Minderheiten, die sechshunderttausend Protestanten, die ihre Traditionen vor allem in Südfrankreich bewahren und 1787 so etwas wie eine de-facto-Anerkennung erreichen, und die Mitglieder der jüdischen Gemeinden im Elsaß und in Südwestfrankreich, die als Ausländer betrachtet werden. Aber sie beeinträchtigen die rechtliche Monopolstellung des Katholizismus nicht. Andererseits nimmt der Erste Stand des Reiches mehrere Funktionen des Gemeinwesens wahr: die Fürsorge (vor allem in Form der Spitäler), das Schulwesen (600 Gymnasien mit 75 000 Schülern und 30 000 Volksschulen in 37 000 Pfarrgemeinden) sowie die standesamtliche Beurkundung. Nur der Klerus ist wirklich als »Stand« organisiert mit seinem gallikanischen Streben nach Unabhängigkeit sowohl vom König als auch von Rom, mit seinen alle fünf Jahre stattfindenden Versammlungen, die sowohl über die Steuerleistung als auch über die Verteidigung des Glaubens entscheiden, und mit seinen eigenen Kirchengerichten. Seine wirtschaftliche Macht ist sehr groß, und zwar nicht nur, weil er von allen Steuern befreit ist und die »freiwillige Gabe«, die er jährlich leistet, von der Definition her so bescheiden wie möglich ist. Er ist ein unermeßlich reicher Grund- und Immobilienbesitzer; nach Schätzungen gehören ihm zehn Prozent des Nutzbodens im Reich, vor allem im Norden des Landes. Jährlicher Ertrag: 90 bis 100 Millionen Livres. Hinzu kommen die 80 Millionen Livres aus dem »Zehnten«, der von den Bauern erhoben wird.

Man braucht sich im übrigen nur das Landschaftsbild vorzustellen: was dem ausländischen Reisenden in Frankreich auffällt, ist die Größe, die Zahl und die Allgegenwärtigkeit der kirchlichen Gebäude. Der Lebensraum ist katholisch; in Paris gibt es fast fünfzig Pfarrkirchen für sechshunderttausend Einwohner, und die Klöster bedecken ein Viertel der Stadtfläche. Überall, an den Kreuzwegen auf dem Lande und an den Wänden der Häuser, bezeugen Kalvariengruppen, Kreuze und Statuen die Verehrung Gottes. Aber auch die Zeit ist katholisch: der Kalender, der Arbeitsrhythmus, die vielen Feiertage. Die großen Ereignisse im Le-

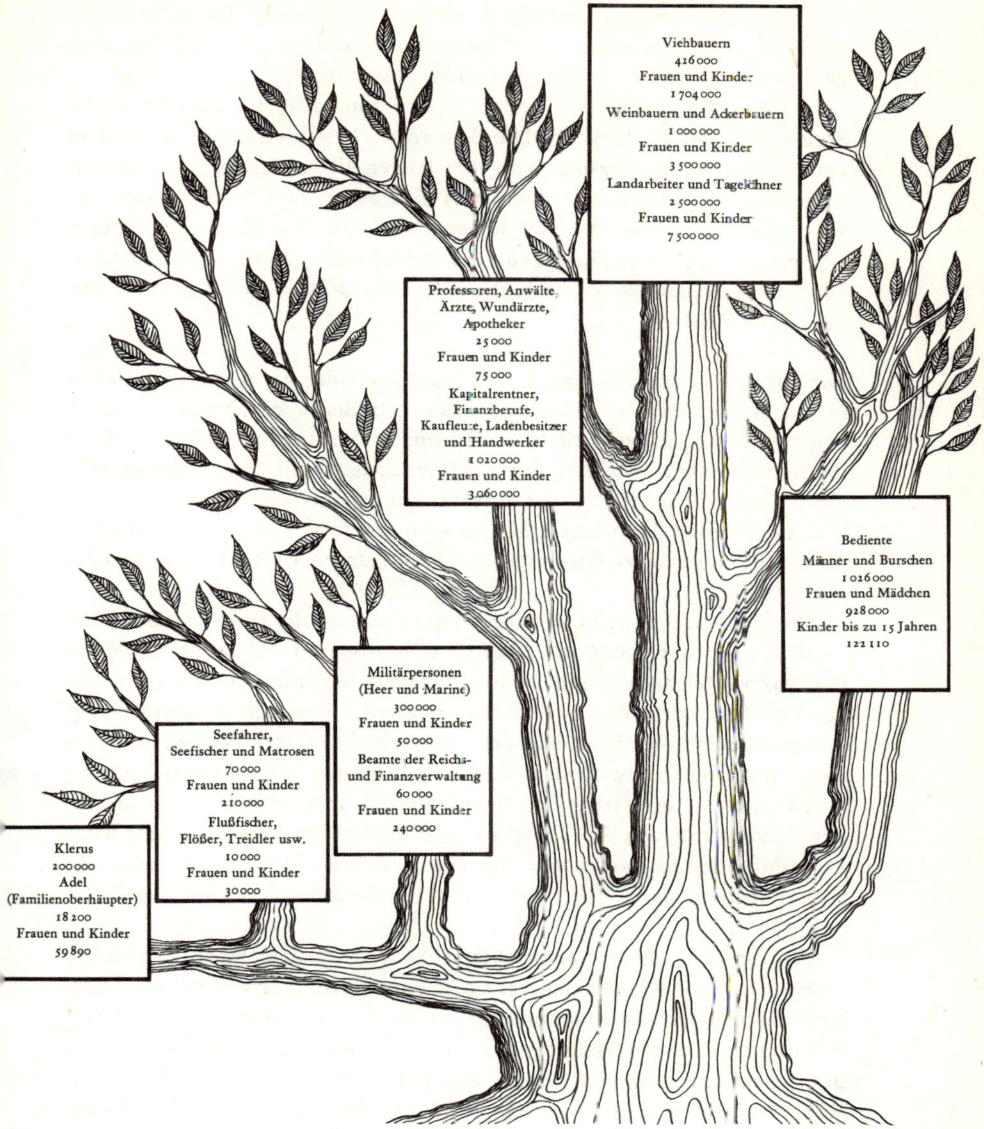

Die Verteilung der Berufe im Frankreich von 1778

In annähernden Werten nach den Untersuchungen des Abbé Expilly aus dem Jahre 1780.

ben des einzelnen sind undenkbar ohne den Segen des Höchsten; noch undenkbarer ist es, gegen die Gebote der Tradition zu verstoßen: man heiratet eben nicht in der Advents- oder Fastenzeit.

Ist diese gesellschaftliche Macht der Religion auch eine Macht über die Seelen? Ja, sehr weitgehend. Die Beobachter berichten übereinstimmend vom fleißigen Messebesuch, von den langen Prozessionen und von der Intensität des religiösen Lebens, das sich auf dem Lande oft mit den alten abergläubischen Vorstellungen vermengt. Am Ende des Ancien Régime ist die Ungläubigkeit ein zahlenmäßig und gesellschaftlich begrenztes Phänomen in einem zutiefst vom traditionellen Katholizismus geprägten Reich.

Die Diener der katholischen Kirche, die Mitglieder des Klerus, sind zwar in einem gemeinsamen Stand organisiert, bilden aber deshalb durchaus keine einheitliche gesellschaftliche Gruppe. Die Trennungslinie verläuft dabei nicht etwa zwischen den Weltgeistlichen und den Ordensgeistlichen, also zwischen den 70 000 Priestern in den 135 Diözesen des Reiches und den 60 000 Mönchen und Nonnen, sondern zwischen der großen Mehrzahl und den wenigen eigentlichen Nutznießern der Gesamtprivilegien des Standes.

Zur höheren Geistlichkeit gehören die Prälaten, die Domherren der besonders reichen Kapitel, die Äbte und Hausoberen der größten Klöster und Konvente: dreitausend Personen insgesamt, praktisch alle aus adeligen Familien, meistens sogar aus dem Hochadel. Denn die jüngeren Söhne der großen Familien bemühen sich um solche begehrten Posten, um Karriere zu machen, nicht aus Berufung. Sie verfügen damit über das gewaltige Vermögen der Kirche, wenn auch zu sehr unterschiedlichen Anteilen: der Fürstbischof von Straßburg hat vierhunderttausend Livres jährlicher Einkünfte, der Bischof von Vence siebentausend. Doch sie alle sind eng verbunden mit der Gesellschaftsordnung, die ihren Vorrang begründet und erhält.

Vergißt die höhere Geistlichkeit aber deshalb ihre Pflichten? Einige skandalöse Fälle wie der des Kardinals von Rohan, der sich bei der Halsbandaffäre der Königin kompromittiert hat, bleiben Grenzfälle. Die Trägheit und die laxe Moral der Weltgeistlichen werden von den Philosophen des Jahrhunderts immer wieder angeprangert. Offenbar gibt es gegen Ende des Ancien Régime bei den Prälaten, die meistens am Hofe leben, sehr viele gute Verwalter ihrer Diözesen und sehr wenige zu einem intensiven Glaubensleben berufene Männer. Das ist eine der schädlichen Folgen des engen und stets gleichen Bereiches, aus dem sie genommen werden.

Ein mittlerer Klerus, der aus dem Dritten Stand hervorgegangen ist, kümmert sich um die Seelsorge in den Städten, deren bescheidenen Wohlstand er teilt. Aber auf dem Dorf und in den entlegenen Weilern gibt es einen eng mit den Bauern zusammenlebenden niederen Klerus, der dem Dasein des Volkes seinen Rahmen gibt. Er ist zwar hinreichend herausgehoben, um das Ansehen des Amtes zu wahren, aber er ist mit den Interessen der Landbevölkerung solidarisch; denn das Jahresgehalt von 700 Livres, das ihm der Pfründenbesitzer aus dem Ertrag des Zehnten zu zahlen hat, und das Messlatein, das er gelernt hat, sind keine ernsthafte Schranke zwischen dem Hirten und seinen Schafen. Einige Pfarrer machen sich die Reformideen gleichzeitig mit ihren Gemeindegliedern zu eigen. Als es dann so weit ist, werden sie ganz selbstverständlich zu Wortführern des Volkes.

Die führende Rolle der Aristokratie in der französischen Gesellschaft ist im Laufe des 18. Jahrhunderts sehr viel auffallender geworden, und zwar in zweifacher Hinsicht.

Erstens in der Politik. Der Gegenangriff des Adels hat gleich nach dem Tode Ludwigs XIV. begonnen. Den königlichen Absolutismus hat er nicht brechen können, aber er hält ihn immer nachdrücklicher unter Kontrolle, weil die Adeligen ein de-facto-Monopol auf die hohen Ämter besitzen. Das gilt sowohl direkt durch die Eroberung der Ministerien, Ratssitze und Provinzintendantenposten als auch indirekt durch die Stärkung des »Parlaments von Paris«, des höchsten Gerichtshofs und Prüfungsgremiums für die königlichen Verordnungen und Edikte. Auch in die Breite geht der Einfluß: gegen Ende des Jahrhunderts gibt es keinen einzigen bürgerlichen Bischof oder Erzbischof mehr in Frankreich, und seit 1781 gilt die Bestimmung, daß nur reinblütige Adelige als Offiziere in die Armee eintreten dürfen. So verliert der monarchische Staat einen großen Teil seiner Schiedsrichterrolle, seiner ausgleichenden Funktion und seiner Fähigkeit, Reformen durchzusetzen.

Hinzu kommt die wirtschaftliche Entwicklung, vor allem in der Landwirtschaft. Der Wert der Produktion an Getreide, Wein und Holz steigt, aber noch schneller steigt die Grundrente, und zwar von den dreißiger bis in die achtziger Jahre auf das Doppelte. Ein unschätzbarer Glücksfall für Geistlichkeit und Adel! Denn den privilegierten Ständen gehört nicht nur ein großer Teil des Landes (ein Viertel ist allein im Besitz des Adels), sondern sie kassieren auch ihren Teil von den vielen kleinen Bauernhöfen. Die Geistlichkeit lebt nicht nur von den Erträgen ihrer beträchtlichen Latifundien, sondern auch von der Naturalabgabe des »Zehnten«, der praktisch ein Zwanzigstel der Erträge ausmacht und ihr mindestens so

Für die nachgeborenen Söhne des Adels ist der Dienst in der königlichen Armee der einzige standesgemäße Beruf; seit 1781 ist ihnen die Offizierslaufbahn vorbehalten.

viel einbringt wie die Erträge vom eigenen Besitz. Der Adelige wiederum bezieht unter Berufung auf das Gewohnheitsrecht, das aus der einstigen Schutzfunktion entstanden ist, von den Bauern seines Lehnsbereiches erhebliche Herrenabgaben in Geld und Naturalien: den *cens* (das »Herrengeld«), den *champart* (die »Herrengarbe«), nicht zuletzt die sehr einträglichen Steuern auf Erbschaft und Verkauf, die Mühlengebühr usw.

So bereichert der steigende Erlös aus der landwirtschaftlichen Erzeugung vor allem die grundbesitzende Aristokratie.

Kommen schwierigere Zeiten, so bemüht sich der Adel, noch mehr aus der Bauernarbeit herauszuholen. Deshalb treffen sich in einer »aristokratischen Reaktion« gegen Ende des Jahrhunderts die wirtschaftlichen und juristischen Verteidigungsreflexe der privilegierten Stände im gemeinsamen, kompromißlosen Verlangen nach der Aufrechterhaltung des Status quo. Für die Zeitgenossen ist die Grundwahrheit des Jahrhunderts also nicht etwa der unaufhaltsame Abstieg der Aristokratie, wie ihn die Historiker, die ewigen Rechtfertiger des Geschehenen, im nachhinein diagnostizieren, sondern ein breiter Gegenangriff des Adels, der nicht nur die alte wirtschaftliche und gesellschaftliche Vormachtstellung befestigen, sondern darüber hinaus eine politische Macht wiederherstellen will, die seit Ludwig XIV. verlorengegangen ist.

Der Klerus hat das Ansehen des geistlichen Amtes, das dessen Träger trotz ihres sehr verschiedenen sozialen Status verbindet. Der Adel dagegen bildet eine abgeschlossene Gruppe auf Grund des gemeinsamen Kriteriums der Geburt und der ererbten Herrschaft, vor allem aber auf Grund des Kults, den er mit seinem »Anderssein« treibt, mit seinem Lebensstil, der sich völlig von der behäbigen bürgerlichen Sparsamkeit unterscheidet. Im 18. Jahrhundert erhält er seine Geschlossenheit durch die Verteidigung dieser Tradition und dieses Stils sowie durch den Kampf um die Bewahrung der Privilegien, die ihn herausheben und bereichern: ehrende Privilegien wie das Degentragen, das Wappenschild auf der Karosse oder die eigene Bank in der Kirche und einträgliche Privilegien wie die Befreiung von der allgemeinen Steuer, der *taille*, und von der königlichen Wegefron, die Herrenrechte oder die besonderen, nur für ihn gültigen Gesetze.

Der Adel braucht nur zurückzudenken, um sich mühelos andere Regierungsformen als den Absolutismus vorstellen zu können: im Grunde hat er die politische Entmündigung durch Ludwig XIV. nie hingenommen. Deshalb hat die liberale Anschauung, die eine Kontrolle der königlichen Macht durch zwischengeschaltete Körperschaften fordert, nichts grundsätzlich Abstoßendes für ihn, im Gegenteil: der Adel bringt selber die Anglomanie des Jahrhunderts in Mode, die Bewunderung für die englischen Institutionen. Aber er predigt diese politischen Reformideen nur, um den Zustand der Gesellschaft zu verewigen. Die allerwenigsten Adeligen können sich eine andere als die aristokratische Gesellschaftsordnung auf der Grundlage der Tradition und der Vorrechte der Geburt überhaupt vorstellen.

Dabei gibt es jenseits der grundsätzlichen Einheit durchaus verschiedene Schattierungen des Adels. Zunächst nach seinem Ursprung: der Schwertadel ist stolz auf die Kreuzritter unter seinen Vorfahren und lehnt es ab, mit dem Amtsadel in einen Topf geworfen zu werden, der erst durch den Einkauf in eine bedeutende Stelle oder wegen seiner Verdienste in der absolutistischen Bürokratie zu seinem Titel gekommen ist. Vor allem aber liefern das Vermögen und der gesellschaftliche Einfluß die Kriterien für die Unterscheidung von zweierlei Adel.

Zum Hochadel gehören die wenigen tausend Mitglieder der beim König »vorgestellten« Familien, die vorher ihre Adelstitel der scharfen Prüfung durch die amtlichen Genealogen unterbreiten mußten. Diese Familien beherrschen den Versailler Hof; sie besetzen die Ratsgremien und die wichtigen Posten, teilen sich in die Gunsterweise und Pensionen des Königs und leben meistens in Versailles oder in Paris, wo sie immer häufiger aus dem Viertel des Marais in neue Stadtpaläste umziehen, die sie sich auf dem linken Seine-Ufer im Viertel Saint-Germain erbauen lassen. Die Erträge ihrer Ländereien und die Lehnsabgaben aus ihrer Herrschaft, die ihr Intendant für sie verwaltet, reichen nur knapp aus, um ihren oft prunkvollen Lebensstil zu finanzieren.

Einige wenige Mitglieder der Aristokratie verstoßen gegen die Regel und die Tradition, indem sie, dem Geist des Jahrhunderts nachgebend, Geschmack am Wirtschaftsleben finden: der Herzog von Aiguillon hat Schmiedewerke, die Noailles und die Ségurs lassen in Santo Domingo riesige Plantagen anlegen. Haupteinnahmequelle für alle aber bleiben Grundrente und Königsgunst, diese Säulen einer *douceur de vivre*, wie Talleyrand es später genannt hat, als er wehmütig von dem angenehmen Leben in den letzten Jahren des Ancien Régime sprach.

Das »süße Leben«, das der Hochadel genießt, ist den meisten kleinen Adeligen in der Provinz unbekannt. Zahlenmäßig machen sie den größten Teil des Standes aus, mehrere hunderttausend Personen. Die Macht der Tradition, das eifrige Bemühen, nicht »herunterzukommen«, die Enge des Horizonts ihrer Gegend oder ihrer Provinz verbieten ihnen Spekulationsgeschäfte oder die Hoffnung auf einen Gunsterweis des Königs. Ihnen bleibt nur ihr Landbesitz, der nicht besonders groß und gegen baren Zins oder die halbe Ernte an einen Pächter vergeben ist. Aber bei der althergebrachten Bewirtschaftung können alle Beteiligten nur mühsam ihr Auskommen finden, und der Grundherr ist ständig bemüht, seine Einnahmen aufzubessern. Deshalb legt er solchen Wert auf die Beibehaltung der Steuerbefreiungen, deshalb sein Eifer, seine Feudalabgaben wie Brückenmaut, Mühlen- oder Keltergebühren einzutreiben, deshalb seine kleinlichen Auseinandersetzungen mit seinem Nachbarn, dem Bauern, um ein Stückchen Land, daher sein Bestreben, aus den alten Grund- und Lehnsbüchern längst vergessene oder verjährte Abgaben auszugraben. Man kann sich vorstellen, wie sich auf dem Lande unter solchen Verhältnissen die Gemüter immer mehr erhitzen.

Wenn der Sohn dem baufälligen Herrensitz und dem Gut, das seine Familie so schlecht ernährt, entrinnen will, hat er nur eine Zuflucht: die Armee. Ihm hat das Edikt von 1781, das aus einer ganzen Stimmungswelle entstanden ist, die Offiziersstellen vorbehalten. Der Graf von Saint-Germain hat ein Dutzend Militärschulen, darunter Brienne und La Flèche, gegründet, wo sechshundert junge Adelige das Waffenhandwerk erlernen. Die Söhne aus der Provinz haben allerdings wenig Aussicht, es so rasch zu so hohen Graden zu bringen wie die Söhne der Versailler Aristokratie.

Das ist zweifellos von Nachteil für das Ancien Régime; denn die armen Söhne aus dem Adel haben oft eine andere Dienstauffassung als die großen Herren. Sie kennen die verfeinerten Genüsse des kollektiven Masochismus nicht, der den ganzen Hof in selbstvergessener Begeisterung bei »Figaros Hochzeit« applaudieren läßt. Doch der Hochadel hat nur den Sinn für seine nationale Führerrolle verloren, nicht jedoch sein Ansehen in den Augen der weniger hohen Adeligen. Er bezieht sie mit ein in das gemeinsame Streben nach der Wiederherstellung der früheren Zustände und nach der Eroberung der Macht.

Die eigentliche Verwirrung der Geister betrifft die Abgrenzung zum Dritten Stand. Denn im Zeichen der einmütigen Liberalität des Jahrhunderts schwimmt der Adel gegen den Strom: er verlangt seine verfassungsmäßige Aufwertung nur, um die gleichmacherischen Forderungen des Dritten Standes besser in Schranken halten zu können: abgesehen von einem taktischen Zusammengehen gegen den Absolutismus bleiben aristokratische und bürgerliche Gesellschaft ein Widerspruch. Nur eine kleine Minderheit des Hochadels, die sich um »Amerikaner« wie La Fayette schart, macht sich die Vorstellung weitgehender Zugeständnisse zu eigen; das Gros des Standes bestreitet die Daseinsberechtigung des Absolutismus einzig und allein im Namen der Tradition des entscheidungsberechtigten Adels. So wird es verständlich, wie aus einem Mißverständnis ein kurzfristiges Bündnis entstehen kann und welche Rolle dem aristokratischen Liberalismus vorbehalten ist: die Rolle des Zauberlehrlings der bürgerlichen Revolution.

Der Dritte Stand? Das sind die übrigen Untertanen des Königs, in Zahlen ausgedrückt 98 Prozent der Bevölkerung. Er ist sehr gewachsen, denn im Laufe des Jahrhunderts ist die französische Bevölkerung von 20 auf fast 26 Millionen Einwohner gestiegen. Im einzelnen sind diese Zahlen natürlich mit Vorsicht aufzunehmen, weil es noch keine das ganze Land umfassenden Volkszählungen gibt. Aber das Zeitalter findet immer mehr Geschmack an statistischen Berechnungen, und in einigen Provinzsteuerbezirken (»Generalitäten«) sind mehrere vollständige Zählungen durchgeführt worden. Für das ganze Königreich besitzen wir die jährlichen Geburts-, Heirats- und Sterbeziffern, auf deren Grundlage man Gesamtschätzungen vornehmen kann: präzise Zahlen also gibt es nicht für uns, aber wir können die Bewegung sehen und das Wachstum messen. Zwischen den Berechnungen von Vauban und denen von Lavoisier beträgt die Zunahme 30 bis 40 Prozent.

Was ist der Grund dafür? Die Geburtenrate bleibt stabil, das heißt sehr hoch. Wenn sie sich geringfügig ändert, dann eher nach unten, wenn man manchen Bevölkerungsexperten des 18. Jahrhunderts glauben darf, die gegen das immer üblicher werdende Auszählen der unfruchtbaren Tage protestieren. Einer der aufmerksamsten Beobachter, Messance, spricht von den »Auswirkungen der Sittenverderbnis auf die Bevölkerung«. Ein anderer schreibt: »Schon sind die unheilvollen Geheimnisse, die kein Tier außer dem Menschen kennt, auf das Land gedrungen; selbst in den Dörfern wird die Natur betrogen.« In Wirklichkeit aber sind im alten katholischen, bäuerlichen Frankreich die Befürchtungen dieser »Populationisten« verfrüht: der Geburtenüberschuß bleibt im 18. Jahrhundert außerordentlich hoch. Das starke Anwachsen der Bevölkerung des Königreichs allerdings erklärt sich vor allem durch das Sinken der Sterblichkeitsziffer, insbesondere der plötzlichen hohen Verluste der gefährdeten niedrigen sozialen Schichten bei Mißernten und bei Hungersnöten in der Stadt. Kurz, dem einfachen Volk hat, wie E. Labrousse es ausdrückt, die Wirtschaftsexpansion des Jahrhunderts keine Einkommenserhöhung, geschweige denn ein glücklicheres Dasein gebracht, doch sie hat ihm das Überleben gesichert. Das Frankreich von 1789 ist also ein sehr volkreiches Land, das am dichtesten besiedelte von Europa. Es ist auch ein junges Land, in dem 36 Prozent der Bevölkerung unter zwanzig Jahre und nur 24 Prozent über vierzig Jahre alt sind. Diese abstrakten Zahlen enthalten ein wichtiges Element für die Erklärung dessen, was die Zukunft bringen wird: sowohl der Volksmassen der Revolution als auch der napoleonischen Siege.

In diesem ständig wachsenden Dritten Stand, der schon jetzt ist, als was Sieyès ihn später bezeichnet, die Nation nämlich, gibt es einen zwar in der Minderheit befindlichen, aber wegweisenden Teil: die Städte.

Die Städte, das heißt vor allem und ganz der Etymologie entsprechend, das Bürgertum als die herrschende und lenkende Schicht des Dritten Standes. Es ist der Nutznießer des langsamen technischen Fortschritts, der zu dieser Zeit die Redakteure der »Enzyklopädie« zur Bewunderung hinreißt, ob es sich nun um die Anfänge des Steinkohleabbaus oder um die Zug um Zug in die Textilindustrie eingeführten englischen Methoden handelt. Das Bürgertum profitiert auch von dem um das Mehrfache gestiegenen Zahlungsmittelumlauf, von der schleichenden Inflation, von dem anschwellenden Strom der produzierten und gehandelten Güter. Da sind die Steuerpächter, Spekulanten und Bankiers, denen die Staatsschulden zum Reichtum verhelfen, die Kaufleute, die an dem seit Beginn des Jahrhunderts fünfmal größer gewordenen Außenhandel beteiligt sind, die Bergwerksbesitzer oder die Manufakturherren in der Seiden- und Kattunherstellung, die mit ihrem Angebot der wachsenden Nachfrage immer breiterer Schichten nicht mehr folgen können. Dabei vereinfacht eine solche Aufzählung die Realitäten dieses elementaren Kapitalismus, bei dem oft alle Formen der Geldvermehrung – Bankgeschäft, Handel, Reederei oder Manufaktur – zugleich betrieben werden. Der beträchtliche Jahresgewinn erlaubt bei der vorsichtig abwägenden und arbeitsamen Lebensführung dieser Neureichen die Bildung stattlicher Vermögen, die ihre Besitzer nicht auf die Konjunktur und schon gar nicht auf ihre bevorzugte Geburt, sondern auf ihr Verdienst zurückführen: allein dieser Gedanke bedeutet schon eine ganze Revolution.

Dabei ist es nicht sehr erheblich, daß hier und da der Adel, vom Geist des Jahrhunderts angesteckt oder aus Geldgier, diese Bewegung mitmacht: er verleugnet damit seine eigene Tradition und die Gesellschaftsordnung, aus der heraus er lebt. Der Geist des Kapitalismus, des kapitalistischen Unternehmers geben den Ton an. Das Textilgewerbe hat seine großen Gründergestalten wie Dollfuss in Mühlhausen oder Oberkampf in Jouy-en-Josas bei Paris. Die Metallgewinnung und -bearbeitung nimmt ihren Aufschwung in den Fabriken der de Wendels in Le Creusot und den sechs elsässischen Werken von Dietrich, dem Eisenkönig jenes Jahrzehnts. In Nantes und Bordeaux entstehen neue Stadtviertel vom Geld der »Negerhändler«; denn die großen Gewinne sind vor allem im Überseehandel erzielt worden, und da wiederum im Tauschhandel mit den Westindischen Inseln, der seit dem Ende des amerikanischen Krieges in höchster Blüte steht. Das christliche und das aufgeklärte Frankreich stehen einander nicht darin nach, ohne überflüssige Skrupel den Pflanzern auf den Antillen gegen Zucker und Baumwolle ganze Schiffsladungen von Negern zu liefern, die sie an der afrikanischen Küste zusammengetrieben haben. Aus Santo Domingo und Martinique kommen dafür nicht nur Zucker und Baumwolle, sondern auch Tabak und Indigo.

»So kann es nicht weitergehen« heißt diese anklagende Darstellung aus den letzten Jahren des Ancien Régime: der Bauer hat die ganze Last zu tragen, während Prälat und Adeliger ihm mit herablassendem Zuspruch oder selbstbewußtem Dünkel zuschauen oder gar ihre Kreaturen auf ihn hetzen.

Natürlich gibt es unterhalb dieses neuen Reichtums viele Ebenen des Bürgertums, viele verschiedene Bourgeoisien. Auch die Spartätigkeit in den Städten geht weiter in den althergebrachten Formen: Grundbesitz, Ämter, Staatsrenten. Gegen Ende des Ancien Régime sucht der Pariser Bürger noch überwiegend in solchen Anlagen die Absicherung eines bescheidenen, friedlichen Lebensstils. Das eigentliche Skelett der städtischen Sozialstruktur aber bilden die vielen Kleingewerbetreibenden, die Meister der Zünfte und Prinzipale der Kaufmannsgilden, die bei gleicher juristischer Nomenklatur sehr verschiedene Stellung und Bedeutung haben können: ein Maurermeister zum Beispiel kann sowohl ein richtiger Bauunternehmer mit Dutzenden von Arbeitern als auch ein Kleinsthandwerker sein, der allein oder mit ein paar Gesellen arbeitet. Eines jedenfalls fällt ins Auge: der verbreitete gesellschaftliche Aufstieg und das Vermögenswachstum im Zuge der wirtschaftlichen Expansion. Die Stadt des 18. Jahrhunderts wächst, baut, wird reicher und drängt hinaus über den Raum, den ihr die alten Befestigungsmauern gönnen.

Die Stadtmauer als ein Symbol der Furcht paßt ohnehin nicht mehr in diese Zeit der nationalen Zielsetzungen. Die Stadt bezieht ihren Zusammenhalt aus der eigenen Moral und Kultur. Die Bürger sind zu einem mächtigen Publikum geworden, das seine Wünsche, seinen Geschmack und seine Forderungen einer aus seinen Reihen hervorgegangenen Intelligenz diktiert, die von der Gunst des Königs und der Großen im Reiche unabhängig geworden ist. Dabei geht es sowohl um die wirtschaftlichen Forderungen wie einheitlichen nationalen Binnenmarkt, Arbeits- und Handelsfreiheit, als auch um politische Forderungen, die sich in dem Ruf nach einer Umverteilung der Macht ausdrücken. Aber Ehrgeiz und Gewinnstreben erklären nicht alles. Hinzu kommt das allgemeine, tiefe Gefühl gesellschaftlicher Frustration, die Demütigung der Bürgerlichen durch die Schranke der Geburt: Manon Phlipon, die spätere Madame Roland, bekommt bei einer Einladung auf ein Schloß ihre Mahlzeit im Bedientenzimmer serviert und vergißt ihren Gastgebern diese Schmach niemals. Barnave wird schon als Kind zum überzeugten Revolutionär, als er miterlebt, wie seine Mutter im Theater einem Adeligen ihre Loge räumen muß. Die Einheit der Bourgeoisien, also ansonsten höchst verschiedener Gruppen, entsteht in erster Linie aus der spontanen gemeinsamen Ablehnung der jahrhundertealten Diskriminierung der Menschen durch ihre Geburt.

Das Bürgertum stellt sich um so nachdrücklicher gegen die ständische Gesellschaftsordnung, als es sich »von links«, von den städtischen Unterklassen, in keiner Weise bedroht fühlt.

Denn diese ständig wachsende Menge ist noch kein Proletariat im modernen Sinne; vom reinen Lohnempfänger, der seine Arbeitskraft frei verkauft, dem echten Proletarier nach Marx also, bis hin zum kleinen Handwerker – welch eine Fülle von Arbeits- und Lebensbedingungen! Da gibt es den durch die Zunftordnung geschützten Gesellen, der unter dem Dach seines Meisters wohnt; da sind die vielen Heimarbeiter, vor allem die Heimweber, denen ihr Webstuhl gehört, nicht aber der Rohstoff, den sie im Stücklohn für den Gewerbetreibenden verarbeiten; und schließlich drückt eine Vielzahl von Kleinstbesitzern auf den Arbeitsmarkt, die den Lohn als ein zusätzliches oder gelegentliches Einkommen betrachten. Die Produktionsformen sind noch zu individuell, also zu vielfältig, als daß sich so etwas wie ein Klassenbewußtsein bei den Arbeitenden bilden könnte. Deshalb sind die kollektiven Reaktionen der städtischen Volksmassen meistens Konsumentenreaktionen, keine Produzentenkämpfe: immer wieder kommt es zu wütendem Aufruhr in den Städten wegen der Preissteigerungen oder wegen der Brotsteuern, sehr viel seltener dagegen zu Streiks oder gemeinsamen Lohnforderungen. So ist es nicht weiter gravierend, daß die Löhne im Laufe des Jahrhunderts hinter den Preisen zurückgeblieben sind; die Zeit ist noch nicht reif für eine straffe Organisation der Arbeitnehmerschaft. Aber wenn die jahreszeitliche Kornteuerung und -knappheit eintritt und der Brotpreis den »normalen« Betrag von drei Sous für das Pfund erheblich überschreitet (der Tagelohn beträgt rund eine Livre, also zwanzig Sous), herrscht Not beim einfachen Volk, die sogleich zum klassischen Hungeraufruhr führt.

Ein solches Verhalten widerspricht durchaus nicht dem Anliegen der Besitzbürger: der Volksaufstand richtet sich stets von selber gegen die Hortungspolitik von König und Aristokratie – nur die großen Herren über die Grundrente können es sich ja erlauben, das Korn einzulagern und auf den höchsten Preis zu warten. Die Wut läßt sich dann leicht auf den gemeinsamen Feind, »das Privileg«, lenken und die Forderungen auf das gemeinsame Ziel, die Reform des monarchischen Staates. Die Verschiedenheit des Beschäftigungsstatus, die Vielfalt der individuellen Beziehungen zwischen der Welt der Unternehmer und der Arbeiter, ja sogar die Gewaltakte des Pöbels – alles trägt also dazu bei, die städtischen Volksmassen zur politischen Klientel des Bürgertums zu machen.

Mehr als Dreiviertel der Bevölkerung des Königreichs wohnen auf dem Lande: Der Alltag des Ancien Régime ist vor allem das Leben des Bauern.

Diese bäuerliche Gesellschaft wird zwar gegen Ende des Jahrhunderts von der Literatur idealisiert, als Restif de La Bretonne das züchtige Landleben der Sittenverderbnis in den Städten gegenübergestellt, aber sie besteht durchaus nicht nur aus erbaulichen Schäfereien und tugendhaften Familien. Natürlich ist sie der Inbegriff der Tradition und der Traditionspflege mit ihrer ausgeprägten Sippenstruktur, ihrer oft mit lokalem Aberglauben vermischten Frömmigkeit, ihrer Dorffolklore und ihren Gemeinschaftsregeln und -gewohnheiten. Aber die eigentliche Tradition des Bauernstandes sind Analphabetentum und Weltabgeschiedenheit. Zu einer Zeit, da die Transport- und Verkehrsmittel langsam und teuer sind, und in einem Reich, das sich aus vielen nebeneinander bestehenden örtlichen Märkten zusammensetzt, ist der Bauer ein Gefangener seines geographischen und geistigen Horizonts, also ein Sklave der Routine.

Er baut an, was schon seine Eltern und Voreltern angebaut haben: Kornfrüchte, also Weizen und Roggen für das Weißbrot der Reichen und das Schwarzbrot der Armen. Hinzu kommt der Wein, der so ziemlich überall angebaut wird, im Norden und im Süden, in guten und in schlechten Lagen. Diese Subsistenzlandwirtschaft ist zugleich eine Gemeinschaftsproduktion: da es an Dünger fehlt, betreibt man Zweifelder- und vor allem Dreifelderwirtschaft, die im alten Frankreich bei weitem am meisten verbreitet ist. Die Gemeindeflur ist in drei Gruppen von Äckern aufgeteilt. Die erste wird mit Winterweizen bestellt, die zweite im Frühjahr mit Hafer oder Gerste, die dritte bleibt brach liegen, und das Dorf treibt sein Vieh darauf zur Weide. Dieses Fruchtfolgesystem ist allerdings auf die besten Böden des Landes beschränkt; bei den übrigen muß ein größerer Teil als Brache geschont werden. So kann man sich vorstellen, wie das alte bäuerliche Recht eine äußerst schwache Produktivität der landwirtschaftlichen Arbeit und damit das Elend der Bauern verewigt.

Die Wirtschaftskonjunktur des 18. Jahrhunderts ändert diese Gegebenheiten nicht grundlegend, denn soweit sich das den zeitgenössischen Berichten entnehmen läßt, steigen die Erträge kaum; beim Weizen bleibt das durchschnittliche Verhältnis Saatgut : Ernte bei 1 : 6. Dabei fehlt es in der zweiten Jahrhunderthälfte nicht an Agronomen, die eine Abschaffung des alten Gemeinschaftsrechts, die Einführung der Einzellandwirtschaft und die Beseitigung der Brache durch andere Fruchtfolgesysteme und Bodenbearbeitungsmethoden sowie durch den Anbau von Futterpflanzen fordern. Aber sie haben nur bescheidenen Erfolg, und zwar aus einem Grunde, den die große Wirtschaftstheorie des Jahrhunderts, die Physiokratie, klar erkannt hat: solche Neuerungen im Landbau lassen sich nur in und von Großbetrieben durchführen. Der Agrarkapitalismus, der sich gerade auf den großen Höfen Nordfrankreichs und des Pariser

Beckens entwickelt, bildet jedoch im Frankreich von 1789 noch die Ausnahme.

Die Regel ist die kleine Bauernwirtschaft, der Familienbetrieb, entweder für einen festen Betrag oder die Ablieferung der halben Ernte gepachtet. Oft ist er allerdings auch Eigentum des Bauern; schon vor 1789 gehörte die Hälfte des Bodens im Königreich den Bauern. Inwieweit profitieren sie von den steigenden Preisen für landwirtschaftliche Erzeugnisse, die für dieses Jahrhundert charakteristisch sind? Nur dann, wenn ihr Hof es erlaubt, d. h. wenn ihnen über den Eigenbedarf und die abzuliefernden Mengen hinaus ein jährlicher vermarktbarer Überschuß bleibt. Solche Bauern heißen in der Terminologie des Ancien Régime *laboureurs*; sie sind relativ wohlhabend und können die Konjunktur nutzen. Sie können sich in den fünfziger bis achtziger Jahren den schönen Eichenschrank leisten, der seither den großen Raum in vielen Bauernhöfen ziert.

Aber die übrigen? Sie leben von guter zu schlechter Ernte fast ganz als Selbstversorger. Man darf nicht vergessen, daß sie über ihre eigenen Bedürfnisse, über die kläglichen jährlichen Investitionen und, soweit sie Pächter sind, über den Zins oder die Ablieferung hinaus die schwere Trilogie der Abgaben des Ancien Régime zu leisten haben: Königssteuer, Kirchenzehnten und Herrenrechte. Die Ernte reicht nur gerade eben dafür aus, und kommt eine Mißernte, so kann die Familie, die im übrigen immer zahlreicher wird, nicht mehr davon leben. Der Bauer, ganz gleich ob Eigentümer oder Pächter, sucht dann ein zusätzliches Einkommen, sei es in der Kleinindustrie auf dem Lande, die ihm Heimarbeit für den Abend verschafft, sei es in der jahreszeitlich fluktuierenden Landflucht oder durch die zusätzliche Ausübung eines der vielen kleinen Dorfhandwerke. Aber häufig entsteht aus der Überbevölkerung auf dem Lande Arbeitslosigkeit, Bettlerunwesen und Landstreicherei. Die Klagen über diese Landplagen lassen sich gegen Ende des Jahrhunderts gar nicht mehr zählen.

Nun läßt sich leicht denken, wohin die Unzufriedenheit der Bauern zielt. Noch richtet sie sich nicht gegen den Agrarkapitalismus, der sich nur in einigen Gegenden und sehr langsam entwickelt. Sie lehnt sich auf gegen die *taille*, die allgemeine Königssteuer, deren Höhe um so drückender wirkt, als sie nicht im ganzen Lande gleich ist, und die vor allem als ungerecht empfunden wird, weil sie den Reichtum des Adels unangetastet läßt. So weist die Spitze der Auflehnung gegen die Steuer am Ende des Jahrhunderts nicht auf den König, sondern auf die Aristokratie. Ganz gleich, ob geistlicher oder weltlicher Adel, ihm gilt die Wut der Bauern; denn das Feudalsystem hat seine Daseinsberechtigung längst verloren, und Leibeigenschaft gibt es so gut wie gar nicht mehr. Trotzdem muß nach Regeln aus dieser Vergangenheit selbst der grundbesitzende Bauer einen Teil seiner Ernte der Kirche abliefern und dem Grundherrn den *cens*, das Herrengeld, in bar, den *champart*, die Herrengarbe, in Naturalien geben, Frondienst leisten, Abgaben auf Erbfall und Verkauf zahlen, die Herrenjagd auf seiner Flur dulden, ganz abgesehen davon, daß er verpflichtet ist, den Backofen, die Mühle und die Kelter der Herrschaft gegen die vorgeschriebene Gebühr zu benutzen. Diese wirtschaftliche und menschliche Unterdrückung wird am Ende des Jahrhunderts um so stärker empfunden, als die Herrschaft sie intensiver betreibt denn je.

Auch hier stößt die aristokratische Reaktion auf eine entgegengerichtete Dynamik, die auf dem Lande der städtischen Propaganda gegen die Privilegien und die alte Ordnung immer mehr Gehör verschafft.

Es gehört zum Beruf eines Königs, als undurchschaubar zu gelten. Ludwig XVI. erfüllt diese Bedingung für die Ausübung persönlicher Macht. Er hat nicht viel gesagt, sozusagen nichts geschrieben und mehr hingenommen als getan. Sein tragisches Ende hat ihm einen Heiligenschein eingebracht, den er für seine eigentliche Lebensarbeit sicherlich nicht verdient hat. Denn hinter seinem verschlossenen Wesen und seiner Schweigsamkeit, ja, noch hinter seiner mannhaften Haltung angesichts der Guillotine steht doch wohl nicht viel mehr als ein treues Beharren in der Tradition.

Ludwig XVI., der Enkel Ludwigs XV., 1754 geboren und mit zwanzig Jahren König geworden, ist ein echter Bourbone mit den Zügen und der berühmten Nase seiner Familie, aber auch mit deren Vorliebe für die Jagd und alle körperliche Betätigung an der freien Luft. Nur eine neue Liebhaberei, keine sehr königliche im übrigen, fügt er der Palette hinzu: das Basteln. An seinem Auftreten fällt den Zeitgenossen vor allem die linkische Schüchternheit auf. Das ist zweifellos das psychologische Symptom für eine körperliche Mißbildung, die vielleicht sogar das Eingreifen eines Chirurgen notwendig gemacht hat und ihn von den Frauen fernhält, sieben Jahre lang sogar von seiner eigenen. In einem berühmten Abschnitt seiner *Nouveaux Lundis* weist Sainte-Beuve ausdrücklich auf diesen Zusammenhang von Psyche und Physis hin: »Ludwig XVI. war nicht impotent, so wie man nicht stumm ist, wenn man stottert; aber als Ehemann und als König war er derselbe Mensch: linkisch, schüchtern und gehemmt.«

So hätte er, der Enkel, noch mehr Grund als sein Großvater zu der Feststellung: »Ich bin ein unfaßbarer Mensch.« Wir wollen uns an das Urteil seiner Umgebung halten: ein undefinierbarer Mensch. Und wir tun gut daran, das zu betrachten, was sich mit Sicherheit feststellen läßt,

Ludwig XVI., König von Frankreich.

die Art nämlich, wie dieses entschlußlose Temperament seinen Königsberuf versteht und ausübt. Seine Vorstellung davon ist die überkommene: nicht für einen Augenblick stellt er irgendwann die religiöse Grundlage oder die Reichweite seiner ererbten Macht in Frage. Er bedient sich ihrer ganz pflichtgetreu, aber ohne rechten Nachdruck, ohne ein tieferes Gespür für die politischen Angelegenheiten oder die Technik der Menschenführung. Was er seiner Tätigkeit an Reizen abgewinnt, ist recht kläglich und beweist seine Vorliebe für Polizeiberichte, Geheimkorrespondenzen, Hof- und Stadtklatsch und Sittenskandälchen.

Dabei fehlt es dem König, auch wenn er gelegentlich bei Ratssitzungen einschläft, durchaus nicht an politischer Klugheit. In den ersten zwei Jahren seiner Regierungszeit billigt und unterstützt er die Tätigkeit Turgots, und später, 1787, als die Krise bedrängender wird, erteilt er den Steuerreformplänen, zu denen sich Calonne gezwungen sieht, seine Zustimmung. Aber im entscheidenden Augenblick, angesichts des Gegenangriffs seiner Umgebung, »seines« Adels, gibt er nach, so wie er auch den verschwenderischen Einfällen seiner Frau stets nachgegeben hat. Er entscheidet sich letzten Endes doch gegen die Reformen und für die Tradition, »seine« Tradition. Denn die Schwäche des Königs ist nicht nur eine psychologische. Sie ist in den letzten Jahren des Ancien Régime auch ein Zeichen für den wachsenden Einfluß der Aristokratie auf die Macht, für die Solidarität eines Standes.

Die Königin hat Charakter, aber keinen politischen Instinkt. Als die Krise des Ancien Régime zum Ausbruch kommt, steht sie auf dem Gipfel der Unbeliebtheit. Erst war sie »die Österreicherin«, jetzt heißt sie »Madame Defizit«. Seit der Halsbandaffäre (1786), bei der die Leute nicht glauben, daß Marie-Antoinette wirklich unschuldig gewesen ist, traut sie sich nicht mehr nach Paris, gibt keine großen Feste mehr in Versailles und sucht Zuflucht bei ihren Freunden und, mehr und mehr, bei ihren Kindern, denen sie eine zärtliche und aufmerksame Mutter ist.

Tatsächlich ließen sich ihr Charakter und ihr Geschick weitgehend mit dem Vokabular der Psychoanalyse erklären. Sinnlich, aber tugendhaft, hat sie ein enttäuschendes und während der ersten sieben Jahre sogar demütigendes Eheleben führen müssen. Hals über Kopf stürzt sie sich ins Vergnügen, um sich zu betäuben, und zwar gerade weil sie eher melancholisch veranlagt ist: »Was wollen Sie, ich habe einfach Angst vor der Langeweile!« Da ihr Mann nicht dazu angetan ist, dem Einfluß ihrer Mutter nachhaltig entgegenzuwirken, bleibt sie kindheitsfixiert, lebt aus der schlichten, herzlichen Atmosphäre von Schönbrunn. So erklärt sich ihre Vorliebe für Geselligkeiten im kleinen Kreise im ländlichen Rahmen

Marie Antoinette, Königin von Frankreich, mit ihren drei Kindern Marie Thérèse (»Madame Royale«), dem ersten Dauphin (gest. 1789) und dem kleinen Herzog von der Normandie (geb. 1785, gest. 1795 im Temple-Gefängnis).

von Trianon, von denen alle ausgeschlossen sind, die sich oder die anderen langweilen, also die große Mehrzahl der Höflinge, die sie sich damit zu Feinden macht. Von diesem Heimweh rührt auch der Eifer her, mit dem sie die Interessen Österreichs vertritt, selbst wenn sie denen Frankreichs entgegengerichtet sind. Im Eheleben frustriert, hält sich ihre Fraulichkeit an einem falschverstandenen politischen Spiel schadlos, das sie stets zu einem Streit zwischen Personen und um Personen ausarten läßt. So kompensiert Marie-Antoinette ihre privaten Enttäuschungen durch einen ungehemmten Machtwillen, der sie dazu treibt, um jeden Preis den Kopf eines Ministers oder eine Pension für einen Günstling zu fordern. Sie ist von überempfindlichem Selbstbewußtsein und zeigt sich reaktionär, weil Mut und Stolz für sie eins sind und es ihr ein für allemal verbieten nachzugeben. Diese unglückliche Frau, diese unheilvolle Königin wußte um ihr tragisches Geschick: »Wenn er nur wirklich Erfolg hat... Es ist mein Schicksal, Unglück zu bringen«, gesteht sie weinend, als sie sich 1788 entschließt, Necker wieder zu berufen.

Der König und seine Familie sind der Mittelpunkt eines ständigen mondänen Balletts, auf das alle Blicke gerichtet sind: des Versailler Hofes. Fünfzehntausend Personen stehen im Dienste des Königs, der Königin, der Prinzen und Prinzessinnen von königlichem Geblüt, eingeteilt in den zivilen und den militärischen Hofstaat. Der Hochadel lebt seit einem Jahrhundert in der näheren Umgebung des Schlosses, wo er der königlichen Familie aufwartet, über sie wacht und sie unterhält. Aber nur der Rahmen ist geblieben; alles andere hat sich in den letzten Jahrzehnten geändert. Ludwig XIV. hatte aus dem Hof den Ort und das Mittel zur Domestikation der Aristokratie gemacht. Gegen Ende des 18. Jahrhunderts ist Versailles zum Ort und zum Mittel ihrer Vormachtstellung geworden. Die Einrichtung ist in ihr Gegenteil verkehrt.

Deshalb und gerade wegen ihres Glanzes erntet die zu äußerster Vornehmheit verfeinerte Zivilisation von Versailles mehr und mehr Ablehnung bei der »öffentlichen Meinung« des Reiches, wie man sie jetzt schon nennen kann: die Stadt stellt sich gegen den Hof. Das Bürgertum ist eifersüchtig auf eine Welt, die ihm verschlossen ist, voller Feindseligkeit gegen eine Luxuszivilisation, die sein Sparsamkeitsideal verneint, und es ist ihm alles recht, um es diesem Hof anzukreiden, diesem Symbol des gesellschaftlichen Privilegs: der Hof muß demnach zugleich ruinös, reaktionär und verkommen sein, ein Stein des Anstoßes für Vernunft, Fortschritt und Moral.

In den letzten beiden Punkten ist ein gut Teil Wahrheit an der bürgerlichen Anklage: der Hof lebt politisch und moralisch in sorgloser Lässigkeit. Er klammert sich an den Augenblick, an die Gegenwart, auf die er seine spontanen konservativen Reaktionen bezieht. Jetzt, gegen Ende des Ancien Régime, ist unter dem Einfluß von Marie-Antoinette und ihrer kleinen Günstlingsclique auch noch das Spiel, dieser Inbegriff leichtfertigen Umgangs mit dem Geld, samt allen seinen skandalösen Begleiterscheinungen hinzugekommen zu dem Treiben, das in den Augen der Öffentlichkeit ohnehin ein ständiges Fest ist. Kaiser Joseph II. erklärt nach einem Besuch in Versailles, es sei die reinste Spielhölle.

Es bleibt ein Anklagepunkt, der um so schwerer wiegt, als er mitten im Zusammenbruch der Staatsfinanzen vorgebracht wird. Ist dieser Hof ruinös? Er verbraucht ungefähr 6 % der Staatseinnahmen. Aber die öffentliche Meinung vermengt bei ihren Vorwürfen zwei Arten von Ausgaben: die für Prunk und Feste und die für die Ämter und Posten. Ein Memoirenschreiber notiert zur Zeit Turgots: »Der unerhörte Aufwand der Hofhaltung, der uns so beeindruckt, ist vielleicht weniger gefährlich, als man es ihm vorwirft. Die zahllosen Geldgeschäfte, die sich die Menge der Hofschranzen ständig neu ausdenkt, bringt viel größeren Schaden ...« Die verschwenderische Ausstattung der Günstlingsposten, und zwar nicht nur der kleinen »Hofschranzen«, schlägt erheblich zu Buche: in Versailles herrscht ein ständiges Durcheinander von Pensionen und Geschenken, Besoldungen für öffentliche Ämter, spekulativem Weiterverkauf einträglicher Posten und sonstigen Finanzmachenschaften. Madame Campan, die erste Kammerfrau der Königin, erzählt in ihren Erinnerungen ganz naiv die Geschichte von einer königlichen Garderobiere, die jährlich hunderttausend Livres für den Einkauf von Stoffen und Hofgewändern bekam und die »ausgesonderten«, d. h. am Ende der Saison aus der Mode gekommenen Kleidungsstücke auf eigene Rechnung verkaufte ...

Hätte Ludwig XVI. diese ganze hochmögende Welt durch Kürzungen gegen sich aufgebracht, hätte er dennoch die Finanzen dadurch nicht ins Gleichgewicht gebracht. Denn von diesen 6 % der Staatseinnahmen, die für den Hof ausgegeben wurden, waren ein erheblicher Teil unentbehrliche und nicht zu verringernde Ausgaben. Aber er hätte einige Millionen Livres gespart und das psychologische und politische Klima wesentlich verbessert: die Revolution ist nicht nur aus der wirtschaftlichen und sozialen Bewegung entstanden, sondern auch aus Klatschgeschichten, Skandalen und Zufällen. Durch ins Auge fallende Sparmaßnahmen bei Hofe hätte Ludwig XVI. also gewiß nicht das Defizit beseitigt, aber er hätte die Öffentlichkeit vielleicht den ungemein eindrucksvollen Skandal der Halsbandaffäre vergessen lassen. Zu solchen Entschlüssen hat er sich nie durchgerungen. Und hier trifft die Pauschalbeschuldigung des Hofes durch den Dritten Stand, die nach den bloßen Zahlen wenig überzeu-

Hofgesellschaft im Spiegelsaal des Versailler Schlosses. Glanz und Aufwand dieser Feste blendeten Europa.

gend ist, die politische Wahrheit: tatsächlich war die Ablehnung aller Reformen bei Hofe das äußere Zeichen für die Solidarität des Königs mit den privilegierten Ständen.

Aber welche realen Machtbefugnisse hat denn der König von Frankreich am Ende des Jahrhunderts? Abgesehen von seiner Person will das wirkliche Funktionieren des politischen Systems definiert sein, dessen Mittelpunkt der König ist.

Der Absolutismus hat nach wie vor sein Ansehen und seine traditionellen Rechte: der König, nur Gott verantwortlich, hat alle Gewalt, und die *lettres de cachet*, die geheimen Verhaftungsbefehle mit dem königlichen Siegel, sind zwar selten geworden, aber sie sind der deutlichste Ausdruck dieser Gewaltenkumulation. Der König ist höchster Gerichtsherr, Herr über Legislative und Verordnungsgebung und zugleich von niemandem kontrollierter Chef der Exekutive, d. h. einer zentralisierten Bürokratie von Rechtsgelehrten, die er ernennt und abberuft. An der Spitze dieser Bürokratie gibt es seit 1743, seit dem Tode des Kardinals Fleury, keinen Premierminister mehr, sondern sechs Persönlichkeiten (den Kanzler von Frankreich und königlichen Siegelbewahrer, den Generalkontrolleur der Finanzen und die vier königlichen Sekretäre für die Ressorts Krieg, Marine, Äußeres und Königlichen Hofstaat) mit einem Aufgabenbereich, der sehr viel ungenauer abgegrenzt ist, als die Amtsbezeichnungen vermuten lassen. Diese Männer versammeln sich mit einigen hochgestellten Persönlichkeiten, königlichen oder hochadeligen Prinzen zu Ratssitzungen, die wirklich nur beratende Funktion haben; der wichtigste, höchste Rat, der *Conseil d'En-Haut*, meistens einfach »der Rat« genannt, diskutiert über die allgemeine Politik des Reiches unter dem persönlichen Vorsitz des Königs. Doch im Laufe des Jahrhunderts ist dank der Gleichgültigkeit Ludwigs XV., aber auch wegen der immer komplizierteren Aufgaben des Rates die Gewohnheit aufgekommen, vorbereitende Sitzungen abzuhalten; dabei tagen nach englischem Brauch und in Abwesenheit des Königs die wichtigsten Persönlichkeiten des Kabinetts. Die Monarchie ist nicht mehr einfach wie unter Ludwig XIV. die Regierung durch den König; sie ist in mancher Hinsicht schon zur Regierung durch die Minister und die Ämter geworden.

In der Provinz ist die entscheidende Instanz der Macht seit Ludwig XIV. der Intendant, der vom König ernannt und abberufen wird. Nach und nach hat er in seiner »Generalität« die meisten Verwaltungsbefugnisse vereinigt. Im 18. Jahrhundert hat der Adel nicht nur die höchsten Ämter in Versailles, sondern auch die Intendantenposten erobert; er dient dem König dort mit größerer Unabhängigkeit als früher und oft

Der Graf von der Provence, der ältere der Brüder Ludwigs XVI. Beim Tode des minderjährigen Dauphins rufen ihn die Königstreuen als Ludwig XVIII. aus; nach einem Vierteljahrhundert im Exil wird er der König der Restauration.

Der Graf von Artois, der jüngere der Brüder Ludwigs XVI. Sein aufwendiger Lebensstil mit Maitressen und Rennpferden trägt sehr dazu bei, den Hof in Mißkredit zu bringen.

auch mit anerkennenswerter Kompetenz in der Verwaltungsarbeit. Das französische 18. Jahrhundert, das die Sozialwissenschaften (Wirtschaftslehre, Bevölkerungskunde, vor allem aber die Statistik) erfindet, beginnt an die Aussagekraft von Zahlen, Berechnungen und Voraussagen zu glauben. Gegen Ende des Jahrhunderts ist die französische Monarchie in der ursprünglichen Bedeutung des Wortes »aufgeklärter« als je zuvor.

Zugleich aber hat sie seit langem nicht so wenig Gehorsam gefunden. Denn ihre wirkliche Macht bricht sich an zwei Hindernissen sehr verschiedener Bedeutung: das eine ist traditioneller und sozusagen technischer Natur, das andere, neue, ist ein rein politisches.

Da sind die altgewohnten Gegenkräfte zum Absolutismus: die Unwiderruflichkeit der erteilten Privilegien und die Ungleichheit des Status von Personen und Körperschaften. Die Grenzen des noch unvollendeten Zentralismus liegen in den vielen weiterhin bestehenden Lokalgewalten. Am Ende des Ancien Régime ist Frankreich durchaus kein Staat einheitlichen Rechts: den Ländern geschriebenen, vom römischen übernommenen Rechts südlich der Loire stehen die Gewohnheitsrechtsländer gegenüber, die in mehrere hundert Einzelrechte zerfallen. Die Verwaltung des Königreiches erfolgt über mehrere vertikale Erfassungssysteme: je nachdem, ob es sich um militärische, gerichtliche, religiöse oder wirtschaftliche Fragen handelt, sind Gouvernemente, Präsidiale, Diözesen und Generalitäten zuständig. Außerdem haben sich je nach den Bedingungen und dem Zeitpunkt ihrer Einverleibung in das Reich etliche Provinzen eine weitgehende Unabhängigkeit erhalten und werden von ihren »Provinzialständen« geleitet, die in den Händen der Privilegierten sind. Der Languedoc zum Beispiel wird von seinen Bischöfen, die Bretagne von ihrem Adel verwaltet. Schließlich, nicht zu vergessen, gibt es fast überall eine Einrichtung, die den meisten Beauftragten der königlichen Gewalt weitgehende Unabhängigkeit sichert: die öffentlichen Ämter sind einträglich und oft vom Inhaber weiterzuveräußern, und die Titel sind käuflich, so daß die Krone immer mehr vergibt, um ihre Kassen zu füllen. Der Offizier kauft sich sein Regiment, der Richter sein Amt im Amtsgericht oder im Landgericht, das Mitglied des Parlamentsgerichtshofs seinen Sitz.

Im 17. Jahrhundert war diese technische Unabhängigkeit der öffentlichen Ämter durch die vom König geforderte politische Unterwerfung aufgewogen worden. Im 18. Jahrhundert dagegen summieren sich technische und politische Unabhängigkeit; denn gerade über die hohen Beamten des Reiches, vor allem über die adeligen Mitglieder der Parlamentsgerichtshöfe, findet die Opposition ihren Ausdruck. Sofort nach dem Tode Ludwigs XIV. greifen die Parlamentsgerichtshöfe (allen voran der Pariser als der wichtigste mit seinem großen Zuständigkeitsbereich) die vom Sonnenkönig unterbrochene Tradition wieder auf: diese bedeutenden Gerichtsversammlungen werden wieder die Vorkämpfer des Anti-Absolutismus. Einer Öffentlichkeit, die Vertrauensleute sucht, bietet der hohe Amtsadel den von Fall zu Fall verschiedenen, aber beständigen Ausdruck für einen anti-absolutistischen Anspruch, in dem sich die Aristokratie und die Besitzbürger des Dritten Standes einig sind. Der Amtsadel ist bestrebt, die legislative Kontrolle durch die Parlamentsgerichtshöfe zu einem »Grundgesetz des Reiches« zu machen, das über dem Willen des Königs stehen soll.

So treffen alle Umstände zusammen, um den König von Frankreich zu schwächen und zu isolieren: der Fortschritt in der Verwaltungstheorie und -praxis ebenso wie das überlebte altväterliche Regierungssystem, der politische Ehrgeiz des Bürgertums ebenso wie die aristokratische Reaktion. Die Nation bleibt ganz und gar monarchisch und ist zugleich anti-absolutistisch geworden. Schon vor 1789 gibt es die absolute Monarchie nur noch dem Buchstaben, nicht mehr der Sache nach. Und die Finanzkrise wird sie vollends dahinraffen.

ZWEITES KAPITEL

Der Aufstand des Adels

Ausgangspunkt für alles Kommende ist die Finanzkrise. Sie ist mehr als der Anlaß, mehr als der Funke: sie faßt alle gesellschaftlichen Widersprüchlichkeiten des Ancien Régime in eins zusammen und hebt sie auf die Ebene der Macht, die zugleich die Ebene der Revolutionen ist. Der Staat ist nicht mehr wie in ruhigen Zeiten eine ferne, erhabene Abstraktion; er verliert seine selbstherrliche Autonomie, weil die Gesellschaft ihre verbohrte Starrheit und ihre ehrgeizigen Wünsche in ihn hineinträgt.

Das ist so deutlich, daß die alte absolute Macht sich gleichsam im voraus mit dem Schiedsspruch der Öffentlichkeit abfindet. Calonne, der keine Geldmittel mehr auftreiben kann, entwirft noch einmal große Reformen zur Rationalisierung des Steuereinzugs im Königreich und schlägt Ludwig XVI. vor, sie einer Versammlung von »Notabeln« zur Billigung vorzulegen, von der er hofft, sie werde fügsam genug sein, die steuerliche Gleichbehandlung aller Untertanen zu akzeptieren. Der König und sein Minister haben sich also ein Bewilligungsverfahren ausgedacht. Sie haben nicht erkannt, daß sie damit die öffentliche Meinung als Partner hinzuziehen.

Diese »Notabeln« von 1787 sind fast alle Privilegierte. Da stehen sie nun vor der Aufgabe, den anti-absolutistischen Anspruch in die Praxis umzusetzen, der den französischen Adel im 18. Jahrhundert zusammenhält. Wie konnte der König, wie konnte sein Minister glauben, diese Männer würden brav und lenksam sein? Sie sorgen für den Sturz Calonnes und verweigern seinem Nachfolger, immerhin einem der ihren, jeden Eingriff in ihre Steuerprivilegien. Als der König die Notabeln entläßt, haben sie nicht nur die öffentliche Meinung gegen Versailles aufgebracht, sondern auch die gegebene Plattform für die Fortsetzung ihrer Bemühungen gefunden: die Parlamentsgerichtshöfe. Die hohen Richter werden populäre Leute.

In diesen Jahren, 1787 und 1788, scharen sich im Namen der Freiheitsrechte die bürgerlichen Städte fest um diese Privilegierten, die den Mechanismus der Revolution in Gang setzen. Allerdings überflügeln sie sie bald, nunmehr im Namen der Gleichheit. Schon Ende 1788, sobald sich die Adeligen dem aufklärerischen Schwung entgegenstemmen wollen, kommt es zum Bruch. In zwei Phasen also steht die aufgeklärte Nation auf zum Sturm gegen das Ancien Régime und erzwingt das Zusammentreten der Generalstände in einer neuen Form.

Die erste Phase ist die der Parlamente. Auf welche geheimnisvolle Weise sind diese Gerichtshöfe, diese dreizehn *Parlements* des Ancien Régime, plötzlich zu ihrer politischen Rolle gekommen? Über das Recht der Registrierung, eine öffentliche Amtshandlung, die für jede königliche Verordnung, jedes Edikt vorgeschrieben ist. Zwar können die Parlamente letzten Endes die Registrierung der Gesetze nicht verweigern, aber sie haben das Recht, dem König bei dieser Gelegenheit »Remonstrationen«, Vorhaltungen, zu machen und können ihn sogar zwingen, die Registrierung in einer außerordentlichen Sitzung zu befehlen: durch ein *lit de justice*, einen Großen Gerichtstag. Dann erst müssen die Richter sich beugen.

So jedenfalls bestimmt es das absolute System. Aber die Rechtspraxis hat sich zwischen Ludwig XIV. und Ludwig XVI. erheblich geändert.

Einer der Gründe für diese Entwicklung ist die Tatsache, daß den Parlamentsräten ihr gekauftes Amt »gehört«. Das verhilft ihnen zu einer gewissen Unabhängigkeit von der Macht und auch zu einem starken Korpsgeist oder, wenn man so will, zu einem Kastenbewußtsein. Denn die Parlamentsmitgliedschaft ist nicht nur teuer; sie bringt auch den persönlichen Adel ein und ist gegen eine Gebühr vom Vater auf den Sohn übertragbar. In einer vom Adelsdünkel beherrschten Gesellschaft ist sie seit langem das Ziel für den Ehrgeiz der im Handel oder im Geldgeschäft reich gewordenen Bürgerlichen: da sie recht wenig einträgt, darf ihr Träger für seinen Lebensunterhalt weder auf das geringe königliche Gehalt noch auf die Sporteln angewiesen sein, die sich aus den Klägern herausholen lassen. Der Amtsadel betrachtet die Zunahme seiner politischen Bedeutung als den Hauptgewinn aus seinem Posten.

Im 18. Jahrhundert sind mit dem Schwächerwerden der königlichen Macht die politischen Ansprüche der Parlamente gewachsen. Am Anfang steht die Auseinandersetzung um die jansenistische Lehre und Bewegung; das Parlament von Paris stützt sich auch auf das religiöse Empfinden der Pariser Bevölkerung, als es die Selbständigkeit der Kirche von Frankreich sowohl gegenüber Rom als auch gegenüber Versailles verteidigt. In der zweiten Jahrhunderthälfte legt der Anti-Absolutismus der Parlamente seinen religiösen Deckmantel ab und zeigt seine politische Zielsetzung: 1755 und 1759 benutzt das Parlament von Paris die »Vorhaltungen« dazu, den König darauf hinzuweisen, daß die Parlamente ihre Rechte vom Beginn der Geschichte der Monarchie ableiten, also von den fränkischen Reichsversammlungen und von der Curia Regis des Mittelalters. Sie sind, so führen sie aus, nicht einfach Gerichtshöfe, sondern in ihrer Gesamtheit die Hüter und Wahrer der Grundgesetze des Reiches, ausgestattet mit legislativer Gewalt; die Ablehnung der Registrierung eines Gesetzes sei gleichbedeutend mit der Verwerfung dieses Gesetzes. Die Befugnisse der Parlamente bezeichnen so eine der Unterscheidungen, auf die es dem Jahrhundert vor allem ankommt: die Grenze zwischen Despotismus und Monarchie.

Diese adelige Oligarchie der hohen Richter des Königreiches kann getrost immer wieder Beweise ihrer konservativen Kastengesinnung geben; sie kann Rousseaus *Émile* verbrennen oder den Protestanten Calas zum Tode verurteilen – die Gunst der öffentlichen Meinung in den Städten ist und bleibt ihr gewiß. Wenn sie nacheinander gegen den von allen zu erhebenden »Hundertsten« und dann gegen den »Zwanzigsten«, gegen die Abschaffung der Wegefron oder gegen die allgemeine Stempelsteuer kämpft, so erblikken die Städte darin nicht einen Widerstand gegen die steuerliche Gleichbehandlung, sondern eine Auflehnung gegen den Absolutismus und eine anerkennenswerte Bemühung um die Wahrung des alten Grundsatzes der gewährten statt der auferlegten Steuer. »Das Volk«, so sagt Voltaire, der die Parlamentsräte nicht liebt, »sieht im Parlament nur den Feind der Steuern, und die Reichen ermutigen das Murren des Pöbels.«

Um was es jeweils in der Sache geht, ist nicht so wichtig: das Parlament ersetzt zunächst einmal die gewählte Versammlung, die sich der Dritte Stand erträumt. Im übrigen hat die Krone im 18. Jahrhundert bei jedem Versuch, sich gegen das Parlament durchzusetzen, am Ende nachgeben müssen. Turgot selber hat 1774, um sich die Gunst der Öffentlichkeit für seine Neuerungen zu sichern, die Parlamente und ihre 1771 vom Kanzler Maupeou entmachteten Mitglieder zu neuen Ehren kommen lassen müssen. Seither ist ihre Bedeutung ständig gewachsen, und es liegt nahe, daß sie 1788 ihren höchsten Punkt erreicht. Das ist eines der verwirrenden politischen Phänomene des 18. Jahrhunderts: der Angriff auf das absolute Regiment führt über eine der typischsten Institutionen dieses Ancien Régime.

Aber diese politische Mehrdeutigkeit, die sich das ganze Jahrhundert hindurch gehalten hat, zerbricht mit der Krise des Regimes, mit der zweiten Beschleunigungsphase. Die Gebote sind zu rasch und zu hoch gestiegen; die Parlamentsräte können bei dieser Versteigerung nicht mehr lange mitbieten.

Dabei haben sie selber die große Parole ausgegeben: Einberufung der Generalstände! Aber sie haben an Generalstände in der gewohnten Form gedacht mit der Vertretung nach Ständen, die den Privilegierten automatisch die Mehrheit sichert. Das Parlament von Paris bezieht sich im Oktober 1788 ganz ausdrücklich auf die Modalitäten von 1614.

Wie erklärt sich dieses reaktionäre Beharren, diese Entschlossenheit der Aristokratie, die Kontrolle über die königliche Macht allein auszuüben? Gerade der privilegierte Teil der Gesellschaft, und nicht zuletzt das Parlament, ist doch während des ganzen Jahrhunderts einer der Hauptverfechter der Aufklärungsphilosophie gewesen, hat in weiten Kreisen für die Zukunft eine neue Lesart der Verdienste akzeptiert, eine neue Begründung für die soziale Schichtung: nicht mehr nach der Geburt, sondern nach dem Nutzen für die Gesellschaft und nach den Fähigkeiten. Von Montesquieu bis Mably haben die Philosophen die beiden Töchter des Naturrechts, die Freiheit und die Gleichheit, immer lauter als komplementäre Werte gepriesen. Und nun, in der Stunde der Entscheidung, bäumt sich der aristokratische Liberalismus gegen die andrängende Gleichheit auf und sucht Zuflucht in seiner Vergangenheit?

Wahrscheinlich doch wohl, weil er sich aus der Vergangenheit definiert, und zwar sehr viel mehr, als er selber bisher gemeint hat. Der Haß auf Ludwig XIV. und seine zentralistische Verwaltung, das befreite Aufatmen nach 1715 unter der Regentschaft von Philipp von Orléans (statt des unmündigen Ludwig XV.) sind deshalb für das Verständnis der Haltung dieses Adels wichtiger als die spekulativen Gedankengänge eines Montesquieu oder eines Malesherbes. Die philosophische Mode und die reizvollen Unklarheiten des Liberalismus haben zwar die tieferen Motivationen der sozialen Gruppen verwischt, aber kaum bietet sich eine Gelegenheit, eine solche Gesellschaft gleicher Möglichkeiten für jeden und höherer Selbstachtung für alle zu verwirklichen, wie sie sich das Jahrhundert immer genauer ausgemalt hat, schon zeigt sich mit Nachdruck das falsche Selbstverständnis des Adels, das er aus seiner Geschichte begründet. Und weil die schlichtende Entscheidung des Monarchen jetzt fehlt, sprengen Leidenschaften und Interessen die gebildete Gesellschaft und das Sozialgefüge der Aufklärungszeit im Kampf zwischen den Privilegien der Geburt und den Ansprüchen des Bürgertums, das sich frustriert fühlt.

Dies ist einer der entscheidenden Augenblicke der französischen Geschichte. Er gibt schon einen Vorgeschmack davon, welche Schwierigkeiten ein politischer und sozialer Kompromiß im Frankreich des Ancien Régime bringen muß. Denn indem die Aristokratie sich weigert, auch nur den kleinsten Teil ihrer grundlegenden Vorrechte aufzugeben, indem sie allein auf die Hoffnungen und Bemühungen der Parlamente setzt, versperrt sie den Weg zu der allgemeinen, nur nach Einkommensklassen gesonderten Teilnahme der Gesellschaft am politischen Leben, wie sie der aufgeklärten Öffentlichkeit als Ziel vorschwebt. Und sie läuft Gefahr, sich eben dadurch an das Geschick eines Absolutismus zu binden, den sie stets aus tiefstem Herzen verabscheut hat.

Tatsächlich schlägt die Situation sehr rasch um, und zwar nach der Seite, die gerade für diese Aristokratie bedrohlich sein muß. Im Juli 1788 zeigt die Ständeversammlung der Dauphiné in Vizille, daß die Vormachtstellung eines aufgeklärten Dritten Standes durchaus nicht unerträglich sein muß für diejenigen Privilegierten, die der Lehre des Jahrhunderts treu geblieben sind: es geht eben nicht mehr darum, die Sonderstellung des Adels zu verteidigen, sondern eine »Nation« anzustreben, den Aufbau einer neuen sozialen und politischen Ordnung.

Die Strömung ist um so unwiderstehlicher, als jetzt ein unvorhergesehenes und entscheidendes Element hinzutritt: die aktive Beteiligung des Volkes. Denn die Wirtschaftskrise der Jahre 1788/89 überlagert mit ihren Auswirkungen die politische Krise. Die schlechte Ernte bringt wie gewohnt Elend auf dem Lande, nachlassende Produktion in den Städten, Arbeitslosigkeit und Aufstände. Aber diesmal passen solche anarchischen, periodisch auftretenden Explosionen zu einer revolutionären Grundstimmung, und es liegt auf der Hand, daß die Forderung nach Gleichheit dadurch nicht etwa gebremst wird. Im Gegenteil bezieht sie daraus ihre Kraft und ihren Nachdruck, vor allem ihren Unterbau – die große Zahl der Landbewohner als einen neuen Machtfaktor. Ende 1788 gibt der König gegen die Parlamente, gegen die Mehrheit seines Adels dieser Strömung nach. Im August beruft er Necker von neuem in sein Amt, im Dezember genehmigt er die Verdoppelung der Vertretung des Dritten Standes. Die Exposition des Dramas ist gegeben.

Angesichts des Scheiterns seiner Amtsführung in den ersten Jahren hat der »Generalkontrolleur« Calonne im Sommer 1786 eine allgemeine Reform der königlichen Finanzen vorbereitet. Den Angelpunkt seines Entwurfs bildet seine Steuerreform: er schlägt vor, die beiden »Zwanzigsten« durch eine ausnahmslos auf allen Grundbesitz zu erhebende, ertragsproportionale Steuer zu ersetzen. Das ist die »Territorialsubvention«, die in Naturalien zu leisten wäre. Damit hat die Gesamtvorstellung der Physiokraten vom Steuerwesen einen neuen Vorkämpfer gefunden.

Eine Reihe von weiteren Maßnahmen soll nach dem Entwurf die nationale Produktion heben. Die wichtigsten Vorschläge sind die Freiheit des Getreidehandels und die völlige Abschaffung aller Binnenzölle. Krönung des ganzen Reformwerks soll die Schaffung von Beratenden Versammlungen sein, damit die Untertanen des Königs an der Verwaltung des Reiches mitwirken. Calonne berücksichtigt für diese Versammlungen die Ständeeinteilung nicht; die Mitglieder sollen von allen Grundbesitzern des Reiches nach einem Einkommens- bzw. Steuerklassensystem gewählt werden.

Charles-Alexandre de Calonne, Generalkontrolleur der Finanzen von 1783 bis 1787. Die von ihm einberufene Notabelnversammlung soll, so hofft es jedenfalls der Hof, der Steuer- und Verwaltungsreform beflissen zustimmen. Die Karikatur auf diese Versammlung zeigt Calonne als »Koch« des »Hofbüffets«: »Geliebte Untertanen! Ich habe euch gerufen, um zu erfahren, in welcher Sauce ihr verspeist werden möchtet.« – »Aber wir wollen gar nicht verspeist werden!« – »Ihr schweift vom Thema ab ...«

Nicht zu Unrecht geht Calonne davon aus, daß die Parlamente sich weigern werden, die entsprechenden Edikte zu registrieren. So verfällt er auf den Ausweg, seinen Plan einer Versammlung von Notabeln vorzulegen, deren Zusammensetzung vom König bestimmt werden soll, auf deren Gefügigkeit er also rechnen kann.

Die 147 Notabeln treten am 22. Februar 1787 in Versailles zusammen. Theoretisch ist der Adel durch 39 Mitglieder vertreten, aber tatsächlich ist die Zahl der Adeligen viel höher, wenn man die Bischöfe sowie die Parlamentsräte und die geadelten Bürgerlichen einrechnet, die nach dem Verzeichnis zum Dritten Stand zählen. Calonne hat auf ihre Gefügigkeit gehofft, aber weitaus stärker als sein Einfluß wirkt sich der Druck der Pariser öffentlichen Meinung aus.

In seiner Eröffnungsrede spricht der Generalkontrolleur der Finanzen eine revolutionäre Sprache, indem er die »Mißbräuche«, die »auf die produktive und arbeitende Klasse drücken«, die Privilegien des Klerus und die Unbeliebtheit der *gabelle*, der königlichen Salzsteuer, herausstellt. Er kann nicht umhin, ein Defizit von 80 Millionen zuzugeben. Die von der Rede beunruhigten Notabeln verlangen eine präzise Darlegung der Finanzlage. Calonne weigert sich, nennt dabei aber eine noch höhere Zahl für das Defizit: 113 Millionen. Die Verantwortung schiebt er auf seinen Vorgänger, also auf Necker. Daraufhin bildet sich eine breite Koalition gegen ihn, bestehend sowohl aus den Verteidigern der Privilegien als auch aus der ganzen reformwilligen öffentlichen Meinung, die Necker günstig gesonnen ist. Calonne wird sofort vom Hof fallengelassen, und der König entläßt ihn auf Betreiben Marie-Antoinettes.

Unter den Notabeln, die sich gegen Calonne gestellt haben, hat sich der Erzbischof von Toulouse, Loménie de Brienne, durch besonderes Ungestüm hervorgetan. Ihm vertraut der König am 1. Mai 1787 nach einer kurzen Zeit des Schwankens die Nachfolge Calonnes an.

Um die Versammlung der Notabeln für sich zu gewinnen, übermittelt ihr Brienne den genauen Stand der Finanzen und läßt vom König Einsparungen in Höhe von 15 Millionen ankündigen. Der Prälat ist vom Geist der Philosophie seiner Zeit geprägt, und da er zugleich die Front der Anti-Absolutisten aufbrechen will, ergreift er liberale Maßnahmen wie die Gewährung der zivilen standesamtlichen Beurkundung für die Protestanten, worüber sich die Geistlichkeit entrüstet. Aber um Geld herbeizuschaffen, muß er auf das Programm Calonnes zurückgreifen, das Adel und Geistlichkeit gemeinsam trifft.

Die Versammlung lehnt seinen Entwurf ab, indem sie erklärt, sie sei nicht befugt, über ihn zu beschließen. Damit weist sie auf das Zusammentreten der Generalstände hin, das jetzt allmählich der ganze Adel fordert. Tatsächlich könnte eine solche Einberufung der Generalstände die königliche Regierung populär machen und die Monarchie festigen, indem der Widerstand der Parlamente und der Notabeln umgangen würde. Aber Ludwig XVI. lehnt diesen Ausweg ab. So bleibt nichts anderes übrig, als die Versammlung der Notabeln aufzulösen. Doch die Parlamente übernehmen sofort die Opposition gegen die Reformvorschläge Briennes. Schon am 16. Juli verlangt nun das Parlament von Paris die Einberufung der Generalstände, weil nur sie geeignet seien, neue Steuern zu bewilligen.

So gerät Loménie de Brienne mit dem Parlament von Paris aneinander, nachdem er gerade erst die Notabeln nach Hause geschickt hat. Ludwig XVI. muß am 6. August 1787 ein *lit de justice*, einen Großen Gerichtstag in höchsteigener Anwesenheit abhalten, um die Registrierung einer Stempelsteuer durchzusetzen, die das Parlament von Paris verweigert hat, weil es bei seiner Auffassung geblieben ist, nur die Generalstände seien befugt, neue Steuern zu bewilligen. Am Tage nach diesem 6. August erklärt das Parlament die Registrierung für ungesetzlich. Die Menge jubelt den Richtern zu: »Es leben die Väter des Volkes! Keine Steuern!« Ludwig XVI. schickt auf diesen Vorfall hin das Parlament von Paris ins Exil nach Troyes. Aber die Rechnungskammer, der Verwaltungshof für indirekte Steuern und die Provinzparlamente erklären sich mit dem Parlament von Paris solidarisch. Als sich der Graf von Artois, der jüngste Bruder des Königs, am 17. August in den Justizpalast begibt, um die Edikte registrieren zu lassen, wird er von zehntausend Parisern mit höhnischem Geschrei bedacht. Nach so vielen Generalproben unterstützt die Stadt ihr Parlament wie in früheren Zeiten eindrucksvoll gegen den König. Endlich läßt sich Loménie de Brienne herbei, über das Ende des Exils zu verhandeln. Er verzichtet auf die »Territorialsubvention« und das Stempelsteueredikt, und die Parlamentsräte ziehen im Triumph wieder in Paris ein. Aber da er nach wie vor nicht genügend Geld hat, will der Minister eine Serie von Anleihen auflegen, die 420 Millionen bringen sollen, und er verspricht, die Generalstände etwa 1792 einzuberufen.

Doch natürlich muß auch die Anleihe registriert werden. Ludwig XVI. entscheidet sich plötzlich für ein autoritäres Vorgehen. Auf den Rat des Siegelbewahrers Lamoignon beschließt er, die Anleihe registrieren zu lassen, ohne die Zustimmung des Parlaments durch eine eigene Schlußabstimmung einzuholen. Die Sitzung findet am 19. November statt. Ludwig XVI. und Lamoignon sprechen in drohenden Wendungen und erklären, nur der König könne beurteilen, wann die Einberufung der Generalstände angezeigt sei. Im Augenblick der Registrierung erhebt sich der Herzog von Orléans, ein Verwandter des königlichen Hauses, und

»Großer Gerichtstag« im Justizpalast am 19. November 1787. Der König erzwingt die Registrierung einer Anleihe von 420 Millionen Livres. Links der Herzog von Orléans, in der Mitte Ludwig XVI.

stellt fest, der König begehe einen ungesetzlichen Akt. »Doch, es ist gesetzlich, weil ich es so will«, erwidert Ludwig XVI. Am nächsten Tag wird der Herzog auf sein Schloß nach Villers-Cotterêts verbannt.

Der Konflikt flackert am 4. Januar 1788 wieder auf, als das Parlament die königlichen *lettres de cachet*, die geheimen Siegelbriefe, für unvereinbar mit dem »öffentlichen Recht und dem Naturrecht« erklärt. Dann unterbreitet es am 13. April dem König seine »Vorhaltungen« wegen der ungesetzlichen Registrierung vom 19. November. Siegelbewahrer Lamoignon beschließt, den Widerstand mit Gewalt zu brechen; er bewegt Ludwig XVI., eine Reihe von Verordnungen zu erlassen, mit denen die Befugnisse der Parlamente beschnitten werden. Die wichtigste Bestimmung ist der Entzug des Registrierungsrechts für die Edikte, das einer vom König auf Lebenszeit berufenen »Großen Hofversammlung« anvertraut wird.

Das Parlament antwortet am 3. Mai mit der Proklamation der »Grundgesetze des Reiches«: die Abgaben bedürfen der Bewilligung durch die regelmäßig einzuberufenden Generalstände; den Parlamenten steht das Recht zu, die Gesetze zu prüfen; die Siegelbriefe müssen abgeschafft werden. Ludwig XVI. erklärt diesen Beschluß vom 3. Mai sofort für nichtig und läßt zwei der Wortführer, Duval d'Éprémesnil und Goislard de Montsabert, verhaften. Dann setzt er das Parlament von Paris »in Vakanz« und erzwingt die Registrierung der Lamoignon-Verordnungen. Jetzt ist es an den Provinzparlamenten, die Revolte weiterzuführen.

Die Aufsässigkeit der Parlamente bleibt durchaus nicht auf Paris beschränkt, sie ist in sämtlichen Städten des Landes anzutreffen und lenkt alle aus der geistigen Entwicklung des Jahrhunderts entstandenen antiabsolutistischen Strömungen in eine Bahn. Das geschieht um so nachdrücklicher, als ein weit verästeltes gesellschaftliches Kapillarsystem die Welt der Parlamentsräte mit den vielen Angehörigen des Bürgertums verbindet, die von der königlichen Justiz leben, mit den Beamten, Advokaten, königlichen Anwälten, Gerichtsvollziehern, kurz, allen Stufen der Gerichts- und Behördenpraxis. Der schikanöse Verwaltungsapparat des Ancien Régime ist zugleich der Bereich, in dem die Neuerungsideen besonders stark Eingang gefunden haben: die Abgeordneten in den revolutionären Versammlungen, die in den kommenden Jahren zusammentreten, sind zu einem großen Teil Juristen.

Einer dieser Neuerungsgedanken beginnt die Öffentlichkeit zu begeistern: die Idee der Generalstände. Dabei herrschen allerdings ziemlich unklare Vorstellungen. Ein englischer Agronom, Arthur Young, ist im Oktober 1787 auf der Durchreise zum Abendessen eingeladen und gerät in eine Gesellschaft, die nur über Politik redet: »Eine Meinung herrschte bei allen vor: man stehe kurz vor einer großen Revolution in der Regierung. Alles deute darauf hin, vor allem das große Durcheinander in den Finanzen mit einem Defizit, das ohne die Generalstände des Reiches nicht mehr zu decken sei... Alle sind sich darin einig, daß die Reichsstände nicht zusammentreten könnten, ohne daß daraus eine größere Freiheit entstehe. Aber unter den Leuten, denen ich begegnet bin, sind so wenige, die eine vernünftige Vorstellung von der Freiheit haben, daß ich nicht weiß, wie diese neue Freiheit, die da geboren werden soll, aussehen mag...« Der gelassene Mann von der freiheitlichen Insel bezeugt damit sehr klar die Einmütigkeit und zugleich die Verschwommenheit der liberalen Forderung.

Aber mehr noch als Paris geben in diesem Sommer 1788 die Provinzstädte, die Provinzen den Ton an. Die Räte der Provinzparlamente eilen ihren Pariser Kollegen zu Hilfe. Sie bringen eine breite Bewegung in Gang. Jetzt handelt es sich nicht mehr um bloßen Widerstand, sondern um Revolution.

Es ist vor allem die Revolution der hohen Richter- und Beamtenschaft und des Adels im Namen der traditionellen Freiheiten. Die Privilegierten stehen an der vordersten Front des Kampfes. Nach dem Parlament von Paris hat der französische Klerus seine »Vorhaltungen« gemacht. Die Gegenden, wo die beiden ersten Stände des Reiches noch starke politische Positionen innehaben und den Aufstand zentralisieren können, sind die hartnäckigsten im Kampf gegen die Krone und die Lamoignon-Verordnungen. Es sind diejenigen Provinzen, die Provinzialstände haben oder sich daran erinnern, Provinzialstände gehabt zu haben, die sie jetzt wieder an Stelle der machtlosen »Provinzialversammlungen« fordern, die seit Ende 1787 als nutzlose Wracks aus dem großen Schiffbruch Calonnes existieren.

Der Aufruhr ergreift alle Parlamentsstädte, Orte also wie Grenoble, Pau, Dijon und Toulouse. Besonders heftig ist er im Béarn und in der Bretagne. In Pau kursiert das Gerücht von der bevorstehenden Aufhebung der Provinzialstände des Béarn. Die Menge verschafft sich am 19. Juni Zugang zum Justizpalast, nimmt den königlichen Intendanten gefangen und setzt das Parlament wieder ein, das sofort, vom Adelsstand des Béarn unterstützt, einen Protest verabschiedet »gegen jede Regierung, die danach trachten würde, eine einheitliche Regelung auf die verschiedenen Provinzen anzuwenden«.

In der Bretagne sind die Ausbrüche deshalb besonders heftig, weil der Konflikt schon älter ist und das ganze Jahrhundert hindurch geschwelt hat: der Adel erklärt sich sogleich mit dem Parlament solidarisch, und am 9. Mai manifestieren in Rennes Adelige, Juristen und Studenten gemeinsam. Am 10. Mai werden der königliche Intendant, Molleville, und der Militärkommandant, der Graf von Thiard, von der Menge mit Steinen beworfen. Sie müssen in den Gouverneurspalast flüchten. Der Adel schickt eine Abordnung zum König.

Die folgenschwersten Ereignisse jedoch geschehen in der Dauphiné. Das Parlament protestiert gegen die Lamoignon-Verordnungen. Es wird »in Vakanz« gesetzt, aber es tritt trotzdem zusammen. Der Herzog von Clermont-Tonnerre als königlicher Generalstatthalter der Provinz stellt den Mitgliedern Ausweisungsbefehle zu. Am 7. Juni, dem für die Abreise der Parlamentsräte bestimmten Tag, bricht in Grenoble die Revolution los. Alle Zünfte eilen auf den Klang der Sturmglocke herbei. Es ist Markttag, die Stadt ist voller Menschen, und wie in Pau kommen die Bauern von den umliegenden Bergen, um die Stadt zu unterstützen. Von den

Dächern geht ein Hagel von Ziegeln auf die Soldaten Clermont-Tonnerres nieder. Der Aufruhr ist so heftig, daß der Vertreter des Königs kapituliert und das Parlament in den Justizpalast einziehen läßt.

Aber die Unruhe legt sich nicht. Sie wird von einem »Zentralkomitee« geschürt, in dem Anwälte wie Mounier und Barnave den Ton angeben. Das gemeinsame Anliegen ist die Wiedereinsetzung der Provinzialstände der Dauphiné. Trotz des Einspruchs des Nachfolgers von Clermont-Tonnerre treten diese Provinzialstände am 21. Juli in dem kleinen Ort Vizille zusammen, und zwar in dem Schloß des reichen Kaufmanns Périer, der wegen seines riesigen Vermögens den Spitznamen »Milord Périer« bekommen hat. Es tagen dort 165 Adelige, 60 Geistliche (aber keine Bischöfe) und 500 Abgeordnete der Gemeinden, vor allem aus der näheren Umgebung von Grenoble.

Ein grundlegender Unterschied zum Béarn und zur Bretagne, der schon die neue Zeit ankündigt: der Dritte Stand beherrscht die Sitzung von Vizille zahlenmäßig und durch seine größere Autorität. Die Versammlung fordert für die Dauphiné Generalstände mit der doppelten Zahl von Vertretern des Dritten Standes und für das ganze Königreich Generalstände, die das Recht der Steuerbewilligung haben sollen. Sie fügt hinzu, sie sei bereit, notfalls auf die Privilegien der Provinz zu verzichten, um an einer Nationalversammlung teilzunehmen. Es geht also nicht mehr um die Partikularinteressen des Adels. Das große Wort ist ausgesprochen, der Dritte Stand deckt seine Karten auf: es geht um eine echte nationale Revolution, um die Schaffung einer neuen Ordnung. In Vizille zeigt sich hinter dem einstimmigen Anti-Absolutismus der Anspruch des Bürgertums.

Angesichts dieser Kampfansage, in der sich das ganze Land einig weiß, bemüht sich der König nicht etwa, die unvermeidlichen Meinungsverschiedenheiten innerhalb der Bewegung gegeneinander auszuspielen. Er entscheidet sich – entscheidet er wirklich noch? – fürs Nachgeben: am 8. August werden die Generalstände auf den 1. Mai 1789 einberufen. Es ist höchste Zeit: am 16. August muß der Staat seine Zahlungen vorläufig einstellen. Am 24. wird Loménie de Brienne entlassen. Ludwig XVI. beruft Necker wie einen Retter aus der Not.

Der Mann, den der König im August 1788 von neuem beruft, ist nicht nur ein Bürgerlicher, sondern auch Ausländer. Necker, Sohn eines deutschen Rechtsprofessors aus Genf, ist 1747 nach Paris gekommen; er ist zunächst leitender Angestellter, dann Teilhaber der Thelusson-Bank gewesen. Schon als junger Mann hat er eine geniale Begabung für Finanzgeschäfte gezeigt. Er ist ein echtes Kind des protestantischen Genfer Bürgertums, das an allen Börsen Europas zu finden ist. Er hat 1763 frühzeitig vom bevorstehenden Abschluß des Friedensvertrages mit England und Spanien erfahren und ist durch geschickte Spekulationen mit den Aktien der *Compagnie des Indes* reich geworden; in acht Jahren erwirbt er ein Vermögen von acht Millionen Livres. 1765 macht er sich selbständig; aus seinem Bankhaus wird ein Machtfaktor von Paris. Aber nun gelüstet es ihn nach politischer Macht, die allein ihm zur gesellschaftlichen Weihe verhelfen kann. Er geht mit erheblichen Handikaps ins Rennen: er ist Bürgerlicher, Ausländer und Protestant. Als reines Produkt des Privatbankgewerbes hat er kein Amt in der Finanzverwaltung oder in der königlichen Bürokratie inne. Zu seinem Glück hat er einen Salon, den Madame Necker, die Tochter eines evangelischen Pfarrers aus dem Wallis, betreut. Beim Diner am Freitag drängen sich in dem stattlichen Privathaus in der Rue Michel-le-Comte im alten, vornehmen Viertel des »Marais« die Schriftsteller und berühmten Gelehrten. Unter ihnen verschafft sich Necker bald einen Ruf, der über das Finanzwesen hinausgeht. 1772 hat er mit seiner »Lobrede auf Colbert« einen Preis der Académie française errungen, ein doppelt einträglicher Erfolg, weil er einen großen Mann der Nation zum Paten gewählt und sich damit zugleich in die monarchische Tradition gegen den fanatischen Liberalismus der Physiokraten gestellt hat. Er schont den Klerus und die Großen des Reiches, schmeichelt aber zugleich dem Zeitgeist durch eine keineswegs übermäßig diskrete Nächstenliebe.

Er wird in die Generalfinanzkontrolle berufen, zunächst als Beigeordneter, dann, 1777, als General»direktor«; man wagt es nicht, diesem Protestanten, diesem Privatbankier, der niemals dem König gedient hat, den traditionsreichen Titel »Generalkontrolleur« zu geben. Aus den gleichen Gründen verweigert man ihm den Zutritt zum Rat des Königs. Aber dieser Emporkömmling, der zugleich seine Geburt, seine Konfession und sein Herkunftsland vergessen machen will, ist ganz und gar nicht der Mann, den Besteuerungsmodus von Grund auf zu verändern und die Privilegierten zur Kasse zu bitten. Er ist der Gefangene seiner Sucht nach Beliebtheit und finanziert den Krieg in Amerika mit Anleihen, vor allem solchen auf Leibrente.

Er, der Techniker des Bankwesens, versucht sich also nicht an den politischen Aufgaben. Dennoch erhält er sich seine Popularität. Um die Hofintrigen zu dämpfen, die einen Nachfolger für ihn herausstellen wollen, veröffentlicht er 1781 den »Rechenschaftsbericht«, eine gefälschte Bilanz, in der die Ausgaben des außerordentlichen Haushalts verschwiegen werden und ein Einnahmenüberschuß von 10 Millionen ausgewiesen wird. Als der König ihn 1783 durch Calonne ersetzt hat, bleibt er für Rentner

Jacques Necker als Retter Frankreichs, das Füllhorn in der Hand, ergebener Diener des Königs, als vorbildlicher Verwalter des Landes ausgewiesen durch die »Lobrede auf Colbert« ...

und Finanzwelt der große Mann des Vertrauens. Zugleich erhält er sich seine Stützen in Versailles. Sofort nach seiner Rückkehr an die Macht im August 1788 bewilligt ihm die Finanzverwaltung einen Vorschuß von 85 Millionen Livres. Aus seinem eigenen Vermögen leiht er 2 Millionen dazu. Aber er hat ebensowenig wie 1778 einen allgemeinen Plan für die Reform des Staatswesens parat. Er gibt der Strömung nach, verzichtet auf die »Große Hofversammlung«, gibt den Parlamenten das Registrierungsrecht wieder und bewirkt Lamoignons Entlassung. Doch es zählt ja ohnehin nur noch das bevorstehende Zusammentreten der Generalstände.

Nun stellt sich aber zugleich mit den Menschen auch der Himmel gegen den König. Wie immer fängt es mit einer Mißernte an. Die Landregen und Überschwemmungen von 1787, die folgende Dürre und schließlich der Hagel vom 13. Juli 1788, der in ganz Westfrankreich die Felder verwüstet, alles hat sich verschworen gegen die Ernte 1788, die katastrophal gering ausfällt. Die landwirtschaftliche Minderproduktion führt zur Minderproduktion in Handwerk und Gewerbe und damit zur Arbeitslosigkeit. Die Widerstandskraft der einzelnen Betriebe ist deshalb besonders gering, weil sie nach dem französisch-englischen Handelsvertrag von 1786 durch die gesenkten Zolltarife auf englische Importwaren sehr verwundbar geworden sind. Besonders betroffen ist die Textilbranche, die große Domäne des technischen Vorsprungs in England. Anfang April 1789 hat Abbeville 12 000 Arbeitslose, Lyon, die andere bedeutende Stadt der Textilfabrikation, fast 20 000. Die königlichen Intendanten melden aus allen Provinzen eine Zunahme des Bettler- und Landstreicherunwesens.

Das schwerwiegendste Symptom der Krise aber ist das rasche Steigen der Preise. Nach der langen Stagnation zumindest des Getreidepreises seit dem Ende der siebziger Jahre schnellen sie plötzlich in die Höhe und schmälern das ohnehin schon durch die Arbeitslosigkeit niedriger gewordene Volkseinkommen. Noch nie in diesem Jahrhundert sind die Preise so hoch gewesen; der Brotpreis steigt in Paris auf das Doppelte, in manchen Provinzen auf das Dreifache. Die allgemeinen Lebenshaltungskosten steigen fast auf das Doppelte, während Arbeit ganz fehlt oder jeweils nur für eine gewisse Zeit zu finden ist. In Paris plündert eine Menge der Ärmsten die große Tapetenfabrik des Herrn Réveillon.

An dieser ungeordneten Bewegung, in der die Autorität versinkt, ist durchaus nicht alles neu. Angesichts der Versorgungskrise wendet sich das Volk mit seinen Klagen sozusagen spontan an den König, einerseits aus einer Art kindlichen Monarchismus (als könne der König dem Himmel befehlen) und andererseits, weil tatsächlich die Sorge für die Verproviantierung der Städte Sache der Regierung ist. Neu aber ist in diesem Frühjahr 1789 die Suche nach einer politischen Lösung. Der Bauer wünscht den Grundherrn, die Abgaben zum Teufel? Der Arbeiter flucht auf den Intendanten oder gar auf den König? Da ist es für den Augenblick gleichgültig, daß die Volksmenge in den Städten weitere Bestimmungen »von oben« fordert, die sich nicht mit dem bürgerlichen Liberalismus vertragen: das ist ein Problem für die Zukunft, kein Problem der Gegenwart. Jetzt, in der Krise, schließt sich der ganze Dritte Stand zusammen gegen die Herrenrechte, gegen das Steuersystem und für eine Reform des alten Staatswesens. Lange und langsam hat das bürgerliche Bewußtsein diese Gedanken entwickelt. Der Aufstand der Ärmsten hat einen Dirigenten gefunden.

Der Arbeitgeber marschiert Seite an Seite mit seinen Lohnempfängern, stimmt ein in ihren Protest. Die Stadt bildet einen festen Block gegen das Ancien Régime. Sie stützt sich auf die Revolte der Bauern und macht sich deren Wut auf die Herren zu eigen. Die Krise faßt alle Frustrationen des Dritten Standes in ein einziges Bündel.

Lamoignon hat es vorausgesehen, als sich die Aristokratie gegen ihn auflehnte: »Die Privilegierten«, hat er gesagt, »haben es gewagt, dem König die Stirn zu bieten. Keine zwei Monate, und es wird weder Parlamente noch Adel noch Geistlichkeit mehr geben.« Tatsächlich gibt es zwei Monate später die Parlamente noch und auch die Stände Adel und Geistlichkeit, aber sie sind voneinander isoliert und alle miteinander überrollt von dem Anspruch des Dritten Standes. Mit der Einmütigkeit im Reich ist es vorbei. Jetzt überlagert die politische Krise die wirtschaftliche. Sie steigern einander gegenseitig. Als Ludwig XVI. am 5. Juli 1788 die Generalstände bewilligt und sie am 8. August auf Mai 1789 einberuft, knüpft er damit an eine vorabsolutistische Tradition an, die seit 1614 unterbrochen gewesen ist: das letzte Zusammentreten der Generalstände fällt in die Zeit der Minderjährigkeit von Ludwig XIII. Damit hat der König den gleichgerichteten Anstrengungen und Ansprüchen des aristokratischen und des bürgerlichen Liberalismus nachgegeben: Klerus, Adel und Dritter Stand erhoffen alles von den Generalständen, aber sie erhoffen nicht das gleiche.

Allerdings hat Ludwig XVI. nicht im einzelnen erklärt, ob das altvertraute Verfahren dieser Befragung der drei Stände des Königreiches automatisch beibehalten werden soll, also die Wahlen nach Ständen, die Abstimmungen nach Ständen, getrennte Sitzungen und die gleiche Zahl von Abgeordneten für jeden Stand. Die Privilegierten sind bald beunruhigt über diese Schweigsamkeit des Königs und fürchten eine mögliche

Reform, die ihr traditionelles Übergewicht in Frage stellen könnte. Schon am 25. September beschließt das Parlament von Paris zu fordern, daß die Generalstände formgerecht einzuberufen und zusammenzusetzen seien, und zwar »nach den im Jahre 1614 beobachteten Regeln«.

Im Oktober lehnen die vom vorsichtig taktierenden Necker noch einmal einberufenen Notabeln von 1787 jede Änderung des traditionellen Wahlverfahrens ab. Die Prinzen von königlichem Geblüt, mit Ausnahme von »Monsieur«, dem älteren der beiden Brüder des Königs, unterstützen die Notabeln durch ein Memorandum an den König.

Sofort ist der Bruch in der anti-absolutistischen Koalition da. Am Tag nach seiner Entscheidung vom 25. September ist das Parlament so verhaßt, wie es vorher populär gewesen ist. Denn nachdem die Einberufung der Generalstände erreicht ist, will der Dritte Stand das Beispiel von Vizille zum Vorbild machen: er fordert die Verdoppelung seiner Vertretung und die Abstimmung nicht nach Ständen, sondern nach Köpfen. Damit zeigt er offen, daß er die Mittel in die Hand bekommen will, eine gemeinsame Versammlung zu beherrschen. Denn er rechnet mit Überläufern aus dem Adel und mit der Unterstützung des niederen Klerus, der ärmlich von seinem Anteil am Zehnten lebt.

So ist der Sommer 1788 ein entscheidendes Datum in der Entwicklung des Revolutionsmechanismus: über die liberalen Forderungen hinausgehend, verlangt der Dritte Stand jetzt die Gleichheit und sieht schon das Ende der ständischen Gesellschaftsordnung am Horizont. Wie bisher hat er das zahlenmäßige Übergewicht, aber jetzt, am Ende des 18. Jahrhunderts, verfügt er auch über den nötigen Zusammenhalt, die klare Vorausschau und die richtigen Ideen. Er hat seine Anführer, seine Parolen und seine Strategie gefunden. Er steht hinter der »nationalen Partei«.

»Nationale Partei« – allein die Zusammenstellung dieser beiden Wörter beweist, daß sich im Augenblick der Auflösung bereits alles wieder verbindet für eine andere Zukunft. Die beiden verschiedenen Bewegungen sind so stark, daß sie allein schon die alten ständischen Strukturen zerbrechen und die Phantasie und den Geist der Menschen weit über die gesellschaftlichen Grenzen hinaustragen zu neuen Horizonten einer »Nation« von 25 Millionen Menschen, denen die geplanten Reformen das Glück bringen sollen. Und tatsächlich: der Dritte Stand bildet, von einem Ausschuß von dreißig Mitgliedern gelenkt, in allen Städten und Provinzen des Reiches den Kern dieser Bewußtseinsströmung, ohne deshalb die vielen Männer, die von oben her zu ihm stoßen, zurückzuweisen. Viele Priester, viele Adelige akzeptieren unter dem Losungswort »Nation« das Ende der aristokratischen Sonderstellung und bemühen sich mit dem hektischen Eifer Neubekehrter um das gemeinsame Anliegen, die persönliche

Jacques-Pierre Brissot, Sohn eines kleinen Gastwirts aus Chartres, Sekretär des Herzogs von Orléans: ein führender Mann des Dritten Standes kraft seiner Begabung und seines Ehrgeizes.

Zukunft fortan in den Kategorien kollektiven Glücks zu definieren. So gesehen verleiht die nationale Partei in Tausenden von Broschüren tatsächlich einer übereinstimmenden öffentlichen Meinung Ausdruck.

Einer der Männer des Dritten Standes ist Brissot, typisch für den begabten, ehrgeizigen, unbemittelten Provinzler, der seine Jugend damit zugebracht hat, die Lücken in seiner Bildung auszufüllen und den Nachteil seiner bürgerlichen Geburt zu überwinden, ein Bruder der tausend jungen Männer, die gleich ihm die Chance haben, der richtigen Generation anzugehören.

Aber daneben gibt es auch die Söhne eines schon saturierten Bürgertums, die sich mit der Familientradition abgefunden haben und gar nicht erst hoffen, die Schranke der Aristokratie je zu überspringen: Barnave, der Sohn eines Anwalts mit eigenem Haus in Grenoble, ist selber schon ein brillanter Nachwuchsanwalt. Aber er langweilt sich und beschreibt

Louis-Alexandre, Herzog von La Rochefoucauld gehört zu den Mitgliedern des Hochadels, die zur »nationalen Partei« halten: als Feind des Hoflebens und Übersetzer der nordamerikanischen Verfassungsurkunden ist er maßgeblich an der Ausarbeitung der Richtlinien für die Abfassung der Beschwerdehefte beteiligt.

die Gründe für seine unglückliche Seelenverfassung in seinem Privattagebuch so: »Einen großen Mann – gibt es so etwas überhaupt noch? Kaum blickt er im Lichte der erwachenden Vernunft um sich, sieht er nichts als Wüste. Die Wege sind nach allen Seiten hin versperrt ...«

Die Strömung ist so stark, daß viele Adelige ihr bereitwillig ihre jahrhundertealten Privilegien opfern: der »Amerikaner« La Fayette, der Herzog von La Rochefoucauld in seinem Abscheu vor den Sitten bei Hofe, sein Vetter, der von Arthur Young so bewunderte Agronom und liberale Menschenfreund Liancourt, der Herzog von Aiguillon, einer der reichsten Grundbesitzer des Landes. Allerdings wahren diese liberalen hohen Herren Distanz und sehen in ihrer Handlungsweise lediglich die erforderliche

Anpassung der Führerrolle der Aristokratie im Reiche: es muß alles anders werden, damit alles so bleiben kann. Die bürgerliche Revolution fühlt sich instinktiv stärker angezogen von zwei echten Überläufern aus der Geistlichkeit und aus dem Adel: von Sieyès, dem Sohn eines Notars aus Fréjus, der es zum Domherrn in Chartres gebracht hat und schon der Spezialist für die bestmögliche Verfassung geworden ist, vor allem aber von Mirabeau, diesem vulkanischen Sproß des provenzalischen Adels im Glanze seiner Häßlichkeit, seiner Skandale und seiner Begabung, diesem Unterzeichner zahlreicher Finanzabhandlungen und politischer Werke, bei denen ungewiß bleibt, wie groß der Beitrag seiner Genfer Freunde ist.

Tausendmal ist es gesagt worden: alle diese Männer der nationalen Partei, Adelige und Bürgerliche, Neureiche und Wohletablierte, sind in erster Linie Kinder ihres Jahrhunderts, sind aufgewachsen mit den Lehren der Aufklärungsphilosophie. Zwar resultieren das Wann und das Wie der Revolution weitgehend aus den Zeitumständen, also aus zufälligen Gegebenheiten. Aber niemals vorher hat eine Ideenbewegung solchen Ausmaßes und so konvergierender Absichten den politischen und gesellschaftlichen Veränderungen so sehnsüchtig den Weg bereitet wie vor dem Jahre 1789.

So gesehen ist die geistige Entwicklung des Jahrhunderts außerordentlich aufschlußreich. Schon bald nach dem Tode Ludwigs XIV. wird das politisch-religiöse System, das der absoluten Monarchie ihre große Zeit verschafft hat, in Frage gestellt; aber erst mit den fünfziger Jahren nimmt die Entwicklung einen rascheren Verlauf, und in den siebziger Jahren überschlägt sie sich geradezu. Während der ersten Jahrhunderthälfte wird die Grundsatzdebatte ganz philosophisch geführt und bleibt in ihrem wichtigsten Thema, der Kritik der Offenbarungsreligion, noch ziemlich akademisch. Die Jahrhundertmitte ist der Wendepunkt. Die Philosophen werden aktiv, und zwar in immer größerer Zahl, immer präziser, mit zunehmend politischer Zielsetzung: 1748 erscheint Montesquieus »Geist der Gesetze«, 1749 Diderots »Brief über die Blinden« und der erste Band von Buffons »Naturgeschichte«, 1751 der erste Band der »Enzyklopädie«, 1754 Condillacs »Abhandlung über die sinnlichen Empfindungen«. Voltaire ist schon ein vielgeleser Autor, und bald werden Rousseaus erste Bücher veröffentlicht. Nicht mehr zu zählen sind die heftigen polemischen Auseinandersetzungen. Aber schon 1770 ist die Schlacht um das gebildete Publikum gewonnen; die religiösen und politischen Verfechter des Ancien Régime sind zum Schweigen gebracht. Gegen Ende des Jahrhunderts applaudiert die Versailler Aristokratie dem Triumph des Figaro über seinen Herrn, den Grafen Almaviva.

So ist in verhältnismäßig kurzer Zeit eine Grundbeziehung der alten Gesellschaftsordnung zerstört: die gewohnte Verbindung zwischen Weltlichem und Geistlichem. Ein ganzes System hierarchischer Legitimität ist damit unrettbar angeschlagen.

Wenn man bereit ist, unvermeidliche Vereinfachungen in Kauf zu nehmen, kann man die Aufklärungsphilosophie beschreiben als eine intellektuelle Methode, die auf einer tiefen Abneigung gegen alle ein für allemal gültigen Systeme, auf der Lust am Experiment, auf der rationalen Suche nach den Wahrheiten des praktischen Lebens beruht. Das gilt für die Naturwissenschaften, die durch Verständlich- und Zugänglichmachen geradezu hemmungslose Begeisterung wecken, zugleich aber auch grundlegende Fortschritte machen, vor allem auf den Gebieten der Mathematik und der Chemie. Und es gilt noch mehr für Philosophie und Politik, wo Beobachtungen, Reisen und historische Untersuchungen an die Stelle der metaphysischen Gewißheit treten und zu etwas führen, das zwar relativ, aber vernunftgemäß ist: zu zweckbetonter Moral und sozialem Reformwillen.

Deshalb könnte nichts falscher sein als der Vorwurf der Abstraktheit, den die reaktionäre Denkschule dem 18. Jahrhundert macht, weil sie nachträglich Montesquieu à la Sieyès und Rousseau à la Robespierre interpretiert. Die Aufklärungsphilosophie ist mit ziemlich einfachen philosophischen Hypothesen ausgekommen (mit Deismus, naturgläubigem Determinismus, in selteneren Fällen Materialismus); diese Hypothesen sind jedenfalls weder ihre durchdachtesten noch ihre interessantesten Produkte, und sie hat sie auch eher als allgemeinen Rahmen für die Analyse denn als Gegenstand abstrakter Spekulation benutzt. Die Vorstellung des Naturrechts wird nicht um ihrer selbst willen entwickelt, sondern als eine Begründung für die Forderung nach konkreter Gleichheit. Denn den Philosophen ist vor allem an praktischen Beobachtungen gelegen, an neuen Kenntnissen: das ist bezeichnend für den Gang der reformwilligen Vernunft.

Doch wohin führt sie, diese Vernunft des Jahrhunderts? Zunächst einmal geht ihr Weg über sehr verschiedene Individuen, Modeströmungen, Ausprägungen von Verstand, Begabung und Empfindung von Montesquieu bis Diderot, von Rousseau bis Condorcet; Voltaire verdankt sie die zugleich klassische und zugespitzte Formulierung. Aber letzten Endes ist sie für alle Gebildeten so etwas wie ein gemeinsamer tragender Grund, der aus vielen Schichten besteht, die einander überlagern, ohne einander je zu zerstören. So ist es wahrscheinlich historisch gesehen falsch, den Deismus Voltaires dem Materialismus Holbachs oder den Liberalismus Montesquieus der demokratischen Lehre Rousseaus entgegenzustellen. Die Denkbemühungen des Jahrhunderts treffen sich samt und sonders in der Kritik an Kirche und Willkürherrschaft und in dem Streben nach Toleranz, Freiheit, Gleichheit und Menschenrechten. So haben die meisten der Männer, die im Frühjahr 1789 der öffentlichen Meinung die Richtung weisen, keine Auswahl unter ihren Lehrmeistern getroffen: sie haben von allen gelernt, daß man an den Fortschritt und an die Erziehung glauben muß und daß der Weg zum Glück der Menschen über die Veränderung des Ancien Régime führt.

Diese Veränderung ist bis in die letzten Einzelheiten durchdacht worden, aber von tausend zweitrangigen Autoren, die heute niemand mehr kennt. Von den fünfziger Jahren an sucht in Paris und in den großen Provinzstädten eine wirklich öffentliche Meinung nach Informationen und Gedanken über die Regierungsführung, das Repräsentativsystem und das englische Modell, die natürliche Gleichheit und soziale Ungleichheit, die Verteilung des Volkseinkommens, den Getreidehandel, kurz, über alle Bereiche gesellschaftlichen Lebens. Die verschiedenen Gruppen des Bürgertums leben noch im Ancien Régime, aber sie gewinnen aus der Stellungnahme ihre Würde und die Definition ihrer Interessen: die Beamten und Juristen, die schon verhältnismäßig unabhängig sind und von Berufs wegen allgemeingültige Rechtsnormen gegen die Willkür wünschen, ebenso wie die Geschäftswelt, der es ganz unmittelbar um die Freiheit zum Produzieren und Handeltreiben geht.

Aber diese aufgeklärte Gesellschaft ist durchaus keine rein »bürgerliche«. Zu ihr gehören auch große Teile der privilegierten Schichten, aus dem gelangweilten Adel ebenso wie aus der königlichen Bürokratie. So bezeichnen, ohne die Standesgrenzen zu respektieren, Liebe zur Kunst und Streben nach dem Nützlichen den weiten Raum einer neuen Bildungsgesellschaft und lassen eine neue Elite erkennen.

Auffallend großes Gewicht hat in diesem bewundernswerten Wettstreit der Geister eine Wirtschaftstheorie, die starken Einfluß auf die zweite Jahrhunderthälfte und die Anfänge der Revolution ausübt: die physiokratische Schule. In dem Kellergeschoß eines Hauses in Versailles hat Quesnay, ein Leibarzt des Königs, schon in den fünfziger Jahren die Grundlage für den liberalen Anspruch gegen die von Colbert geprägte Tradition der französischen Monarchie geschaffen. Auch hier geht es weniger um die Erklärung der Phänomene aus der natürlichen Ordnung wie aus einer Art Vorsehung oder um das Monopol, das der Landwirtschaft für die Erbringung des Nationalprodukts eingeräumt wird: die Physiokraten als Kinder ihrer Zeit neigen dazu, die Berechtigung des liberalen Anspruchs oder den Vorrang der Grundrente als etwas auf ewig Gültiges zu betrachten. Wichtiger ist, daß sie die ersten französischen Theoretiker der wirtschaftlichen Gesamtrechnung und des jährlichen Wachstums sind, vor allem jedoch die Erfinder der Doktrin des hohen Getreidepreises, der freien Wirtschaft des »laisser faire, laisser passer«, kurz, des liberalen Kapitalismus. Im Anfang erwarteten die Begründer der physiokratischen Schule alles von den Reformmaßnahmen eines aufgeklärten Monarchen, aber nach und nach, zwischen 1750 und 1780, von Quesnay bis Dupont de Nemours, haben die Schüler die Lehre von den Wohltaten der Freiheit auch auf das Gebiet der Politik angewendet.

So können sich die Männer von 1789 beim Eintritt in ihre politische Laufbahn auf eine ganze kollektiv erarbeitete Doktrin stützen. Die Krise des Ancien Régime trifft sie nicht unvorbereitet. Seit Jahren haben sie sich dafür gerüstet und ihre Waffen geprüft: »Wir haben einen Vorsprung an Ideen«, kann Mirabeau bald in der Verfassunggebenden Versammlung erklären.

Die nationale Partei ist keine zentral geleitete politische Organisation im modernen Sinne des Wortes »Partei«, sondern viel mehr: sie ist die öffentliche Meinung schlechthin, die Meinung der Städte und in den Städten die Meinung der Klubs. Denn die Klubs, die der Minister Breteuil vor ein paar Jahren geschlossen hat, treten jetzt, Ende 1788, wieder in Aktion, und zwar zahlreicher denn je. In Paris schießen sie nur so aus dem Boden. Da ist zum Beispiel der *Club de Valois* im Palais-Royal unter dem Vorsitz des Hausherrn, des Herzogs von Orléans, mit Condorcet, La Rochefoucauld, Sieyès und Montmorency. Ganz in der Nähe tagt der »Klub des Herrn Massé«, wo hohe Richter und Offiziere verkehren; in Versailles nennt man ihn den »Klub der Wildgewordenen«. Besonders beachtenswert sind ferner die Gesellschaft des Herrn Morellet, wo die bedeutenden wirtschafts- und finanztechnischen Probleme schriftlich abgehandelt werden, u. a. von Talleyrand, Rœderer, de Vaines und Laborde-Méréville; der Kolonistenklub, den die Großgrundbesitzer von Santo Domingo ins Leben gerufen haben; die »Gesellschaft der Freunde der Schwarzen«, wo im gemeinsamen Protest gegen den Sklavenhandel viele der großen Namen von Gegenwart und Zukunft vertreten sind, Mirabeau, Lavoisier, La Fayette, Condorcet, Brissot, Clavière und die Brüder Lameth; schließlich die »Gesellschaft der Dreißig«, die im November vom Pariser Parlamentsrat Adrien Duport gegründet worden ist und den liberalen Adel von La Fayette bis Talleyrand versammelt.

Einige dieser Klubs stehen in Kontakt mit der zunehmend erregten Provinz, wo die alte vom monarchischen Zentralismus an die Kandarre genommene Lust der Städte am Unabhängigsein sich mit den Forderungen der von Arbeitslosigkeit und Verelendung bedrohten Massen verbindet.

Der Abbé Emmanuel Joseph Sieyès, Großvikar von Chartres, hat dem Klerus den Rücken gekehrt und sich wie Mirabeau vom Dritten Stand wählen lassen. Unter den polemischen Broschüren des Winters 1788/89 ist seine Schrift »Was ist der Dritte Stand?« die meistgelesene: für Sieyès sind Nation und Dritter Stand eins.

Regelmäßige Korrespondenzen werden begonnen, immer engere Bande entstehen zwischen den Städten, und zwar trotz der vielen hemmenden Eifersüchteleien: das alte Königreich findet in der Auflehnung und in der Furcht eine erste echte Gemeinsamkeit.

Aber Paris bleibt der Mittelpunkt der Auseinandersetzungen, die immer weiter über den Rahmen der geschlossenen Gesellschaften, der Klubs, hinausdringen. Die von Ludwig XIV. entmachtete Hauptstadt reißt plötzlich alle ihre Rechte wieder an sich und spielt nun die Rolle, die ihr das Jahrhundert geschrieben hat: die erste. In den sechs-, siebenhundert

Cafés von Paris sind nicht mehr Spiel, feinsinniges Geplauder oder einfach der Pariser Witz an der Tagesordnung, sondern politische Debatten.

Das kann man besonders häufig im Herzen von Paris erleben, im weiten Innengarten des Palais-Royal, den der Herzog von Orléans von 1781 bis 1786 mit hohen Mietshäusern umbaut hat, deren Kolonnaden alle erdenklichen Geschäfte beherbergen. Nach der Hausordnung ist der Zutritt zum Garten nur Soldaten, livrierten Dienern und Frauen in Schürze oder Haube untersagt. Diese höchst gemischte Gesellschaft, wo Grandseigneurs und bezahlte Schreiberlinge einträchtig nebeneinander verkehren, gibt dem Garten gegen Abend das Aussehen eines Forums. Im Schatten der hohen Linden gedeihen Ehrgeiz und Intrige; vor allem die Agenten des Herzogs von Orléans verbreiten eifrig die neuen Lehren und vertreten den Liberalismus ihres Herrn gegen die reaktionären Wünsche des Hofes.

Welche Bedeutung, welchen Einfluß hat die »Verschwörung« des Herzogs von Orléans, des entfernten Vetters Ludwigs XVI.? Das läßt sich ebenso schwierig bestimmen wie die tatsächliche Rolle der Freimaurer. Beide Fragen gehören zusammen; denn der Herzog von Orléans ist seit 1773 Großmeister des »Großorient von Frankreich«. Eine ganze Schule der Geschichtswissenschaft hat in der Freimaurerei die eigentliche, wenn auch geheime Anstifterin der Revolution erblicken wollen. Auf der Ebene der großen politischen Ereignisse läßt sich das nicht beweisen, und es gibt viele Annahmen, die dagegen sprechen. Aber ganz sicher haben die Freimaurerlogen, die sich gegen Ende des Jahrhunderts rasch entwickeln, bedeutenden Anteil an dem Zustandekommen der einhelligen öffentlichen Meinung und der nationalen Partei gehabt. Dabei hat das Freimaurertum keine einheitliche Ideologie, geschweige denn eine revolutionäre Gesinnung. Bald ist es rationalistisch und verschwommen gottgläubig, aber nicht antiklerikal (so präsentiert es sich vorwiegend in Paris), bald hängt es wie in Lyon oder Straßburg in einer mystischen Vertiefung dem alten Traum vom Tausendjährigen Reich nach. Durch sein religiöses Ritual, das die umgebende christliche Zivilisation außerordentlich beeindruckt, verleiht es überall den Moralwerten der Aufklärungsphilosophie – Toleranz, Nächstenliebe und Brüderlichkeit unter den Menschen – einen verklärenden, heiligen Glanz. Es öffnet weit mehr einem Reformwillen der Eliten den Weg als einer Revolution der Massen. Es ist eines der Bande, die der nationalen Partei Zusammenhalt geben.

Angesichts der ermutigenden Vorzeichen für eine progressive Entwicklung herrscht jetzt, Ende 1788, allgemeiner Optimismus. Schließlich ist der wiederberufene Necker ein Garant für den guten Willen des Königs! Deshalb möchte der Schweizer Finanzier der nationalen Partei ja auch so gerne entgegenkommen. Mit der Zustimmung des Königs und dem Einverständnis Marie-Antoinettes, die beide den Privilegierten einen Dämpfer gönnen, gewährt er am 27. Dezember die Verdoppelung des Dritten Standes bei den Generalständen. Aber es wird nichts bekanntgegeben über die Abstimmung nach Ständen, deren Beibehaltung die gewährte Konzession unwirksam machen würde: wie immer kommt die Entscheidung Ludwigs XVI. zu spät und zu zögernd, um sich bezahlt zu machen; sie gibt dem Dritten Stand mehr Selbstbewußtsein und schafft Unzufriedenheit beim Adel, so daß die Fronten zwischen der nationalen Partei und den Privilegierten sich verhärten. Der Ton wird schärfer. In der Bretagne kommt es zum Bürgerkrieg. Der Dritte Stand stellt immer radikalere Thesen auf. Im Februar schließt Sieyès in seiner berühmten Broschüre »Was ist der Dritte Stand?« den Adel kühl und sachlich aus der Nation aus: »Diese Klasse gehört wegen ihres Müßiggangs ganz gewiß nicht zur Nation.«

Jetzt haben die Generalstände das Wort.

DRITTES KAPITEL

Die drei Revolutionen des Sommers 1789

Was die Franzosen wollen, läßt sich kurz vor der Eröffnung der Generalstände leichter sagen als zu irgendeinem anderen Zeitpunkt während des Ancien Régime: sie selber haben uns ihre Zeugnisse hinterlassen. Altem Brauch folgend, schreiben die getrennten Versammlungen der drei Stände in jedem Amtsbezirk ihre »Beschwerdehefte«, die dann von den Abgeordneten zu den Generalständen mitgenommen werden sollen. Im ganzen Reich, außer in der Dauphiné und für Geistlichkeit und Adel in der Bretagne, verfaßt also jede, auch die kleinste ländliche Gemeinde, jede, auch die unbedeutendste Berufskörperschaft ihr Heft, das mit seinen Anliegen die Gesamtforderungen des Amtsbezirks zustande kommen lassen soll. Natürlich geben der arme Bauer oder der arbeitslose Geselle nicht selber ihre Stellungnahme: sie können ja nicht schreiben. Die Feder des Pfarrers, des Juristen oder des Kaufmanns dämpft gewiß die Heftigkeit von Ausdruck und Empfindung der einfachen Leute. Außerdem findet man immer wieder wörtlich gleiche Wendungen, die darauf schließen lassen, daß es in Paris verfertigte und in den Provinzstädten und auf dem Lande verbreitete Muster gegeben hat. Aber insgesamt ist die spontane Aufrichtigkeit der Hefte nicht zu bezweifeln: jedes ist diskutiert und nach Abstimmung gebilligt worden. Es gibt in der Geschichte kein ähnliches Beispiel für eine solche schriftliche Konsultation eines ganzen Volkes und für ein solches Denkmal der Nationalliteratur.

Durch die gewaltige Fülle ist eine einfache Antwort auf die schlichte Frage »Was wollen die Franzosen von 1789?« allerdings auch schwierig. Welcher große kollektive Wunsch läßt sich aus der fast erdrückenden und noch unzureichend untersuchten Menge der örtlichen und standesbedingten Einzelwünsche herauslesen? Auf politischem Gebiet eine kontrollierte Monarchie: da sind sich alle einig, die Aristokraten in ihrem Selbständigkeitsdrang und die Bürger in ihrer Sehnsucht nach sozialem Aufstieg. Die Gefühle des Adels im Frühjahr 1789 schildert uns Madame de La Tour du Pin in ihren Memoiren: ihr Onkel ist voller Zuversicht und Illusionen, er spricht nur davon, ganz Frankreich müsse wie der Languedoc regiert werden, wo der Adel die Provinzialstände beherrscht. Ein anderer Aristokrat, ein liberal gesonnener, Monsieur de Ségur, schreibt in seinen Erinnerungen: »Was unsere heftige Ungeduld noch schürte, war der Vergleich mit den Zuständen in England.« Im Haß auf den königlichen Intendanten, die Versailler Büros und den »Ministerdespotismus« sind sich Dritter Stand und Privilegierte einig: sie sehen keinen Widerspruch in dem Aufflammen des Provinzpartikularismus und der gleichzeitig mit Macht erhobenen Forderung nach einheitlichem Recht für die ganze Nation. Im Gegenteil: die Nation, vertreten durch die Generalstände, wird dem Königreich eine dezentralisierende und liberale Verfassung geben und ein für allemal die natürlichen Rechte der einzelnen sichern, wie sie die Philosophie des Jahrhunderts herausgestellt hat: individuelle Freiheit, Eigentum, geistige und religiöse Toleranz, gleiche Rechte für alle, obligatorische Abstimmung regelmäßig einzuberufender Versammlungen über die Steuern.

In einem Frankreich, wo Ludwig XV. noch eine zugleich fromme und kindlich ergebene Volksstimmung für sich hat, ist alles dies weder gegen die Monarchie noch gegen den König feindselig gemeint. Im Gegenteil, das ganze Idealbild einer Verfassung, wie es uns so deutlich aus vielen Beschwerdeheften entgegentritt, beruht auf der Übereinstimmung zwischen König und Nation. Besonders nachdrücklich definiert es der Dritte Stand von Paris in seiner Sorge um »die Rechte und Interessen der Nation«: die gesetzgebende Gewalt steht der Nation und dem König gemeinsam zu, die exekutive Gewalt allein dem König. Und die Pariser Bürger denken auch an die unentbehrliche Weihe der neuen Verfassung: »Jedes Jahr, und zwar an ihrem Jahrestag, wird die königliche Zustimmung zu dieser Verfassung in den Kirchen, Gerichten, Schulen, vor jeder Einheit der Armee und auf den Schiffen verlesen und verkündigt werden. Dieser Tag wird ein feierlich begangener Festtag in allen Ländern unter französischer Herrschaft sein.«

In dieser unkirchlich frommen Sicht vom neuen Glück der Gesellschaft ist kein Platz für Gewalt. Die geforderte »Revolution« wird als ein Ziel, niemals als ein Mittel zum Zweck definiert. In diesem von Aufständen und Hungersnot geschüttelten Frankreich träumen die Eliten und das Bauernvolk gemeinsam von einem Mythos nationaler Versöhnung, nicht von der Rechtfertigung eines Kampfes – die Philosophie des Jahrhunderts hat die Gestalt des zu gebärenden Kindes gezeichnet, nicht die Art, wie es zur Welt kommen soll. Man glaubt, man brauche nur zu postulieren, dann werde der allgemeine Konsens schon alles schaffen. Er werde von alleine zu einer erneuerten Gesellschaft führen, einer Gesellschaft des Menschenglücks, die sich auf die Kongruenz von moralisch Erstrebenswertem und Nützlichem gründen und deshalb ohne jede Bezugnahme auf etwas Übernatürliches auskommen wird. Das Heft einer kleinen Gemeinde im Landgerichtsbezirk Saintes beschreibt dieses ganz nahe gerückte Paradies auf Erden, in dem der Mensch zum Selbstzweck wird, folgendermaßen:

»Jetzt ist es vorbei mit den Worten: ›Wenn das der König wüßte!‹ Der König, der beste aller Könige, der Vater einer großen und einsichtsvollen Familie, wird es jetzt wissen. Alle Laster werden ausgerottet werden. Beglückender, tugendsamer Fleiß, Anstand,

Schamgefühl, Ehre, Sittsamkeit, Vaterlandsliebe, Güte, Freundschaft, Gleichheit, Eintracht, Arbeit, Mitleid, Sparsamkeit – alle diese schönen Tugenden werden zu Ehren kommen, und nur die Weisheit wird das Zepter führen. Die wechselseitige Liebe von Fürsten und Untertanen wird den Thron errichten, der allein des Königs der Franzosen würdig ist.«

So steht es um die nationale Einmütigkeit – eine wahrhaft revolutionäre Entwicklung. Aber hinter dieser Eintracht zeigen sich doch die vielen sozialen Gegensätze des alten Frankreich: oft trennen sie Gruppen, die man bei oberflächlicher Betrachtung für außerordentlich homogen halten möchte. Reiche und arme Bauern sind Gegner, wenn es um die Aufteilung des Gemeindelandes, der Allmende geht, Kaufleute und Innungsmeister in der Frage der Gewerbefreiheit, Bischöfe und Pfarrer wegen der Demokratisierung der Kirche, Adel und Geistlichkeit wegen der Pressefreiheit.

Die große Wasserscheide jedoch trennt nach wie vor die beiden privilegierten Stände von den übrigen Bewohnern des Reiches. Der Dritte Stand verficht nämlich nicht nur die Abstimmung nach Köpfen, um so sein politisches Übergewicht zu sichern. Er fordert nicht nur die steuerliche Gleichbehandlung, der die meisten Beschwerdehefte des Adels übrigens letzten Endes zugestimmt haben. Er will auch die volle Gleichheit vor dem Gesetz, die Zulassung aller zur Beamten- und Offizierslaufbahn, die Abschaffung der Herrenrechte mit oder ohne Abgeltung – kurz, er will, daß der Ständestaat beseitigt wird. Die Bauern eines Dorfes im Amtsbezirk Sézanne drücken das so aus: »Wir, die armen Landbewohner, wir dienen freiwillig oder von den Werbern gepreßt dem König und dem Vaterland, wir bezahlen die Kanonen, die Mörser, die Granaten, die Gewehre und das ganze militärische Arsenal, wir haben die Last der Einquartierung der Soldaten zu tragen, ohne hoffen zu dürfen, daß unsere Kinder je die hohen militärischen Ränge bekleiden werden: man hält die Tür vor ihnen verschlossen und behauptet dann, sie seien ja gar nicht fähig zu kommandieren. Aber neben allen diesen Lasten zwingt man uns auch noch, dem adeligen Offizier alles zu bezahlen: seinen Sold, seine Ordenskreuze und -bänder, seine Renten und Pensionen und überhaupt alle Gnadenerweise und Gunstbezeugungen, die ihm gewährt werden.«

Es geht nicht um eine neue Regierung des Staates, sondern um eine neue Gesellschaft. Da können die Privilegierten dieser zusätzlichen umwälzenden Neuerung, der Gleichheit, nicht auch noch ihre Zustimmung geben: die allermeisten ihrer Hefte zeigen das deutlich.

So beschreiben die Beschwerdehefte eine politische Dreieckssituation, die dem König von Frankreich durchaus noch Trümpfe beläßt. Zwar ist er isoliert durch die liberale Revolution, in der sich sein ganzes Reich einig ist, aber er bleibt zwischen Adel und Drittem Stand der Schiedsrichter in der Frage der Gleichberechtigung – hier sucht jeder in ihm die wichtigste Stütze. Er hat nicht in die Vorbereitung der Wahlen und die Abfassung der Beschwerdehefte eingegriffen, sondern dem Land die Möglichkeit gelassen, sich frei auszudrücken. Jetzt hat er die Elemente des Problems vor sich und könnte daraus die Grundelemente eines Programms machen.

Aber die Zeit drängt. Zwar drücken die Hefte die Wünsche der Nation mit einer Gelassenheit aus, die noch Auswahlmöglichkeiten läßt, aber die wirtschaftliche und politische Tragödie steht dahinter und hat sie überhaupt erst in dieser Form zustande kommen lassen. Für eine Entscheidung unter Berufung auf die Wünsche der Nation bleibt dem König in dieser kritischen Situation nur sehr wenig Zeit. Schnelles Handeln ist die Voraussetzung für seinen Erfolg; kann er sich nicht dazu durchringen, muß er scheitern.

Durch Verfügung vom 24. Januar ist für die Wahlen zu den Generalständen ein komplizierter Modus festgelegt worden, in ein, zwei oder drei Stufen, je nachdem, ob es sich jeweils um den Adel oder den Dritten Stand, um Landgemeinden oder Städte handelt. Aber alle über fünfundzwanzig Jahre alten Franzosen haben das Wahlrecht bekommen und machen mit einer nicht mehr feststellbaren Wahlbeteiligung davon Gebrauch, indem sie 1165 Abgeordnete bestimmen, etwas weniger als 600 für den Dritten Stand und knapp 300 für jeden der privilegierten Stände.

In der Geistlichkeit sind nach heftigen inneren Auseinandersetzungen nur 46 Bischöfe vertreten, und davon sind noch etliche liberal gesonnen wie Champion de Cicé von Bordeaux oder Talleyrand, der im Vorjahr zum Bischof von Autun ernannt worden ist. Alle übrigen Geistlichen sind von bescheidenem Rang, die meisten sogar einfache Pfarrer. Im Adel liegen Schwung, Popularität und Begabung bei den 90 liberalen Abgeordneten, einem Drittel der Standesvertretung also: die herausragenden Gestalten sind Duport durch seine Sachkenntnis und La Fayette durch sein Prestige aus dem amerikanischen Unabhängigkeitskrieg. Bei der starken Vertretung des Dritten Standes dagegen fällt die gesellschaftliche und politische Einheitlichkeit auf: keine Bauern, keine Handwerker und keine Arbeiter, sondern eine geschlossene Bürgerphalanx aus gebildeten, ernsthaften Männern, die einmütig darangehen wollen, den Staat auf eine neue Grundlage zu stellen. Die Juristen sind am zahlreichsten vertreten, aber sie fühlen sich durch nichts unterschieden von den Händlern und Kaufleuten. Und die Provinz, deren große Stunde dies ist, marschiert im Gleichschritt nach Paris, geschart um ihre Lokalgrößen: Mounier und Barnave aus der Dauphiné, Le Chapelier und Lanjuinais aus der Bretagne, Thouret und Buzot aus der Normandie, Rabaut Saint-Étienne aus Nîmes, Robespierre aus Arras haben keine Minderwertigkeitskomplexe gegenüber Bailly, dem berühmten Akademiemitglied aus Paris. Dennoch ist es bezeichnend für diese aristokratischen Zeiten, daß alle sich darin einig sind, den zwei Überläufern aus den privilegierten Ständen die Starrolle zu überlassen. Abbé Sieyès, nach seiner aufsehenerregenden Broschüre vom Februar als Abgeordneter des Dritten Standes in Paris gewählt, ist ein engstirniger Doktrinär, aber gerade in seiner unerschütterlichen Überzeugung liegt seine Stärke. Der Graf von Mirabeau, von seinem Stand verstoßen, in Aix-en-Provence vom Dritten Stand gewählt, hat zwar seinen Ruf ruiniert, aber die Kraft seiner Rede ist überwältigend.

Die Generalstände sollen am 5. Mai in Versailles im Großen Saal der *Menus Plaisirs*, der 1786 für die Versammlung der Notabeln an der Avenue de Paris gebaut worden ist, zusammentreten. Hauptproblem ist die Abstimmung nach Ständen oder nach Köpfen, weil der Rat es bei seiner Entscheidung vom 27. Dezember nicht geklärt hat. Um allen Beteiligten die traditionellen Schranken im Reiche noch einmal einzuprägen, empfängt der König am 2. Mai die Stände getrennt. Am 4. Mai muß die Ordnung der Prozession zu einer Demütigung des Dritten Standes herhalten: die bürgerlichen Abgeordneten werden wohlweislich abgeschieden, indem man ihnen die Spitze des Zuges zuweist, am weitesten vom König entfernt. Beim Eintreffen in der Ludwigskirche müssen sie sehen, wo sie Platz finden, während für Adel und Klerus Sitze reserviert sind. Der Bischof von Nancy, der die Predigt hält, legt dem König »die Ehrerbietung der Geistlichkeit, die Hochachtung des Adels und die untertänigste Bitte des Dritten Standes« zu Füßen. Durchweg schlechte protokollarische Vorzeichen, die in den Reihen des Dritten Standes entrüstet zur Kenntnis genommen werden.

Am 5. Mai eröffnet Ludwig XVI. die Sitzungsperiode mit einer kurzen Ansprache, deren nichtssagender, ganz den traditionellen Formen entsprechender Inhalt sorgfältig abgewogen worden ist. Der Siegelbewahrer, Barentin, der nach ihm das Wort ergreift, spricht so leise, daß niemand ihn versteht. Den Schluß seiner Rede allerdings hören alle: er fordert die Stände auf, »voller Entrüstung die gefährlichen Neuerungen zurückzuweisen, welche die Feinde des Gemeinwohls anstelle der glücklichen und notwendigen Veränderungen sehen möchten, mit denen die Erneuerung bewerkstelligt werden soll, dieser dringliche Wunsch Seiner Majestät«. Endlich tritt dann Necker auf, gestern noch das Idol aller Städte des Landes. Seine Rede, die dem König vorgelegen hat, ist so lang, daß der Generaldirektor der Finanzen den größten Teil durch einen Vertreter verlesen lassen muß. Drei Stunden dauert diese hochtechnische Darstellung der Finanzlage, in der nur ein 56-Millionen-Defizit zugegeben und eine Anleihe von 80 Millionen vorgeschlagen wird. So macht man den Abgeordneten, gegen die Hoffnung des ganzen Landes, von vornherein klar, daß der König ihre Zuständigkeit auf die Billigung eines verzweifelten Finanzmanövers eingeschränkt sehen möchte. Nichts wird gesagt über eine etwaige Verfassung des Reiches; nichts, oder fast nichts, über den Abstimmungsmodus: Necker deutet nur an, daß man für manche Fragen in Zukunft die Abstimmung nach Köpfen erwägen könnte. So scheint die königliche Politik von vornherein auf Halbheiten zuzusteuern; sie akzeptiert die steuerliche Gleichbehandlung, weigert sich aber, darüber hinauszugehen.

Doch es ist schon zu spät. Die Finanzkrise ist längst kein technisches Problem mehr. Sie ist zum auslösenden Funken für eine politische Krise der Nation geworden. Mit seiner Weigerung, das Problem im Sinne der einen oder der anderen Partei in Angriff zu nehmen, schwächt der König seine Stellung. Hätte er die Trennung der Kammern befohlen, wären Adel und Geistlichkeit auf seiner Seite gewesen; hätte er gemeinsame Beratungen der Stände befohlen, wäre ihm der Dritte Stand sicher gewesen.

In beiden Fällen wäre die Aussicht, Gehorsam zu finden, um so größer gewesen, als ihm noch niemand das Recht zur Ausübung der exekutiven Gewalt abspricht. Er nimmt es sich selber durch seine Unentschlossenheit. Am folgenden Tag, am 6. Mai, machen sich Adel und Geistlichkeit daran, in getrennten Sitzungen die Legitimationen ihrer Abgeordneten zu prüfen. Der Dritte Stand rührt keinen Finger. Die Stände sind gelähmt.

Was wird der Dritte Stand tun? Die Lage ist ziemlich unerfreulich für seine Abgeordneten, die im Großen Saal der *Menus Plaisirs* bleiben, dem einzigen, der groß genug ist, um alle drei Stände zusammen aufzunehmen. Offen und sofort die Abstimmung nach Ständen zu verwerfen, das bedeutet den Sprung in die Illegalität, in die Revolution. Einige, die Männer aus der Dauphiné und aus der Bretagne zum Beispiel, sind dazu bereit, aber durchaus nicht alle. Andererseits erhebt sich nicht eine Stimme, um für Gehorsam oder Wahrung der Tradition zu plädieren. So wartet man vorerst ab; der Dritte Stand vermeidet es sorgfältig, sich als eigene Versammlung zu konstituieren, sich eine Geschäftsordnung oder ein Präsidium zu geben. Aber es ist bezeichnend, daß er sich schon am 6. Mai umtauft, als könne der neue Name eine jahrhundertelange Demütigung abwaschen: seine Mitglieder nennen sich jetzt die *députés des communes*, die »Abgeordneten der Gemeinden« nach dem Vorbild von Vizille und zugleich mit deutlichem Anklang an das englische Unterhaus, das »House of Commons«.

Die ersten Anzeichen, daß die Geistlichkeit zum Nachgeben bereit ist, geben den *Communes* eine gewisse Bewegungsfreiheit. Denn der Adel schreitet zwar auf seinem Wege fort und erklärt sich am 11. Mai für konstituiert, aber die Reibereien zwischen Pfarrern und Bischöfen veranlassen die Geistlichkeit, Vermittlungsgespräche zwischen Bevollmächtigten der drei Stände vorzuschlagen. Der Dritte Stand bleibt bei seiner Verzögerungstaktik und wagt nicht abzulehnen; er bleibt aber auch seinem Endziel treu, gibt in der Sache nicht einen Schritt nach und schlägt dem Klerus feierlich die Vereinigung der beiden Kammern vor. Angesichts der Ungeduld ihrer Pfarrer rufen die Bischöfe den König um Vermittlung an, und er offeriert den Bevollmächtigten der drei Stände seine Minister als Schiedsrichter. Die neuen Konferenzen beginnen am 30. Mai, aber die Geschäftsordnungsdebatten zeigen sehr bald, wie unüberwindlich die Gegensätze sind. Der Adel lehnt sowohl die Protokolle als auch die neue Bezeichnung des Dritten Standes ab.

So geht es bis zum 9. Juni, und noch ist keine Sachfrage wirklich angegangen worden. Dabei wird es höchste Zeit; die Erregung wächst. Jeden

Tag drängt sich das Publikum auf den Tribünen des Großen Saals der *Menus Plaisirs*, und schon am 2. Juni hat Barentin an den König geschrieben: »Die Zuschauer sind nicht ohne Einfluß auf die hitzige Stimmung in der Versammlung.« Die Stunde für kühne Entschlüsse ist gekommen, und die *députés des communes* sind dazu bereit. Dieser lange Monat Mai hat sie zusammengeschweißt und sie einander bekannt gemacht; seit Ende April haben die bretonischen Abgeordneten Absprachen außerhalb der Sitzungen eingeführt und ihre Kollegen aus den anderen Provinzen zu ihren Diskussionen eingeladen. Es ist so etwas wie eine Kollektivgesinnung entstanden, Talente sind ans Licht getreten, Autoritäten haben sich durchgesetzt: nicht nur Sieyès und Mirabeau kennt man jetzt, sondern auch Bailly, Target, Barnave, Mounier, Rabaut Saint-Étienne, Camus, Malouet und Le Chapelier.

Am 10. Juni beschließt der Dritte Stand auf Vorschlag von Sieyès, »eine schon zu lange währende Untätigkeit aufzugeben«. Er lädt die Abgeordneten der beiden ersten Stände ein, sich mit ihm zu vereinigen zu einer gemeinsamen Prüfung der Legitimationen »aller Vertreter der Nation«; die Nichterscheinenden sollen als abwesend betrachtet werden.

Am 12. Juni abends beginnt der namentliche Aufruf, aber der Dritte Stand ist unter sich. Am 13. stoßen drei Pfarrer aus dem Poitou dazu; am 14. und dann am 16. wächst der Zustrom langsam an: 19 geistliche Abgeordnete, unter ihnen der Abbé Grégoire, tagen jetzt bei den *communes*. Nach Abschluß der Prüfung nimmt sich die Versammlung die große, unendlich bedeutungsvolle Frage der neuerlichen Namensgebung vor: Was ist sie? Was will sie sein? Gegen das vorsichtige Abraten Mouniers und Mirabeaus greift Sieyès von einem seiner Kollegen das Wort »Nationalversammlung« auf, das am 17. Juni mit sehr großer Mehrheit nach zweitägiger Debatte angenommen wird. Der große revolutionäre Akt ist vollzogen: der Dritte Stand hat die alte politische Gesellschaft zerstört und eine neue, vom König unabhängige Gewalt geschaffen.

Sogleich binden sich die Abgeordneten auf Vorschlag ihres Präsidenten Bailly durch einen feierlichen Treueid an das Amt, das sie sich selber gegeben haben. Am darauffolgenden Tage erkennen sie sich das Recht der Steuergenehmigung zu und stellen »schon jetzt die Gläubiger des Staates unter den Schutz der Ehre und der Gesetzestreue der französischen Nation«. Damit geben sie der Menge der so nahen Pariser Rentner zu verstehen, daß der Bankrott eine königliche Angewohnheit, die Verteidigung der Rentendemokratie dagegen eine revolutionäre Neuerung ist.

So ist denn eine neue Souveränität in Frankreich entstanden. Aber die alte hat sie nicht anerkannt, und wie könnte sie es auch, ohne sich selber zu verleugnen? Sie muß entweder kämpfen oder das Feld räumen.

Der revolutionäre Schritt des Dritten Standes hat naturgemäß die Auseinandersetzungen innerhalb des Klerus und sogar des Adels verschärft. Am 19. Juni entscheidet sich die Mehrheit der Geistlichkeit für den Zusammenschluß. In der anderen privilegierten Kammer haben achtzig Stimmen von liberalen Adeligen sich ebenfalls dafür ausgesprochen.

Aber der Widerstand der meisten Bischöfe und der großen Mehrheit des Adels wird dadurch nur um so mehr angefacht. Diese Zauberlehrlinge der Revolution geben ihre Ansprüche jetzt zugunsten der königlichen Gewalt auf und wenden sich Ludwig XVI. zu, den sie so lange bekämpft und in Mißkredit gebracht haben. Sie entdecken in ihm wieder ihren natürlichen Beschützer; in Scharen finden sie sich in Marly ein, wohin sich der König seit dem Tode seines ältesten Sohnes (4. Juni) zurückgezogen hat. Dort, wo die liberalen Minister, die in Versailles geblieben sind, ihnen nicht hineinreden können, haben die Königin und die Prinzen reichlich Gelegenheit, dem Monarchen die Notwendigkeit des Widerstands zu predigen.

Zwischen der Mehrheit seines Kabinetts, die zu den Ständen hält, und seiner Umgebung, die schon zur Kraftprobe neigt, stimmt Ludwig XVI. eher mit seiner Umgebung überein, aber er legt nur die Form fest, in der er seine Entscheidung ergehen lassen will. Eine Sitzung der Stände in Anwesenheit des Königs soll stattfinden; zuerst ist sie für den 22. Juni vorgesehen, dann wird sie um einen Tag verschoben. Inzwischen soll unter dem Vorwand notwendiger Vorarbeiten für diese Sitzung der Große Saal der *Menus Plaisirs* geschlossen werden.

So stehen die Abgeordneten der Nationalversammlung, die man nicht benachrichtigt hat, am 20. Juni vor verschlossenen Türen im Regen auf der Avenue de Paris. Sie begeben sich in einen Saal im nahegelegenen Ballspielhaus. Dieser völlig leere, schmucklose Riesenraum ohne Sitzgelegenheiten mit seinen hohen Fenstern und den Holzgalerien auf halber Höhe, wo sich die Zuschauer drängen, wird zum feierlichen Rahmen für den berühmten Schwur, den Target verfaßt hat und den Präsident Bailly verliest:

»*Die Nationalversammlung*, in Anbetracht der Tatsache, daß sie durch ihre Berufung, die Verfassung des Königreichs zu schaffen, die öffentliche Ordnung wiederherzustellen und die wahren Prinzipien der Monarchie zu wahren, durch nichts daran gehindert werden kann, ihre Beratungen fortzusetzen, an welchem Ort auch immer sich aufzuhalten sie gezwungen sein sollte, und daß schließlich überall da, wo ihre Mitglieder zusammentreten, die Nationalversammlung ist;

beschließt, daß alle Mitglieder dieser Versammlung augenblicklich den feierlichen Schwur leisten, nicht auseinanderzugehen und überall zusammenzutreten, wie die Umstände es erfordern werden, bis die Verfassung des Königreichs geschaffen und auf sicheren Grundlagen befestigt sein wird; und daß, nachdem dieser Schwur geleistet worden ist, alle Mitglieder, und zwar jedes einzeln, durch ihre Unterschrift diese unerschütterliche Entschlossenheit bekräftigen.«

Alle Abgeordneten mit nur einer Ausnahme leisteten vor Bailly den Eid. Der revolutionäre Wille trug fortan das Siegel des beschworenen Wortes.

Der nächste Tag, der 21. Juni, war ein Sonntag. Am Tag darauf, dem 22. Juni, nahm die Nationalversammlung, die im Mittelschiff der Ludwigskirche Zuflucht gesucht hatte, 150 Mitglieder der Geistlichkeit auf, die der Mehrheitsentscheidung ihres Standes vom 19. Juni treu geblieben waren. Aber es kam jetzt alles auf die königliche Sitzung an.

Am Morgen dieser königlichen Sitzung vom 23. Juni ist die Frage naheliegend: was will der König? Was steckt hinter dieser verschlossenen Stirn, welcher verborgene Wille beseelt diese stumpf gleichgültige Erscheinung?

Am besten hält man sich an die bekanntgewordenen Fakten, die nicht sonderlich zahlreich sind. Drei Sitzungen des Rates haben in der fraglichen Zeit stattgefunden; am 19. in Marly, am 21. und 22. in Versailles, wohin der Hof zurückgekehrt ist. Thema ist die Vorbereitung der Ständesitzung in Anwesenheit des Königs. Am 19. hat Necker endlich seinen Plan dargelegt: mit Unterstützung seiner liberalen Kollegen Montmorin, Saint-Priest und Bischof La Luzerne spricht er sich für die steuerliche Gleichbehandlung und die Zulassung aller zu den Staatsämtern aus; er konzediert die Abstimmung nach Köpfen für die Entscheidung über die Form der zukünftigen Generalstände (damit bereitet er seinen Sieg für später vor), nicht aber für die Beratung über die Herrenrechte und die Privilegien der beiden ersten Stände in der begonnenen Sitzungsperiode. Hinsichtlich der revolutionären Beschlüsse des Dritten Standes rät er, sie nicht offen aufzuheben, sondern »zu entscheiden, ohne die Debatte vom 17. Juni zur Kenntnis zu nehmen«.

Im Verlaufe einer langen Diskussion (die Sitzung dauert bis in die späte Nacht) kritisiert Siegelbewahrer Barentin die von Necker gewünschten Konzessionen, und zwar nicht die steuerliche Gleichbehandlung, sondern die Abstimmung nach Köpfen über die künftigen Generalstände, die Zulassung von Bürgerlichen zur Offizierslaufbahn und die Weigerung, die Revolte des Dritten Standes eindeutig zu brechen. Am Sonntag, 21. Juni, zieht der König seine Brüder zum Rate hinzu und verläßt die Linie Neckers, dessen Entwurf am 22. verschärft wird.

Ausschnitt aus einer aufs Symbolhafte konzentrierten Zeichnung von Louis David: »Der Ballhausschwur«. Der Astronom Bailly (auf dem Tisch) spricht vor, im Vordergrund versöhnen sich der Ordensgeistliche (der Kartäusermönch Gerle), der Weltgeistliche (Abbé Grégoire) und der evangelische Pfarrer (Rabaut Saint-Étienne).

Daraufhin weigert sich der Generaldirektor der Finanzen, am 23. der königlichen Sitzung beizuwohnen. Die Abwesenheit des populärsten Ministers beunruhigt den Dritten Stand, der schon wegen der rings versammelten Militäreinheiten und wegen einer demütigend langen Wartezeit aufgebracht ist. Vor allem aber enttäuschen die beiden Erklärungen, die Ludwig XVI. verlesen läßt, seine Hoffnungen. Dennoch sind das wichtige historische Dokumente, so etwas wie ein Testament. Zum ersten- und letztenmal bezeichnet der König aus freier Entscheidung die Grenzen, innerhalb derer die französische Monarchie eine Reformentwicklung zu dulden bereit ist. Nie ist die Auffassung Ludwigs und seiner Berater klarer zum Ausdruck gekommen. Heute weiß dieser unentschlossene Mann, was er will und was er nicht will.

Was besagt der königliche Text? Er akzeptiert die Forderung nach Zustimmung der Stände zu den Steuern und Anleihen, nach Freiheit des einzelnen und der Presse und nach Dezentralisierung der Verwaltung. Er bringt den Wunsch zum Ausdruck, die Privilegierten möchten der steuerlichen Gleichbehandlung zustimmen. Er schweigt sich aber aus über die Zulassung aller zu allen Ämtern und sieht die Abstimmung nach Köpfen nur in einigen klar begrenzten Fällen vor, und zwar ganz ausdrücklich nicht für alle die künftigen Generalstände betreffenden Angelegenheiten. Vor allem bleibt er betont bei den traditionellen Rangeinteilungen der aristokratischen Gesellschaftsordnung. Kurz, die Krone kommt der liberalen Forderung ein Stück entgegen, lehnt aber jede Gleichberechtigung eindeutig ab. Sie akzeptiert nur solche Reformen, die auch die Aristokratie akzeptiert. So ist ihre Entscheidung von vornherein entwertet.

Der Dritte Stand empfindet das besonders stark, weil die königliche Erklärung seine Beschlüsse vom 17. Juni zunichte macht und weil Ludwig XVI. die Sitzung mit einer hochfahrenden Rede schließt, in der die Auflösungsdrohung durchklingt. Der Befehl, sich wieder zu trennen und nach Ständen zu beraten, ist eindeutig. Sobald der König, gefolgt von den Abgeordneten des Adels und den hohen geistlichen Würdenträgern, den Saal verlassen hat, tritt der Großzeremonienmeister, der junge Marquis von Dreux-Brézé, auf die unbewegt und schweigend verharrenden Männer des Dritten Standes zu: »Meine Herren, Sie haben die Absichten des Königs vernommen.« In den folgenden Minuten findet die bürgerliche Revolution bekanntlich gleich drei erstaunliche Formulierungen dafür, daß eine neue Zeit gekommen ist. Bailly: »Die versammelte Nation hat keine Befehle entgegenzunehmen.« Sieyès: »Ihr seid heute noch, was Ihr gestern gewesen seid.« Mirabeau: »Wir lassen uns von unseren Plätzen nur durch die Macht der Bajonette vertreiben.« Tatsächlich beschließt die Versammlung, bei ihren früheren Entscheidungen zu bleiben, und sie verkündet die Unverletzlichkeit ihrer Mitglieder, die Immunität der Abgeordneten. Ludwig XVI. läßt die Dinge treiben; hat er nach diesem Ereignis überhaupt noch die Möglichkeit, die im Rat am 21. Juni festgelegte Politik durchzusetzen? Das ist nicht sicher. Jedenfalls versucht er es gar nicht erst. Am 24. findet sich die Mehrheit der Geistlichkeit wieder in der Nationalversammlung ein, in deren Vorsitz sich jetzt Bailly mit dem Erzbischof von Vienne teilt. Am 25. löst sich sogar der Zusammenhalt beim Adel auf: 47 seiner Abgeordneten stoßen unter Führung von Clermont-Tonnerre, La Rochefoucauld, Duport und dem Herzog von Orléans zum Dritten Stand. Am 27. erkennt Ludwig XVI. höchstpersönlich das Fait accompli an, indem er »seine getreue Geistlichkeit und seinen getreuen Adel« auffordert, sich mit dem Dritten Stand zu vereinigen. Am Abend erstrahlt Paris in festlicher Beleuchtung.

Die Revolution der Abgeordneten des Dritten Standes hat mit einem Sieg geendet. Am 7. Juli ernennt die Versammlung einen Verfassungsausschuß. Ist sie nicht im Grunde schon seit Juni die Verfassunggebende Versammlung?

So stehen Ende Juni zwei Souveränitäten nebeneinander: die alte des Königs und die neue der Nationalversammlung. Sie sind nicht unvereinbar, und zwar nicht nur, weil die erste seit dem 27. Juni die zweite implicite anerkannt hat, sondern auch, weil die zweite gar nicht die Absicht hat, sich an die Stelle der ersten zu setzen. Denn die bürgerliche Revolution ist keine Forderung nach allem oder nichts. Sie schickt sich an, mit dem König zu teilen und mit der liberalen Aristokratie zusammen zu regieren.

Es hängt also vieles von Ludwig XVI. ab. Aber der Weg zur Entscheidung und die Umstände des Handelns bleiben beim König zumeist im Dunkeln. Ganz zweifellos sinnt der Hof auf Rache: die Königin, der Graf von Artois als jüngster Bruder des Königs und die Prinzen von Condé und von Conti, die Herzöge von Polignac und von Broglie versuchen, den König zu Taten in dieser Richtung aufzustacheln. Aber gibt es einen echten gegenrevolutionären Plan? Wenn ja, tritt er nicht offen zutage. Am wahrscheinlichsten ist noch, daß es so war, wie Necker schreibt: »Es gab Geheimnisse und ganz geheime Geheimnisse, und der König selber war durchaus nicht in alle eingeweiht.« Vielleicht hat man sich vorgenommen, den König bei günstiger Gelegenheit zu Maßnahmen zu bewegen, von denen man ihm jetzt noch nichts sagen mag.

Jedenfalls wird von Tag zu Tag eine Politik der Gruppierung militärischer Einheiten rund um Paris immer deutlicher. Am 26. Juni läßt der

König Marschbefehle an sechs Regimenter hinausgehen, und am 1. Juli nach Disziplinlosigkeiten bei den in Paris stationierten Gardes-Françaises an weitere zehn, vor allem deutsche und Schweizer Regimenter. Die offizielle Begründung ist die Sorge um die Aufrechterhaltung von Ruhe und Ordnung in der von Hunger und Angst erregten Stadt, aber die Nationalversammlung fühlt sich bedroht: am 8. Juli prangert Mirabeau die konterrevolutionären Absichten an, und die Versammlung verabschiedet am Tage darauf eine Denkschrift an den König.

Die Verschwörung bei Hofe gewinnt einen Vorsprung. Noch bevor alle heranbefohlenen Truppen eingetroffen sind, enthebt der König am 11. Juli Necker seines Amtes und entläßt seine liberalen Minister. Das neue, seit mehreren Wochen hinter den Kulissen vorbereitete Kabinett ist geradezu ein Aushängeschild für die gegenrevolutionäre Absicht: Barentin bleibt Siegelbewahrer, Breteuil, ein Erzaristokrat, ist die Seele des Ganzen, und Marschall von Broglie bekommt das Kriegsministerium. Für alle Menschen im Reich bedeutet das Bürgerkrieg.

Tatsächlich ist die Entlassung Neckers deshalb besonders gefährlich, weil in Paris seit Ende Juni die Erregung sich ganz offen zeigt und in einer Art Dauermeeting ausdrückt. Das Steigen des Brotpreises und die Arbeitslosigkeit, verstärkt durch die augenblickliche Überbevölkerung, die aus dem Zustrom der Hungernden vom Lande nach Paris entstanden ist, treiben die Kleineuteviertel im Zentrum und im Osten der großen Stadt zur Verzweiflung. Am 14. Juli, ein symbolisches Zusammentreffen, ist das Brot teurer als je zuvor in diesem Jahrhundert. Außerdem macht die Angst vor dem Staatsbankrott alle Besitzenden nervös, die Klein- und Großrentner ebenso wie die Oligarchie der Handels- und Finanzwelt.

Das Zusammentreten der Generalstände und die folgende Revolution der Abgeordneten des Dritten Standes haben in der Volksseele den alten Traum vom Tausendjährigen Reich der Gerechtigkeit, die Hoffnung auf Glück für die Armen und auf Rache für die Unterdrückten geweckt: die ganze revolutionäre Mentalität ist fortan zutiefst davon geprägt. Und dabei muß Paris Hunger leiden, und aus Versailles kommen Nachrichten, die in keiner Weise dem widersprechen, was die Bürgerlichen schon lange die »Verschwörung der Aristokraten« nennen. Die Stadt steht bereit und harrt der Dinge, die da kommen sollen.

Wer regiert in Paris? Niemand. Die vom Vorsteher der Kaufmannschaft mit seinen vier Schöffen gebildete oligarchische Stadtverwaltung vertritt eher den König als die Stadt und hat keine echte Macht. Die königliche Armee? Abgesehen von den Wachkompanien liegen in Paris nur zwei Infanterieregimenter, Schweizergarden und Gardes-Françaises, zusammen drei- bis viertausend Mann. Aber die französischen Soldaten der königlichen Gardes-Françaises sind nicht verläßlich. Sie murren gegen die Härte der Offiziere, werden von den Pariser Bürgern mit Geld und Trank traktiert und sind auch schon von der allgemein erwachenden freiheitlichen Gesinnung angesteckt – sie stehen auf seiten der Pariser. Am 30. Juni hat eine unübersehbare Menschenmenge einigen ihrer wegen Disziplinlosigkeit eingekerkerten Kameraden die Türen des Abbaye-Gefängnisses in Saint-Germain-des-Prés geöffnet. Die Nationalversammlung ist mit ihrem Fall befaßt worden und hat vom König ihre Begnadigung gefordert. Ludwig XVI. wagt nicht abzulehnen. Die Soldaten gehen symbolisch noch einmal in ihr Gefängnis und werden sofort wieder freigelassen.

Diese allgemeine Krise der Staatsautorität wird vom Pariser Bürgertum genutzt, um sich zu organisieren. Die Mitglieder der Wählerversammlungen vom Frühjahr halten Kontakt, vor allem die 400 Wahlmänner des zweiten Grades, die von den 60 Distrikten der Stadt bestimmt worden sind. Sie bilden schon ab Ende Juni so etwas wie eine halb geheime, halb im Rathaus geduldete Stadtverwaltung und schlagen der Nationalversammlung die Aufstellung einer »Nationalmiliz« vor, die in Paris die Ordnung aufrechterhalten und gegebenenfalls die Abgeordneten verteidigen soll, die aber den Antrag nicht zu behandeln wagen, sondern ihn vertagen.

In dieser Stimmung befindet sich Paris, als am 12. Juli gegen Mittag die Nachricht von der Entlassung Neckers eintrifft.

Für Paris ist die Entlassung Neckers der eindeutige Beweis für die Verschwörung der Aristokraten, das Zeichen sowohl für den Staatsbankrott als auch für die Gegenrevolution. Die ganze Stadt hält sich angesichts der Nachrichten dieser letzten Tage für belagert von den Soldaten des Königs und ist überzeugt, daß sie bald zerstört und zur Plünderung freigegeben werden wird. So stehen die Pariser nicht etwa auf, um die Nationalversammlung und ihre Errungenschaften zu retten; ihre Erhebung ist nur die logische Folge ihrer Entschlossenheit, sich selber zu retten. Wer ist denn überhaupt in erster Linie bedroht, die Nationalversammlung oder Paris? Sicher läßt sich nur sagen, daß nach einer Art verhängnisvoller Gesetzmäßigkeit bei den zum Abtreten verurteilten Machthabern der König sich ein weiteres Mal die größtmögliche Zahl von Gegnern schafft.

Die Reaktion am Nachmittag des 12. Juli jedenfalls tritt sofort ein. Es ist schönes Wetter. Die Menge im Garten des Palais-Royal sammelt sich um spontan auftretende Redner und trägt dann im Triumph die Büsten Neckers und des Herzogs von Orléans durch die Stadt. Auf dem Lud-

12. Juli 1789, in den Gärten des Palais-Royal: Camille Desmoulins ruft auf die Nachricht von der drohenden Intervention der königlichen Truppen die Pariser zum Widerstand auf.

wig-XV.-Platz kommt es zum Zusammenstoß mit der Kavallerie des aus deutschen Söldnern bestehenden Regiments Royal-Allemand. Daraufhin verlassen die Gardes-Françaises ihre Kasernen und schließen sich dem Aufstand an. In der Nacht zieht Besenval, der in Paris im Auftrag des Marschalls von Broglie das Kommando führt, seine Soldaten auf das Marsfeld zurück, wo sie fortan untätig verharren. Schon am 12. Juli wird deutlich, daß sich das Kabinett vom 11. Juli ins Abenteuer gestürzt hat, ohne die Mittel zur Durchsetzung seiner Politik in der Hand zu haben, vor allem aber mit zu schwachen und unzuverlässigen Truppen.

Unterdessen zerstört das Volk die Ämter des Stadtzolls und vertreibt die königlichen Zolleinnehmer – das ist die altvertraute steuerfeindliche Auflehnung unter dem Ancien Régime. Aber diesmal sucht es vor allem und überall nach Waffen. Während des ganzen 13. Juli rufen Tausende vor dem Rathaus danach. Am gleichen Tage geht in aller Öffentlichkeit die Umwandlung der Stadtverwaltung vor sich: die Wahlmänner der Pariser Distrikte bilden einen Ständigen Ausschuß, in dem sie die Mehrheit haben, und beschließen die Aufstellung einer Bürgermiliz aus achthundert Bürgern je Distrikt zur Wahrung der öffentlichen Sicherheit. Deutlich wollen die wohlhabenden Bürger, die in Paris die Revolution in die Hand nehmen, verhindern, daß sie in die Anarchie abgleitet und zu einer Gefahr für das Privateigentum wird. In der Nacht vom 13. auf den 14. Juli hört man in den auf Befehl des Ausschusses beleuchteten Häusern von der Straße den Schritt der ersten Milizstreifen der neuen Gesellschaftsordnung. Das ist die Geburtsstunde der Nationalgarde.

Ein ganzes Volk wacht. Als der Morgen des 14. Juli graut, begleitet es den Vertreter des Ständigen Ausschusses zum Riesenbau des Hôtel des Invalides, um die von Besenval versprochenen Waffen zu fordern. Daß die Revolution danach zur Bastille drängt, erklärt sich auch aus der Suche nach Waffen; es sollen dort beträchtliche Schießpulvervorräte lagern. Die großartige Auswahl dieses Ziels erfolgt ganz spontan und improvisiert. Ob es damals in der Tiefe der verletzten Gemüter ein dumpfes Gefühl gab, das düstere Schloß, das mit seinen acht mächtigen Türmen den Zugang zum Faubourg Saint-Antoine, der Vorstadt der kleinen Leute, versperrte, sei ein besonders eindrucksvolles Symbol der feindlich gesonnenen Gewalt? Das legendenumwobene Gefängnis, Inbegriff eines städtebaulichen, menschlichen und politischen Anachronismus, hat offenbar alle mutig gemacht.

Der Gouverneur der Bastille, Launay, verfügt nur über eine kleine Garnison (80 Invaliden und 30 Schweizergarden). Er hat die Vorhöfe geräumt und sich hinter den Gräben verschanzt. Er verspricht einer Abord-

14. Juli 1789: Zur Belagerung der Bastille hat das Volk die Kanonen aus dem Hôtel des Invalides herangeschleppt; sie werden von Soldaten des Regiments Gardes-Françaises bedient.

nung des Rathauses, er werde nicht schießen, wenn er nicht angegriffen werde. Aber gegen 1 Uhr gelangt die Menge durch die Höfe bis an die Zugbrücke. Launay fühlt sich bedroht und gibt seinen Soldaten den Feuerbefehl. Die Schießerei ist mörderisch für die Belagerer, die etwa hundert Mann verlieren. Das Volk glaubt an einen Wortbruch des Gouverneurs und ruft: »Verrat!«

Im Rathaus weckt die Meldung am Nachmittag die Wut des Volkes, so sehr sich die Wahlmänner auch bemühen, es zu beruhigen. Etliche Bürger und dreihundert Gardes-Françaises unter der Führung des Unteroffiziers Hulin und des Oberleutnants Élie vom Infanterieregiment »Königin« schleppen vier am Morgen aus dem Hôtel des Invalides geholte Kanonen zur Bastille und bringen sie vor der Zugbrücke in Stellung.

Es ist 5 Uhr. Launay bietet die Übergabe des Schlosses an. Élie nimmt die Kapitulation an, aber wie soll er sie bei den Aufständischen durchsetzen, die sich verraten glauben und ihre Toten rächen wollen? Kaum sind die Brücken heruntergelassen, drängt die Menge ins Schloß, und es beginnt die lange Reihe der grauenhaften Massaker, die auf Jahre hinaus alle großen Tage der Revolution und alle gegenrevolutionären Erhebungen kennzeichnen werden. Drei Offiziere und drei Soldaten werden ermordet. Launay, den man erst die Seine-Kais entlang zum Rathaus geschleift hat, wird geschlagen und verhöhnt und schließlich auf dem Grève-Platz niedergemacht. Elesselles, der Vorsteher der Kaufmannschaft, erleidet das gleiche Schicksal. Die Menge trägt ihre auf Piken gespießten Köpfe bis zum Palais-Royal.

Angesichts der Bezwinger der Bastille – eine bunt gemischte Volksmenge ist das, in der aber die Handwerker des Faubourg Saint-Antoine deutlich den Ton angeben – zieht Besenval seine Truppen auf Saint-Cloud zurück. Die Stadt hat den Hof besiegt.

Doch weder die Revolutionäre noch der Hof kommen auf den Gedanken, daß die Bastille, das große, fast leere Gefängnis, schon Schauplatz der entscheidenden Schlacht gewesen sein könnte. Tatsächlich gehen die Unruhen während der nächsten Tage weiter, genährt von wilden Gerüchten und von der kollektiven Angst. Am 22. Juli, eine Woche nach dem Fall der Bastille, wird Foullon de Doué, ein enger Mitarbeiter des Kriegsministers, verhaftet und ins Rathaus abgeführt. Die Wahlmänner wollen ihn ins Gefängnis schaffen lassen, um ihm einen regelrechten Prozeß machen zu können, aber die Menge brüllt einhellig: »Er hat sich über das Volk lustig gemacht! Er hat gesagt, er werde ihm Heu zu fressen geben! Er hat den Staatsbankrott gewollt!« Sofort soll er abgeurteilt und mit dem Tode bestraft werden! Tatsächlich entreißen die rasenden Demonstranten ihn der Obhut des Rathauses und knüpfen ihn auf. Sein Schwiegersohn, Bertier de Sauvigny, der königliche Intendant von Paris, wird beschuldigt, »er habe das unreife Korn abmähen lassen«, und erleidet bald danach das gleiche Schicksal. Hier zeigt sich nicht nur, wie barbarisch die Zeit und die Sitten waren; man erkennt auch, wie sehr die doppelte Anklage, die wirtschaftliche und die politische, die Männer des »Ministerialdespotismus« verhaßt gemacht hat.

Dabei hat Ludwig XVI. längst nachgegeben. Schon am 14. Juli ist seine Passivität auffallend. Die Königin und sein Bruder, der Graf von Artois, bestürmen ihn, er solle sich nach Metz in den Schutz zuverlässiger Truppen flüchten; der ältere der beiden Brüder, »Monsieur« Graf von der Provence, ist ebenso wie Marschall von Broglie gegenteiliger Meinung. Der König entschließt sich zum Bleiben, also zum Nachgeben. Am 15. Juli kündigt er der Nationalversammlung persönlich den Abzug der Truppen an. Die Abgeordneten klatschen Beifall; der Aufstand in Paris hat sie vor der Gegenrevolution gerettet, und erfreut stellen sie fest, daß sie wieder die Zustimmung des Königs haben, die sie unbedingt brauchen für das neue Regime, das sie errichten wollen.

Am 16. Juli ruft Ludwig XVI. Necker und dessen Kollegen zurück, denen er am 11. Juli den Abschied gegeben hat. Am selben Tage haben der zum Bürgermeister ernannte Bailly und der zum Befehlshaber der Nationalgarde ernannte La Fayette in Paris ihre Ämter übernommen. Am Tag darauf, am 17., begibt sich Ludwig XVI. selber nach Paris, umbrandet von einem großen Volksauflauf, geleitet von der Nationalgarde. Der Empfang ist ziemlich kühl. Aber bei der Rückfahrt vom Rathaus, wo der König die blaurote Kokarde getragen, also die Stadtfarben gezeigt hat, wird der Beifall stärker. Paris jubelt seinem reuigen König zu. Ein Augenzeuge, der Amerikaner Jefferson, schreibt: »So endete eine öffentliche Abbitte, wie sie kein Monarch je getan noch je ein Volk entgegengenommen hat.«

Tatsächlich: die Revolution hat gesiegt. Während sich an der Börse das wiedergewonnene Vertrauen in steigenden Kursen bemerkbar macht, ist schon eine erste Welle von Emigranten über die Grenzen geflohen: der Graf von Artois, die Prinzen von Condé und Conti, der Marschall von Broglie, Barentin, Breteuil und die Polignacs haben in der Nacht vom 15. auf den 16. Juli den Anfang gemacht. In Versailles bildet das riesige, halbverwaiste Schloß einen melancholischen Rahmen für die königlichen Gewohnheiten. Der Nordflügel, in dem die Condés gewohnt haben, ist fast ausgestorben. Der Südflügel, der Flügel der Lebensfreude, in dem der Graf von Artois und die Polignacs lebten, bleibt auf immer geschlossen.

Das erste Opfer der Volkswut nach den Verteidigern der Bastille: Wegen einer angeblichen volksfeindlichen Äußerung wird Foullon, ein hoher Beamter, gegenüber dem Rathaus am Laternenhalter erhängt.

Der Sieg in Paris ist der entscheidende, aber nicht der einzige. Fast alle Städte des Reiches folgen dem Beispiel der Hauptstadt und bemühen sich, den reißenden Strom der Erregung in Bahnen zu lenken und einzudämmen. Die gesamte Wirtschafts- und Geistesentwicklung des 18. Jahrhunderts hat sie auf diese Rolle vorbereitet: jetzt ist im ganzen Lande die Stunde der Stadtbürger gekommen.

Die Städte haben noch eine alte Rechnung mit der monarchischen Zentralisierung zu begleichen: seit Ludwig XIV. sind sie ihrer letzten Unabhängigkeitsrechte verlustig gegangen und haben unter der Fuchtel kleiner Oligarchien gelebt, die ihre Stellung mehr dem König als den Stimmen der Einwohner verdankten und deren Freiheit darin bestand, die Anweisungen des königlichen Intendanten zu befolgen. 1789 bietet der Niedergang der zentralen Staatsgewalt den Städten Gelegenheit, wieder zu unabhängig verwalteten »Gemeinwesen« zu werden, wie sie es sich längst erträumt haben.

Die Entlassung Neckers, die Unruhe im Volk und die Bedrohung, von der überall die Rede ist, zwingen sie geradezu zur Selbstverwaltung. Denn wer könnte in diesem in die Anarchie abgleitenden Riesenreich, in dem die Intendanten keine Macht und die Gouverneure keine Truppen haben, die Nachfolge der königlichen Autorität antreten, wenn nicht die Bürgerschaft der Städte? Die Nachricht von den Pariser Vorgängen ruft überall im Land eine Stadtdemokratie auf den Plan, die ohne Blutvergießen das Ruder übernimmt. Oft zerstört sie nicht einmal die alte Stadtregierung, sondern überlagert sie und übernimmt nur ihre Aufgaben. So geschieht es in Dijon, Rouen, Nantes, Bordeaux oder Lyon. Andernorts, zum Beispiel in Vernon in der Normandie, ist die alte Stadtobrigkeit den Hungeraufständen nicht gewachsen und räumt einem Ausschuß von Männern das Feld, die für die neue Ordnung eintreten.

Überall ziehen diese neuen Machthaber alle Befugnisse an sich, weil sie auch die ganze öffentliche Meinung für sich haben: sie leiten Polizei und Justiz ebenso wie die Lebensmittelversorgung, das heißt, sie tun mehr, als der königliche Intendant je tun durfte. Gleichzeitig schaffen sie, vor allem in Paris, die notwendigen Kräfte für die Verteidigung der neuen Ordnung: die Nationalgarden. Es sind mehr Freiwillige als Waffen da, die man sich aus den königlichen Depots und Zeughäusern beschafft, wo immer sich die Gelegenheit bietet. In Bordeaux holt sich die Bürgergarde am 29. Juli seelenruhig ihre Waffen vom königlichen Militärkommandanten, der keinen Widerstand zu leisten wagt.

Das 18. Jahrhundert ist also Sieger geblieben. Die große liberale, gegen den Zentralismus gerichtete Forderung, die es seit Jahrzehnten gepredigt hat, ist wirklich erfüllt worden. Aber nicht der Adel und seine Provinzstände sind die Nutznießer dieser ereignisreichen Wochen, sondern das Bürgertum und seine Gemeinwesen. So geht die Abschaffung des Verwaltungszentralismus Hand in Hand mit einem ausgeprägten Gefühl für die politische Einheit des Landes nach den allen gemeinsamen Grundsätzen der Revolution. Die Städte mit ihren Ausschüssen und ihren Nationalgarden suchen schon Anfang August einen Zusammenhalt, schließen Beistandspakte und gründen Gemeinde-»Verbände«. Die Verwaltungsunterdrückung und Steuerlast des Ancien Régime haben sie abgeschüttelt; von der neuen Ordnung verlangen sie als einigendes Band nur die wiedergewonnene Freiheit.

Die Revolution der Abgeordneten hat sich, von Paris gerettet und befestigt, ganz natürlich auf die Revolution in den Städten gestützt – und umgekehrt. In diesem durch die örtlich begrenzten Märkte, die langsamen Verkehrsverbindungen und die Reste des Lehnswesens zerrissenen und zusätzlich durch die Schwäche der zentralen Macht und die Stärke der öffentlichen Meinung zerbröckelnden Reich hat die geistige und politische Einhelligkeit der bürgerlichen Schichten die Einheit der Nation gewahrt. Aber nun wächst gleichzeitig eine dritte Revolution, die eine andere Sprache spricht; sie bringt dieser neuen Zeit, in der aus Untertanen Staatsbürger werden und die Mächte mehr und mehr nur so stark sind wie die von ihnen bewegte Volksmenge, die bedeutungsschwere Mitgift der großen Zahl. Aber sie verlangt auch ihr Teil, was die Bürger in den Städten allzu leicht vergessen. Die Revolution auf dem Lande bricht los.

Seit dem Frühjahr schwelt sie schon. Die günstigen Umstände der Wahlzeit, vor allem aber die Versorgungskrise veranlassen die Bauern zur leidenschaftlichen Ablehnung der Herrenabgaben; das Bild, das die Beschwerdehefte davon vermitteln, ist wahrscheinlich noch sehr abgeschwächt. Im März bedroht der Bauernaufstand die Schlösser in der Provence, im Mai in der Picardie und in der Gegend um Cambrai. In der Umgebung von Paris und Versailles, wo die königlichen Jagden abgehalten werden, wird das Wild ausgerottet und der Wald verwüstet. Außerdem treibt die Wirtschaftskrise Hunderte von Bettlern und Landstreichern aus ihren Hütten und auf die Straße, was die chronische Unsicherheit auf dem flachen Land im ganzen Reich noch erhöht. Im folgenden Jahr, 1790, bei besser gewordener Konjunktur also, zählt der Nationalversammlungsausschuß für das Bettlerproblem zwischen 12 % und 20 % Bedürftige unter der Bevölkerung der Departements. Wie mag da der Prozentsatz im Juli 1789 ausgesehen haben! So gehen die Dörfer angesichts der Hungersnot mit der alten, fast vergessenen Furcht vor »Räubern« schlafen.

In der zweiten Julihälfte herrscht Revolution auf dem Lande, genau wie in der Stadt. In einigen Gegenden handelt es sich schlicht und einfach um Bauernaufstände, um einen Klassenkrieg: im waldigen Teil der Normandie, in den Ardennen, im Elsaß, in der Franche-Comté und im Saônetal stürmen die bewaffneten Bauern die Schlösser und Klöster und verbrennen in einem großen Freudenfeuer die alten Dokumente ihrer Knechtschaft, als könnte die Vernichtung der Rechtstitel ihrer Pflichtleistungen in den Archiven der Grundherren sie ein für allemal vom Kirchenzehnten und von der Naturalabgabe erlösen. Auch die Bürger werden nicht immer verschont. Im Elsaß muß die jüdische Minderheit teuer dafür zahlen, daß sie den Landgemeinden Geld geliehen hat.

Aber die Auflehnung der Bauern drückt sich nicht überall so offen aus. In anderen Gegenden nimmt sie eine kompliziertere Form an, die von den Historikern etwas unklar als die »große Furcht« bezeichnet wird. In einem Frankreich, in dem die Mentalität des Volkes noch im Irrationalen wurzelt und die ohnehin schlechten Nachrichtenverbindungen durch die neue Lage noch langsamer funktionieren, bekommt die Meldung von den Ereignissen in Paris etwas Apokalyptisches. Man darf nicht vergessen, daß die Eroberung der Bastille in Madrid eher bekannt war als in Péronne, 160 km von Paris entfernt. Die unsichere wirtschaftliche und soziale Situation läßt in den Dörfern Panik aufkommen. Ein kleiner Zwischenfall genügt, um sie auszulösen. Es ist Erntezeit, das Hauptereignis im Landleben steht vor der Tür; um so mehr wächst die Angst vor felderverwüstenden Räubern und Banditen. Überall meint die erregte Phantasie der Landbewohner gedungene Söldner der Aristokratenverschwörung oder der ausländischen Mächte zu erblicken. Im Limousin heißt es, der Graf von Artois rücke von Bordeaux mit einer Armee von sechzehntausend Mann heran. In Ostfrankreich fürchtet man die Deutschen, in der Dauphiné die Nachbarn aus Savoyen. In der Bretagne und sogar in der Normandie kursiert das Gerücht von einer englischen Landung in Brest. Von Dorf zu Dorf wird die falsche Nachricht mit weiteren Emotionen und Legenden befrachtet; sie verbreitet sich auf allen Wegen durch die Täler und über die Ebenen. Die Bauern wagen nicht zu Bett zu gehen und bewaffnen sich. So kann man Tag für Tag und Gegend für Gegend den Lauf und die Verästelungen der »großen Furcht« verfolgen.

Nur in einer Provinz, in der Dauphiné, ist die Furcht das unmittelbare Vorspiel zum Bauernaufstand; zwischen Lyon und Grenoble erklären die Ende Juli von den Sturmglocken der Kleinstädte gegen den bevorstehenden Einmarsch der savoyischen Truppen zusammengerufenen Bauern, »weil sie keine Feinde angetroffen hätten, würden sie nun den Adeligen und den Pfarrern, die zu den Adeligen halten, einen Besuch abstatten«. Am nächsten Tag beginnt die Plünderung der Herrensitze. Aber im ganzen übrigen Königreich bleiben die Phänomene »Furcht« und »Bauernkrieg« ganz getrennt.

Das ist für den Historiker wichtig. Aber wo liegt im Augenblick der Unterschied? Anfang August 1789 stehen die Bauern, ganz gleich aus welchem Grunde, mit Flinten, Sensen und Knüppeln bereit. Sie klopfen nachdrücklich an die Tür der bürgerlichen Revolution, die zögert, ihnen aufzumachen.

Die Revolution, von der das Jahrhundert geträumt hat, war nicht die der Waffen. Aber noch weniger die der Ärmsten der Armen. Nun haben sich die Armen bewaffnet und stehen in unübersehbarer Menge hinter den Juristen des Dritten Standes. In völliger Anarchie wollen sie das Feudalsystem zerstören. Dieser leidenschaftliche Ausbruch jedoch bedroht schon bald nicht mehr allein die Interessen des Adels. Einmal, weil zahlreiche Bürger, die sich Grundherrschaften gekauft haben, sich mit dem Adel zugleich in Gefahr sehen. Vor allem aber, weil die Grenze zwischen Lehnsbesitz und bürgerlichem Eigentum überhaupt nicht immer leicht zu ziehen ist: schafft man eine bestimmte Grundrente ab, die ursprünglich aus einem Herrenrecht herrührt, oder eine bestimmte in bar zu entrichtende Pacht, die ein Bürgerlicher per Kaufvertrag erworben hat, bedeutet das nicht einen Verstoß gegen die Gültigkeit der Verträge überhaupt, gegen die Grundlage jedes Privateigentums? Die Welt der Aristokratie verteidigt sich, indem sie das Eigentum der Bürger vor sich hin stellt.

So steht die Revolution vor einer schweren Wahl. Sie kann die Ordnung mit Gewalt wieder etablieren, aber das hieße die gemeinsame Front vom 14. Juli zerbrechen, hieße die neuen Bürgermilizen und die königlichen Truppen miteinander gegen das Landvolk aussenden, hieße von der Gnade des Königs abhängen. Oder sie kann das Feuer löschen, indem sie ihm seinen Anteil gönnt, aber dann muß sie in der Enteignung von Adel und Klerus schneller und weiter gehen, als sie es ursprünglich vorgehabt hat. Dann genügt die steuerliche Gleichbelastung nicht mehr, und auch nicht die Abschaffung aller Reste der alten Leibeigenschaft, soweit sie in Frankreich noch bestehen.

Zunächst neigt sie zur ersten Lösung. Schon am 3. August stellt der Ausschuß für die Berichte aus dem Reich entrüstet fest: »Nach Briefen aus der Provinz hat es den Anschein, als seien die Landgüter ganz gleich welcher Art dem sträflichsten Banditenunwesen ausgeliefert. Die Steuerrollen und Rechtstitel der Herrenabgaben, alles wird zerstört.« Am 4. August abends bringt bei Sitzungsbeginn der Versammlung Target, ein Abgeordneter des Pariser Dritten Standes, einen Antrag ein, der jede Nachgiebigkeit ablehnt: »Die Nationalversammlung stellt fest, daß die Unruhen und Tätlichkeiten in mehreren Provinzen die Gemüter verstört haben und den heiligen Rechten des Eigentums und der Sicherheit der Person den verderblichsten Schaden zufügen... Sie erklärt, daß alle Abgaben und Leistungen in gewohnter Höhe und wie bisher zu entrichten sind, bis die Nationalversammlung eine abweichende Entscheidung getroffen hat.« Aber die Mehrheit ist noch während des Tages schließlich doch für die entgegengesetzte Strategie gewonnen worden: dem entflammten Landvolk seine Errungenschaften zu belassen. In der Nacht vom 3. auf den 4. August haben rund hundert vom »Bretonischen Klub« beeinflußte Abgeordnete beschlossen, das Zögern der Versammlung zu überspielen und die Initiative zu den unvermeidlichen Konzessionen zu ergreifen. Einer der reichen Grundherren des Reiches, der Herzog von Aiguillon, soll das Zeichen geben. So hofft man das Bündnis zwischen Drittem Stand, liberalem Adel und niederer Geistlichkeit zu erhalten, das die entscheidenden Ereignisse im Juni erst möglich gemacht hat.

Doch am 4. abends kommt nach der Verlesung des Target-Antrags der Vicomte de Noailles dem Herzog von Aiguillon zuvor. Aus dem Munde dieses jüngsten Sohnes einer unbemittelten Familie vernimmt die Versammlung den tragischen Aufschrei des Landvolks, wie er schon in den Beschwerdeheften der Pfarreien angeklungen ist: »Die Gemeinden haben ihre Wünsche angemeldet. Was sind das für Wünsche? Die indirekten Steuern sollen abgeschafft werden; es soll keine Steuerpächter mehr geben; die Herrenrechte sollen erträglicher gestaltet oder umgewandelt werden. Diese Gemeinden sehen seit über drei Monaten, wie ihre Vertreter sich um das bemühen, was wir sehr zu Recht die öffentlichen Angelegenheiten nennen. Aber die öffentlichen Angelegenheiten sind in ihren Augen vor allem die erstrebenswerten Angelegenheiten, die sie mit glühendem Eifer in ihre eigenen Hände nehmen möchten.«

Nach Noailles beginnt der Herzog von Aiguillon seine Rede damit, daß er die Ausschreitungen der Bauern rechtfertigt: »Das Volk versucht, endlich ein Joch abzuschütteln, das seit so vielen Jahrhunderten seinen Nacken beugt, und wir müssen zugeben, meine Herren, daß dieser Aufstand wie jeder bewaffnete Übergriff zwar sträflich ist, aber doch entschuldigt werden kann mit der Bedrückung, der das Volk ausgesetzt ist.« Doch er fügt sogleich hinzu: »Man kann von den Grundherren nicht verlangen, daß sie schlankweg auf ihre Lehnsrechte verzichten. Diese Rechte sind ihr Eigentum, und es wäre unbillig, die Aufgabe irgendeines Eigentums zu fordern, ohne dem Eigentümer eine gerechte Entschädigung zuzugestehen.« Und er übernimmt in einem außerordentlich klar ausgearbeiteten Antrag die Vorschläge seines Vorredners: steuerliche Gleichbehandlung, ersatzlose Abschaffung der Frondienstbarkeit und der Leibeigenschaft, Ablösung der übrigen Herrenrechte »eins auf dreißig«. Eins auf dreißig? Dieser relativ niedrige Zinsfuß, 3,3 %, deutet schon darauf hin, daß dieser Grandseigneur nicht vergessen hat, das abzulösende Kapital so hoch wie möglich zu veranschlagen.

Die Abschaffung der Privilegien in der Sitzung vom 4. August 1789 beflügelt die Phantasie der Karikaturisten. »Der nationale Nivellierapparat« heißt diese Darstellung: der Adelige, der Pfarrer und der Mönch werden von der Nationalgarde auf gleiche Länge gebracht.

Beide Reden werden vom ganzen Hause mit Ovationen entgegengenommen. Damit ist die Atmosphäre der kollektiven Begeisterung in dieser denkwürdigen Nacht des 4. August geschaffen. Dabei handelt es sich nicht um reine Hochherzigkeit: das politische Kalkül liegt darin, daß man das alte Herrenrecht in gutes bürgerliches Geld umrechnet und den Zins so lange zahlen läßt, wie das Kapital nicht zurückgezahlt ist. Die Adeligen retten, was überhaupt zu retten ist, und die Grundbesitzer des Dritten Standes haben einen großen Vorteil durch die Gleichstellung von adeligen und bürgerlichen Gütern. Aber schon die bloße Aufgabe des Feudalprinzips ist derart erregend, daß sich so etwas wie ein Erneuerungswahn der Versammlung bemächtigt; jeder möchte der nächste auf der Präsidiumstribüne sein, um weitere Privilegien aus der alten Zeit aufzugeben. Adelige verzichten auf ihr Jagdvorrecht oder auf das alleinige Recht der Taubenhaltung, Pfarrer verzichten auf ihren Zehnten. Die Abgeordneten aus der Bretagne, aus Burgund, aus der Dauphiné, aus der Provence opfern ihre Sonderrechte und Provinzialstände, die großen Städte ihre jahrhundertealten Freiheiten, ihre Wirtschafts- und Steuervergünstigungen. Damit der König feierlich an dieser Geburt einer neuen

Welt Anteil habe, proklamiert die Versammlung um 3 Uhr früh den König als den »Neubegründer der französischen Freiheit«.

Aber die Einmütigkeit vom 4. August zerbricht schon in den folgenden Tagen, als es darum geht, die Hochstimmung der großen Sitzung in Dekrete zu fassen. Die Debatte beginnt am 5. und dauert bis zum 11. Besonders heftig umstritten ist die Festlegung der nicht von der Ablösung betroffenen Herrenrechte und die Abschaffung des Kirchenzehnten. Während Sieyès dafür hält, der Zehnte als ein echtes Eigentum müsse abgelöst werden, erklärt Mirabeau, er existiere nur zum Ausgleich für die öffentlichen Aufgaben, mit denen die Kirche betraut sei; die Nation könne diese allzu belastende Abgabe demnach entschädigungslos abschaffen. Mirabeau behält mit seiner Ansicht die Oberhand. So wird die Geistlichkeit zum Hauptverlierer bei der Liquidation des Ancien Régime.

Das große Dekret, das endlich am 11. August verabschiedet wird, beginnt mit den Worten: »Die Nationalversammlung zerstört das Feudalregime vollständig«, das heißt, sie zerstört praktisch die ganze Gesellschaftsordnung des alten Frankreich. Das Dekret bestätigt feierlich das Ende der persönlichen Privilegierung und die Zulassung aller zu allen Ämtern, kostenloses und gleiches Gericht für alle, die ersatzlose Abschaffung aller Überreste der Leibeigenschaft und schließlich den Wegfall des Kirchenzehnten. Indem sie gleichzeitig die Ablösung der meisten Herrenabgaben und die Abgeltung des für das Richteramt aufgebrachten Kaufpreises vorsieht, unternimmt die große Versammlung des Bürgertums im Grunde nichts anderes, als ihr eigenes Zivilrecht an die Stelle des Rechtes der Feudalherren zu setzen.

Obwohl im Augenblick nicht ein einziger Lehnsmann das Geld hat, um seine jahrhundertealten Verpflichtungen abzulösen, bleibt für die Bewohner des Königreiches diese Nacht des 4. August doch der große Augenblick der Abschaffung des Feudalregimes.

Nachdem sie das Eisen der Feudalfrage geschmiedet hat, solange es noch heiß war, setzt die Versammlung die im Juli begonnene Debatte über die Menschen- und Bürgerrechte fort. Die amerikanische Erklärung von 1776 steht allen vor Augen. Aber schon befürchten gemäßigte Redner des Dritten Standes deren soziale Auswirkungen für Frankreich. Malouet hat es am 1. August ohne Umschweife ausgedrückt: »Die neu geschaffene amerikanische Gesellschaft umfaßt nur Grundbesitzer, die an die Gleichheit gewöhnt sind, weil sie auf dem von ihnen bebauten Grund keinerlei Lehnslast vorgefunden haben. Solche Männer waren zweifellos wohlvorbereitet, die Freiheit mit aller ihrer Kraft bei sich aufzunehmen, weil sie durch ihre Neigungen, ihre Sitten und ihre Stellung zur Demokratie berufen waren. Wir aber, meine Herren, wir haben zu Mitbürgern eine unendliche Menge von besitzlosen Männern, die ihren Lebensunterhalt vor allem von gesicherter Arbeit, strenger Ordnung und beständigem Schutz erwarten... Ich glaube, meine Herren, in einem großen Reich ist es notwendig, daß die Männer, denen vom Schicksal eine abhängige Stellung beschieden ist, eher auf die gerechten Grenzen als auf die Ausweitung ihrer natürlichen Freiheit blicken.«

Mirabeau teilt diese bürgerlichen Besorgnisse. Andere Abgeordnete schlagen eine Erklärung der Rechte und der Pflichten vor. Aber unter dem Eindruck eines Aufrufs von Barnave setzt sich die Versammlung darüber hinweg. Am 4. August, wenige Stunden vor der großen Nachtdebatte, beschließt sie, die Abstimmung über eine große Befreiungscharta; Barnave hat sie im voraus einen »nationalen Katechismus« getauft. Die neuen Machthaber haben von den alten die Vorliebe für die sakrale Umschreibung der Macht geerbt.

Am 12. August wird die Diskussion fortgesetzt. Unter verschiedenen Entwürfen entscheiden sich die Abgeordneten schließlich für den des 6. Büros unter dem Vorsitz des Erzbischofs von Bordeaux, Champion de Cicé. Gerafft, geändert, verschärft in einer langen Debatte und durch zahlreiche Zusatzanträge, entsteht daraus die berühmte Erklärung der Menschen- und Bürgerrechte, die am 26. August verabschiedet wird. Diese siebzehn kurzen Artikel von wunderbarem Stil und geistiger Dichte sind nicht mehr der Ausdruck des vorsichtigen Taktierens und der Ängstlichkeit des Bürgertums: indem die Revolution ihre Ziele und ihre Errungenschaften frei definiert, gibt sie sich in der natürlichsten Weise eine Fahne, die von der ganzen Welt respektiert werden muß.

Im Mittelpunkt des Textes steht tatsächlich die Vorstellung von den Rechten, nicht mehr von den Pflichten des Staatsbürgers: der konservative Flügel und die rechte Mitte der Nationalversammlung sind geschlagen worden. Die Erklärung ist dazu berufen, die Freiheit zu bringen. Die Rechte werden zunächst als »natürlich und unveräußerlich« bezeichnet und werden von der Versammlung »in der Gegenwart und unter dem Schutz des Höchsten Wesens« anerkannt: eine doppelte Reverenz vor dem Geist des Jahrhunderts, sowohl vor der Gottgläubigkeit der Philosophen als auch vor der Naturgläubigkeit der Physiokraten. Was sind das für Rechte? Genau die Rechte, die das auf die Ungleichheit der Geburt und die politische Willkür gegründete Ancien Régime mißachtet hat. Aus den abstrakten Sätzen der Erklärung spürt man dumpf die ständige Erinnerung an die Demütigung und Unsicherheit von einst.

In den sieben Zeilen der ersten beiden Artikel ist alles gesagt. Zunächst die zivilrechtliche Gleichberechtigung, die große Errungenschaft vom

4. August: »Die Menschen sind und bleiben von ihrer Geburt an frei und gleichberechtigt.« Und dann die Rechte selber: Freiheit, Eigentum, Sicherheit und Widerstand gegen die Unterdrückung. Bleibt die Frage des Ursprungs der Gewalt. Die Versammlung hütet sich, sie auszuklammern; sie weiß nun schon aus Erfahrung, daß hier die Garantie für alles übrige liegt. Deshalb enthebt Artikel 3 den König ausdrücklich seiner jahrhundertealten Souveränität und überträgt sie auf die Nation: »Keine Körperschaft und kein einzelner kann eine Gewalt ausüben, die nicht ausdrücklich von ihr ausgeht.« Auch hier hat die Linke keine Zugeständnisse gemacht: im Grundsätzlichen jedenfalls teilt die Versammlung nicht mit dem König. Der übrige Text entwickelt die Auswirkungen dieser Grundsätze: zivilrechtliche Gleichberechtigung, Freiheit des einzelnen, Zulassung aller zu allen Ämtern, Habeas Corpus, keine rückwirkende Kraft der Gesetze, Freiheit der Meinung, der Rede und der Presse, Gewaltenteilung, Garantie des Privateigentums. Der bürgerliche Individualismus hat jetzt seine öffentlich-rechtliche Magna Charta.

Frankreich ist schlechthin zur Heimstatt des bürgerlichen Individualismus geworden. Nicht, daß die neuen Grundsätze eine französische Errungenschaft wären. So wie alle Revolutionen der Neuzeit sind auch diese Prinzipien die Kinder einer Internationale, das kosmopolitische Werk Europas. Sie haben schon den amerikanischen Insurgenten Kraft gegeben und kürzlich erst den holländischen Patrioten gegen ihren Stadhouder und den belgischen Demokraten gegen Österreich. Aber im letzten halben Jahrhundert haben die französischen Philosophen die Hauptrollen gespielt, und jetzt erhebt sich die Nationalversammlung auf das Niveau ihres Denkens und ihres Stils und gibt damit das erstaunliche Beispiel eines kollektiv erarbeiteten Textes, der sich so vielen Vorläufern aus der Feder einzelner genialer Menschen ebenbürtig zur Seite stellt. Damit wächst sie über das amerikanische Vorbild hinaus und gibt dem gespannt wartenden Europa die Bibel der neuen Zeit.

Die Versammlung hat die beiden grundlegenden Texte der bürgerlichen Revolution verabschiedet, die Beschlüsse vom 4. bis 11. August und die große Erklärung. Aber sind diese Texte sofort anwendbar oder bedürfen sie der Unterschrift des Königs?

Die Mehrheit der Versammlung betrachtet sie als Ausflüsse ihrer verfassunggebenden Gewalt, demnach als über der Notwendigkeit der königlichen Bestätigung, der »Sanktion«, stehend. Aber Ludwig XVI. gedenkt durchaus Herr der Gesetze zu bleiben. Schon am 5. August hat er an den Erzbischof von Arles geschrieben: »Ich werde nie zugeben, daß meine Geistlichkeit, mein Adel ausgeplündert werden ... Ich werde Dekreten zu einer solchen Ausplünderung meine Sanktion nicht geben.«

Während der zweiten Augusthälfte, in der Schlußphase der Debatte um die Menschenrechte-Erklärung, führt dieses Problem, die Organisation der Staatsgewalt, zur ersten Spaltung in der Partei der Patrioten. Das ist ein entscheidender Augenblick, weil hier im revolutionären Lager die erste von vielen Meinungsverschiedenheiten entsteht. Männer, die im Juni die Generalstände zum offenen Aufruhr geführt und den 14. Juli begeistert begrüßt haben, bemühen sich schon jetzt, nach wenigen Revolutionsmonaten, den Mechanismus wieder zu blockieren, den sie in Gang gesetzt haben.

Die Ereignisse sind schneller und weiter gegangen, als es sich im Juni so manche liberale Adelige, so manche Priester und auch etliche Gemäßigte im Dritten Stand vorgestellt haben. Diesen Männern bietet der Beginn der Auseinandersetzung um die Verfassung die erwünschte Handhabe zur Stabilisierung der politischen Verhältnisse. Sie wollen dem König das uneingeschränkte Vetorecht gegen die Entscheidungen der Legislative geben und der Nationalversammlung einen Senat mit vererbbarer Mitgliedschaft nach englischem Vorbild an die Seite stellen. Diese »Männer der Monarchie«, diese *monarchiens*, wie sie bald genannt werden, brechen in diesen beiden Fragen mit dem Gros der »Patrioten«. Sie scharen sich um Mounier und Malouet, um Clermont-Tonnerre und Lally-Tollendal und haben die Unterstützung des Kabinetts Necker.

Im anderen Lager übernehmen Duport, Barnave und Alexandre de Lameth die Führung der patriotischen Partei, deren Herz im Bretonischen Klub schlägt: sie verwerfen das königliche Veto und weigern sich ebenso wie Sieyès, die Souveränität der Versammlung zu teilen. Was heißt hier Sanktionsrecht des Königs? Erst einmal hat er das Dekret vom 11. August und die Menschenrechte-Erklärung zu unterschreiben. Umsonst versucht La Fayette, zwischen den Freunden von gestern zu vermitteln: Ende August ist der Bruch zwischen den »Männern der Monarchie« und den Patrioten unheilbar geworden.

Unterdessen beginnt man im Palais-Royal gegen »Monsieur und Madame Veto« und ihre Anhänger zu agitieren. Die Gefahr eines neuerlichen Eingreifens der Pariser führt zu einer Annäherung zwischen den verschiedenen Schattierungen der Rechten; wer eben noch als Gemäßigter galt, ist plötzlich zum Extremisten gestempelt. Clermont-Tonnerre und Mounier raten der Aristokratenpartei und dem Hof, die Nationalversammlung zwanzig Meilen von Paris wegzuverlegen, nach Soissons oder Compiègne... Aber der König lehnt ab: er sieht in diesen neuen Ratgebern noch seine Feinde von gestern. Dieses Aufeinanderprallen unversöhnlicher Standpunkte lähmt die Handlungsfreiheit der Rechten.

Da schlägt Barnave am 2. September einen Kompromiß vor: Die Patrioten akzeptieren ein auf zwei Legislaturperioden wirksames Veto des Königs gegen das Versprechen der königlichen Sanktion für die Ergebnisse des 4. August. Necker deckt die Vereinbarung, und am 11. September gibt die Versammlung dem »aufschiebenden Veto« ihre Zustimmung, nachdem sie am Abend zuvor mit 849 gegen 89 Stimmen bei über 100 Stimmenthaltungen die Errichtung einer zweiten Kammer abgelehnt hat. Die »Männer der Monarchie« haben eine tödliche Schlappe erlitten.

Jetzt muß die königliche Sanktion für die vom 4. bis 11. August gefaßten Beschlüsse erwirkt werden, damit sie verkündet werden können. Unter Berufung auf ihre Vorleistung in der Vetofrage drängt die Nationalversammlung sehr nachdrücklich. Am 18. September antwortet der König; seine Feindseligkeit verbirgt sich hinter einer kleinlichen juristischen Textkritik an den Beschlüssen. Am 21., nachdem die Versammlung ihre Forderung wiederholt hat, verfällt er auf einen neuen Schachzug: er erklärt sich einverstanden mit der Veröffentlichung der Dekrete, die aber angeblich noch Ausführungsgesetze erfordern, so daß er sich weigert, sie zu verkünden, was allein ihre Anwendbarkeit bewirken würde. Gleichzeitig läßt er das Flandrische Regiment, das in Douai in Garnison liegt, nach Versailles kommen. Am 25. September wird es dort erwartet.

So schürt er nach der Juni- und der Julikrise selber das Feuer einer dritten Auseinandersetzung mit der Verfassunggebenden Versammlung. Der königliche Gegenangriff hat allerdings im Vergleich zum Juli einen neuen politischen Trumpf in seinem Spiel: die Spaltung der patriotischen Partei bietet ihm eine aller Wahrscheinlichkeit nach stärkere Unterstützung in der Versammlung. Das aristokratische Lager ist um etliche gemäßigte Bürger gewachsen. Aber die beiden Gruppen bleiben deutlich geschieden, und der König vertraut nur den Aristokraten. Was will er eigentlich, für welche Möglichkeit hat er sich jetzt, im Spätsommer 1789, entschieden? Das läßt sich nach wie vor nur negativ definieren, denn sicher weiß man nur, was er nicht will: er weigert sich, das Ende der aristokratischen Gesellschaftsordnung hinzunehmen, und führt einen verbissenen Kleinkrieg mit der Versammlung. Er entfacht eine Krise, für die er offensichtlich die notwendigen Kräfte nicht bedacht und auf seine Seite gebracht hat. Dieser passive Widerstand, wie man ein solches Verhalten nennen könnte, ist zu schwach zum Siegen und zu stark, um nicht besiegt zu werden; denn er lähmt die eigenen Anhänger und ruft die Gegner erst auf den Plan. So hat der Mechanismus bereits im Juli ausgesehen.

Im September aber kann sich niemand mehr Illusionen machen über das zu erwartende Verhalten der Pariser. Seit Wochen schon wächst in der großen Stadt die Erregung, und sie ist neu angefacht worden durch die Gemeindewahlen: zur Ablösung des Wahlmännergremiums wählen die 60 Distrikte am 25. Juli und am 1. August auf Baillys Initiative die Versammlung der 180 Gemeindevertreter, die ihrerseits am 18. September durch 300 Mitglieder ersetzt werden, deren Auftrag es sein soll, eine endgültige Gemeindeverfassung zu schaffen. Diese nach dem Zensuswahlrecht gewählten Pariser Bürger zählen in ihren Reihen viele hochbegabte Männer wie Lavoisier oder Jussieu, außerdem Männer wie Brissot und Condorcet, die auch in der Zukunft wichtige Persönlichkeiten der Revolutionsversammlungen sein werden. Aber für den Augenblick ist ihre Rolle sekundär. Was jetzt vor allem zählt, ist der Schwung, der durch die Wahlen in das politische Leben der Stadt kommt.

Zunächst im Distrikt. Jeder dieser sechzig Distrikte neigt dazu, sich als eine autonome Gemeinde zu betrachten mit eigener Verwaltung, eigenen Ausschüssen und Generalversammlungen. Die revolutionärsten Distrikte wie Les Prémontrés und Les Cordeliers auf dem Hügel Sainte-Geneviève machen dem Rathaus viele Befugnisse streitig; sie verlangen schon Volksabstimmungen und unmittelbare Demokratie. Ehrgeizige junge Patrioten wie Danton bei den Cordeliers finden Gelegenheit, sich auf ihre künftige Rolle vorzubereiten. Sie verfolgen gebannt die Versammlung in Versailles und prangern leidenschaftlich das kleinste Anzeichen der Mäßigung an. Schon zeichnet sich die Wachablösung ab.

Die Neuigkeiten gelangen rasch von Versailles zum Palais-Royal, und zwar nicht nur auf dem Wege über die Zuschauer, die sich auf den Tribünen der Versammlung drängen und gelegentlich einen reaktionären Redner verhöhnen, sondern auch durch die Zeitungen, die in der Freiheit seit Juli wie Pilze nach dem Regen aus dem Boden schießen. Camille Desmoulins, Loustalot, Gorsas werden nicht müde, in einer Art von Freiheitsrausch zur Wachsamkeit gegenüber dem Hof und der Königin aufzurufen. Marat gründet im September den »Volksfreund«, den *Ami du Peuple*, und spezialisiert sich ganz auf die Verteidigung der Armen und die revolutionären Maximalforderungen; mit Ingrimm brandmarkt er Necker, Bailly und La Fayette als Komplicen der Aristokratie.

Mit leidenschaftlichem Interesse verfolgt man in Paris die Debatte über das königliche Vetorecht. Die Zusammenarbeit zwischen den »Männern der Monarchie« und den Aristokraten wird in der Stadt schon als Tatsache betrachtet, bevor sie überhaupt zustandegekommen ist. Ende August droht die ständige Volksversammlung im Garten des Palais-Royal zu einem Marsch auf Versailles auszuarten. Zwar verhindert das Rathaus dieses Vorhaben, aber der bloße Plan hat zweifellos sehr zur totalen Niederlage der Anhänger des absoluten Vetos beigetragen. Selbst das am 11. September gebilligte aufschiebende Veto wird von den Patrioten des Palais-Royal als Kapitulation empfunden.

Wie im Juli, nur erheblich verschärft, entsteht unter dem Druck der wirtschaftlichen und sozialen Krise eine neue politische Krise. Die Ernte des Jahres 1789 ist gut, aber sie ist noch nicht gedroschen: der Anschluß ist noch nicht erreicht. Durch die Unruhen im Sommer ist der Getreidetransport, ist die Versorgung der Märkte schwieriger geworden denn je. Der Brotpreis ist seit dem Frühjahr nicht gesunken. Die Arbeitslosigkeit hat schlagartig noch einmal zugenommen, weil viele Aristokratenfamilien emigriert sind; sie haben ihre Bedienten entlassen und durch ihren Fortzug dem Pariser Luxushandwerk die traditionelle Kundschaft genommen. Die Arbeiter rotten sich zusammen, fordern Arbeit und höhere Löhne: am 18. August die Schneider- und die Perükkenmachergesellen, am 22. September die Fleischergesellen.

Noch einmal finden in diesem unglücklichen, ausgehungerten und ohnehin erregten Paris die politische und die wirtschaftliche Anklage einen gemeinsamen Sündenbock: die Verschwörung der Aristokraten und des Hofes ist schuld an den schlechten Zeitläuften. Und als hätte es noch eines weiteren Beweises bedurft, trifft am 23. September das Flandrische Regiment in Versailles ein.

Bis Ende September entrüstet sich zwar die Volkswut über den kleinsten Zwischenfall und meint überall die Hand des feindlich gesonnenen Versailler Hofes im Spiel zu sehen, aber die Stadtverwaltung und die Nationalgarde sind in dieser Anarchie eine feste Stütze des Gesetzes. Bailly und vor allem La Fayette stehen treu zur neuen gesetzlichen Ordnung und können sich auf dreißigtausend seit Juli verpflichtete Pariser Freiwillige verlassen. Sie sind der Situation vollauf gewachsen. Doch das Eintreffen des Flandrischen Regiments in Versailles schafft Unzufriedenheit bei der Nationalgarde. Warum läßt der König diese zusätzlichen tausend Soldaten des Ancien Régime kommen, wenn nicht, weil er der neuen Bürgergarde mißtraut? Und wozu will er sie gebrauchen? Die Stadtverwaltung stellt die Frage, die Minister geben eine kurze, nichtssagende Auskunft. Ganz Paris fühlt sich von neuem bedroht, spricht von einem umfassenden konterrevolutionären Plan und – schon jetzt! – von einer Flucht des Königs nach Metz. Loustalot gibt der allgemeinen Stimmung Ende September in seinem Blatt *Les Révolutions de Paris* Ausdruck: »Die Koalition braucht reguläre Truppen in Versailles. Sie fürchtet die für die Freiheit bewaffneten Bürger. Was für ein schlimmer Anschlag wird da gegen uns vorbereitet? Wir müssen wachsam bleiben ... Das Feuer des Patriotismus ist am Verglimmen. Ein neuer revolutionärer Aufschwung ist vonnöten, und überall sind die Zurüstungen im Gange ...«

Diese »Zurüstungen«, von denen Loustalot offen spricht, bleiben auch für die heutige Forschung schwer erkennbar. Sicher ist, daß die Gesamtheit der patriotischen Partei, also die Abgeordneten in Versailles, die Nationalgarde und die Pariser Demokraten, Ende September die Möglichkeit eines neuen Kampftages ins Auge faßt, der den König zum Einlenken zwingen würde. La Fayette und Bailly sind sich völlig darüber im klaren und sperren sich nicht dagegen. Mirabeau ist von jeher Anhänger einer starken königlichen Gewalt gewesen und pflegt nicht gegen den Strom zu schwimmen; jetzt hat er erkannt, mit wem er es in Ludwig XVI. zu tun hat, und er unterstützt zweifellos die Intrigen des Herzogs von Orléans, deren glücklicher Ausgang beides, die Monarchie und seine eigene Popularität, erhalten könnte.

Diesem explosiven Gemisch fehlt nur noch der zündende Funke, und den liefert die königliche Familie, vor allem die Königin, die in diesen stürmischen Tagen eine so unbesonnene Tätigkeit entfaltet, daß Ludwig XVI. mit ihr verglichen geradezu weise handelt, indem er wie gewohnt auf die Jagd geht.

Am 1. Oktober haben die Offiziere der königlichen Leibgarde ihre Kameraden vom Flandrischen Regiment zu einem Bankett in den schönen Opernsaal von Versailles eingeladen. Gegen Ende des Essens, bei dem schon viele Trinksprüche auf die Gesundheit der königlichen Familie ausgebracht worden sind, erscheinen der König und die Königin, die den kleinen Dauphin auf dem Arm hält, in ihrer Loge. Mit lauten Ovationen werden sie empfangen und in ihre Gemächer zurückbegleitet, wo die Offiziere sich die rot-weiß-blaue Kokarde herunterreißen und unter ihren Stiefeln zertreten. Für die revolutionären Massen des einfachen Volkes, dem seine Religion die Bedeutung der Symbole tief eingeprägt hat, ist das der Beweis für die Verschwörung. Die jungen Nationen sind von jeher besonders stolz gewesen.

Aus dem *Courrier* von Gorsas erfährt Paris am 3. Oktober von dem Bankett der Leibgarde. Die Nachricht wirkt wie ein Vierteljahr zuvor die Meldung von der Entlassung Neckers: der latente Aufruhr wird zur Revolution. Die Distrikte tagen in Dauersitzung und bestürmen das Rathaus mit ihren Anträgen. Der Distrikt Les Cordeliers nimmt die der Nation angetane Schmach zum Vorwand, um das Tragen der rot-weiß-blauen Kokarde vorzuschreiben. Alle fordern den Abzug des Flandrischen Regiments und die königliche Sanktion für die

Dekrete der Versammlung. Am 4. Oktober, einem Sonntag, ist wieder einmal großer Menschenauflauf im Palais-Royal; die ersten Rufe »Nach Versailles!« ertönen. Paris will Rache und Brot: die Vorstellung, man könnte den König nach Paris holen, erscheint wie eine zugleich realistische und magische Garantie gegen den Hof und gegen den Hunger.

Am folgenden Tage wächst der Aufruhr auf Bahnen, die zum Teil noch heute unerklärlich, aber zu gut organisiert sind, um zufällig gefunden worden zu sein. Vor dem Rathaus sammelt sich ein Zug, der vor allem aus Frauen besteht, die aus dem Faubourg Saint-Antoine und von den Markthallen kommen. Ist es nur die Wirkung von Lebensmittelknappheit und Hunger, daß gerade die Hausfrauen und Mütter gekommen sind? Gewiß lebt da auch in der Vorstellung des einfachen Volkes so etwas wie eine unklare Hoffnung, durch das Zurschaustellen des unschuldigsten Elends das Herz des Königs anzurühren und die Königin durch die Mahnung an die natürlichste Solidarität zu demütigen. Die lange Kolonne stellt den Gerichtsdiener Maillard, einen der Sieger von der Bastille, an die Spitze und begibt sich auf die Straße nach Versailles.

Nach dem Abzug der Frauen und unter dem fortdauernden Geläut der Sturmglocken strömen nun die Nationalgarden auf den Rathausplatz: sie wollen den Frauen nach Versailles folgen. La Fayette, der erst am späten Vormittag eintrifft, als wolle er in dieser Sache möglichst wenig Verantwortung tragen, versucht sie noch lange hinzuhalten, aber schließlich muß er nachgeben: zwischen 4 und 5 Uhr sieht sich der Befehlshaber gezwungen, seinen Truppen zu folgen. Die Stadtverwaltung gibt ihm zwei Kommissare bei, die den Auftrag haben, den König mitzubringen. Die neuen, aus dem Juliaufstand geborenen Gewalten bleiben endlich doch ihrem Ursprung treu: die politische Zielsetzung ist wieder eindeutig. So macht sich ein zweiter Zug nach Versailles auf: 15 000 Soldaten der Nationalgarde und hinter ihnen eine Menge von bewaffneten Parisern, bunt gemischt aus Bürgern und Leuten aus dem Volk. Sie treffen auf keinen Widerstand. Das Flandrische Regiment bleibt unentschlossen in seinen Unterkünften. Über die Champs-Elysées und durch das Dorf Sèvres, das geplündert wird, sind es mehrere Stunden Marsch bis zum König.

Es regnet unaufhörlich an diesem Montag im Herbst 1789. Die Frauen kommen durchnäßt und verdreckt gegen 1/2 5 Uhr durch die Avenue de Paris nach Versailles hinein. Eben hat die Versammlung die Weigerung des Königs zur Kenntnis genommen, der Menschenrechte-Erklärung die Sanktion zu geben, da drängen die Frauen in den Saal. Mounier, der amtierende Präsident, wird beauftragt, eine Pariser Delegation zum König zu führen. Ludwig XVI., der in aller Eile von der Jagd zurückgekehrt ist, empfängt die Frauen mit freundlichen Worten. Er verspricht, er werde Lebensmittel nach Paris schicken, und läßt ihnen für die Rückfahrt Wagen bereitstellen. Aber die Menge wartet weiter in den Straßen von Versailles und im Sitzungssaal der Versammlung.

Mounier ist mit elf seiner Kollegen im Schloß geblieben; sie fordern eine Antwort in der Frage der königlichen Sanktion zu den Dekreten der Versammlung. Am späten Nachmittag erhält Ludwig XVI. durch einen Boten La Fayettes die Nachricht vom Abmarsch der Pariser Nationalgarde und des zweiten Zuges. Einen Augenblick lang erwägt er, nach Rambouillet zu fliehen, aber dann gibt er nach. Gegen 8 Uhr bestätigt er Mounier schriftlich die Annahme der Dekrete. Der rasch einberufene Rat billigt seine Entscheidung.

Aber mit dem Eintreffen des zweiten Zuges aus Paris verschärft sich die Krise erneut. Um 11 Uhr abends erscheint La Fayette vor Ludwig XVI. mit den beiden Kommissaren der Stadtverwaltung, die den König und seine Familie zur »Rückkehr« nach Paris auffordern. Damit entsteht ein neuer dramatischer Konflikt, denn die Frage ist noch nie aufgeworfen worden. Daß dieses Drama so schnell ablaufen wird, kann sich allerdings niemand vorstellen.

La Fayette hat seine Truppen nach Absprache mit den königlichen Offizieren aufgestellt: die Leibgarden und Schweizergarden halten nur noch die Posten innerhalb des Schloßbezirks besetzt. Ludwig XVI. fühlt sich beruhigt und verschiebt jede Entscheidung auf den nächsten Tag. Fünfzehn Stunden tagt die Versammlung jetzt schon, und seit Einbruch der Nacht ist die Lage schwierig geworden: die Pariser Frauen unterbrechen die Beratungen ständig durch ihr Geschrei, sie pöbeln den einen oder anderen Abgeordneten des Klerus an und rufen nach Brot und nach Mirabeau. Um 3 Uhr früh hebt Mounier auf den beruhigenden Rat La Fayettes die Sitzung auf. Jetzt wiegt die Nacht, diese letzte Nacht der Monarchie in Versailles, die Hauptpersonen des Dramas in trügerische Sicherheit. Der König schläft schon, und La Fayette und Mounier gehen auch schlafen. Diese Männer der Gewohnheit und Gesetzlichkeit respektieren das Zeremoniell des normalen Tagesablaufs. Rivarol gibt La Fayette bald darauf den grausamen Spitznamen »General Morpheus«.

Welch wunderbares Bild für den historischen Augenblick der Wachablösung durch die Revolution: das Volk wacht, während die gemäßigte Partei und der Hof schlafen gegangen sind. Die Menge, die auf dem Außenhof vor den hohen Palastgittern kampiert, kann diese Nacht nicht wie eine gewöhnliche Nacht verbringen. Große Feuer ersetzen ihr den häuslichen Herd und Revolutionslieder den Schlaf. Man läßt die patriotischen Abgeordneten hochleben und vergißt keinen Augenblick, daß man hergekommen ist, um den König nach Paris zu holen. Im Morgengrauen des 6. Oktober nimmt das Unvermeidliche seinen Lauf: einzelne Gruppen von Demonstranten dringen in den Schloßhof. Die Leibgarden schießen einen Arbeiter nieder, müssen sich aber zurückziehen und haben selber Verluste. Die Menge drängt nach, die Haupttreppe hinauf, bis vor die Gemächer der Königin. Marie-Antoinette, kaum bekleidet, kann nur mit knapper Not durch ihr Umkleidezimmer zum König fliehen. Erst in diesem Augenblick trifft die Nationalgarde ein, um die Posten vor der Tür der Königin in Schutz zu nehmen. Die Leibgarde übernimmt wieder die Bewachung des Schlosses. Adelige und patriotische Soldaten schließen Brüderschaft.

Inzwischen hat man La Fayette geweckt. Er eilt herzu und rettet unterwegs eine Gruppe Leibgardisten, die von der Volksmenge eingeschlossen sind. Und wieder einmal muß er sich damit begnügen, als Symbol des Volkssieges herzuhalten: vom vergoldeten Balkon des Marmorhofes aus, auf dem er sich mit dem stummen, verstörten Ludwig XVI. und Marie-Antoinette zeigt, die den Dauphin auf dem Arm hält, versucht er die Leute durch Versprechungen zu beruhigen. Die Menge ruft: »Nach Paris! Nach Paris!« Nach einer Weile tritt Ludwig XVI. von neuem auf den Balkon und erklärt: »Meine Freunde! Ich will mich mit meiner Frau und meinen Kindern nach Paris begeben. Der Liebe meiner guten und getreuen Untertanen vertraue ich meinen kostbarsten Besitz an.« Und weil dieser willensschwache Mensch bei aller Unfähigkeit ein ganz ausgeprägtes Ehrgefühl hat, setzt er hinzu: »Man hat meine Leibgardisten beleidigt. Ihre Treue zu mir und zur Nation gibt ihnen ein Anrecht auf die Hochachtung meines Volkes.« Die Menge rast vor Begeisterung: wie im Juli gibt die Niederlage des Königtums dem König seine Beliebtheit wieder. Um 11 Uhr tritt die Versammlung zusammen und beschließt, Ludwig XVI. nach Paris zu folgen. Am frühen Nachmittag macht sich der endlose Zug lärmend auf den Weg nach Paris. An der Spitze marschieren Einheiten der Nationalgarde; auf jedem Bajonett steckt ein Brotlaib. Dann folgen die Frauen, mit Piken und Flinten bewaffnet oder Pappelzweige schwingend; sie begleiten die Getreidewagen und die Kanonen. Hinter den entwaffneten königlichen Soldaten mit der Trikoloren-Kokarde der Leibgarde, dem Flandrischen Regiment und der Schweizergarde rollt langsam wie ein Leichenwagen die Karosse mit der königlichen Familie. La Fayette reitet auf tänzelndem Pferd nebenher. Daran schließen sich die Wagen der Abgeordneten, und den Schluß bildet die riesige Volksmenge mit dem Hauptteil der Nationalgarde. Als sei die Symbolkraft dieses Zuges noch nicht einleuchtend genug, rufen die Leute: »Wir bringen den Bäcker, die Bäckersfrau und den Bäckerjungen!«

Die Nacht ist schon hereingebrochen, als der König nach einem kurzen Empfang im Rathaus das Tuilerienschloß erreicht – ein Gefangener seiner Hauptstadt.

4. Oktober 1798: »Wir bringen den Bäcker, die Bäckersfrau und den Bäckerjungen!« Die Frauen schwingen Pappelzweige, auf den Bajonetten der Nationalgardisten stecken Brotlaibe.

VIERTES KAPITEL

Das glückliche Jahr

Nach den Oktoberereignissen kann man erst einmal Atem schöpfen, so wie die Revolution selber. Das Land ist noch nicht organisiert, aber es ist fast vollständig erobert, das Spiel ist aus: die Revolution hat gesiegt, das Ancien Régime hat verloren. Noch weiß niemand, wie die neue Staatsform aussehen wird, aber alle spüren: das Rad läßt sich nicht mehr zurückdrehen. Mit dem 4. August und der Menschenrechte-Erklärung haben die Abgeordneten des einstigen Dritten Standes ihre Hauptziele erreicht. Die Rückkehr des Königs nach Paris gibt ihnen so etwas wie eine zusätzliche Garantie.

Unglaublich schnell ist das alles gegangen. Ganze fünf Monate vom Zusammentreten der Generalstände bis zum Umzug des Königs ins Tuilerienschloß! Diese fünf Monate sind die wichtigsten in der Geschichte der Revolution, vielleicht in der Geschichte Frankreichs: alles drängt immer rascher vorwärts, die großen Ereignisse jagen einander und werden immer unlöslicher verkettet. Die Zeit, so will es scheinen, hat einen anderen Rhythmus bekommen. Das ist die eine Bedeutung des Wortes »Revolution«.

Das Ancien Régime hat die Menschen auf diese Akzeleration nicht vorbereitet. Dabei ist es weiß Gott genug kritisiert, bekämpft, im voraus reformiert worden: das ganze Jahrhundert brannte ja geradezu darauf, es umzukrempeln. Aber das politische Denken des 18. Jahrhunderts, so brillant und vielfältig es sein mag, ist eher eine Besinnung auf den Zweck als auf die Mittel zu diesem Zweck.

Bei Aristokraten und Bürgern hat man eine Reformstrategie, nicht eine Revolutionstaktik gesucht. Natürlich wollte und will man das Ancien Régime von Grund auf verändern. Aber soweit man sich nicht überhaupt auf den König verläßt, setzt man auf die neue Zeit und die aufgeklärte öffentliche Meinung, niemals auf die Gewalt der Entrechteten. Man kann sich die Ergebnisse leichter vorstellen als die Modalitäten – nur auf die Ergebnisse kommt es an. Das ist die andere Bedeutung des Wortes »Revolution«.

In dieser Hinsicht ist 1789 eine Art Gegenbeispiel zu 1917. Lenin und die Bolschewiki haben die Form, die Bündnisse und den Rhythmus der großen Umwälzung in Rußland geradezu bewundernswert vorhergesehen. Aber ihre Vorstellung von der zukünftigen Gesellschaft steckt voller Utopien – erst Stalin sorgt dann für die Rückkehr zu den Realitäten. Die französische Bourgeoisie von 1789 dagegen weiß sehr viel genauer als die Marxisten von 1917, worauf sie hinauswill. Aber sie denkt nicht daran, Prognosen zu stellen, wo es um das Zufällige geht. Sie hat keine Vorstellung davon, welch ein schwieriger und blutiger Weg sie erwartet.

Sie hat den Widerstand der alten politischen Gesellschaft unterschätzt, indem sie sofort mutig zum Angriff übergegangen ist. Diese von Montesquieu, Voltaire und den Physiokraten geformten, aber auf den Ruf des Königs versammelten Abgeordneten kommen Anfang Mai nach Versailles und gehen spontan über den Rahmen des Finanzproblems hinaus, das der Anlaß für ihr Zusammentreten ist. Sie haben ihre Provinzen verlassen, um den Staat zu reformieren, um ihm eine Verfassung zu geben. Ihre ersten Debatten über die Vereinigung der Stände und die Art, wie sie sogleich die verfassunggebende Gewalt und die Souveränität für sich beanspruchen, zeigen ganz deutlich, daß sie wissen, was sie wollen. Doch sie wollen es mit Unterstützung des Königs, und dieser Ludwig XVI. ist von Anfang an, was er bis zur Guillotine bleibt: der Mann des aristokratischen Widerstrebens. Am 23. Juni gibt er zu erkennen, wie weit zu gehen er bereit ist. Er akzeptiert eine gewisse politische Freiheit und die steuerliche Gleichbehandlung (die in den meisten Beschwerdeheften der Privilegierten schon gefordert oder eingeräumt worden ist), aber er besteht auf der Trennung der Stände. Als er am 27. Juni der Widerspenstigkeit »seines« Dritten Standes nachgibt, ist das ein willensschwaches Zurückweichen vor den Ereignissen. Keine vierzehn Tage später setzt er ja durch die Entlassung Neckers alles wieder aufs Spiel.

Die reformerische Revolution der Juristen, der liberalen Adeligen und der Pfarrer ist damit gescheitert. Die vom Jahrhundert erträumte Revolution der aufgeklärten Geister findet ihren Weg durch Ludwig XVI. versperrt. Es ist unvermeidlich, daß nun andere Wege beschritten werden.

Es wäre verlockend, die Ereignisse des Sommers 1789 als eine Folge von Phänomenen darzustellen, die durch ein gemeinsames politisches Ziel ihre rationale Erklärung finden: der Aufruhr in den Städten, vor allem in Paris, übernimmt die Fackel aus den Händen der bedrohten Abgeordneten, und die Bauernrevolution gibt dem Ancien Régime den Gnadenstoß. Wie man das interpretiert, ist nebensächlich. Ob man mit der Aristokratie diesen Vorgang als eine Verschwörung des Bösen ansieht oder mit den Patrioten als eine unvermeidliche, notwendige Tat – hinter beiden Fassaden verbirgt sich eine Vereinfachung.

Denn es gibt nicht so etwas wie eine Revolution vom Sommer 1789, es gibt nicht einmal mehrere aufeinanderfolgende Revolutionen. Es sind drei teleskopartig ineinander geschobene, gleichzeitige und selbständige Revolutionen gewesen, die den ganzen Zeitplan der aufgeklärten Reformvorstellungen durcheinandergebracht haben: die Revolution der Versammlung, die Revolution in Paris und in den großen Städten, die Revolution auf dem Lande. Nur die erstgenannte ist das Ergebnis aus klarem politischem Bewußtsein gefaßter Entscheidungen für und durch die Gesellschaft

1. Ergebnis aus klarem politischen Bewußtsein für und durch die Gesellschaft

von morgen. Die beiden anderen vermengen Vergangenheit und Zukunft, Heimweh nach der guten alten Zeit und vage Vorstellungen davon, wie die Dinge einmal aussehen sollten. Die Konjunktur, weniger die Philosophie hat sie ausgelöst, sie hängen dem alten Traum der Armen vom tausendjährigen Reich des Menschheitsglücks mindestens ebensosehr nach wie den aufklärerischen Ideen des Jahrhunderts. Vor allem geben sie der neuen Krise des Ancien Régime eine andere Dimension, indem sie die Kehrseite der Medaille enthüllen: Ungeduld und Leidenschaft des Volkes.

Für die Männer der Versammlung erfolgt dieser Zusammenstoß also nicht im Zuge einer vorgesehenen harmonischen Entwicklung; er kommt ihnen völlig überraschend. Wer hat sie denn überhaupt gefragt? Niemand. Paris hat sich nicht für sie erhoben, und das flache Land übt durch vollendete Tatsachen ganz offensichtlich Druck auf sie aus. Für diese liberalen Männer ist die Forderung der kleinen Leute in der Stadt nach vorgeschriebenen Höchstpreisen ein Verstoß gegen vernünftige Wirtschaftsmaximen, ein Vorbote künftiger Schwierigkeiten. Und für die Männer des Gesetzes und der Formvorschriften sind die entfesselte Leidenschaft der Ärmsten und das blutige Erwachen eines Volkes von Analphabeten schwer zu begreifende Tatsachen. Aber gegenüber dem König und den Aristokraten bleibt ihnen, wenn sie sich nicht schwächen wollen, nur das Hinnehmen aller Strömungen, um sie zu einem gemeinsamen Strom zu vereinen. Dafür müssen sie zunächst einmal nachgeben.

Sie gehen nicht viel weiter, als sie es sich vorgestellt haben; die Dekrete vom August und die Menschenrechte-Erklärung entspringen ganz der Philosophie des Jahrhunderts. Aber sie nehmen es auf sich, schneller vorzugehen als gedacht. Das Eingreifen des Volkes verändert den Rhythmus der Revolution, ohne noch an ihren Inhalt zu rühren.

Immerhin ist dieser »Zwischenfall« schon bedeutungsvoll für die

Zukunft. Denn es hat sich jetzt neben einer aufgeklärten öffentlichen Meinung eine revolutionäre Mentalität herauskristallisiert, die sich nichts vormachen läßt. Die Versammlung kann nach Belieben Gesetze erlassen, aber ihre Gesetze müssen auch angewendet, ihre Dekrete befolgt werden. Die Bauern haben es der Versammlung ja schon gezeigt, indem sie die de-facto-Abschaffung der Feudalrechte ganz einfach erzwungen haben. Und diese neuen, unvorhergesehenen Kräfte, die da im Sommer 1789 in Erscheinung getreten sind, lassen sich nur schwer unter Kontrolle halten. Die Nationalversammlung muß also nicht nur die Feindseligkeit des Königs berücksichtigen, sondern auch die sich steigernden Forderungen des Volkes im Auge behalten. Auf der Rechten und auf der Linken wartet man nur auf das verhängnisvolle Ausgleiten. Schmal ist der goldene Mittelweg in diesem Sommer 1789!

Im Grunde gibt es einen solchen Weg nur in der Theorie. Die Lage ist zu unstabil, die wirtschaftliche Konjunktur zu gefährdet, das Land schon zu tief in Anarchie geraten. Die Versammlung kann die Ordnung gar nicht wiederherstellen, ohne sich auf das Volk zu stützen; eine schwerwiegende taktische Entscheidung, die auch in den folgenden Jahren bedrückend bleibt und schon ab September die patriotische Partei entzweit. Die »Männer der Monarchie« werden diese Auseinandersetzung nicht überleben; denn nach den Lehren der letzten Monate stützt sich die Linke der Versammlung bewußt und fast offen auf Paris, während Mounier und seine Freunde immer mehr auf den König angewiesen sind. Die siegreichen Patrioten haben das Bündnis der Sommerrevolutionen zustandegebracht, aber nur um den Preis der ersten Abspaltung. Die meisten wünschen weiterhin die friedliche Befestigung ihres Werkes, doch die Gleichung hat jetzt zwei Unbekannte: Kann der nach Paris gebrachte Ludwig XVI. zum Mann eines verfassungsmäßigen Königtums werden? Und werden andererseits die Sommerrevolutionen und die gute Ernte den wilden Übereifer des

Volkes dämpfen? Die Versammlung ist allmächtig. Aber sie hat keine Macht über die Einstellung des Königs und über die öffentliche Meinung.

Am 6. Oktober 1789 waren König und Hof gezwungen worden, von Versailles nach Paris zu ziehen. Im alten Tuilerienpalast, den die Monarchie seit Ludwig XIV. verlassen hatte, trat Ludwig XVI. sein neues Amt als verfassungsmäßiger König an. Das Schloß lag quer zum langen Uferflügel des Louvre zwischen dem jetzigen Tuileriengarten im Westen und dem Carrousel-Platz im Osten. Im Norden waren jenseits der Rue Saint-Honoré die neuralgischen Zentren der Revolution, die Versammlung und der Jakobinerklub, in nächster Nähe. Im Süden ging der Blick über den Tuilerienkai auf die Seine. Ein armseliger und bedrückender Rahmen, verglichen mit Versailles! Die Räume waren nach einigen Tagen provisorischer Unterbringung so aufgeteilt worden, daß die Mitglieder der königlichen Familie möglichst nahe beieinander wohnten: im Erdgeschoß lagen die Privatgemächer der Königin und das Arbeitszimmer des Königs, im Zwischenstock die Zimmer der Königin, im ersten Stock die Zimmer des Königs, des kleinen Dauphins und von »Madame Royale«, dem Töchterchen des Königs. Trotz der engen Räumlichkeiten überlebte die Etikette des alten Hofes ihre Zeit: das *Lever* und das *Coucher* des Königs waren nur dem vorgestellten Adel zugänglich, und als das Privileg des *tabouret*, das nur wenigen vorbehaltene Recht, sich in Gegenwart des Königs und der Königin auf einen Schemel setzen zu dürfen, im April 1791 aufgehoben werden mußte, verließen zwei Herzoginnen unter Protest den Hof.

Der Hofstaat des Königs blieb also bestehen, wenn auch die politischen und finanziellen Notwendigkeiten zu einigen Änderungen zwangen. Schon am 7. August 1790 wurde das Sekretariat für den Hofstaat durch das Innenministerium ersetzt, dem die Hofverwaltung als weisungsgebundene Behörde unterstellt wurde. Ab Oktober 1790 wurden die Ausgaben aus einer Zivilliste bestritten, die von der Versammlung genehmigt und von einem Intendanten verwaltet wurde. So sah sich Ludwig XVI. im April 1791 gezwungen, eine gewisse Anzahl von Hofämtern abzuschaffen. Der militärische Schutz wurde seit Oktober 1789, seit dem Widerstand der Leibgarde in Versailles, von der Nationalgarde gewährleistet. Die traditionellen Hoftruppen – Leib- und Schweizergarden – gab es zwar weiterhin, aber man wagte nicht, sie allzu auffällig zu zeigen.

Ein Ausschnitt aus dem Stadtplan von Paris im 18. Jahrhundert. An den Seineflügel des Louvre schloß sich das (1871 zerstörte) Tuilerienschloß an. Am nördlichen Rand des Tuileriengartens (linksunten im Bild) lag der Manege-Saal, wo die Verfassunggebende Versammlung tagte.

Überraschend sind in den Memoiren jener Zeit die Berichte über die geringe Zurückhaltung, mit der die Vertrauten des Königs ihre Verachtung für die Männer der neuen Institutionen zeigten. Ludwig XVI. beklagte sich selber darüber, weil er fürchtete, ihre abfälligen Äußerungen könnten ihn vollends ins Verderben stürzen.

Die Verfassung beruhte theoretisch auf der Gewaltenteilung und hatte dem König die Lenkung der exekutiven Gewalt, also die Auswahl der Minister belassen. Bis Ende 1790 blieben die Männer im Amt, die er gleich nach dem 14. Juli wieder berufen hatte: Necker für die Finanzen, Saint-Priest für den königlichen Hofstaat, später für das Innere, Champion de Cicé für die Justiz, La Tour du Pin für das Kriegsministerium, La Luzerne für die Marine, Montmorin, der schon seit 1787 im Amt war, für die Auswärtigen Angelegenheiten. Außer Necker waren sie alle Adelige mit liberalen Neigungen. Trotzdem wurden sie der Versammlung nach und nach verdächtig. Das Scheitern der Finanzpläne Neckers, der von Mirabeau und einer ganzen Gruppe rivalisierender Bankierskollegen heftig bekämpft wurde, führte Anfang September 1790 zu seiner Demission; sein unauffälliges Abtreten war ein Beweis für seine rasch geschwundene Volkstümlichkeit. Bald darauf, zwischen Oktober und Dezember, führten die Angriffe der Versammlung nacheinander zum Rücktritt aller übrigen Minister außer Montmorin, der als eingetragenes Mitglied des Jakobinerklubs und Freund Mirabeaus in dem Ruf stand, ernstlich die Sache der Revolution zu verfechten. Von den neuen Ministern genoß keiner das volle Vertrauen des Königs. Abgesehen von einigen qualifizierten, aber wenig bekannten Fachleuten (Thévenard als Marineminister, Tarbé als Finanzminister) waren es Vertraute La Fayettes, die dem neuen Regime ihre Ergebenheit bewiesen hatten. De Lessart, der im Januar 1791 vom Finanz- zum Innenressort überwechselte, war ein gemäßigter Konstitutioneller. Von Duport-Dutertre, dem Justizminister, wußte man, daß er Mitglied der revolutionären Pariser Stadtverwaltung gewesen, von Duportail, dem Kriegsminister, daß er ein besonderer Schützling La Fayettes war.

Aber sie hatten auch nicht das Vertrauen der Versammlung. Die Abgeordneten respektierten den König zu sehr, als daß sie ihm seine Minister aufgezwungen hätten, aber sie fürchteten ihn doch genug, um den Männern seiner Wahl zu mißtrauen. So setzten sie schließlich ihre eigene Vorherrschaft an die Stelle der theoretischen Dualität zwischen legislativer und exekutiver Gewalt.

Die Versammlung war dem König mit einigen Tagen Verspätung am 19. Oktober offiziell nach Paris gefolgt. Sie kam zunächst im Erzbischöflichen Palast unter und zog am 9. November in den Manege-Saal um, wo dann alle Versammlungen der Nation bis zum Mai 1793 tagten: ein ehemaliger Zirkus, Anfang des 18. Jahrhunderts gebaut, der zwischen dem Tuileriengarten und den Hintergärten der Häuser an der Rue Saint-Honoré lag. In aller Eile mußte man stufenförmige Sitzreihen einbauen lassen, Tribünen für das Publikum errichten, das auf diese Weise ständig stören konnte: Beifall und feindselige Zwischenrufe begleiteten fortan alle Reden der Mitglieder der Verfassunggebenden Versammlung. Aber wie hätten sie dagegen einschreiten können? Seit Juli 1789 wußten sie, daß ihre Kraft allein in der öffentlichen Meinung lag.

Unter diesen Umständen wurde die eigentliche gesetzgeberische Arbeit nicht in den öffentlichen Sitzungen, sondern in den Ausschüssen geleistet, die damals noch Komitees hießen. Diese Komitees zogen immer mehr Befugnisse der exekutiven Gewalt an sich. Sie bewältigten ein eindrucksvolles Pensum, auf wirtschaftlichem Gebiet (Komitee für Landwirtschaft und Handel) und in der Sozialfürsorge (Komitee für das Bettlerproblem) ebenso wie in Politik und Verfassunggebung (das Verfassungskomitee war schon am 7. Juli gebildet worden). Vor allem erlaubten sie den fast anonymen, aber außerordentlich sachkundigen Persönlichkeiten, die von den Franzosen in die Generalstände gewählt worden waren, ihre Fähigkeiten zu beweisen, und zwar fernab von den stürmischen Sitzungen, wo die großen Redner den Ton angaben.

Es ist schwer, sich heute ein Urteil über die Rednertalente der einzelnen zu bilden. Nur der Eindruck auf die Zeitgenossen und die Lektüre der gedruckten Reden erlauben uns, einige Namen zu erwähnen. Vor allem ist da Mirabeau zu nennen, dieser »Tribun der Aristokratie im Gewande eines demokratischen Abgeordneten«, von dem Chateaubriand geschrieben hat: »Er brauchte nur seine Mähne zu schütteln und das Volk ins Auge zu fassen, schon war es still; wenn er seine Pranke hob und die Klauen zeigte, geriet der Pöbel in Ekstase.« Dagegen vermochten weder Barnave oder Robespierre noch auf der Rechten ein Mann wie Cazalès den Saal so in ihren Bann zu schlagen wie später die Redner der Gironde. In der Geschichte der Volksvertretungen Frankreichs glänzt die Verfassunggebende Versammlung nicht durch Brillanz der Rede, sondern durch ihre realistische Arbeit.

Man darf nicht meinen, daß es im Jahre 1790 schon so etwas wie Parteien im modernen Sinne des Wortes gegeben hätte. Nicht, daß die Mitglieder der Verfassunggebenden Versammlung die Realitäten der Parteiungen nicht gesehen hätten. Sie kannten auch das Beispiel des englischen Unterhauses. Aber sie hatten einen tiefen Abscheu vor jeder Parteiorganisation oder Fraktionsbildung. Das war in ihren Augen genau das Gegenteil jenes Individualismus und jener Freiheit der Person, die für die Mentalität der bürgerlichen Revolutionäre entscheidend waren. Aber es konnte nicht ausbleiben, daß sich angesichts der großen politischen Aufgaben gewisse Trennungslinien abzeichneten. Schon die Anordnung der Sitze im Raum bot sich dafür an. Die Begriffe »rechts« und »links«, die in der Politik eine so große Rolle spielen sollten, entstanden durch die rechts und links von der Präsidiumstribüne an den Schmalseiten des Saales aufsteigenden Bankreihen.

Lally-Tollendal ist ein führender Vertreter der »Männer der Monarchie«, die für das Veto des Königs sind und immer mehr nach rechts rücken. Nach dem 10. August 1792 muß er wie viele seiner Freunde in die Emigration gehen.

Rechts war der Platz aller Gegner der Dekrete vom 4. August. Man nannte sie die »Aristokraten«, aber dieses Wort hatte von Anfang an eher eine politische als eine gesellschaftliche Bedeutung. Neben wirklichen Adeligen, deren einflußreichster Vertreter der Vicomte de Mirabeau (»Mirabeau-Tonneau«) war, der Bruder des Tribunen, saßen zahlreiche Bürgerliche. Einer von ihnen, der Abbé Maury, führte alle parlamentarischen

Vorstöße der Rechten an. Er hatte eine eindringliche, oft bewußt volkstümliche Redeweise und zögerte nicht, mit dem plumpen Finger des Plebejers auf alle echten oder angeblichen Schändlichkeiten zu weisen, die ihm besonders mißfielen. Maury gehört in die spezifisch französische Reihe von Kindern des Volkes, die ihr Leben und ihre Seele dem Dienst an der Tradition weihen und allem Vergangenen wehmütig nachtrauern. Daß man ihn als Aristokraten einordnete, ist bezeichnend für eine Zeit, in der blanker Haß, nicht klares Urteil darüber entschied, wer als Gegner der neuen Ordnung zu gelten hatte. Man nannte diese Männer auch die »Schwarzen«, und man weiß bis heute nicht, wie dieser polemisch gemeinte Spitzname entstanden ist. War es eine Anspielung auf die Farben Österreichs, also der Königin, oder auf den Einfluß der Priester in dieser Gruppe? Außerdem gab es sehr verschiedene Schattierungen in diesem Schwarz. Neben fanatischen Eiferern und Verwirrungsstiftern saßen gebildete Männer, die sehr gekonnt eine ernst zu nehmende politische Lehre verfochten. Der überragende Kopf war ein Abgeordneter aus Rivière-Verdun bei Toulouse, Cazalès, der unmittelbar nach dem 14. Juli zunächst hatte emigrieren wollen, aber wieder in den Schoß der Versammlung zurückgekehrt war. Er trat für eine Monarchie nach englischem Vorbild ein und verteidigte die Vorrangstellung des Adels, von dem er wußte, daß ihm weniger vom Volk als vom Bürgertum Gefahr drohte. So protestierte er gegen die Unterscheidung zwischen aktiven und passiven Staatsbürgern und war damit ein Vorläufer der späteren »Ultras« der Restaurationszeit.

Den »Aristokraten« nahe, aber aus der revolutionären Strömung selber kommend, waren die »Männer der Monarchie«. Wir haben gesehen, wie diese Gruppe um Mounier sich im August und September 1789 gebildet hatte. Sie traten dafür ein, dem König das absolute Vetorecht zu geben, und waren gegen das Einkammersystem; deshalb nannte man sie auch die »Anglomanen«. Die Oktoberereignisse hatten sie in die Opposition gedrängt. Mounier selber hatte sich in seine Heimatprovinz, in die Dauphiné, zurückgezogen; bald darauf ging er ins Ausland und schloß sich den Emigranten an. Andere – Malouet, Lally-Tollendal, Clermont-Tonnerre – harrten in der Versammlung aus und bildeten dort bescheiden, aber einflußreich den Kern des Widerstandes. Die Bedeutung dieser kleinen Gruppe für die Entwicklung der politischen Ideen in Frankreich ist nie hinreichend gewürdigt worden: in anderen Formen und durch andere Männer bleibt ihre Leitvorstellung, ein konservatives und liberales Regime unter der Führung des Adels, bis weit ins nächste Jahrhundert hinein fruchtbar.

Dabei fehlte es durchaus nicht an liberalen Adeligen bei der Linken.

Sie spielten im Gegenteil oft die Hauptrolle in den Debatten, und die »patriotische« Partei, wie sie sich selber nannte, war stolz darauf, in ihren Reihen die größten Namen Frankreichs zu haben: zwei La Rochefoucaulds, einen Montmorency, einen Talleyrand-Périgord. Der militärische Verdienstadel, der sich auf den Schlachtfeldern des 18. Jahrhunderts ausgezeichnet hatte, war durch La Fayette, Beauharnais und die Brüder Lameth vertreten. Aber die lebendige Kraft der Patrioten war das Bür-

Einer der drei Brüder de Lameth, die sich ganz der Revolution verschrieben haben. Alexandre de Lameth hat im amerikanischen Unabhängigkeitskrieg mitgekämpft und besitzt große Pflanzungen auf den Antilleninseln.

gertum. Bürgerliche wirkten in den Ausschüssen der Versammlung. Bürgerliche wurden dort zu den Technikern der Macht, auf die auch die folgenden Staatsformen nicht verzichten mochten: Männer wie Tronchet, Merlin de Douai oder Lanjuinais.

Für den Augenblick allerdings drängen sich den Zeitgenossen andere Namen auf. Drei Pole bemühen sich, die Linke an sich zu ziehen. Mirabeau... Seine Redegewalt hat ihn von der Eröffnung der Generalstände an zu einer herausragenden Führergestalt gemacht, aber seine Bestech-

Honoré-Gabriel Riqueti, Graf von Mirabeau in der strengen Tracht der Abgeordneten des Dritten Standes.

lichkeit richtet ihn zugrunde. Schon im Oktober 1789 arbeitet er daran, Neckers Nachfolger zu werden. Die Versammlung wird mißtrauisch und trifft eine eigene Bestimmung, nach der kein Abgeordneter Minister sein darf. Im Mai 1790 tritt er gegen die Bezahlung seiner Schulden und eine monatliche Rente von 6000 Livres in die Dienste des Hofes. Dieser Verrat, den er nicht einmal zu verbergen suchte, brachte ihn vollends in Miß-

Adrien Duport, Pariser Parlamentsrat, hat schon in der Notabelnversammlung die Auflehnung geschürt. Jetzt tritt er für die »Nation« und ihre neue Rechtsauffassung ein, aber für ihn wie für die »Männer der Monarchie« kann es kein stabiles Regime ohne Elite und keine Elite ohne König geben.

kredit. Schon im Dezember war es Robespierre ein leichtes, ihn im Jakobinerklub gänzlich bloßzustellen. Als er am 2. April 1791 starb, wurde auf den Straßen eine Schmähschrift über den »großen Verrat des Grafen Mirabeau« verkauft. – La Fayette hätte eine bedeutende Rolle spielen können. Als Befehlshaber der Nationalgarde, umworben von einer ganzen Kohorte von Generälen, Bankiers und Journalisten, war er in den ersten Monaten des Jahres 1790 eine wirklich populäre Persönlichkeit. Aber er stieß alle Welt vor den Kopf: Mirabeau, dessen Gefälligkeiten er nicht akzeptierte und der sich daraufhin an ihm rächte, indem er den König und die Königin gegen ihn einnahm; ja, die ganze Linke, weitgehend gleichbedeutend mit der patriotischen Partei, mißtraut nach und nach der Beliebtheit ebensosehr wie der Bestechlichkeit. Sie sucht sich ihre Führer in der von ihrem Jahrhundert geprägten Elite, vor allem in dem Teil dieser Elite, der sich kompromißlos zu dem im Sommer 1789 entstandenen Regime bekennt, ohne dabei auf den eigenen Vorteil bedacht zu sein. – Die Linke sah sich deshalb immer mehr in einem Triumvirat repräsentiert: ein geadelter Offizier, Alexandre de Lameth; ein Amtsadeliger, Duport; ein Anwalt, Barnave. Diese drei Männer waren eifersüchtig auf La Fayette, gegen den sie aber nicht offen vorgehen mochten, und feindselig gesonnen gegen Mirabeau, dessen konterrevolutionäre Absichten sie anprangerten. Bis Ende 1790 waren sie die Ideologen und Führer der patriotischen Partei.

Die leidenschaftliche Auseinandersetzung blieb nicht auf den Manege-Saal beschränkt. Überall in Paris entstanden neue Salons, Gesellschaften und Klubs, in denen Abgeordnete und Journalisten, große Damen der Aristokratie und gestern noch unbekannte Mitglieder der freien Berufe aus dem Dritten Stand einander begegneten. Chateaubriand hat dieses plötzliche Aufblühen beschrieben: »Ich könnte die Gesellschaft von 1789 und 1790 nicht besser kennzeichnen als durch den Vergleich mit der Architektur zur Zeit Ludwigs XII. und Franz I., als die griechischen Bauformen sich in den gotischen Stil drängten ... An allen Ecken und Enden fand man in Paris literarische Zirkel, politische Klubs und bemerkenswerte Gesellschaften; Männer, die bald berühmt sein sollten, irrten noch namenlos durch die Menge wie die Seelen am Lethefluß, bevor das Licht sie getroffen hat.«

Die »Schwarzen« waren zu einer gewissen Vorsicht gezwungen; deshalb kennt man ihre Treffpunkte kaum. Im April 1790 gründeten sie in der Rue Royale den »Französischen Salon«, der sich im Mai auflösen mußte, aber eine Brutstätte royalistischer Verschwörungen blieb; auf ihn geht der im Juli vorbereitete Plan zurück, dem König zur Flucht nach Lyon zu verhelfen und dort den Aufstand zu entfesseln.

Die »Männer der Monarchie« hatten sich im Dezember 1789 in der Rue de la Michodière zum »Klub der Unparteiischen« zusammengeschlossen. Später, im April 1790, gründeten sie den »Monarchischen Klub«, der erst in der Rue de Vaugirard und dann in der Rue de Chartres die Feindseligkeit des Volkes auf sich zog. Aber sie konnten sich ja in den Salons, zum

Ein Blick in den Bibliothekssaal des einstigen Jakobinerklosters. Präsident der Klubsitzung ist Charles de Lameth (links), am Rednerpult steht Mirabeau. Im Juni 1791 zieht der zu groß gewordene Jakobinerklub ins Schiff der Klosterkirche um.

Beispiel bei Madame de Tessé oder bei der Prinzessin von Hénin mit den Mitgliedern der patriotischen Partei treffen. Zu den Gesellschaften, von denen Chateaubriand spricht, zählten auch die Salons der Gattinen der Minister und etlicher Abgeordneter des liberalen Adels.

Die von Sieyès gegründete »Gesellschaft 89« zog bald vor allem die Freunde La Fayettes an; wegen ihres hohen Mitgliedsbeitrags blieb sie ein enger, akademischer Kreis: nur hochgestellte Männer von Adel oder Besitz konnten dort miteinander Umgang pflegen. Sehr viel bedeutender war die »Gesellschaft der Verfassungsfreunde«. Ihre Ursprünge sind noch kaum erforscht. Schon am 30. April 1789 hatten die bretonischen Abgeordneten bei den Generalständen in Versailles einen Klub gegründet, der auch den übrigen patriotischen Abgeordneten offenstand. Erst im Dezember 1789 bekam die Gesellschaft eine feste Form. Sie bezog das Kloster der Jakobiner in der Rue St. Honoré und wurde unter diesem Namen berühmt. Anfangs war der Jakobinerklub ein kleiner »brain trust« aus Abgeordneten der Linken, aber bald stand er der Elite des revolutionären Bürgertums offen. Sein Beitrag, 24 Livres, schloß die Armen aus. Seine Arbeitsmethode – Debatten mit dem Ziel einer wachsamen Kontrolle über die amtierenden Gewalten – machte ihn zu einer Ergänzung und zum verlängerten Arm der Versammlung. Vor allem gelang es ihm durch Anschlußvereinbarungen die Gesellschaften gleichen Typs, die sich in der Provinz gebildet hatten, unter seinen Einfluß zu bringen. Im Juni 1791 hatten ihn schon fast vierhundertfünfzig Tochtergesellschaften als Mutterklub anerkannt. Diese Gesellschaften waren stellenweise außerordentlich dicht verteilt: zehn Klubs im Departement Haut-Rhin (Kolmar), zwanzig in Vaucluse (Avignon), fünfzehn im Puy-de-Dôme (Clermont-Ferrand). So breitete sich das Spinnennetz des organisierten revolutionären Bürgertums um den Jakobinerklub aus.

Die Pressefreiheit führte zu einer kaum vorstellbaren Vermehrung der Zeitungen. Für das Jahr 1791 hat man einhundertfünfzig gezählt, und dabei ist das nur eine unvollständige, fast ganz auf die Pariser Presse beschränkte Zusammenstellung. Viele dieser Blätter gingen bald wieder ein, andere fanden so viele Nachahmer, daß man sie kaum mehr unterscheiden kann. Manche dagegen hatten dank der Persönlichkeit ihres Herausgebers eine weite Verbreitung.

Auf der Rechten fehlte es der gegenrevolutionären Presse durchaus nicht an talentierten Schreibern. Zu Beginn der Revolution hatte Rivarol mit dem Abbé Sabatier de Castres das *Journal politique national* ins Leben gerufen, das in unregelmäßigen Abständen bis zum November 1790 erschien; gleichzeitig arbeitete er anonym bei den *Actes des Apô-*

tres mit. Diese im November 1789 gegründete Zeitung wurde dann unter dem Einfluß von Suleau zu einem schreierischen Hetzblatt, mit dem Rivarol nichts mehr gemein hatte. Rivarol war wie Cazalès davon überzeugt, daß man sich eindeutig und ganz auf das Volk stützen müsse, um das Bürgertum zu isolieren. »Der König«, so schrieb er, »wird erst wieder König von Frankreich werden, wenn er Frankreich beweist, daß er nicht

Antoine Rivarol, der hervorragendste Journalist der Rechtspresse. Er verteidigt die autoritäre Monarchie sehr geschickt als ein Bollwerk gegen die drohende Machtergreifung der Bankiers und Geschäftsleute.

mehr der König der Adeligen sein will.« Das war nicht der Ton des *Journal général de la cour et de la ville* oder des *Petit Gautier*. Und im *Ami du Roi* hielt sich der Abbé Royou, ein klarer und tiefer Geist, an eine Polemik mit besseren Argumenten.

Die »Männer der Monarchie« brachten es nie zu einer einflußreichen Zeitung, wahrscheinlich, weil ihre wohlerwogenen Meinungen darin nicht den angemessenen Rahmen gefunden hätten. Im alten, seit 1672 erscheinenden *Mercure de France* findet man in den Artikeln von Mallet du Pan die Hauptzüge ihres politischen Denkens. Für ihn und seine Freunde haben die Oktoberereignisse einen unaufhaltsamen Prozeß eingeleitet, die soziale Revolution, die er mit den großen Invasionen der Barbaren vergleicht.

Die eigentliche Neuerung war die demokratische Presse. Am meisten gelesen wurde die von Brissot, dem zeitweiligen Schützling La Fayettes, geleitete Zeitung *Le Patriote français*, dann folgten *Les Révolutions de France et de Brabant* von Camille Desmoulins, *Les Révolutions de Paris* von Loustalot, *Le Courrier* von Gorsas. Der »Volksfreund« des Jean-Paul Marat, *L'Ami du Peuple*, verdient besondere Erwähnung. Durch sein Mißtrauen gegenüber dem König, La Fayette und den Notabeln, durch seine argwöhnische Wachsamkeit gegenüber jeder Obrigkeit und durch seine blind eifernd geäußerte demokratische Gesinnung (er war einer der wenigen, die gegen die Unterscheidung von passiven und aktiven Staatsbürgern protestierten) hatte sich Marat viele Feinde gemacht. Mehrmals wurden ihm Verweise und Rügen erteilt, einige Male wurde er aus seinem Wohnort ausgewiesen. Im August 1789 wird ihm die Genehmigung zur Veröffentlichung einer Zeitung verweigert. Trotzdem gelingt es ihm, sie im September herauszubringen; aber die Zensur der Pariser Stadtverwaltung greift ein: Marat muß fliehen. Immer wieder ist er in Gefahr, verhaftet zu werden, immer wieder muß er untertauchen, aber jedesmal tritt er wieder in Erscheinung und veröffentlicht sein Blatt. Die armen Leute seines Viertels in der Gegend des jetzigen Odéon halten zu ihm, und er genießt auch die Unterstützung der Pariser Kleinbürger. Neben den Klubs war die Presse eine großartige Schule für die ersten Gehversuche des revolutionären Bürgertums.

Als die Verfassunggebende Versammlung schon 1789 die alten Provinzen abgeschafft und das Land in 83 »Departements« eingeteilt hatte, beabsichtigte sie damit nicht, Paris nur noch ein Dreiundachtzigstel des Einflusses zu geben. Selbst wenn sie es gewollt hätte, wäre die Verwaltung dieses speziellen Departements, das außer der Hauptstadt noch die umliegenden Gemeinden von Le Bourget bis Bourg-la-Reine und von Nanterre bis Champigny einschloß, alles andere als eine vollgültige und vollständige Vertretung der Pariser öffentlichen Meinung gewesen.

Das eigentliche politische Leben von Paris war in drei Institutionen repräsentiert: in der Stadtverwaltung, in den Distrikten und in der Nationalgarde. Ihre verworrenen Beziehungen sind ein Anzeichen für zwei stets anzutreffende Tendenzen im politischen Verhalten der Städter: sie verlangen eine direkte Regierung (daher ihr Mißtrauen gegen jede Stellvertretung) und wünschen sich Solidarität im Grundsätzlichen (daher ihre Abneigung gegen eine unabhängige Verwaltung einzelner Viertel).

Von den dreihundert Delegierten der Pariser Stadtverwaltung bildeten sechzig den Stadtrat, dessen verschiedene Verwaltungen die Sachaufgaben wahrnahmen (Polizei, Lebensmittelversorgung, Gesundheitswesen). Der Bürgermeister, Bailly, war Präsident des Stadtrats, unterstützt vom Stadtpräsidium (einundzwanzig von der Stadtversammlung gewählten städtischen Beamten, die alle Zuständigkeitskonflikte zu schlichten hatten und die Angestellten verpflichteten). Die übrigen Delegierten der Stadtversammlung bildeten ein wenig bedeutendes Parlament, dessen ungenau definierten und höchst unwillig respektierten Befugnisse sich in einer Art moralischer Überwachung erschöpften.

Denn Paris, das waren im Grunde die sechzig Distrikte. Ihre Wählerschaft war zwar Ende August 1789 vergrößert worden, aber noch immer vertraten sie nur diejenigen Bürger, die eine direkte, persönliche Steuer entrichteten; das waren zweifellos weniger als 20 % der Pariser Einwohnerschaft. Durch ihre Bürgerversammlungen und ihre Komitees, denen das Dekret vom 5. Oktober offiziell die Polizeiaufgaben übertragen hatte, durch ihre Beschlüsse, ihre Denk- und Bittschriften jedoch bewiesen diese Distrikte, daß sie sich als den unmittelbaren Ausdruck der Volkssouveränität betrachteten. Deshalb auch ihr Mißtrauen gegenüber ihren eigenen Delegierten in der Stadtversammlung: der Distrikt Les Cordeliers (sein Zentrum war rund um die Rue de l'École de Médecine das Odéon-Viertel) forderte schon am 11. November 1789 seinen Delegierten einen Eid ab, mit dem sie sich an die Weisungen des Distrikts banden. So gerieten die Distrikte auch immer wieder in Konflikte mit den alten, weiterbestehenden Institutionen wie dem Châtelet, dem Prevotalgerichtshof für besondere Strafsachen. Der berühmteste Streit entstand um Marat, gegen den ein Strafbefehl wegen aufrührerischer Reden erlassen worden war, und Danton (er war damals Präsident des Distrikts Les Cordeliers), der beschuldigt wurde, Marat öffentlich verteidigt zu haben. Vor allem aber entstanden aus einem solchen Anspruch der Distrikte immer von neuem gegen die offizielle Stadtverwaltung gerichtete gemeinsame Verbindungsorgane der Distrikte wie die Versammlung im Erzbischöflichen Palast ab 1. März 1790, die einen Plan für eine auf die direkte Regierung gegründete Stadtverwaltung erarbeitete. Indem die Verfassunggebende Versammlung die sechzig Distrikte durch achtundvierzig Sektionen ersetzte, hoffte sie mit dieser ständigen Agitation fertig zu werden, aber es erwies sich, daß sie den Ausgangspunkt der subversiven Wellen nur verlegt hatte.

Die Nationalgarden hatten sich im Frühjahr und Sommer 1789 spontan gebildet. Als Bürgermilizen hatten sie eine doppelte Zielsetzung: vor allem sollten sie die Versammlung und die Revolution gegen einen Handstreich der Monarchie und der Aristokratie verteidigen, aber sie sollten auch die neue revolutionäre Ordnung gegen alle bedrohlichen Volksausbrüche schützen. War der zweite Zweck der eigentlich angestrebte? Man sollte sich hüten, heutige Vorstellungen auf die Vergangenheit zu übertragen. Daß La Fayette das Kommando übernahm, weil er die Nationalgarde als ein Bollwerk für die konservative Revolution betrachtete, steht außer Zweifel. Aber als sich am 18. April 1791 die Volksmenge der Fahrt des Königs nach Saint-Cloud entgegenstellte, fielen die Grenadiere der Nationalgarde selber den Pferden in die Zügel und hinderten die Karosse am Weiterfahren; La Fayette hielt zwar eine kluge Ansprache über die Achtung vor dem Gesetz und über das Recht des höchsten Staatsdieners, nach Belieben ausfahren zu dürfen – »seine« Garde hörte nicht auf ihn. Natürlich ist es bezeichnend, daß die Verfassunggebende Versammlung beschloß, nur den Aktivbürgern den Eintritt in die Miliz zu gestatten, aber sie wagte es nie, die »Passiven« zu entwaffnen, die sich in der Stunde der Gefahr unter die Verteidiger der Revolution eingereiht hatten, ja, im Dezember 1790 faßte sie den Beschluß, sie endgültig zuzulassen. Die Nationalgarde verlor nämlich, als die Bedrohung vorüber war, sehr an Anziehungskraft: von den 80 000 Aktivbürgern in Paris standen kaum 30 000 auf ihren Listen, und für viele war diese Eintragung ohnehin nur eine Formalität, die keine großen Verpflichtungen mit sich brachte. Man durfte sich bei feierlichen Anlässen öffentlich in der blauen Uniform zeigen und genoß den Ruhm, zur Miliz der neuen Ordnung zu gehören, brauchte aber keine ständige Aufgabe zu übernehmen. Immerhin blieb die Eintragung bei der Nationalgarde für das Bürgertum in Krisenzeiten die beste Gelegenheit, institutionell beglaubigt seine Treue zur Revolution zu beweisen. Mehr noch als in Paris, wo es ja noch viele andere Möglichkeiten gab, wurde in den Provinzstädten davon Gebrauch gemacht.

Die Revolutionen in den Städten im Juli 1789 hatten nicht nur lokalen Charakter gehabt: gegenüber der Aristokratenverschwörung, deren Bedeutung das Volk in seiner Panik überschätzte, mußte das Solidaritätsgefühl unter den Männern, die für das von der Versammlung begonnene Werk einstanden, zu neuartigen Bindungen führen. Angesichts des Vakuums nach dem Zusammenbruch des alten Staatswesens bemühten sich die Stadtverwaltungen und die Bürgergarden um die »Föderation«, das heißt, um einen Zusammenschluß nicht im gemeinsamen Gehorsam, sondern in der gemeinsamen Willensbildung: »Vereint frei sein und nicht mehr getrennt erdulden!« So entstanden die Föderationen als der erste

Ausdruck einer Wiederherstellung der nationalen Einheit von der Basis her. Alle Revolutionsregierungen haben versucht, diese Manifestation des Einheitswillens in den Griff zu bekommen, und sie haben letzten Endes nie wirklich Erfolg dabei gehabt. Schon Anfang 1790 breitet sich die Bewegung aus und verändert sich: die Ideologie wird wichtiger als das Sicherheitsbedürfnis. Aus dem konkreten Mittel der »Föderation« wird ein Zweck: die Bestätigung, daß hier eine Nation geboren ist, deren Bürger kein lokaler oder regionaler Partikularismus je trennen wird. Ganz deutlich hört man es aus den Worten der Föderierten, die im Februar die Bretagne und den Anjou vertreten: »Wir erklären feierlich, daß wir nicht Bretonen und nicht Angevins sind, sondern Franzosen und Bürger desselben Reiches. Wir verzichten deshalb auf alle unsere Sonderrechte und schwören ihnen als verfassungswidrig ab. Wir sind froh und stolz, frei zu sein.« Es konnte nicht ausbleiben, daß diese Bewegung ihre Apotheose in Paris finden wollte. Aber weder der König, der jedem spontanen Ausdruck der Revolution mißtraute, noch die Versammlung, die eine unkontrollierte Strömung fürchtete, weil sie den gegenrevolutionären Bestrebungen Gelegenheit zu Kraftproben bieten konnte, wünschten eine Ausweitung dieser Volksbewegung. So wurde auf Talleyrands Vorschlag beschlossen, daß nur die Nationalgarde Delegierte zum großen Föderationsfest abordnen dürfe.

Als Termin für diese »Bundesfeier« der Nation galt es ein Datum zu wählen, das Erinnerung und Symbol war; nichts konnte geeigneter sein als der Jahrestag des Sturms auf die Bastille.

So fand die Bundesfeier am 14. Juli 1790 statt. Am Morgen versammelten sich die Föderierten im Nordosten von Paris zwischen der Porte Saint-Martin und der Bastille zum Marsch auf das Marsfeld. Lassen wir uns von Madame de Staël berichten, wie man sich für das große Fest rüstete und wie man es beging: »Auf dem Marsfeld, also vor der Militärschule und unweit des Hôtel des Invalides, sollte das Treffen der Nationalmilizen stattfinden; rund um diesen weiten Platz galt es Rasenwälle aufzuwerfen, damit die Zuschauer dem Schauspiel beiwohnen konnten. Damen aus der besten Gesellschaft mischten sich unter die freiwilligen Helfer, die gekommen waren, um die Vorbereitungsarbeiten auszuführen. Vor der Militärschule an dem kleinen Fluß, der das Marsfeld begrenzt, hatte man Gärten angelegt und ein Zelt aufgeschlagen, um den König, die Königin und den ganzen Hof unterzubringen. Dreiundachtzig Masten hatte man aufgerichtet, von denen die Fahnen der Departements wehten; sie bildeten einen weiten Kreis, der auch das ansteigende Halbrund einschloß, in dem die königliche Familie sitzen sollte. An der gegenüberliegenden Seite hatte man einen Altar aufgebaut für die Messe, die Herr von Talleyrand, der damals noch Bischof von Autun war, bei dieser bedeutsamen Gelegenheit feierte. Herr von La Fayette trat vor diesen Altar, um der Nation, dem Gesetz und dem König Treue zu schwören; der Eid sowohl als der Name dessen, der ihn leistete, erweckten ein allgemeines, tiefes Gefühl des Vertrauens. Die Zuschauer waren geradezu trunken; König und Freiheit schienen ihnen nun ganz eins zu sein. Eine eingeschränkte Monarchie ist von jeher der eigentliche Wunsch Frankreichs gewesen; zum letztenmal hat sich bei dieser Bundesfeier von 1790 eine wirkliche nationale Begeisterung gezeigt.«

Der 14. Juli 1790 war mehr als eine Zeremonie. Er war ein großes öffentliches Fest mit Tanz und Reigen, Girlanden und Blumen und abendlichen Banketten, und es entstand das Lied, dessen schwungvolle Gleichheitsbesessenheit die Massen fortan immer wieder entflammte: das »Ça Ira«:

Du législateur tout s'accomplira ...
Celui qui s'abaisse, on l'élèvera,
Celui qui s'élève on l'abaissera,
Ah! ça ira, ça ira, ça ira!

Beim Gesetzgeber kommt alles jetzt dran ...
Wer sich erniedrigt, den führt man hinan,
und wer sich erhebt, den stellt man hintan,
Ah! Das geht ran, das geht ran, das geht ran!

Ein Fest der Utopie? Nein, vor allem ein Bild des freiwilligen, vertrauensvollen und friedlichen Einheitsstrebens, in dem man die Morgenröte einer neuen Epoche sah.

Verweilen wir noch einen Augenblick bei diesem 14. Juli 1790. Vergessen wir, was wir inzwischen wissen, und versetzen wir uns in die Lage der Bürger des Ancien Régime, die sich aus den Zeitungen ein Bild von dieser neuen Zeit machen mußten. La Fayette war die überragende Gestalt. Der Held zweier Welten, der Aristokrat, der sich in den Feldzügen des amerikanischen Unabhängigkeitskrieges geschlagen und als Mitglied der Notabelnversammlung schon 1788 vom Finanzminister Loménie de Brienne das Zusammentreten einer Nationalversammlung gefordert hatte, er, der Befehlshaber der Nationalgarde – er war das Idol der Menge. Albert Mathiez hat als Überschrift für eines der schönsten Kapitel seiner »Französischen Revolution« das Wort übernommen, mit dem Marat seinen Gegner La Fayette charakterisierte: »der Hausmaier«. Dabei wußte er sehr wohl, daß weder La Fayette irgend etwas von einem Karl Martell

Marie-Joseph Motier, Marquis de La Fayette, »Held zweier Welten« als einstiger Mitkämpfer Washingtons und Befehlshaber der Nationalgarde.

an sich hatte noch Ludwig XVI. etwas von einem merowingischen Faulenzerkönig.

Aber La Fayette ist nicht ein bloßes Symbol, sondern vor allem eine Enthüllung. Er gibt den Blick frei auf die vielen Adelssprößlinge, die sich von der Vergangenheit gelöst hatten und beinahe wie ihre Brüder in England die schmerzlose Geburt der bürgerlichen Gesellschaft vollbracht hätten, von der die Bürger selber träumten. So trocken sie sind, helfen hier schon die einfachsten Berechnungen zum Verständnis. Von den 54 aufeinanderfolgenden Präsidenten der Verfassunggebenden Versammlung gehörten 33 dem Adel an. Im Jakobinerklub lösten in trautem Wechsel mit Bürgerlichen ein Herzog von Aiguillon, ein Alexandre de Beauharnais, ein Victor de Broglie einander im Präsidium ab. Und wie sah es erst in den Salons aus, wo die patriotische Doktrin entstand, und in den Departements und den Distrikten, wo der Respekt vor dem zweiten Stand des Reiches sich ohne Bruch mit der Bemühung um einen neuen Status des Dritten Standes vertrug! Das Jahr 1790 schien dem Adel endlich Genugtuung zu verschaffen für die beschämende Einflußlosigkeit, in der ihn die absolute Monarchie gehalten hatte; es war die Rache, von der Männer wie Boulainvilliers, Saint-Simon oder Montesquieu geträumt hatten, und konnte der erste Schritt zu einer neuen Verteilung der Aufgaben im Staate sein, wie sie jenseits des Kanals schon verwirklicht worden war. Aber es wurde nichts daraus. Und der Gang der Ereignisse ordnete die Erinnerung an diesen glänzenden Kometenschwarm von Aristokraten sehr bald unter die verlorenen Illusionen ein.

So scheint von neuem Einstimmigkeit unter allen Franzosen zu herrschen: die große Eintracht des »Patriotismus«. Aber das bezeichnende, allgemein so rasch respektierte Wort meint nicht irgendein Vaterland Frankreich. Es ist der Ausdruck für eine überzeugte, fanatische Zustimmung zu dem neuen, befreiten und freiheitbringenden Frankreich. Die handelnden Personen in einer Revolution sind nach der Natur der Dinge stets für den Bruch und den Neubeginn empfänglicher als für die Kontinuität.

Was ist das, dieses neue Frankreich? Ein einziger Satz aus der Menschenrechte-Erklärung besagt beinahe alles: Die Franzosen »sind und bleiben von ihrer Geburt an frei und gleichberechtigt«. Freiheit und Gleichheit. Damit sind die beiden großen Worte gefallen, in denen die ganzen gesellschaftlichen Verdrängungen der Vergangenheit explosiv zum Ausdruck kommen. Sie sind alles andere als abstrakt. Alle Demütigungen der Menschen in der aristokratischen Gesellschaft klingen in ihnen mit, und sie besagen für jeden, der Ohren hat zu hören, daß die neue Gesellschaft die Adeligen teuer zu stehen kommen wird, zumal sich die leidenschaftliche Gleichmacherei noch nicht allzu deutlich von den liberalen Bestrebungen unterscheiden läßt.

Freiheit... Das bedeutet zunächst das Gegenteil von Willkür, also den Schutz der Persönlichkeit, das englische Habeas Corpus. Auf dem Gebiete des Rechts bedeutet es die Entmachtung des Königs und seiner Verwaltungsbeauftragten, das Ende der Inquisitorischen Gerichtsordnung und der Allmacht der Richter: schon im Oktober 1789 hat der Ausschuß für die Reform der Strafrechtspflege den Angeklagten von einer sozusagen automatischen Strafbarkeit befreit, indem er gesetzliche Formen für die Inhaftierung und die Vorführung vor den Untersuchungsrichter geschaffen und die Menschenrechte präzis ausgelegt hat. Im Jahre 1790 wird die Rechtssystematik durch zwei Anleihen bei der englischen Gesetzgebung ausgebaut: die Verhandlungen haben mündlich und öffentlich zu erfolgen, und es wird ein Schöffenkollegium von zwölf Bürgern vorgeschrieben, das aus einer Liste von zweihundert Namen auszulosen ist und die Schuldfrage zu beantworten hat. Die Richter haben sodann nur noch das Gesetz anzuwenden, wie es ab September 1791 im Strafgesetzbuch vorliegt; die Strafen sind jetzt nach den Delikten gestaffelt, und für immer werden Folter, Pranger und Brandmarkung abgeschafft.

Freiheit bedeutet auch die freie Meinungsäußerung. Die Presse- und Verlagsfreiheit bleibt trotz der ohnehin erfolglosen Strafverfolgungen des hysterisch anprangernden Jean-Paul Marat durch das Châtelet während der ganzen Zeit der Verfassunggebenden Versammlung praktisch unangetastet. Ein im August 1791 geschaffenes einschränkendes Gesetz wird kaum angewendet; alle Formen der politischen Meinungsäußerung, Zeitungen, Bücher und Klubs, unterliegen nach 1789 keiner strafrechtlichen Kontrolle mehr. Aber Freiheit bedeutet auch Gewissensfreiheit, vor allem die Freiheit der religiösen Überzeugung. Den Protestanten ist sie schon 1787, jedenfalls in der Form der Toleranz, gewährt worden. Die Menschenrechte-Erklärung bestätigt diese Freiheit, wagt aber nicht, zum Beispiel durch Gesetze über die öffentliche Ausübung des nichtkatholischen Kultus, darüber hinauszugehen.

Doch in der Frage der gleichen Rechte für die einzelnen Bürger hat sie jedenfalls klare Entscheidungen getroffen. Denn tatsächlich sichert die Toleranz ja nur die Gewissensfreiheit und genügt nicht, die Gleichheit der Möglichkeiten in der Gesellschaft zu gewährleisten – jene andere große Forderung des Dritten Standes, die einzige, die ausschließlich von ihm erhoben wird. Auf diesem Gebiet ist der 4. August entscheidend gewesen, der alle persönlichen Privilegien, die Freirechte der Körperschaften und die territoriale Ungleichheit beseitigt hat; etwas später, am 19. Juni

1790, sind auch die Adelstitel abgeschafft worden. So ist sehr rasch eine egalitäre Gesellschaft entstanden, in der die Menschen nicht mehr durch ihre Geburt festgelegt oder von ihrem sozialen Milieu geschützt sind, sondern ihre individuelle Zukunft frei bestimmen.

Also müssen auch die Minderheiten befreit werden. Schon Ende 1789 werden den Protestanten die politischen Rechte zugestanden; Talleyrand, der Abbé Grégoire und Mirabeau benutzen die Gelegenheit, das Problem der jüdischen Minderheiten aufzuwerfen. Die Juden in Südfrankreich, im Südwesten und im Rhônetal vor allem, erhalten bereits im Januar 1790 die Eigenschaft als vollberechtigte Staatsbürger. Den Juden im Elsaß, die vielfach Gläubiger der Bauern sind und unter einem sehr ausgeprägten örtlichen Antisemitismus leiden, werden diese Rechte erst in einer der letzten Sitzungen der Verfassunggebenden Versammlung im September 1791 gewährt.

So ist aus dem Königreich Frankreich eine Gesellschaft von gleichberechtigten einzelnen geworden. Das drückt sich in dem Wort *citoyen* aus, das die Revolution so reichlich gebraucht: der Bürger im Sinne des Staatsbürgers löscht ein für allemal die Welt der Titel und Ränge aus ... Gleichzeitig soll diese brüderlich gemeinte Vokabel wohl eine beschwörende Abwehr aller Gefahren sein, die der noch recht zerbrechlichen und abstrakten Gleichheit drohen. Denn es beginnt jetzt die Geschichte der bürgerlichen Gesellschaft, nicht eines Paradieses auf Erden. Aber am Anfang steht wirklich eine Befreiung. Für Arbeit, Fähigkeiten, Verdienst und Begabung steht die Zukunft offen.

Die neue egalitäre Gesellschaft konnte nicht nur nach ihren Grundsätzen handeln. Da galt es manche Kräfte zu berücksichtigen, war oft Vorsicht angezeigt, wollten viele Risiken richtig abgewogen sein. Zuviel Unvorhersehbares war freigesetzt worden. Man mußte versuchen, einige gutbürgerliche Absicherungen in die Zukunft einzubauen, und natürlich kam es darauf an, die politische Macht, den Schlußstein im Gewölbe der neuen Gesellschaftsordnung, selber zu setzen.

Diese Männer der Verfassunggebenden Versammlung haben alle aus den Büchern ihres Jahrhunderts gelernt, daß die Eignung zum Regierungsamt aus der Bildung, aber auch aus der Unabhängigkeit erwächst, sprich: aus dem Eigentum, aus einem gewissen Wohlstand. Sie wissen aus Erfahrung, daß in der Politik das Eingreifen des Volkes eher zum Exzeß als zum Kompromiß führt: sowohl die traditionelle Klientel der Adeligen als auch die blindwütige Truppe der Demagogen ist ihnen ein Dorn im Auge. Deshalb wird die politische Gleichberechtigung, wird das allgemeine Wahlrecht, das in der Menschenrechte-Erklärung unausgesprochen enthalten ist, geradezu spontan von der Versammlung abgelehnt. Alle Franzosen sind vor dem Gesetz gleich; gut und schön. Aber nicht alle brauchen Staatsbürger zu sein. Und auch die Staatsbürger wiederum sollen nicht alle die gleichen Rechte haben. Die »Aktivbürger«, denen allein das Wahlrecht zusteht, müssen Franzosen sein oder geworden sein, seit mindestens einem Jahr in ihrem Canton ansässig sein, nicht in einem Dienstbotenverhältnis stehen und eine direkte Steuer im Gegenwert von mindestens drei Arbeitstagen abführen, das sind zwei bis drei Livres jährlich. Trotz vereinzelter Proteste ist sich die Versammlung im ganzen darin einig, die Ärmsten und die Bedienten, also etwa ein Drittel der erwachsenen männlichen Wählerschaft, nicht zu vollgültigen Bürgern Frankreichs zu machen. Aber es bleiben immerhin über vier Millionen Aktivbürger, eine kühne Zahl, wenn man sie mit den 200 000 Wahlberechtigten vergleicht, die es fünfzig Jahre später im Frankreich Louis-Philippes gibt. Sie umfaßt außer den Knechten alle, auch die armen Leute auf dem Lande, die kleinen Häusler und Pächter und die Tagelöhner, und in den Städten die große Zahl der Handwerker und Gesellen.

Aber diese Wähler aus dem Volk sind nur zu den Primärversammlungen zugelassen. Das im Dezember 1789 beschlossene Zweistufenwahlrecht schafft nämlich zusätzlich zur Steuergrenze eine weitere Selektion. Die Primärversammlungen wählen die Wahlmänner der zweiten Stufe, die ihrerseits die Abgeordneten wählen.

Es gibt also zwei herausgehobene Klassen von Staatsbürgern: die Wahlmänner und die Wählbaren. Die Wahlmänner müssen mindestens Steuern im Gegenwert von zehn Arbeitstagen abführen, sieben bis zehn Livres jährlich. Das ist eine bescheidene Summe, die den Primärversammlungen die Entscheidung unter Angehörigen vieler sozialer Schichten ermöglicht. Zu heftigen Auseinandersetzungen dagegen kommt es in der Versammlung um die steuerlichen Voraussetzungen für die Wählbarkeit. Die »Männer der Monarchie«, die bis September 1789 den Verfassungsausschuß beherrschen, wollen die Mitgliedschaft im Parlament des Königreiches zum Monopol des reichen Grundbesitzes machen: nur er, so lautet das Argument, garantiere für Vaterlandsliebe und Unabhängigkeit. Der neue Ausschuß unter Thouret ist ab September weniger exklusiv eingestellt. Er macht die Wählbarkeit zum Abgeordneten vom Grundbesitz, ganz gleich welcher Art und Größe, und von einer Steuerleistung im Werte von mindestens einer Silbermark, das sind ungefähr fünfzig Livres, abhängig. Diese Bestimmung der »Silbermark«, die schließlich angenommen wird, vereint die meisten Gegner von der Linken bis zur linken Mitte, von Pétion bis Mirabeau, miteinander; denn etliche vermögenslose befähigte Männer fühlen sich nun von einer neuen Schranke bedroht, die das Geld an die Stelle des gesellschaftlichen Ranges setzt. Die Pariser Presse als der typische Ausdruck der Talentierten und Ehrgeizigen stimmt in diesen Chor ein; Camille Desmoulins schreibt: »Um die ganze Abwegigkeit dieses Dekretes zu ermessen, braucht man nur zu bedenken, daß Jean-Jacques Rousseau, Corneille und Mably nicht wählbar gewesen wären.«

So scheint die neue politische Souveränität ihre Form in einer sehr breiten Wahlmännerdemokratie und einer begrenzteren Oligarchie der für die Versammlung Wählbaren zu finden. Aber gegen Ende ihrer Amtszeit, im Sommer 1791, verändert die Verfassunggebende Versammlung das Gleichgewicht dieser beiden Elemente. Nach dem Fluchtversuch des Königs und der blutigen Unterdrückung der Demonstrationen auf dem Marsfeld wünscht die Versammlung wirksamere Garantien gegen die anmaßende Zügellosigkeit der Revolution, andererseits bedarf sie größerer Unterstützung von seiten der fähigen Männer, die gegen die »Silbermark« sind. Man braucht die Bremse ja eigentlich nur auf der mittleren Ebene statt auf der oberen einzubauen: von nun an liegt die Mindeststeuer für die Wahlmänner, also die Wähler der Abgeordneten, bei 15 bis 25 statt bei 10 Livres. Aber zur Versammlung wählbar ist fortan jeder.

Selbst in dieser Form ist das System noch ziemlich demokratisch. Zwar schließt es den ärmsten Teil der Stadt- und Landbevölkerung von der aktiven Mitwirkung aus und vertreibt die wirklich Minderbemittelten aus den Wahlmännergremien, aber es öffnet dem ländlichen und städtischen Kleinbürgertum die Tür zum öffentlichen Leben: keine Honoratiorenregierung, sondern die Heranziehung der Begabten. Männer und Gruppen, die revolutionärer gesonnen sind als die Abgeordneten von 1791, können sich jetzt auf ihre große Stunde vorbereiten.

Die Revolution ist sowohl im Namen der lokalen Freiheiten als auch im Zeichen des Nationalbewußtseins geführt worden. Sie denkt mit Abscheu an den Ministerialdespotismus des Ancien Régime zurück und will das Königreich zugleich dezentralisieren und einen. Sie möchte die neu errungenen Freiheiten stützen durch die große Verbrüderungswelle der Föderationsbewegung in den Jahren 1789/90. Die frischgebackenen Staatsbürger sind wie geschaffen zur Verwirklichung dieser nicht sehr soliden Vorstellung, weil sie in der gleichen optimistischen Zwiespältigkeit stehen.

Ihre Sache ist also ganz selbstverständlich die neue Verwaltung des Landes. Ihre Sache ist die Führung der Departements, der Distrikte und der Gemeinden. Das große wirre Mosaik des alten Frankreich ist ja ersetzt worden durch eine einzige logisch vertikal gegliederte Hierarchie von Verwaltungsbezirken. Ganz unten, für das engste örtliche Leben, hat das Dekret vom 14. Dezember die Gemeindeverwaltungen geschaffen: jede Stadt, aber auch das kleinste Dorf hat eine. Die Mitglieder werden von den Aktivbürgern aus den eigenen Reihen gewählt, müssen aber die erste Steuerstufe von zehn Arbeitstagen erreicht haben. Alle zwei Jahre werden der Bürgermeister als Oberhaupt der Ortsverwaltung sowie der Gemeindeprokurator gewählt, dem die Obhut über die Gemeindefinanzen anvertraut ist; in den großen Städten ist ihm ein Stellvertreter beigegeben. Dort, in den Städten, kommen die Gemeindebehörden überhaupt zu nennenswerter Bedeutung und Macht, weil sie vor allem mit der Aufrechterhaltung von Ruhe und Ordnung weitreichende Aufgaben und Befugnisse haben.

Eine Ebene höher wird die Verwaltung der Distrikte von einem regelmäßig tagenden Generalrat, einem engeren Direktorium als lokaler Exekutive und einem Prokuralsyndikus wahrgenommen: sie alle werden auf vier Jahre von den Gemeindeversammlungen gewählt. Die gleiche Verwaltungspyramide wiederholt sich im Departement: Generalrat – Direktorium – Generalprokuralsyndikus. Alle diese mit Polizei- und Beschlagnahmebefugnissen ausgestatteten, gewählten Organe sind von der exekutiven Gewalt, also vom König, nur insoweit abhängig, als sie verpflichtet sind, die Gesetze anzuwenden. Es gibt bei ihnen keinen Vertreter der königlichen Gewalt. Die Männer der Verfassunggebenden Versammlung haben keinen wie auch immer beschaffenen Nachfolger für den verhaßten königlichen Intendanten einsetzen wollen. Sie bleiben dem doppelten Anliegen der Revolution treu, indem sie einerseits die Verfahren und Verwaltungsbezirke vereinheitlichen, andererseits die staatliche Autorität durch viele Einzelwahlen aufsplittern.

Nach den gleichen Grundsätzen und im gleichen Rahmen wird die Rechtspflege neu organisiert. Für die Zivilgerichtsbarkeit gibt es je Canton einen gewählten Friedensrichter und einen Distriktsgerichtshof aus fünf ebenfalls gewählten Richtern. In der Strafgerichtsbarkeit werden Übertretungen von der Gemeindeverwaltung, Vergehen vom Friedensrichter geahndet. Für Verbrechen ist der Strafgerichtshof des Departements zuständig; die aus einer Liste von Aktivbürgern ausgelosten Geschworenen entscheiden über die Schuldfrage. Nicht einmal die Anklage bleibt der exekutiven Gewalt überlassen; sie ist aufgeteilt zwischen einem vom König ernannten Kommissar und einem von den Wahlmännern des Departements bestimmten öffentlichen Ankläger. Das ganze System wird gekrönt durch einen Kassationsgerichtshof, der aus Richtern besteht, die von allen Wahlmännerversammlungen im ganzen Departement gewählt werden. Deutlicher kann die Verfassunggebende Versammlung ihr Mißtrauen gegenüber der Exekutive und ihre Bemühung um volle Unabhängigkeit der richterlichen Gewalt nicht zeigen; gleichzeitig verschafft sie damit den einstigen Gerichtsbeamten Ludwigs XVI., also einer für den revolutionären Nachwuchs besonders ergiebigen sozialen Schicht, Zugang zu den wichtigsten Gerichtshöfen.

Bleibt die Armee, das aristokratische Gebilde schlechthin. Bis jetzt hat sie sich hinter dem Edikt von 1781 verschanzt. Die Verfassunggebende Versammlung wagt nicht, an ihren Fundamenten zu rütteln und das Aushebungssystem einzuführen: die Stadtbürger sind ebenso eindeutig gegen die Gleichmacherei des Militärdienstes wie die Bauern gegen die Milizen. Aber sie weist auf den entscheidenden Punkt: die Offiziersränge. Am 4. August hat sie die Adelsprivilegien abgeschafft; jetzt beseitigt sie eilends die käuflichen Offiziersstellen, um auch hier den Tüchtigen den Weg frei zu machen. Die Offiziere werden fortan nach dem Dienstalter oder durch Ausschreibungen bestimmt; der König hat nur ein sehr beschränktes Mitspracherecht. Von einem immer drohender auftrumpfenden Europa umgeben, entläßt die Versammlung die Offiziere aus dem Ancien Régime nicht wie die Intendanten und Richter. Aber sie zerbricht ihr Monopol um so nachhaltiger, als die unglückliche Masse der Soldaten jetzt selbstbewußter wird.

Vor allem jedoch stellt sie der alten Armee eine neue an die Seite: die Nationalgarde, aus den Ereignissen des Sommers 1789 entstanden, im Laufe des Jahres 1791 durchorganisiert und nur aus Aktivbürgern und gewählten Offizieren bestehend. Das ist die eigentliche Armee der Revolution, die Garde des neuen Regimes; ihre Soldaten stehen in der blauen Uniform neben den Weißröcken der alten königlichen Armee. Carnot, der spätere Schöpfer der Armeen der Republik, hat wenig Anlaß, unter seiner nichtadeligen Geburt zu leiden.

Was an ihren Arbeiten vergänglich oder bleibend ist, erscheint für diesen Aufgabenbereich der Versammlung im Grunde weniger wichtig als die Tatsache, die man schlicht »Revolution der Amtsstellungen«, im großen Rahmen der Geschichte aber »Hebung einer ganzen Gesellschaft« nennen könnte. Allen stehen alle Wege offen: Politik, Verwaltung, Justiz, Armee. Den jungen Bürgerlichen, die das Glück haben, zwischen 1750 und 1770 geboren zu sein, bleibt jetzt nur die Qual der Wahl. So verschiedener Meinung sie über die Gestaltung der Zukunft sein mögen (und tatsächlich sind!) – miteinander bilden sie einen festen Block gegen die Vergangenheit, weil sie ihre Karriere gegen diese Vergangenheit antreten.

Für diese Umorganisierung der Verwaltung, für diese gesellschaftliche Befreiung mußte eine entscheidende Voraussetzung erfüllt sein, der sich die neuen Gesetzgeber von vornherein bewußt gewesen sind und die sie mit Vorrang behandelt haben: die richtige Verteilung der Macht. Die Volksaufstände haben zur Entscheidung dieser großen Frage des Sommers 1789 zweifellos ebensoviel beigetragen wie der bloße legislative Wille. Aber in diesem Punkt teilt die Mehrheit der Versammlung die Ansicht von Paris schon, bevor sie ihr nachgibt.

Sie hat es im August gezeigt, als sie den Artikel der Menschenrechte-Erklärung verabschiedete: »Der Ursprung aller Souveränität liegt ihrem Wesen nach bei der Nation; keine Körperschaft und kein einzelner kann eine Gewalt ausüben, die nicht ausdrücklich aus dieser Souveränität hervorgeht.« Sie hat es in denselben Tagen gezeigt, als sie den Vorschlag der »Männer der Monarchie«, ihr einen konservativen Senat an die Seite zu stellen, vom Tisch gefegt hat. Und indem sie die Verfechter des englischen Systems aus dem Verfassungsausschuß entfernt, verkündet sie gleichzeitig ihren eigenen Fortbestand und ihre Immunität gegenüber der exekutiven Gewalt. Sie zieht die Gesetzesinitiative und den Gesetzesbeschluß an sich. Die Souveränität der Nation, das ist erst einmal sie selber. Daran läßt sie keinen Zweifel.

Aber was soll andererseits mit der alten legitimen Macht geschehen, mit dem Erbteil, das ihr die Geschichte Frankreichs hinterlassen hat? Niemand wagt die Existenz, ja, nicht einmal die Notwendigkeit dieser Macht zu bestreiten; noch fordert keine Stimme ihre Abschaffung. Aber sie ist jetzt ihrer Weihe entkleidet und hat an Autorität verloren. Ludwig ist nur noch »König der Franzosen von Gottes Gnaden und auf Grund des Verfassungsgesetzes des Staates«. Er muß den Treueid auf Nation und Gesetz leisten. Trotz der Reverenz, die der Vergangenheit, dem Gottesgnadentum nämlich, von der Versammlung erwiesen wird, ist der König von göttlichem Recht künftig ein Geschöpf der nationalen Souveränität. Nicht nur unwillkürlicher Stolz, sondern auch ein ganzes Geflecht von Überzeugungen macht eine solche Veränderung natürlich schwer vollziehbar.

Das Verhältnis zwischen den beiden Mächten zeigt deutlich die Ungleichheit der Teilung. Ludwig XVI. erhält zwar schließlich doch ein Vetorecht hinsichtlich der Beschlüsse der Versammlung, aber dieses Veto hat nur aufschiebende Wirkung und läßt sich im übrigen schwer durchsetzen. Er ernennt seine Minister, die er nicht aus der Versammlung wählen darf, aber sie können jederzeit vor die Legislative geladen werden. Die meisten der nunmehr gewählten Beamten unterstehen nicht mehr der Exekutive; direkte Kontrolle hat der König nur noch über die Botschafter und die hohen Armeeführer. Ferner bleibt ihm, jedenfalls theoretisch, die Leitung der Außenpolitik, aber die Versammlung entscheidet auf seinen Vorschlag über Krieg und Frieden, und sie hat auch das letzte Wort zu den Verträgen mit fremden Mächten, nachdem er sie unterzeichnet hat.

So sieht das zerbrechliche politische Gebäude aus, das man als die Verfassung von 1791 bezeichnet, die erste französische Verfassung der Neuzeit. Sie versucht, die Revolution als Erbin hinzustellen, aber sie verbirgt nur mühsam ihr Mißtrauen gegenüber der Vergangenheit und dem König. Ludwig XVI. ist nur noch der erste Beamte seines Staates, besoldet und beaufsichtigt von der Nation. Die Verwaltung des Reiches, die gesetzgebende und die richterliche Gewalt sind von ihm auf eine bürgerliche Gesellschaft übergegangen, die es in der Sache – auch wenn sie noch so laut das Gegenteil beteuert – ablehnt, sich in die entscheidenden Aufgaben mit ihm zu teilen. Alles ist noch zu frisch, als daß schon Vertrauen gewachsen sein könnte: das neue Regime ist nur in seinem Mißtrauen eindeutig.

Auf wirtschaftlichem Gebiet braucht man mit der Vergangenheit nicht so zimperlich umzugehen. Nicht, daß sie sich überhaupt nicht mehr belastend auf die Gegenwart auswirkte: das reglementierende Wirtschaftssystem aus Colberts Zeiten hat bis zur Verfassunggebenden Versammlung etliche seiner Beschränkungen weiter durchgesetzt. Aber schon seit den fünfziger Jahren sind ganze Teile des Systems unter dem Druck des Wirtschaftswachstums und des Aufstiegs der Besitzbürger eingestürzt. Und die Männer der Versammlung haben eine starke Position, nicht nur durch diesen Aufstieg einer Klasse, die sich längst zum Herrn über die modernen Sektoren der Wirtschaft aufgeschwungen hat, sondern auch durch eine Wirtschaftstheorie, die sie von den Physiokraten gelernt haben und die seit Adam Smith in England gilt: den Liberalismus.

Das ist keine kämpferische Doktrin, sondern eine Doktrin der Harmonie und des allgemeinen Fortschritts. Ausgehend von der metaphysischen Begründung der Freiheit des Individuums als Bestandteil der natürlichen Ordnung sind die Liberalen zur Propagierung des freien Unternehmertums und der freien Konkurrenz gelangt, die sie mit Hilfe einer Dialektik, die Marx später umdreht und gegen sie kehrt, als Vorbedingungen für das Wirtschaftswachstum und den Fortschritt für alle hinstellen. Nur die »natürlichen« Mechanismen von Preis, Lohn und Gewinn ermöglichen die unbegrenzte Zunahme des Volksvermögens. Die wirtschaftliche Ungleichheit der Menschen, die dabei entsteht, ist nicht unvereinbar mit ihrer natürlichen Gleichheit, denn sie beruht auf *der* Gleichheitsbeziehung schlechthin, dem Austausch gleichwertiger Güter auf dem Markt.

So ist für die Männer der Verfassunggebenden Versammlung die ideale und zugleich unmittelbar bevorstehende Gesellschaftsform eine Konkurrenzdemokratie aus kleinen und mittleren freien Produzenten, Bauern auf eigenem Grund, Pächtern, handwerklichen Fabrikanten, Manufakturbesitzern und Kaufleuten. Sie kommen nicht auf den Gedanken, daß die Konkurrenz zwangsläufig zu einer Oligarchie der Reichen und die völlig freie Wirtschaft zwangsläufig zur Verarmung der meisten Beteiligten führen könnte. Die neue Zeit ist optimistisch. Bürgerlicher Liberalismus und Demokratie werden erst etwas später zu Gegensätzen. Zunächst geht es darum, die Hindernisse wegzuräumen, die der Produktion hemmend entgegenstehen, also alles zu zerschlagen, was nach Monopol, Privileg oder Reglementierung aussieht. Das Wesentliche ist am 4. August geschehen; das Dekret vom 5. August erklärt ja ausdrücklich »alle Sonderrechte der Provinzen, Fürstentümer, Städte, Körperschaften und Gemeinschaften« für abgeschafft. Und tatsächlich hat die Versammlung schon früh die umfassendsten Privilegien beseitigt. Gegen die großen Interessen geht sie ungenierter vor als gegen die kleinen und mittleren, denn sie sind in ihren Augen jeweils die typische Folge eines Monopols, ergo widernatürlich. Im Frühjahr 1790 enteignet sie die von Calonne 1785 neu ins Leben gerufene riesige *Compagnie des Indes* und öffnet damit den Indischen Ozean für alle, die ihren Ehrgeiz dort befriedigen wollen. Ein Jahr später ist der Senegal an der Reihe. Gleichzeitig ändert die Verfassunggebende Versammlung die königliche Gesetzgebung auf einem ganz anderen Gebiet, dem der Kohle- und Erzförderung. Gegen die großen Bergwerksgesellschaften, die unter Berufung auf das öffentliche Interesse und auf einen königlichen Erlaß aus dem Jahre 1744 die Bodenschätze für sich in Anspruch genommen haben, bestätigt sie das vorrangige Recht des Bauern als Grundeigentümer. Hier deckt sich eine ganze Demokratie der Interessen mit der Philosophie des Individualismus und verschwommenen Vorstellungen von der Heiligkeit des Privateigentums.

Verwickelter ist das Problem der städtischen Arbeit. Das Dekret vom 11. August 1789 spricht in seiner Aufzählung nicht von den Berufsvereinigungen: so kurz nach dem Aufruhr in Paris und angesichts der katastrophalen Wirtschaftslage weichen die Abgeordneten vor der Tradition und der starken Wählerschaft zurück, die hinter den Zunftinteressen steht. Sie zerschlagen sie erst im Frühjahr 1791 durch das Dekret vom 2. März, das Zünfte und Innungen abschafft, und das vom 14. Juni, das alle berufsständischen Vereinigungen der Arbeitgeber oder Arbeiter verbietet: das Le Chapelier-Gesetz schließt das Gewerkschaftswesen aus dem sozialen Leben aus, indem es getreu dem liberalen Schema die absolute Herrschaft des Vertrages, diese bürgerliche Errungenschaft, auch auf die Arbeitswelt überträgt. Und es ist bezeichnend für jene Zeit, daß sich auf der Linken der Verfassunggebenden Versammlung nicht eine Stimme für die Koalitionsfreiheit der Arbeitnehmer erhebt.

Auch für den kleinen Landwirt hat der bürgerliche Liberalismus eine Kehrseite, denn das alte Dorfgemeinschaftssystem schützte vor allem den Schwächsten. Nicht er, sondern der reiche Bauer, der auf großen Flächen wirtschaften kann, verlangt schon seit langem die Freigabe der Märkte und Preise, den Wegfall der Gemeinschaftsauflagen, freie Entscheidung über den Bracherhythmus, das Recht zur Einzäunung der Felder und Wiesen, die Abschaffung der Freiweide. Die Physiokraten haben ihm die wissenschaftliche Begründung geliefert: diese Maßnahmen sind die Voraussetzungen für eine bessere Agrarproduktivität. Der wohlhabende Landwirt ist durch die Dekrete vom 4. August vom Grundherrn befreit worden; jetzt möchte er auch die Last der Ärmsten abschütteln. Die Versammlung zögert. Sie sitzt zwischen den Stühlen ihrer eigenen Grundsätze und ihres frischen Bündnisses mit dem flachen Lande. Schließlich findet sie einen Kompromiß: sie beschließt die Freigabe der Preise und gestattet die freie Wahl der anzubauenden Frucht, aber sie entscheidet sich für die Beibehaltung der Freiweide und der Allmende im Interesse der Bedürftigen. So überlebt das vorkapitalistische System in den alten Kollektivrechten die tiefgreifende Wandlung des Wirtschaftslebens, ja, es wird bald noch verstärkt durch die vielen neuen Kleinbauern auf dem enteigneten Grund der Feinde der Revolution.

Beim Geld- und Warenverkehr stellen sich solche sozialen Probleme nicht: beim *laisser-passer* sind nun einmal radikale Lösungen leichter als beim *laisser-faire*. Die Versammlung kommt allen Interessen entgegen, indem sie alle Restriktionen im Warenverkehr abschafft und die Freigabe der Preise und Gewinne beschließt. Das bedeutet einen Vorteil für die Erzeuger. Aber auch die Menge der kleinen Verbraucher findet sich mit dem Ende des alten Colbertschen Protektionssystems ab, weil die Versammlung im gleichen Zuge die bei den Physiokraten und beim einfachen Volk gleich verhaßten Verbrauchssteuern streicht: die *gabelle* auf das Salz und die übrigen indirekten Steuern (*aides*) sowie der Stadtzoll (*octroi*) sind fortan nur noch böse Erinnerungen an das Ancien Régime. Für den Außenhandel jedoch wagen diese so oft als Doktrinäre hingestellten Abgeordneten nicht wirklich ganz nach ihrer Doktrin zu entscheiden, also den Freihandel einzuführen. Dabei hat ihnen das Ancien Régime mit dem französisch-englischen Handelsvertrag von 1786 und mit der Ausfuhrliberalisierung für Getreide im Jahre 1787 schon den Weg gewiesen. Aber in diesem Punkt stehen sie unter dem Druck der jahrhundertealten Furcht vor der Hungersnot, die durch die Krise von 1789 neu belebt worden ist. Trotz der guten Ernte von 1790 verbietet die Versammlung die Getreideausfuhr; hier ist das alte Bauernland Frankreich stärker als die Überzeugung der Stadtbürger. Doch wovon soll der neue Staat leben? Es genügt nicht, durch den Verkauf der säkularisierten Kirchengüter außerordentliche Einnahmequellen zu erschließen. Der ordentliche Haushalt, die jährlichen Einnahmen, müssen um so nachdrücklicher gesichert werden, als das Unterrichtswesen und die öffentliche Fürsorge, die man der Kirche genommen hat, nun vom Staat finanziert werden müssen. Das ganze alte Steuersystem aber ist zerstört worden, und das neue ist ein Paradestück der Gleichheit: es lehnt jede Willkür und inquisitorische Überprüfung ab und beruht grundsätzlich auf dem echten Einkommens- und Vermögensstand, dem landwirtschaftlichen Nettoertrag und dem städtischen Mietzins. Es unterscheidet deutlich zwischen Phänomenen, die das Ancien Régime vermengt hat, und zieht die drei großen Einkommensarten bei der Veranlagung heran. An erster Stelle steht das Grundeinkommen, das wichtigste (nach Meinung der Physiokraten sogar das einzige), mit einem geschätzten Grundsteueraufkommen von 240 Millionen. Von der Steuer auf den Immobilienzins erwartet man nur ein Viertel dieser Summe. Und die Gwerbesteuer schließlich wird auf den Gewerbeertrag und die Handelsgewinne erhoben.

Ist das nun die 1789 so nachdrücklich geforderte Steuergerechtigkeit? Wegen der fehlenden Unterlagen und ohne zentralisierte Verwaltung kommt es natürlich zu Überlagerungen der alten und der neuen Steuern. Aber es hat sich ja nicht nur die Verteilung der Steuerlast, sondern mehr noch das System der Steuereintreibung geändert: die gewählten Organe, die dafür jetzt zuständig sind, wagen die freien, selbstverantwortlichen Bürger nicht mehr zu schikanieren. So wird die Freiheit auch zur Freiheit der Steuerhinterziehung. Daraufhin deckt die Nation ihre Ausgaben, ohne die nötigen Mittel wirklich nach und von den Einkünften abzuschöpfen. Den Assignaten, der Staatsschuldverschreibung, wird mehr und mehr Geldeigenschaft verliehen.

Es ist also vieles noch provisorisch in dieser französischen Wirtschaft von 1790. Der bürgerliche Liberalismus hat mit der Demokratie der kleinen Interessenten in der Stadt und auf dem Lande Kompromisse schließen müssen – jeder will ja von dem großen revolutionären Bündnis seinen Nutzen haben, ein etwas besseres Leben. Und der liberale Optimismus kann sich überhaupt noch keinen anderen Feind als das Privileg der Aristokratie vorstellen: er bleibt weit nach links offen; undenkbar wäre es für ihn, an den Tugenden der Demokratie auch nur einen Augenblick zu zweifeln. Kurz, es gibt mehrere Sieger, aber nur einen Besiegten: in Wirtschaft, Justiz und Gesellschaft ist das Frankreich des Privilegs tot. Das Frankreich des freien Unternehmertums tritt an seine Stelle.

FÜNFTES KAPITEL

Die Revolution kommt vom Wege ab

Juli 1790. Die Gefahr ist vorüber, die Spannung löst sich. Die Befriedigung über das vollbrachte Werk, der natürliche Hang zur Ordnung, die wieder normal gewordene Ernährungslage – alles berechtigt zur Hoffnung auf eine Atmosphäre friedlicher Stabilisierung. Jetzt soll die Versammlung in ihren Ausschüssen ganz gelassen die nötigen Gesetze schaffen. Sie soll auf den Trümmern des Ancien Régime das schöne Haus von morgen bauen, von dem der Dritte Stand träumt: ein helles Haus mit großen Räumen, in dem jeder den Platz finden wird, der ihm nach seinen Gaben und seinem Vermögen zusteht, aber, das wird oft unterschätzt, auch nach dem Ansehen, das ihm seine Vorfahren eingetragen haben. Für das gesetzestreue Land und seine Vertreter ist die Revolution beendet.

10. August 1792. Die Erstürmung des Tuilerienschlosses ist der Beginn eines Dramas, das weit über das persönliche Schicksal Ludwigs XVI. und das Los einer von der Straße überflügelten Gesetzgebenden Versammlung hinausweist. Ein ungeheuerlicher Zusammenbruch findet statt. Aus dem Bau, den die Verfassunggebende Versammlung aufgerichtet hat, wird der wichtigste Tragbalken herausgeschlagen. Diesmal verschafft das Eingreifen des Volkes den Massen echten Einfluß auf die Politik, und an die Stelle der Monarchie tritt de facto und bald darauf auch de jure die Republik.

War das eine zwangsläufige Entwicklung? Von den beiden extremen Flügeln der öffentlichen Meinung kommt die eindeutige

Antwort: ja. Für den ganz unversöhnlichen Teil der Rechten, die Juli-Emigranten und ihre Gesinnungsgenossen, ist der Sturm auf die Tuilerien der natürliche Auswuchs aus den Keimen der gesellschaftlichen Auflösung und der Staatszertrümmerung, die schon mit den ersten Maßnahmen der Generalstände in das Königreich gepflanzt worden sind. Die »Männer der Monarchie« und später ein Historiker wie Jacques Bainville setzen den Augenblick, da der nicht mehr zu bremsende Mechanismus in Gang kommt, drei Monate später an: die erste Kapitulation vor dem Aufruhr in den Oktobertagen hat alle weiteren Aufstände nach sich gezogen. Auf dem anderen Flügel gibt es eine ganze Linkstradition, die mit dem sowjetischen Historiker Manfred »eine unwiderstehliche Massenbewegung« zu erkennen meint. Es ist bemerkenswert, daß diese Geschichtsschreibung, die materialistisch sein will, als »Aufstiegsphase der bürgerlichen Revolution« ausgerechnet den Zeitraum bezeichnet, in dem es dem Bürgertum gerade nicht gelungen ist, seine Wünsche zu verwirklichen.

Solche Determinismen sind gefährlich verführerisch. Um ihnen zu entgehen, wollen wir das Problem von der entgegengesetzten Seite betrachten. Unter welchen Bedingungen hätte das von der Verfassunggebenden Versammlung gewollte Regime überleben können? Anders gefragt: aus welchen Gründen ist die liberale Revolution des 18. Jahrhunderts, die einige Jahrzehnte später von der französischen Bourgeoisie verwirklicht wird, damals gescheitert?

Da ist zunächst das Problem der Finanzen. Die Abgeordneten haben die Schuldenlast des Ancien Régime übernommen und die Staatsausgaben durch neue Verpflichtungen erhöht, aber die unpopuläre Institution der königlichen Steuereintreibung abgeschafft. Sie haben sich also selber dazu verurteilt, damit anzufangen, womit das Ancien Régime aufgehört hat: mit dem Defizit und der Verschuldung des Staates. Die Lösung, zu der sie schließlich griffen, die Verwendung der Assignaten als Geld, war die Flucht in die Inflation, die auf längere Sicht neue Abstände zwischen den Gruppen der Gesellschaft schaffen mußte. Zu den unzufriedenen Kapitalrentnern, die wie die Adeligen lebten und in jeder Hinsicht zur aristokratischen Opposition tendierten, kamen mit der Inflation die unzufriedenen Lohnempfänger, die von der Geldentwertung betroffen wurden. Dabei waren die Männer der Verfassunggebenden Versammlung in Finanzfragen durchaus keine ketzerischen Neuerer. Sie hatten die während des ganzen Jahrhunderts aufsteigende Kurve erlebt und waren überzeugt, daß ein langsames, stetes Steigen der Preise ein Stimulans für die Wirtschaftstätigkeit sein müsse. Für den Augenblick ging ihre Rechnung sogar auf: die Jahre 1790 und 1791 waren für die wichtigsten Sektoren der Wirtschaft eine Blütezeit. Auf längere Sicht dachten die Volksvertreter an die Vorteile, die für den Staat aus einem beweglichen und unbeweglichen Vermögen erwachsen müßten, das ihm, dem Staat, seine Existenz verdanken würde. So waren die finanziellen Schwierigkeiten nicht wie 1789 ein Grund für die politischen Schwierigkeiten, sondern jetzt brachten erst die politischen Verwicklungen die Finanznöte mit sich.

Muß man für das Scheitern der bürgerlichen Revolution die Emigration und die gegenrevolutionären Bemühungen im Lande verantwortlich machen? Man muß ihre Auswirkungen zunächst richtig einschätzen. Der Graf von Artois hatte als Bruder des Königs im September 1789 an seinem Zufluchtsort Turin so etwas wie ein Schattenkabinett gebildet; der eigentliche Spiritus rector, Calonne, saß in London. Die Ziele dieser Männer waren die Entführung des Königs und seiner Familie sowie ein Aufstand in den Provinzen, die als königstreu galten. Zwei Ziele, zwei Fehlschläge. Der unglückliche Marquis de Favras bezahlte im Februar 1790 einen Versuch, den König zu entführen, mit dem Tode. Der für Dezember vorgesehene große Plan einer Volkserhebung in Südostfrankreich, unterstützt von einmarschierenden Truppen aus dem Piemont, endete mit einem Fiasko. Damit entschwand für die Gegenrevolution im

Lande die Aussicht auf nachhaltige Hilfe; sie konnte in Frankreich nur eine kollektive Angstpsychose vor dem »drohenden Komplott« hervorrufen und damit indirekt Verwirrung schaffen. An sich aber war sie ohnmächtig, und erst die Maßnahmen der Verfassunggebenden Versammlung auf religiösem Gebiet brachten ihr die Hilfe, auf die sie kaum mehr gehofft hatte. Die Ideologien des 19. Jahrhunderts, erst der theokratischen Schule und später des Antiklerikalismus der aufgeklärten »Radikalen«, haben die Vorstellung von einem wesensmäßigen Gegensatz zwischen katholischer Kirche und Französischer Revolution aufkommen lassen. Einen solchen Gegensatz haben die Männer von 1789 nie empfunden: die Abgeordneten, ob Geistliche oder Laien, waren alle katholisch oder katholisch erzogen. Zwischen der überlieferten Religion und dem neuen Kult der Nation herrschte Einigkeit, nicht Zwietracht. Aber die Revolution hatte von der Monarchie den Caesareo-Papismus, den Anspruch des Herrschers auf die Lenkung der Kirche im Lande übernommen und zugleich von der Aufklärungsphilosophie die Toleranz. Im Namen der Gewissensfreiheit mußte sie den Protestanten und Juden die gleichen Rechte wie den Katholiken einräumen. Und als der königlichen Autorität die sakrale Weihe genommen war, glaubten die Abgeordneten, sie könnten ungestraft das Beispiel des Kaisers Joseph II. nachahmen. Die zivilrechtliche Konstituierung der Geistlichkeit als eine keinem Konzil unterbreitete und vom Papst verurteilte einseitige Entscheidung des Staates belastete die Gewissen und entzweite die Menschen. Es entstand ein Schisma, nicht nur in der Kirche, sondern auch im Staat. Die Revolution lieferte damit dem Generalstab der Gegenrevolution, der ohne Truppen war, das nötige Fußvolk: die eidverweigernden Priester und ihre Schäflein.

Kein Jahr später zerfällt die Führung der Revolution. Persönlicher Ehrgeiz seiner Mitglieder? Gruppenrivalitäten? Eher wohl die in verschiedene Lichtbündel gebrochene Spiegelung einer Veränderung auf der politischen Bühne. Diese Bühne ist Paris, seine

Distrikte, seine Bruderschaften in den Klubs, ist die Plebs, die ihrer Stimme Gehör verschaffen will. Die als Passivbürger vom System ausgeschlossenen Arbeiter und Handwerksgesellen sind noch nicht in diesem Chor vertreten. Aber die kleinbürgerliche Intelligenz ist voller Groll auf die »Silbermark«, die ihr den Weg in die Reihen der Versammlung versperrt. Die Notabeln nach Vermögen oder Geburt sehen jetzt plötzlich ihr politisches Monopol bedroht. Die Kolonialdebatten führen im Mai 1791 zur Auseinandersetzung zwischen Negerfreunden und Kolonistenfreunden; die patriotische Mehrheit spaltet sich, und um Barnave und die Brüder Lameth bildet sich eine Art »Tory«-Partei. Diese Männer sind dem Geist der Menschenrechte-Erklärung, aber nicht dem Buchstaben dieses revolutionären Manifests treu; sie wollen eine Stabilisierung erreichen. Logischerweise nähern sie sich dem Hof. Aber am 20. Juni 1791 entweicht der König und kommt nur bis Varennes.

Die Flucht des Königs ist das Ende eines Mythos. Ludwig XVI., der verfassungsmäßige König wider Willen, ist für uns keine rätselhafte Persönlichkeit. Wir kennen heute das Doppelspiel, das er gespielt hat. Wir kennen das Schreiben, das er gleich nach den Oktoberereignissen an seinen königlichen Vetter in Spanien gerichtet hat, um gegen die »der königlichen Autorität zuwiderlaufenden Handlungen« zu protestieren, die ihm »mit Gewalt abgezwungen worden sind«. Aber wie erging es den Zeitgenossen? Vor Varennes hat nur eine Minderheit, deren prophetischer Sprecher Marat war, dem König mißtraut. Die Flucht, die Verhaftung, die Rückkehr nach Paris, vorbei an einer riesigen, schweigenden Volksmenge, haben den Schleier von dem Standbild gerissen. Gut, Barnave erreicht, daß die um ihren Besitz besorgten Mitglieder der Versammlung sich öffentlich seine »Entführungs«-These zu eigen machen. Gut, Ludwig XVI. legt den Treueid auf die revidierte Verfassung ab. Aber was hat das schon zu bedeuten! Im Mechanismus einer großen konservativen Politik fehlt jetzt ein entscheidendes Rad: ein geliebter und geachteter König. Weder von der Verfassunggebenden noch von der (am 1. Oktober 1791 auf sie folgenden) Gesetzgebenden Versammlung gehen fortan die eigentlichen Entscheidungen aus. Die folgenschweren Parolen werden jetzt anderswo ausgegeben: im Jakobinerklub, den die gemäßigten Mitglieder verlassen haben, in der demokratischen Presse, auf den Straßen von Paris.

Es bleibt nicht bei der Mobilmachung der Geister. Bald ist Krieg. Ein Krieg, den die Rechte herbeigesehnt hat, daran besteht kein Zweifel. Ludwig XVI. und Marie Antoinette setzten alle Hoffnung in eine Niederlage, die ein angstgeschütteltes Frankreich in ihre Arme getrieben hätte. Abgesehen von einer kleinen gemäßigten Gruppe um Barnave waren die liberalen Adeligen und die konservativen Bürger sich mit La Fayette darin einig, daß ein kurzer Feldzug den Generälen Gelegenheit geben würde, die Klubs in ihre Schranken zu weisen. Aber dieser Krieg wurde der Krieg der Revolution. Robespierre stand mit seiner ablehnenden Haltung isoliert da. Für die Vorwärtspartei, deren Helden Brissot und die Redner der Gironde waren, ist der Krieg eine Flucht nach vorn gewesen. Dunkle Wolken der Beunruhigung und Ungewißheit hatten das Klima in Frankreich drückend werden lassen: diese Wolken mußten radikal vertrieben werden. So geschah es, und damit waren die letzten Chancen für eine Stabilisierung der Revolution dahin.

Für den Augenblick ist nicht Robespierre, sondern Barnave der klarsichtige Mann. Er hat vorausgesagt, daß die ersten Niederlagen zu einem heftigen Einbruch der Massen in das politische Leben und zum Ende der Monarchie führen würden. Gegen einen des Verrats verdächtigen König, gegen die Generäle, die sich weigern zu kämpfen, gegen Brissot und seine Freunde, die »Brissotins«, die zwischen der Regierungsmacht und der Opposition schwanken, wird ein Verteidigungsreflex des Volkes wirksam, der nun endlich seinen Namen findet: Der »Patriotismus« von 1792 ist eine Mischung aus Begeisterung und Eigennutz. Er führt alle, denen die Revolution zugleich Nation und Gleichheit bedeutet, gegen die Reichen zusammen, die im Geruch mangelnder Bürgertugend stehen. Dieser Patriotismus des »Vaterlandes in Gefahr«, der Marseillaise und des 10. August ist mehr als ein Ausbruch oder eine logische Weiterentwicklung: er ist eine zweite Revolution.

Gleich nach ihrem Umzug in die Hauptstadt hat die Verfassunggebende Versammlung ein dreifaches Finanzproblem lösen müssen: flüssige Mittel bereitstellen, die Schulden des Ancien Régime zurückzahlen und die Begleichung der Schulden vorsehen, die sie sich selber unvorsichtigerweise aufgeladen hatte.

Die normalen Haushaltsverpflichtungen waren offenbar nicht sehr angewachsen: von 731 Millionen im Jahre 1789 stiegen sie auf 822 Millionen für 1791, aber inzwischen waren die kurzfristigen Vorschüsse zurückgezahlt worden, die Necker hinterlassen hatte. Es ging also nicht um den Haushalt, sondern um die Kassenlage. Die bisher üblichen Mittel ließen sich nicht mehr anwenden: nach der Abschaffung des Ämterkaufs konnte man von den Steuereinnehmern nicht mehr ihre Kautionen fordern, die von den Bankiers jeweils diskontiert wurden und so etwas wie Vorauszahlungen auf spätere Steuereingänge waren. Von der Diskontokasse Vorschüsse verlangen? Im November mußte Necker zugeben, daß seine Schulden bei dieser Kasse schon über 25 Millionen betrugen. Ausgabe von Anleihen? Zweimal hatte man es im August damit versucht, aber nur ein Fünftel der erhofften Beträge vereinnahmt: die Umstände waren nicht danach angetan, Vertrauen einzuflößen. Ein Aufruf an die Solidaritätsgefühle der Bürger? Drei Jahre sollte es dauern, bis die »patriotische Abgabe« von einem Viertel des Einkommens, die man im September beschlossen hatte, in die Staatskasse geflossen war. Die alten Steuern wiederum gingen kaum mehr ein: ganze 14 % der für 1789 veranschlagten Einnahmen. Sie wurden denn auch bald abgeschafft (1791). Das Aufkommen aus den drei an ihrer Stelle geschaffenen direkten Steuern (Grundsteuer, Immobiliensteuer, Gewerbesteuer) konnte erst 1793 spürbar werden. Die auf etwa fünf Milliarden zu veranschlagenden Schulden des alten Staates konnten von einer bürgerlichen Revolution nicht einfach gestrichen werden. Und die politischen Maßnahmen brachten neue Schulden: Ablösung der alten Lehnszehnten, Verpflichtungen des Staates gegenüber den Gläubigern des Klerus, Rückzahlung der für die abgeschafften käuflichen Ämter aufgewendeten Beträge – alles in allem fast eine Milliarde. Man hat sich später immer wieder verwundert gefragt, warum sich das neue Regime gegen die Gläubiger des alten so beflissen gezeigt hat. Warum übernahm es die Schulden der Geistlichkeit? Warum wischte man die käuflichen Ämter nicht einfach vom Tisch, indem man das Kapital, das sie darstellten, gleich Null setzte? Das hieße vergessen, daß eine Revolution niemals tabula rasa macht und daß zwischen den Personen tiefe Zusammengehörigkeitsgefühle geblieben waren. Es galt also Geld aufzutreiben, ohne die soziale Basis der neuen Ordnung, das Bürgertum und seine Klientel, zu schröpfen.

Natürlich stand der königliche Besitz zur Verfügung, dessen Veräußerung viele Beschwerdehefte gefordert hatten, aber das war wenig. Der Besitz der Kirche dagegen wurde auf drei Milliarden Livres geschätzt. Einem Bischof – der allerdings Talleyrand hieß – blieb es vorbehalten, die *nationalisation*, die Verstaatlichung der Kirchengüter zu beantragen. Die Argumente dafür standen juristisch und historisch auf denkbar schwachen Füßen, aber sie überzeugten die rechtskundigen Abgeordneten, die in der staatssozialen Tradition der absoluten Monarchie erzogen waren. »Die Geistlichkeit«, sagte der Bischof von Autun, «ist kein Eigentümer wie andere, denn das Vermögen, dessen Früchte sie erntet, über das sie jedoch nicht frei verfügen kann, ist ihr nicht gegeben zum Nutzen einzelner Personen, sondern zur Bestreitung ihrer Aufgaben.« Diese Auslegung der geistlichen Eigentumsverhältnisse als Treuhänderschaft erregte den Zorn der Rechten. Der Abbé Maury geißelte die Wucherer und Juden, die nun die milden Gaben der Gläubigen an sich reißen würden, und versuchte, die Angstgefühle der vermögenden Bürgerlichen zu wecken: »Unser Eigentum garantiert Ihr Eigentum. Heute sind wir die Angegriffenen, aber täuschen Sie sich nicht: wenn man uns ausplündert, kommen auch Sie an die Reihe!« Vergebens. Am 2. November stellte die Versammlung die Kirchengüter der Nation zur Verfügung. Sie bildeten den größten Teil der Vermögenswerte, die fortan als »Nationalgüter« bezeichnet wurden.

Doch wie sollte man sie verwerten? Am 19. Dezember beschloß man, aus dem Verkauf einer ersten Teilmenge des Landbesitzes im Werte von 400 Millionen eine Außerordentliche Kasse zu bilden, die zur Deckung des Bedarfs an Haushaltsmitteln und später zur Rückzahlung der Staatsschuld verwendet werden sollte. Für die Zeit bis zum Verkauf wurden fünfprozentige Schuldverschreibungen ausgegeben in einer Stückelung von 5000 Livres an aufwärts. Für die Rückzahlung waren die aus dem Verkauf zu erwartenden Beträge als Deckung zugewiesen (»assigniert«). Die Assignaten waren geboren. Dieses erste System fand keinen Anklang. Die Gläubiger des Staates mußten diese Papiere zwar an Zahlungsstatt annehmen, aber das Publikum wollte nichts von ihnen wissen.

Nach und nach erst wurden die Assignaten zum Papiergeld. Am 17. April wurde ein Zwangskurs vorgeschrieben und die Verzinsung auf 3 % gesenkt. Am 29. September wurde die Verzinsung ganz gestrichen und eine neue Tranche von über einer Milliarde Livres emittiert. Der Mindestnennwert des einzelnen Assignaten sank erst auf zweihundert (16. August), dann auf fünfzig (8. Oktober) und schließlich auf fünf Livres (6. Mai 1791). Man darf die Auswirkungen der gewählten Lösung nicht nur finanztechnisch beurteilen. Entscheidend war vielmehr, daß die Verfassunggebende Versammlung, indem sie den Tauschhandel Assignaten gegen Bargeld ausdrücklich gestattete, das Entstehen einer verschiedenen Bewertung der Waren legalisierte, was zur raschen Entwertung des Papierzahlungsmittels führte. Zum Sinken des äußeren Wechselkurses, das mit fast 10 % im Oktober 1789 schon vor diesen Finanzentscheidungen eingetreten war, kam jetzt eine Senkung des amtlichen Wechselkurses im Inland hinzu, die im Frühjahr 1791 bei etwa 15 % lag. Und die Inflation wirkte zwar für den Augenblick als Stimulans für Gewerbe und Handel, aber sie führte auch zur Verarmung der Bezieher fester Einkommen: der Kapitalrentner und Lohnempfänger.

Immerhin: bis zum Herbst 1791 kam es nicht zu einer schweren Krise. Erst die Auswirkungen der Politik und dann des Krieges führten von der friedlichen, kaum zu spürenden Abwertung der Livre zu einer verheerenden Inflation.

Vor allem hatten diese Maßnahmen keinen bloß fiskalischen, sondern einen politischen Zweck. Eine geschlossene Gruppe von neuen Grundbesitzern sollte entstehen, die auf Gedeih und Verderb auf die Revolution eingeschworen sein sollte. Die »Nationalgüter« wurden von den Gemeindeverwaltungen versteigert, und zwar in Losen, die schon bei 500 Livres begannen, noch dazu mit großzügigen Zahlungserleichterungen, und tatsächlich wurden sie eine feste Klammer für den Dritten Stand. Die Käufer, die Bauern und noch mehr die Bürger, sahen ihr persönliches Schicksal an das der neuen Ordnung gebunden. Es ist deshalb nicht verwunderlich, daß ein Politiker wie Jean Jaurès gerade diesen Aspekt der Finanzpolitik der Versammlung besonders würdigte und zu Beginn unseres Jahrhunderts feststellte: »Die Assignatenwährung hat die Revolution gerettet.« Aber was hielten die Betroffenen von der Sache?

Die große Menge der Geistlichen und der Gläubigen hatte sich für die patriotische Sache entschieden. Weder die Dekrete vom August mit der Abschaffung des Zehnten noch die Abstimmung vom 12. November, die ihren Grundbesitz verstaatlichte, hatten die Kirche in eine grundsätzliche Ablehnung des neuen Staates getrieben. Ein Sieyès, ein Abbé Grégoire hatten zwar protestiert, aber ihre treue Verbundenheit mit der Revolution war stärker und blieb ihnen wichtiger. Außerdem wies der Staat schon am 13. April 1790 im Haushalt für den katholischen Kultus einen Unterhaltsbetrag aus, der für die meisten Pfarrer eine Verbesserung bedeutete. Aber die Kirche als weltliche Organisation umfaßt ja nicht nur den Klerus; sie versteht sich als einen mystischen Leib, dessen Haupt und Glieder nicht voneinander getrennt werden können. So schufen zwei Punkte nach und nach zwischen ihr und dem neuen Staat eine tiefe Kluft: die zu gewährende Toleranz und die Einmischung der weltlichen Macht in den geistlichen Bereich.

Die Menschenrechte-Erklärung hatte es wohlweislich vermieden, von der Freiheit der Religionsausübung zu sprechen; es findet sich dort nicht einmal das Wort »Gewissensfreiheit«. Indem sie bestätigte, daß niemand wegen seiner religiösen Überzeugung benachteiligt werden dürfe, hatte sie einen Sachverhalt geschaffen: die Toleranz. Keiner trat dagegen auf. Doch indem sie den Protestanten (im Dezember 1789) und dann den »portugiesischen« Juden in Südwestfrankreich (im Januar 1790) die Eigenschaft als vollberechtigte Staatsbürger gewährte, schuf die Verfassunggebende Versammlung Unruhe in der Kirche: konnte die Toleranz nicht zu einer gefährlichen Verweltlichung des Königreiches führen?

Schlimmer noch war der Anspruch der Abgeordneten, die ja in der caesareo-papistischen Tradition aufgewachsen waren (nicht zu verwechseln mit dem Gallikanismus der französischen Kirche), nun auch aus eigener Machtvollkommenheit Entscheidungen treffen zu dürfen, die zugleich den geistlichen und den weltlichen Bereich betrafen. Ein manchmal allzu stolz geltend gemachter Anspruch. »Wir haben zweifellos Vollmacht, die Religion zu ändern, aber wir werden es nicht tun«, verkündete der Abgeordnete Camus, immerhin ein Verteidiger der Kirche. Vor allem aber war das ein Anspruch, der zu Tatsachenentscheidungen führte. Schon am 28. Oktober hatte man weitere Ordensgelübde für unwirksam erklärt; am 13. Februar wurden sie verboten und alle Ordenskongregationen mit ewigem Gelübde, außer solchen, die sich karitativen oder Unterrichtstätigkeiten widmeten, aufgelöst. Der Bischof von Clermont gibt zu bedenken: »Ich halte es für einen ungesetzlichen Gebrauch der Staatsgewalt, wenn sie aus eigener und alleiniger Entscheidung Schranken niederreißt, die sie nicht aufgerichtet hat, wenn sie ohne Mitwirken der Kirche Menschen, die sich freiwillig verpflichtet haben, die Freiheit gewährt.« Barnave verachtet solche Skrupel: »Die Tatsache, daß die Existenz der Mönche unvereinbar ist mit den Bedürfnissen der Gesellschaft, ist Grund genug, ihre Abschaffung zu beschließen.« Zwei Auffassungen stehen gegeneinander: die eine gründet sich auf den Nutzen für die Gesellschaft, die andere auf den Primat der ewigen mystischen Bindung.

Am 12. Juli geht die Versammlung noch einen Schritt weiter. Durch die zivilrechtliche Konstituierung der Geistlichkeit will sie dem Dienst am Kultus einen Platz einräumen, der sich harmonisch in die Gesamtheit der öffentlichen Aufgaben einfügt. Aus 130 Diözesen werden 83, damit sie in die Departementseinteilung passen. Pfarrer und Bischöfe werden von den Wahlmännern aus den Geistlichen gewählt, die für die Wahl zum Pfarrer fünf, für die Wahl zum Bischof fünfzehn Jahre kirchlicher Betätigung nachweisen müssen. Sie werden vom Staat besoldet und haben den Treueid auf die Verfassung abzulegen. Das Recht zur kirchlichen Investitur liegt nicht mehr beim Papst; dem Pfarrer wird sie von seinem Bischof, dem Bischof vom Erzbischof oder einem anderen Bischof erteilt. Aber: der Katholizismus bleibt Staatsreligion.

An sich wäre diese Reform für die Kirche akzeptabel gewesen. Hat sie nicht schon ebenso drastische Reorganisationsmaßnahmen durch Joseph II. in dessen Staaten hingenommen? Außerdem war, abgesehen von den meisten Bischöfen, die sich der Reform aus Feindseligkeit gegen die ganze gesellschaftliche Revolution entgegenstellten, die große Mehrheit der Geistlichkeit bereit, sie anzunehmen, und Ludwig XVI. setzte auf den Rat von Champion de Cicé und Boisgelin seine Unterschrift unter das Dekret. Aber auf einer Bedingung bestand die Kirche: eine solche Reform durfte nicht der einseitigen Entscheidung des Staates entspringen, sondern mußte von einer geistlichen Autorität gebilligt werden. Ein nationales Konzil also? Die Verfassunggebende Versammlung lehnte den Vorschlag ab, und selbst wenn sie ihn angenommen hätte, ist es fraglich, ob dieser Weg erfolgversprechend gewesen wäre. Denn auch die gallikanische Kirche von Frankreich hielt zu treu an der geistlichen Oberhoheit des römischen Papsttums fest, als daß sie eine Reform hätte billigen können, die nicht mindestens seine stillschweigende Zustimmung gefunden hätte. Pius VI. aber empfand nur tiefe Abneigung gegen die Neuerer in Frankreich. Er war selber Aristokrat, bezog seinen Rat vom Kardinal de Bernis, der in Rom als französischer Botschafter die Interessen seines Landes verriet, war bestürzt von den Vorgängen in der päpstlichen Stadt Avignon und hatte schon in einem geheimen Konsistorium die Grundsätze der Menschenrechte-Erklärung verurteilt. Erst am 10. März 1791 äußerte er sich öffentlich über die zivilrechtliche Konstituierung der Geistlichkeit. Er schleuderte das Anathema gegen dieses Gesetz, das »die heiligsten Dogmen und die feierlichste Disziplin umstürzt«.

Die Verfassunggebende Versammlung hatte keine Zeit verloren. Die Abgeordneten wußten sich für die öffentliche Ordnung verantwortlich und waren entschlossen, kein Klima des Unbehagens und der Unsicherheit aufkommen zu lassen, von dem die Feinde der Revolution nur profitieren konnten. Sie waren sich bewußt, daß sie eine neue Welt zu bauen hatten, und es widerstrebte ihnen, sich dabei von der alten aufhalten zu lassen. Ein Dekret vom 27. November 1790 setzt den Priestern, die ein öffentliches Amt bekleiden, eine Frist von zwei Monaten für die Eidesleistung auf die Verfassung und damit auf die zivilrechtliche Konstitution der Geistlichkeit, die in dieser Verfassung enthalten ist. Das Schisma ist da. Ein Drittel der geistlichen Mitglieder der Versammlung erklärt sich bereit, den Eid im Januar 1791 zu leisten. Aber wie sieht es im Lande aus? Nur sieben Bischöfe, drei von ihnen Titularbischöfe, leisteten den Eid. Einige weigerten sich eher aus gesellschaftlichen als aus religiösen Erwägungen, zum Beispiel der Erzbischof von Narbonne, Dillon, der zur Begründung die spitze Formulierung fand: »Mein Gott, wäre ich nur Bischof gewesen, so hätte ich vielleicht nachgegeben wie die anderen, aber ich war schließlich von Adel.« Den meisten, selbst den überzeugten Anhängern der Revolution, widerstrebte es, gegen ihre einmal eingegangene feierliche Verpflichtung zu handeln. Vom niederen Klerus leistete schätzungsweise die Hälfte gleich im Anfang den Eid. Diese Männer wurden damit verfassungstreue, »konstitutionelle« Priester; später, nach der Veröffentlichung der päpstlichen Breven, widerriefen viele ihren Eid. Mit den sich überstürzenden Ereignissen kam es zu immer neuen Spaltungen. So weigerten sich selbst konstitutionelle Priester, in ihre Kirchen die »Eindringlinge« einzulassen, also neue, von den konstitutionellen Bischöfen ohne kanonische Investitur ernannte Priester. Trotz der Vermittlungsbemühungen der Verfassunggebenden Versammlung, die im Mai 1791 sogar die Freiheit des Gottesdienstes für die Eidverweigernden verkündete, führte dieses Schisma in den kommenden Jahren zu gefährlichen Auseinandersetzungen. Für die revolutionäre öffentliche Meinung war der eidverweigernde Priester, ja, jeder, der sich ihm anvertraute, bald des »Aristokratismus« und konterrevolutionärer Absichten verdächtig. Die gegenrevolutionäre Strategie konnte jetzt eine eindrucksvoll gewachsene Anhängerschaft einsetzen.

Wenn man an die Gegenrevolution denkt, neigt man dazu, sie als ein geschlossenes Ganzes zu sehen. In Wirklichkeit war sie ebenso bunt zusammengesetzt wie die Revolution selber. Mit der Tradition aristokratischer Liberalität, die auf Fénelon und Boulainvilliers zurückgeht, mischte sich die Tradition des aufgeklärten Despotismus und die des uneingeschränkten Absolutismus. Im Anfang gab es zwei »Emigrationen«, zwei Tendenzen unter den Emigranten. Von Turin aus, wohin er am 15. September 1789 geflohen war, leitete der von Calonne beeinflußte Graf von Artois den politisierenden, subversiven Teil der Emigration. Zu ihm hielten die

Altadeligen, die bei Hofe »Vorgestellten«; sie teilten ihr Geld mit vollen Händen aus und führten Hetzreden gegen das revolutionäre Frankreich. Andere Emigranten in den Niederlanden, im Rheinland und in der Schweiz dagegen zeigten keine aggressiven Absichten gegen ihr Vaterland. Erst 1791 kam es zu einer klareren Gruppierung. Um den Prinzen von Condé, der in Worms untergekommen war, sammelten sich die kleinen Provinzedelleute, die ohne Geld aus Treue zu ihrem König das Land verlassen hatten, zu einer mutigen und würdigen kleinen Streitmacht. In Koblenz dagegen, wo der Graf von Artois sich schließlich niedergelassen hatte, blieb wie vorher in Turin der Hofadel bei seiner Leichtlebigkeit und Verschwendungssucht. Der traditionelle Gegensatz zwischen vorgestelltem Adel und Provinzadel fand in Koblenz und in Worms neue Zentren für seinen alten Streit.

Ernster zu nehmen waren die gegenrevolutionären Bemühungen in Frankreich. Das Komitee in Turin verfolgte während des ganzen Jahres 1790 seine beiden Absichten, die Flucht des Königs und den bewaffneten Aufstand in bestimmten Provinzen. Das erste Projekt führte nur zu Mißerfolgen. Im Oktober 1789 schmiedete Augeard, ein ehemaliger Generalsteuerpächter, als erster einen Plan für die Flucht des Königs, aber er wurde verraten. Dann versuchte der Marquis de Favras, wohl auf Anstiften des anderen Bruders des Königs, des Grafen von der Provence, das Vorhaben doch noch auszuführen: Ende Dezember 1789 wurde er verhaftet, im Februar auf dem Grève-Platz durch den Strang hingerichtet. Die Erhebungen in den Provinzen bedeuteten, abgesehen von einigen schon früh gebildeten liga-artigen Adelsverbindungen im Poitou, im Elsaß und in der Freigrafschaft Burgund, nur an zwei Orten eine echte Gefahr: im Südosten – in den Departements Gard (Nîmes) und Ardèche (Privas) – überlagerte sich der neue Konflikt mit dem alten kämpferischen Gegensatz zwischen katholischer und protestantischer Konfession, und in Lyon war der Bürgermeister, Imbert-Colomès, mit den Monarchisten vom »Französischen Salon« im Bunde. Aber weder das geplante Feldlager von Jalès im südfranzösischen Mittelgebirge noch das große Projekt einer Verschwörung in Lyon vom Dezember 1790 führten zu konkreten Ergebnissen. Das war der Beweis dafür, daß die Gegenrevolution sehr schwach blieb und auf ihre eigenen Kräfte angewiesen war.

Es wäre allerdings gefährlich, tatsächliches Geschehen und psychologische Wirkung zu verwechseln. Die kollektive Psychose, die das Land in der Zeit der »Großen Angst« ergriffen hatte, war mit dem Oktober 1789 nicht einfach verschwunden. Aber der Gedanke an eine Aristokratenverschwörung und den damit verbundenen Einmarsch ausländischer Hilfstruppen war noch stärker und führte im Frankreich von 1790, vor allem in den östlichen Provinzen, immer wieder zu Panik mit oft leidenschaftlichen Abwehrreflexen. Es gibt Mythen, die Realgeschichte machen: die Verschwörung der Aristokratie ist ein solcher Mythos.

Die Wörter, mit denen wir umgehen, haben nicht immer die gleiche Bedeutung gehabt wie heute. »Republikanisch«, das ist ein solcher Ausdruck, der einem in vielen Schriftstücken aus der Anfangszeit der Verfassunggebenden Versammlung begegnet. Meistens bezeichnet er die Verbundenheit mit dem politischen Inhalt der Revolution (Volkssouveränität statt Monarchensouveränität) und nicht etwa die Vorliebe für eine bestimmte Regierungsform; vor der Flucht des Königs gab es nur ganz wenige Männer, die sich wie der Journalist Robert als Anhänger der Republik bekannten. »Demokraten«, so tauften die Feinde des neuen Kurses 1789 alle, die der Willkür die Verfassung entgegensetzten. Doch dieses Wort bekam nach und nach einen präziseren Inhalt, eine klarere soziale Bedeutung; der Widerstand gegen das »Silbermark«-Dekret zeigt, daß es sich vor allem um Gruppen von Intellektuellen aus dem Kleinbürgertum handelte, die sich berufen und befähigt fühlten, aber mangels Vermögen nicht wählbar waren. Zumal in Paris, als im Mai 1790 die Distrikte abgeschafft wurden, war die Unzufriedenheit groß. Die gerade angenommene Gewohnheit der Selbstverwaltung fand in den neuen Sektionen unter der Honoratioren-Stadtverwaltung kein Betätigungsfeld mehr. In die Lücke traten die volksfreundlichen Klubs und die »brüderlichen Gesellschaften«, vor allem die »Gesellschaft der Freunde der Menschen- und Bürgerrechte«, die im April im Kloster der Franziskaner, der *Cordeliers*, gegründet worden war; Marat, Danton, Legendre und Santerre waren eingeschriebene Mitglieder des Cordeliers-Klubs. Seine vorwiegend kleinbürgerliche Zusammensetzung machte ihn zu einer mehr auf das Handeln als auf das Debattieren ausgerichteten Verbindung im Gegensatz zum Jakobinerklub. Gleichzeitig entstanden unabhängig voneinander viele volksfreundliche Gesellschaften, die sich im Mai 1791 in einem Zentralkomitee brüderlich zusammenschlossen, »föderierten«. Als Stätten der politischen Beeinflussung hielten sie die Massen in einer Stimmung mißtrauischer Wachsamkeit, die niemanden verschonte. Man darf sie aber nicht als Arbeiterorganisationen, ja, nicht einmal als Sprachrohre für die sozialen Forderungen der Sansculotten ansehen, wie sie es später tatsächlich werden. Im Augenblick ist die Lebensmittelversorgung von Paris einigermaßen gesichert, und obwohl die Arbeitervereinigungen durch das Le-Chapelier-Gesetz zerschlagen und die Werkstätten zur Beschäftigung der Arbeitslosen geschlossen worden sind, bleibt die Krise eher politischer als sozialer Art. Bei den im Juni 1791 für die Wahl einer

Jean-Paul Marat, als Journalist ebenso wie als Redner im Cordeliers-Klub und in der Versammlung der leidenschaftliche Fürsprecher der kleinen Leute und ein polemischer, aber gut informierter Denunziant aller konterrevolutionären Bestrebungen.

Gesetzgebenden Versammlung einberufenen Primärversammlungen steht nach wie vor die »Silbermark«-Bestimmung und nicht der Unterschied zwischen Passiv- und Aktivbürgern im Mittelpunkt der Forderungen des einfachen Volkes.

In den Kolonien, vor allem in Santo Domingo, hatte die Revolution leicht vorhersehbare Folgen gehabt. Tatsächlich befanden sich die Großgrundbesitzer unter den Kolonisten in einer höchst widersprüchlichen Situation. Sie erhofften sich von den Vorgängen in Frankreich die Gelegenheit, sich von der wirtschaftlichen und politischen Bevormundung durch das Mutterland frei zu machen, was eine Lösung nach dem Muster der amerikanischen Unabhängigkeit bedeuten mußte, zugleich aber brauchten sie das Mutterland, um die Forderungen der frei geborenen Mischlinge, der Mulatten, vor allem aber der schwarzen Sklaven in Schranken halten zu können. Der im August 1789 gegründete Massiac-Klub vertrat in Paris die Interessen der Kolonisten. Dort traf man »Männer der Monarchie« wie Malouet, Patrioten wie die Brüder Lameth und Bankiers wie Laborde: alle besaßen sie Pflanzungen und Sklaven. Barnave, ein Freund der Lameths, machte sich in der Versammlung zu ihrem Fürsprecher. Aber die Mulatten fanden in der schon 1783 gegründeten »Gesellschaft der Freunde der Schwarzen« aktive Unterstützung: Brissot, Robespierre und der Abbé Grégoire traten für sie ein. Der Kampf gegen die Sklaverei allerdings, das ursprüngliche Ziel der Gesellschaft, stand längst nicht mehr im Mittelpunkt ihrer Tätigkeit. Dieses Problem wurde denn auch von der Verfassunggebenden Versammlung systematisch ausgeklammert. Nur ein unbekannter Abgeordneter aus der Gegend von Saint-Quentin, Vieuville des Essarts, brachte im Mai 1791 einen Gesetzesvorschlag ein, nach dem die Sklaverei nach und nach abgeschafft werden sollte, aber der Vorschlag wurde nicht einmal diskutiert. Robespierre begnügte sich damit, zu beantragen, das Wort »Sklave« dürfe nicht benutzt werden, was praktisch auf die Beibehaltung der Institution hinauslief. Nein, der große Kampf zwischen Kolonistenfreunden und Negerfreunden entbrannte um die politischen Rechte der freien Mulatten. Im Oktober 1790, nach der Unterdrückung einer Unabhängigkeitsbewegung der Kolonisten von Santo Domingo, veranlaßte Barnave die Versammlung zu einer Kompromißentscheidung: als Gegenleistung für die Wiederaufrichtung der Herrschaft des Mutterlandes über die Antillen-Inseln verpflichtete sie sich, keine die Neger und Mulatten betreffende Maßnahme zu treffen, es sei denn auf formellen und präzisierten Antrag der gewählten Versammlungen in den Kolonien.

Aber in Santo Domingo werden die Mulatten unruhig. Einer von ihnen,

Vincent Ogé, organisiert eine Bittschriftenaktion; im Februar 1791 wird er auf öffentlichem Platz gerädert und hingerichtet. Im Mai 1791 kommt es in der Versammlung zu einer Debatte. Trotz Barnave folgt die Mehrheit den Verfechtern der politischen Gleichheit. Lanjuinais hat seinen Kollegen klargemacht, daß die Blutmischung aus den Mulatten »Kinder der gleichen Mutter, Brüder, Neffen, Vettern« der Kolonisten gemacht habe. Nach rechts gewendet hat er die Forderung nach Rassenreinheit ironisch abgetan: »Sie wollen sich also mit ihnen nicht in die gleichen Rechte teilen, weil sie nicht so hellhäutig sind wie Sie? Zu mehr als einem von denen, die sich eine so lächerliche Anmaßung zu eigen machen, möchte ich am liebsten sagen: erst schaut in den Spiegel und dann gebt eure Stimme ab!« Robespierre weist in einer scharf formulierten Rede nach, daß Rassenhochmut gegenüber den Mulatten diese Menschen nur auf die Seite der Sklaven treiben würde. Am 15. Mai gewährt die Versammlung den von einem freien Vater und einer freien Mutter geborenen Farbigen die vollen politischen Rechte. Damit ist die Spaltung der Linken endgültig vollzogen.

Im Frühjahr 1791 prallen die beiden Teile der patriotischen Partei immer häufiger aufeinander. Marat, dessen Vehemenz in keiner Weise nachgelassen hat, steht jetzt durchaus nicht mehr allein, wenn er gegen die Reichen als gegen die Verbündeten der Revolutionsfeinde wettert. Die Unruhe unter der Plebs und die immer schärferen Einschränkungsmaßnahmen, die von der Mehrheit gegen die öffentliche Agitation ergriffen werden, beunruhigen etliche Politiker, deren Denken eine immer »demokratischere« Färbung bekommt. Thomas Lindet schreibt an die Stadtverwaltung von Bernay, die Abschaffung der Arbeitslosenwerkstätten sei ein Irrtum gewesen. Madame Roland beginnt »die Klasse der Reichen« anzugreifen. Und wenn Marat gegen das Le-Chapelier-Gesetz kämpft, so tut er das weniger wegen dessen sozialen Inhalts (der Marx später so beeindruckt), sondern weil es die Staatsbürger daran hindere, »sich gemeinsam für das Staatswesen einzusetzen«. Das Heil der Revolution suchen alle Demokraten vordringlich in der Erhaltung des Bündnisses zwischen Bürgertum und Volk.

Die Mehrheit in der Versammlung reagiert gerade entgegengesetzt. Was ihr an diesem Bündnis bedrohlich erscheint, ist der Preis, der dafür gezahlt werden muß. Sie folgt lieber dem Triumvirat, das sich nach dem Tod Mirabeaus (2. April 1791) enger an den Hof anschließt und in der Mulattenfrage mit den Demokraten aneinandergeraten ist. Das Programm lautet: Revision der Verfassung mit dem Ziel größerer Rechte für den König und eine Erhöhung der Vermögensgrenze für den Wahlzensus. Am 17. Mai nennt Adrien Duport offen die Leitlinien der Gruppe: »Die Revolution ist vorbei. Jetzt gilt es, sie zu befestigen und zu erhalten, indem man alle Exzesse bekämpft. Wir müssen die Gleichheit begrenzen, die Freiheit einschränken und die öffentliche Meinung auf einen soliden Grund stellen. Die Regierung muß stark, dauerhaft und standfest sein.« Das ist das Programm einer großen »Tory«-Partei. Aber der Weg

Mit Duport und Alexandre de Lameth bildet der junge Anwalt Barnave aus Grenoble die Führungsgruppe der »patriotischen Partei«. Auf seine Anregung geht die Menschenrechte-Erklärung vom August 1789 zurück. Später möchte er das Erreichte unter Einbeziehung des Königs sichern; nach der Flucht Ludwigs XVI. empfiehlt er, von »Entführung« zu sprechen.

in die Tuilerien, den die Triumvirn jetzt gehen, führt sie an ein Hindernis, an dem vor ihnen schon die »Männer der Monarchie« gescheitert sind: Ludwig XVI.

Die Absichten des Königs sind von den Zeitgenossen nicht richtig verstanden worden. Man meinte sie von denen Marie Antoinettes unterscheiden zu können. Doch die volkstümliche Vorstellung von der »Österreicherin«, die ihren schwachen Gemahl auf den verschlungenen Pfad der Wiedereinführung des Absolutismus treibt, kann vor der kritischen Prüfung der Dokumente nicht bestehen. Das Programm Ludwigs XVI. und Marie Antoinettes ist nach wie vor das vom 23. Juni 1789. Sie nehmen die Einschränkungen des Absolutismus hin, sind auch grundsätzlich mit einer Verfassung einverstanden, aber sie lehnen die Beseitigung der Privilegien ab, außer in der Besteuerung. Freiheit ja, Gleichheit nein.

Schon im Oktober 1789 hat Ludwig XVI. in einem Geheimschreiben an den König von Spanien die Staatsmaßnahmen verleugnet, zu deren Gegenzeichnung ihn die Revolution gezwungen hat. Er hat an Karl IV. geschrieben: »Ich habe Ew. Majestät als Haupt der zweiten Linie gewählt, um in Eure Hände den feierlichen Protest zu legen, den ich gegen alle der königlichen Autorität zuwiderlaufenden Handlungen erhebe, die mir seit dem 15. Juli dieses Jahres mit Gewalt abgezwungen worden sind. Ich bitte Ew. Majestät, diesen Protest geheimzuhalten bis zu einer Gelegenheit, da seine Veröffentlichung notwendig werden könnte.« Was für eine Gelegenheit? Die Flucht? König und Königin trauen den Unternehmungen des Grafen von Artois nicht. Lange hoffen sie mit entwaffnender Kurzsichtigkeit darauf, daß die Revolution ihre Kinder frißt. »Es kommt darauf an«, schreibt Marie Antoinette im Dezember 1790, »den Augenblick abzupassen, da die Köpfe sich hinlänglich beruhigt haben werden, um sie in den Genuß einer gerechten und guten Freiheit zu setzen, wie sie der König stets gewünscht hat, weit entfernt von Zügellosigkeit und Anarchie.« Die Unterstützung Europas soll dann nur diplomatischer Natur sein.

Warum erwägt unter diesen Umständen das königliche Paar schon im Juni 1790 – noch ohne genauen Plan – die Möglichkeit der Flucht? Weil es eine falsche Diagnose über die Dauer der Revolution aufstellt. Zwischen Februar und Mai 1791 lassen dann neue Ereignisse das Projekt immer dringlicher erscheinen. Im Februar emigrieren »Mesdames de France«, die Tanten des Königs, und erwecken den Argwohn der Revolutionäre. Als Ludwig XVI. am 18. April die Tuilerien verlassen will, um sich wie jedes Jahr nach Saint-Cloud zu begeben, zwingt ihn die Volksmenge zur Umkehr. Jetzt ist er überzeugt, daß die Lage nur noch einen Ausweg zuläßt, die Flucht. Um die ausländischen Mächte, deren Untätigkeit ihn bedrückt, zum Handeln zu zwingen, faßt Ludwig XVI. am 27. Mai seinen Entschluß: am 19. Juni wird er aufbrechen. Im letzten Augenblick wird der Termin um vierundzwanzig Stunden verschoben.

Drei Männer waren für das Unternehmen verantwortlich. Baron de Breteuil, der nach dem 14. Juli emigriert war, übernahm die Aufgabe,

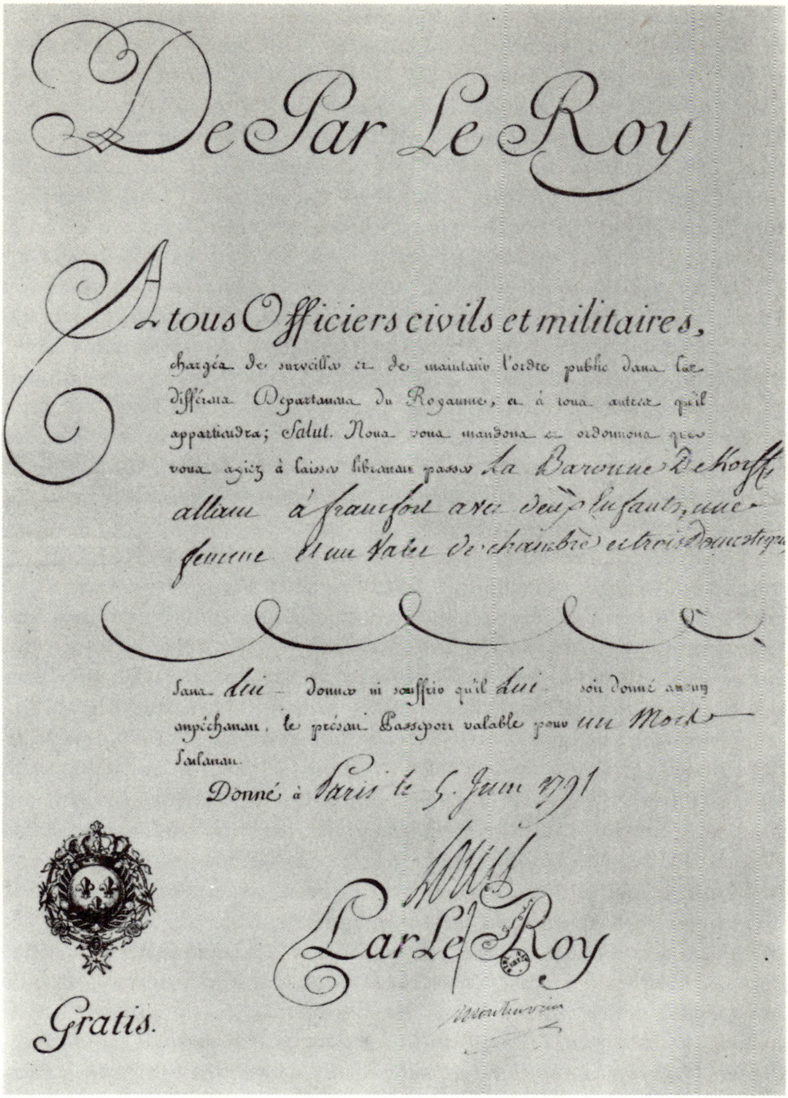
De Par Le Roy

A tous Officiers civils et militaires, chargés de surveiller et de maintenir l'ordre public dans les différents Départements du Royaume, et à tous autres qu'il appartiendra; Salut. Nous vous mandons et ordonnons que vous ayiez à laisser librement passer la Baronne de Korff allant à Francfort avec deux Enfants, une femme et un valet de chambre et trois domestiques

sans lui donner ni souffrir qu'il lui soit donné aucun empêchement, le présent Passeport valable pour un Mois seulement.

Donné à Paris le 5. Juin 1791

Louis

Par Le Roy

Montmorin

Gratis.

Mit diesem falschen Paß soll die Flucht des Königs glücken: Die Gouvernante der Kinder, Madame de Tourzel, reist als Baronin von Korff, die Königin als Gouvernante, der König als Kammerdiener.

die Zustimmung der ausländischen Mächte zu erwirken. Der Marquis de Bouillé, dessen eigentliche militärische Laufbahn sich im Siebenjährigen Krieg und im amerikanischen Unabhängigkeitskrieg abgespielt hatte, war dem König aufgefallen, weil er im August 1790 eine feste Hand beim Niederschlagen der Meutereien in der Armee bewiesen hatte. Er befehligte die Truppen in Lothringen und in den Drei Bistümern (Metz, Toul, Verdun). Er hatte sich um die militärischen Vorbereitungen zu kümmern. Im Dezember schickte er seinen Sohn zum König, um einen Reiseplan zu unterbreiten, in dem die Festung Montmédy als Zufluchtsort vorgesehen war. Die schwierigste Aufgabe hatte Axel von Fersen. Er besorgte die Fahrgelegenheit, indem er einer russischen Baronin, Frau von Korff, einen Reisewagen abkaufte, den sie gerade bestellt hatte, und er ließ zwischen den königlichen Gemächern geheime Zugänge durchbrechen. Das Verlassen des Palastes sollte durch eine Wohnung im Erdgeschoß vor sich gehen, die der Herzog von Villequier vor seiner Emigration innegehabt hatte, und die auf beide Tuilerienhöfe führte. Die Tür zu dieser Wohnung war von der Nationalgarde nicht bewacht, was die Verantwortung La Fayettes ins Spiel bringt: wollte er die häufigen nächtlichen Unterredungen zwischen Fersen und der Königin ermöglichen, oder war es einfach Leichtfertigkeit? Vielleicht wollte La Fayette, den Morris, der mit Geldmitteln behilfliche spätere amerikanische Gesandte in Paris, für »außerordentlich schlau« hielt, nur die Abreise der Königin begünstigen. Jedenfalls bedurfte es für alle diese Vorbereitungen einer Geheimhaltung, die durchaus nicht gewährleistet war. Schon lange vor dem 21. Juni sickerten Informationen durch. Eine Kammerfrau der Königin, Madame de Rochereuil, war die Geliebte von Gouvion, dem stellvertretenden Befehlshaber der Nationalgarde. Sie war neidisch auf Madame Campan, die Sekretärin Marie Antoinettes, und verriet Ende Mai die Fluchtpläne. Mehrmals berichtete die demokratische Presse von Meldungen, die ihr freiwillige Informanten zugetragen hatten. Die Verschwörung war auch alles andere als gut organisiert. Die Auswahl der Männer, das langsame Reisetempo und die Wachsamkeit der revolutionären Öffentlichkeit waren ausschlaggebend für ihr Scheitern. Bouillé hatte den Herzog von Choiseul, einen schneidigen, aber unerfahrenen jungen Oberst, nach Paris geschickt, um über die Sicherheit der Reisenden zu wachen. Am 20. Juni gegen 3 Uhr nachmittags fuhr er mit Léonard, dem Friseur der Königin, voraus, um in Pont-de-Somme-Vesle die Husarenabteilung zu treffen, die Bouillé als erste von mehreren Einheiten auf dem Weg aufgestellt hatte. Aber am 21. gegen 5 Uhr nachmittags wurde er nervös, weil die Anwesenheit der Truppe die Bauern schon unruhig machte und der König immer noch nicht gekommen war. Er schickte

Léonard weiter, um den folgenden Husarenabteilungen zu sagen, sie könnten absatteln und die Soldaten wegtreten lassen. Er selbst schlug, anstatt sich auf der direkten Straße zurückzuziehen, mit seinen Reitern Seitenwege ein und versetzte nun auch die Bauern in den Dörfern abseits der Heerstraße in Aufregung.

Aber warum war der König nicht gekommen? Bouillé hatte zwei leichte Wagen vorgesehen. Die große Berline der Frau von Korff jedoch erforderte sechs Pferde und brauchte entsprechend längere Wechsel an den neunzehn Poststationen, wo insgesamt rund hundert Pferde umgespannt werden mußten. Bouillé hatte vorgeschlagen, den Marquis d'Agoult, einen energischen Mann, mitzunehmen, aber Marie Antoinette wollte statt dessen lieber die Gouvernante der beiden Kinder, Madame de Tourzel, dabeihaben, und als sich Fersen anbot, lehnte Ludwig XVI. ab. Bouillé hatte den Zeitplan genau festgelegt und das Eintreffen des Königs in Pont-de-Somme-Vesle für 3 Uhr nachmittags vorgesehen. Aber schon bei der Abfahrt (um 2.30 Uhr früh statt um Mitternacht) hielt sich die königliche Familie nicht daran; unterwegs wurde die Verspätung noch größer, weil der König, endlich aus Paris heraus, die wiedergewonnene Freiheit zu sehr genoß und häufig anhalten ließ, um sich die Beine zu vertreten. Das Blut seines temperamentvollen Vorfahren Heinrich IV. schien in ihm zu erwachen: »Gebt mir nur einen Sattel unter den Hintern, und ich bin ein anderer Mensch.« Als er in Pont-de-Somme-Vesle eintraf, war es 6.30 Uhr, und die Husaren waren nicht mehr da.

Von nun an wurde das Verhalten der Bevölkerung entscheidend. In Sainte-Menehould, wo die Dragoner nicht bereitstanden, meinte der Posthalter Drouet den König zu erkennen. Aber er war seiner Sache nicht sicher und ließ die Kutsche weiterfahren. Der Argwohn, den die unerklärliche Anwesenheit der Truppen überall geweckt hatte, bestimmte die Ortsverwaltung von Sainte-Menehould zum Handeln: sie schickte Drouet mit einem Begleiter hinter den Reisenden her und ließ die Soldaten entwaffnen. Diese eigenmächtige Initiative einer kleinen Ortschaft spricht Bände: das revolutionäre Frankreich war mißtrauisch geworden. Das Spiel war aus. In Sainte-Menehould und in Clermont wurden die königlichen Soldaten nicht nur von der Bevölkerung, sondern auch von der Nationalgarde entwaffnet. In Varennes, wo der schwere Wagen um 11 Uhr abends eintraf, verzögerte sich die Weiterfahrt um eine halbe Stunde, weil frische Pferde gebraucht wurden. So konnte Drouet die königliche Familie überholen, die Stadtverwaltung alarmieren und die Brücke über die Aire sperren lassen. Ludwig XVI. war gefangen.

Am Vorabend hat Madame Roland einen Brief angefangen, den sie nun noch einmal öffnet, um einige Zeilen hinzuzufügen: »Der König und die Königin sind geflohen. Ich schreibe Ihnen in aller Eile beim Dröhnen der Kanonen und wilder Erregung in den Straßen. Jetzt ist der Krieg da. Es ist fast undenkbar, daß La Fayette nicht mit im Spiel gewesen sein sollte. Auf allen Seiten herrscht größte Betriebsamkeit.« Paris ist ohne König aufgewacht. »Erregung« herrscht, ja, aber kein Aufruhr. Das Volk läßt zwar seine Wut an einigen Verdächtigen aus, zerstört die Büsten des Königs und die Wappenlilien, reißt sich um die Schmähblätter gegen »das dicke Schwein« und »Toni die Österreicherin«, aber sein Ungestüm wird von der revolutionären Obrigkeit in Schranken gehalten. Das jetzt entstandene Vakuum stärkt natürlich die Position der Verfechter einer Ersatzlösung. Eine Diktatur nach römischem Vorbild wäre denkbar, wie sie Marat seit langem vorschlägt, eine Regentschaft des Herzogs von Orléans, der sich genau zum richtigen Zeitpunkt, am 23. Juni, bei den Jakobinern einschreibt, oder die Republik, deren Anhängerschaft rasch wächst: zu den Journalisten Brissot und Gorsas treten Politiker wie Condorcet, ganze Behörden wie die Departementsverwaltungen von Puy-de-Dôme (Clermont-Ferrand) und Hérault (Montpellier). Doch für die weiterblickenden Revolutionäre ist die Regierungsform eine sekundäre Frage. Jetzt herrschen bei den meisten erst einmal Zorn und Angst: Zorn auf Ludwig XVI., den sie vor Gericht stellen wollen, Angst vor einer gewaltigen, von den Emigranten und vom Ausland angezettelten Verschwörung, die auf das Alarmzeichen von Varennes losschlagen könnte. Ein Mann wie Robespierre behält klaren Kopf. Er regt an, die Frage der Staatsform nicht zu erörtern, sondern das Volk auf die Verteidigung gegen einen Angriff der Gegenrevolution vorzubereiten und Ludwig XVI. zu bestrafen.

Aber die Behörden waren anderer Meinung. La Fayette gab nach einer Unterredung mit Bailly und mit Alexandre de Beauharnais, dem amtierenden Präsidenten der Versammlung für den Monat Juni, den Befehl zur Rückschaffung des Königs, »der von den Feinden der Revolution entführt worden ist«. Wer war auf den Gedanken verfallen, die Flucht als Entführung hinzustellen? Die am wahrscheinlichsten klingende Hypothese stammt von Marcel Reinhard: danach hat Dandré, ein in geschickten parlamentarischen Manövern erfahrener Abgeordneter, dem Helden zweier Welten diese Idee eingeflüstert. Jedenfalls mußte die auf 9 Uhr morgens einberufene Versammlung Sofortmaßnahmen treffen, ohne das konterrevolutionäre Manifest zu kennen, das Ludwig XVI. bei seiner Abreise zurückgelassen hatte. Sie beschloß, die exekutive Gewalt an sich zu ziehen, also die de-facto-Hegemonie, die sie schon ausübte, in eine de-jure-Diktatur umzuwandeln. Sie folgte Barnave, der darauf hingewiesen hatte, es gelte vor allem jedes Eingreifen des Volkes zu vermeiden.

25. Juni 1791: Rückkehr des Königs unter dem Schutz der Nationalgarde. Man erkennt außer den Kindern links Ludwig XVI. und Marie Antoinette, rechts die Schwester des Königs, Madame Elisabeth. Halb verdeckt sitzen links Barnave, rechts Pétion, die als Kommissare der Versammlung den Transport begleiten.

Das Volk sammelte sich erst am 25. bei der Rückkehr des Königs. Pétion, einer der drei Kommissare, die von der Versammlung dem König entgegengeschickt worden waren, beschreibt uns die Szene: »Der Volksauflauf war ungeheuer. Es schien, als sei ganz Paris und Umgebung zusammengekommen. Die Dächer der Häuser wimmelten von Männern, Frauen und Kindern, die Stadttore und -gitter starrten von Menschen, die Bäume waren dicht besetzt. Alle behielten sie ihren Hut auf dem Kopf, und es herrschte ein geradezu majestätisches Schweigen.«

Noch am gleichen Tage beschloß die Versammlung die einstweilige Amtsenthebung des Königs und die Einsetzung eines Untersuchungsausschusses über die Umstände der »Entführung«. Am 15. Juli legte der Ausschuß seinen Bericht vor: der König ist unschuldig; allein schuldig sind Bouillé (der vorsichtigerweise emigriert war) und die Leibgardisten. Noch einmal blieb es Barnave vorbehalten, die tiefere Bedeutung dieser Entscheidung zu formulieren: »Wollen wir die Revolution beenden? Wollen wir sie neu beginnen? Sie haben alle Menschen vor dem Gesetz gleich gemacht, Sie haben feierlich die rechtliche und politische Freiheit verkündet, Sie haben alles, was Sie der Volkssouveränität genommen haben, dem Staat zugewiesen. Ein einziger Schritt weiter wäre verderblich und gefahrvoll; ein Schritt weiter auf dem Wege der Gleichheit würde die Zerstörung des Privateigentums bedeuten.« Diese Warnung an die Adresse der Besitzenden verhallte nicht ungehört.

Die Mehrheit im Parlament sah sich in einem Dreieckskonflikt. Der Rechten hatte die Verhaftung Ludwigs XVI. den Anlaß für einen offenen Bruch, für eine brutale Aufkündigung jeglicher Solidarität mit der neuen Ordnung geliefert. Sie zieht sich auf den Aventin zurück: 293 Abgeordnete weigern sich, die Suspendierung eines unverletzlichen Königs als gültig anzuerkennen. Sie fordern unverhohlen das Eingreifen des Auslands. »Frankreich kann nur durch ein Blutbad erneuert werden«, schreibt eines ihrer Blätter, *Le Petit Gautier*, und der Amerikaner Morris notiert in seinem Tagebuch: »Ich glaube, eine richtige große Schlacht wäre eher nützlich als schädlich.« Wollte man solche Drohungen, wollte man die von den Behörden beschlagnahmten Briefe der emigrierten Offiziere verschweigen, so würde man sich für die Beurteilung der nun gewählten Lösungen einer unentbehrlichen Dimension berauben.

Die Demokraten brauchten keine Provokation mehr. Der Cordeliers-Klub und die brüderlichen Gesellschaften decken die Versammlung mit einer Flut von Petitionen und Demonstrationen ein. Sie verlangen eine Volksbefragung. Sie fordern die Bestrafung Ludwigs XVI. Aber die Jakobiner, vor allem Robespierre, respektieren das Gesetz: die Versammlung hat ihre Entscheidung getroffen, also gehen sie nicht mit aufs Marsfeld. Dort versammeln sich am 17. Juli vier- bis fünftausend Handwerker, Gesellen und Arbeiter. Sie stoßen auf die Nationalgarde, die zum Zeichen des Kriegsrechts die rote Fahne wehen läßt. Wie so manche »Pariser Tage« endet auch dieser erst durch einen von einem Unbekannten abgefeuerten Schuß mit einem Blutbad. Es ist nicht so mörderisch, wie es sich nachträglich darstellt: ungefähr fünfzig Opfer, darunter etwa fünfzehn Tote. Aber zum erstenmal hat die Revolutionsmiliz auf das Volk geschossen. Aus der Farbe der Unterdrückung wird in der Geschichte die Farbe des Aufstands werden: die rote Fahne.

Die Mehrheit ist nicht gesonnen, mit der Revolution zu brechen; sie betrachtet sich ja als deren Ausdruck. Sich absetzen von den außerparlamentarischen Kräftegruppierungen, die Zeitungen und die Männer entmachten, die den Krieg im Lande und nach außen provozieren könnten, das Regime festigen – das sind die Ziele dieser Mehrheit.

Das erste Ziel ist schon am 16. Juli erreicht. Die Gemäßigten haben den Jakobinerklub verlassen und sich nun in derselben Rue Saint-Honoré, aber im Kloster der Feuillantiner ein neues Quartier gesucht. Fast alle Abgeordneten folgen ihnen, außerdem 1800 bis 1900 von den insgesamt 2400 bisherigen Mitgliedern des Jakobinerklubs. In der Provinz ist die Ablehnung der Spaltung und der Ruf nach der Einheit die vorherrschende Reaktion; die »Feuillants« ziehen fünfundvierzig Tochterklubs auf ihre Seite, die Jakobiner behalten sechsundzwanzig, aber über hundertfünfzig sind für die Zusammenlegung. Erst Ende des Jahres gelingt es Robespierre, diese Einheitsbefürworter wieder in den alten Klub zu führen.

Die Unterdrückung der Abweichler wird vom Verfolgungsausschuß der Versammlung organisiert. Klassenjustiz? Jedenfalls schlägt das Parlament nach links und nach rechts zu. Der Cordeliers-Klub muß eine Zeitlang schließen, Desmoulins darf seine Zeitung nicht mehr herausbringen, aber auch gegen Suleau und den Abbé Royou wird vorgegangen. Es kommt nicht darauf an, hart zu bestrafen, sondern den Brand einzudämmen. Die Mehrheit lehnt den von einem lothringischen Abgeordneten beantragten Sondergerichtshof ab, und die Amnestie vom 15. September befreit die letzten Betroffenen aus dem Gefängnis.

Doch für einen Zweifrontenkrieg braucht man eine Strategie. Für Barnave liegt die Lösung darin, sozusagen die beiden Enden der Wurst abzuschneiden, also die gemäßigte rechte Mitte, die eine Stärkung der königlichen Macht befürworten würde, von der ganz unversöhnlichen äußersten Rechten zu trennen und gleichzeitig die wenigen jakobinischen Abgeordneten (Robespierre, Pétion, Buzot, Grégoire) aus der Masse der patriotischen Mitglieder der Versammlung herauszulösen. Diese Strategie jedoch schlug fehl. Malouet konnte seine politischen Freunde, die vom Hof nicht zum Kompromiß ermutigt wurden, nicht zur Mitte ziehen, und die meisten patriotischen Abgeordneten stimmten in allen wichtigen Punkten im Sinne der extremen Linken. Die einzige Änderung betraf den Wahlzensus; bei Abschaffung der Silbermark für die Kandidaten der Versammlung wurde der Steuerbetrag für die Wahlmänner erhöht. Der König bekam keine neuen Befugnisse. Dennoch begab er sich am 14. September in die Versammlung, um den Eid auf die Verfassung abzulegen. Mit großen Festlichkeiten im Rathaus, in Notre-Dame und in der Oper wurde die neue Eintracht zwischen dem König und dem Land gefeiert. Als sie sich auflöste, verkündete die Verfassunggebende Versammlung: »Die Revolution ist zum Abschluß gelangt.«

Die Gesetzgebende Versammlung, die am 1. Oktober zusammentrat, bestand aus neuen Männern. Robespierre hatte erreicht, daß die Verfassunggebende Versammlung die Nicht-Wiederwählbarkeit ihrer Mitglieder beschloß. Die Wählerschaft suchte sich ihre Vertreter weniger nach den Gruppierungen im politischen Leben der Hauptstadt als nach der Erfahrung der Kandidaten und nach den Ämtern, die sie in den bestehenden Körperschaften (Departements-, Distrikts- und Gemeindeverwaltungen) bekleideten. Nach ihrem Eintreffen in Paris mußten sich die Neulinge entscheiden. 136 traten dem Jakobinerklub bei, 260 trugen sich bei den Feuillants ein. Die meisten allerdings, über dreihundert, lehnten es ab, sich einer der beiden Parteiungen anzuschließen. Sie fühlten sich in erster Linie den Grundsätzen und Errungenschaften von 1789 verpflichtet; das hielt sie fern von einer Gruppe, deren kompromittierende Kontakte zum Hof sie abstießen, und von einem Zentrum der Machtausübung, dessen Methoden ihnen gefährlich erschienen. Außerdem sind die Helden müde. La Fayette, seines Amtes ledig, zieht sich am 8. Oktober auf seine Güter zurück. Er wird erst im Dezember wieder in Erscheinung treten. Am 14. Oktober reist Robespierre ins heimatliche Arras ab. Pétion läßt sich zum Bürgermeister wählen, Rœderer zum Prokuralsyndikus ernennen; sie vertreten nicht ein widerspenstiges, sondern ein brav und verständig gewordenes Paris. Für einen Augenblick herrscht Stillstand im Fortgang der Revolution. Wir wollen ihn nutzen. Dieses letzte Quartal des Jahres 1791 ist die Abenddämmerung einer großartigen und schönen Zeit. Es ist zu einfach, so lange nach den Ereignissen über die Schwächen der Feuillants-Politik zu spotten. Die Hindernisse, die sich ihr entgegenstellten – das Doppelspiel des Hofes, die argwöhnische Wachsamkeit der Abgeordnetenkollegen, die Feindseligkeit der Massen –, haben die Feuillants durchaus richtig eingeschätzt. Sie haben alles getan, um rasch die Ruhe und möglichst bald den Frieden wieder einkehren zu lassen.

Wie hat Europa die Französische Revolution aufgenommen? Zunächst hat die liberale Revolution bei der europäischen Aristokratie, die das Joch des zentralistischen Absolutismus abzuschütteln hofft, lebhafte Sympathie erweckt. Aber nach den Dekreten vom 4. August, nach dem Eintreffen der ersten Emigranten begreift der Adel, wie sehr die Ereignisse in Frankreich auf die Gleichheit hinsteuern, und sehr bald ist ihm die Solidarität innerhalb der Kaste wichtiger als die Konflikte mit dem Absolutismus. Im November 1790 veröffentlicht Burke seine »Erwägungen zur Französischen Revolution«, die sogleich zum Brevier der Gegenrevolution werden. Die gebildeten Kreise des Bürgertums und manche liberale Adelige dagegen zeigen nach wie vor ihre Gewogenheit. Ein Kant, ein Fichte, ein Radischtschew, ein Price verfolgen aufmerksam die Vorgänge in Frankreich. Besonders erregend aber wirkt die Nachricht von der Abschaffung der Feudalrechte auf die Bauern, und zwar nicht nur in den Nachbarländern Savoyen, Schweiz, Belgien und Rheinland. In einer kleinen Stadt im Königreich Neapel versammeln sich die Landleute auf dem Markt und rufen: »Wir wollen es haben wie die Franzosen!« Nach ihrer ganzen Anlage barg die Französische Revolution den Keim für eine europäische Revolution.

Die Regierungen waren noch aus einem anderen Grunde beunruhigt. In Lüttich und in den österreichischen Niederlanden brachen 1789 zwei Aufstände los. Es gelang Österreich, sie niederzuschlagen, aber die Lehre war erschreckend gewesen: die Furcht vor einer revolutionären Ansteckung verschwand fortan nicht mehr. Vor allem verschaffte sich in Frankreich eine neue völkerrechtliche Konzeption Geltung, und zwar hinsichtlich der deutschen Fürsten und des Territoriums von Avignon. Die Abschaffung der Feudalrechte hatte die deutschen Fürsten aufgebracht, die im Elsaß Besitzungen hatten und sich auf die Bestimmungen des Westfälischen Friedens beriefen. Die Verfassunggebende Versammlung bot ihnen zwar eine Entschädigung an, erklärte ihnen aber, das Elsaß sei nicht nach dem Recht des Eroberers französisch, sondern durch seinen freiwilligen Beitritt zur Föderation. Avignon hatte sich gegen den Papst erhoben und forderte im Juni 1790 seinen Anschluß an Frankreich. Die Verfassunggebende Versammlung zögerte, lehnte den Anschluß zunächst sogar ab, beschloß aber dann im September 1791 doch, das Territorium zu annektieren. Diese Vorgänge waren an sich nicht sehr schwerwiegend, aber sie zeigten eine neue, anti-dynastische Auffassung von den internationalen Beziehungen: nach den Menschenrechten kam das Selbstbestimmungsrecht der Völker ins Spiel.

Man kann verstehen, daß ein Bannerträger des Absolutismus wie Gustav III. von Schweden und die allmächtige Katharina II. von Rußland ihren ganzen Zorn gegen Frankreich richteten. Die meisten anderen Monarchen jedoch behielten klaren Kopf. England lehnte jedes Kreuzzugsunternehmen ab: ein geschwächtes Frankreich war seinem Handel weniger schädlich. Die kleinen Mächte – Spanien, Sardinien, Neapel – konnten von sich aus nichts tun. Alles hing vom Kaiser ab: bis Februar 1790 von Joseph II., dann von Leopold II., den beiden Brüdern Marie Antoinettes. Aber ihre große Sorge galt Polen und der Türkei, nicht Frankreich. 1788 war Österreich im Bunde mit Rußland gegen den Sultan ins Feld gezogen. Leopold gab den Kampf schon im Juli 1790 auf, und Katharina profitierte im Frieden von Jassy (Januar 1792) allein von ihrem Sieg. Aber es blieb Polen, das am 3. Mai 1791 unter dem Einfluß der Französischen Revolution mit einer neuen Verfassung zu einer späten, aber eindrucksvollen nationalen Erhebung ansetzte. Rußland war sein bedrohlichster Gegner; doch auch Preußen und Österreich fanden schon im Juni 1791 gegen Polen zueinander. Die Frage der Ostgebiete war für die mitteleuropäischen Mächte, die eigentlichen Militärmächte in Europa, schon damals der entscheidende Einsatz auf dem diplomatischen Schachbrett.

So gab es also für Frankreich von Seiten Europas keine ernstzunehmende Kriegsgefahr. Aber dadurch, daß Ludwig XVI. und Marie Antoinette vor ihrer Flucht Leopold II. von ihrem Vorhaben benachrichtigten und ihn zu einer drohenden Haltung gegen die Revolution bewegten, verleiteten sie ihn zu einem psychologischen Fehler. Am 25. August 1791 unterzeichnete er zusammen mit dem König von Preußen die Erklärung von Pillnitz: »Seine Majestät der Kaiser und Seine Majestät der König von Preußen haben die Wünsche und Vorstellungen von Monsieur« (dem Grafen von der Provence) »und dem Herrn Grafen von Artois vernommen und erklären miteinander, daß sie die Lage, in der sich der König von Frankreich augenblicklich befindet, als einen Gegenstand des gemeinsamen Interesses für alle Souveräne Europas betrachten.« Tatsächlich wurde der Ruf zu den Waffen abhängig gemacht von einem nicht sehr wahrscheinlichen Einverständnis mit den übrigen europäischen Mächten. Aber in den Augen der Revolutionäre stellte schon dieser Schritt eine unzulässige Einmischung in die inneren Angelegenheiten Frankreichs dar. Die Männer der Verfassunggebenden Versammlung sahen ihre Befürchtungen gerechtfertigt. Die drohenden Noten des Kanzlers Kaunitz, das im Februar 1792 abgeschlossene österreichisch-preußische Bündnis, der Tod Leopolds und die Thronbesteigung des jungen Franz II. am 1. März schwächten zwar später den Widerstand gegen einen Krieg, doch die Initiative ging von Frankreich, nicht von den mitteleuropäischen Mächten aus.

König Friedrich Wilhelm II. von Preußen, Kaiser Leopold II. und Friedrich August III., Kurfürst von Sachsen (von links) bei der Unterredung zu Pillnitz im August 1791. Auf Drängen des Grafen von Artois kommt die »Pillnitzer Erklärung« zustande, eine Solidaritätsbekundung mit der französischen Monarchie.

Eine Bilanz der militärischen Kräfte, über die Frankreich Anfang 1792 verfügte, fällt nicht günstig aus. Zwar war die Qualität der Bewaffnung hervorragend (die Gribeauval-Kanone und das Gewehr von 1777 wurden von Europa bewundert), aber es fehlte an den nötigen Mengen: es wurden im Jahr durchschnittlich nur 150 Kanonen und 25 000 Gewehre gefertigt. Trotzdem lag das eigentliche Problem in der Führung, in der Moral der Truppe und in der schwachen Erneuerung.

Die Offiziere von 1789 waren in der großen Mehrzahl Angehörige des Provinzadels, denen die Hofaristokratie den Weg nach oben verbaute. Während der ersten Monate der Verfassunggebenden Versammlung setzten sie große Hoffnungen auf die neue Ordnung, die ihnen Beförderungsaussichten eröffnete. Aber schon Anfang 1790 wurden sie immer feindseliger gesonnen. Sie, die sie dem König durch die Lehnsehre verbunden waren, sollten den Eid auf die Verfassung leisten, sie, die Adeligen, mußten die Abschaffung ihres Standes und die allgemeine Ausschreibung der hohen Offiziersstellen hinnehmen. Die Emigration der Offiziere, gering vor dem gescheiterten Fluchtversuch des Königs, nahm danach rasch zu: von 9000 Offizieren desertierten ungefähr 6000. Um sie zu ersetzen, nahm man zur Hälfte Unteroffiziere und zur Hälfte junge Männer aus dem Bürgertum, die in der Nationalgarde gedient hatten. Zwischen den altgedienten Offizieren, die zwar geblieben waren, aber immer fluchtverdächtig blieben, und den neuen, unerfahrenen Kameraden herrschte ein Klima gegenseitigen Mißtrauens.

Darunter litt naturgemäß die Moral der Truppe. Sie betrachtete die Revolution als die Befreiung von der harten Disziplin der Armee: die Soldaten mischten sich unter die Patrioten, traten als Redner in den Klubs auf und verfaßten Bittschriften. Das Jahr 1790 brachte fast überall Meutereien. Die Matrosen auf ihren Schiffen, die Arbeiter in den Zeughäusern und die Soldaten in ihren Truppenteilen verweigerten immer wieder den Befehl und rotteten sich zusammen. Besonders schwer war der blutige Aufruhr des Schweizerregiments von Châteauvieux in Nancy.

Bedenklich war die geringe Zahl der Soldaten insgesamt. Die Verfassunggebende Versammlung hatte die Rekrutierung für die Linientruppen nicht verändert; sie zählten ungefähr 120 000 Mann. Nach der Flucht des Königs beschloß man, aus den Männern der Nationalgarde Freiwilligenbataillone zu bilden. Aber von den vorgesehenen 100 000 standen im April 1792 erst 33 000 Mann unter den Fahnen.

Disziplinlosigkeit, Emigration und mangelnde Einheit ... Der Krieg war für Frankreich ein bedenkliches Wagnis.

Ludwig XVI. und Marie Antoinette konnten den Krieg zwar nicht auslösen, aber sie trugen erheblich dazu bei, daß er entbrannte. Sie wünschten ihn seit der Flucht, seit Varennes. Sie wollten die Niederlage. Der König schrieb an Breteuil: »Statt eines Bürgerkrieges haben wir dann einen politischen Krieg, und das wird die Dinge zum Guten wenden. Der physische und moralische Zustand Frankreichs ist so, daß er einem Krieg unmöglich gewachsen sein kann.« Der Marineminister, Bertrand de Molleville, ermutigte die Offiziere, sich ihren Pflichten zu entziehen, was einer Aufforderung zur Fahnenflucht gleichkam. So erklärt es sich, daß der König, als die Versammlung im November eine Reihe revolutionärer Dekrete verabschiedete, eine Auswahl traf. Er weigerte sich, seine Sanktion zu geben für die Maßnahmen, die den Emigranten und eidverweigernden Priestern angedroht wurden, akzeptierte aber mit Freuden das Dekret vom 29. November, das ihn aufforderte, von den Kurfürsten von Trier und Mainz zu verlangen, die Emigrantenansammlung auf ihren Territorien aufzulösen. Am 14. Dezember hielt er vor der Versammlung eine ausnehmend martialische Rede.

In seiner Umgebung, im Kabinett und im Geheimen Rat, wo seit dem Herbst die Triumvirn den Ton angaben, schuf diese Politik Unruhe. Barnave und Außenminister de Lessart bemühten sich durch ihre Ratschläge für den König und durch ihre Schreiben an den Kaiser den Frieden zu erhalten. Aber sie hatten nicht einmal bei ihrer eigenen Partei vollen Rückhalt. Die Brüder Lameth als Offiziere waren sich weitgehend mit La Fayette einig: ein kurzer, begrenzter Krieg würde den mit dem Oberbefehl betrauten Generälen Gelegenheit geben, eine Stabilisierung der Revolution zu erzwingen. Eine ganze Clique sammelte sich um Madame de Staël, deren Liebhaber Narbonne Kriegsminister wurde. Dort traf man die jungen Heißsporne des liberalen Schwertadels: den Herzog von Biron, Beauharnais, Latour-Maubourg.

Durch Condorcets Vermittlung fanden sogar die Führer der Linken den Weg in diesen Salon. Der Mann des Krieges war Brissot. Dieser Jacques Pierre Brissot, 1754 als Sohn eines Gastwirtsehepaars in der Beauce, der Kornkammer Frankreichs im Südwesten von Paris, zur Welt gekommen, war ein weitgereister und sehr belesener Mann. Gleich zu Beginn der Revolution schafft er sich mit seiner Zeitung, *Le Patriote français*, eine gewisse Berühmtheit. Als Pariser Abgeordneter in der Gesetzgebenden Versammlung zieht er die glänzenden Redner der Gironde auf seine Seite: Vergniaud, Guadet, Gensonné. Er ist dem Einfluß der vielen politischen Flüchtlinge zugänglich, die aus Belgien, aus Lüttich, aus Holland, aus dem Rheinland und aus der Schweiz gekommen sind und die Klubs bevölkern. Mit überzeugendem Eifer entwickelt er in der Versammlung und bei den Jakobinern seine Argumente: Ein revolutionärer Krieg ist jetzt notwendig; indem man die Koblenzer Emigration vernichtet, zwingt man den König zur Stellungnahme und schafft wieder Ruhe. Der Krieg wird nicht schwer sein, denn die Völker werden sich erheben und ihre Ketten abschütteln. Außerdem hat Frankreich die Pflicht, den Revolutionären in Europa zu Hilfe zu kommen. Ein Kreuzzug für die Freiheit...

Robespierre, solchen Plänen anfänglich günstig gesonnen, widerstrebt ihnen bald und wird schließlich zu ihrem hartnäckigen Gegner. Seiner Meinung nach liegt der Kern des Übels in Paris, eher dort jedenfalls als in Koblenz. Wer will den Krieg? Der König und La Fayette. Wer soll ihn führen? Auch der König und La Fayette. Robespierre fürchtet die Militärdiktatur und prangert den Idealismus Brissots an: »Der abwegigste Gedanke, auf den ein Politiker verfallen könnte, wäre die Annahme, daß ein Volk nur mit Waffengewalt bei einem anderen Volk einzudringen brauche, um es zur Übernahme seiner Gesetze und seiner Verfassung zu bewegen. Niemand liebt bewaffnete Missionare.« Aber Robespierre steht allein da. Mit jedem Tag wird die Begeisterung des Volkes für den Krieg nachdrücklicher, immer zahlreicher werden die Eingaben der Klubs und Gesellschaften.

Am 10. März wird von der Versammlung gegen Außenminister de Lessart Anklage erhoben. Die Feuillants unter den Ministern treten zurück, und der König beruft die Demokratenfreunde Brissots in die Regierung: als Außenminister Dumouriez, als Finanzminister Clavière, als Innenminister den Ehemann von Madame Roland. Nur sieben Abgeordnete stimmen am 20. April 1792 gegen die Kriegserklärung »an den König von Böhmen und Ungarn«. Diese Formulierung ist oft als eine Vorsichtsmaßnahme betrachtet worden, die Deutschland aus dem Krieg heraushalten sollte. Juristisch entspricht sie aber dem üblichen Brauch: Franz II. ist noch nicht zum Kaiser gekrönt worden.

Brissot und seine Freunde, die man später die »Girondisten« nennen wird, tragen aber durchaus nicht allein die Verantwortung für den Krieg. Die Herausforderung an Europa war eine kollektive Herausforderung. Gewiß, die Gironde hat dem Konflikt in dem Idealismus der Eroberung eine besondere Färbung gegeben, und es wird niemand bestreiten, daß sie damit in der Geschichte der französischen Sinnesart einen besonderen Platz einnimmt. Aber das Erbe des revolutionären Krieges, mit dem sich der französische Nationalismus noch hundert Jahre später identifiziert, ist von so verschiedenen Männern wie Clemenceau und Lamartine für sich in Anspruch genommen worden, und der »Tod fürs Vaterland« ist nicht nur ein Ruf der Girondisten. Der Krieg hat die demokratische Revolution zusammengehalten. Die Stimmen der zukünftigen »Männer des Berges« haben in der Versammlung geschwiegen. Auch Marat hat nach dem 15.

Dezember nicht mehr gegen den Krieg gesprochen, und Danton und Desmoulins sind schließlich von Robespierre abgerückt. Außerdem ist die Eindeutigkeit der Antikriegshaltung Robespierres oft übertrieben worden. Er selber schreibt später: »Ich habe mich nie gegen den Krieg ausgesprochen, sondern gesagt, man dürfe ihn erst führen, wenn man die Feinde im Innern sicher ausgeschaltet habe.« Innerhalb der gemeinsamen Strategie der ganzen Linken, einer Strategie, die zu einer weiteren Revolution führen sollte, hat allein Robespierre eine andere Taktik empfohlen als seine nahezu einmütigen Gefährten. Man hat seinen Weitblick oft bewundert, aber man kann sich fragen, ob diese Taktik in seiner eigenen Perspektive richtig und erfolgversprechend war: wer wollte behaupten, daß eine konservative Revolution nicht hätte triumphieren können, wenn Frankreich Frieden gehalten hätte? Vielleicht ist der Idealismus der Girondisten für die Linke die eigentlich realistische Lösung gewesen.

Denn der Konflikt führt zu all den dramatischen Konsequenzen, die Barnave und eine Minderheit unter den Gemäßigten vorausgesagt haben. Sie, die bis zuletzt für die Erhaltung des Friedens kämpften, wußten, welche Gefahren der Monarchie und mit ihr der bürgerlich-liberalen Ordnung drohten, die ihnen am Herzen lag. Aber das Doppelspiel des Hofes und das prahlerische Wunschdenken der Generäle um La Fayette sind stärker als ihre wohlbedachten Argumente.

Der Krieg fällt mit einer neuen, schweren Wirtschaftskrise zusammen. Sie ist nicht wie 1789 durch schlechte Ernteerträge entstanden: die Ernte 1791 ist normal gewesen. Diesmal sind die Assignaten der Grund (im Juni 1792 sind sie nur noch 57 % des Nennbetrages wert), dieses »Affengeld«, für das die Bauern ihr Korn nicht hergeben wollen, und hinzu kommt die plötzliche Preiserhöhung für Kolonialwaren wegen der Sklavenaufstände in Santo Domingo. So bringt das Jahr 1792 zusätzlich zu den seit dem Vorsommer rumorenden Bauernunruhen Hungerrevolten in den Städten. Am 3. März wird der Bürgermeister von Étampes, Simoneau, von der nach amtlichen Höchstpreisen brüllenden Menge erschlagen. In Paris zwingt das Volk in den Vorstädten schon am 20. Januar die Krämer zur Senkung des Zuckerpreises; am 14. Februar plündern die Wäscherinnen des Gobelins-Viertels die Läden.

Zum erstenmal manifestiert sich eine eigenständige Volksbewegung, die nicht nur wirtschaftliche Forderungen anmeldet, sondern auch eine echte politische Demokratie verlangt. Eine proletarische Bewegung? Nein. Es sind etliche Arbeiter dabei, aber auch viele Gesellen, Handwerker und kleine Ladenbesitzer. Und es geht ihnen nicht um Lohnerhöhung, sondern um feste Höchstpreise, um die Bekämpfung der Kornaufkäufer und -hamsterer, um das Mißtrauen gegenüber den Besitzbürgern, die man des Einverständnisses mit dem Feinde beschuldigt. »Sansculotten« nennt man diese Männer, nicht weil sie die damals noch seltenen langen Hosen tragen, sondern weil sie die Kniehosen und Seidenstrümpfe verachten, wie sie die reichen Leute, adelige und bürgerliche, tragen.

Das Sansculottentum steckt auch die brüderlichen Gesellschaften an, die jetzt den Passivbürgern den Beitritt gestatten. Es berauscht sich an patriotischen Feiern. Am 15. April finden in Paris Demonstrationen statt zu Ehren der begnadigten und von den Galeeren entlassenen Soldaten des Schweizerregiments von Châteauvieux und zu Ehren der Freiheit »ganz allgemein«. Für die feindlichen Dichterbrüder André und Marie-Joseph Chénier ist das Anlaß zu einer Polemik, die ihrem politischen Bewußtsein ein besseres Zeugnis ausstellt als ihrer poetischen Begabung.

Der jüngere Bruder singt:

L'innocence est de retour,
Elle triomphe à son tour...

Die Unschuld ist vom Bann befreit,
jetzt kommt für sie die Ruhmeszeit...

André aber gibt zurück:

Ces héros que jadis, sur un banc de galères,
Assit un arrêt outrageant,
Et qui n'ont égorgé que très peu de nos frères
Et volé que très peu d'argent...

Die neuen Helden, zynisch zur Galeerenfracht
vom ungerechten Urteil eben noch bestimmt,
sie haben wirklich wenig Brüder umgebracht
und weniger gestohlen als manch andrer nimmt...

Die Familie Chénier ist durchaus nicht die einzige, in der es wegen der Sansculottenbewegung zu Auseinandersetzungen kommt. Auf wirtschaftlichem Gebiet muß das Bürgertum gegen die Sansculotten zusammenhalten. Von Barnave bis Robespierre sind alle nach wie vor für den Liberalismus und gegen jede Preisvorschrift, die an das verhaßte Regime von gestern erinnern und das Privateigentum bedrohen würde. Aber es geht auch um ein politisches Problem: könnte diese Volksbewegung nicht zu einer Gefahr für die Einheit des Dritten Standes werden? Soll man diese Einheit um jeden Preis erhalten oder bewußt das Risiko eines Auseinanderfallens in Kauf nehmen?

»Ein Sansculotte vom 10. August 1792« heißt diese zeitgenössische Darstellung; der Patriot aus dem Volk trägt eine rote Mütze und eine blauweißrot gestreifte lange Hose statt des Hutes und der culotte, der »feudalistischen« Kniehose.

Die Feuillants werden durch die Unruhen nur in ihrer Entschlossenheit bekräftigt, die Demokratie zu zerschlagen. Für sie ist »das Volk« die abstrakte »Nation« der Menschenrechte-Erklärung. »Das Volk«, schreibt einer ihrer Journalisten, »ist die Gesamtheit aller Individuen, aus denen sich die Nation zusammensetzt. Einzelne Unruhestifter treiben damit Mißbrauch, indem sie zweihundert unwissenden Menschen einreden, sie seien das Volk und folglich der Souverän.« Aber das Volk der Passivbürger ist nun einmal erwacht, und man muß es mit Gewalt in der ihm zugewiesenen Stellung halten. Dupont de Nemours nennt das Ziel ganz klar: »Die Auflösung der Klubs wird nach innen und außen wieder Frieden schaffen. Man braucht nur den Apparat des Aufruhrs zu zerschlagen.«

In der Versammlung und bei den Jakobinern macht die bürgerliche Mehrheit einen Unterschied zwischen Wirtschaft und Politik. Viele sind mit Pétion der Auffassung, daß »Bürgertum und Volk gemeinsam die Revolution gemacht haben«, und daß »nur ihr Zusammenstehen sie erhalten kann«. Im Juni gewähren sie den Bauern die entschädigungslose Abschaffung der nicht allgemein üblichen Abgaben, soweit der Grundherr nicht nachweisen kann, daß sie ihm zustehen. Aber sie lehnen jeden Antrag auf die Einführung von Festpreisen ab, bestrafen die Mörder Simoneaus und veranstalten zu seinen Ehren einen nationalen Gedenktag.

Robespierre (ebenso wie Marat) sieht weiter. Ohne die Aufrührer in Schutz zu nehmen, wendet er sich gegen den Beschluß, Simoneau einen Bürgerehrenkranz zu verleihen. Er geht sogar so weit, in seiner Zeitung den Antrag von Dolivier, einem Gemeindepfarrer aus der Gegend von Étampes, zu veröffentlichen, der die Festpreisforderungen verteidigt. Robespierre hat ein gutes Gespür für die Woge, die langsam aus dem einfachen Volk aufsteigt und eines Tages die bürgerliche, gesetzesfromme Revolution überschwemmen könnte. Er ist zu Konzessionen bereit, um ein Abenteuer mit ungewissem Ausgang zu vermeiden.

Nie zuvor hat es einen so sehr politischen und so wenig militärischen Krieg gegeben. Dumouriez plant eine rasche Offensive, die der Bevölkerung der Niederlande Gelegenheit geben soll, sich zu erheben. Die Generäle dagegen sind für die Defensive, weil sie Paris im Auge behalten wollen. Am Vorabend der Kriegserklärung senden sie eine Note an die Regierung, in der sie die Niederschlagung der inneren Unruhen und die Achtung der Religionsfreiheit fordern. Und was wird aus der Offensive? Dillon, der Tournai erobern soll, weicht zurück, als er die Österreicher zu Gesicht bekommt, und seine Truppen, die sich verraten glauben, lösen sich auf und ermorden ihn. Biron, der zur Einnahme von Mons aufgebrochen ist, gibt trotz seiner zahlenmäßigen Überlegenheit den Befehl zum Rückzug. Rochambeau tritt von seinem Kommando zurück, und La Fayette treibt den gelassenen Hochmut so weit, daß er am 6. Mai an Kriegsminister Dumouriez schreibt: »Ich verstehe überhaupt nicht, wie man den Krieg erklären konnte, ohne in irgendeiner Hinsicht gerüstet zu sein.« Am 18. Mai beschließen die drei Armeegeneräle, die Kampfhandlungen von sich aus vorläufig einzustellen.

Wie hätten die Demokraten da nicht Verrat schreien sollen? Im Falle von La Fayette, den Marat und Robespierre unermüdlich angriffen, war der Verdacht begründet: am 17. Mai hatte er einen Unterhändler zum Feind geschickt mit dem Angebot einer Waffenruhe, damit die österreichischen Truppen auf Paris marschieren könnten. Aber das Volk hielt sich vor allem an das Königspaar und an das »Österreichische Komitee«, das ihm angeblich als Ratgeber zur Seite stand: dieser Vorwurf war auf Barnave und seine Freunde gemünzt.

Fast einen Monat lang bemühten sich Brissot und das neue Kabinett, die Generäle zu decken – vergebens. Die Armee unternahm nichts, und immer mehr Offiziere desertierten. Jetzt versuchten die Minister ihrerseits den Hof einzuschüchtern. Indem nun auch sie das »Österreichische Komitee« anprangerten, ließen sie von der Versammlung drei Dekrete verabschieden: eines über die Deportation der eidverweigernden Priester (27. Mai), ein zweites, das die Auflösung der persönlichen Leibgarde des Königs bestimmte (29. Mai), und ein drittes (8. Juni), das die Schaffung eines Lagers von 20 000 Mann föderierter Truppen unter den Mauern von Paris vorsah. Aber aus der Einschüchterung wurde nichts. Der König legte sein Veto ein gegen das erste und das dritte Dekret, entließ am 12. Juni das Girondisten-Kabinett und berief wieder Feuillants in die Regierung.

Im Volk gärte es heftig. Schon am 29. Mai hatte der Faubourg Saint-Marceau beim Klang des »Ça ira« zu den Waffen gerufen. Für den 20. Juni wurde ein großer »revolutionärer Tag« organisiert. Die Anregung ging nicht von Robespierre aus, der seiner Taktik als »Verteidiger der Verfassung« nach wie vor treu blieb, und auch nicht von den Girondisten, die den dritten Jahrestag des Schwurs im Ballhaus mit einem friedlichen Bankett begehen wollten. Unbekannte Volksanführer, unter ihnen der reiche Brauer Santerre aus dem Faubourg Saint-Antoine, brachten die Bewegung in Gang. Der Pariser Bürgermeister, Pétion, hielt sich an das Vorbild von La Fayette aus den Oktobertagen 1789, die Volksmengen lediglich durch die Nationalgarde in Zaum zu halten, aber nicht einzugreifen. Er hoffte zweifellos, so den stärksten Druck auf den Hof ausüben zu können.

Antoine-Joseph Santerre, ein reicher Brauer aus dem Faubourg Saint-Antoine, ist als Kommandeur eines Bataillons am 10. Juni 1792 schon ein bekannter Volksführer und wird am 10. August Befehlshaber der Nationalgarde.

Um 5 Uhr früh waren die bewaffneten Sansculotten aus den Vorstädten Saint-Marceau und Saint-Antoine aufgebrochen. Sie gelangten bis vor die Versammlung und zwangen sie, Abordnungen der Volksmassen einzulassen. Über eine Stunde dauerte der Vorbeimarsch der Piken und Jakobinermützen im Saal. Dann brach die Menge eine Tür auf, die vom Manege-Bau in den Tuileriengarten führte. Erst verharrte sie auf dem Carrousel-Platz, aber bald verschaffte sie sich Zugang ins Schloß. Über zwei Stunden lang widerstand Ludwig XVI., in eine Fensternische gedrängt, den Demonstranten, die »Nieder mit dem Veto!« riefen. Er setzte die rote Mütze auf, trank auf das Wohl der Nation, aber er gab nicht nach. Als Pétion endlich am Abend eingriff, wurden die Tuilerien gegen 8 Uhr vom Volk geräumt. Die Unruhen gingen nur noch im Faubourg Saint-Antoine weiter, wo die Läden und Werkstätten eine Woche lang geschlossen blieben.

Ein Aufstand ohne Resultat also? So etwas gibt es nicht in Revolutionszeiten. Zunächst flößte der Fehlschlag der Demonstration den verschämten und zögernden Royalisten neuen Mut ein. Dupont de Nemours legte bei einem Notar eine Petition aus, die angeblich von zwanzigtausend Bürgern unterzeichnet wurde. La Fayette verließ seine Armee und forderte am 28. Juni vor der Nationalversammlung kategorisch die Auflösung der Klubs. Pétion wurde seines Amtes vorläufig enthoben. Aber nicht eine einzige Pariser Sektion mißbilligte den 20. Juni. Der revolutionäre Druck von unten war nicht etwa gebändigt, sondern wuchs nur um so mehr.

Aus eigenem Entschluß beginnen die Pariser Sektionen und die Stadtverwaltungen in der Provinz das Veto des Königs zu umgehen. Am 2. Juli gibt die Versammlung ihrem Unternehmen die gesetzliche Form: unter dem Vorwand der Feier zum Jahrestag des Bastillesturms wird den Föderierten der Marsch auf Paris ermöglicht. Die wieder in die Opposition gedrängten Girondisten machen gemeinsame Sache mit Robespierre. Am 3. Juli hält Vergniaud in der Versammlung eine Rede, die eine einzige Anklage gegen den König ist. Am 6. Juli trifft die Nachricht vom aktiven Kriegseintritt Preußens ein. Am 11. erläßt die Versammlung die Proklamation: »Das Vaterland ist in Gefahr.« Alle Behörden, alle Stadtverwaltungen haben ab sofort in Permanenz zu tagen, die Nationalgarde wird zu den Waffen gerufen. Neue Freiwilligenbataillone werden ausgehoben; in den folgenden Tagen stehen auf den Straßen große Tribünen, wo sich die Patrioten zum Wehrdienst verpflichten können. Aber wichtiger als die Zahl der so gewonnenen Freiwilligen (in drei Tagen allein in Paris über 4000) ist die politische Bedeutung dieser Maßnahme: es ist die Übernahme der Souveränität.

Weil sie patriotisch ist, ist diese Bewegung revolutionär. Die Mobilmachung der Staatsbürger richtet sich ebensosehr gegen den Feind im

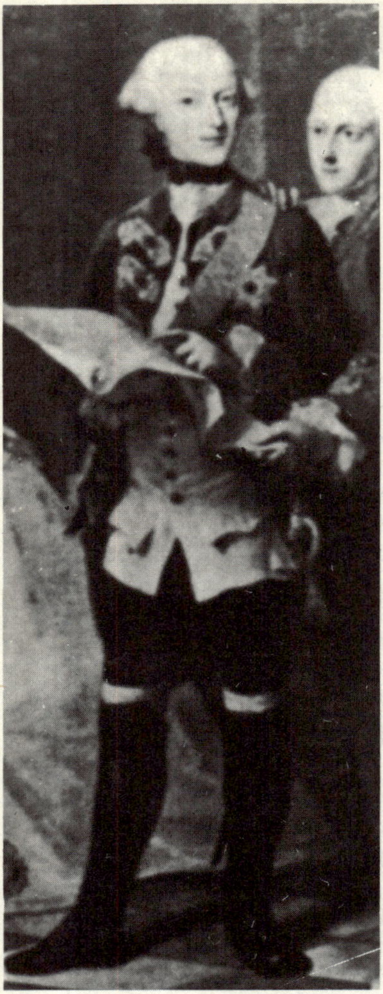

Karl Wilhelm Ferdinand, Herzog zu Braunschweig-Lüneburg, Oberbefehlshaber der österreichisch-preußischen Invasionsarmee. Sein Manifest vom 25. Juli 1792 fordert von den Franzosen bedingungslose Unterwerfung und bedroht für den Fall eines Übergriffs gegen die königliche Familie alle Abgeordneten und Beamten mit dem Tode. Die Folge sind der Sturm auf die Tuilerien und die Septembermorde.

Innern wie gegen die Preußen. Das wird noch deutlicher, als vom 8. Juli an die Föderierten aus den Provinzen eintreffen und eine Gesinnung zeigen, die viel heftiger gegen die exekutive Gewalt gerichtet ist als bei den Parisern. Schon am 27. Juni hat der Generalrat von Marseille verlangt, die Exekutive müsse vom Volk ernannt und abgesetzt werden. Als am 30. Juli die Bataillone aus Marseille in die Hauptstadt einmarschieren, geht ihnen der begründete Ruf voraus, sie seien extreme Revolutionäre. Das Lied, das sie singen und das vor der Geschichte ihren Namen tragen wird, ist nicht von ihnen. Aber was macht das! Der Pionierhauptmann, der es in Straßburg für die Rheinarmee komponiert hat, hat die ganze patriotische Begeisterung von 1792 hineingelegt. Der Haß auf die schurkischen Tyrannen, die Komplicen eines Bouillé, gibt zusammen mit der geradezu verzückten Vaterlandsliebe den Versen des Rouget de Lisle eine charakteristische historische Färbung: die des 10. August.

Am 1. August erfährt Paris von dem herablassend drohenden Manifest, das der Herzog zu Braunschweig, der Oberbefehlshaber der feindlichen Truppen, vor fünf Tagen erlassen hat. Die Hauptstadt antwortet mit dem Aufruhr. Die Stadt sieht sich schon seit dem 17. Juli von den Föderierten zur Aktion gerufen; sie haben der Versammlung eine Petition mit der Forderung nach der vorläufigen Absetzung des Königs unterbreitet und bald darauf einen nach dem allgemeinen Wahlrecht zu wählenden Nationalkonvent verlangt. Aber die entscheidende Rolle übernehmen die Pariser Sektionen, in denen eine echte Revolution im Gange ist. Die Passivbürger dringen mit Gewalt in die Sektionsverwaltungen ein, übernehmen die Amtsgeschäfte, tagen in Permanenz und bilden im Rathaus ein Zentralbüro, das mit dem Zentralkomitee der Föderierten Verbindung hält.

Angesichts dieser ganz offen getroffenen Aufstandsvorbereitungen teilt sich das Lager der demokratisch gesonnenen Bürger in Anhänger zweier völlig verschiedener taktischer Konzeptionen. Brissot und seine Freunde versuchen sich dem Hof zu nähern und die Bombe durch einen Wechsel im Kabinett zu entschärfen. Robespierre dagegen, bisher ein unbeugsamer Verteidiger der Legalität, begreift, daß sich die Bewegung nicht mehr rückgängig machen läßt. Er will vor allem die solidarische Einheit mit dem Volk nicht zerbrechen lassen und erwägt, wie man eine neue Legalität vorbereiten könnte. So macht er sich am 29. Juli in einer großen Rede zum Sprachrohr für die spontan entstandenen Parolen der Föderierten und der Sektionen: Absetzung des Königs, Wahl eines Nationalkonvents durch alle Staatsbürger. Aber er nimmt ebensowenig wie die übrigen demokratischen Führer selber an dem Volksaufstand des 10. August teil.

In der Nacht vom 9. auf den 10. August läuten die Sturmglocken. Stündlich treffen im Rathaus weitere von den Sektionen geschickte Kommissare ein. Gegen Morgen bilden sie eine Gegenstadtverwaltung der Aufständischen, eine *Commune*, und verjagen die alte Stadtverwaltung. Mandat, der Befehlshaber der Nationalgarde, wird ermordet und durch den beim Volk beliebten Brauer und Bataillonskommandeur Santerre aus dem Faubourg Saint-Antoine ersetzt. Um die Tuilerien schließen sich die Backen eines gewaltigen Schraubstocks. Zwei Marschsäulen, die eine aus dem Faubourg Saint-Antoine, die andere, um die Föderierten von Marseille und Brest verstärkt, aus den Stadtteilen auf dem linken Seine-Ufer, bewegen sich auf das Schloß zu. Die erste trifft später ein als vorgesehen. Auf den Rat von Rœderer und vollends überzeugt durch das abweisende Verhalten der Nationalgarde hat Ludwig XVI. seine Familie in den Manege-Saal gebracht. Nachdem er das Schloß verlassen hat, beginnt das Feuergefecht zwischen den treuen Schweizergarden und den Demonstranten. Die Sansculotten aus dem Viertel um die Kirche Sainte-Marguerite im Faubourg Saint-Antoine kommen gerade rechtzeitig, um den Widerstand der Schweizergarden und der Adeligen zu brechen.

Der Manege-Saal genügte nicht als Schutz für den König. Unter der Drohung der Piken mußte die Versammlung die vorläufige Amtsenthebung Ludwigs XVI. beschließen und ihn durch einen Provisorischen Exekutivrat ersetzen, der bis zur Wahl eines Nationalkonvents nach dem allgemeinen Wahlrecht seine Geschäfte führen sollte.

Die Demonstranten vom 10. August gehörten durchaus nicht zum Bodensatz des Volkes. Von den 376 Gefallenen und Verwundeten waren fast ein Viertel Föderierte, samt und sonders Bürger aus den Provinzen. Unter den Parisern bezahlten viele kleine Ladenbesitzer, Handwerker und Arbeiter ihren Mut mit dem Tode. Wieder einmal haben die Vorstädte sich hervorgetan, und wieder einmal haben die Szenen des Aufruhrs eher das Fortbestehen der alten psychologischen Bedingtheiten als ein Auseinanderfallen der sozialen Schichten bewiesen.

Der 10. August vollendet, was mit der Flucht nach Varennes begonnen hat. Das Programm der Feuillants (Konsolidierung der Errungenschaften von 1789, Begründung einer festen Ordnung auf Freiheit und bürgerlichem Besitz, Gleichheit als bloße Gleichheit der Chancen und nicht der Rechte) ist ein für allemal verworfen. Barnave, Duport, Lameth und Dupont de Nemours sind, die einen für immer, die anderen vorläufig, vom politischen Leben ausgeschlossen. Vergebens bemüht sich La Fayette, seine Truppen auf Paris marschieren zu lassen – er muß Zuflucht suchen bei den Feinden des Regimes, das er aus der Taufe gehoben hat.

Der Mißerfolg der Feuillants erklärt sich zu einem guten Teil aus der Person des Königs. Ludwig XVI., in der Tradition des Absolutismus aufgewachsen, erzogen in dem Bewußtsein, daß sein Wille die einzige Legalität bildet, vor allem aber solidarisch zu seinem Adel haltend, hat seit seinem Programm vom 23. Juni 1789 nichts Neues mehr akzeptiert. Jetzt hat er seine Rolle ausgespielt: er ist Gefangener und schon bald

Opfer. Und weil die liberalen Bürger es 1789 nicht wie die Engländer im Jahre 1688 gewagt haben, die Dynastie zu wechseln, haben sie sich selber zum Untergang verurteilt.

Die Stunde gehört den demokratischen Bürgern. Sie stammen aus den bescheideneren Schichten des Bürgertums und haben deshalb nicht den angeborenen Respekt vor den Eliten, der die Feuillants dazu bewogen hat, sich mit einem Kranz liberaler Adeliger zu umgeben. Dagegen teilen sie die Achtung vor dem Privateigentum. Zwar müssen sie sich für den Kampf gegen die Aristokratie und gegen Europa die Hilfe des einfachen Volkes gefallen lassen, aber sie sind entschlossen, sich weder auf der Linken überflügeln zu lassen noch die Schalthebel der Macht aus der Hand zu geben. Schon einmal sind sie uneins gewesen in der Frage nach dem Maß der Zugeständnisse, die man dem Volk machen sollte. Diese Auseinandersetzungen treten auch in der Zukunft immer wieder auf. Aber wenn man sie in den Vordergrund stellt, indem man bei der Vorgeschichte des 10. August Brissot gegen Robespierre ausspielt, würde man einen tatsächlich nicht vorhandenen Bruch konstruieren anstatt der grundlegenden Übereinstimmung, die für die jetzt beginnende Periode der politischen Demokratie bezeichnend ist.

Das kleine Volk in Stadt und Land dagegen wünscht mehr oder weniger klar artikuliert etwas anderes: die soziale Demokratie. Den Bauern geht es darum, sich endgültig von den verbliebenen Herrenrechten zu befreien und einen größeren Anteil an der Beute zu bekommen, die vom Bürgertum verlockend auf öffentlichem Platz ausgestellt worden ist: die Nationalgüter. In Paris haben die Krämer und Handwerker, Gesellen und Arbeiter die alten Gleichheitsutopien aus dem 16. und 17. Jahrhundert, aus der Zeit der Liga und der Fronde wieder entdeckt. Das Sansculottentum ist zu einer eigenen, bedrohlichen Macht geworden; es betrachtet den 10. August als einen unvollendeten Sieg, und es bringt sich fortan immer nachdrücklicher zur Geltung. Die bestimmende Fiktion ist die Vorstellung, man müsse dem Lauf der Geschichte mit Gewalt eine andere Richtung geben, man könne die kaum freigesetzten lebendigen Kräfte des Kapitals in das Bett des tugendhaften, armen Zunftwesens des Mittelalters hineinzwängen. Ohne die mächtige ideologische Zementierung durch den Krieg wäre diese Gegenströmung bald versickert. Doch schon ist der revolutionäre Patriotismus zu einer Religion geworden, die ihre ersten Märtyrer hat. Morgen, nach den schweren Anfangsniederlagen im Kriege, wird sie ihre Inquisition und ihre Scheiterhaufen haben.

SECHSTES KAPITEL

Die revolutionäre Romantik

Die demokratische Revolution, die Revolution des 10. August, versperrt dem französischen Bürgertum vorläufig den großen Weg, der es in den friedlichen Liberalismus des 19. Jahrhunderts führen wird. Gehen wir mit ihm den Umweg, den es unter dem Druck des Krieges einschlagen muß. Mit den Feuillants sind die letzten Vertreter der vom Jahrhundert geprägten Eliten von der politischen Bühne abgetreten. Dort agieren jetzt Männer, die alles den Zeitumständen verdanken und von der Ausnahmesituation in eine Verantwortung gestellt werden, für die sie nach Ausbildung und Herkommen nicht vorbereitet sind. Fast ein Jahr lang standen sich nun zwei Mannschaften gegenüber. Die Pariser Demokraten, die für die Bildung der *Commune*, der aufständischen Stadtverwaltung vom 10. August sorgten und bald auf den oberen Sitzreihen des Nationalkonvents Platz nahmen, wo sie als die *Montagnards* stets in der Minderheit blieben – diese »Männer vom Berge« waren beim revolutionären Bürgertum lange Zeit weniger beliebt als die anderen, die damals als *Brissotins* bezeichnet wurden und erst von der Geschichte nach der Formulierung Lamartines den Namen »Girondisten« bekommen haben.

Das 20. Jahrhundert ist strenger als das 19. mit ihnen ins Gericht gegangen. Die Begeisterung eines Lamartine, das achtungsvolle Wohlgefallen eines Michelet und das um Gerechtigkeit bemühte freundliche Verständnis eines Jaurès finden kaum mehr ein Echo in der zeitgenössischen Geschichtsschreibung. Das liegt wohl daran, daß die für den revolutionären Krieg wesentlich verantwortliche Gironde im Nationalismus des letzten Jahrhunderts (der ein Linksnationalismus war!) Sympathien erweckte, die ihr heute weder die nationalistische Rechte noch die pazifistische Linke entgegenbringen mögen. Und es erklärt sich gewiß auch daraus, daß die Erfahrungen unserer Zeit mit der Diktatur im Rückblick die große Zeit der *Montagne* besonders wichtig erscheinen lassen. So bleibt die vorhergegangene Periode im Schatten. Dabei ist der Gegensatz zwischen den Girondisten und den Männern vom Berge im Anfang kaum spürbar. Gesellschaftlich gehören die Gefolgsleute beider Gruppen überwiegend zum mittleren Bürgertum; politisch sind sie alle Demokraten; geistig sind sie fast alle (Robespierre ist in dieser Hinsicht durchaus nicht typisch für den Berg!) von der gleichen Verachtung für die Religion und ihre Priester erfüllt. Erst die Zeitumstände, der Hang zur Grüppchenbildung um einzelne herausragende Gestalten und der Zusammenhalt in den verschiedenen Ministerien geben diesem Konflikt, der von beiden Seiten ohne menschliche Größe ausgetragen wird, das Gewicht eines echten Kampfes.

Die Geschichte der Girondisten ist eng verknüpft mit den Wechselfällen des Krieges. Es ist deutlich geworden, wie sie diesen Krieg vorhergesehen, vorbereitet und ausgelöst haben. Werden sie nun auch die notwendigen Maßnahmen durchsetzen, um ihn zu gewinnen? Nur um diesen Preis haben sie alle Aussicht, an der Macht zu bleiben. Aber der Haß auf die Führer des Pariser Stadtvolkes, die ihnen die Macht streitig machen, bewegt sie dazu, die außerordentlichen Mittel nicht einzusetzen, die sie für den Krieg benutzen müßten. Sie wollen den Krieg, aber nicht seine Mittel, sie wollen die Revolution, aber nicht ihre Begleiterscheinungen, und so rufen sie in der Masse der patriotisch gesonnenen Bürger ständig wechselnde Reaktionen hervor. In den Zwischenzeiten, wenn die Bedrohung durch die Gegenrevolution nachzulassen scheint, genießen sie die nachdrückliche Unterstützung durch die Abgeordneten, denen die mißtrauische und inquisitorische Wachsamkeit der Pariser Volksführer auf die Nerven geht. Aber sobald die Armee in Schwierigkeiten gerät und zugleich mit dem Vaterland die Revolution selber in Gefahr ist, finden sie keine Gefolgschaft mehr.

So war das Echo, das die Gironde in Frankreich fand, weitgehend an die Erfolge der Trikolore auf dem Schlachtfeld gebunden.

Der 10. August hat die Bedrohung von außen nicht verringert. Gegen Ende des Monats überschreiten die preußischen und österreichischen Armeen die Grenze. Longwy und bald darauf Verdun kapitulieren. Im Lande selber faßt in der Bretagne und im Küstenland der Vendée südlich der Loire eine »aristokratische« Verschwörergruppe festen Fuß. Trotz der Bemühungen Dantons um eine Einigung der Kräfte von Legislative und *Commune* gegen den Feind überlassen die allzu skrupulösen Girondisten der Pariser Stadtversammlung die Initiative zu »Wohlfahrtsmaßnahmen«. Es zeichnet sich schon ab, wie ein Jahr später die Revolutionsregierung vorgehen wird: Unterdrückungsmaßnahmen, Jagd auf die »Verdächtigen«, Dekrete gegen die eidverweigernden Priester, schwungvolle Ansätze zur Verteidigung der Nation, Beschlagnahme und Anzeigepflicht der Kornvorräte bei den Bauern. Die Girondisten werden gar nicht erst gefragt oder machen widerstrebend mit. Aber die schleppende Verhandlungsführung vor dem Sondergerichtshof, der am 17. August geschaffen worden ist, löst in Paris eine Explosion der aufgestauten Wut aus: vom 2. bis zum 4. September ermorden die Sansculotten in den verschiedenen Gefängnissen wahllos jeden, der ihnen unter das Messer gerät, eidverweigernde Priester ebenso wie kriminelle Häftlinge. Den Girondisten bleibt zunächst nichts anderes übrig, als die furchtbaren Ausschreitungen zu entschuldigen, wenn auch nicht zu billigen. Aber bald versuchen sie ihren Nutzen aus der Anti-Terror-Reaktion zu ziehen, die im Land entsteht, und ein Kampfinstrument gegen die *Commune* daraus zu machen. Sie beschimpfen ihre Gegner oder besser gesagt ihre Rivalen als »Septemberverbrecher«.

Am 21. September tritt der Nationalkonvent zusammen. Außer in Paris haben die Girondisten bei den Wahlen von ihrer auffallenden Rolle in der vorhergehenden Versammlung profitiert. Sie sind von vornherein die anerkannten Führer einer Mehrheit, *Marais* oder *Plaine*, also »Sumpf« oder »Ebene« genannt, die vor allen anderen Erwägungen fest zur Revolution steht. Der Sieg von Valmy, die rasch folgende Befreiung des französischen Heimatbodens und das Vordringen nach Belgien, auf das linke Rheinufer, nach Nizza und Savoyen geben der Anti-Terror-Reaktion neue Kraft. Die Girondisten als Herren des Nationalkonvents können getrost die Hand ergreifen, die ihnen Danton längst hingestreckt hat, können die Vergangenheit ruhen lassen und die Einheit der Demokraten wieder herstellen. Aber die nachtragende Gehässigkeit des Ehepaars Roland, die Neigung zu sektiererischer Ausschließlichkeit und der rednerische Überschwang sind für die entflammten Girondisten bestimmender als die Erkenntnis ihrer eigentlichen Interessen. Indem sie die Plätze in den meisten Konventsausschüssen für sich pachten, verärgern sie viele Abgeordnete der *Plaine*, die prompt wie Couthon oder Lebas immer mehr zum Berg hin tendieren. Indem sie unablässig Paris und seine Volkshelden angreifen, setzen sie sich dem Vorwurf eines übertriebenen Föderalismus aus. Ihre Führerschaft bringt nirgends eine konstruktive Politik. Sie wollen sich nicht vorbehaltlos der Verurteilung des Königs anschließen, können aber seine Hinrichtung nicht verhindern. Mancherorts kann man lesen, sie seien unfähig gewesen, Krieg zu führen. Sie waren vor allem unfähig, einen Frieden zu schließen, obwohl etliche unter ihnen erkannten, daß er unbedingt notwendig war. Das Ergebnis ist die Koalition der Mächte, in der England zwanzig Jahre lang den tragenden Pfeiler bildet.

Schon das Frühjahr 1793 bedeutet für die Gironde den Untergang. Überall knistert es im Gebälk. Noch einmal bringen Niederlagen und Verrat das Vaterland in Gefahr. Custine räumt das linke Rheinufer, Dumouriez verliert Belgien, geht zum Feind über und nimmt den zwanzigjährigen Sohn des Herzogs von Orléans, den zukünftigen König Louis-Philippe mit. Die vom Nationalkonvent angeordnete Aushebung von dreihunderttausend Mann führt in der Vendée zu einem Aufstand, der zunächst einmal jeden Widerstand wegzufegen scheint. In Paris nehmen die wegen der Teuerung der Lebensmittel verbitterten Sansculotten eine immer drohendere Haltung ein. Aber die Girondisten weigern sich, die Zugeständnisse wirklich zu machen, die sie nach dem 10. August akzeptiert haben. Die *Plaine* beschließt gegen die Stimmen der Gironde im März und April eine Reihe von revolutionären Maßnahmen, die der Berg vorgeschlagen hat. Je mehr sie sich bedroht fühlen, um so hartnäckiger halten sich die Girondisten an eine Linie, die, ohne daß sie es selber merken, alle Royalisten und Gegenrevolutionäre in Frankreich zu ihren Gefolgsleuten macht. Marseille und Lyon, die sie aufgewiegelt haben, gehen Ende Mai zu offener Rebellion über, und der Girondist Isnard macht sich die Drohungen aus dem Manifest des Herzogs zu Braunschweig zu eigen.

Gleichzeitig wird von den Sansculotten ganz unverhohlen eine Erhebung vorbereitet. Robespierre und Marat, die alles getan haben, um sie in Schranken zu halten, müssen ohnmächtig zusehen. Am 31. Mai 1793 erzwingen die Sansculotten nur Teilmaßnahmen. Am 2. Juni aber, umstellt von 80000 bewaffneten Parisern, beschließt der Nationalkonvent die Inhaftierung der 29 bekanntesten Abgeordneten der Gironde. Damit ist die politische Rolle der Girondisten ausgespielt.

Doch die Geschichte weist diesen höchst verschiedenen Männern, die von den Zeitgenossen als ein geschlossener Block empfunden wurden, einen eigenartigen und einzigartigen Platz im Ablauf der Revolution zu. Nach ihrer sozialen Herkunft kann man sie kaum von den Männern der Bergpartei unterscheiden: ob Journalisten oder Anwälte – die meisten kommen aus dem gleichen Schmelztiegel, aus dem die Politiker der Demokraten stammen. Man hat behauptet, sie hätten einen geradezu körperlichen Ekel vor dem Volk empfunden; man hat ihnen vorgeworfen, sie seien der Verlockung des mondänen Lebens erlegen. Aber nichts läßt darauf schließen, daß der Ernst und die Bescheidenheit ihrer Lebensführung davon beeinträchtigt worden wären. Robespierre fand durchaus nicht mehr Gefallen am Pöbel und an flegelhaftem Auftreten als Vergniaud; Danton und Desmoulins hatten beide nichts gegen Salons und Boudoirs einzuwenden. Hüten wir uns also, den instinktiven Haß der Pariser Sansculotten auf Wohlstand und Daseinsgenuß für ein getreues Spiegelbild zu nehmen.

Und wie steht es mit den eigenen politischen Vorstellungen der Girondisten? Im Grundsätzlichen unterscheidet sie nichts wirklich von den übrigen Demokraten. Zwar nehmen sie den Bruch zwischen Bürgertum und Volk in Kauf und stützen sich schließlich gegen ihre Absicht auf alle Feinde der Revolution. Aber es ist weniger eine wohlerwogene politische Entscheidung als vielmehr ihre heftige Rivalität mit dem Berg, die sie unmerklich immer mehr in diese Richtung treibt.

Das Besondere an der Gironde wird vor allem auf der Ebene der Mentalität und der Psychologie deutlich. Mit ihr entsteht aus der Revolution ein bestimmter Menschentyp. Die Girondisten, stark vom 18. Jahrhundert geprägt, empfinden einen wahren Heißhunger nach Freiheit, Daseinsfreude, Optimismus und Leben. An dem ganzen revolutionären Erdbeben hat sie vor allem die plötzliche Mobilität in den gesellschaftlichen Rangordnungen beeindruckt, die beträchtlichen Möglichkeiten, die sich begabten und redegewaltigen Menschen eröffneten. Das gibt ihrem Bild für die Nachwelt die Färbung unvergänglicher, leichtherziger und verführerischer Jugendfrische.

Pierre-Victurnien Vergniaud

»Die Gironde«, das ist alles andere als eine homogene Gruppe. Zunächst einmal, vor der Kriegserklärung, ist die einzige immer mehr auffallende Persönlichkeit Brissot, weil er mit seinem Talent die Debatten beherrscht. Erst nach und nach heben sich neben diesem Pariser Abgeordneten vier Männer als erstaunlich einflußreich heraus, die nach Karriere und Herkunft und in ihren politischen Anschauungen zusammengehören.

Drei von ihnen sind Anwälte gewesen; nur Ducos war Kaufmann, aber seit langem schon mit den Juristen befreundet. Als die Bastille gefallen ist, war der Älteste, Vergniaud, sechsunddreißig Jahre alt. Die Gironde, das Departement um Bordeaux, war seine Wahlheimat; seine Familie stammte aus dem Limousin, und er verdankte seine Karriere dem großen Wirtschaftsreformer Turgot, der während seiner Amtszeit als königlicher Intendant des Limousin die Eltern Vergniaud kennengelernt hatte. Mit seiner Hilfe erhielt der junge Pierre ein Stipendium, um seine Studien in Paris, am Collège du Plessis, abzuschließen. Nach drei Jahren Priesterseminar verkehrte er in den Pariser Salons und wollte sich Literaturkenntnisse verschaffen, aber seine Familie schickte ihn zum Jurastudium nach Bordeaux. Als Sekretär des dortigen Parlamentspräsidenten Dupaty bekam Vergniaud Zugang zu den aufgeklärten Kreisen in der Hauptstadt der Gironde. 1789 ist er ein angesehener Anwalt wie Robespierre in Arras, Mitglied der Akademie von Bordeaux und versucht sich im Verseschreiben, wenn auch ohne großen Erfolg. Da öffnet ihm die Revolution eine Karriere als Verwaltungsbeamter und Politiker. Als Hauptmann der Nationalgarde und Mitglied des Jakobinerklubs der Stadt wird er zunächst in den Generalrat der Gironde, später in die Gesetzgebende Versammlung gewählt. Er ist der größte Redner nicht nur aller Girondisten, sondern der ganzen Versammlung. Aber ein gelassen träges Temperament und eine außerordentlich ausgeprägte geistige Unabhängigkeit machen ihn ungeeignet als Führerpersönlichkeit im Parlament. Mehr als einmal, vor allem im Nationalkonvent, distanziert er sich ausdrücklich von den Angriffen, die seine Freunde unablässig gegen die Linke führen.

Ihm ist nämlich klarer als den anderen Girondisten, wie notwendig es ist, die Einheit der demokratischen Abgeordneten zu wahren. Erst später kämpft er mit seiner ganzen Redegewalt gegen Couthon und gegen Robespierre: »Man klagt uns an, man will uns wie schon am 2. September den Mördern ans Messer liefern! Aber wir wissen, daß schon ein Tiberius Gracchus durch die Hände eines irregeleiteten Volkes gestorben ist, das er stets und ständig verteidigt hatte. Sein Schicksal schreckt uns nicht: unser Blut gehört dem Volk, und wir werden höchstens bedauern, das wir ihm nicht mehr bieten können, als wir haben.«

Protektion und Förderung in der Klientel eines Mächtigeren, wie sie für die Gesellschaft des Ancien Régime so bezeichnend sind, haben auch für Guadet den Anfang seiner Laufbahn bestimmt. Er ist 1755 in Saint-Émilion als Sohn eines kleinen Beamten zur Welt gekommen und verdankt im Weinhandel reich gewordenen Bürgern die Möglichkeit, sein Jurastudium abzuschließen. Die Revolution macht den kleinen Anwalt zum Mitglied des Generalrats seines Departements und dann zum Präsidenten des Strafgerichtshofs. Mit Vergniaud zusammen wird er in die Gesetzgebende Versammlung gewählt. Aber er ist von anderem Schlag: ein arbeitsamer und sehr bedacht argumentierender Mann. Allerdings

Marguerite-Élie Guadet

gibt er, der mittelmäßige Redner, allzu leicht der Versuchung zu polemischen persönlichen Auseinandersetzungen nach.

Gensonné ragt nach seiner Herkunft aus dem Mittelmaß der anderen heraus. Er ist 1789 schon ein höchst angesehener Jurist. Ein Sprachfehler trägt ihm den Spitznamen »Erpel der Gironde« ein. Aber die solide Be-

Armand Gensonné

gründung der Anträge, für die er sich einsetzt, seine stets stichhaltigen Informationen und die Klarheit seiner Schlußfolgerungen schaffen ihm bald allgemeine Achtung. Später, im Nationalkonvent, beteiligt er sich an den leidenschaftlichen Rednerauftritten seiner Freunde.

Der Benjamin der Gruppe ist kein Jurist. Ducos, bei Ausbruch der Revolution erst vierundzwanzig Jahre alt, ist ein Kaufmann aus Bordeaux. Freundschaft und gemeinsame Erinnerungen binden ihn an die drei anderen Abgeordneten des Departements Gironde, aber in seinen politischen Zielsetzungen zeigt er mehr Weitblick als sie. Lange Zeit hindurch versucht er den Bruch mit der Bergpartei zu vermeiden, und am Vorabend des 31. Mai verlangt Marat, sein Name solle von der Proskriptionsliste gestrichen werden. Doch die Bande der Zuneigung und der Einfluß seines Schwagers Boyer-Fonfrède sind letzten Endes stärker als sein revolutionäres Bewußtsein.

Antoine Nicolas Caritat de Condorcet

Diese jungen Girondisten, glänzende, aber unbeständige Geister, ersehnen sich eine Republik, in der Fähigkeit und Begabung die maßgebenden Kriterien für die gesellschaftliche Bewertung sein sollen. Mit ihrem Charme und durch die Salons, zum Beispiel den von Madame Dodun am Vendôme-Platz, wo sie sich feiern lassen, schaffen sie sich eine sehr gemischte Anhängerschaft: Ehrgeizige, Verbitterte, aber auch Männer von Lebensart, denen daran liegt, daß Demokratie nicht gleichbedeutend wird mit Ungebildetsein.

Die unabhängigste Persönlichkeit unter allen, die mit der Gironde sympathisieren, ist Condorcet. Seine politische Einstellung ist schwankend. Als Mitglied der »Gesellschaft 89« hat er seine Freunde La Fayette und Sieyès mit Brissot in Kontakt gebracht, als es um die Frage der Kriegserklärung ging. Die Flucht des Königs macht ihn zum Verfechter der Republik, aber einer aufgeklärten Republik, die er als den Gegensatz zur Demokratie sieht. Seine Freundschaft mit Brissot hindert ihn nicht daran, zu Beginn des Nationalkonvents die Angriffe der Girondisten auf Robespierre zu verurteilen. Der Verfassungsentwurf, den er zu dieser Zeit

Maximin Isnard

vorlegt, ist von äußerster demokratischer Kühnheit. Doch die Bergpartei lehnt ihn ab, und Condorcet bleibt der Freund der Girondisten.

Schon in der Gesetzgebenden Versammlung haben einige Politiker spontan zu Brissot und den Rednern der Gironde gehalten. Später, im Nationalkonvent, stoßen weitere dazu. Zur ersten Gruppe gehört ein Manufakturbesitzer aus Südfrankreich, Isnard, dessen lärmende und bilderreiche Eloquenz von höchst demokratischen Anwandlungen bis zu gehässigen Ausfällen gegen Paris reicht. In der zweiten Gruppe findet man Männer wie Pétion. Dieser Freund Robespierres büßt seine Volkstümlichkeit ein, weil er sich am 10. August allzu zögernd verhält. Er schließt sich der Gironde an, weil er ihre Abneigungen teilt.

Die Freundschaften mit Ausländern spielen eine große Rolle. In Paris wimmelt es von politischen Flüchtlingen, die dem revolutionären Frankreich ihre Leidenschaftlichkeit und ihre Rachegelüste einhauchen wollen.

Jean-Marie Roland de la Platière

In dieser Hinsicht wird das Paris der Gironde zum Zentrum der europäischen Revolution. Der Bankier Clavière, den Genf schon im Jahre 1782 wegen seiner demokratischen Gesinnung ausgewiesen hat, wird Finanzminister.

Gegen Ende ihrer großen Zeit wurden die Girondisten von ihren Gegnern geradezu als »Rolandisten« verketzert. Tatsächlich bildeten die Freunde des Ehepaars Roland innerhalb der Partei einen kleinen, festen Kern, dessen Einfluß für die ganze Gruppe verhängnisvoll wurde.

Madame Roland

Dabei hatte nichts Jean-Marie Roland de la Platière für die Rolle des Anführers einer parlamentarischen Gruppierung vorherbestimmt. Er ist mit 55 Jahren im Vergleich zu den übrigen schon ein alter Mann, als die Revolution ausbricht. Als Mitglied einer dem Amtsadel nahestehenden Familie hatte Roland unter dem Ancien Régime zur höchsten Beamtenschaft gehört. Er war Inspektor der königlichen Manufakturen gewesen und hatte viele Verbindungen mit Wirtschaftstheoretikern; seine Kenntnisse auf diesem Fachgebiet hatten ihn befähigt, mehrere wissenschaftliche Werke zu schreiben.

Roland hatte spät, 1780, ein Mädchen aus bescheidenen Verhältnissen geheiratet, Jeanne-Manon Phlipon. Die Lektüre Rousseaus hatte ihr schon von Natur zum Mystischen neigendes Wesen zum Deismus bekehrt; Plutarch und Corneille verstärkten die ohnehin in ihr angelegte Sehnsucht nach Größe und Berühmtheit. Berühmtheit oder einfach individuelles Schicksal? Zu den allgemeingültigen Schranken, die das Talent hemmen, treten ja im 18. Jahrhundert für die Frau besonders zwingende Verbote und Tabus. Da ist es nicht besonders erstaunlich, daß sich die von allen Zeitgenossen verspürte Faszination des Individualismus in Manon Phlipon zum Traum von einem den Rahmen sprengenden Schicksal sublimiert hat. Es ist nicht sehr wahrscheinlich, daß die Ehe mit dem zwanzig Jahre älteren Roland ihre tiefsten Sehnsüchte erfüllt hat. Auch für sie ist die Revolution die erträumte Gelegenheit, dem langweiligen, gleichförmigen Provinzleben zu entrinnen. In ihrem Salon in der Rue Guénégaud sammelt sie die bemerkenswertesten Persönlichkeiten der Linken um sich. Im Frühjahr 1792 wird Roland zum Innenminister ernannt; Manon verläßt die Rue Guénégaud und bezieht das prächtige Gebäude, das dort stand, wo sich heute die Bank von Frankreich befindet. Als das Girondisten-Kabinett im Juni entlassen wird, ist sie verbittert über die verlorene Macht. Deshalb ist sie, als Roland nach dem 10. August sein Ministerium wiederbekommt, entschlossen, politischen Einfluß zu gewinnen. Aber in welche Richtung? Bis zum 10. August scheint sie die Nützlichkeit eines Zusammenhaltens der Demokraten ziemlich klar erkannt zu haben. Sie tut alles, um Robespierre zu gewinnen; sie macht Brissot und den Girondisten Vorwürfe wegen ihrer Absprachen mit dem Hof und wegen ihres Zögerns, sich an die Spitze der Bewegung zu setzen. Aber die Eifersucht auf Danton, der mit seiner starken Persönlichkeit alle anderen Mitglieder des Exekutivrates überspielt, macht ihr die ganze Bergpartei immer verhaßter. Dieser Haß wäre an sich belanglos gewesen, hätte Manon ihre Streitigkeiten allein ausgefochten und nicht den ganzen Kreis der jungen Freunde und Bewunderer hineingezogen, die sich in ihrem Salon drängen: den Romancier Louvet, den feurigen Barbaroux und den verliebten Buzot. Diese Freunde des Ehepaars Roland bringen durch ihre heftigen und stets wiederholten Attacken in der Versammlung die ganze Gironde in Mißkredit.

Der Aufstand vom 10. August ist ohne Zutun, ja gegen den Wunsch der Gesetzgebenden Versammlung geschehen, die den Pariser Sektionen und den Föderierten seither verdächtig ist. Die Politik der Demokraten, vor allem Robespierres, geht deshalb darauf aus, einen vorläufigen Kompromiß zu finden zwischen der neuen tatsächlichen Macht, der *Commune*, und der alten legalen Macht. So wäre die Fiktion der Volksvertretung erhalten.

Das Komitee der aufständischen Stadtverwaltung wird durch Wahlen ergänzt. Der neue Generalrat der *Commune* tagt in Permanenz wie eine Nationalversammlung und hat 288 Mitglieder. Er ist ein guter Querschnitt durch die Sozialstruktur der militanten Pariser Revolutionäre. Nur zwei Arbeiter, aber an die hundert Ladenbesitzer und Handwerker, fünfundvierzig Angehörige der freien Berufe, zwanzig Beamte, dreiundzwanzig Juristen, fünf Priester: eine Sansculottenversammlung also, geführt von den demokratischen Bürgern, die morgen die Bergpartei ausmachen werden. Der ehemalige Schauspieler Collot d'Herbois und der ehemalige Oratorianerpriester Tallien lernen dort das Politikerhandwerk. Im Augenblick heben sich zwei Männer als die Wortführer heraus: Robespierre und der ehemalige Stadtzollbeamte Huguenin. Am 10. August hat Huguenin der Gesetzgebenden Versammlung klipp und klar gesagt, daß die *Commune* sie zwar »von neuem mit ihrem Vertrauen bekleide«, daß sie ihr aber »kein Urteil über die außerordentlichen Maßnahmen« zugestehe, »zu der die gemeine Not und der Widerstand gegen die Unterdrückung die Stadt gezwungen haben«. Man kann sich vorstellen, wie erbittert ein solcherart gedemütigtes Parlament sein muß.

Außerdem tagt in der Versammlung nur noch eine Minderheit weiter. Der Ausschluß oder das Abtreten der Rechten lassen der Gironde die Kontrolle über die etwa zweihundert verbliebenen Abgeordneten zufallen. Sie nutzt diese Gunst der Umstände und schafft eine Art Selbstverteidigungsgremium, den Zwölferausschuß. Aber ein Parlamentsausschuß ist keine Regierung. So betraut man einen Rat von sechs Ministern mit der exekutiven Gewalt. Die Girondisten brauchen nur Roland, Clavière und Servan wieder in ihre Ämter zu berufen; das Außenministerium lassen sie ihrem Freund Lebrun übertragen, das Marineministerium Monge. Die Entscheidung für Danton als Justizminister wirkt zunächst überraschend; aber Condorcet hat die Überzeugung vertreten und geweckt, die Hinzuziehung des populären Führers der Sektion Théâtre-Français werde bewirken, daß der Exekutivrat von der *Commune* respektiert wird. Diese Rechnung war in doppelter Hinsicht ein Trugschluß: der Rat erwarb sich nicht mehr Ansehen beim Volk als die Versammlung, und Danton brachte seine Ministerkollegen durch das übergroße Gewicht seiner Persönlichkeit zur Verzweiflung.

Wie im Sommer 1789, wie in den Tagen von Varennes wird im Bewußtsein der Masse wieder einmal die Angst übermächtig. Der Mythos von einer ausgedehnten Aristokratenverschwörung, den auch der 10. August nicht zerstört hat, versetzt die schlecht informierte Öffentlichkeit in Erregung. Die erschreckendsten Gerüchte geistern durch die Straßen von Paris.

Die Abwegigkeit einer solchen Panik ist angesichts der Wirklichkeit allerdings frappierend. Gewiß drohen der Revolution Gefahren. Die aus der Versammlung vertriebenen Feuillants beherrschen nach wie vor die meisten Departementsverwaltungen, von denen einige gegen den 10. August protestieren; die Verwaltung des Departements Creuse im Zentralmassiv geht sogar so weit, einen Plan für Departementsföderationen gegen Paris zu entwerfen. Im Departement Ardennes stellen sich die Behörden hinter La Fayette, der seine Truppen zum Marsch auf Paris bewegen will; bei der Rheinarmee weigern sich mehrere Generäle die vollendete Tatsache anzuerkennen. Aber die Bedrohung ist nicht ernst zu nehmen. Die Feuillants haben keine echte Macht mehr, seit sie aus der revolutionären Strömung ausgeschert sind, denn das gemäßigte Bürgertum weiß nur zu gut, was es erwartet, falls die Gegenrevolution siegen sollte. Bezeichnend ist der Fall La Fayette: er flieht nach Österreich und wird auf Jahre in Festungshaft gehalten. So sehr sie auch dem Grundanliegen des Jahrhunderts entsprechen würde: eine liberale Partei zwischen der demokratischen Revolution und der Gegenrevolution ist nicht mehr möglich.

Hat das Land denn überhaupt die Gegenrevolution ernstlich zu fürchten? Jedesmal führen ihre Unternehmungen zu einem Mißerfolg. In der Vendée, wo ein Adelsaufstand zwar Châtillon-sur-Sèvre erobert hat, aber vor der kleinen Stadt Bressuire gescheitert ist, in der Bretagne, wo eine Verschwörung den Behörden verraten worden ist, in Südwestfrankreich, wo das bewaffnete Aufgebot in Jalès mühelos auseinandergetrieben wird – überall beweist die Aristokratie, wie schwach sie ist. Wo liegt aber dann der Ursprung dieser Angst, die seit dem Sommer 1789 die Gefahren einer Aristokratenverschwörung maßlos überschätzt? Ist es die während des ganzen Jahrhunderts aufgestaute gesellschaftliche Demütigung, die schon das kleinste Risiko einer Rückkehr zu den alten Zuständen unerträglich macht? Oder ist es, in einer tieferen Schicht, das Wiedererwachen der alten Furcht, die in regelmäßigen Abständen das Unterbewußtsein der einfachen Leute erfaßt?

Jedenfalls ist diese Angst da, und sie führt zur Unterdrückung. Die *Commune*, jeweils murrend und mit einigem Abstand gefolgt von der Versammlung, ergreift die Initiative zu einer Schreckenspolitik, die einen Vorgeschmack auf das Jahr 1793 gibt.

Am 14. August schon wird den Beamten und allen, die von ihren Staatsbürgerrechten Gebrauch machen wollen, ein neuer Eid »auf Freiheit und Gleichheit« abverlangt. Wer ihn nicht leistet, macht sich verdächtig. Ein Dekret vom 11. August gibt den Gemeindeverwaltungen das Recht zu polizeilichen Nachforschungen und den Departements zur Ausstellung von Haftbefehlen. In Paris wird die Sicherheitspolizei nicht einmal vom Departement oder von der *Commune* gestellt; die einzelnen Sektionen bilden Überwachungsausschüsse. Haussuchungen, Hausarrest, Verhaftungen – Paris ist in einem engmaschigen Netz gefangen. Zwei Wochen nach dem 10. August befinden sich ungefähr fünfhundert politische Häftlinge in den Gefängnissen, und zwar vor allem Journalisten, Feuillants-Politiker und Bedienstete des Hofes.

Das Strafgericht über die »Schuldigen« ist die Aufgabe der Stunde. Schon am 10. August hat die Rache des Volkes sich spontan an den unglücklichen Schweizergarden der Tuilerien ausgetobt, und anschließend ist die Rede von einer notwendigen »Säuberung der Gefängnisse«. Die Führer der Bergpartei erkennen, daß die Unterdrückung in gesetzlichen Formen organisiert werden muß, wenn ein Blutbad vermieden werden soll. »Wo die Tätigkeit der Beauftragten der Nation beginnt, hat die Rache des Volkes aufzuhören ...« Die *Commune* macht sich diesen Hinweis Dantons gern zu eigen und zwingt die widerstrebende Versammlung zur Schaffung eines Sondergerichtshofs, dessen Richter von den Sektionen gewählt werden. Robespierre, der an seine politische Zukunft denkt und deshalb jetzt nicht Vertrauen einbüßen will, tritt zurück. Er handelt damit sehr richtig, denn der am 17. August geschaffene Gerichtshof verschafft der zur Bestrafung leidenschaftlich entschlossenen Volksmeinung keine Genugtuung, ja, seine Nachsicht macht ihn selber verdächtig.

Zwischen der Religion und der Revolution ist inzwischen an keine Einigung mehr zu denken. Die Versammlung und die *Commune* empfinden in ihrer Mehrheit nur noch Verachtung für jede Religiosität.

Die eidverweigernden Priester trifft es als erste. Am 26. August werden die Strafen für ihr Verbrechen durch ein Dekret erneuert und verschärft; acht Tage bleiben ihnen, um sich ihre Pässe geben zu lassen und das Königreich zu verlassen. Nach Ablauf dieser Frist droht ihnen die sofortige Deportation nach Guayana. Die neue Bestimmung gilt auch für diejenigen, die kein öffentliches Amt bekleiden, also den Eid vom 27. November 1790 nicht zu leisten hatten, wenn sie nicht jetzt nach der Formel vom 14. August schwören. Einige Geistliche wie der Direktor des Seminars Saint-Sulpice erfüllen diese Formalität, die ihrem Glauben keinen Abbruch tut, aber viele fürchten, ihr Gewissen zu belasten. In Paris weigert man sich, ihnen Pässe auszustellen, und die Versammlung läßt es geschehen. So wird der Priester zur Geisel.

Aber nicht nur die eidverweigernden Geistlichen sind von den Maßnahmen betroffen, die jetzt eine echte Entchristianisierung einleiten. Schon am 11. August läßt die Versammlung die noch bestehenden Klöster schließen; am 18. werden auch die lehrenden und pflegenden Orden aufgelöst. Auf Betreiben des Generalprokurators Manuel verbietet die *Commune* öffentliche Prozessionen und läßt die Glocken aus den Kirchen entfernen. Der Widerstand des Volkes ist heftig, selbst dort, wo die Sektionen von den Sansculotten beherrscht werden. Aber nur wenige Politiker lassen sich von der Gefahr eines Bruchs mit den Massen beeindrukken; nicht nur Robespierre, auch Camille Desmoulins gibt sich gelassen. Er schreibt ironisch an Manuel: »Mein lieber Manuel, die Könige sind reif, der liebe Gott noch nicht ganz.«

Die Mehrheit der Versammlung schätzt zwar die sektiererische Kirchenfeindlichkeit der *Commune* nicht, ist aber gleichgültig oder gar feindselig der Geistlichkeit gegenüber, einschließlich der vereidigten. Sie weiß nur zu gut, daß die Mitglieder des Klerus bis auf ganz wenige Ausnahmen die Absetzung Ludwigs XVI. nicht billigen, und sie spürt das nachlassende Interesse des demokratischen Bürgertums am Kultus. Bevor sie sich auflöst, beschließt die Gesetzgebende Versammlung noch am 20. September die Errichtung staatlicher Standesämter und die Einführung der Scheidung. Diese Verweltlichung der Gesellschaft und des Staates schlägt der Religion in ihrer traditionellen Form eine viel tiefere Wunde als die zivilrechtliche Konstituierung der Geistlichkeit.

Das flache Land und die Städte fordern jetzt den Lohn für ihre Unterstützung der Revolution. Die Bauern haben jedenfalls grundsätzlich noch die Herrenrechte zu tragen, soweit sie Grundlasten sind: die Dekrete vom 4. August 1789 haben diese Rechte ja nur gegen eine teure Ablösung abgeschafft. Außerdem ist noch immer die ärgerliche Frage der Allmende ungeklärt; die Grundherren weigern sich, sie ganz in das Eigentum der Gemeinden übergehen zu lassen. Vor allem aber können die zum Verkauf gestellten Kirchen- und Königsgüter den kleinen Bauern nicht zugute kommen, wenn die einzelnen Verkaufslose so groß bleiben wie bisher.

Die Versammlung will sich nicht in die Isolierung drängen lassen und macht in allen diesen Punkten erhebliche Zugeständnisse. Schon am 14. August bestimmt sie grundsätzlich die Stückelung in kleine Lose, sowohl für die Nationalgüter, die noch zu verkaufen bleiben, als auch für die aufzuteilende Allmende. Am 26. August schafft sie die Herrenrechte, soweit sie nicht urkundlich belegt werden können, entschädigungslos ab. Am 28. spricht sie den Dorfgemeinden das alleinige Eigentum an der Allmende zu. Damit ist die zweite Revolution für die Bauern ebenso einträglich geworden wie die erste.

Schwerer zu befriedigen sind die Forderungen der Stadtbevölkerung im ganzen Land. Es geht wieder um den Ernteanschluß; im August und September 1792 kommt zu den Auswirkungen der Inflation der zu Ende gehende Ertrag der schlechten Ernte 1791 hinzu. In Paris bleibt das Brot billig (zwei Sous das Pfund), aber das ist ein künstlicher Preis: die Behörden lassen Korn aufkaufen und geben es mit Verlust weiter. In der Provinz dagegen kommt es zu Hungeraufständen mit dem üblichen Ruf nach Beschlagnahme und festem Höchstpreis. Solche Maßnahmen sind dem Bürgertum, ganz gleich ob Gironde oder Bergpartei, außerordentlich zuwider. Doch die Not schlägt Breschen in die Front des Liberalismus. Trotz des Widerstands von Innenminister Roland gestattet ein Gesetz vom 9. September die Beschlagnahme der Getreidevorräte, am 16. wird eine Bestandsaufnahme mit Anzeigepflicht eingeführt. Die Festpreise dagegen werden abgelehnt, außer für die Versorgung der Armee. Die militärische Lage erklärt diesen Verstoß gegen die liberale Doktrin.

Ende August nämlich überschreiten die feindlichen Heere die Grenze. Zuerst dringen die Österreicher von Belgien aus in den Norden des Landes ein. Sie sind aber nicht sehr stark, zögern und greifen keine Festung an. Den Hauptstoß führt die preußische Armee unter dem Oberbefehl des Herzogs zu Braunschweig. Wie sollen die französischen Armeen den 80 000 Österreichern und Preußen Widerstand leisten? In Sedan verfügt Dumouriez, der La Fayettes Kommando übernommen hat, über 20 000 Mann. In Lothringen hat Luckner 15 000 Soldaten. Weder die Nord- noch die Rheinarmee dürfen geschwächt werden.

Am 19. August betreten die Preußen französischen Boden. Am 20. stehen sie vor Longwy. Die Garnison könnte sich halten, aber unter dem Eindruck der Beschießung wird sie am 23. von der Bevölkerung zur Übergabe gezwungen. Ein paar Tage lang verharren die Preußen unschlüssig im lothringischen Schlamm, dann rücken sie weiter vor und schneiden die Festung Verdun ab. Der Kommandant der Festung, Beaurepaire, ist zur Verteidigung der Stadt entschlossen, aber in der Nacht zum 2. September findet man ihn tot in seinem Arbeitszimmer; wahrscheinlich ist er ermordet worden. Am nächsten Tag kapituliert Verdun. Mit dem Troß der preußischen Armee betreten Emigranten und eidverweigernde Priester die Stadt. In Paris werden die Einwohner von Longwy feierlich zu Verrätern erklärt, »unwürdig, jemals wieder die Rechte französischer Staatsbürger auszuüben«. Jetzt tritt eine echte Bedrohung an die Stelle der eingebildeten Gefahren: der Weg nach Paris liegt offen da.

Die Nachricht, daß Longwy gefallen ist, trifft in der Hauptstadt am 26. August ein, zu einem Zeitpunkt, als die Rivalität zwischen den beiden Mächtegruppen auf ihrem Höhepunkt angelangt ist. Die Girondisten sind entrüstet über die willkürlichen Verhaftungen und ungerechtfertigten Haussuchungen und wollen sich die *Commune* vom Halse schaffen. Am 30. befiehlt die Versammlung auf Antrag von Roland die Auflösung der bestehenden und die Wahl einer neuen, gesetzmäßigen Stadtverwaltung. Zu spät! Die militärische Katastrophe zwingt zur Einigkeit; schon nach drei Tagen wird das Dekret aufgehoben.

Für die Verteidigung des Landes müssen Sofortmaßnahmen getroffen werden. Schon am 26. August, während die *Commune* die Stadttore schließen läßt und bald darauf die Entwaffnung aller Verdächtigen veranlaßt, ordnet die Versammlung die Aushebung von 30 000 Mann in Paris und in den umliegenden Departements an. Um diese Anordnung durchzuführen, entsendet der Exekutivrat Kommissare, die Danton aus den Mitgliedern der *Commune* wählt. In diesen schwierigen Tagen verkörpert Danton die leidenschaftliche Entschlossenheit zur revolutionären Einigkeit. Die *Commune* und Robespierre bleiben besessen von ihrem Haß auf die Gironde. Roland und seine Freunde erwägen, sich hinter die Loire oder sogar nach Korsika zurückzuziehen. Danton stemmt sich der Sektiererei der einen und der Angst der anderen entgegen. Zweimal rüttelt er mit seiner mächtigen Stimme die Versammlung auf: »Alles gehört dem Vaterland, wenn das Vaterland in Gefahr ist«, erklärt er am 28. August. Und am 2. September, als Paris erfährt, daß schon Verdun belagert wird, hält er seine berühmt gewordene Rede: »Alles ist erregt, alles rafft sich auf, alles brennt darauf, zu kämpfen ... Die Sturmglocken, die jetzt läuten werden, sind kein Notsignal; sie geben festen Tritt gegen die Feinde des Vaterlandes. Um diese Feinde zu bezwingen, brauchen wir nur Mut, Mut und nochmals Mut, und Frankreich wird gerettet werden.« Danton und den auf seinen Antrag von der Versammlung verabschiedeten Dekreten ist es zu verdanken, daß die Entschlossenheit zur Fortsetzung des Krieges neue Impulse empfängt. Auf dem Zifferblatt der Revolution ist die Stunde der Bedrohung von außen immer die Stunde Dantons: er ist der Mann des Vaterlandes in Gefahr.

Zwei Stunden nach der Rede Dantons rufen Böllerschüsse, Sturmglocken und Alarmtrommeln die Pariser zur freiwilligen Meldung auf das Marsfeld, wo die *Commune* eine Armee von 60 000 Mann auszuheben beschlossen hat. In dieser Fieberstimmung beginnt die Ermordung der Gefangenen. Die ersten Opfer gehören zu einem Transport von eben verhafteten »Verdächtigen«, die in das Abbaye-Gefängnis bei Saint-Germain-des-Prés gebracht werden. Am Abend tagen schon mehrere improvisierte »Volksgerichte« und verurteilen die aus allen Pariser Gefängnissen (Les Carmes, La Force, Le Châtelet) mit Gewalt vorgeführten Häftlinge. Die Hinrichtungen gehen die ganzen nächsten Tage weiter und werden im Gefängnis La Force erst am 6. September eingestellt.

Schlächter und Hingeschlachtete sind nur unvollständig bekannt geworden. Nach den glaubwürdigsten Schätzungen lag die Zahl der Opfer zwischen 1100 und 1400, das ist etwa die Hälfte aller Häftlinge in der Hauptstadt. Fast Dreiviertel der Getöteten waren Kriminelle, die deshalb besonders verhaßt waren, weil in den Kerkern falsche Assignaten angefertigt wurden. Unter den »politischen« Häftlingen scheint die Wut der Mörder vor allem den eidverweigernden Priestern gegolten zu haben. Die Anstifter und Werkzeuge des Blutbads gehörten, soweit sie ermittelt worden sind, zu den gleichen sozialen Schichten, die sich schon am 20. Juni und am 10. August hervorgetan hatten: Krämer und Handwerker, Mitglieder der Nationalgarde und Föderierte. Man kann also das Massaker nicht damit erklären, daß plötzlich der Abschaum der Hauptstadt freie Bahn gehabt hätte: Kleinbürger, nicht Kriminelle oder Asoziale haben so gräßlich in den Gefängnissen gehaust.

Waren die Journalisten die Anstifter? Es steht fest, daß die extreme Linkspresse seit dem 10. August die Aufmerksamkeit des Volkes auf die »Verschwörer« in den Gefängnissen gelenkt hatte, und zwar war es weniger Marat (dessen Blatt am 19. August vorläufig sein Erscheinen eingestellt hatte) als vielmehr Fréron, der in seinem *Orateur du peuple* die Flammen am heftigsten anfachte. Aber die Sansculotten brauchten gar keinen Ansporn mehr. Die panische Angst vor dem Verrat, der bloße Gedanke, daß die Freiwilligen Paris verlassen und ihre Frauen und Kinder der Rache der Verschwörer in den Gefängnissen aussetzen sollten, vernebelte die Gewissen. Noch einmal erhob sich aus dem Dunkel des Unterbewußtseins die jahrhundertealte Furcht der Geknechteten dieser Welt und entlud sich in einem Delirium kollektiver Gewalttätigkeit. Jaurès hat zu diesem Gemetzel geschrieben: »Die Angst ist keine revolutionäre Kraft.« Zweifellos hat er recht, weil er die Revolution als ein langfristiges Phänomen sieht, als den notwendigen Übergang zu einer höheren Stufe des Menschheitsfortschritts. Aber diese vom Verstand her notwen-

September 1792: Im Abbaye-Gefängnis tagt das »Volksgericht«. 300 Gefangene werden nach kurzem Scheinverhör mit Piken und Säbeln ermordet.

dige Revolution hat sich eben, und zwar schon lange vor dem 10. August, nur durchsetzen können, indem sie Kräfte weckte, deren Dynamik anderen Gesetzen gehorchte. Für den Augenblick, kurzfristig, tritt die Revolution des Elends, der Leidenschaften und der rächenden Gewalt in den Vordergrund, und die eigentliche Revolution ist ohnmächtig ohne diese zweite. Was konnte man unter solchen Umständen Robespierre entgegenhalten, als er die Morde rechtfertigte: »Wolltet ihr eine Revolution ohne Revolution? Könnte um solchen Preis jemals ein Volk das Tyrannenjoch abschütteln?«

Die dunklen Bezirke, die für Augenblicke in diesen Straf- und Racheakten sichtbar werden, sind noch nicht genügend erforscht worden. Die schaurigen Verstümmelungen des Leichnams der Prinzessin von Lamballe, der Freundin Marie Antoinettes, kamen zweifellos aus sexuellem Antrieb und griffen unbewußt alte Symbolriten auf.

Die Haltung der Behörden ist zunächst unklar. Alle fühlen sie sich überfordert und verwirrt. Weder die *Commune* noch ihr Überwachungsausschuß haben die Massaker gewollt und vorbereitet; sie lassen sie geschehen und versuchen sie einzudämmen. Danton als Justizminister hat sich jedes Eingreifens enthalten, und sogar Roland schreibt am 3. September: »Gestern war ein Tag, über den man wohl den Schleier des Vergessens breiten muß.« Die revolutionäre öffentliche Meinung hat in ihrer großen Mehrheit die Vorfälle nicht gebilligt, aber gerechtfertigt. Die Kräfte, die sich gegen das im Krieg befindliche Frankreich stellten, das hartnäckige Gerücht von einer Verschwörung, die sich in den Gefängnissen angesponnen haben sollte – alles ermutigte die Zeitgenossen, sich in dem gleichen Dilemma zu fühlen wie der immerhin höchst friedfertige Gorsas: »Von ihrer Hand sterben oder sie mit unseren Händen umbringen, das ist die grausige Alternative.« Später, als die Gemüter abgekühlt waren, fanden sich etliche Männer, die sich auch öffentlich von den Vorgängen distanzierten, aber jetzt, in der Hitze des Gefechts, überwiegt ein feiges Gefühl der Erleichterung.

Die politische Ausmünzung dieses Ausbruchs der Gewalt dagegen beginnt sofort. Die Bergpartei und vor allem Robespierre ergreifen aus Parteieigennutz die Initiative und lenken den Volkszorn gegen die Gironde. Robespierre nimmt einen im Juli erschienen Artikel von Carra zum Vorwand, um am 2. September vor der *Commune* die Girondisten zu beschuldigen, sie hätten dem Herzog von York und dem Herzog zu Braunschweig die Krone angeboten. Eine nicht sehr ernstzunehmende, aber gefährliche Anklage: noch in der gleichen Nacht läßt der Überwachungsausschuß bei Brissot eine Haussuchung durchführen und stellt Haftbefehle gegen Roland und einige Abgeordnete der Gironde aus. Danton schaltet sich zwar ein und sorgt dafür, daß die Betroffenen außer Verfolgung gesetzt werden. Aber man kann sich vorstellen, welchen Haß die Girondisten fortan auf ihre Gegner empfinden, die aus der Angst des Volkes den Ansatzpunkt für ein politisches Manöver gemacht haben.

Die Rache läßt nicht auf sich warten. Binnen weniger Tage neigt die öffentliche Meinung immer mehr zum Abscheu vor den Schreckenstaten. Mehrere Pariser Sektionen verurteilen die Morde und stellen die Unterzeichner der »antistaatsbürgerlichen« Petitionen, die eben noch als »verdächtig« angesehen worden sind, unter ihren Schutz. Jetzt können die Girondisten das schwere Geschütz, das man Anfang des Monats gegen sie aufgefahren hat, auf ihre Gegner richten. Die Menschen sind der Untaten überdrüssig, und so lohnt es sich, die Bergpartei zu beschuldigen, sie hätte sie organisiert, um ihre Diktatur vorzubereiten. Roland greift die Kommissare der *Commune* an, die Danton in die Departements ausgesandt hat; am 21. September werden sie tatsächlich zurückgerufen. Vergniaud legt sich mit der *Commune* selber an; am 19. September wird sie aufgelöst. So sind die Schreckenstaten des Volkes für beide Parteien zum Vorwand für kleinliche Rivalitäten geworden. Und weil die Invasionsarmeen zum Stillstand gebracht worden sind, können die Girondisten auf das Bedürfnis nach einer Atempause spekulieren, das im ganzen Land immer stärker wird.

Nach dem Verlust von Longwy ist die Führung auf französischer Seite zunächst unschlüssig. Dumouriez, zum Oberbefehlshaber der Nordarmee ernannt, hält sich hartnäckig an seinen Feldzugsplan, den er als Minister ausgearbeitet hat: Einmarsch nach Belgien. Noch am 29. August gelingt es ihm, seine Generäle im Kriegsrat so zu beeinflussen, daß der Einfall in Belgien beschlossen wird, um den Herzog zu Braunschweig daran zu hindern, weiter auf Paris zu marschieren. Erst die Befehle des Exekutivrats und die Kapitulation von Verdun bewegen ihn dazu, seinen Plan aufzugeben. Er stellt seine Truppen hinter den Argonnentälern, den »französischen Thermopylen« auf, während Kellermann mit seiner Mittelarmee befehlsgemäß zu ihm stößt. Dumouriez appelliert an den Patriotismus der Bevölkerung und bringt die Armee sorgfältig in günstige Stellungen.

Der Oberbefehlshaber der Koalitionsarmee zeigt keine Eile, den Kampf zu beginnen. Seine Truppen, in Korps aufgeteilt, rücken langsam vor und bemühen sich, die Flußübergänge zu sichern. Am 7. September zeigt sich der Herzog zu Braunschweig vor den Argonnen. Am 14. besetzt einer seiner Heerführer die Croix-au-Bois-Schlucht und zwingt Dumouriez damit zum Rückzug auf Sainte-Menehould. Am 19. vereinigen sich dessen Truppen mit denen Kellermanns. Der König von Preußen, der sich von der Ungeduld der französischen Emigranten anstecken läßt, befiehlt dem Herzog zu Braunschweig, Fühlung mit dem Gegner zu suchen. So kehren die Preußen der Straße nach Paris den Rücken und gehen mit der Front nach Osten in die Schlacht.

Als die preußische Vorhut am 20. September die Anhöhe von Valmy erreicht, wird sie mit Artilleriefeuer empfangen. Gegen ein Uhr mittags erhält die Infanterie den Befehl, die französischen Stellungen zu stürmen. Die französischen Kanonen können ihren Angriff nicht aufhalten. Da ertönt der berühmte Ruf Kellermanns: *Vive la Nation!* Als die Franzosen aus voller Kehle das »Ça ira« anstimmen, stutzt die preußische Infanterie überrascht. Der Herzog zu Braunschweig, der sich den Sieg müheloser vorgestellt hat, gibt den Befehl zum Halten, und gegen Abend verstummt auch die Artillerie. Diese »Kanonade« von Valmy war militärisch durchaus nicht ohne Bedeutung. Sie war eines der ersten Treffen, in denen das Artilleriefeuer eine entscheidende Rolle spielte; die Legende von der »Operettenschlacht« ist also in keiner Weise gerechtfertigt. Aber tatsächlich war die psychologische und moralische Wirkung größer, als es die Schlacht verdiente. Der berühmte Ausspruch Goethes, »von hier und heute geht eine neue Epoche der Weltgeschichte aus«, ist zwar erst später niedergeschrieben worden, aber er drückt die Erkenntnis vieler aus, die damals merkten, daß sich die Gesetze des Krieges mit dem Appell an die Nation in Waffen ändern würden.

Genau am Tag von Valmy räumte die Gesetzgebende Versammlung ihren Platz dem Nationalkonvent.

Die dritte Nationalversammlung der Revolution tritt am 20. September im Manege-Saal zusammen. Warum heißt sie *Convention Nationale,* »Nationalkonvent«? Der Ausdruck, englischen Ursprungs, berühmt geworden aus der amerikanischen Unabhängigkeitsbewegung, ist in die politische Literatur eingegangen, um eine Gewalt zu beschreiben, die ausnahmsweise zwei Aufgaben übernimmt: die Schaffung einer neuen Verfassung und die vorläufige Ausübung aller Kompetenzen der Souveränität. Theoretisch hätten die Wahlen nach dem allgemeinen Zweistufenwahlrecht durchgeführt werden sollen. Praktisch aber wurden die Gegner des 10. August von den Aristokraten bis zu den Feuillants ausgeschlossen oder sie versuchten sich gar nicht erst zu beteiligen. In Paris, wo die Wahlen durch öffentliche Erklärung stattgefunden haben, ist den Unterzeichnern der einstigen königstreuen Petitionen das Wählen verwehrt worden. Die große Menge der Passivbürger hat entweder Bedenken gehabt, von ihrem neuen Recht Gebrauch zu machen, oder sie hat sich im Verfahren noch nicht zurechtgefunden. So hat eine politisch engagierte Minderheit die Mitglieder des kühnsten Parlaments in der Geschichte Frankreichs bestimmt.

Die Abgeordneten des Nationalkonvents kommen bis auf zwei Ausnahmen alle aus dem Bürgertum. Viele von ihnen, fast 250 von 749, sind Juristen. Vor allem aber vereinigt die neue Versammlung die Elite der Politiker, die nun schon von drei Revolutionsjahren geprägt worden sind. Fast 400 Abgeordnete sind Mitglied einer Provinzial- oder Lokalverwaltung gewesen, 96 kommen aus der Verfassunggebenden, 189 aus der Gesetzgebenden Versammlung. Das französische Bürgertum frißt zwar einige seiner Kinder, aber es bringt dafür mit einer unerschöpflichen Fruchtbarkeit um so mehr neue Politiker hervor, die den harten Zeiten gewachsen sind.

Die politischen Grenzziehungen sind in diesen letzten Septembertagen zunächst einmal verwischt. Bei den Jakobinern, wo sich nur etwa hundert Abgeordnete eingeschrieben haben, findet man die Führer der Girondisten und der Bergpartei; die Ausschaltung der ersteren und die ausschließliche Herrschaft der letzteren wird erst kommen. Außer in Paris haben sich die Wähler überhaupt weniger für oder gegen die rivalisierenden Parteien und sehr viel mehr für oder gegen die aus dem 10. August entstandene demokratische Revolution ausgesprochen. Im Departement Eure in der Normandie, wo der Girondist Buzot und die Brüder Lindet miteinander gewählt werden, in Marseille, wo das Ansehen von Barbaroux die Vorrangstellung der zukünftigen Männer der Bergpartei nicht verhindern kann, überall oder fast überall ist das Zusammenwirken der Demokraten gar nicht zu vermeiden. Die Girondisten sind bekannter, weil sie die Gesetzgebende Versammlung beherrscht und den Exekutivrat geleitet haben, und ihre Führer werden in mehreren Departements gewählt: Carra gleich siebenmal, Brissot dreimal, Condorcet zweimal. In Paris dagegen kennt man keinen Kompromiß, und die Vertretung der Stadt umfaßt neben Robespierre und Danton die führenden Persönlichkeiten der *Commune*: den Dichter Fabre d'Églantine, den Schauspieler Collot d'Herbois, den Professor Billaud-Varenne, den Journalisten Desmoulins. Trotz der Abneigung vieler Männer der Bergpartei wird Marat und trotz des Einspruchs von Robespierre wird der Herzog von Orléans gewählt, der jetzt den Namen Philippe-Égalité trägt. Im Anfang sieht es so aus, als würden die Girondisten (etwa 200 gegenüber rund 100 Abgeordneten der *Montagne*) die führende Rolle spielen. Sie haben den Ruhm und die glänzenden Gaben für sich. Der Krieg, zu dessen Herolden sie sich gemacht haben, ist kein Handikap mehr für sie, weil seit Valmy die Gefahr einer Niederlage auf einige Zeit abgewendet zu sein scheint. Vor den Augen und Ohren einer politischen Klasse, die seit dem 10. August ihre altbewährte Elite verloren hat, schöpfen sie mit der ein wenig abstoßenden Prunklust der Neureichen aus dem unendlichen Vorrat ihrer wortmächtigen Rede. Aber nichts ist in einem parlamentarischen Regime gefährlicher, als eine Versammlung verführen zu wollen, ohne eine Partei hinter sich zu haben, die in der Mehrheit ist, und davon sind die Girondisten weit entfernt. Die Mehrheit bildet die *Plaine*, die Ebene, oder, wie ihre Gegner sie höhnisch nennen, der *Marais*, der Sumpf. Deren oder dessen Abgeordnete verkörpern die Kontinuität der bürgerlichen Revolution. Ihre politischen Köpfe, ein Barère, ein Cambon, ein Sieyès, fühlen sich der Gironde verbunden, wenn es um die Verteidigung des Privateigentums oder um freie Hand gegen die Ausschreitungen der Linken geht. Aber ihr Hauptfeind bleibt die Aristokratie, die Gegenrevolution; in der Stunde der Gefahr stimmen sie für die von der Bergpartei geforderten außerordentlichen Maßnahmen. Viele sind mit Couthon, dem gelähmten Abgeordneten des Departements Puy-de-Dôme, der Meinung, daß es eigentlich zwei extreme Parteien gibt, »eine Partei aus Leuten von übertriebenen Grundsätzen und eine Partei aus klugen, geschickten, intriganten und vor allem außerordentlich ehrgeizigen Leuten«. Indem sie ihre Vormachtstellung lautstark herausstreicht und die Plätze in den Parlamentsausschüssen unter sich aufteilt, bringt die Gironde bald viele ehrgeizige Abgeordnete gegen sich auf und schreckt Männer wie Sieyès ab, die zwar mit ihren Vorstellungen sympathisieren, denen es aber widerstrebt, sich von fünfundzwanzigjährigen Anwälten bevormunden zu lassen.

Läßt sich eine gemeinsame Arbeit der verschiedenen Gruppen überhaupt ermöglichen? Die ersten Sitzungen des Nationalkonvents lassen diese Hoffnung berechtigt erscheinen. Danton macht sich zum glühenden Befürworter eines solchen Miteinanders; mehrmals führt er Gespräche mit den wichtigsten Persönlichkeiten der Gironde, und schon am 21. September erreicht er, daß die Versammlung einstimmig die Diktatur und das Agrargesetz ablehnt, diese beiden Bedrohungen der Freiheit und des bürgerlichen Landbesitzes, die immer wieder von den Girondisten angeprangert worden sind. Am Abend gibt es wieder Einstimmigkeit für die Abschaffung des Königtums. »Die Könige«, ruft Grégoire aus, »sind im Moralischen, was die Mißgeburten im Organischen sind. Die Geschichte der Könige ist die Chronik des Martyriums der Nationen.« Die Republik wird nicht ausgerufen; sie entsteht erst am nächsten Tag, fast verstohlen, durch die Entscheidung, daß fortan alle amtlichen Aktenstücke »aus dem Jahr I der Republik« zu datieren sind.

Den Ölzweig, den Danton den Kollegen hinhält, will keiner haben. Schon am 23. September gedenken Roland und seine Freunde ihre Stellung im Parlament zu benutzen, um Paris, seine *Commune* und sein »Triumvirat« (Marat, Robespierre, Danton) durch Verleumdungen zu schwächen. Der Kampf zieht sich noch durch den ganzen Oktober hin. Was erreichen die Girondisten damit? Sie haben die Schaffung einer Departementsgarde gefordert, um den Konvent zu schützen und Paris, nach einer Äußerung von Lasource, »auf ein Dreiundachtzigstel des Einflusses zu beschneiden«. Der Konvent gibt dem Antrag nicht statt, und es werden zwar von einigen Departements Föderierte geschickt, aber sie haben nicht den ihnen zugedachten mäßigenden Einfluß. Die Girondisten haben die Neubesetzung der Stadtverwaltung erreicht, aber nur der neue Bürgermeister Chambon ist ein Gemäßigter; der Generalrat bleibt in den Händen der Sansculotten und Jakobiner; Chaumette wird zum Generalprokurator der *Commune* gewählt, Hébert zu seinem Stellvertreter. Leidenschaftlich haben die Girondisten das Triumvirat angegriffen, aber nur Dantons Stellung ist etwas geschwächt, weil er keine Belege über die Verwendung des Geheimfonds beibringen kann, der ihm als Minister zur Verfügung gestanden hat. Weder Robespierre noch Marat haben die Angriffe geschadet. Die Gironde-Reaktion ist politisch zum Teil ein Fehlschlag.

In anderer Hinsicht dagegen ist sie erfolgreich. Der Abscheu in der Öffentlichkeit gegen die Ausschreitungen der Septembermörder wird nach Valmy stärker. Die Girondisten brauchen diesem Wandel in der Beurteilung der Vorfälle nur zu folgen und ihn zu ermutigen. Die Entlassung der Häftlinge, die neuerliche Ausstellung von Pässen und eine weitgehende Pressefreiheit sind die ersten Etappen auf dem Weg, der am 29. November zur Abschaffung des am 17. August eingesetzten Sondergerichtshofs führt. Auch im Kampf gegen die Einführung von Festpreisen haben sie Erfolg. Das Gesetz vom 8. Dezember hebt die Beschlagnahme- und Bestandsaufnahmevorschriften auf, die im September beschlossen worden sind, und stellt die wirtschaftliche Freiheit wieder her. Die Gironde weiß die Gewalttätigkeit und die Festpreisforderungen zu nutzen, um aus den einhelligen Besorgnissen des revolutionären Bürgertums Kapital zu schlagen.

Was soll mit dem König geschehen? Seit dem 10. August ist Ludwig XVI. mit Madame Elisabeth, seiner Schwester, sowie mit seiner Frau und seinen zwei Kindern in dem düsteren mittelalterlichen Turm der Klosterburg der Tempelritter in Haft. Trotz Rolands Bemühungen ist er dort im *Temple* der Bewachung durch die *Commune* anvertraut, und immer strengere Vorschriften haben ihn nach und nach von den Seinen getrennt, seit dem 11. Dezember sogar von dem siebenjährigen Dauphin.

Soll man ihn vor Gericht stellen? Die in den Tuilerien gefundenen und später einem Parlamentsausschuß von vierundzwanzig Abgeordneten unterbreiteten Papiere würden einen Prozeß rechtfertigen. Die Entdeckung eines verborgenen eisernen Wandschranks, der zahlreiche belastende Dokumente über die Beziehungen zwischen dem König und der Gegenrevolution enthält, macht ab 20. November eine Verurteilung unumgänglich. Im Nationalkonvent kristallisieren sich drei Haltungen heraus. Auf der Linken stehen Saint-Just und Robespierre ziemlich allein und finden nicht einmal die Unterstützung der Bergpartei für ihre Ablehnung eines Prozesses. Saint-Just erklärt Ludwig XVI. schon am 13. November in einer großen Rede, allein wegen der Tatsache, daß er König ist, zum Verbrecher; man muß ihn also bestrafen, nicht richten: »Ich sage, daß der König als Feind behandelt werden muß; wir haben ihn weniger zu verurteilen als zu bekämpfen... Welche Gerechtigkeitsbeziehung könnte es denn zwischen der Menschheit und einem König geben?« Robespierre kommt zu dem gleichen Schluß, stützt sich aber auf eine eindeutiger formulierte Argumentation. Den König vor Gericht zu stellen, das ist für ihn gleichbedeutend mit einem Verfahren gegen diejenigen, die ihn abgesetzt haben, würde die Revolution einer Art Berufungsinstanz unterwerfen: »Ist der König nicht schuldig, so sind alle schuldig, die ihn vom Thron gestoßen haben. Sein Prozeß wäre die Berufung gegen das Untersuchungsverfahren bei einem Gericht.« Er folgert daraus die Notwendigkeit einer Bestrafung ohne Prozeß.

Die Mehrheit der Abgeordneten verschließt sich zwar diesen Argumenten nicht, lehnt aber die Schlußfolgerung ab. Ludwig ist auch in ihren Augen schuldig, aber es muß ihm regelrecht der Prozeß gemacht werden, damit die Öffentlichkeit in Frankreich und im Ausland nicht an der Rechtmäßigkeit des Spruchs zweifeln kann. Marat setzt sich von Robespierre und Saint-Just ab. »Louis Capet«, schreibt er später, »mußte ein ordentliches Verfahren bekommen. Dieses Vorgehen war notwendig für die Belehrung des Volkes. Es geht ja darum, alle Glieder der Republik auf verschiedenen und der Verfassung der Geister angemessenen Wegen zu überzeugen.« Am 5. Dezember beschließt der Nationalkonvent, daß ein Prozeß geführt werden soll, und zwar wird er, der Konvent, selber den König richten. Am 10. Dezember wird die »Aufstellung der Verbrechen Ludwigs« vorgelegt. Ganz gewiß sind auf der Rechten der Versammlung etliche Abgeordnete gegen einen Prozeß gewesen, aber sie haben geschwiegen.

Am 11. Dezember 1792 erscheint Ludwig XVI. zum erstenmal vor der Versammlung. Man gewährt ihm das Recht auf Verteidiger. Er wählt den außerordentlich beschlagenen Juristen Tronchet und akzeptiert das Angebot des treuen Malesherbes, der wie Tronchet aus der Rechtstradition des einstigen Parlamentsgerichtshofes von Paris kommt. Diese beiden Berater beauftragen einen jungen Anwalt aus Bordeaux, De Sèze, mit dem Plädoyer. Am 26. entwickelt De Sèze in Anwesenheit des Monarchen eine juristisch unanfechtbare, aber politisch sehr schwache Argumentation. Er zeigt zunächst auf, daß die Unverletzlichkeit des Königs in der Verfassung von 1791 verankert ist; wenn man ihn dennoch vor Gericht stellen will, so hat er nicht als König, sondern als einfacher Bürger zu gelten und muß in den Genuß der gleichen Rechtsgarantien kommen: doppeltes Kollegium (je eines für Anklage und richterliche Entscheidung), Anhörung von Zeugen, Gutachten von Schriftsachverständigen. »Ich suche Richter unter Ihnen, finde aber nur Ankläger.« Dann preist er die »liberalen« ersten Jahre der Regierungszeit des Königs und leugnet die Zusammenarbeit Ludwigs XVI. mit dem Ausland. Die Versammlung gewinnt den Eindruck, daß man vor ihren Augen den eigentlichen politischen Grund für diesen Prozeß unter Verfahrensfragen begräbt. »Die Justiz«, ruft Saint-Just, »hat keine materielle Handhabe gegen die Verschleierung der großen Verbrechen. Man sieht das Verbrechen nicht, aber man bekommt es zu spüren.«

Die Girondisten haben, ohne sich gegen den Prozeß zu stemmen, alles getan, um ihn hinauszuzögern. Sie haben versucht, ihn aufgehen zu lassen in eine allgemeine Verurteilung der Bourbonen, um die Bergpartei mit Philippe-Égalité in Schwierigkeiten zu bringen; am 16. September sind die Bourbonen des Landes verwiesen worden. Als es vor dem Nationalkonvent trotzdem zum Prozeß gekommen ist, fordern sie eine Volksbefragung zur Bestätigung oder Verwerfung des Urteils. Vergniaud erklärt: »Das Volk selber hat durch die Verfassung von 1791 dem König die Unverletzlichkeit gewährt; nur das Volk kann ihm diese Unverletzlichkeit wieder nehmen.« Aber sie stoßen auf Ablehnung, und zwar in zwiefacher Hinsicht: eine grundsätzliche Ablehnung, weil ein solcher »Appell an das Volk« das parlamentarische Repräsentativsystem, als dessen eifrige Verfechter gegen die Pariser Sektionen ja gerade die Girondisten stets aufgetreten sind, in Frage stellen würde, eine politisch motivierte Ablehnung, weil es zum Bürgerkrieg führen würde, wollte man das Urteil über Ludwig XVI. den Primärversammlungen zur Entscheidung vorlegen. In einer großen Rede gibt Barère am 4. Januar Vergniaud die Antwort. Wie jedesmal, wenn Barère auftritt, führt er auch diesmal die Entscheidung herbei.

Diese zeitgenössische englische Darstellung zeigt Ludwig XVI. vor der zum Tribunal gewordenen Gesetzgebenden Versammlung: nach dem Plädoyer seines Verteidigers De Sèze spricht er am 26. Dezember 1792 stehend sein »letztes Wort« als Angeklagter.

Barère ist mehr als eine Stimme, er ist ein Echo. Mit ihm lehnt die ganze *Plaine* es ab, der Gironde auf ihrem gefährlichen Weg zu folgen.

Am 14. Januar beginnen die entscheidenden Sitzungen. Die Abgeordneten haben nach namentlichem Aufruf von der öffentlichen Tribüne auf drei Fragen zu antworten: Schuld, Appell an das Volk, Strafmaß. Auf die erste Frage antworten fast alle Anwesenden mit Ja. Der Appell an das Volk wird mit 423 gegen 286 Stimmen verworfen. Um die Frage des Strafmaßes liefern die Girondisten ihre letzten Gefechte. Zunächst fordert Lanjuinais, es müsse mit Zweidrittelmehrheit beschlossen werden. Danton erreicht, daß dieser Antrag abgelehnt wird. Dann stimmt Mailhe, der erste aufgerufene Abgeordnete, für die Todesstrafe, verlangt aber Vollstreckungsaufschub; mehrere Girondisten folgen seinem Beispiel. Die Auszählung ergibt 366 Stimmen für die Todesstrafe bei 721 abgegebenen Stimmen, also eine Mehrheit von 5 Stimmen. Eine Gegenprobe zeigt jedoch, daß ohne die Befürworter des Aufschubs die Mehrheit nur gerade erreicht ist. Am 19. Januar wird eine vierte Abstimmung vorgenommen, allein über die Frage des Aufschubs, der mit 383 gegen 310 Stimmen abgelehnt wird.

Mehr als die Einzelheiten der Stimmabgabe verdienen die tieferen Absichten der Beteiligten eine nähere Betrachtung. Keinerlei persönliche Abneigung gegen Ludwig XVI. beeinflußt die Abgeordneten. Selbst Robespierre gesteht später: »Ich fühlte in meinem Herzen die republikanische Tugendstrenge wankend werden, als ich den gedemütigten Schuldigen vor der souveränen Gewalt stehen sah.« Das Urteil war eine politische Entscheidung. Für die Mehrheit, die »Königsmörder«, galt es alle Brücken zu irgendeiner Hoffnung auf eine Kompromißlösung abzubrechen, eine Gegenrevolution unmöglich zu machen, die einer Preisgabe der politischen und gesellschaftlichen Errungenschaften von 1789 gleichgekommen wäre, und nicht zuletzt auch die Käufer von Nationalgütern und alle mit dem neuen Regime verbundenen Privatinteressen zu beruhigen. Indem man der Gegenrevolution den Kopf des Königs herausfordernd vor die Füße warf, nahm man sich bewußt jede Möglichkeit zur Umkehr.

Die eigentlichen Motive der »Appellanten« dagegen lassen sich schwieriger ermitteln. Keiner von ihnen war ein Royalist. Gewiß nährten sie, wie übrigens auch Danton, die Hoffnung, ein Gnadenerweis würde auf das übrige Europa bis zu einem gewissen Grade beruhigend wirken. Aber diese Rechnung steht im Widerspruch zur Außenpolitik der Gironde. Diese Männer, die das Volk zu befragen wünschten, waren offenbar in erster Linie Gefangene ihrer eigenen Logik, die sie seit September 1792 in ihren Handlungen bewiesen hatten. Sie hatten den Umschwung in den

Gesinnungen des Bürgertums zugunsten einer Entspannung gespürt, hatten ihn ermutigt und mit tönenden Reden begleitet. Der Konvent war ihnen auf diesem Wege gefolgt, und sie meinten, sie könnten sich noch einmal auf diese Stimmung stützen, als sie versuchten, den König zu retten. Aber das war ein Selbstbetrug. Die bürgerliche Revolution wollte sich lieber selber retten.

Am 20. Januar gegen 2 Uhr nachmittags begeben sich Garat und Lebrun zum *Temple*, um Ludwig XVI. die Entscheidung des Nationalkonvents zu eröffnen. Ludwig reicht drei Gesuche ein: er wünscht drei Tage Aufschub, um sich auf den Tod vorzubereiten, die Erlaubnis, seine Familie ohne Zeugen sehen zu dürfen, und die Genehmigung, einen nicht vereidigten Priester zu rufen, den Abbé Edgeworth de Firmont, den einstigen Beichtvater von Madame Elisabeth. Der Konvent gewährt ihm die zwei letzten Bitten, und gegen 6 Uhr kommt Garat in Begleitung von Edgeworth wieder in den *Temple*.

Im Laufe des Abends hat Ludwig XVI. ein langes Gespräch mit seinem Beichtiger und nimmt Abschied von den Seinen. Gegen 11 Uhr serviert ihm sein Kammerdiener das Nachtessen. »Der König«, berichtet er, »speiste mit gutem Appetit zwei Hühnerflügel und ein wenig Gemüse, trank zwei Gläser wasservermischten Wein und nahm zum Nachtisch einen kleinen Löffelbiskuit und etwas Malagawein.« Kaum ist er zu Bett gegangen, schläft Ludwig XVI. fest ein.

Am 21. wird er um 5 Uhr geweckt, wohnt der von Edgeworth gelesenen Messe bei und verzichtet auf das letzte Gespräch, das er der Königin versprochen hat. Vergebens verlangt er, sich selber die Haare abschneiden zu dürfen. Gegen 8.30 Uhr geht die Tür auf: Santerre, der Befehlshaber der Nationalgarde, kommt ihn holen. Im zweiten Hof des *Temple* wartet, von Minister Clavière zur Verfügung gestellt, eine Kutsche auf den Delinquenten.

Die Fahrt von der Rue du Temple zum Platz der Revolution dauert anderthalb Stunden. Es ist regnerisches Wetter, dichter Dunst liegt über den Straßen, wo auf Anweisung der Behörden die Ladentüren und alle Fenster geschlossen sind. Ein schweigendes Spalier aus fast achtzigtausend mit Gewehren und Piken bewaffneten Männern säumt den ganzen Weg.

Auf dem Platz, der später als Place de la Concorde zur Eintracht mahnen wird, ist vor dem Tuileriengarten, zwischen dem Sockel der zerstörten Statue Ludwigs XV. (dem heutigen Standort des Obelisken) und dem Beginn der Champs-Elysées ein Schafott aufgeschlagen worden. Zwanzigtausend Mann sind angetreten: mehrere »Legionen« der Nationalgarde, Föderierte aus den Provinzen und bewaffnete Abteilungen aus den einzelnen Sektionen.

Auf dem »Platz der Revolution« (der späteren Place de la Concorde) endet am 21. Januar 1793 das Leben Ludwigs XVI.: der Henker zeigt den Kopf des Hingerichteten. Die gleiche Menge, die noch am 17. Juli 1789 ihrem reuigen König mit »Vive le Roi!«-Geschrei zugejubelt hat, ruft jetzt: »Vive la Nation!«

Gegen 10 Uhr fährt der Wagen vor. Der König verharrt einige Minuten, dann steigt er aus und blickt auf das Schafott. Er legt selber seine Kleider ab, muß sich aber die Hände fesseln lassen. Auf Edgeworth gestützt geht er unter Trommelwirbel die Treppe hinauf. Oben auf dem Podium versucht er Widerstand zu leisten, zum Volk zu sprechen. Die royalistische Legende hat ihm später die letzten Worte zugeschrieben: »Volk! Ich sterbe unschuldig! Ich vergebe denen, die meinen Tod herbeigeführt haben. Ich bitte Gott, daß mein Blut nicht über Frankreich komme.« Aber prasselnder Trommelwirbel übertönt seine Stimme. Um 10.20 Uhr fällt sein Haupt. Begeisterungsrufe erschallen aus der Menge: *Vive la Nation! – Vive la République! – Vive la Liberté! – Vive l'Égalité!* Und während der Leichnam zum Madeleine-Friedhof geschafft wird, tanzt man im Reigen um das Schafott.

Wie nimmt das Land den Tod des Königs auf? Bei den Königstreuen bewirkt er verzweifelte Aktionen. Schon am Vorabend hat ein ehemaliger Soldat der Leibgarde, Pierre de Paris, den Abgeordneten Lepeletier, der für den Tod gestimmt hatte, ermordet. In der Provinz zeigt man hier und dort seine Mißbilligung: in Orléans und Lyon tragen die Menschen Trauer, in Montbrison kommt es zu einer Demonstration. Aber im großen und ganzen ist der königstreue Teil der öffentlichen Meinung wie gelähmt, und die Müdigkeit ist stärker als die Entrüstung. Bei den Revolutionären zeigt sich die gleiche Ermattung; außer in Paris und in den Versammlungen ruft der Prozeß gegen Ludwig XVI. keinerlei Begeisterung hervor. Dieses Schweigen eines ganzen Volkes beim Tod seines Königs beweist, wie tief der Bruch mit den jahrhundertealten Empfindungen der Menschen schon ist. Der Gesalbte Gottes, der mit allen Heilskräften Begabte wird ein für allemal mit Ludwig XVI. zu Staub. Man kann zwar zwanzig Jahre später die Monarchie wieder aufrichten, nicht aber die Mystik des geweihten Königs.

Die sofort spürbare Veränderung nach dem 21. Januar aber betrifft nicht die Konflikte im Innern des Landes, sondern das Verhältnis Europas zur Revolution.

Valmy ist zum Wendepunkt geworden. Die Preußen haben Nachschubschwierigkeiten, und ihre Aufmerksamkeit wird wieder durch Polen gefesselt, wo Katharina die Große ihren Vorteil sucht. Sie räumen ohne übertriebene Eile innerhalb von zwei Wochen das französische Staatsgebiet, und weder Dumouriez noch Kellermann unternehmen irgendwelche Verfolgungsversuche. Dennoch ist im Augenblick die Begeisterung über die Befreiung des Vaterlands das alles beherrschende Gefühl, und zwar um so mehr, als zum gleichen Zeitpunkt die übrigen Armeen ebenfalls vorrücken. In den Alpen ist Montesquiou am 23. September endlich dem Befehl nachgekommen, in Savoyen einzumarschieren; er trifft nicht auf den geringsten Widerstand. Nizza, die andere Besitzung des Königs von Sardinien, wird von den Truppen des Generals d'Anselme am 29. September besetzt. Am Rhein erobert Custine am 1. Oktober Speyer, dann Worms und Philippsburg; nach einem kurzen Rückzug macht er wieder Front, stößt nach Mainz vor und besetzt am 22. Oktober Frankfurt. Die wichtigste Operation jedoch ist die Eroberung Belgiens durch die Nordarmee unter Dumouriez. Nach kleineren, aber heftigen Gefechten kommt es am 6. November morgens zur Schlacht um das Dorf Jemappes bei Mons. Die Österreicher haben auf den Höhen, die den Zugang nach Mons beherrschen, starke Verschanzungen aufgeführt. Die Franzosen stürmen auf der ganzen Frontlinie, aber im Zentrum und auf dem rechten Flügel läßt der Schwung nach, und nur dem energischen Eingreifen von Dumouriez und des Sohnes des Herzogs von Orléans ist es zu verdanken, daß der Angriff wieder in Gang kommt. Am Abend wenden sich die Österreicher zum Rückzug.

Die Bedeutung des Sieges von Jemappes ist in der Militärgeschichte größer als die von Valmy. Die Kampfweise (Frontalangriff statt massiver Schläge an wenigen Punkten) entspricht zwar der routinemäßigen Taktik, aber die Zusammensetzung der Truppen, die überwiegend aus Freiwilligen bestehen, die Begeisterung und das Übergewicht der großen Menge machen Jemappes zum ersten Sieg der Revolution.

Es hätte ein Feldzug an den Rhein folgen können, wenn Dumouriez, den es nach einem Angriff auf Holland gelüstete, sich für die Befehle des Exekutivrats nicht taub gestellt hätte. So können die Österreicher an der Mosel feste Stellungen beziehen und die Preußen Frankfurt und das rechte Rheinufer zurückerobern. Als die Truppen in die Winterquartiere rücken, ist Belgien erobert, die feindlichen Armeen aber sind durchaus nicht zerschlagen.

Die Siege der Revolutionsarmeen stellen den Nationalkonvent vor beklemmende Probleme. Kann man jetzt Frieden schließen? Und was soll mit den eroberten Ländern werden, nachdem der Krieg nicht auf die Verteidigung des Staatsgebiets beschränkt geblieben ist? In allen Parteien sind sich die Geister uneins, aber alle sind sie doch gefangen in dem seit April 1792 in Gang gesetzten Mechanismus: wer fortan von Frieden spricht, macht sich als Gegenrevolutionär verdächtig. So wagen es weder die Girondisten noch Danton, der insgeheim durchaus dazu neigt, öffentlich für eine Verhandlungspolitik einzutreten. Am 26. November schreibt der Girondist Brissot an Servan: »Wir werden erst Ruhe haben, wenn

Charles-François Dumouriez führt die neue republikanische Armee zu ihrem ersten großen Sieg bei Jemappes (6. November 1792). Wenige Monate später konspiriert der ehrgeizige General gegen die Republik, aber seine Truppen weigern sich, auf Paris zu marschieren. Dumouriez muß bei den Österreichern Zuflucht suchen.

Europa, und zwar ganz Europa, in Flammen steht.« Einige, unter ihnen auch Brissot selber, scheinen eher für die Errichtung von »Schwesterrepubliken« zu sein, während sich auf der Linken Stimmen melden, die eine Annexion fordern. Chaumette, ein Linker noch innerhalb der Bergpartei, findet die eindrucksvollste Formulierung für dieses Delirium imperialistischer Begeisterung, das schließlich auch die besonnensten Köpfe verwirrt: »Das Gebiet, das zwischen Paris und Petersburg, zwischen Paris und Moskau liegt, wird bald französisiert, communisiert und jakobinisiert sein.«

Der Kreuzzug für die Freiheit stößt allerdings in der Praxis auf Schwierigkeiten. In den besetzten Ländern wird die Lage durch die Haltung der Bevölkerung gegenüber Frankreich bestimmt und von der Politik der Generäle, die keine Anweisungen bekommen, also nach eigenem Gutdünken handeln. In Savoyen, wo sich die Einwohner durch die gleiche Sprache und traditionelle Wirtschaftsbeziehungen mit Frankreich verbunden fühlen, verhält sich Montesquiou betont neutral und läßt die Gründung eines »Allobroger-Konvents« zu, der schon Ende Oktober den Anschluß an Frankreich fordert. In Nizza, einer nach Sprache und Neigung italienischen Stadt, unterstützt d'Anselme nachdrücklich den aus Marseille stammenden Bevölkerungsteil, der natürlich die Annexion des Gebiets fordert. Am Rhein begünstigt Custine ganz eindeutig die aus Frankreich zurückkehrenden Flüchtlinge oder die am Ort gebliebenen Revolutionsfreunde. In Belgien dagegen stellt sich das Problem anders. Zum Teil, weil Dumouriez in seiner Hoffnung, selber an die Spitze eines unabhängigen belgischen Staates zu treten, den Belgiern versprochen hat, man werde ihre Freiheiten und ihr Recht auf Selbstbestimmung achten. Vor allem aber, weil keine Partei in Belgien eine Vereinigung mit Frankreich wünscht: weder die »Ständler«, die eine Rückkehr zu den aristokratischen Generalständen verlangen, noch die »Vonckisten«, denen ein liberales, aber von Frankreich unabhängiges Regime vorschwebt. Den Belgiern wird die Annexion schlicht und einfach aufgezwungen.

Zu diesen örtlichen Schwierigkeiten, die dem Konvent eine grundsätzliche Entscheidung bis Mitte November unmöglich machen, kommt die finanzielle Zwangslage, deren Tragweite Cambon von Anfang an klarmacht: wenn man alle Völker befreien will, ist es dann Sache der Franzosen, allein die Last des Krieges zu tragen? Nein? Also muß man auch dort die Assignaten einführen. Damit entsteht der latente Widerspruch zwischen Befreiungsabsicht und steuerlicher Bedrückung; nur der Mythos vom freiwilligen Anschluß kann diesen Widerspruch jedenfalls prinzipiell auflösen. Der Sieg von Jemappes erweckt eine Begeisterung, die auch die letzten Bedenken ausräumt.

Zwei Dekrete werden verabschiedet. Am 19. November entscheidet der Nationalkonvent auf den Vorschlag des Girondisten Larevellière-Lépeaux, daß »die französische Nation allen Völkern ihre brüderliche Hilfe gewährt, die Freiheit genießen wollen«. Dieses Dekret wird von den ausländischen Regierungen als ein Aufruf zum europäischen Bruderkrieg gewertet. Aber am 15. Dezember läßt Cambon ein weiteres Dekret verabschieden, das die französischen Bedingungen für die Befreiung Europas nennt: Abschaffung der Privilegien und des Zehnten, Enteignung des Kirchengutes, Einführung der Assignaten, Krieg bis zum Äußersten gegen alle Völker, die Freiheit und Gleichheit ablehnen sollten.

Mit der Zeit werden neue Begründungen für die Annexionen gefunden. Am 21. November wird, um einem frei geäußerten Wunsch zu entsprechen, Savoyen auf einstimmigen Konventsbeschluß dem französischen Staatsgebiet einverleibt. Aber als es um Belgien geht, wo Dumouriez vergeblich gegen das Dekret vom 15. Dezember protestiert, wird die Vorstellung von den »natürlichen Grenzen Frankreichs« bemüht, die schon seit Anfang November immer neue Anhänger gefunden hat. Am 31. Januar beschließt der Nationalkonvent die Einverleibung von Nizza, und prompt fordert Danton das gleiche für Belgien: »Ich sage, es ist unsinnig, Bedenken gegen eine zu große Ausdehnung der Republik zu hegen. Ihre Grenzen sind ihr von der Natur vorgezeichnet.« Wenige Tage später drückt sich Carnot genauer aus, indem er die neue These mit historischen Argumenten stützt: »Die alten, natürlichen Grenzen Frankreichs sind der Rhein, die Alpen und die Pyrenäen; was aus diesem Gebiet abgetrennt worden ist, ist uns nur mit dem Rechte des Usurpators genommen worden.« Das Ideal einer »universalen Republik« bekommt damit eine konkrete Form, die man aus der Geschichte und aus der Geographie begründen möchte; zum Befreiungskreuzzug tritt der leidenschaftliche Expansionsdrang Frankreichs.

Die Annexionspolitik des Nationalkonvents und die Hinrichtung Ludwigs XVI. haben das ihre dazu beigetragen, daß sich gegen Frankreich eine Koalition bildet, die trotz mancher Pausen für kurze Zeit und für bestimmte Teilbereiche dennoch über zwanzig Jahre zusammenhält.

Es lag nahe, daß England zur treibenden Kraft dieser Koalition wurde. Allerdings hat William Pitt bis zum November 1792 keinen Anlaß gesehen, seine Neutralitätspolitik aufzugeben oder den von Burke gepredigten gegenrevolutionären Kreuzzug mitzumachen. Erst wirtschaftliche Interessen, politische Befürchtungen und die Ablehnung der von der Revolution ins Internationale Recht eingeführten Änderungen bestimmen England zum Bruch. Am 16. November erklärt die französische Regierung die Schelde zum offenen Gewässer und schickt eine Flotte nach Antwerpen. Damit ist das mit England verbündete Holland betroffen; Frankreich hat eine Klausel des Westfälischen Friedens gebrochen und bedroht die Sicherheit der Themse. Außerdem ist Pitt durch den Empfang beunruhigt, den die Revolution den Demokraten von jenseits des Kanals be-

William Pitt ist 1792 erst dreiunddreißig Jahre alt und steht doch schon seit neun Jahren an der Spitze der englischen Regierung. Er hat eine strikte Neutralitätspolitik eingehalten; erst nach dem Übergriff der Franzosen auf Holland tritt er der Koalition gegen die Republik Frankreich bei.

reitet: der Nationalkonvent hat nicht nur Thomas Paine, der in seinem Land wegen seines Buches »The rights of man« verurteilt worden ist, in seine Reihen aufgenommen, er gewährt auch den Abgesandten der englischen radikalen Gesellschaften öffentliches Gehör. Am 22. November gibt Grégoire bei der Begrüßung einer solchen Delegation der Hoffnung Ausdruck, daß bald auch an den Ufern der Themse die Republik aufgerichtet werden möge. Schon ab Dezember sorgt Pitt für die kriegsmäßige Ausrüstung von Heer und Marine. Er läßt die »Alien Bill« verabschieden, ein Gesetz, das die in England befindlichen Franzosen behördlicher Aufsicht unterstellt. Am 26. Dezember wird ein Embargo über die für Frankreich bestimmten Getreidelieferungen verhängt. Die Hinrichtung des Königs macht den Bruch vollständig; der französische Geschäftsträger wird ausgewiesen, und der Hof legt Trauerkleidung an.

Auf französischer Seite ist die Verantwortung für diesen Bruch weniger eindeutig. Auch in dieser Frage sind sich die Abgeordneten innerhalb der Parteien nicht einig. Die Mitglieder des Exekutivrats, sowohl Danton nach dem 10. August als auch Lebrun bis zur Kriegserkärung, haben alles getan, um der Entwicklung Einhalt zu gebieten. Viele führende Männer der Gironde wie Brissot und Vergniaud sind entweder wirklich so anglophil oder aber sie haben solche Bedenken, gegen die Interessen der Kaufleute von Bordeaux zu handeln, daß sie ganz offen die Gefahren eines Krieges gegen die britische Nation aufzeigen. Selbst auf der Linken schreibt Marat am 27. Dezember: »Der Krieg, mit dem uns England zu drohen scheint, kommt nur von der Öffnung der Schelde, die ja dem Handel der Leute von der Insel großen Schaden zufügen muß.« Doch die große Mehrheit des Konvents schlittert in den Krieg hinein, und Robespierre kämpft, Jaurès hat es ihm später vorgeworfen, gegen diesen neuen Krieg nicht mit dem gleichen Eifer wie vor einem Jahr. Wie erklärt sich dieser Widerspruch zwischen der klaren Erkenntnis der meisten und der schweigenden Billigung aller? Zweifellos wünscht man in den Kreisen der Industrie im Gegensatz zu den Kaufleuten die Auswirkungen des »Schandvertrages« von 1786 zu beseitigen; Wirtschaftskrieg, Protektionismus und Blockaden zeigen ja schon bald, wie sehr sie ihren Einfluß geltend machen, um sich die englische Konkurrenz vom Hals zu schaffen. Aber es würde von einer vorgefaßten Meinung zeugen und wäre ein Anachronismus, wollte man den Unternehmern von 1793 eine maßgebliche Einwirkung auf die politischen Entscheidungen des Konvents zutrauen. Jetzt zählen Interessen sehr viel weniger als Leidenschaften und Denkgewohnheiten. Für das Volk nämlich ist England das Land des Egoismus, der reichen Pfeffersäcke und der Korruption. Für die meisten Bürger wiederum, die von den Physiokraten gelernt haben, daß die Wirtschaftskraft eines Landes aus der Eigenproduktion gespeist wird, ist England, dessen Vormachtstellung auf dem Kreditwesen und dem Außenhandel beruht, ein schwacher und verwundbarer Gegner. Die Politiker aber, die im Revolutionsprozeß stehen, wissen, daß sie sich durch Widerstand gegen den Krieg als feige »Kapitulierer« verdächtig machen und gegen die herrschende Stimmung handeln würden. Am 1. Februar 1793 erklärt der Nationalkonvent dem König von England und dem Stadhouder von Holland den Krieg.

Die übrigen Staaten Europas sind England vorangegangen oder folgen bald. Schon vorher haben der Papst, der Herzog von Parma, der Herzog von Modena und der König von Neapel die Beziehungen offiziell abgebrochen. Der Reichstag veranlaßt alle deutschen Staaten zum gleichen Verhalten. Der zwei Tage nach der Hinrichtung Ludwigs XVI. unterzeichnete Vertrag zwischen Preußen und Rußland über die zweite Teilung Polens gibt Preußen freie Hand, an der französischen Front erneut aktiv zu werden, und verschafft Rußland die Möglichkeit, sich England wieder zu nähern. Außer den nordischen Staaten, der Schweiz, der Republik Venedig und dem Großherzog von Toskana (immerhin ein Habsburger) verbindet sich ganz Europa zur Koalition gegen Frankreich.

Die Girondisten haben die Gefahren dieser Koalition durchaus erkannt, sich aber dem Druck der Volksstimmung ebensowenig entziehen können wie die Männer der Bergpartei. Und sie sind nun die am unmittelbarsten Betroffenen, denn die neue Lage verlangt nach einem totalen Krieg, vor dessen Mitteln sie zurückschrecken.

Innerhalb weniger Wochen gehen im Frühjahr 1793 die »natürlichen Grenzen« wieder verloren. Ende März muß ganz Belgien, Anfang April auch das linke Rheinufer geräumt werden. Damit hält Frankreich außerhalb seiner alten Grenzen nur noch die vom Feind belagerte Festung Mainz besetzt.

Wie ist es zu diesen Rückschlägen gekommen? Zum Teil erklären sie sich aus strategischen Gründen. Entgegen den Befehlen des Exekutivrats hat der von seinem Einmarschplan nach Holland berauschte Dumouriez nach dem Sieg von Jemappes zu lange gezögert, sich mit der von Custine geführten Nordostarmee zu vereinigen. Diese Atempause hat den Österreichern und Preußen Gelegenheit gegeben, ihre Einheiten aufzufüllen. Sie halten Ende Februar von Koblenz bis Luxemburg ein spitz zulaufendes Gebiet besetzt, das die beiden französischen Armeen voneinander trennt. Diese zentrale Stellung ist außerordentlich günstig. Aber dem Gegner kommt noch mehr die moralische und vor allem die politische Schwäche auf französischer Seite zustatten. Nicht nur fehlt es an Unterstützung durch die Zivilbevölkerung, sondern stellenweise herrscht eine ausgesprochene Feindseligkeit gegen das Land der Plünderer und Assignatendrucker. Ganz deutlich hat sich das in Frankfurt gezeigt, wo die Einwohner sich im Dezember beim Einrücken der Preußen zusammengerottet und ein Blutbad unter den Franzosen angerichtet haben, und im März erweist es sich in Belgien, wie sehr die Allgemeinheit über den Anschluß an Frankreich verbittert ist. Schlimmer noch für die Armeen ist allerdings ihre eigene materielle und psychologische Lage. Die Soldaten sind schlecht verpflegt und schlecht gekleidet. Dumouriez hat ein ganzes Gefolge von Heereslieferanten um sich, die bei den Abschlüssen erhebliche Spekulationsgewinne einstreichen. Um diesem Treiben ein Ende zu machen, hat Kriegsminister Pache ein Beschaffungsdirektorium gebildet, das an die Stelle der Lieferanten treten soll; aber es wird von Dumouriez und den Girondisten heftig angegriffen und schon im Januar vom Nationalkonvent aufgelöst. Viele Freiwillige sind unter Berufung auf ein Dekret vom Dezember 1791, das ihnen nach Abschluß des Feldzugs 1792 das Verlassen der Armee gestattet, nach Hause zurückgekehrt. Die Fahnenflucht nimmt immer mehr überhand; von den 400 000 Mann am 1. Dezember 1792 stehen am 1. Februar 1793 nur noch schätzungsweise 230 000 Mann unter Waffen. Nach dem am 25. Januar von Dubois-Crancé vorgelegten Bericht ist aber eine Armee von mindestens 500 000 Mann erforderlich. Und zusätzlich herrscht in der geschrumpften Armee alles andere als Eintracht. Für die Linienbataillone und die Freiwilligenbataillone gelten verschiedene Bestimmungen: die Freiwilligen wählen ihre Offiziere, bekommen einen höheren Sold und unterstehen einer weniger strengen Disziplin. Vergebens schlägt Dubois-Crancé am 7. Februar die Verschmelzung von »Weißen« und »Blauen« vor, die Zusammenfassung von einem Linienbataillon und zwei Freiwilligenbataillonen zu einer Halbbrigade (dem früheren Regiment). Die Generäle widersetzen sich, und sie werden von den Girondisten unterstützt.

Schuld an allen diesen Ursachen für die augenblickliche Schwäche ist ein und dasselbe Grundübel: es fehlt an einer homogenen, wirksamen Staatsführung. Die Girondisten haben seit Valmy ganz auf die Lockerung der Terror- und Zwangsmaßnahmen gesetzt. Es widerstrebt ihnen, eine Regierung der nationalen Union zu akzeptieren, die Danton und die *Plaine*, vertreten durch Barère, immer wieder vorgeschlagen haben, und sie erweisen sich dabei als unfähig, selber zu regieren. Am 1. Januar hat der Nationalkonvent einen Allgemeinen Verteidigungsausschuß aus vierundzwanzig Mitgliedern gewählt, in dem die Girondisten stark in der Mehrheit sind. Aber die Beratungen dieses Ausschusses sind öffentlich, und weil alle Abgeordneten ihnen beiwohnen können, kommt es zu einem

Parteienstreit, der praktisch eine Fortsetzung der Debatten in der Versammlung darstellt. Im Exekutivrat ist Pache für die Kriegführung zuständig. Aber er hat seine Amtsstellen mit Sansculotten besetzt; die Girondisten hassen ihn geradezu, und noch feindseliger ist ihm Dumouriez gesonnen, der am 4. Februar erreicht, daß er von Beurnonville abgelöst wird. So geht die Verantwortung mehr und mehr auf die Generäle über, aber auch sie verfolgen ihre eigenen politischen Ziele, vor allem Dumouriez, dessen Aufenthalt in Paris während des Prozesses gegen den König recht fragwürdig erscheint. Diese Unfähigkeit der Girondisten, dem Krieg eine klare politische Zielsetzung zu geben, ist letzten Endes der Grund für die Niederlagen.

Das militärische Debakel läuft ganz folgerichtig ab. Dumouriez hat seine Absicht, nach Holland einzumarschieren, nicht aufgegeben. Der Plan sieht eine Aufteilung seiner Armee in drei Gruppen vor. Auf dem rechten Flügel soll Miranda Maastricht belagern und die Übergänge über die Rur sichern; Valence soll sich an der Mittelmosel halten; Dumouriez soll mit dem Gros von Antwerpen aus nach Holland vorstoßen. Dieser militärisch außerordentlich gewagte Feldzugsplan erklärt sich aus den politischen Absichten des Oberbefehlshabers. Wenn man seinen Memoiren glauben darf, wollte er einen belgisch-holländischen Staat gründen und, falls der Nationalkonvent das ablehnen sollte, auf Paris marschieren und die Monarchie wiederaufrichten zugunsten des Herzogs von Chartres, des Sohnes von Philippe-Égalité, der als »Generalleutnant« in seiner Armee diente.

Im Anfang scheint das Vorhaben zu gelingen. Am 16. Februar rückt Dumouriez mit 20 000 Mann in Holland ein und erobert mühelos mehrere Festungen. Aber am 1. März bricht die österreichische Armee unter dem Befehl des Prinzen von Sachsen-Coburg über die Belgienarmee herein. Miranda und Valence retirieren hinter die Dyle. Am 8. März schildern Danton und Delacroix, die von einer Reise nach Belgien zurückkehren, in Paris das Ausmaß der Gefahr. Sie sorgen dafür, daß die am 23. Februar verkündigte Aushebung von 300 000 Mann beschleunigt durchgeführt wird, und der Exekutivrat befiehlt Dumouriez, nach Belgien zu seinen Truppen zurückzukehren. Trotz eindeutiger Anweisungen läßt Dumouriez sein Expeditionskorps in Holland und geht allein nach Belgien. Am 12. März richtet er an den Nationalkonvent ein Schreiben, in dem er den Ministern, den zu den Armeen abgesandten bevollmächtigten Abgeordneten und der Politik des Nationalkonvents gegenüber den Belgiern die Schuld an den Niederlagen gibt. Dieser Brief, der an La Fayettes Schreiben vom Mai 1792 erinnert, erregt den Zorn etlicher Abgeordneter der Bergpartei. Sie verlangen, daß der General vor Gericht gestellt wird. Am 16. März läßt sich Dumouriez von der Kaiserlichen Armee bei Neerwinden eine vernichtende Niederlage beibringen; seine Soldaten strömen ungeordnet in Richtung Löwen zurück. Noch einmal besiegt, schickt er schon am 23. seinen Adjutanten zum Prinzen von Coburg. In Geheimverhandlungen verpflichtet sich Dumouriez, Belgien kampflos zu räumen. Am 29. abends beschließt die Versammlung, ihn abzusetzen, und betraut Kriegsminister Beurnonville und vier Kommissare des Nationalkonvents mit der Vollstreckung dieses Befehls. Dumouriez läßt sie am 1. April gefangennehmen und liefert sie an den Feind aus. Er versucht, seine Armee gegen Paris zu führen, stößt aber bei seinen Truppen auf Widerstand. Am 5. April muß er mit einigen seiner Generäle, unter ihnen Valence und der Herzog von Chartres, bei den Österreichern Zuflucht suchen. Durch den Verrat von Dumouriez geht Belgien für Frankreich verloren, aber der Patriotismus der Armee rettet die Revolution.

Am Rhein ist schon alles verloren. Custine, ein großartiger Haudegen, aber ein schwacher Stratege, hat das Gros seiner Truppen – 25 000 von 45 000 Mann – in Mainz zusammengezogen. Er ist nicht in der Lage und wagt es auch nicht, mit dem Rest seiner Armee die Preußen daran zu hindern, die Festung einfach zu umgehen. Der König von Preußen überschreitet den Rhein bei Bacharach, flußabwärts von Bingen, und setzt seine Umfassungsbewegung ungestört fort. Custine räumt das linke Rheinufer und zieht sich am 4. April auf Landau zurück. Von den Herbsteroberungen bleibt nur das belagerte Mainz.

Die am 23. Februar 1793 beschlossene Aushebung der 300 000 Mann ist wegen ihrer willkürlichen Durchführung ganz dazu angetan, Unzufriedenheit entstehen zu lassen. Der Nationalkonvent ist grundsätzlich gegen die allgemeine Wehrpflicht und hat wie bei den bisherigen Aushebungen für jedes Departement eine bestimmte Zahl von Rekruten festgelegt, die unter den Junggesellen und Witwern zwischen zwanzig und vierzig Jahren auszuheben sind. Zunächst soll zur freiwilligen Meldung aufgerufen werden, aber Artikel 2 bestimmt, daß bei nicht ausreichender Zahl der Freiwilligen »die Bürger gehalten sind, diese Zahl unverzüglich aufzufüllen, und zwar nach einem Verfahren, das sie selber mit Stimmenmehrheit als das angemessenste bezeichnen«. Damit hat man den politischen Zwist in die Auslese der Soldaten getragen, vor allem aber gemahnt das Verfahren vielerorts an die verhaßte Bestimmung durch das Los im Ancien Régime. Außerdem sind die Beamten und die Abgeordneten aller Versammlungen vom Wehrdienst befreit, was einer Bevorzugung breiter Schichten des revolutionären Bürgertums gleichkommt. So ist es nicht besonders erstaunlich, daß mancherorts Unruhen entstehen. Im Distrikt von

Hazebrouck bei Dünkirchen, im Elsaß und im Departement Puy-de-Dôme in Zentralfrankreich kommt es zum Aufruhr, in Orléans wird das Konventsmitglied Léonard Bourdon angegriffen und schwer verletzt. Aber die Erhebungen lassen sich überall ohne große Mühe niederschlagen – außer in der Vendée. Man muß für den Aufstand in der Vendée also über den unmittelbaren Anlaß hinaus nach tieferen Gründen suchen.

»Vendée« ist an sich schon ein ungenauer Begriff. Nach den neuen Verwaltungseinheiten umfaßt das Aufstandsgebiet nicht das ganze Departement Vendée, dafür aber weite Strecken der Nachbardepartements Deux-Sèvres, Maine-et-Loire, Loire-Inférieure. Geologisch betrachtet handelt es sich um die primärzeitlichen Böden, vor allem granitenes Ödland und im Schiefergebiet das Hecken- und Weideland des *bocage*, während die Ebenen mit Kalksteinböden »patriotisch« bleiben. André Siegfried hat in seinem brillanten Werk *Tableau politique de la France de l'Ouest* diesen Gegensatz zwischen primär- und sekundärzeitlichen Böden als eine Konstante der innerfranzösischen politischen Geschichte herausgearbeitet und gemeint, die ersteren begünstigten eine traditionsverhaftete und religiöse Lebenseinstellung, die letzteren ein dem Fortschritt zugewandtes und häufig antiklerikales Verhalten. Diese verführerisch einleuchtende These ist allerdings kürzlich entkräftet worden bei Untersuchungen in der Sarthe, einem angrenzenden westfranzösischen Departement. Es liegt nahe, daß die *bocage*-Hügellandschaften mit ihren Streusiedlungen ohne organische Verflechtung von Stadt und Land und mit ihren seltenen und schlechten Verkehrsverbindungen zur Hauptstadt und den übrigen Provinzen eher die vertikalen als die horizontalen Sozialbeziehungen begünstigen: schon die Natur unterstützt die Neigung der Bauern, sich in kleinen örtlichen Gemeinschaften um ihren Pfarrer oder um den Grundherrn zu scharen. Aber wahrscheinlich sind wir das Opfer einer optischen Täuschung, weil wir die weitgehend erst durch die Vendée-Kriege geschaffenen Realitäten von heute auf die damaligen Verhältnisse übertragen. Die Bauern in der Vendée hatten die ersten Maßnahmen der Revolution mit großer Befriedigung aufgenommen. Allein aus der Geographie läßt sich das Phänomen also nicht deuten.

Das gleiche gilt für die Erklärung aus der religiösen Situation. Auch hier ist, fürchte ich, das Bild der heutigen Vendée, wo gerade die Revolutionsjahre die Religion zum Gegenstand einer Art Lokalpatriotismus gemacht haben, so eindrucksvoll, daß es leicht an die Stelle des wahren Bildes der Vendée im 18. Jahrhundert tritt. Gewiß waren diese Gebiete, wo die Reformation im 16. Jahrhundert festen Fuß gefaßt hatte, im 17. Jahrhundert zum bevorzugten Arbeitsfeld der Gegenreformation geworden. Die Missionen hatten das Land ganz zurückgewonnen; es hatte einen eng mit den Bauern verbundenen Klerus hervorgebracht und war gekennzeichnet durch ein Klima tridentinischer Frömmigkeit, von denen die vielen Kreuze und Kalvarienberge zeugten. Die zivilrechtliche Konstituierung der Geistlichkeit traf hier auf erbitterten Widerstand, und die sehr zahlreichen eidverweigernden Priester wurden schon 1792 unter Arrest gestellt oder des Landes verwiesen. Aber nichts deutet darauf hin, daß die Bindung an die Kirche hier enger gewesen wäre als in anderen Gegenden, die durchaus patriotisch gesonnen blieben. Die Leute in der Vendée erhoben sich auch nicht etwa, um ihre eidverweigernden Priester zu verteidigen.

Wir müssen also einräumen, daß abgesehen von den unmittelbaren Anlässen und den erklärten Begründungen (Treue zu Gott und dem König) die tieferen Ursachen der Vendée-Aufstände uns zu einem guten Teil nach wie vor unbekannt sind. Deutlich zeigt sich der Gegensatz zwischen den Bündnissen der Gesellschaftsgruppen, wie sie sich hier bilden, und denen, die im ganzen übrigen Frankreich die Revolution strukturieren. Vielleicht erklärt sich der Haß des Bauern auf den »Monsieur« in der Stadt aus dem Verkauf der Nationalgüter, von dem gerade in dieser Gegend vor allem das Bürgertum profitiert hat. Die Bauern der Vendée sehen sich um ihren Anteil an der Beute betrogen. Sie meinen, sie hätten nun nur noch alles zu verlieren, angefangen bei ihrem Leben und ihrem Seelenheil, und sie stellen sich unter den jahrhundertealten Schutz der Edelleute und der Kirche.

Die Unruhen beginnen am 3. März, sobald die neue Aushebung bekannt wird. Vom 3. bis 9. werden aus Cholet, Chemillé, Clisson, aus dem ganzen Mauges-Gebiet südlich der Loire zwischen Angers und Nantes Zwischenfälle gemeldet. Noch handelt es sich um spontane Einzelaktionen, die sich rasch unterdrücken lassen und nicht weiter besorgniserregend sind. Am 11. März dagegen kommt es in über hundert Dörfern in drei Departements so gleichzeitig zu gleichartigen bewaffneten Aufläufen, daß sie nicht mehr spontan entstanden sein können. Es handelt sich nicht etwa um eine Initiative des Adels. Zwar gibt es eine Aristokratenverschwörung, die eine allgemeine Erhebung in Westfrankreich vorbereitet, aber ihre führenden Leute werden von dieser Bewegung, die sie nicht ausgelöst haben, selber überrascht. Die Hauptrolle spielt offenbar die von ihren Gegnern verächtlich als »Adelsknechte« bezeichnete traditionelle Klientel des aristokratischen Ancien Régime, die von der Revolution abgewertet worden ist. Die ersten Anführer in den Mauges sind der Fuhrmann und Mesner Cathelineau und der Jagdhüter Stofflet, im bretonischen Moorland der Perückenmacher Gaston. Ihnen hilft ein ganzes Netz von unbekannten Steuerpächtern, Gutsverwaltern und Beamten der einstigen lokalen Rechtspflege der Grundherren. Für die Kriegführung wenden sie sich sehr bald an Adelige: im Moorland Charette, in den Mauges Bonchamp und d'Elbée. Im Poitou treten Lescure und La Rochejaquelein erst Anfang April in Erscheinung. Mit den Adeligen kommen auch die eidverweigernden Priester aus ihren Verstecken und rufen das fromme Landvolk zum Kampf gegen die Gottlosen aus den Städten auf.

Diese Priester sind durchaus nicht der Haufen tumber Gesellen, als den ihn ihre Gegner darstellen. Großartige Persönlichkeiten sind darunter wie der Pfarrer von Saint-Laud d'Angers, der Abbé Bernier. Anfang Juni schließt er sich dem Generalstab der Aufständischen an. Später kehrt er dem Royalismus den Rücken, handelt für den Ersten Konsul Bonaparte das Konkordat aus, das die Kirche mit dem modernen Frankreich versöhnt, und wird mit dem Bistum Orléans belohnt.

Die Bewegung kommt in drei Gegenden zugleich in Gang. Im Moorland werden nach der Eroberung von Machecoul (11. März) die neuen Stadtbeamten, die verfassungstreuen Priester und die Mitglieder der Nationalgarde umgebracht: über fünfhundert Opfer in nicht ganz vier Wochen. Ende März beherrschen die Aufständischen das ganze Land bis auf den Küstenstreifen, wo die wichtigsten Häfen von den Patrioten verteidigt werden. – Im *bocage* südlich der Loire haben die Adeligen rasch und entschlossen eingegriffen; schon am 10. März werden Clisson und Mortagne erobert, bald darauf Saint-Fulgent. In dem Dorf Les-Quatre-Chemins-de-l'Oie, von dem aus man die Straßenverbindungen kontrollieren kann, wird ein Hauptquartier dieser »Zentrumsarmee« gebildet. Die aus La Rochelle herangeführten Truppen der Republik unter General Macé werden am 19. März bei Pont-Charrault vernichtend geschlagen. – In den Mauges läßt sich eine einheitliche Führung nicht so rasch schaffen: am 12. und 13. März wird Saint-Florent erobert und geplündert, bevor sich Bonchamp an die Spitze der Bauern gestellt hat. Zur gleichen Zeit steht d'Elbée in Beaupréau, Stofflet in Vezins. Cathelineau rückt auf Jalais vor und erobert, unterstützt von Stofflets Truppen, die kleine Stadt Chemille. Am 14. März wird Cholet eingenommen, fünfhundert Männer der Nationalgarde fallen im Kampf oder werden niedergemacht. Jetzt kommt so etwas wie eine einheitliche Organisation zustande, die »Große katholische und königliche Armee«, die in den Mauges die Macht übernimmt. Cathelineau hat nominell den Oberbefehl. In Wirklichkeit ist diese Armee nur ein Konglomerat von kleinen Streitmächten, die sich immer wieder zu einem Handstreich zusammentun, sich in der für den Guerilla-Krieg ideal geeigneten Landschaft auskennen, aber nicht in der Lage sind, ihre Kampftätigkeit zu koordinieren. Der Anführer Cathelineau scheint eher symbolisch als tatsächlich eine Rolle gespielt zu haben.

Der Nationalkonvent reagiert zwar am 19. März durch ein einstimmig verabschiedetes Dekret, das allen mit der Waffe in der Hand betroffenen Rebellen die Todesstrafe und die Beschlagnahme ihres gesamten Eigentums androht, aber alle Gegenangriffe der republikanischen Truppen scheitern. Am 11. April wird Berruyer bei Chemillé von d'Elbée geschlagen, am 13. April bleibt La Rochejaquelein bei Les Aubiers gegen Quétineau erfolgreich. Die Katastrophe kommt am 5. Mai: Quétineau streckt in Thouars mit seinen Truppen die Waffen.

Der Eindruck auf Paris ist fürchterlich. Im gleichen Augenblick, da Dumouriez zum Feind übergegangen ist, da die Grenzen des Landes bedroht sind, fällt die Vendée der Revolution in den Rücken.

Die äußere Bedrohung und die Gegenrevolution in der Vendée treten zu einer von den steigenden Preisen ausgelösten Unruhe unter dem Volk. Die Ernte 1792 ist nicht schlecht gewesen. Nach wie vor ist der Verfall des Geldwerts ausschlaggebend. Die neuen Emissionen (800 Millionen allein am 1. Februar), die politischen Ereignisse und der amtliche Doppelkurs in Hart- und Papiergeld für alle Waren haben die Assignaten, die noch Ende Januar amtlich 55 % des Nennwertes gegolten haben, Anfang April auf 43 % sinken lassen; der echte Wertschwund zum Handelskurs ist noch größer. Weitere Faktoren tragen zum Steigen der Preise bei: die Bauern rechnen mit einem weiteren Anstieg und halten ihre Produkte zurück; die Märkte veröden und unter dem Druck der Nachfrage geht die Entwicklung immer rascher. Die Teuerung ist im übrigen regional sehr verschieden. In Südostfrankreich, wo die Preise für viele Waren mehr als doppelt so hoch sind als 1789, scheint es am schlimmsten zu sein. Und wie sieht es mit den Löhnen aus? Da viele Männer in den Krieg gezogen sind, werden die Arbeitskräfte knapper und – auch unter dem Druck der Volksstimmung – entsprechend besser bezahlt. Aber der Abstand zwischen Preisen und Löhnen wächst. In der Provinz, wo der durchschnittliche Tagelohn zwanzig Sous beträgt, schwankt der Brotpreis zwischen sechs und acht Sous je Pfund. In Paris dagegen, das durch den behördlich subventionierten Brotpreis von drei Sous ohnehin im Vorteil ist, liegen die Löhne über vierzig Sous.

Die Forderungen des Volkes bleiben die gleichen: Bestandsaufnahme, Beschlagnahme, fester Höchstpreis (das berühmte »Maximum«) und Zwangskurs der Assignaten, also die Abschaffung des Warencharakters des Geldes. Diese Parolen werden von obskuren »wilden« Volksführern, den *Enragés*, übernommen: in Lyon von Leclerc, in Paris von Varlet und Jacques Roux. Der Abbé Jacques Roux, Sohn eines Offiziers aus dem Périgord, ehemaliger Lehrer an einem Priesterseminar und jetzt Pfarrverweser an der Pfarrei Saint-Nicolas-des-Champs, ist der Abgott der Sektion Gravilliers. In der *Commune*, deren Mitglied er ist, und in den Häusern seines Armeleuteviertels, wo er unermüdlich die wackeligen Treppen erklimmt, macht sich Roux zum Fürsprecher und zum Helfer der Armen. Er ist ein letzter Vertreter der selbstlos verzückten Pfarrer, wie sie in der Geschichte der Volksunruhen im Mittelalter und unter dem Ancien Régime immer wieder auftreten. Diese *Enragés* sind an sich ungefährlich. Aber bei den Aufruhrtagen im Februar bekommen ihre heftigen Äußerungen eine Resonanz, die sich in Gewalttätigkeit ausdrückt. Am 25. Februar morgens beginnen die Ordnungswidrigkeiten im Großmarktviertel und breiten sich rasch aus; die Frauen plündern die Lebensmittelgeschäfte. Am 26. stellt die Nationalgarde die Ruhe wieder her. Nach Varlet tritt auch Jacques Roux in der Stadtversammlung für die aufrührerischen Frauen ein: »Ich glaube, die Krämer haben dem Volk nur zurückgegeben, was sie durch viel zu hohe Preise seit langem aus ihm herausgeholt haben.«

Das Bürgertum weigert sich anfangs einmütig und kategorisch, den Forderungen des Volkes nachzugeben. In dieser Sache, der wirtschaftlichen Freiheit, sind sich Bergpartei und Girondisten grundsätzlich durchaus einig. Noch im November hat Saint-Just mit dem gleichen Nachdruck wie Roland das orthodoxe Finanzwesen und die liberale Wirtschaft verteidigt. Ein populäres Flugblatt klagt ihn an: »Das Volk weiß, daß die Abgeordneten, die in den Volksversammlungen große Worte machen und die schönsten Reden halten, jeden Tag gut und reichlich zu essen haben. Auch der Bürger Saint-Just gehört zu diesen Leuten.« Man sucht den Grund für die Unruhen in Intrigen. Natürlich sehen die Girondisten die Hand der Bergpartei im Spiel, und die wiederum beschuldigt die Aristokraten und ihre gemäßigten Helfershelfer. Viele sind der Meinung, die Robespierre am 25. Februar zum Ausdruck bringt: »Ich sage nicht, daß sich das Volk schuldig gemacht hat, ich sage nicht, daß seine Taten eine Verfehlung waren. Aber wenn das Volk schon aufsteht, sollte es dann nicht ein seiner Bemühung würdigeres Ziel haben, als sich nur nach jämmerlichen Nahrungsmitteln gelüsten zu lassen?« Nichts zeigt den himmelweiten Unterschied zwischen dem Volk, wie es wirklich ist, und dem Volk, das sich die Revolutionäre unter den Bürgern erträumen, deutlicher als diese Rede. Für sie steht allein die Politik an der ersten Stelle, und nun müssen sie erleben, wie wirtschaftliche und politische Phänomene zu einer Flamme verschmelzen, die den Nationalkonvent ebenso bedroht wie der Brand in der Vendée. Es hat wenig zu bedeuten, daß sich die primitiven Anliegen des Volkes um ganz verschiedene Kristallisationspunkte sammeln, in der Vendée um den bäuerlichen Mythos von einem goldenen Zeitalter im katholischen Glauben und unter dem Schirm der Grundherren, in Paris um eine allgemeine Gleichheit, die noch mythischer ist – der bürgerlichen Revolution droht die gleiche Folge: die Isolierung.

Von Anfang März bis Ende Mai 1793 zeichnen sich zwei Leitlinien im Durcheinander der Fakten ab: die Verabschiedung von Ausnahmebestimmungen, die schon die zukünftige Revolutionsregierung ahnen lassen, durch den Nationalkonvent und die scharfen Auseinandersetzungen zwischen den Girondisten und der Bergpartei.

Warum sagen diese neuen Maßnahmen der Gironde und, soweit sie wirtschaftlicher Natur sind, sogar der Bergpartei so wenig zu? Die Situation verlangt eine Entwicklung in drei Richtungen, die allesamt die Revolution noch weiter von ihrer ursprünglichen Bahn wegführen.

Die Tätigkeit der Sansculotten wird ständig heftiger und drängender. Die schlechte Wirtschaftslage, das Eindringen des Feindes in Belgien und die träge Regierung schaffen und erhalten in Paris ein Klima der Aufsässigkeit, das sich in vielen, im einzelnen gar nicht aufzuzählenden Vorfällen äußert. Straßendemonstrationen zwingen am 5. Mai zur Einführung des ersten Maximums. Es geht drunter und drüber in diesen Tagen, und die Forderungen überschlagen sich: Bestrafung der Verräter und der Gemäßigten, Überwachung der Verdächtigen, Teilenteignung der Reichen. Der Druck der Massen ist unverkennbar. Dennoch wäre es ein Irrtum, mit den Girondisten und, paradoxerweise, mit der marxistischen Geschichtsschreibung, in diesem Druck den tieferen Grund für die Beschlüsse des Konvents zu erblicken. Das Verhalten der Massen ist nichts weiter als ein deutliches Anzeichen dafür, daß eine objektiv neue Situation eingetreten ist, die jedenfalls für den Augenblick die reguläre Ausübung der liberalen, bürgerlichen Gewalt unvereinbar macht mit den hier und jetzt auftretenden Notwendigkeiten für die Wohlfahrt des Staates. Der Konvent muß sich nolens volens den Tatsachen beugen und die Geburtswehen dieser neuen Ordnung ertragen.

In dieser Lage rückt die Bergpartei, die fürchten muß, daß die bürgerliche Revolution überrollt werden könnte, immer weiter nach links und bezieht nach und nach unter dem Zwang des Faktischen einen Teil der Sansculotten-Forderungen in ihr Programm ein. Jean Bon Saint-André schreibt in einem Brief an Barère: »Wir müssen vor allen Dingen dafür sorgen, daß der kleine Mann genug zu essen hat, wenn er uns helfen soll, die Revolution zu vollenden.« Auf der politischen Ebene unternimmt Danton alles Erdenkliche, um einen »Block der Linken« entstehen zu lassen, der alle zur Verteidigung der Republik entschlossenen Parteien in sich vereinigen soll. Robespierre dagegen ist bereit, das vom Volk gewünschte Programm zu übernehmen, das sein persönliches Mißtrauen befriedigt: Ausschaltung der Girondisten, Sondergerichtshof, Unterstellung der Generäle unter die politische Führung der Regierung. Aber er hängt am parlamentarischen System. Deshalb möchte er die Mitwirkung des Volkes auf den bloßen Druck von außen beschränken und es dem Nationalkonvent überlassen, selber die unerwünschten Elemente auszuschließen. Auf wirtschaftlichem Gebiet übernehmen die Männer der Bergpartei die Volksparolen nicht so bereitwillig; erst in den letzten Apriltagen erwägen sie offen bestimmte, zeitlich begrenzte Einschränkungen des Eigentumsrechts.

Der gleiche Wind, der die Bergpartei den Sansculotten in die Arme treibt, drängt die *Plaine* näher an den Berg. Angesichts des Vendée-Aufstands und des drohenden Einfalls der feindlichen Armeen entschließen sich viele Abgeordnete aus der Mitte des Hauses, obwohl sie im Haß auf Robespierre und Marat mit den Girondisten einig sind, gegen die Gironde und mit der Bergpartei für die neuen revolutionären Maßnahmen zu stimmen. Am 18. März hält Barère in ihrem Namen eine Rede, die geradezu ein Manifest ist. Er tadelt die Rechte und die Linke, lehnt sowohl den außerparlamentarischen Druck als auch den Widerstand der Girondisten gegen die neuen Maßnahmen ab. Dabei umreißt er sehr klar die drei im Augenblick gegebenen Tatsachen: 1. In Ausnahmezeiten regiert man nicht nach normalen Methoden: man muß sich also zum Einsatz revolutionärer Mittel bereitfinden. – 2. Das Bürgertum darf sich nicht vom Volke lösen: es muß also dessen Forderungen erfüllen. – 3. In einem solchen Bündnis muß aber das Bürgertum das führende Element bleiben: die Initiative zu den neuen Maßnahmen muß vom Konvent ausgehen.

Diese Maßnahmen werden zwischen dem 10. März und dem 20. Mai beschlossen. Sie sollen wie nach dem 10. August dreierlei bewirken: die Verdächtigen überwachen und bestrafen, die wirtschaftlichen Forderungen der Sansculotten erfüllen und die Regierungstätigkeit wirksamer gestalten. Schon am 11. März wird ein Revolutionsgerichtshof zur Aburteilung der Verdächtigen eingesetzt. Danton, der eine Wiederholung der Septembermorde verhindern will, rechtfertigt die organisierte Unterdrückung: »Seien wir schrecklich, damit das Volk es nicht zu sein braucht!« Am 21. März werden die Überwachungsausschüsse geschaffen. In jeder Gemeinde haben sie den Auftrag, die Ausländer und die Verdächtigen zu überwachen – schon sehr bald werden sie die Zulieferer für den Revolutionsgerichtshof. Am 28. März werden unter erheblicher Verschärfung die Emigrantengesetze neu gefaßt: die Betroffenen sind bei Todesstrafe des Landes verwiesen, ihr Eigentum wird eingezogen.

Später kommen dann die wirtschaftlichen Konzessionen: am 11. April der Zwangskurs für die Assignaten, am 4. Mai das Maximum für Korn und Mehl, am 20. Mai schließlich eine von den Reichen zu erhebende Zwangsanleihe von 1 Milliarde.

Das eigentliche Problem für den Nationalkonvent ist jedoch das der Regierungsgewalt. Technisch, so scheint es jedenfalls, ist es in drei Etap-

Antoine Fouquier-Tinville, Ankläger vor dem Revolutionsgerichtshof: ein integrer Mann von grundsätzlicher und unbeugsamer Strenge. Er beantragt die Todesurteile gegen Marie Antoinette, die Girondisten, Hébert und Danton. Nach dem 9. Thermidor wird er selber ein Opfer der Guillotine.

pen klar gelöst worden. Am 11. März werden bevollmächtigte Abgeordnete in die Provinzen ausgesandt, offiziell, um die Aushebung der 300 000 Mann zu beschleunigen, tatsächlich jedoch mit viel weitergehenden Vollmachten ausgestattet. Zu ihnen treten am 9. April uneingeschränkt bevollmächtigte Abgeordnete für die Armeen, Vorläufer der politischen Kommissare bei der Roten Armee. Vor allem aber räumt der Verteidigungsausschuß am 6. April seinen Platz einem »Wohlfahrtsausschuß«, der seine Sitzungen unter Ausschluß der Öffentlichkeit abhält und den Auftrag hat, die Tätigkeit des Exekutivrats zu überwachen und zu beschleunigen sowie gleichzeitig als bevollmächtigtes Gremium der Staatsgewalt deren Beschlüsse unverzüglich durchzuführen. Den Girondisten, die laut vor der Diktatur warnen, gibt Marat zur Antwort: »Die Freiheit muß mit Gewalt geschaffen werden, und jetzt ist der Augenblick gekommen, um auf eine gewisse Zeit den Despotismus der Freiheit zu organisieren, um den Despotismus der Könige zu zerschmettern!«

Doch die Frage der Regierungsgewalt ist weniger ein technisches als vielmehr ein politisches Problem. Wer soll an die Schaltstellen gesetzt werden? Die Girondisten? Sie sind in der unerfreulichen Lage einer Regierung, die zwar die Sympathien der Versammlung auf ihrer Seite hat, aber von der Mehrheit im Stich gelassen wird, wenn es um wirklich entscheidende Dinge geht. So bleiben zwei Möglichkeiten. Die eine vertritt Robespierre: freie Bahn nur für die Bergpartei, weil sie niemals vor revolutionären Gewaltmaßnahmen zurückgeschreckt ist. Das ist eine klare Formel, aber angesichts der fehlenden geschlossenen Mehrheit im Parlament müßte der ständige Druck der Straße dafür sorgen, daß eine widerstrebende Versammlung sich eine Regierungsmannschaft aufzwingen läßt. Die andere Formel machen sich Danton und die wirklich bedeutenden Politiker zu eigen, die dem Nationalkonvent aus den Reihen der *Plaine* zur Verfügung stehen, Barère, Cambon, Cambacérès: eine Art republikanischer Front, die unter Ausschluß der Extremisten, auf die echte Mehrheit gestützt, von den Girondisten und ihren Parteigängern bis zu den Männern vom Berge reicht, soweit sie nicht das Mißtrauen der Gruppe um Robespierre teilen. Zunächst scheint sich diese Lösung durchzusetzen. Von den neun am 11. April gewählten Mitgliedern des Wohlfahrtsausschusses sind sieben, unter ihnen Barère, Männer der Mitte; die Bergpartei ist anfänglich nur durch Danton und seinen Freund Delacroix vertreten. Aber wenn eine solche Regierung von Dauer sein soll, muß der Parteienzwist ein Ende haben, und weder die Girondisten noch die radikalen Abgeordneten von Paris sind zu einer solchen Pause bereit, alles andere als das.

Schon am 1. April stellt sich Danton, der von den Girondisten wegen seiner Verbindungen mit Dumouriez heftig angegriffen wird, entschlossen auf die Seite der Bergpartei und bläst zum gnadenlosen Kampf gegen die Gironde: »Es gibt fortan keinen Waffenstillstand mehr zwischen dem Berg, zwischen den Patrioten, die den Tod des Tyrannen gewollt haben, und den Feiglingen, die, nur um ihn zu retten, uns in ganz Frankreich verleumdet haben.« Am 3. April verlangt Robespierre, alle Komplicen des Verräters Dumouriez, vor allem Brissot, unter Anklage zu stellen. Am 5. April unterzeichnet bei den Jakobinern Marat als amtierender Präsident ein Rundschreiben an die Provinzklubs, in dem sie aufgefordert werden, auf der Abberufung aller Abgeordneten zu bestehen, die Ludwig XVI. durch den Antrag auf Volksbefragung zu retten versucht haben. Darauf drängen die Sansculotten schon seit mehr als einem Monat.

Die Girondisten wehren sich ihrer Haut. Am 13. April beschließt der Nationalkonvent auf Antrag von Guadet, Marat wegen des von ihm unterzeichneten Rundschreibens vor Gericht zu stellen. Aber Marat wird vom Revolutionsgerichtshof freigesprochen und von der Menge im Triumphzug in den Konvent zurückbegleitet. Am 15. April unterbreiten fünfunddreißig Pariser Sektionen dem Konvent eine drohende Petition gegen zweiundzwanzig führende Girondisten.

Jetzt versucht die Gironde, alle konservativen Kräfte des Landes um sich zu sammeln. Pétion, der noch vor einem Jahr nachdrücklich das Bündnis zwischen Bürgertum und Volk verteidigt hat, veröffentlicht Ende April einen »Brief an die Pariser«, Programm und politische Parole zugleich. »Euer Eigentum ist bedroht, und ihr verschließt die Augen vor der Gefahr. Man schürt den Krieg zwischen den Besitzenden und den Nichtbesitzenden, und ihr tut nichts, um ihn zu verhindern ... Ihr wagt es nicht einmal, in euren Sektionen aufzutreten.« Der Aufruf verhallt nicht ungehört. Die Gemäßigten bemühen sich, in den Sektionen die Mehrheit zu erringen; in einigen Fällen, unter anderem in der Sektion Champs-Élysées, gelingt ihnen das sogar.

Ihre größten Erfolge erringt die Reaktion der Gemäßigten mit Unterstützung der Royalisten in der Provinz. In Marseille bemächtigen sich die Gemäßigten der Führung in den Sektionen, jagen die bevollmächtigten Abgeordneten des Konvents aus der Stadt und schicken die Jakobiner aufs Schafott. In Lyon machen Gemäßigte und Aristokraten gemeinsame Sache gegen die jakobinische Stadtverwaltung; am 29. Mai ergreifen sie nach blutigem Aufstand die Macht. So lösen die Girondisten ungewollt den Bürgerkrieg aus. Ihre Partei, wie Michelet es später genannt hat, »wird royalisiert«.

Aber die Pariser Sansculotten kämpfen nicht nur in ihren Sektionen gegen die Gemäßigten; sie wollen auch mit den Girondisten Schluß machen. Und jetzt haben sie vollen Rückhalt bei der Bergpartei. Am 24. April legt Robespierre dem Nationalkonvent den Entwurf einer Menschenrechte-Erklärung vor, in der das Eigentum dem Nutzen für die Gesellschaft untergeordnet wird. Er will den Aufstand vermeiden und nimmt lieber einen Druck auf die Versammlung in Kauf, damit sie sich selber reinigt.

Am 10. Mai zieht der Nationalkonvent vom Manege-Saal in die Tuilerien um, wo das ehemalige Hoftheater zum Sitzungssaal umgebaut worden ist. Dort liefern die Girondisten ihre letzten Redeschlachten. Ihr Plan lautet: die Pariser Behörden auflösen lassen, aus den Departements eine bewaffnete Macht in die Stadt rufen oder, wenn das nicht gelingt, sich nach Bourges zurückziehen. Sie rechnen schon deshalb auf eine große Mehrheit, weil die ausgesandten bevollmächtigten Abgeordneten fast alle zur Bergpartei gehören. Aber die Memoiren der Überlebenden zeigen, daß die führenden Männer der Gironde sich nach wie vor nicht einig sind.

Am 18. Mai bezeichnet Guadet vor der Versammlung die Organe der Pariser Stadtverwaltung als »anarchische Behörden, denen es nur um Geld und Macht geht«. Er verlangt ihre sofortige Auflösung. Der Konvent begnügt sich damit, einen Zwölfer-Ausschuß einzusetzen, der das Treiben der *Commune* untersuchen soll. Alle zwölf Mitglieder sind Girondisten. Am 24. Mai lassen sie Hébert und Varlet verhaften. Als am 25. eine Abordnung der *Commune* vor dem Konvent ihre Freilassung fordert, gibt Isnard in leidenschaftlicher Erregung die Antwort: »Sollte je der Nationalkonvent sich so weit herablassen, sollte jemals durch einen Aufruhr, wie er seit dem 10. August unaufhörlich neu angezettelt wird, ... die Vertretung der Nation in Mitleidenschaft gezogen werden, so erkläre ich hiermit im Namen ganz Frankreichs, daß Paris vom Erdboden getilgt werden würde; bald würde man sich beim Anblick der Seine-Ufer fragen, ob es dieses Paris wirklich einmal gegeben hat.« Diese Abwandlung des Manifests des Herzogs zu Braunschweig gibt den Sansculotten das Signal zum Aufstand.

Wie alle dramatischen Tage der Revolution ist auch der 31. Mai das Werk unbekannter Volksführer gewesen, der »namenlosen und charakterlosen Phantome ohne Vorleben und ohne Nachruhm«, von denen Michelet spricht. Die Initiative geht diesmal von der Sektion Cité aus, die am 28. Mai die übrigen Sektionen einlädt, zum bischöflichen Palast zu ziehen, wo seit Wochen eine Art halbamtlicher Wahlausschuß tagt. Am 29. gibt es im bischöflichen Palast zwei parallele Organe: eine Versammlung der Sektionskommissare (nur 33 von den 48 Sektionen sind vertreten) sowie ein geheimnisvolles »Sechserkomitee«, dem unter anderem der Ingenieur Dufourny angehört. Dieses Komitee ist das entscheidende Gremium der Bewegung. Am 30. abends findet eine weitere Versammlung im bischöflichen Palast statt. Das ursprüngliche Komitee wird erst auf neun, dann auf elf Mitglieder erweitert; sie sind alle Angestellte, Handwerker oder Ladenbesitzer.

Weder die Bergpartei noch die Pariser Behörden wollen den Aufstand unkontrolliert losbrechen lassen. Danton versucht im Konvent die Bombe zu entschärfen, indem er am 27. zu später Stunde, als die Versammlung nur noch schwach besetzt ist, die Absetzung des Zwölfer-Ausschusses erwirkt. Vergebens: am anderen Morgen wird er wieder eingesetzt. Jedenfalls werden die Verhafteten, Hébert, Varlet und ihre Freunde, freigelassen. Oft wird ein Ausschnitt aus der Rede Robespierres vom 26. Mai zitiert: »Wenn alle Gesetze gebrochen sind, wenn der Despotismus auf dem Höhepunkt angelangt ist, wenn Gutgläubigkeit und Schamgefühl mit Füßen getreten werden, dann muß sich das Volk erheben. Und dieser Augenblick ist jetzt gekommen.« Der Schluß der Rede klingt allerdings sehr viel zurückhaltender: »Ich fordere alle Abgeordneten des Berges auf, sich zusammenzuschließen und gegen die Aristokratie zu kämpfen, und ich sage, daß es für sie nur diese Alternative gibt: entweder müssen sie sich mit allen Kräften den Bemühungen der Intriganten entgegenstemmen, oder sie müssen ihr Mandat niederlegen.« Für Robespierre bleibt die Arbeit im Parlament entscheidend. Was er verlangt, ist der »moralische Aufstand«, der Druck der Massen auf die Versammlung, damit sich der Nationalkonvent selber reinigt. Ebenso denkt die *Commune*, wo Hébert und Chaumette alles tun, um die Bewegung zu mäßigen; Bürgermeister Pache wird von den Extremisten deshalb geradezu als »Verdächtiger« angesehen. Die Departementsverwaltung, deren Prokuralsyndikus, Luillier, ein Freund Robespierres ist, lädt die Sektionskommissare auf den 30. Mai in den Jakobinerklub: dem Komitee im bischöflichen Palast soll der Weg versperrt werden.

Aber das Komitee läßt sich nicht einmal bremsen. In der Nacht auf den 31. Mai trifft es seine Entscheidungen. Es befiehlt die Auflösung der *Commune* und ihre sofortige Neubildung: sie soll von neuem mit der Vollmacht der Volkssouveränität ausgestattet werden. Zum Befehlshaber der Nationalgarde ernennt das Komitee den ehemaligen Stadtzollbeamten Hanriot, der zuletzt das Bataillon der Sansculotten-Sektion (der Gegend um den Botanischen Garten) geführt hat. Bei Tagesanbruch läuten die Sturmglocken, die Trommeln werden gerührt. Aber das Komitee der Aufrührer stößt auf Schwierigkeiten. Weder die *Commune* noch die vom Departement in den Jakobinerklub ordnungsgemäß einberufene Versammlung der Sektionskommissare unterstützen nachdrücklich sein Vorgehen. Mehrere Sektionen, vor allem La Butte des Moulins und Le Marais, verurteilen den Aufstand. Andere lehnen es einfach ab, mitzumachen. Unermüdliche Volksführer wie Roux und Varlet müssen ihre ganze Energie aufbieten, um überhaupt ein paar Sektionen zu gewinnen.

Immerhin ist gegen 5 Uhr nachmittags der Nationalkonvent von bewaffneten Männern umstellt. Mehrere Petitionen werden vorgelegt. Die letzte, vom aufständischen Komitee ausgearbeitet, aber im Namen der *Commune* präsentiert, ist die heftigste. Sie verlangt die Verhaftung der zweiundzwanzig »Appellanten« (die, um Ludwig XVI. zu retten, für die Volksbefragung gestimmt hatten), der zwölf Ausschußmitglieder und der Minister Clavière und Lebrun. Sie fordert die Aufstellung einer Sansculottenarmee, die zur Bestrafung der Verdächtigen dienen und besoldet werden soll, eine Sondersteuer auf das Vermögen der Reichen, und sie

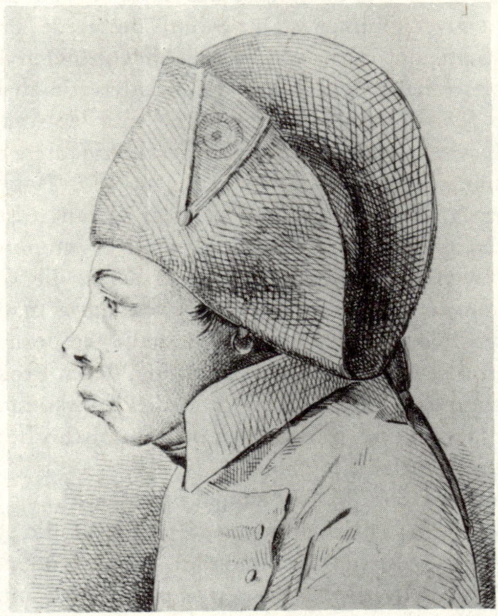

François Hanriot, ehemaliger Stadtzollbeamter, von der Commune *ernannter Befehlshaber der Nationalgarde: der Bezwinger des Konvents.*

schlägt vor, daß vorläufig das Wahlrecht nur noch den Sansculotten zustehen soll. Die Abgeordneten der Bergpartei unterstützen die Forderung nach der Verhaftung. Aber die Mehrheit begnügt sich damit, die Mitglieder des Zwölfer-Ausschusses abzuberufen. Für die Aufständischen und für die Bergpartei ist der 31. Mai ein Fehlschlag.

Doch das Komitee der Aufständischen gibt seine Sache nicht verloren. In der Nacht auf den 1. Juni befiehlt es die Verhaftung der Verdächtigen.

Anstelle ihres Mannes, dem noch die Flucht gelungen ist, wird Madame Roland ins Gefängnis gebracht.

Der entscheidende Tag ist der 2. Juni, ein Sonntag. Jetzt kommen viele Arbeiter dazu. Vor allem aber ist der Aufstand systematisch vorbereitet, und allgemein ist die – nicht zu beweisende – Ansicht verbreitet, diesmal ständen auch die Politiker des Berges auf der Seite des Volkes. Am frühen Nachmittag belagert eine Menge von 80 000 Menschen mit über 150 Kanonen den Nationalkonvent. Um jede Fühlungnahme der gemäßigten Sektionen mit den Abgeordneten zu vermeiden, hat man die besonders revolutionär gesonnenen Bataillone ganz vorne aufgestellt. Gegen 5 Uhr wollen einige Mitglieder des Parlaments die Tuilerien verlassen. Man versperrt ihnen den Weg. Barère spielt mit verzerrtem Gesicht den heldenhaften Römer: Die Versammlung ist gefangen, also soll sie geschlossen vor die feindseligen Truppen hinaustreten! Hinter ihrem Präsidenten, Hérault de Séchelles, der zum Zeichen der Trauer den Hut aufbehält, strömen die Abgeordneten zum Ausgang. Nur etwa dreißig Männer der Bergpartei, unter ihnen Robespierre und Marat, bleiben auf ihren Plätzen.

Im Hof steht Hanriot mit gezogenem Säbel, die Kanoniere verharren mit brennender Lunte neben ihren Geschützen. Hanriot stellt Hérault die Frage, ob die Versammlung bereit sei, die Schuldigen auszuliefern. Als Hérault sich zu antworten weigert, macht Hanriot kehrt und gibt den Befehl: »Kanoniere, an die Geschütze!« Vergebens suchen die Abgeordneten durch den Tuileriengarten zu entkommen. Sie gehen zurück in den Sitzungssaal. Levasseur beschreibt in seinen Memoiren, was für eine Stimmung dort herrschte: »Eine Art Betäubung lag über der Versammlung. Selbst wir, die Abgeordneten des Berges, erlebten nicht ohne Schmerzen, wie der Aufstand des Volkes das einzige Gremium bedrohte, das überhaupt das Vaterland noch retten konnte. Niemand verlangte das Wort, es wollte einfach keine Beratung in Gang kommen.«

Irgendwie mußte der Sache ein Ende gemacht werden. Der gelähmte Couthon nahm es auf sich. Er ließ sich zum Rednerpult tragen und beantragte, die neunundzwanzig Abgeordneten der Gironde sowie die Minister Clavière und Lebrun unter Hausarrest zu stellen. Der Beschluß wurde nicht durch Abstimmung, sondern durch Akklamation gefaßt. Das Ende der Gironde war keineswegs das einer grandiosen Tragödie, sondern ein Auftritt, der Demütigung und Angst in die Form einer Posse kleidete.

Der 2. Juni 1793 hat für die Geschichte der Französischen Revolution bei weitem nicht die Tragweite des 10. August 1792. Keine der vom Krieg geschaffenen Bedingungen wird grundsätzlich verändert; die Revolution rollt weiter auf der Bahn, die längst nicht mehr die von der Doktrin des

2. Juni 1793. Die Abgeordneten wollen den Nationalkonvent verlassen, ohne die Girondisten ausgestoßen zu haben. Hanriot gibt den berühmten Befehl: »Kanoniere, an die Geschütze!«

Jahrhunderts vorgezeichnete ist, und die Massen nützen weiter die Gunst der Umstände, um dem Bürgertum die wirtschaftlichen und politischen Konzeptionen aufzuzwingen, die ihm ganz und gar nicht passen.

Nur in zwei Punkten ändert der 2. Juni das Bild. Mit der Gironde tritt die revolutionäre Romantik von der Bühne ab. Über ein Jahr lang haben die Girondisten der Revolution eine Aura verführerischer, jugendlicher Begeisterung gegeben, die so etwas wie eine Ausstrahlung der Lebensfreude ihrer heimatlichen Hafenstadt gewesen ist. Aber die Zeit der schönen Täuschungen ist vorbei: der Feind steht im Land, die Vendée ist in vollem Aufruhr, die Pariser Sansculotten sind zum Äußersten bereit. Widerstrebend nur trennt sich der Konvent von diesen jungen Männern, deren Rednergabe und Fähigkeiten er stets bewundert hat, auch wenn er ihnen den Ruhm neidete. Doch andere Mannschaften stehen zur Ablösung bereit. Der Nationalkonvent ist eine unerschöpfliche Prägestätte, die für alle politischen Umstände die passenden Führerpersönlichkeiten hervorbringt: in der Zeit der Hoffnung die Girondisten, in der Zeit der Not und des Todes die Männer vom Berge. Bald, wenn die schönen Tage wiederkommen, werden die Schweiger, die Vorsichtigen, die Geschickten aus der Mitte des Hauses an der Reihe sein. Wer allerdings in diesen aufeinanderfolgenden Mannschaften jeweils die Vertreter einer anderen sozialen Schicht erblicken wollte, erläge einer Illusion oder seiner Voreingenommenheit. Sie unterscheiden sich nicht nach ihrer gesellschaftlichen Herkunft, sondern treten allein in Abhängigkeit von der politischen Konjunktur ins Rampenlicht. Dennoch ist der 2. Juni mehr als ein bloßer Regierungswechsel. Die ganze bürgerliche Revolution beruht selbst dann noch, wenn sie demokratische Verfahrensweisen vorwegnimmt, auf dem Glauben an den Wert und die Berechtigung repräsentativer Lenkung. Diese moderne Theorie und der alte Hang des Volkes zur direkten Regierung des Staates lassen sich nicht miteinander vereinbaren. Der 2. Juni ist deshalb für das parlamentarische System ein sehr schwerer Schlag. Trotz aller Bemühungen Dantons und der meisten Männer vom Berge hat die Versammlung nicht nur den »moralischen Aufstand« über sich ergehen lassen müssen, von dem Robespierre gesprochen hat, sondern sie ist buchstäblich gefangen gewesen. Zum erstenmal hat sich die bewaffnete Macht gegen die Vertretung der Nation gestellt, und es macht keinen großen Unterschied, daß diese Macht in den Händen der Plebejer und nicht der Prätorianer liegt. Der am 2. Juni wirksame Mechanismus enthält, wie es Michelet erkannt hat, »Fructidor und Brumaire«, also sowohl den antiparlamentarischen Staatsstreich des Direktoriums (1797) als auch den Bonapartes (1799). So gesehen ist dieser Tag nicht nur eine Niederlage der Gironde, sondern eine Niederlage der Revolution.

SIEBENTES KAPITEL

Die Zeit der Not

Kein Abschnitt der Revolution ist so heftig umstritten wie der vom 2. Juni 1793 bis zum Frühjahr 1794. In vieler Hinsicht zählen diese wenigen Monate für das Entstehen des heutigen Frankreich aber nicht so sehr wie andere, noch kürzere Perioden, zum Beispiel der Sommer 1789 oder die ersten Monate des Konsulats. Die Faszination, die von dieser Zeit ausgeht, hat nichts mit dem Verstand zu tun: sie ist aus Haß oder Bewunderung geboren. Die französischen Revolutionen im 19. Jahrhundert und die russischen Revolutionen im 20. Jahrhundert haben dieses kurze Zwischenspiel der »Schreckenszeit« zu einem Mythos werden lassen. Gewiß, sie war gerade wegen ihrer Vieldeutigkeit ganz dazu angetan, alle Gefühle der Nachgeborenen zu mobilisieren: man war leidenschaftlich für oder gegen Danton, für oder gegen Robespierre, und man ist noch heute für oder gegen Hébert. Aber dieser sektiererische Streit um einzelne Phänomene hat am großen Bild nichts geändert, er hat nur zwei Hauptzüge besonders betont: Die Diktatur der Revolution und die Demokratie des einfachen Volkes. Damit hat man aus den Taten und Träumen der Männer des »Jahres II der Republik« gerade das herausgehoben, was damals noch eine Vorwegnahme des Zukünftigen war. 1793 als das Jahr des äußersten Vorprellens des revolutionären Bürgertums wirkt verführerisch oder abstoßend, weil man in ihm Zeichen zu entdecken meint, die auf 1871 oder 1917 hinweisen. Eine solche Betrachtung verzerrt die Wirklichkeit.

Daß der Schrecken, *la Terreur*, nicht eine bewußt gewollte Handlungsweise gewesen ist, für die sich die Politiker der Bergpartei aus freien Stücken entschieden haben, beweist allein schon ihr Verhalten im Sommer 1793. Die Gegenrevolution droht an den Grenzen und in der Vendée; die »föderalistische« Erhebung ist drauf und dran, das revolutionäre Lager in zwei feindliche Blöcke zu spalten. Und trotzdem ist unmittelbar nach dem 2. Juni eher Nachsicht als Unversöhnlichkeit zu spüren: zwanzig von den unter Arrest gestellten Girondisten gelingt es, aus ihren Häusern zu entfliehen. Der Sommer vergeht, ohne daß die revolutionäre Diktatur organisiert wird. Das Bürgertum will seiner Befreiungsaufgabe treu bleiben und mag nicht Zwangsmaßnahmen ergreifen, gegen die es eben noch gekämpft hat. Die Terrorakte werden ihm von der Straße diktiert. Erst die Vorgänge im September bewegen den Nationalkonvent dazu, die Aufstellung einer Revolutionsarmee, das Gesetz gegen die Verdächtigen und das Maximum für Preise und Löhne zu beschließen. Erst unter dem Druck der Sansculotten werden von Oktober bis Dezember die revolutionären Maßnahmen beschleunigt koordiniert. So ist es durchaus vertretbar, wenn die jüngsten Historiker, vor allem Albert Soboul, für die Entstehung der Schreckensherrschaft vor allem diese unablässige Aktivität der Pariser Volksmassen verantwortlich machen. Aber hätte dieses gebieterische Übergewicht des Volkes allein genügt? Es ist ja in der Geschichte Frankreichs durchaus kein neues, vorwärtsweisendes und -treibendes Element, sondern ein Ausdruck mehr für die aus dem langen Martyrium der Unterklassen geborene Überzeugung, daß die Gewalt das geeignete Mittel für die Durchsetzung der Gerechtigkeit und gleichsam die Zauberformel für die Auflösung aller sozialen Widersprüche sei. Diese alte Sehnsucht schlummert in den Tiefen des Bewußtseins, solange die Stabilität der Gesellschaft und des Staates nicht angetastet ist, aber sie erwacht sofort mit jeder Krise. Das Eigentümliche an diesem Jahr 1793 ist weniger die Forderung nach dem Terror als die Schärfe der Krise, die der Forderung erst den ungeheuren Nachdruck verleiht und sie sogar für das bedrohte Bürgertum annehmbar macht. Barère findet in dem berühmten Aufruf zur *levée en masse*, dem am 23. August verkündeten »Großen Aufgebot« aller Wehrfähigen, das einprägsame Bild: die Republik ist jetzt eine einzige große, von allen Seiten belagerte Stadt. Lyon in den Händen der Royalisten, Condé, Valenciennes und Mainz von preußischen Truppen erobert, Saumur, Châtillon-sur-Sèvre, Vihiers in den Händen der Vendée-Aufrührer, die Massen in höchster Erregung wegen der Lebensmittelknappheit – das revolutionäre Bürgertum sieht sich allein und steuerlos in der Brandung. Die Umstände zwingen dazu, sich an die Praxis des alten Rom zu halten. Die Diktatur im Interesse der Staatswohlfahrt ... Aber das Bürgertum ist entschlossen, nicht auf seine wichtigste politische Errungenschaft, die Schöpfung dieses Jahrhunderts, das parlamentarische System nämlich, zu verzichten. Also gilt es eine vom Nationalkonvent kontrollierte Diktatur zu schaffen, und nicht nur die Aristokraten, auch die Sansculotten fallen ihr zum Opfer. Schon am 9. September werden die permanenten Gremien ihrer Sektionen abgeschafft. Das am 29. September beschlossene allgemeine Maximum bringt nicht nur den Preis-, sondern auch den Lohnstop und trägt damit zur Auflösung der einheitlichen Front der Volksmassen bei. Im Herbst und Winter baut die Regierung ständig weitere Hindernisse gegen das militante Vorgehen der Straße auf, und dann folgt im Frühjahr 1794 die »Germinal-Tragödie«: mit der Hinrichtung von Hébert und seinen radikalen Freunden ist es um die politische Handlungsfreiheit der Sansculotten-Bewegung geschehen. Die aus den dramatischen Umständen geborene Diktatur wird prompt gemäßigter, als freundlichere Zeiten kommen: der Druck auf den kapitalistischen Gewinn lockert sich bald nach Germinal; der Druck, unter dem die Sicherheit der Besitzbürger gestanden hat, hört mit dem 9. Thermidor auf. Die Diktatur des Jahres II ist alles andere als ein eindeutiges Vorbild für jede Revolution. Sie steht im Zeichen des Nicht-anders-Könnens und der Ausnahmesituation, im Zeichen der verzweifelten Not.

»Der Robespierrismus ist die Demokratie.« Dieser Satz des radikalen Revolutionärs Babeuf vom Februar 1796 hat der jakobinischen Geschichtsschreibung so lange zur Richtschnur gedient, bis man einen Unterschied zu machen lernte zwischen bürgerlicher Demokratie und Volksdemokratie, zwischen direkter und repräsentativer Regierung, zwischen Jakobinertum und Sansculottentum. Es ist zweifellos richtig, daß die Männer, die jetzt die Revolution lenken, seit dem 10. August viel dazugelernt, ihren politischen Horizont, verglichen mit der Zeit vor zwei Jahren, sehr erweitert haben. Die Revolution vom 10. August hat die Epoche der politischen Demokratie eingeleitet, und auf den Gebieten des allgemeinen Wahlrechts, des öffentlichen Unterrichtswesens und der Fürsorge nimmt der Konvent tatsächlich manches von den Errungenschaften des 19. Jahrhunderts vorweg. Die Menschenrechte-Erklärung von 1793, die bald darauf verkündete, wenn auch nie angewendete Verfassung und die Ventôse-Dekrete bilden ein eindrucksvolles Ganzes. Aber man muß abziehen, was nur taktisch oder von den Umständen bedingt ist. Die Menschenrechte-Erklärung proklamiert zwar das Recht auf Arbeit, auf Hilfe in Not und auf Unterricht, erwähnt aber nicht eine einzige der Einschränkungen für das Recht auf Eigentum, die Robespierre in seinem Entwurf vom 24. April vorgesehen hat. Damals ging es darum, das Bündnis mit den Sansculotten zu stärken, jetzt kommt es darauf an, der girondistischen Propaganda im Lande entgegenzuwirken, indem man die Besitzbürger beruhigt. Die Männer von 1793 sind keine weitblickenden Planer gewesen. Saint-Just hat es in ihrer aller Namen ausgesprochen: »Die Macht der Umstände führt uns vielleicht zu Ergebnissen, an die wir nie gedacht hätten.« Vor dem Sturz der Gironde liegt, wie es Jaurès zu Recht betont hat, die geistig schöpferische Phase der Revolution.

Condorcet hat schon im April 1792 den Plan für ein öffentliches Unterrichtswesen auf breitester, demokratischer Grundlage ausgearbeitet, und verglichen mit der von demselben Condorcet vorbereiteten Verfassung wirkt die auf Antrag der Bergpartei am 23. Juni 1793 verabschiedete wesentlich vorsichtiger und zurückhaltender. Alle großen Gedanken sind vor dem 2. Juni entwickelt worden. Die Stärke der Bergpartei liegt nicht in der schöpferischen Phantasie, geschweige denn in einer klaren Konzeption für die zukünftige Demokratie, sondern einzig und allein im erfolgreichen Handeln und im geschickten Taktieren.

Muß man also die zukunftsträchtigen Gedanken bei den Pariser Sansculotten suchen? Vor gut zehn Jahren hat Daniel Guérin in ihren Auseinandersetzungen mit der Revolutionsregierung das Embryonalstadium einer proletarischen Revolution innerhalb der bürgerlichen Revolution zu finden gemeint. Aber man konnte unschwer nachweisen, daß eine solche Auffassung weder mit der soziologischen und beruflichen Zusammensetzung der Sansculotten-Bewegung in Übereinstimmung zu bringen ist (die Manufakturarbeiter waren eine kleine Minderheit, verglichen mit den Gesellen, Krämern und kleinen selbständigen Handwerkern) noch mit deren wirtschaftlichen und gesellschaftlichen Forderungen. Was die Sansculotten beim militanten Handeln zusammenhält, ist der Kampf um die Preisfestsetzung für die Lebensmittel; was sie sich erträumen, ist das Idealbild einer Gesellschaftsordnung, in der alle Besitz haben, aber nur zur Erfüllung ihrer persönlichen Bedürfnisse. Die kapitalistische Besitzkonzentration lehnen sie ab. Das Ideal und die Ablehnung sind gleichermaßen reaktionär, knüpfen gleichermaßen an die alten Utopien von einem »goldenen Zeitalter« an, das es irgendwann einmal gegeben hat. Es ist im übrigen durchaus denkbar, daß die in den letzten Jahren vom Land hereingekommene Bevölkerung, deren von der Forschung lange unbeachtet gebliebener Anteil an der Pariser Einwohnerzahl am Ende des 18. Jahrhunderts sehr hoch gewesen ist, das jahrhundertelange Festhalten des Bauern Jedermann an seinem kleinen Stück Land erst in die Mentalität der revolutionären Massen hineingetragen hat.

Ausgerechnet die Männer in den Sektionen mit ihrem reaktionären Gesellschaftsideal sollen nun die fortschrittlichste politische Gruppierung der Revolution gewesen sein, wie ihr jüngster Historiograph behauptet: »Sie leiteten die Autonomie und die Permanenz der Sektionsführung als ein Recht auf Bestätigung der Gesetze, auf Kontrolle und Absetzbarkeit der Gewählten von der in vollem Umfang des Wortes verstandenen Volkssouveränität ab und strebten nach der praktischen Durchführung direkter Regierung und nach der Einführung einer Volksdemokratie.« Wenn man dagegen jede politische Voreingenommenheit beiseite läßt und in der Tätigkeit der militanten Sansculotten nach Hinweisen auf die Demokratie des 20. Jahrhunderts sucht, so bleiben einem Enttäuschungen nicht erspart. Die Aktiven blieben stets eine Minderheit, und die Methoden, mit denen sie sich durchsetzten, erinnern auf merkwürdige Weise an die der Leute in der Liga von Paris zweihundert Jahre zuvor. Die öffentlichen Sitzungen auch der Verwaltungsgremien, die öffentliche Stimmabgabe, das Denunzieren als Bürgerpflicht, der Abscheu vor allem, was die Einstimmigkeit stören könnte, die ständige Zuflucht zur Gewalttätigkeit – das alles kommt aus einer alten Grundbedingtheit der Gruppenpsychologie: je stärker sie in der Minderheit ist, um so mehr betont sie den »Consensus«, und am Ende erfolgt jeweils der Sprung von der nicht möglichen Überredung zum möglichen gewaltsamen Durchsetzen. Aus dem Hintergrund der revolutionären Mentalität tauchen die beiden leidenschaftlichen Wünsche aller Volksmassen auf: die Gleichheit und das rächende Gericht. Die Guillotine, die »Sichel der Gleichheit«, schafft die Illusion, daß beiden Wünschen Genugtuung widerfährt. Aber sie ist dennoch nichts weiter als eine utopische Lösung für die realen Widersprüche. Das Vermächtnis der Revolutionsregierung muß man anderswo suchen, weniger in der staatlichen Organisation als in einer ganzen Reihe originaler Züge in den sozialen, politischen und psychologischen Strukturen des heutigen Frankreich.

Ein vor allem bei den Gegnern der revolutionären Tradition besonders zählebiger Mythos stempelt die Jakobiner zu den Urhebern des Staatszentralismus. Sicher, sie sahen sich von den Umständen gezwungen, vorläufig das föderative, auf verantwortliche, gewählte Verwaltungen im Lande gerichtete Ideal fallenzulassen, das vom Bürgertum in die Verfassung von 1791 eingebaut worden war. Das Dekret vom 14. Frimaire des Jahres II (4. Dezember 1793) unterstellt alle gewählten Verwaltungen den Ausschüssen der Regierung und ordnet den Distrikten und Gemeindeverwaltungen »nationale Beamte« bei, die eng an Paris gebunden sind. Aber diese Zentralisierung war von kurzer Dauer; selbst im Jahr II blieb sie ohne tiefgehende Wirkung. Es gab eben nicht nur einen Föderalismus der Gironde, sondern auch einen Föderalismus der Jakobiner. Die »volkstümlichen Gesellschaften«, Klubs und ausgesandten bevollmächtigten Abgeordneten nahmen die Souveränität einfach für sich in Anspruch, sie gingen jeweils über die Regierungsanordnungen hinaus oder ließen sie teilweise unberücksichtigt. Das feste Skelett des modernen Frankreich ist nicht das Werk der Vertreter des Wohlfahrtsausschusses gewesen, sondern der Präfekten Bonapartes. Erst mußte der 18. Brumaire kommen.

Die Wirklichkeit von 1793 ist keine caesarische, sondern eine parlamentarische. Wir dürfen uns nicht blenden lassen von der Guillotine und den Säuberungswellen, sondern müssen in die Sitzungen des Nationalkonvents oder die Versammlungen des Jakobinerklubs gehen, müssen Tag um Tag verfolgen, wie Robespierre zu überzeugen, zu verführen, zu lavieren hat. Dieser »großartige Taktiker«, wie ihn Michelet genannt hat, ist vor allem eine eindrucksvolle Parlamentarierpersönlichkeit. Schon im Juni 1793 zeigt er ganz klar, wo seine Grenzen liegen: »Seit vier Jahren wären wir die Sieger, wenn wir nicht Wendigkeit und List verachtet hätten.« Die Girondisten sind kläglich im Taktieren gewesen; Robespierre beweist jetzt in der Regierung eine noch erstaunlichere Geschicklichkeit als vorher in der Opposition. Dabei ist seine Mehrheit äußerst schwach. Er muß den Feinden von morgen Avancen machen, weil sie heute als Verbündete unentbehrlich sind; er muß die echten politischen Schläge parieren, indem er alle Aufmerksamkeit auf die Spekulanten oder auf die Bedrohung durch das Ausland lenkt; er muß warten, bis sich der Gegner nach links oder rechts eine Blöße gibt, um ihn zu isolieren und im richtigen Augenblick zu zerschmettern. Fast ein Jahr lang gelingt es Robespierre, vor einer Versammlung, die ihn nicht mag, die Politik einer oft zerstrittenen Regierung zu vertreten. Wie man mit einem Parlament umgeht, das kann man zum erstenmal bei Robespierre und im Nationalkonvent unter der Herrschaft des Berges erleben.

Zu dieser Zeit nimmt die bäuerliche Gesellschaft endgültig neue Züge an. Das Gesetz vom 17. Juli 1793 schafft entschädigungslos alle noch bestehenden Herrenrechte ab und befreit damit den Grundbesitz auf dem Lande von seinen letzten Lasten. Das Gesetz vom 3. Juni hat den Grundbesitz der Emigranten in kleinen Losen mit langen Zahlungsfristen zum Verkauf gestellt. Ein Gesetz vom 10. Juni allerdings, das die Aufteilung der Allmende auf die einzelnen Bauern vorsah, ist kaum durchgeführt worden, weil es eine allzu starke Zersplitterung der Felder zur Folge gehabt hätte. Aber gerade die Beibehaltung des Gemeindelandes schafft im Verein mit der festen Verankerung des bäuerlichen Grundbesitzes die Bedingung für die Stabilität der Verhältnisse auf dem Lande bei gleichzeitiger Rückständigkeit der Landwirtschaft, wie sie für das 19. Jahrhundert in Frankreich kennzeichnend ist. In dieser Hinsicht sind die im Jahr II dem Bürgertum abgezwungenen Zugeständnisse auf lange Zeit ein Hemmschuh für die Ausbreitung des Kapitalismus und für den Fortschritt in der Landwirtschaft geblieben.

Ein wirklich reiches Erbe aber haben die Jakobiner der Mentalität und mehr noch dem Empfinden aller Franzosen hinterlassen. Das Stichwort »1793« weckt auch heute noch leidenschaftliche Auseinandersetzungen. Manche sehen nur das vergossene Blut, die unter Lebensgefahr versteckt gehaltenen Priester, den Tod des jungen Dichters André Chénier. Ihre Ablehnung ist aus einem Guß, ohne Schattierungen oder Risse; sie hat ihre Wurzeln weit jenseits von Vernunft oder Verstand. Andere, und sie sind viel zahlreicher, mögen Danton oder Robespierre kritisieren, die Verehrung des »Höchsten Wesens« beklagen oder das Prairial-Gesetz ablehnen: ihre Zustimmung ist dennoch tief und insofern uneingeschränkt, als sie aus den Quellen der spontanen Neigung gespeist ist. Für diese Menschen ist »1793« die Grande Nation im siegreichen Kampf gegen die anstürmende Koalition, das große Fest der Gleichheit, die große Rache aller Geknechteten, so wie es das Volk damals singt:

Il faut raccourcir les géants,
Et rendre les petits plus grands.
Tous à la même hauteur:
Voilà le vrai bonheur.

Man muß die Großen kräftig stutzen,
den Kleinen wird's zur Größe nutzen.
Sind alle Menschen gleich,
herrscht eitel Glück im Reich.

Ein Sansculotte, was ist das? Ein wohlwollender Journalist beschreibt ihn im Sommer 1793 wie folgt: »Er ist einer, der immer zu Fuß geht, keine Millionen besitzt, wie ihr sie alle haben möchtet, keine Schlösser, keine Lakaien zu seiner Bequemlichkeit, der mit seiner Frau und, wenn er welche hat, mit seinen Kindern ganz bescheiden im vierten oder fünften Stock wohnt. Er ist nützlich, weil er weiß, wie man einen Acker pflügt, wie man schmiedet, sägt, feilt, ein Dach deckt, Schuhe macht und wie man bis zum letzten Tropfen sein Blut für das Wohl der Republik vergießt.«

Zunächst einmal fällt er durch seine Kleidung und durch bestimmte Manieren auf, die ihm wichtig sind. Er trägt weder goldfarbene Kniehosen noch Seidenstrümpfe, sondern eine lockere lange Hose und in die Leibbinde gesteckt eine kurze Jacke, die berühmte *carmagnole*. Die rote Mütze, in der Antike das Abzeichen der freigelassenen Sklaven, ist gewiß von gebildeten Bürgern in das Milieu der kleinen Leute eingeführt worden; trotz Robespierres Ablehnung, trotz der Ironie der Bürger wird sie zum Symbol für die militante Revolution und ist im Sommer 1793 allgemein verbreitet. Die Pike ist der Ausdruck für die Macht des bewaffneten Volkes.

Der Sansculotte sagt nicht *Monsieur*, »Herr«, sondern *Citoyen*, »Bürger«. Er will auch, daß sich alle Leute duzen; ist das »Sie« nicht ein »Überbleibsel aus der Feudalzeit«? Wenn er sich mit einer Bitte an einen Abgeordneten wendet, unterschreibt er: »Dein gleichberechtigter XY.« Die Offiziere sollten eigentlich keine Schulterstücke tragen und auf jeden Fall wie die einfachen Soldaten aus dem Kochgeschirr essen. Er ist nicht nur ein Gleichheitsfanatiker, sondern auch ein Tugendprediger; in einer Petition verlangt er zum Beispiel, »daß die Dirnen in staatlichen Häusern in gesunder Umgebung untergebracht und mit den Arbeiten des schwachen Geschlechts beschäftigt werden sollen«. Oder er verlangt ein Gesetz gegen die Spielhöllen und Bordelle. Alle diese Einzelheiten zeigen den beherrschenden Zug in der Mentalität des Sansculotten: seinen leidenschaftlichen Hang zu Gleichmacherei und Gewalt. Alles, was gegen diese eifernden Bestrebungen verstößt, ist ein Zeichen für »Aristokratismus«, also für Revolutionsfeindlichkeit. Hochmütiges oder ironisches Gehabe? Aristokratismus! Besitz eines gewissen Vermögens? »Die Aristokraten, das sind alle Reichen, alle dicken Kaufleute, alle Schieber, alle Rechtsverdreher, alle Bankiers, alle vollgefressenen Ladenbesitzer, alle faulen Bürohengste und überhaupt alle, die etwas haben.« Gebildet und aufgeklärt zu sein, heißt, sich mangelnder Bürgertugend verdächtig machen und ständig mit Verhaftung rechnen müssen. Der Fremdenhaß gehört auch zur Gleichmacherei. Wer eine Ausländerin heiratet, »ist ein Feind der Franzosen, ist im Herzen ein Emigrant«; wer ein Kleidungsstück aus importiertem Stoff trägt, »schmückt sich mit der Livree unserer Feinde, um unsere braven Handwerker im Elend zu lassen«.

Die Denunziation, unter dem Ancien Régime als etwas Schändliches angesehen, wird Tugend und Pflicht, weil man doch jetzt in der Republik lebt. Vor allem aber erregt die Guillotine die Phantasie. Viele Kleinbürger, die sich im Privatleben umgänglich und freundlich zeigen, kommen vor dem Schafott in Trance. Gut, der Terror erscheint ihnen als ein legitimes und notwendiges Mittel zur Verteidigung der Revolution. Aber muß man nicht hinter dieses bewußte Motiv blicken? »Nationales Brotmesser«, »Hackebeil des Volkes«, »Sichel der Gleichheit« ... Die Guillotine ist ein magisches Instrument für ein Volk, das jahrhundertelang gehungert hat. »Die Guillotine hat Hunger, sie hat schon viel zu lange gefastet«, ruft denn auch ein wild Entschlossener; in einem anderen Stadtviertel erklärt eine Frau, sie »möchte am liebsten allen Gegnern der Sansculotten das Herz ausreißen und es aufessen«. Und in der Hungersnot im Vorfrühjahr 1794 ruft ein Schuster dazu auf, die Gefängnisse zu stürmen und alle Häftlinge umzubringen, sie zu braten und zu essen: »Wenn sie schon wollen, daß die Patrioten Katzen essen müssen, dann wollen wir sie fressen wie Hunde.« Enthüllen solche spontanen Sprachbilder nicht einen aus Demütigung und Angst entstandenen Komplex, der uns Heutigen unbegreiflich bleiben muß?

Die Methoden der Sansculotten-Bewegung nehmen in neuen Formen viele Techniken der Stadtrevolutionen im 16. und 17. Jahrhundert auf. Neu ist vor allem das Vokabular, dem man anmerkt, daß es von der Zeit und ihren Intellektuellen geprägt ist. Die Träume der einfachen Leute aber, die sich vom übermächtigen Fortschritt in die Zange genommen sehen, kreisen nach wie vor um die gleichen Themen: nicht allen die gleichen Chancen, aber die gleichen Ergebnisse, nicht allen die gleichen Rechte, aber die gleichen Pflichten. Die Gewalt ist nichts weiter als die logische Folge des Mißverhältnisses zwischen Utopie und Realität.

Die militanten Volksführer bleiben zwar stets eine winzige Minderheit, aber sie benutzen den äußeren Rahmen der achtundvierzig Pariser Sektionen, um sich mit den Mitteln der Einschüchterung durchzusetzen. Damit ihre Gegner in den gemäßigten Sektionen endlich klein beigeben, dringen die Sektionsmitglieder aus den »fortschrittlichen« Stadtteilen im Sommer 1793 in die Versammlungen der Kollegen und sorgen dafür, daß die Sektionsbehörden abgewählt und durch Leute ersetzt werden, die ihnen zusagen. So etwas nennen die Sansculotten »eine Sektion auffrischen«. Der erste Schritt ist die offene Stimmabgabe, der nächste die Abstimmung durch Zuruf. Im Herbst dann wird das Nichterscheinen zu den Versammlungen oder die Weigerung, ein öffentliches Amt anzunehmen, schon als hinreichender Verhaftungsgrund angesehen: »Gleichgültigkeit« oder »Lauheit« heißt dieses Verbrechen. Wenn einzelne Mitbürger eine Petition unterzeichnen, so gilt das als unmoralisch: nur kollektive Denk- oder Bittschriften können Ausdruck der Volkssouveränität sein.

Das Programm dieser Männer ist eine bemerkenswerte Mischung aus einzelnen Rousseauschen Thesen (hier spürt man den Einfluß der Intellektuellen auf die Bewegung) und spontanen Forderungen, die den Gleichheitsanspruch immer neu stützen. Die Volkssouveränität betrachten sie als das Recht der Primär- oder Urversammlungen zur Bestätigung der Gesetze, zur Kontrolle und gegebenenfalls zur Absetzung der Gewählten, zur Überwachung der Beamten und, wann immer es sich als notwendig erweist, zum Aufstand. Dem Grundsatz des absoluten und uneingeschränkten Eigentumsrechts setzen sie das Prinzip des »gleichen Rechts auf den Nießbrauch« entgegen. Sie wollen das Eigentum nicht etwa abschaffen; es soll nur auf den »Raum der natürlichen Bedürfnisse« beschränkt werden, wie es zum Beispiel die Sansculotten-Sektion (beim Botanischen Garten) fordert: »Es soll eine Höchstgrenze für das Eigentum festgesetzt werden, der einzelne soll nur ein gewisses, im Umfang genau begrenztes Eigentum haben dürfen, niemand soll mehr Grund und Boden besitzen dürfen, als einer bestimmten Anzahl von Pflügen entspricht, der einzelne Staatsbürger soll nur eine Werkstatt, nur einen Laden haben dürfen.« Das einzige konkrete Element in allen diesen Forderungen ist der Ruf nach amtlich festgelegten Preisen: »Billiges Brot!« und »Kampf den Schiebern!« – das sind die Parolen, die das Pariser Volk immer wieder auf die Straße treiben.

Das wird verständlich, wenn man bedenkt, daß in diesem Volk nur solche Verbrauchersorgen wirklich von allen geteilt werden. In der Organisation der Produktion nämlich ist die Lage der einzelnen außerordentlich verschieden. Auf etwas über 600 000 Einwohner von Paris kommen etwa 130 000 Lohnempfänger, mit ihren Familienangehörigen also etwa 300 000 bis 400 000 Menschen. Aber von diesen Lohnempfängern arbeiten nur ganz wenige in echten Unternehmen; vorherrschend ist der Handwerksbetrieb und vor allem die Heimarbeit für Händler. Es gibt 40 000 »selbständige Gewerbetreibende«, aber man muß die Bezeichnung richtig verstehen: höchstens ein Zehntel von ihnen leitet ein mittleres oder großes Unternehmen; alle übrigen sind Handwerksmeister. Meister und Gesellen, Ladenbesitzer und Handwerker, Gelegenheitsarbeiter und feste Lohnempfänger finden nur in der Brotfrage zu einer gewissen Einheit. Man darf im übrigen für die Entstehungsgeschichte der Sansculotten-Mentalität die zahlreichen Zuwanderer nicht vergessen, die vom Lande hereingekommen sind und sich als Untermieter in der übervölkerten Hauptstadt durchschlagen. Vielleicht hat Louis Chevalier einen wichtigen Aspekt der Pariser Revolution herausgehoben, indem er sie darstellt als »eine gewalttätige Abrechnung zwischen zwei Bevölkerungsgruppen: den alten Pariser Bürgern und den anderen ..., den Bauerntölpeln, den Barbaren, den Nomaden«?

Aber wenn das Jahr II in der langen Geschichte der Unterklassen eine

Sonderstellung einnimmt, so liegt das weniger an den Massen der Sansculotten als an ihren Führern, die in den Ausschüssen und in den Revolutionskomitees eine Art Unterintelligenz aus Werkstatt und Laden bilden. Diese echte kleinbürgerliche Mikroelite von Stadtviertelformat sieht in den Konvulsionen der Krisenjahre die einmalige Gelegenheit zum Emporkommen. Der Antiparlamentarismus dieser Leute ist bis zu einem gewissen Grade auch Ausdruck ihres Neides auf die »Kapazitäten«, die von vier Revolutionsjahren in die Versammlungen und an die Spitze des Staates getragen worden sind. Es handelt sich weniger um einen Klassenkampf als um eine Gruppenrivalität. Eine neue Schicht möchte an die Führung kommen. Sie wird noch ein Jahrhundert warten müssen, bis es ihr gelingt.

Die Männer der Bergpartei stehen den Forderungen der Sansculotten durchaus nicht als ein geschlossener Block gegenüber. Nach dem 2. Juni bleibt der vom Nationalkonvent am 7. April eingesetzte und Ende Mai erweiterte Wohlfahrtsausschuß das einzige zentrale Führungsorgan des Landes. Aber von den neun ursprünglichen Mitgliedern des Ausschusses vertreten sieben die *Plaine*, und nur zwei, Danton und Delacroix, den Berg. Danton ist der eigentliche Herr des Ausschusses.

War er der einzige wirkliche Realist unter den Konventspolitikern? Oder der bestechlichste aller Abenteurer? Lange ist das »Problem Danton« in dieser Ausschließlichkeit und damit falsch gestellt worden. Die Bestechlichkeit ist inzwischen aus notariellen Urkunden nachgewiesen worden, aber was beweist das? Man kann sich nicht recht vorstellen, welche Dienste er der Gegenrevolution geleistet haben soll; seine Verdienste um die Sache der Revolution dagegen springen ins Auge. Die Geschichte ist schließlich keine moralische Anstalt. In mancher Beziehung erinnert Danton an Mirabeau. Das gleiche mitreißende Temperament, das ihn zu der gelassen selbstgefälligen Bemerkung bewogen hat: »Die Natur hat mir einen athletischen Körperbau und das rauhe Äußere der Freiheit mitgegeben.« Die gleiche Sinnlichkeit und Lebenslust. Die gleiche geniale Gabe schlagfertiger und einprägsamer Rede. Das gleiche angeborene Talent zur Verzauberung der Massen.

Erst die schweren Krisen machen den Advokaten und Klubredner Danton zum Danton der Weltgeschichte. Seine Donnerstimme lenkt den Strom der Revolution nicht zu innerem Kampf und Gruppenzwist, die ein Robespierre für heilsam hält, sondern zu einmütigem Zusammenstehen gegen den Feind. Das ist seine Strategie, hier liegt der Schlüssel zu seiner scheinbaren Widersprüchlichkeit: dem Feind eine möglichst breite Front entgegenstellen, jede Amputation am Körper der Revolution vermeiden.

Georges Danton

Aber wenn er nicht mehr gegen den Strom schwimmen kann, läßt er sich mitreißen. Er, der Barde des revolutionären Verteidigungskrieges, bemüht sich immer wieder um Verhandlungen und scheut sich nicht, selbst die Freilassung der Königin anzubieten. Sein Verhalten ist viel gelobt und viel gescholten worden. Aber ist er nicht letzten Endes wie Robespierre nach ihm das Opfer eines Mechanismus, gegen den sein Wille nichts vermag? Den Frieden suchen heißt: weitblickend handeln, davon sprechen heißt: sich die Gunst der revolutionären öffentlichen Meinung verscherzen.

Jetzt, im Frühsommer 1793, als die militärischen Katastrophen sich jagen, fühlt Danton sich verbraucht. Schon am 4. Juli bläst Marat zum Angriff gegen den »Untergangsausschuß«. Die Aufdeckung einer angeblichen Verschwörung, in die Dillon, ein Freund von Camille Desmoulins verwickelt sein soll, zieht ihn, wenn auch indirekt, in Mitleidenschaft. Er selber ist müde und möchte seine Kraft und seine Zeit der blutjungen Frau widmen, die er soeben geheiratet hat. Vielleicht aber läßt er sich vor allem von einem politischen Kalkül bestimmen, das gefährliche Folgen für ihn haben wird: wenn er sich schon an der Macht kompromittiert hat, sollen sich doch jetzt andere kompromittieren und ihm Gelegenheit geben, später wieder mit weißer Weste dazustehen. Am 10. Juli beruft ihn der Konvent auf seinen eigenen Antrag aus dem neu zusammengesetzten Wohlfahrtsausschuß ab. Als er gegen seinen Wunsch am 5. September doch wieder hineingewählt wird, weigert er sich, die Regierungsverantwortung zu teilen. Jaurès hat klar erkannt, welche Gefahr diese Haltung über die Mehrheit und über ihn selber heraufbeschwor: ein ministrabler Politiker, der es ablehnt, die Macht mitzuübernehmen, muß damit rechnen, daß er zum Kristallisationspunkt der Opposition wird.

Drei Tage nach Dantons Abschied von der Politik, am 13. Juli 1793, wird Marat von Charlotte Corday ermordet. Dieses fünfundzwanzigjährige Mädchen aus Caen hat zuviel Plutarch gelesen. Sie glaubt einen Tyrannen zu töten, aber sie schafft einen Mythos. 1789 mochte es scheinen, als sei Jean-Paul Marat eine gescheiterte Existenz. Damals ist er fünfundvierzig Jahre alt und hat nur Ärger geerntet aus allem, was er versucht hat. Im Fürstentum Neuchâtel als Sohn eines zum Calvinismus übergetretenen italienischen Priesters geboren, hat es ihn immer weitergetrieben, von Bordeaux nach Paris, von Paris nach London, wo er zehn Jahre bleibt und es als Arzt und Publizist zu einem gewissen gesellschaftlichen Ansehen bringt. Seine Rückkehr nach Paris, 1776, trägt ihm nur vorübergehende Vorteile ein. 1784 wird er aus seinem Amt als Arzt der Leibgarde des Grafen von Artois entlassen, und inzwischen hat er es sich auch mit der Welt der Wissenschaft verdorben: seine bemerkenswert unmodernen Ansichten auf den Gebieten der Wärmelehre und der Elektrizität werden nicht ernst genommen. Krank und verschuldet muß er vegetieren; weder seine Reisen noch seine Lektüre noch seine schriftstellerischen Arbeiten haben ihm zu einer Karriere verholfen. Aber in der Revolution findet er für dieses angesammelte geistige Kapital unbegrenzte Investitionsmöglichkeiten.

In vier Jahren ist er wirklich geworden, was er als Titel über seine Zeitung geschrieben hat: *l'Ami du Peuple*, der große »Freund des Volkes«. Das ist nicht besonders überraschend, wenn man bedenkt, daß er die Flucht des Königs und den Abfall La Fayettes lange vorher warnend angekündigt hat. Seine Wachsamkeit und sein Los als der ewig Gejagte haben ihm den Ruf eines übertrieben scharfen, aber unentbehrlichen Zensors eingetragen. Dank dieser Beliebtheit beim Volk bringt er es trotz der Abneigung vieler Abgeordneter der Bergpartei und trotz des Schweigens Robespierres zum Mitglied des Nationalkonvents. Die Rolle, die ihn der Berg spielen läßt, beschreibt Levasseur in seinen Memoiren sehr gut: »Niemals hatte Marat den geringsten Einfluß im Konvent ... Seine Narreteien waren ungefährlich, aber sie waren zugleich so etwas wie ein demokratisches ›Maximum‹, das nicht mehr überboten werden konnte ... So war Marat eine Art Schutzschild gegen die Popularität der eigennützigen Demagogen im Solde des Auslands.« Kurz und gut, Marat ist in der Versammlung weniger bedrohlich als draußen. Als Garant für die lautere revolutionäre Gesinnung sichert er die Bergpartei nach links ab.

Doch als ihn der Tod ereilt, zeigt auch er schon gewisse Abnutzungserscheinungen. Dieser Demokrat bleibt voller Verachtung für alles, was wirtschaftlich bedingt ist. Der große Taumel, der die Volksmassen im Februar 1793 zur Plünderung der Läden und zur Forderung nach Festpreisen treibt, darf für ihn nur eine gegenrevolutionäre Machenschaft gewesen sein. Am 4. Juli prangert er leidenschaftlich Roux, Leclerc und die *Enragés*, die extremen Pariser Revolutionäre, an. Ist das die Kampfansage gegen eine rivalisierende Gruppe oder ein tiefes Nichtverstehen dessen, was das Volk eigentlich wünscht? Jedenfalls rankt sich dank Charlotte Corday nach seinem Tod ein Mythos der Lauterkeit um Marat. Spontan entsteht ein Kult um das Herz des *Ami du Peuple*, das der Cordeliers-Klub in einer Urne verwahrt. Schon Ende Juli findet ein großes »Fest der Staatsbürger« statt: dem »Herzen des unbestechlichen Marat« wird »ein Altar errichtet«.

Für den Nationalkonvent aber bedeutet der Tod Marats, daß nun jeder Demagogie, jedem Extremismus Tür und Tor geöffnet sind.

Schon im Frühjahr 1793 sind die uneigennützigen und aufrechten

Männer, die das Erbe einer alten Protesttradition übernommen haben, am Werke gewesen: die *Enragés*. Von Juni bis September fahren sie fort, die Wünsche des Volkes zu lenken und zu artikulieren. Doch sie selber sind nicht die eigentliche Gefahr. Zwar haben sie die Unterstützung des Volkes, aber sie haben keine Anhänger im Parlament und keine bewaffnete Macht. Ihnen fehlt die Leiter, um die Ebene zu erklimmen, auf der um die Macht gerungen wird. Jacques Roux wird am 5. September verhaftet und gibt sich vor dem versammelten Revolutionsgerichtshof den Tod. Am 16. September gerät die »Gesellschaft der revolutionären Frauen« der Claire Lacombe in die Schußlinie; im November ist sie schon verschwunden. Am 18. September wird Varlet ins Gefängnis geworfen. Leclerc muß sich verstecken. Das ist das Ende der extremen *Enragés*.

Gefährlicher erscheint die Gruppe um den Cordeliers-Klub. Er kann sich auf die Unzufriedenheit der Plebejer stützen, und es steht ihm durch einige Abgeordnete der Weg zur Ebene der Macht offen. Diese Männer sind vor allem aus taktischen Erwägungen Extremisten, erst der Tod Marats treibt sie wirklich ins Extrem. Man höre einen Hébert: »Wenn Marat einen Nachfolger bekommen soll, wenn die Aristokratie ein weiteres Opfer braucht: es steht schon bereit, ich bin es.« Die Festigung der Revolutionsregierung zwingt die Cordeliers dazu, sich immer ausfallender zu gebärden, denn nur damit könnten sie möglicherweise als die Nächsten an die Macht kommen.

Woher nehmen sie ihren Einfluß? Zunächst einmal aus dem Kriegsministerium, dessen Generalsekretär, Vincent, ein Anführer der Cordeliers ist. Sein Vater ist Gefängniswärter gewesen, und Vincent hat den Kontakt mit den einfachen Leuten nicht verloren. Für ihn bedeutet die Revolution vor allem eine Stellenumbesetzung; im November schafft ihm eine große Säuberung Gelegenheit, die Amtsräume seines Ministeriums mit Sansculotten zu bevölkern. Neben Vincent steht Ronsin, der seine Volkstümlichkeit einer raschen, glänzenden Karriere verdankt. Mit siebzehn Jahren ist er 1768 in die Armee eingetreten und hat sie vier Jahre später verlassen, um zum Theater zu gehen. Dann hat man nichts mehr von ihm gehört, bis er sich nach dem 10. August 1792 als wilder Revoluzzer hervortut. Kommissar des Exekutivrats, Generalzahlmeister bei der Belgienarmee, Abteilungsleiter im Kriegsministerium, so lauten die nächsten Etappen. Im Mai 1793 wird er zur Armee in die Vendée geschickt, ernennt sich selber zum General, wird bald nach Paris zurückbeordert und im September mit dem Oberbefehl über die Revolutionsarmee betraut, die zur Rückeroberung von Lyon aufbricht. Er hat eine echte Klientel von ergebenen Leuten, die ihm verpflichtet sind. Eine weitere Stütze der Cordeliers, die sich allerdings als schwach erweist, ist die Pariser Stadtverwaltung. Pache, der Bürgermeister, gilt als Beschützer der Cordeliersgruppe. Generalprokurator der *Commune* ist Chaumette, den der 10. August berühmt gemacht hat; das Volk liebt ihn wegen seiner menschenfreundlichen Redensarten und seiner schlichten Kleidung. Im September unterstützt er das Vorgehen der Gruppe. Auch Hanriot, dieser ehemalige Stadtzollbeamte, dessen Wahl zum Befehlshaber der Nationalgarde

Jacques-René Hébert, Herausgeber des chauvinistischen Terrorblatts Le Père Duchesne, *das die Nachfolge des* Ami du Peuple *von Marat übernimmt und zeitweise bis zu 600 000 Exemplare Auflage hat.*

die Sansculotten mit vieler Mühe durchgedrückt haben, scheint günstig gesonnen zu sein.

Bleibt die Presse. Welcher Journalist könnte sich seit dem Tode Marats mit dem Verfasser und Herausgeber der Zeitung *Le Père Duchesne* messen? Diese Titelfigur, dieser »Vater Duchesne«, ist auf dem Volkstheater am Ende des 18. Jahrhunderts eine vertraute und geliebte Gestalt gewesen wie der Kasper für unsere Kinder. Es lag nahe, daß ihn die Revolution für sich beschlagnahmen würde. Aber unter den vielen Zeitungen, die sich mit diesem Namen schmücken, gelingt nur der von Hébert der Durchbruch. Ihr Einfluß ist deshalb besonders groß, weil sie auf Betreiben von Vincent in der Armee kostenlos verteilt wird. Wir wollen nicht so weit gehen wie Jaurès, der gemeint hat, die Insignien des Hébertismus seien »Schleppsäbel und herausfordernder Schnurrbart«, er sei »in demagogischer Form das erste Auftreten des Militarismus in der Französischen Revolution«. Aber man kann doch in ihm eine der Strömungen erkennen, die später zum Pöbelchauvinismus und zum Trikolorenfanatismus der Soldaten des napoleonischen Kaiserreichs führen.

Hébert selber hat mit der Figur des *Père Duchesne* wenig gemein. Er ist der heruntergekommene Sohn aus guter Familie in Alençon, die mit dem Adel Umgang gepflogen hat. Nach einer unglücklichen Affäre muß er sich 1780 nach Paris absetzen, und es folgen elf Jahre demütigender Elendsexistenz. Am Aufbruch 1789 ist er nicht beteiligt. Erst der 10. August macht ihn zum Mitglied des Generalrats der Stadtverwaltung und bald darauf zum Stellvertreter des Generalprokurators Chaumette. Doch er kommt schon als Kandidat für einen Sitz im Konvent nicht durch, und am 20. August 1793 lehnt es die Versammlung ab, ihn, den radikalen Vertreter der *Commune*, zum Innenminister zu ernennen.

So erklären sich die Art und die Festigkeit des Zusammenhalts dieser Cordeliers-Gruppe. Ihre Absicht ist es, die Unzufriedenheit im Volk zu nutzen, um die führende Gruppe zu verdrängen, die in der Versammlung und in den Ausschüssen den Ton angibt. Es ist beinahe ein Generationenkonflikt. Diese Männer verkörpern die Generation des 10. August, die erst später zur Revolution gestoßen ist und nur widerstrebend die Führerrolle der Generation von 1789 erträgt. Für die klügsten Abgeordneten der Bergpartei ist ihr Verhalten ein Alarmsignal.

Nach dem Abgang Dantons ergreifen kräftige Hände die Hebel der Macht. Vierzehn Mitglieder hat der Wohlfahrtsausschuß vor dem 10. Juli gehabt; nur sieben von ihnen werden vom Konvent wiedergewählt. Drei gehören ihrer Einstellung nach zum Zentrum (Barère, Lindet und Gasparin), vier sind als überzeugte Vertreter der Bergpartei erst seit Ende Mai im Ausschuß gewesen: Saint-Just, Couthon, Bon Saint-André und Hérault de Séchelles. Zwei weitere Abgeordnete des Berges kommen jetzt hinzu: Thuriot, ein Freund Dantons, und Prieur de la Marne. Schon am 24. Juli tritt Gasparin zurück und wird drei Tage später durch Robespierre ersetzt. Am 14. August kommen Carnot und Prieur de la Côte d'Or dazu. Am 6. September erzwingen die Sansculotten die Aufnahme von

Collot d'Herbois und Billaud-Varenne. Thuriot verläßt den Ausschuß am 20. September. Abgesehen von Hérault de Séchelles, der im März 1794 verhaftet und im April hingerichtet wird, bleibt diese Mannschaft zusammen und lenkt jetzt ein Jahr lang die Geschicke Frankreichs.

Gemeinsam ist ihnen allen ihre Jugend und ihre Erfahrung. Der älteste ist siebenundvierzig Jahre alt, der Benjamin sechsundzwanzig; das Durchschnittsalter liegt knapp über dreißig. Sie sind von der Arbeit in den aufeinanderfolgenden Versammlungen der Nation und in den höchsten Staatsämtern geformt. Sie alle absolvieren ein gewaltiges Pensum; sechzehn bis achtzehn Stunden lang sitzen sie im Pavillon de Flore am Seineflügel des Tuilerienschlosses über den Akten. Sie müssen auf Eingaben und Berichte antworten, Erlasse unterzeichnen, die Minister überwachen, die Armeen lenken und nicht zuletzt ihre Politik vor dem Konvent verteidigen, der sie von einem Augenblick auf den anderen abberufen kann. Sie führen die Geschäfte gemeinsam, was aber eine Arbeitsteilung in sieben »Büros« nicht ausschließt. Billaud und Collot kümmern sich um den Schriftverkehr mit den ausgesandten bevollmächtigten Abgeordneten, Lindet um das Versorgungs- und Transportwesen. Prieur de la Côte d'Or um Waffen und Schießpulver. Saint-Just und Carnot leiten das Kriegsbüro, Jean Bon Saint-André und Prieur de la Marne das Marinebüro. Barère hilft, wo Not am Mann ist, Robespierre interessiert sich vor allem für die politischen Aspekte der behandelten Probleme.

Es ist sehr viel über die Meinungsverschiedenheiten unter diesen Männern und über den Anteil, den der einzelne an der Verantwortung gehabt hat, geschrieben worden. Natürlich hat man den Besiegten vom Thermidor später alle Leichen des Terrors angelastet, während Carnot und die anderen Überlebenden den Preis des Sieges für sich in Anspruch nahmen. Die Unterschriften auf den Originalausfertigungen der Ausschußakten, jedenfalls die maßgebende erste Unterschrift, widerlegen diese vereinfachende Selbstrechtfertigung. Andererseits hat man viele Spekulationen angestellt über die Schreiben der Agenten eines Spionagerings, der mit englischem und spanischem Geld vom Grafen von Antraigues organisiert worden ist. Diese schriftlichen Berichte bergen erstaunliche Enthüllungen, die für manche Historiker Anlaß gewesen sind, in Sieyès den heimlichen Einflüsterer für die Politik Robespierres zu erblicken, in Hébert einen Agenten der Royalisten, in Saint-Just einen Gegner Robespierres. Kürzlich hat man sogar die Ansicht vorgetragen, Carnot selber habe dem Feind Informationen zugespielt – damit ist die Grenze des Denkbaren erreicht. Natürlich hat es verschiedene Grundeinstellungen gegeben. Collot d'Herbois und Billaud-Varenne halten weiter Fühlung mit den Sansculotten und mit den Leuten, die sich bei den Terrormaß-

Die Köpfe des Berges. Von links oben nach rechts unten: Danton (1), Marat (2), Desmoulins (3), Hanriot (4), Collot d'Herbois (5), Hébert (6), Couthon (7), Saint-Just (8), Fouquier-Tinville (9), Maximilien Robespierre (10), Merlin de Thionville (11), Pétion (12), Carrier (13), David (14), Lepeletier (15), Lebon (16), Legendre (17), Billaud-Varenne (18), Augustin Robespierre (19), Marie-Joseph Chénier (20), Vadier (21).

nahmen kompromittiert haben. Carnot, Lindet und Prieur de la Côte d'Or wiederum finden sich aus Staatsräson zu Konzessionen an das Volk bereit und wollen sie so bald wie möglich rückgängig machen. Barère hält sich mit Vorliebe an seine Schiedsrichterrolle, die ihm schon von seiner großen politischen Klugheit vorgezeichnet ist. Robespierre, Saint-Just und Couthon lassen sich weder in die Mitte noch auf die Rechte oder auf die Linke einordnen. Ihr Denken wird vom Lauf der Ereignisse bestimmt, und wenn sie in die Zukunft planen, geraten sie sogleich ins Utopische.

Die Gegenwart und ihre Forderungen jedenfalls halten diese Männer zusammen. In einer solchen Notzeit muß man die Segel reffen und das Schiff sturmklar machen. Man muß vorläufig auf das Regieren nach der Verfassung verzichten. Man muß die normalen Rechtsgarantien, die den Staatsbürger schützen, beiseitelassen. Man muß zum Mittel der Notstandsdiktatur greifen. Das alles heißt in der Geschichte »Revolutionsregierung«.

Es ist übrigens bemerkenswert, wie weitgehend homogen diese Gruppe von Männern ihrer gesellschaftlichen Herkunft nach ist. Natürlich kommen sie aus dem Bürgertum, aber aus dem Teil, der dem Vermögen wenig und der Bildung, der Begabung, der technischen und wissenschaftlichen Qualifikation sehr viel verdankt. Bertrand Barère de Vieuzac steht etwas am Rande. Als Anwalt am Parlamentsgerichtshof von Toulouse ist der aus dem Städtchen Tarbes am Pyrenäenrand stammende junge Mann in den Salons und Akademien nicht mehr ganz unbekannt, als man ihn nach Versailles zu den Generalständen schickt. Er hält Verbindung mit dem Hause Orléans und findet schon in der Verfassunggebenden Versammlung aufmerksame Zuhörer. Am Rande, aber am entgegengesetzten, steht auch der Schauspieler Collot d'Herbois, der aus einem Bohèmeleben zu den Jakobinern gefunden und auf den Schultern der Sansculotten den Aufstieg in den Wohlfahrtsausschuß geschafft hat. Und die übrigen? Fünf sind oder waren Anwälte. Jean Bon Saint-André ist nach langen Jahren als Kapitän auf großer Fahrt schließlich in seiner südfranzösischen Heimatstadt Montauban protestantischer Pfarrer geworden. Prieur de la Côte d'Or und Carnot sind Pionierhauptleute; beide sind Absolventen der Ingenieurhochschule.

Vielleicht ist der Werdegang von Lazare Carnot besonders bezeichnend. Er kommt 1753 in Nolay in Burgund zur Welt; seine Eltern gehören zu der kleinbürgerlichen Schicht, der bescheidene Ämter und eine stattliche Kinderzahl das fehlende Vermögen ersetzen. Er hat Erfolg beim Aufnahmewettbewerb für die Ingenieurhochschule und verläßt die Anstalt 1773 als Ingenieur mit dem Leutnantsgrad. 1783 ist er erst Hauptmann, und es sieht ganz danach aus, als werde seine Karriere hier enden.

Er verliebt sich in ein Mädchen aus Dijon, Fräulein von Bouillet, kann sie aber nicht heiraten, weil es ihm an Geld fehlt, vor allem jedoch, weil er nicht adelig ist. Vergebens bemüht er sich, seine Familie als adelig anerkennen zu lassen. Die Verbitterung, die er dabei empfindet, kennzeichnet nicht nur seine, sondern die allgemeine Frustration der Absolventeneliten der drei großen »wissenschaftlichen« Staatshochschulen (Ingenieurschule, Artillerieschule, Straßen- und Brückenbauschule), die sich ihres

Lazare Carnot

Wertes und ihrer Rolle durchaus bewußt sind, denen das Ancien Régime aber nur beschränkte Laufbahnmöglichkeiten bietet. Carnot ist kein Neuerer und kein Mann von überragender Intelligenz; seine Vorstellungen auf dem Gebiete der Strategie und der Bewaffnung sind oft veraltet und, schlimmer noch, konservativ. Um so exemplarischer ist sein Aufstieg. Die Zeit der Verfassunggebenden Versammlung, als sich der begabte einzelne glänzend entfalten konnte, ist vorbei; jetzt sind die Techniker und die Organisatoren an der Reihe.

Wie wichtig die Organisationsfragen nun genommen werden, beweist ein Schema, das sich in Robespierres Papieren gefunden hat:

»Es muß ein vorzüglicher Mann als Generalsekretär da sein, ein Büro mit intelligenten und patriotisch gesonnenen Sekretären sowie Beamte, die auch geeignet sind, die Beschlüsse des Wohlfahrtsausschusses an die ausführenden Organe zu übermitteln. Die mit der Ausführung Betrauten müssen dem Ausschuß binnen vierundzwanzig Stunden Vollzugsmeldung erstatten. Es muß festgelegt werden, wem die Beschlüsse zur Übermittlung anvertraut werden; dem Ausschuß müssen ganz und gar zuverlässige Boten zur Verfügung stehen. Jedes Ausschußmitglied muß einen besonderen Aufgabenbereich haben und über Sekretäre und Beamte gebieten, die seines Vertrauens würdig sind. Jedes Mitglied muß einen eigenen Arbeitsraum bekommen und alle äußeren Bequemlichkeiten, die es für seine Tätigkeit braucht...«

Und so ging es auch vor sich. Außerhalb der in den gemeinsamen Sitzungen (die vor allem vormittags stattfanden) und im Nationalkonvent verbrachten Stunden arbeiteten die Ausschußmitglieder bis zu achtzehn Stunden täglich auf ihrem speziellen Bereich.

Aus dieser Arbeitsgemeinschaft hebt sich in Geschichte und Legende das Triumvirat der späteren Opfer des 9. Thermidor heraus. Couthon ist der unscheinbarste der drei. Er ist ein Kind des rauhen, strengen mittelfranzösischen Hochlands, 1755 geboren. Der wenig bekannte Anwalt in Clermont-Ferrand kann schon als junger Mann nach einer Krankheit, wahrscheinlich Kinderlähmung, seine Beine nicht mehr gebrauchen. Als er zur Gesetzgebenden Versammlung nach Paris kommt, reiht er sich unter die jakobinischen Abgeordneten ein, lehnt es aber ab, sich für eine der rivalisierenden Gruppen zu entscheiden: weder für die Girondisten, deren Ehrgeiz er durchschaut, noch für die Pariser Demokraten, deren sektiererische Absichten ihm gefährlich erscheinen. Erst die durch Krieg und Verrat ausgelöste Krise treibt ihn in das Lager der Bergpartei. Leidenschaftliche Begeisterung für die Revolution und die Einheit der Nation entflammen sein Gemüt, das von Natur aus eigentlich friedfertig und duldsam ist. Er neigt weniger zu persönlichen Auseinandersetzungen als andere, ist aber unerbittlich, wenn er den Eindruck hat, daß es um das Wohl des Landes geht. Gegen den König, gegen die Girondisten, gegen die Aufständischen von Lyon ist er ein gefährlicher Sachwalter der nationalen Belange.

Besser meint man Saint-Just zu kennen. Allerdings vermitteln die Porträts, und zwar das von David nicht weniger als das von Greuze, nur ein vages Bild, in dem einzig als offenbar charakteristischer Zug eine niedrige, breite Stirn auffällt. André Malraux hat wohl recht: »Die Legende ist nicht

Louis de Saint-Just

aus der Schönheit des Saint-Just entstanden, sondern seine Schönheit aus der Legende.« Vor allem ist die Aura des Jünglings um ihn. Vierundzwanzig Jahre ist er alt, als ihn das ostfranzösische Departement Aisne in die Gesetzgebende Versammlung wählt Seine Gegner lassen diese Wahl wegen seines Alters für ungültig erklären. Doch was kann ihm das ausmachen – ein Jahr später hat er seinen Sitz im Nationalkonvent. Dieser adrett gekleidete junge Mann, der sich unter die Abgeordneten der Bergpartei mischt und vor der Sitzung auf seinem Pferd durch den Bois de Boulogne sprengt, ist kein Aristokrat. Sein Vater kam aus einer Bauernfamilie und war ein pensionierter Soldat, dem seine lange Dienstzeit den Hauptmannsrang und das Ludwigskreuz eingebracht hatte. Er selber sucht, nach guter Ausbildung bei den Oratorianern in Soissons, im Städtchen Blérancourt den Umgang mit den Verwaltungsbeamten, die durch die neue Verfassung auf ihre Posten gekommen sind. Als Abgeordneter tritt er nur selten bei den Jakobinern auf und konzentriert sich ganz auf die Versammlung. Bis zum 2. Juni gibt er sich als einer, der über den Auseinandersetzungen der Parteien und über den persönlichen Streitereien steht, stimmt allerdings mit der Bergpartei für die großen revolutionären Maßnahmen. Der Prozeß gegen den König hat immerhin schon seine Rednergabe und seine kraftvolle Logik gezeigt. Doch erst das Schreckensjahr hält gleich drei große Aufgaben für ihn bereit. Er muß dem revolutionären Krieg wieder Schwung verleihen (seine Inspektionsreise zur Rheinarmee im Winter 1793 trägt ihm den einhelligen Beifall des Nationalkonvents ein), die Anklageschriften gegen die Feinde der Regierung ausarbeiten, vor allem aber dem Notstandsregime die theoretische Rechtfertigung verschaffen. Auf dieser Ebene des Grundsätzlichen, aber auch gefühlsmäßig verbindet ihn alles mit Robespierre.

Selten ist ein Mann vom Haß so entstellt worden wie Maximilien Robespierre. Dieser Haß hat den Kabinettspolitiker zum Demagogen gestempelt, den Mann der Mäßigung zur blutrünstigen Bestie, den wendigen Parlamentarier zum Diktator, den kompromißlosen Gottgläubigen zum Verächter der Religion. Selbst die Freunde der Revolution haben ihm nur widerstrebend Gerechtigkeit widerfahren lassen, auch die Historiker. Vor allem Michelet, der kein Verständnis für die Persönlichkeit Robespierres aufbringt, wittert in ihm den »Heuchler«, den ›Priester‹ und gesteht ihm nur ein Verdienst zu: die prophetische Abneigung gegen Militarismus und Säbelgerassel. Andere, die ihn wie Mathiez zu einem hehren Standbild stilisierten, haben vielleicht noch mehr dazu beigetragen, ihn unmenschlich erscheinen zu lassen. Als er im Mai 1789 nach Versailles kommt, ist dieser kleine Mann mit den zarten Zügen und der sorgfältig gewählten Kleidung nichts weiter als ein unbegüterter, namenloser Anwalt aus der Provinz. Mit sechs Jahren ist er Waise gewesen, und statt des Vaters verhalfen ihm Stipendien zum Studium am berühmten Pariser Collège Louis-le-Grand und zur Ausbildung als Jurist, wie das schon in der Familientradition lag. Aus diesen glänzend absolvierten, aber in Armut verbrachten Studienjahren ist ihm eine Art Stipendiatenkomplex geblieben, ein Mißtrauen gegen jeden sorglosen Wohlstand. Seinen Erfolg bei der Wahl verdankt er nur den unteren Schichten des Dritten Standes, die ihn einem von den Honoratioren der Stadt Arras geförderten Konkurrenten vorziehen. Seine ersten Auftritte vor der Verfassunggebenden Versammlung haben wenig Erfolg im Parlament, finden aber ein um so größeres Echo in der Presse und in den Klubs, wo er schon Ende 1790 angesehener ist als Mirabeau. Er allein stimmt gegen die Verkündigung des Kriegsrechts. Er allein kämpft gegen die Diskriminierung der Passivbürger und der Farbigen auf den Antillen. Fast als einziger weigert er sich, das Recht des Volkes auf das Einbringen von Petitionen bei der Versammlung einzuschränken. Denn er gehört zu den wenigen, die von Anfang an begriffen haben, daß die Kraft der Revolution im Bündnis zwischen Bürgertum und Volk liegt. Seine Einzelgängerrolle in der Versammlung, der Haß und der Spott, den er dort erntet, heben sein Ansehen in Paris. Der gewählte Abgeordnete von Arras wird zum Führer der revolutionären Stadt Paris. Nach der Flucht des Königs führt er nur noch Nachhutgefechte, aber es gelingt ihm durchzusetzen, daß die Mitglieder der Verfassunggebenden Versammlung nicht in die Gesetzgebende Versammlung wiedergewählt werden dürfen.

Fortan trägt er seine großen Kämpfe bei den Jakobinern aus, deren Gefolgschaft er sich trotz der Abspaltung der Feuillants erhalten hat. Der Kampf gegen den Krieg zunächst, bei dem er, wie wir gesehen haben, beinahe seine Beliebtheit eingebüßt hätte. Kämpfe sodann gegen den Verrat und die Niederlage, gegen den Hof und später gegen die Girondisten. Am 2. Juni zwingt ihn das Ausscheiden Dantons, in die Regierungsverantwortung einzutreten. Er hat gegenüber seinen Kollegen im Wohlfahrtsausschuß keinerlei rechtliche Vorrangstellung, aber man erkennt ihm eine moralische Autorität zu, die er seiner Vergangenheit als aufrechter Mann der Opposition und seiner Kompromißlosigkeit verdankt. Sein Genie und seine kleinliche Genauigkeit kommen ihm gleichermaßen zustatten. Er ist alles andere als ein Doktrinär: ein ungewöhnlich geschickter Taktiker, ein Politiker, der den richtigen Augenblick abzuwarten und zu nutzen, das sinnvoll Mögliche vom Abenteuerlichen zu unterscheiden und der Meinung in Volk und Parlament zu folgen weiß, ohne sich von ihr hilflos mitreißen zu lassen. Das ist schon deutlich geworden nach der

Maximilien Robespierre

Flucht des Königs, als er von republikanischen Demonstrationen abgeraten und sich statt dessen eindeutig an die Verteidigung einer Verfassung gehalten hat, deren Grenzen er selber als revisionsbedürftig anprangerte. Ebenso ist es vor dem 10. August und vor dem 2. Juni gewesen, als er sich erst im letzten möglichen Augenblick der revolutionären Strömung, die gegen seinen Wunsch entstanden war, angeschlossen hat, um sie besser kanalisieren zu können. Und so wird es jetzt wieder beim Kampf gegen die widerstrebenden Gruppen sein: er rettet die Mehrheit, indem er seinen Rivalen die Anhänger abspenstig macht. Selbst sein eher rechthaberisches, zum Angriff auf die Persönlichkeit des Gegners, zur eifersüchtigen Wachsamkeit neigendes Naturell ist in Krisenzeiten für ihn von Vorteil. Es ist ja durchaus nicht alles Gold, was an dem »Unbestechlichen« glänzt. Nach den Septembermorden, als Danton die Volkswut gegen den äußeren Feind zu wenden versucht, bemüht sich Robespierre, sie auf seine Rivalen von der Gironde zu lenken. Im März 1793 wirft er den Girondisten ziemlich arglistig vor, sie »opponierten ständig gegen den Anschluß anderer Völker an unsere Republik«. Der Gegner des Krieges als Mittel der Propaganda verwandelt sich um eines bloßen innenpolitischen Manövers willen in einen hymnischen Verfechter des Eroberungskrieges. Aber diese ständige Wachsamkeit schafft Unruhe, dieses unaufhörliche Anprangern anderer ist ganz dazu angetan, dem revolutionär gesonnenen Volk zu gefallen, das darin einen Widerhall seiner eigenen Befürchtungen zu erkennen meint.

Diese realistische und auf den konkreten Erfolg bedachte Führerpersönlichkeit läßt sich aber ebenso wie Saint-Just mehr und mehr von der Utopie betören. Die schwierige Ausübung der Macht, das Widerstreben des Bürgertums und die unvermeidliche Verständnislosigkeit des Volkes sind für beide Männer eine Bestätigung ihrer Kindheitserfahrungen. Ganz gleich, ob sie revolutionäre Institutionen wirklich erschaffen oder wie Saint-Just von einer Welt der Brüderlichkeit träumen, in der man eine feierliche Beurkundung der Männerfreundschaften und die vegetarische Ernährung der Kinder durchsetzen könnte: sie können sich die Zukunft noch so intensiv als heiter ländliche Idylle ausmalen – immer stoßen sie auf die Wirklichkeit von Kapitalismus und Krämergeist. »Woher kommt das Übel? Von den Bürgern«, schreibt Robespierre am Vorabend des 2. Juni. Oft hat man die politische Tragweite dieser Worte betont. Ihre metaphysische Bedeutung aber ist noch größer. Für Robespierre und Saint-Just trägt die bürgerliche Revolution, der sie Geburtshelferdienste leisten, das absolut Böse in sich, den Luxus, den saturierten Wohlstand, den Atheismus, das individuelle Glücksstreben, die ihnen so verhaßt sind. »Ich betrachte den Reichtum nicht nur als den Lohn des Verbrechens, sondern geradezu als die Strafe für das Verbrechen und will arm bleiben, um nicht unglücklich zu werden.« Diesmal ist es ein Zitat von Saint-Just. Beide, Robespierre und Saint-Just, sind sich völlig darüber im klaren, daß »alle stets nur nachträglich geschaffenen Institutionen niemals die ursprüngliche Tugend ersetzen können«.

So führt der Kult der Tugend in den Pessimismus. »Die Tugend ist von jeher auf Erden in der Minderheit gewesen.« Die christliche Vorstellung vom Sündenfall tritt in verweltlichter Form zu dem Bewußtsein, daß die Brüderlichkeit der mittelalterlichen Gemeinschaft durch die neue Moral des Privatinteresses und der Nützlichkeit abgelöst worden ist.

Schon vor dem 2. Juni haben die Gemäßigten in Lyon, Marseille und Bordeaux zu den Waffen gegriffen. Die Ausschaltung der Girondisten gibt dieser Bewegung neuen Nachdruck. Ihre Gegner haben ihr den Namen »föderalistischer Aufstand« gegeben, doch die meisten ihrer Anhänger wollen nicht etwa Frankreich in ein Konglomerat aus kleinen unabhängigen Republiken verwandeln, sondern sich dem gewaltsamen Handstreich der Pariser und dem Umbau der Regierung widersetzen.

Treu zum Nationalkonvent stehen die Departements in der näheren Umgebung von Paris (Seine-et-Oise, Seine-et-Marne, Eure-et-Loir) und alle, die in der Nähe der Front oder der Vendée vor allem die Gegenrevolution fürchten.

Auf der Karte verteilen sich die Aufstandsgebiete über vier Zonen in West- und Südfrankreich; dazwischen liegen jeweils loyal gesinnte Gegenden. In der Normandie und in der Bretagne nimmt die Erhebung im Departement Eure zwischen Paris und Rouen ihren Anfang, wo es dem aus Paris geflohenen Girondisten Buzot am 7. Juni gelingt, eine Streitmacht von 4000 Mann zusammenzubringen. Am 10. folgt das Departement Calvados (Caen). Mit Ausnahme von Seine-Inférieure (Rouen) und bald darauf auch Loire-Inférieure, das sich samt seiner Verwaltungshauptstadt Nantes von der Vendée bedroht sieht, schließen sich alle normannischen und bretonischen Departements um Caen zusammen, das zum Zentrum für das girondistisch gesinnte Westfrankreich wird. Im Südwesten verjagt Bordeaux am 7. Juni die Vertreter des Nationalkonvents und beschließt am 9. Juni die Aushebung einer Departementsstreitmacht von 1200 Mann. In der Provence greift der Aufstand nach lange schwelender Krise auf Marseille, Avignon, Nîmes und Toulon über (12. Juni). In Lyon, wo der Aufruhr ja schon am 12. Mai begonnen hat, wird der Kampf jetzt unerbittlich; am 17. Juni wird Chalier, der Leiter der jakobinischen Stadtverwaltung guillotiniert.

Außer im Kriegshafen Toulon, wo die Admiräle am 27. August die

Stadt den Engländern übergeben, und in Lyon, wo der Royalist Précy die Erhebung anführt und den König von Sardinien zu Hilfe ruft, ist die »föderalistische« Bewegung Ende Juli überall abgeklungen. Wie erklärt sich dieser Mißerfolg? Ganz wesentlich hat die geschickte Politik der Bergpartei dazu beigetragen, die sich nachsichtig gibt, aber durchgreift. Am 8. Juli bekommt Saint-Just den Auftrag, über die für den Aufstand verantwortlichen, geflüchteten Abgeordneten der Gironde Bericht zu erstatten; er verurteilt nur fünf als Verräter und unterscheidet sie betont von den Komplizen und Verführten. Die Erhebung leidet aber vor allem unter zwei Schwächen. Einmal geht sie mehr in die Breite als in die Tiefe; als die Girondisten Truppen um sich sammeln wollen, merken sie erst, wie isoliert sie sind. Andererseits zeigt es sich, daß es unmöglich ist, eine einigermaßen dauerhafte Dritte Kraft zu schaffen, während der Kampf zwischen Revolution und Gegenrevolution auf einem Höhepunkt steht. Einige, wie Puisaye, der Stabschef der Armee von Caen, fliehen in die Vendée und laufen damit zur Gegenrevolution über; die meisten aber wollen 1789 nicht verleugnen und unterwerfen sich.

Es wäre allerdings ein Irrtum, wenn man annehmen wollte, die Erhebung sei nur ein belangloses Zwischenspiel in der Geschichte der Revolution gewesen. Auf lange Sicht ist sie ein Vorzeichen für das Ausscheren von West- und Südfrankreich aus dem revolutionären Fahrwasser, wie es unter dem Direktorium und 1814 nachdrücklich geschieht, weil das Bürgertum der Hafenstädte von den Revolutionsfeldzügen kaum Gewinn, aber viele Nachteile gehabt hat.

Die Anführer der Vendée versuchen nach der Eroberung von Thouars (am 5. Mai) und Fontenay (am 26. Mai) so etwas wie eine zentrale politische und militärische Lenkung aufzubauen. Sie bilden einen »Hohen Rat«, dem neben Offizieren der ehemalige Pfarrer von Saint-Laud d'Angers, Bernier, angehört, sowie Guillot de Folleville, eine abenteuerliche Persönlichkeit, die sich für den Titularbischof von Agra ausgibt. Aber die Einheit bleibt eine bloße Fassade. Die Bauern aus der Vendée kämpfen nur in ihrer Heckenlandschaft mit Erfolg, es sei denn, sie plündern eine benachbarte Stadt und ziehen sich gleich wieder zurück. Drei Armeen haben die Königstreuen: die aus dem *bocage* unter Sapinaud und Baudry d'Asson, die aus dem Moorland unter dem Einzelgänger Charette und, allein wirklich gefährlich, die »Mauges«-Armee vom südlichen Loire-Ufer. Sie wird von tüchtigen Männern geführt, d'Elbée, Stofflet, Lescure, zählt in ihren besten Zeiten über 40 000 Mann und bildet eine echte Bedrohung für die Republik.

Auf republikanischer Seite sind weder die Truppen noch die Führung einer solchen Bedrohung gewachsen. Ende August sind drei neue Küsten-

Die königstreuen Aufständischen der Vendée unter ihrem Anführer, dem Grafen de La Rochejaquelein, dringen in die Stadt Thouars ein (5. Mai 1793).

armeen zusammengestellt bzw. zusammengekratzt worden aus Freikorps, Bataillonen von der Märzaushebung der Dreihunderttausend und wahllos aus der Nord- und der Rheinarmee abgezogenen Soldaten. Die Befehlsgewalt ist auf zwei Kommandozentralen aufgeteilt. In Niort leitet Biron das Armeehauptquartier. Aber in Saumur findet ein ganzes Rudel von bevollmächtigten Abgeordneten des Konvents und aus der Pariser *Commune* ausgewählten Kommissaren Spaß am Kriegspielen. Die politischen Auseinandersetzungen in der Hauptstadt lähmen jede Initiative, und die Schieber nutzen das aus, um fette Gewinne einzustreichen. Die Revolution stellt den »Briganten« keine geschlossene Front entgegen.

So kommt es zu weiteren Erfolgen der Vendée. Am 9. Juni erobert die »Große katholische und königliche Armee«, die Mauges-Armee, die Stadt Saumur und verbreitet damit im ganzen Loiretal Panik. Stofflet schlägt vor, auf Paris zu marschieren, aber die anderen Führer kennen ihre Truppen besser und beschließen, vor Nantes zu ziehen. Dort soll Charette, der am 18. Juni Machecoul erstürmt, zu ihnen stoßen. Aber Nantes, von Canclaux verteidigt, schlägt den Angriff am 20. Juni ab. Andererseits kann sich Westermann nur für kurze Zeit seines erfolgreichen Zuges nach Châtillon-sur-Sèvre, dem politischen Zentrum des Aufstandes, erfreuen. Am 5. Juli erobern die Royalisten die Stadt zurück und vernichten die republikanische Armee. Nachdem sie auch bei Vihiers am 18. Juli Sieger geblieben sind, versuchen sie sich am 27. bei Les-Ponts-de-Cé den Weg nach Angers freizukämpfen.

Der Eindruck auf Paris ist verheerend. Am 1. August beschließt der Konvent auf Grund des Berichts von Barère die systematische Zerstörung der Vendée: »Wir werden die Wälder abhauen, die Behausungen der Banditen abbrechen, die Felder abernten und das Korn hinter die Linien der Armee schaffen, das Vieh wegtreiben. Frauen, Kinder und Greise werden in das Innere Frankreichs verbracht werden.«

Die Alternative bleibt die gleiche: Freiheit oder Tod.

Auf den Verrat des Generals Dumouriez folgt für die Armeen der Republik eine Phase der Niederlagen und des Zusammenbrechens der Organisation. Marschall Soult schreibt rückblickend: »Nie war eine Armee in einem solchen Zustand der Zerrüttung.«

Es fehlt durchaus nicht an frischen Soldaten. Schon vor dem »Großen Aufgebot« erhöht die im Februar verkündete Aushebung der Dreihunderttausend, zu der im Juni die Sonderaushebung von dreißigtausend Mann für die Kavallerie kommt, den Mannschaftsbestand auf 650 000 Mann. Die Koalition verfügt an den französischen Grenzen nur über ein Drittel dieser Truppenzahl. Aber in der politischen Lenkung und der militärischen

Führung herrscht überall Durcheinander und Streit. Kriegsminister Bouchotte genießt bei den Generälen kein Ansehen, weil er nur den Rang eines Oberstleutnants erworben hat. Gleichzeitig wird er von den Abgeordneten des Konvents angegriffen, weil er die Tätigkeit seines Generalsekretärs Vincent deckt, des Cordeliers-Parteigängers, der die Amtsstellen des Ministeriums ausschließlich mit Sansculotten besetzt, die zwar gute Revolutionäre, aber schlechte Verwaltungsbeamte sind. Außerdem geht er mit Zustimmung des Wohlfahrtsausschusses dazu über, alle Adeligen von ihrem Kommando abberufen zu lassen. »Es ist unerhört«, so unterstützt ihn Barère, »daß der Adel, gegen den wir kämpfen, diesen Krieg führt, bei dessen erfolgreichem Ausgang er alles verlieren würde.« Viele durchaus revolutionsfreundlich gesonnene Offiziere empfinden diese in Bausch und Bogen getroffene Maßnahme als empörend: Davout nimmt Ende August seinen Abschied und tritt erst unter dem Konsulat wieder in den Dienst des Landes. Viele andere Generäle handeln nur nach eigenem Ermessen, Custine zum Beispiel, der neuernannte Oberbefehlshaber der Nordarmee (27. Mai), dem man schon im Juni seinen Angriffsplan widerruft. Er tut daraufhin gar nichts mehr, wird am 12. Juli nach Paris beordert und Ende August hingerichtet. Andere wiederum sind bloße Haudegen, die einer gemeinsamen Strategie gar nicht gewachsen wären; das gilt besonders für die beiden Nachfolger Custines, Kilmaine und Houchard.

Die Verteidigung wird an allen Fronten schwächer. An der Nordgrenze, wo der Prinz von Sachsen-Coburg 50 000 Österreicher und der Herzog von York 35 000 Hannoveraner und Holländer befehligen, kapitulieren die Festungen Condé am 10. und Valenciennes am 28. Juli. Cambrai verdankt seine Rettung nur den Meinungsverschiedenheiten zwischen den Verbündeten: York macht sich selbständig und belagert Dünkirchen, und Coburg, dessen Truppen durch den Abzug der Preußen ins Elsaß in eine schwächere Position gekommen sind, wartet erst einmal ab. Am Rhein wird die Festung Mainz seit April belagert. Dann schließen die Preußen Landau ein, und die Österreicher besetzen die südliche Pfalz zwischen den Flüssen Lauter und Queich. In Savoyen dringen die Truppen des Königs von Sardinien in die Täler von Maurienne, Tarentaise und Faucigny ein; am 20. August fällt das Städtchen Cluses in die Hand des Gegners. Am 27. August liefert sich Marseille den Engländern aus. Auch in Korsika, wo sich seit Ende Mai der alte Freiheitsheld Paoli, jetzt als Gegner des Wohlfahrtsausschusses, an die Spitze gestellt hat, folgt auf den Hilferuf an die Engländer die Besetzung der Insel. Die Spanier schließlich versuchen durch das Tech-Tal nach Frankreich einzudringen.

Die Republik ist zu einer einzigen rings belagerten Festung geworden.

Auch in ihrer Mitte ist die Republik bedroht: die Extremisten treten immer selbstsicherer auf. Das einfache Volk ist für alle Parolen empfänglich, weil es unter der Versorgungskrise leidet, die in erster Linie von der Inflation herrührt (die Assignaten haben 70 % ihres Nennwerts verloren). Das am 4. Mai verkündete Maximum für Getreide ist nicht wirklich durchgeführt worden. Dennoch zahlt man in Paris nicht einmal viel für das Brot; auf Grund von Subventionen des Nationalkonvents kann die Stadtverwaltung das Mehl mit Verlust verkaufen und den Brotpreis bei drei Sous pro Pfund halten. Aber die anderen Nahrungsmittel, für die kein Maximum gilt, steigen um so mehr. Das Fleisch zum Beispiel, das durch die Unruhen in den westfranzösischen Departements knapp wird. Auch wichtige Bedarfsartikel wie Seife sind teuer und rar geworden. Am 15. Juni fordert die besonders radikale Sektion Droits de l'Homme, zu der Varlet gehört, Festpreise für alle Waren und ein eigenes Gesetz gegen Schieber und Hamsterer. Am 20. Juni schlägt Roux bei den Cordeliers vor, die Todesstrafe für Geldwechsler und Zinswucherer solle in die Verfassung aufgenommen werden. Am 25. wird er an der Spitze einer Delegation beim Nationalkonvent vorstellig; sein drohendes Auftreten wird von der Bergpartei mit Entrüstung vermerkt. Vom 26. bis 28. kommt es an den Pariser Schiffslandeplätzen Grenouillère und Saint-Nicolas zu Unruhen.

Im Juli und August erhält die Agitation neuen Auftrieb. Jetzt bemühen sich nicht mehr allein die *Enragés*, vom Unmut der Bevölkerung zu profitieren. Hébert macht Roux und Leclerc die Nachfolge Marats streitig, und die Cordeliers-Gruppe schreibt die Forderungen der Sansculotten auf ihr Panier. Es geht nicht mehr ausschließlich um behördlich festgesetzte Preise. Seit den Meldungen von den militärischen Niederlagen treten Terrorwünsche und politische Anliegen hinzu: Ausschluß der Adeligen von allen Ämtern in Verwaltung und Armee, Verhaftung der Verdächtigen, Großes Aufgebot. Wird der 10. August, das große Fest der Revolution, zur Volkserhebung ausarten? Die Regierung kann das gerade noch vermeiden, indem sie zusätzliche Lebensmittel nach Paris schaffen läßt und die Witwe Marats dazu veranlaßt, das Treiben der *Enragés* öffentlich zu verurteilen. Aber Ende August wird die Versorgungslage durch die anhaltende Trockenheit wieder kritisch: die Mühlen können die Nachfrage nicht mehr befriedigen. Vor den Bäckereien bilden sich wieder Schlangen. Den Aktiengesellschaften und den Staatslieferanten gibt das Volk die Schuld an der Inflation. Hébert, dessen Hoffnungen auf das Innenministerium nicht in Erfüllung gegangen sind, putscht die Volkswut auf; im *Père Duchesne* startet er einen Angriff auf die Reichen: »Vaterland, so etwas kennen die verdammten Krämerseelen nicht. Solange sie geglaubt haben, die Revolution sei für sie nützlich, haben sie zu ihr gehalten. Sie haben den Sansculotten geholfen, den Adel und die Parlamente zu zerstören, aber sie haben das nur getan, um selber an die Stelle der Aristokratie zu treten. Seit nun jedoch die Aktivbürger nicht mehr unter sich sind, seit der ärmste Sansculotte die gleichen Rechte genießt wie der reichste Kriegsgewinnler, haben uns alle diese niederträchtigen Schufte den Rücken gekehrt und machen Himmel und Hölle rebellisch, um die Republik zu vernichten.«

Am 2. September trifft die Meldung ein, daß Toulon sich den Engländern ergeben hat. Alles deutet auf neue Unruhen in Paris hin. Die Jakobiner beschließen, die Bewegung zu unterstützen, um sie in der Hand behalten zu können, und die Sektionen tagen in Permanenz. Am 4. September bricht der Aufstand los; Arbeitergruppen und Angestellte des Kriegsministeriums sammeln sich auf den Boulevards und ziehen auf den Grève-Platz vor dem Rathaus. Überall ertönt der Ruf: »Brot! Brot!« Chaumette erkennt, daß die Sache nicht mehr aufzuhalten ist, und setzt sich an die Spitze der Aufrührer: »Was wir seit einiger Zeit erleben, ist der offene Krieg der Reichen gegen die Armen. Sie wollen uns aushungern. Gut, so müssen wir ihnen zuvorkommen: vernichten wir sie also!« Und Hébert gibt die Parole aus: »Alle morgen zum Nationalkonvent!«

Am 5. September umstellen die bewaffneten Sektionen wie am 10. August und am 2. Juni den Konvent. Sie haben Pache und Chaumette gezwungen, für sie zu sprechen. Die Forderungen lauten: Schaffung einer Revolutionsarmee, Verhaftung der Verdächtigen, Säuberung der Ausschüsse. Der Konvent gibt in allen Punkten nach, behält aber die Kontrolle über die Regierungsgewalt. So gesehen sind die Aufstandstage im September für die Anführer aus den Reihen der Cordeliers nur ein halber Erfolg. Zwar bleibt der Druck der Sansculotten den ganzen Monat über sehr stark, erzwingt auch Terrormaßnahmen und dirigistische Eingriffe in die Wirtschaft, aber er ist nicht mehr in der Lage, die Stabilität der Regierung zu gefährden.

In dieser Krisensituation, als sich die bürgerliche Revolution von allen Seiten angegriffen sieht, von den Bauern in der Vendée ebenso wie von den Pariser Sansculotten, bleibt der Bergpartei nichts anderes übrig, als mit immer revolutionäreren Maßnahmen durchzugreifen.

Im Juni geht es erst einmal darum, die Befürchtungen der Bürger zu zerstreuen, den Interessen der Bauern und der Mittelklassen im Konvent die gegebene Zuflucht zu bieten und den Vorwurf der Diktatur zu entkräften. Es sieht ganz so aus, als solle jetzt Nachsicht geübt werden: zwanzig von den neunundzwanzig Girondisten können fliehen, und dreiundsiebzig Abgeordnete unterzeichnen unbehelligt eine Protesterklärung gegen den 2. Juni. Drei Gesetze erfüllen die Wünsche der Bauern: das Gesetz vom 3. Juni ordnet die Veräußerung der Emigrantengüter in kleinen Parzellen an; das vom 10. Juni bestimmt die Aufteilung der Allmende nicht nach der Größe des Eigenbesitzes, sondern zu gleichen Teilen; am 17. Juli werden alle verbliebenen Herrenrechte entschädigungslos aufgehoben. So kommt ein festes Bündnis zwischen der städtischen und der ländlichen Demokratie zustande. Gleichzeitig werden die Beamtengehälter erhöht (9. Juni) und die kleineren Einkommen von der Steuer befreit. Aber diese Verbreiterung der gesellschaftlichen Basis des Regimes bleibt begrenzt: die Forderungen der Sansculotten treffen auf entschiedene Ablehnung.

Die auf Antrag des Berichterstatters Hérault de Séchelles am 24. Juni angenommene neue Verfassung des Jahres 1793 ist ein hastig und unvollständig unter dem Druck der Umstände geschaffenes Werk: es geht nur darum, dem Land zu beweisen, daß die Bergpartei keine diktatorischen Gelüste hat, wie es ihr die Girondisten vorwerfen, die überall zum Aufruhr trommeln. Gegenüber dem Entwurf Condorcets zeigt dieses neue Grundgesetz ein Nachlassen der demokratischen Bestrebungen. Verglichen mit Robespierres Versprechungen vom 24. April ist es sogar ein Schritt zurück, und ein solcher Vergleich drängt sich deshalb besonders auf, weil beide, Verfassung und Robespierres Entwurf, nie angewendet worden sind.

Die Erklärung der Menschenrechte verkündet zwar, »Ziel der Gesellschaft ist das Glück aller«, sie bestätigt das Recht auf Arbeit, auf Unterricht, auf Widerstand. Aber das Recht auf Eigentum wird ohne eine einzige der im April von Robespierre vorgesehenen Einschränkungen definiert, was rückblickend den taktischen und taktiererischen Aspekt seiner Vorschläge erhellt. Der Entwurf Condorcets wiederum beruhte auf der ständigen Ausübung der Volkssouveränität und des allgemeinen, direkten Wahlrechts; die neue Verfassung des Berges hingegen beschränkt solche Eingriffe. Nur die Abgeordneten sollen von den Primärversammlungen nach dem Mehrheitswahlrecht gewählt werden. Beamte, Richter und Verwaltungsbeauftragte dagegen werden in zwei Stufen von Wahlmännergremien bestimmt, die ihrerseits nach dem Mehrheitswahlrecht von den Primärversammlungen gewählt werden. Für den Exekutivrat gilt sogar ein dreistufiges System: die Gesetzgebende Versammlung soll ihn auf Grund einer von den Wahlmännergremien zusammengestellten Liste bilden. Die Absicht der Bergpartei liegt offen zutage. Die Girondisten, dieses »Patriziat der berühmten Leute«, wie sie Saint-Just nennt, hätten bei direkter Wahl von der Nation wieder an die Spitze gebracht werden können. Das Verfahren des Volksentscheids endlich, das Condorcet in vielen Fällen vorgesehen hat (nur zwei Primärversammlungen brauchten es zu verlangen, damit es für jedes Dekret durchgeführt werden mußte), wird nur als Ausnahme gestattet. Es darf nur auf Gesetze (und nicht auf Dekrete) angewendet werden und ist nur für die Ratifizierung oder Änderung der Verfassung zwingend vorgeschrieben. Für normale Gesetze darf ein Volksentscheid nur in den ersten vierzig Tagen nach der Verkündung und auf Begehren von mindestens der Hälfte der Departements durchgeführt werden. So wie sie sich darstellt, ist diese Verfassung ein bloßes Entgegenkommen: sie beruhigt das Bürgertum. Bei der Abstimmung in den Primärversammlungen wird sie mit 1 800 000 gegen 17 000 Stimmen angenommen. Die geographische Aufschlüsselung des Abstimmungsergebnisses entspricht der Verteilung der aufständischen Departements: gegen das feindselig gesonnene Südost- und Südwestfrankreich und die Bretagne stützt sich das Regime vor allem auf den nördlichen Teil des Landes. Am 10. August 1793 wird die Verfassung auf einem großen von David organisierten Fest unter den Klängen des patriotischen »Aufbruchslieds der Freiwilligen« verkündet.

Im Juli und August widersteht der am 10. Juli umgebildete Wohlfahrtsausschuß dem Druck der Sansculotten noch, muß allerdings auf politischem und militärischem Gebiet und in der Schärfe der Schreckensmaßnahmen Zugeständnisse machen. Am 26. Juli erläßt der Konvent auf Antrag von Billaud-Varenne und Collot d'Herbois ein Dekret, das für Kornaufkäufer die Todesstrafe vorsieht und die Verteilung der Grundnahrungsmittel den Behörden unterstellt. Nach der Ermordung Marats folgen mehrere Verhaftungsdekrete gegen Abgeordnete der Gironde. Am 1. August wird auf Vortrag von Barère beschlossen, Marie Antoinette vor den Revolutionsgerichtshof zu stellen, die Grabstätten und Mausoleen der Könige von Frankreich in Saint-Denis zu zerstören, alle nicht vor dem 14. Juli 1789 in Frankreich ansässig gewesenen Ausländer zu verhaften und das Vermögen der ausgestoßenen Girondisten zu beschlagnahmen. Am 23. August schließlich wird das Große Aufgebot verkündet, das die Sansculotten seit Wochen gefordert haben. Noch einmal findet Barère die geniale Formulierung: »Von dieser Stunde an bis zu dem Augenblick, da die Feinde vom Boden der Republik verjagt sein werden, sind und bleiben alle Franzosen zum Armeedienst einberufen. Die jungen Männer werden in den Kampf ziehen; die Ehemänner werden die Waffen schmieden und den Nachschub transportieren; die Frauen werden Zelte und Uniformen nähen und in den Lazaretten Dienst tun; die Kinder werden alte Wäsche zu Scharpie zupfen; die Greise werden sich auf den öffentlichen Platz tragen lassen, um den Kriegern Mut einzuflößen, den Haß auf die Könige und die Liebe zur Einheit der Republik zu predigen.«

Erst durch die Septemberunruhen werden die Revolutionsmaßnahmen schärfer, aber nicht einen Augenblick entgleitet der Regierung die Kontrolle über die Lage. Am 5. September wird der Schrecken »auf die Tagesordnung gesetzt«, am 6. werden Collot d'Herbois und Billaud-Varenne, die gestern die Sansculotten unterstützt haben, in den Wohlfahrtsausschuß gewählt. Am 9. wird die »Revolutionsarmee« ins Leben gerufen. Sie soll die Lebensmittelversorgung der Hauptstadt und die Bestrafung der Verräter sichern. Am 11. wird das Maximum für Saatgut und Futtermittel eingeführt. Am 17. wird das Verdächtigen-Gesetz verabschiedet; die von Merlin de Douai gegebene Definition der »Verdächtigen« ist unscharf genug, um alle Gegner der Regierung einzuschließen. Das Dekret vom 20. September bestimmt, daß künftig die Revolutionskomitees für die Beglaubigung der »Staatsbürgerzeugnisse« und für die Aufstellung der Verdächtigenlisten zuständig sind. Damit hat die Schreckensherrschaft ihre Organisationsform gefunden. Am 29. September wird dann noch das allgemeine Maximum für Preise und Löhne beschlossen: zum Terror tritt die Wirtschaftskontrolle.

Aber weder Konvent noch Wohlfahrtsausschuß wollen sich von der Straße das Heft aus der Hand nehmen lassen. Schon am 5. September hat Danton einen geschickten Antrag gestellt. Unter dem Vorwand, den armen Mitbürgern eine Entschädigung von vierzig Sous zu zahlen, damit sie an den Sektionsversammlungen teilnehmen können, werden diese Versammlungen auf zwei wöchentliche Sitzungen beschränkt. Der Antrag wird vom Wohlfahrtsausschuß aufgegriffen und am 9. September endgültig beschlossen. Die militanten Sansculotten umgehen zwar das Gesetz, indem sie je Sektion eine »Gesellschaft« gründen, aber sie können nicht verhindern, daß die Stadtverwaltung, die *Commune*, die Revolutionskomitees unter ihre Kontrolle bringt, ja, daß die Regierung die führenden *Enragés* verhaften und die Klubs der revolutionären Frauen auflösen läßt. Der Wohlfahrtsausschuß ist jetzt nach links abgesichert. Wird er sich nun gegen die Rechte verteidigen müssen? Schon am 11. August ist so etwas wie eine gemeinsame Front der Opposition zustandegekommen. Sie ist für die Anwendung der Verfassung, also für die Neuwahl der Versammlung, aber Robespierre hat für die Ablehnung dieses Vorschlags gesorgt. Die Verfassung wird in einer »heiligen Arche« verwahrt, sprich vertagt. Gefährlicher ist am 25. September der Vorstoß des Dantonanhängers Thuriot gegen die Wirtschafts- und Sozialpolitik des Wohlfahrtsausschusses. Die Versammlung klatscht Beifall und wählt Briez, der sich zum Zeitpunkt der Kapitulation als bevollmächtigter Abgeordneter in Valenciennes aufgehalten hat, in den Ausschuß. Robespierre muß die Existenz der Regierung aufs Spiel setzen, um diese Ernennung doch noch rückgängig machen zu lassen: »Wer in Valenciennes war, als der Feind in die Stadt einrückte, ist nicht geeignet, Mitglied des Wohlfahrtsausschusses zu werden. Ein solches Mitglied könnte niemals eine befriedigende Antwort geben auf die Frage: ›Warum sind Sie nicht tot?‹«

Praktisch gilt es jetzt, bei vorläufig außer Kraft gesetzter Verfassung eine Notstandsregierung zu schaffen. Am 10. Oktober 1793 tritt Saint-Just vor den Konvent und fordert ein neues Dekret mit den Worten: »Die Gesetze sind revolutionär, aber die ausführenden Organe sind es nicht... In der Lage, in der sich die Republik befindet, kann die Verfassung nicht eingeführt werden... Sie würde nur die Anschläge auf die Freiheit dekken, weil ihr der notwendige Nachdruck zu deren Niederschlagung fehlen würde... Es ist unmöglich, revolutionäre Gesetze auszuführen, wenn nicht die Regierung selber revolutionär gebildet wird.« Alle Behörden, alle Beamten, alle Generäle und Minister unterstehen fortan der Überwachung durch den Wohlfahrtsausschuß.

Artikel 1 des Dekrets verkündet: »Die provisorische Regierung von Frankreich bleibt bis zum Friedensschluß eine Revolutionsregierung.«

Die Septemberereignisse haben zur Schaffung von Unterdrückungsinstanzen geführt. Der im März gegründete Revolutionsgerichtshof ist bisher mit einer gewissen Mäßigung verfahren: 66 von 260 Angeklagten sind zum Tode verurteilt worden. Unter dem Druck der Cordeliers wird er reorganisiert. Er wird in vier Kammern, »Sektionen«, aufgeteilt, von denen jeweils zwei zugleich tagen (14. September). Der Wohlfahrts- und der Sicherheitsausschuß legen dem Konvent zur Ernennung eine Liste der Geschworenen vor (24. September). Fouquier-Tinville, der Öffentliche Ankläger, erhält zur Unterstützung Substituten, neben anderen auch Fleuriot-Lescot, der es nach der Germinal-Säuberung noch zum Bürgermeister von Paris bringt. Die Revolutionskomitees haben dem Gerichtshof die Angeklagten zu liefern.

Ab Oktober wird die Tätigkeit des Revolutionsgerichtshofs sehr viel nachdrücklicher: in den letzten drei Monaten des Jahres 1793 ergehen 177 Todesurteile, das sind 45 % der Anklagefälle, und 194 Freisprüche. Um die Häftlinge unterzubringen, deren Zahl ständig steigt (am 21. Dezember sind es 4525), müssen neue Gefängnisse eingerichtet werden: im Collège du Plessis, im Kloster Port-Royal (es bekommt den Namen Port-Libre) und im Palais du Luxembourg.

Am 14. Oktober wird Marie Antoinette vor den Revolutionsgerichtshof zitiert. In ihrem Prozeß werden begründete Anklagepunkte mit schamlosen Vorwürfen vermengt. Hébert behauptet sogar, sie habe versucht, den Dauphin zur Unzucht zu verleiten. Sie erwidert mit Würde: »Die Natur weigert sich, auf einen solchen Vorwurf gegen eine Mutter zu ant-

16. Oktober 1793. An der gleichen Stelle wie der König neun Monate zuvor wird Marie Antoinette aufs Schafott geführt. Einige Stimmen rufen: »Vive la République!« Die meisten Zuschauer schweigen.

worten. Ich berufe mich auf alle Mütter, die hier im Saale anwesend sein mögen.« Sie wird verurteilt und besteigt am 16. Oktober »zum allergrößten Vergnügen des Père Duchesne« das Schafott. Im November ist ihr Neffe, Philippe-Égalité, an der Reihe, und im Dezember die Du Barry, die damit das Verbrechen sühnt, von einem König geliebt worden zu sein.

Doch die Revolution verschlingt auch ihre eigenen Kinder. Nach Gorsas, der am 7. Oktober hingerichtet wird, stehen am Ende des Monats zweiundzwanzig Girondisten vor Gericht. Alle verteidigen sich laut und unerschrocken, vor allem Brissot und Vergniaud. Die Cordeliers sind entrüstet über die langsame Prozeßführung; Chaumette stellt sogar die Frage, ob »der Revolutionsgerichtshof zu einem ganz gewöhnlichen Gericht geworden ist und die Verschwörer richtet, wie man einen Taschendieb richten würde«. Der Nationalkonvent gibt nach und beschließt, daß nach dreitägiger Beratung der Vorsitzende den Geschworenen die Frage vorlegen darf, ob sie sich für hinreichend informiert halten. Die Girondisten werden, mit Ausnahme von Valazé, der sich im Gerichtssaal den Dolch in die Brust stößt, am 1. November hingerichtet: noch im Angesicht der Guillotine singen sie die Marseillaise. Wenige Tage später wird Madame Roland zum Schafott geführt: »Oh, Freiheit! Wie viele Verbrechen werden in deinem Namen begangen!« Ihr Mann, der wie ein herrenloser Hund durch das Land irrt, nimmt sich bei der Nachricht von ihrem Tode in der Normandie das Leben. Im Juni 1794 findet man in der Nähe von Saint-Émilion die Leichen von Buzot und Pétion, die auch von eigener Hand den Tod gefunden haben.

Die Girondisten stillen aber den Blutdurst Héberts noch nicht. Im *Père Duchesne* vom 6. November verlangt er vom Revolutionsgerichtshof, er solle »das Eisen schmieden, solange es heiß ist, und unverzüglich den Verräter Bailly und den Schurken Barnave unter das Rasiermesser der Nation legen«. Freie Bahn also für die feigen Feuillants! Sie fallen, erst Bailly, dann Barnave, und mit ihnen die besiegten Generale, im November Houchard, im Dezember Biron.

In der Sicht der Regierenden allerdings ist das Schreckensregiment in erster Linie ein Werkzeug, um eine Neuauflage der Septembermorde zu verhindern. Allzu oft ist ja bei den Sansculotten von der Notwendigkeit einer »zweiten Bartholomäusnacht« die Rede, und immer wieder weisen die Polizeiberichte an den Wohlfahrtsausschuß warnend auf solche Gelüste hin. Ein in Regeln gefaßter und begrenzter Terror scheint Robespierre, wie im März Danton, das probateste Mittel gegen planlose Massenmorde, ein Knochen, den man dem gierigen Volk hinwirft. Jedenfalls ist es Robespierre, dem es gelingt, die 83 Abgeordneten zu retten, denen man es jetzt verübelt, daß sie den Protest gegen den 2. Juni unterzeichnet haben.

Sie sind im Oktober verhaftet worden, aber der Wohlfahrtsausschuß lehnt es ab, sie unter Anklage zu stellen, wie es die Sansculotten fordern. Überhaupt fehlt nach wie vor eine psychologische Analyse des Terrors. Die Mitglieder des mächtigen Wohlfahrtsausschusses waren durchaus nicht die mordgierigen Gesellen, wie sie uns die royalistische Legende ausmalt. Sie waren auch nicht die kaltblütigen Opferpriester unter dem Druck äußerer Gefahr, die wir seither aus anderen Revolutionen kennen. Diese Männer, die nicht zögern, Köpfe rollen zu lassen, zeigen äußerste Rücksichtnahme und manchmal sogar erstaunliche Gefühlsduselei, wenn es um das Los der Häftlinge geht. Es wird genau festgelegt, worauf sie Anspruch haben: sechs Hemden und sechs Paar Strümpfe zum Beispiel, nicht zu vergessen ein tägliches Zehrgeld. Ja, als Saint-Just vorschlägt, sie zu manuellen Arbeiten und zum Straßenbau heranzuziehen, trifft er, wenn wir Barère glauben dürfen, auf »entrüstetes Schweigen« bei seinen Ausschußkollegen. Der tägliche Anblick des Totenkarrens hat den Humanismus des Jahrhunderts nicht ausgelöscht.

Auf wirtschaftlichem Gebiet ist die Tätigkeit der Regierung vor allem negativ: man muß unter Verzicht auf allzu scharfe Maßnahmen alles tun, damit die Interessenkoalition nicht zerbricht, die das revolutionäre Regime gerade eben noch aufrechterhält.

In Paris ist die Brotversorgung einigermaßen gesichert durch die Kommandos der »Revolutionsarmee«, die rund um die Hauptstadt die Bauern zur Herausgabe ihres Korns zwingen. Wird das allerdings reichen? So ganz sicher scheint es nicht zu sein, denn am 29. Oktober beschließt die *Commune* die Einführung von Brotkarten. Es gelingt ihr jedoch, durch Subventionierung des Bäckermehls den Brotpreis auf drei Sous für das Pfund zu halten. Aber was ist mit den übrigen Waren? Das am 29. September beschlossene allgemeine Maximum ist, wie sich bald erweist, schwierig durchzuführen. Es hat eine sofortige Verknappung zur Folge; schon am 14. Oktober schließen etliche Händler ihre Läden oder erklären, sie hätten nichts mehr zu verkaufen. Natürlich zetern die Sansculotten nun um so lauter gegen die Spekulanten und Aufkäufer, fordern das Recht zu Haussuchungen und die Schaffung von eigenen, nur aus Sansculotten bestehenden Schöffengerichten gegen solche Volksschädlinge. Sie beklagen sich auch über Lebensmittelverfälschungen, vor allem bei den Getränken, und verlangen, das Hartgeld überhaupt zu verbieten. Aber es gibt viele Ladenbesitzer unter ihnen. Wird man denen, wenn alle Preise amtlich festgesetzt werden, eine Gewinnspanne lassen können, ohne daß sie zu Lasten der Verbraucher geht? Die Cordeliers glauben das Patentrezept gefunden zu haben. Sie meinen, man brauche bloß den Großhändlern vorzuschreiben, 10 % unter dem Festpreis zu liefern, dann hätten die Einzelhändler einen hinreichenden Gewinn. Die Lohnempfänger wiederum sind sehr für feste Preise, aber mit einem Lohnstop sind sie ganz und gar nicht einverstanden. So drohen alle Interessen aufeinanderzuprallen: die Bauern und Händler gegen die Verbraucher, die Grossisten gegen die Einzelhändler, die kleinen unabhängigen Handwerker gegen die Lohnempfänger, die Beamten gegen die Produzenten...

Die Regierung weigert sich, auch nur einen Schritt weiter in Richtung auf eine Planwirtschaft zu tun, und zwar nicht allein aus doktrinärer Neigung zur wirtschaftlichen Freiheit, sondern aus den Notwendigkeiten ihrer politischen Existenz. Um sich die Gunst des Bürgertums und der Bauern nicht zu verscherzen, läßt sie das vollwertige Hartgeld mit den Assignaten in Umlauf und lehnt es ab, den Fleischpreis auf der Produktionsstufe zu reglementieren: er wird erst für den Metzger vorgeschrieben. Anfang November gewährt sie 5 % Großhandels- und 10 % Einzelhandelsspanne als Aufschlag auf den Festpreis. Sie verwirft das Schöffensondergericht und unterbindet den Versuch der Sektionen, selber die Lebensmittelversorgung zu organisieren. In zwei Punkten gibt sie der *Commune* freie Hand: sie darf Haussuchungen vornehmen lassen und darf (außer bei der Rüstungsfabrikation, die der Regierung unmittelbar untersteht) bei Überschreitungen der Höchstlöhne ein Auge zudrücken, wenn diese für die Arbeiter zur Erhaltung ihres Lebensstandards notwendig sind.

In der Wirtschaft läßt sich der Terror also nur auf einem ganz eng begrenzten Bereich erfolgreich anwenden.

Die Entfremdung vom Christentum ist in der Sache, wenn auch nicht in den äußeren Formen, ein gleichmäßig fortschreitender Vorgang. Ihre politische Rechtfertigung liegt auf der Hand: nach dem eidverweigernden Klerus, der sich in der Gegenrevolution des Adels kompromittiert hat, steht seit dem 10. August oder seit der Hinrichtung Ludwigs XVI. auch die verfassungsmäßige Geistlichkeit zum größten Teil nicht mehr im Lager der Revolution. Die finanziellen Motive kommen im Sommer 1793 nur noch hinzu: bei der Suche nach Gold und kriegswichtigem Metall werden die Wertgegenstände und die Glocken aus den Kirchen geholt. Die Bewegung geht tiefer, als solche Äußerlichkeiten verraten. Im Gegensatz zu den Feuillants, den alten Eliten, die sich der traditionellen Religion fest verbunden fühlen, haben die Führungsgruppen des demokratischen Bürgertums, ob Girondisten oder Männer der Bergpartei, nur Verachtung für den »Aberglauben« übrig. Vor ihrem Auseinandertreten hat die Gesetzgebende Versammlung noch das

Standesamtswesen den weltlichen Behörden anvertraut und die Scheidung gestattet. Der 10. August 1793 ist das erste Fest der Revolution ohne Mitwirkung der Kirche, ohne Te Deum und ohne priesterlichen Segen. Am 6. Oktober ersetzt der Konvent auf Antrag von Romme die christliche durch eine revolutionäre Zeitrechnung: das Jahr I der Freiheit beginnt mit der Republik, mit dem 22. September 1792. Am 24. Oktober beschließt der Konvent auf Vorschlag von Fabre d'Eglantine eine vollständige Neueinrichtung des Kalenders: das Jahr wird in zwölf gleichlange Monate zu je drei Dekaden von zehn Tagen unterteilt, und am Jahresende werden zur Auffüllung fünf oder sechs »Sansculottiden«-Tage gefeiert. Die bukolische Benennung der Monate und sogar der Tage ist von dem verhinderten Dichter Fabre d'Églantine durchaus antichristlich gemeint: »Die Priester hatten jeden Tag des Jahres für das Gedenken an einen angeblichen Heiligen vorgesehen; dieser Katalog von Namen war weder nützlich noch logisch, er war ein Verzeichnis der Lüge, des Betrugs, der Scharlatanerie.« So wird auf einen Schlag der seit Jahrhunderten gewohnte Rahmen des Alltags gesprengt.

Diese gemäßigte Entchristianisierung im Zeichen einer verschwommenen Gottgläubigkeit ist aber manchem nicht genug. In der Provinz bemühen sich etliche bevollmächtigte Abgeordnete um eine radikalere Politik. Im Departement Somme (Amiens) steigt André Dumont auf die Kanzel und erklärt, das Affentheater der Pfaffen sei ein Volksbetrug; die Sonntagsgottesdienste seien ab sofort verboten. Im Departement Cher (Bourges) ermutigt Laplanche die Priester zur Eheschließung. Vor allem aber macht im Departement Nièvre der ehemalige Oratorianer und jetzige Abgeordnete der Bergpartei Fouché von sich reden; gleich nach seiner Ankunft in Nevers fordert er die Priester zur Eheschließung auf, am 10. Oktober läßt er auf dem Verordnungswege jede gottesdienstliche Handlung außerhalb der Kirchen verbieten und befiehlt die Zerstörung aller äußeren Zeichen (Kreuze und Kreuzwege); über den Friedhofseingängen sind die religiösen Embleme zu ersetzen durch die Inschrift: »Der Tod ist ein ewiger Schlaf.«

Im November greift die Bewegung trotz der anfänglich sehr lauen Haltung der Stadtbehörden und der Cordeliers auf Paris über. Die revolutionsfeindliche Legende will es zwar nicht wahrhaben, aber weder Hébert (der erst Ende Oktober zum erstenmal in seinem Blatt gegen die Pfaffen hetzt) noch Chaumette, der seit über einem Monat von einer Dienstreise ins Departement Nièvre zurück ist, haben es eilig, dem Beispiel von Fouché zu folgen. Und bei den Sansculotten läßt sich während des ganzen ersten Monats in diesem Jahr II in ihren Beratungsprotokollen keine Feindseligkeit gegen die Religionsausübung feststellen. Der Anstoß kommt von anderer Seite. Zuerst von einigen Gemeinden in der Gegend von Corbeil bei Paris, die am 16. Brumaire (6. November) ein Dekret des Nationalkonvents erwirken, das den Gemeinden die Auflösung ihrer Pfarreien gestattet. Einen starken Einfluß haben aber in Héberts Kreisen auch manche ausländischen Revolutionäre. Anacharsis Cloots, ein Exbaron aus dem Rheinland, und ein gewisser Pereira zerren Gobel, den verfassungstreuen Bischof von Paris, am 17. Brumaire vor die Schranken des Nationalkonvents, wo er seinem Glauben abschwört. Damit ist die Bewegung in Gang gekommen und wird nun auch von der *Commune* unterstützt; am 20. Brumaire (10. November) findet in der Kathedrale Notre-Dame, die man in einen Tempel der Vernunft umgestaltet hat, eine Feierstunde statt, bei der eine junge Dame von der Oper als die »Freiheit« auftritt.

Nur: in welchem Maße ist das Volk von dieser Entchristianisierung wirklich betroffen? Man darf Antiklerikalismus und Ungläubigkeit nicht miteinander verwechseln. Der Märtyrerkult, der jetzt dem Dreigestirn Marat, Lepeletier und Chalier gilt, übernimmt vom katholischen Kultus die Prozessionen, den Pomp und die Massenverehrung. In den zu Tempeln der Vernunft gewordenen Kirchen treten die Bilder dieser Märtyrer an die Stelle der Heiligenstatuen und sprechen die gleichen irrationalen Bereiche in den Menschen an. Es sieht ganz so aus, als fände das von den materialistischen Bürgern verachtete alte religiöse Bedürfnis der Menge hier eine Kompensationsmöglichkeit. Außerdem ist es sehr fraglich, ob die Masse des Volkes, von wenigen, in ihrem Haß unerschütterlichen Kleinbürgern abgesehen, wirklich schon dem Christentum entfremdet ist. Religiöse Umwälzungen haben einen ganz anderen Rhythmus als politische Revolutionen. Weihnachten 1792 hat es fast überall einen großen Andrang von Gläubigen vor den Kirchen gegeben, acht Tage später haben nach dem Bericht der Zeitung *Les Révolutions de Paris* zehntausend Personen in die überfüllte Kirche Sainte-Geneviève keinen Einlaß mehr gefunden. Und der neue Märtyrerkult findet auch Widerstand.

Vor allem wollen Robespierre und der Wohlfahrtsausschuß die Bewegung bremsen. Als erklärte Gegner des Atheismus blicken sie voller Abscheu auf das Treiben der »unmoralischen Menschen«, der »Agenten des Auslands«, die neue Zwietracht säen. Als Regierende wissen sie, daß die Menge ihrer Religion verbunden geblieben ist und daß die Entchristianisierung die öffentliche Meinung in den neutralen Ländern gegen Frankreich aufbringen könnte. Sie sind zu konservativ und pessimistisch, um nicht zu fürchten, daß der Märtyrerkult wie die mittelalterlichen Häresien die messianische Erwartung des Volkes aufputschen könnte. Schon am 1. Frimaire (21. November) hält Robespierre eine große Rede gegen die Demagogen, die »verkleideten Konterrevolutionäre«. Aber um diese Strömung, die auch in der Versammlung sehr stark ist, wirksam bekämpfen zu können, braucht er die Unterstützung Dantons. Als Danton nach Paris zurückkehrt, löst er sich von seinen Freunden, die zunächst die Bewegung gefördert haben, und ergreift am 6. Frimaire ausdrücklich Partei gegen solche »Maskeraden«. Das Bündnis zwischen Robespierres und Dantons Anhängern ermöglicht eine Mehrheit, die am 16. Frimaire (6. Dezember) die Freiheit der Religionsausübung erneut bestätigt. Die Durchführung des Dekrets allerdings hängt von den örtlichen Gegebenheiten ab, und da stellen sich der Regierung noch viele Hindernisse in den Weg.

Es hieße die Wirklichkeit verkennen, wollte man sich die Regierung Frankreichs in diesem Herbst 1793 als eine Maschine mit einem gutgeölten Räderwerk vorstellen. Es gibt eben nicht nur den Föderalismus der Girondisten, sondern auch einen »revolutionären Föderalismus«, wie ihn der Historiker Georges Lefebvre nennt. Die schlechten Verkehrs- und Nachrichtenverbindungen (es dauert drei Wochen, bis man auf ein amtliches Schreiben aus Marseille Antwort erhalten kann) und noch mehr seit dem 2. Juni der Bürgerkrieg haben die Gesellschaften und die Provinzklubs der Jakobiner dazu veranlaßt, rasch zu handeln und den Regierungsanweisungen zuvorzukommen. An die Stelle der im November 1792 gewählten lokalen Verwaltungsorgane, die man girondistischer Neigungen verdächtigt, treten auf illegale Weise kleine »Wohlfahrts«- bzw. »Sicherheits«-Ausschüsse. Von Stadt zu Stadt und von Provinz zu Provinz führen diese Ausschüsse ihre Politik ganz verschieden, je nach ihrer sozialen Zusammensetzung: die einen halten sich an die Regierungslinie, die anderen geraten in ein extremistisches Fahrwasser. So groß wie in Paris sind die Unterschiede in den Auffassungen allerdings nur in seltenen Fällen.

Natürlich entsteht gerade durch diese Fülle kleiner und kleinster Ordnungsmächte die Gefahr der Anarchie. Kann der Wohlfahrtsausschuß zu ihrer Abwendung auf die ausgesandten bevollmächtigten Abgeordneten zählen? Im Gegenteil. Sie machen das Durcheinander nur noch schlimmer, weil jeder nach Abhilfe für die jeweils dringlichsten Probleme sucht und dabei nach seiner eigenen Überzeugung handelt. Fouché im Departement Nièvre entscheidet sich für eine sehr gewagte Sozialpolitik, ebenso Saint-Just und Lebas, die den reichen Bürgern von Straßburg, nicht zuletzt dem Altrevolutionär Dietrich, eine außerordentliche Abgabe von neun Millionen auferlegen und Beihilfen an die »bedürftigen Patrioten« verteilen. Andere machen sich ihren Auftrag zunutze, indem sie durch Erpressung Gelder kassieren und für sich behalten: so treiben es Tallien in Bordeaux und Barras und Fréron in der Provence. Ebenso verschieden fallen die Schreckensmaßnahmen aus. Im girondistischen Westfrankreich ist der Schrecken dank der Zurückhaltung Lindets gemäßigt (nicht ein einziges Todesurteil), gräßlich dagegen geht es zu in Nantes, wo Carrier fast dreitausend Priester und Nonnen, Aristokraten und Föderalisten, selbst Kinder als Vendée-Anhänger in der Loire ertränken läßt, und in Lyon, wo Collot d'Herbois und Fouché jeweils schubweise morden lassen: an die zweitausend »Verdächtige« werden erschossen oder mit Kanonen zusammenkartätscht.

Selbst in Paris droht der Regierung die Kontrolle zu entgleiten. Im Frimaire versucht Chaumette, dem Sicherheitsausschuß des Konvents die Leitung der Revolutionskomitees zu nehmen und sie auf die *Commune* zu übertragen. Der Regierung erscheint diese Herausforderung durch das Pariser Volk noch gefährlicher als die Anarchie in der Provinz; sie reagiert sofort. Das Gesetz vom 14. Frimaire (4. Dezember) schafft die Organisationsform der Revolutionsregierung. Der Nationalkonvent als »das alleinige Zentrum, von dem die Impulse für die Regierung ausgehen«, delegiert an den Sicherheitsausschuß die Leitung der Revolutionskomitees und der politischen Polizei, an den Wohlfahrtsausschuß die gesamte politische und militärische Führung. Für alle Distrikts- und Gemeindeverwaltungen sind nationale Beamte vorgesehen, die vom Nationalkonvent ernannt werden. Keine Behörde ist berechtigt, die Gesetze zu ändern oder ihre Anwendung auszusetzen. Ständig durch weitere Bestimmungen ergänzt, wird das Gesetz vom 14. Frimaire zur Grundlage einer Kriegsdiktatur.

Der Wohlfahrtsausschuß, zum Siegen berufen, hat nach einem Ausdruck von Barère »einen Pakt mit dem Tode« geschlossen. Bis sich die großen Rüstungsanstrengungen auswirken, die erst im nächsten Frühjahr Früchte tragen können, muß er das Nächstliegende tun: den feindlichen Einmarsch zum Stehen bringen und die Herde der Gegenrevolution im Lande zerschlagen. Am äußeren Kräfteverhältnis hat sich nichts geändert; die neuen Mannschaften aus dem Großen Aufgebot sind noch nicht hinreichend ausgerüstet. Aber in Wirklichkeit ist alles anders geworden: der energische Nachdruck kommt jetzt von oben. Den widerstrebenden Generälen wird klargemacht, daß die Autorität den Zivilbehörden zusteht: »Bedenken Sie, daß die Helden der antiken Republiken, ein Scipio, ein Aemilius Paullus, ihre Befehle vom Senat entgegennahmen, und daß Rom seine Söhne, auch die siegbekränzten, hinrichten ließ, wenn sie es wagten, über seine Feinde zu triumphieren, bevor sie den Befehl dazu bekommen hatten.« Mit einer strengen Säuberung wird die gesamte Armeeführung, von den Oberbefehlshabern bis zu den Brigadegenerälen, erneuert. Dreißig- bis Fünfunddreißigjährige werden an die Spitze der Armeen gestellt: Jourdan (geb. 1762) führt jetzt die Nordarmee, Hoche (geb. 1768) die Moselarmee.

Jean-Baptiste Jourdan. Er hat sich 1792 freiwillig gemeldet, wird von seinen Kameraden zum Oberleutnant gewählt und ist ein Jahr später, mit einunddreißig Jahren, Brigadegeneral.

Überall sorgen die Vertreter des Nationalkonvents für Begeisterung und belohnen persönliche Tapferkeit. In einem Punkt allerdings erweist sich der Wohlfahrtsausschuß nicht als Freund von Neuerungen. Die von ihm bevorzugte, und zwar kollektiv bevorzugte Strategie (denn Carnot ist nicht allein dafür verantwortlich) ist die des Ancien Régime geblieben: Belagerungen statt überraschender Durchbrüche, Schlachtreihen statt geschlossen eingesetzter Massen.

So bleiben denn auch die Siege im Herbst bloße Vorentscheidungen. Bei der Nordarmee ist es Houchard gelungen, am 7. September bei Hondschoote die Stadt Dünkirchen zu entsetzen. Aber entsprechend dem vom Wohlfahrtsausschuß gebilligten Feldzugsplan wendet er sich gegen das von den Holländern gehaltene Menin. Zwar erobert er am 13. September die Stadt, wird jedoch zwei Tage später von York wie-

Lazare Hoche. Bis 1789 hat er es in der königlichen Armee zum Gefreiten gebracht; 1793 ist er mit fünfundzwanzig Jahren Brigadegeneral. Seine Tapferkeit und Redlichkeit lassen ihn zum bewunderten Vorbild für die Soldaten der Republik werden.

der daraus vertrieben. Inzwischen hat der Gegner Gelegenheit gehabt, Le Quesnoy einzunehmen und Maubeuge einzuschließen. Houchard muß dem Wohlfahrtsausschuß als Sündenbock herhalten; er wird durch Jourdan ersetzt und in Paris hingerichtet. Carnot wird zu Jourdan geschickt; es hagelt Bestrafungen und anfeuernde Proklamationen. Am 15. Oktober kommt es bei Wattignies zur Schlacht. Am ersten Tag wird der Angriff der französischen Truppen zurückgeworfen, am nächsten gelingt es nach einem Plan, den Carnot in der Nacht durchgesetzt hat, mit dem verstärkten rechten Flügel die feindlichen Linien aufzubrechen. Dieser Sieg bringt die Aufhebung der Belagerung von Maubeuge, aber der Gegner hat seine Truppen rasch wieder in guter Ordnung gesammelt, und bis zum Frühjahr versucht man nicht, ihn zurückzudrängen.

Im Elsaß und an der Ostfront, wo Landau eingeschlossen ist, gehen die Österreicher unter Führung von Wurmser schon am 13. Oktober wieder zum Angriff über; sie gelangen bis vier Meilen vor Straßburg; ein Teil der Bevölkerung will ihnen die Tore öffnen. Zu diesem Zeitpunkt ist die Lage der französischen Armeen fast verzweifelt. Einerseits sind viele Truppen zur Nordarmee abgezogen worden, der Carnot die entscheidende Rolle zugedacht hat. Andererseits sind sich die neuen Befehlshaber, Hoche bei der Moselarmee und Pichegru bei der Rheinarmee, alles andere als einig. Der Wohlfahrtsausschuß schickt Saint-Just und Lebas in außerordentlicher Mission, was bei den bevollmächtigten Konventsabgeordneten Baudot und Lacoste, die sich bei Hoche aufhalten, böses Blut macht. Aber Saint-Just gelingt es, in Straßburg die Situation grundlegend zu verändern. Er stellt bei der Armee wieder Ordnung her, indem er mehrere Offiziere und Generäle erschießen läßt, und sorgt für Verpflegung, indem er die Bevölkerung zur Kontribution heranzieht. Vor allem aber entfacht er durch seine Taten und Worte die Begeisterung der Soldaten. Einem österreichischen Unterhändler erklärt er: »Die Republik Frankreich nimmt von ihren Gegnern und liefert ihren Gegnern nur Blei.« An Hoche schreibt er: »General, wir treffen uns in Landau.« Und überall läßt er seine Parole ausgeben: »Landau oder der Tod.« Hoche versucht Landau von Norden her zu entsetzen. Vom Herzog zu Braunschweig bei Kaiserslautern (28. November) aufgehalten, weicht er aus und zieht in Richtung Vogesen. Am 24. Dezember rückt Pichegru in Hagenau ein, aber Baudot und Lacoste ernennen Hoche, ohne auf Saint-Just zu warten, zum Generalissimus beider Armeen. Am 27. Dezember ist Landau befreit; Hoche besetzt Speyer und einen Teil der Pfalz. Hier wie im Norden enden die Kampfhandlungen mit der Aufhebung der Belagerung.

Im Landesinneren werden die Herde der Gegenrevolution vernichtet oder eingekreist. Die Belagerung der von Précy verteidigten Stadt Lyon hat viel Zeit und Opfer gekostet. Am 9. Oktober rücken die Truppen der Republik ein. Drei Tage später beschließt der Konvent auf Vorschlag von Barère, die Häuser aller Reichen zu zerstören; was dann noch geblieben ist, soll *Ville-Affranchie*, »Befreite Stadt« heißen. Nach Lyon kommt Toulon an die Reihe. Am 15. Dezember beginnt der von Dugommier nach den Plänen des Hauptmanns Bonaparte geführte

Angriff; am 16. wird das erste Fort erobert und die Stadt beschossen; am 18. schiffen sich die Engländer und Spanier ein; am 19. dringen die Truppen der Republik in die Stadt, die fortan den Namen *Port-la-Montagne*, »Berghafen« in des Wortes doppelter Bedeutung trägt.

In der Vendée bleibt der Krieg nach wie vor schwierig. Die Kapitulationsbedingungen bei der Übergabe von Mainz eröffnen Anfang September die Möglichkeit, die Truppen in Westfrankreich um die bisherigen Verteidiger der Stadt zu verstärken. Aber die Meinungsverschiedenheiten unter den Führern lähmen nach wie vor jede geschlossene Aktion. Zwischen Canclaux, der den Angriff von Nantes aus vortragen will, und Rossignol, der sich bemüht, in Saumur möglichst viele Truppen unter sein Kommando zu bringen, entscheidet sich der Wohlfahrtsausschuß zunächst für den ersteren. Aber am 19. September bringen die Truppen der Vendée die Mainzer Regimenter bei Torfou zum Stehen und zwingen Canclaux sogar, sich auf Nantes zurückzuziehen. Während der Wohlfahrtsausschuß Canclaux und Rossignol abberuft und ein zentrales Kommando unter dem unbeständigen Léchelle schafft, bringt Kléber, der Nachfolger von Canclaux, den Truppen der Vendée in und bei der Stadt Cholet eine vernichtende Niederlage bei. Das ist der Wendepunkt der Kampfhandlungen in Westfrankreich. La Rochejaquelein, der als »Monsieur Henri« in die Legende eingegangen ist, wird zum Oberbefehlshaber über die Armee der Königstreuen ernannt. Aber was soll er mit den 30 000 Mann, die ihm zur Verfügung stehen, machen? Bleibt er, wo er ist, so kann er nur weiter durch die Dörfer ziehen, gelegentlich eine Stadt im Handstreich nehmen, ohne sie nach der Plünderung gegen die Truppen der Republik halten zu können. So beschließt er, die Loire zu überschreiten, um sich einen Weg nach Norden zu bahnen. Seine Scharen stoßen bis nach Granville am Ärmelkanal vor und schaffen unterwegs überall eine revolutionsfeindliche Stimmung, die sich noch lange im Guerillakrieg der *Chouans*, der aus dem Hinterhalt kämpfenden »Käuzchen«, äußert. Aber vor der befestigten Stadt scheitert das Unternehmen am 13. November. Immerhin: die nach wie vor schlecht geführten republikanischen Regimenter haben diesen Marsch nicht verhindern können.

Erst im Dezember ändert sich das Bild. Auf ihrem Rückzug nach Süden versuchen die Leute La Rochejaqueleins am 3. und 4. Nantes zu erobern. Als das nicht gelingt, wenden sie sich wieder nach Norden, aber Marceau (der neue Oberbefehlshaber) und Kléber stellen sie in der Stadt Le Mans; am 13. und 14. werden sie in einer langen Straßenschlacht völlig aufgerieben. Das ist das Ende der »Großen katholischen und königlichen Armee«, deren letzte Verbände am 26. bei Savenay noch einmal ein Gefecht liefern. Es bleiben nur versprengte Gruppen im *bocage* und im Moorland, wo sich Charette noch hält, d'Elbée aber gefangengenommen und am 3. Januar erschossen wird. Turreau erhält den Auftrag, das Land zu »befrieden«. Er wütet noch lange mit seinen berüchtigten »Höllenkommandos«.

So hat die Revolution nach dem Herbst 1793 erst einmal eine Atempause. Aber das ist für die Regierung eher noch bedrohlicher als die Gefahrenzeit davor. Denn jetzt ist Muße für alle politischen Spekulationen, jetzt erwacht die lange zurückgehaltene Unzufriedenheit, jetzt lassen sich Tugend und Terror weniger leicht ertragen.

Dem Auseinanderbrechen der Bergpartei in ihrer jetzigen Form im Winter 1793/94 sind im Oktober und November zwei große Denunziationen im Wohlfahrtsausschuß vorausgegangen: die eine enthüllt eine echte Korruptionsaffäre, die andere eine außerordentlich vage Verschwörung.

Am 12. Oktober ruft Fabre d'Églantine, ein politischer Freund Dantons, sowohl den Wohlfahrts- als auch den Sicherheitsausschuß an und deckt eine vom Ausland gesteuerte Verschwörung vor ihnen auf, die es sich zum Ziel gesetzt hat, die Unzufriedenheit des Volkes mit demagogischen Mitteln aufzustacheln, um die Revolutionsregierung zu stürzen. Einen Monat später, am 14. November, wenden sich Chabot und Basire, zwei übel beleumdete Abgeordnete, an Robespierre und an die Ausschüsse, um die Aufmerksamkeit auf den Skandal der *Compagnie des Indes* zu lenken. Nach ihrer Darstellung hat der Baron von Batz, ein bekannter Royalist, eine Verschwörung ins Leben gerufen, die in zwei Richtungen gearbeitet hat: ein »korrumpierender« Teil, mit den Abgeordneten Delaunay und Julien de Toulouse, soll das Dekret über die Auflösung der großen Handelsgesellschaft gefälscht haben, ein »denunzierender« Teil, mit den Hébertisten, soll die Aufgabe gehabt haben, die Regierung durch ständige Angriffe auf die Abgeordneten zu schwächen.

Wie sieht die Wirklichkeit aus? Tatsächlich gibt es in Paris zahlreiche Ausländer; die Revolution hat sie in der Ära der Girondisten mit offenen Armen aufgenommen. Einige, Anacharsis Cloots zum Beispiel, sind Mitglieder des Nationalkonvents. Viele sind Bankiers und Geschäftsleute: Perregaux aus Neuchâtel, Proly, Walter Boyd, die österreichischen Juden Gebrüder Frey oder der Spanier Guzman. Obwohl viele mit Abgeordneten der Gruppe um Danton liiert sind (Chabot hat im Oktober die Schwester der Freys geheiratet), haben sie sich vor allem hervorgetan durch die Unterstützung der beiden Ziele der Hébertisten: unbegrenzte revolutionäre Kriegführung (die ihnen durch die Heereslieferungen hohe Gewinne bringt) und Kampf gegen das Christentum. Dem Wohlfahrtsausschuß kommt der Vorwand durchaus gelegen, um die Opposition

Héberts und seiner Leute zu schwächen. Er macht die Vorstellung von einer »Verschwörung des Auslands« zur amtlichen Version. Es läßt sich aber beim heutigen Stand der Forschung keinerlei Anzeichen für ein organisiertes Komplott entdecken, das ein präzises politisches Ziel verfolgt hätte.

Die Affäre der *Compagnie des Indes* ist eindeutiger. Im Juli/August, als die Wirtschaftslage beunruhigend geworden ist, haben einige Abgeordnete mehrfach die großen Finanzgesellschaften angeprangert, darunter auch die *Compagnie des Indes*, deren Aktien an der Börse Spitzenkurse erzielen. Sie haben ein Dekret des Nationalkonvents vom 24. August erwirkt, das alle Finanzgesellschaften verbietet, aber sie haben sich selber in den Finanzausschuß wählen lassen, der das Dekret über die Liquidierung der bestehenden Gesellschaften vorbereiten soll. Wer waren diese Abgeordneten? Delaunay, Chabot, Basire und Julien de Toulouse. Und ihr Ziel? Sie wollten die Aktien der *Compagnie des Indes* in die Baisse treiben, um sich dann von der Gesellschaft für ihre Rettung teuer bezahlen zu lassen. Als Delaunay am 8. Oktober im Namen des Finanzausschusses den für die Gesellschaft außerordentlich günstigen Entwurf des Liquidationsdekrets vorträgt, protestiert Fabre d'Églantine. Auf seinen Antrag wird der Text des Dekrets geändert; die Liquidation wird nunmehr Regierungskommissaren anvertraut. Meint er es aufrichtig oder möchte er sich nur auch gern kaufen lassen? Jedenfalls, als Delaunay den endgültigen Text des Dekrets in Druck gibt, ohne ihn noch einmal zu einer abschließenden Lesung vorgelegt zu haben, hat er wieder den ursprünglichen Wortlaut (die Gesellschaft liquidiert sich selber), und jetzt steht die Unterschrift von Fabre d'Églantine darunter.

Die »korrumpierten Abgeordneten« aber sind mit dem Danton-Flügel der Bergpartei verbunden. Eine Weile haben sie mit den Hébertisten gemeinsame Sache gemacht, haben dann mit ihnen gebrochen und sind Gegenstand heftiger Vorwürfe. Seit ihrem Ausschluß aus dem Sicherheitsausschuß im September gelten sie zunehmend als »verdächtig«. Anfang Oktober attackieren die Jakobiner Chabot wegen seiner Heirat und Julien de Toulouse wegen seiner Beziehungen zu einem Spekulanten, dem Abbé d'Espagnac. Daß ausgerechnet zum jetzigen Zeitpunkt Fabre d'Églantine und Chabot ihre Denunziation vor den Wohlfahrts- und den Sicherheitsausschuß bringen, hat zwei Gründe. Sie wollen ihrerseits die Hébertisten, ihre Ankläger, der Zusammenarbeit mit dem Ausland anklagen, und sie wollen sich selber von jeder Mitschuld an dem Korruptionsskandal reinwaschen.

Der Wohlfahrtsausschuß läßt gleich alle Beteiligten verhaften: am 24. Brumaire (17. November) Chabot, Basire, Delaunay und Julien, bald darauf, Anfang Frimaire, Pereira, Dubuisson und Desfieux. Proly gelingt die Flucht; er wird erst im Februar gefangengesetzt. Allein Fabre d'Églantine bleibt in Freiheit, obgleich der Wohlfahrtsausschuß von seiner Gefälligkeitsunterschrift weiß. Der politische Hintergrund läßt eine Schaukelpolitik zwischen den *Indulgents*, den »Nachsichten« um Danton einerseits und den Hébertisten andererseits einfach nicht mehr zu. Zwar hat Robespierre gar nichts dagegen, ein paar Freunde Dantons als Geiseln im Gefängnis zu haben, aber im Augenblick kann und will er an dieser Front nicht kämpfen; es spricht im Gegenteil alles für ein taktisches Bündnis mit den Nachsichtigen.

Für reichlich einen Monat, von Ende November bis Mitte Januar, entsteht so etwas wie eine Achse Robespierre-Danton als Vorbedingung für eine heftige Offensive gegen die Sansculotten und gegen die »Ultrarevolutionäre«, die deren Forderungen unterstützen. Nach außen hin steht der Wohlfahrtsausschuß über den Parteien, er wehrt sich nur gegen den »Moderantismus« als das eine und die »Übertreibung« als das andere Extrem. In Wirklichkeit braucht er die Nachsichtigen (statt der einstigen Gemäßigten), um in der Versammlung nicht zu weit nach rechts zu geraten.

Am 20. November betritt Danton wieder die politische Bühne. Sofort kommt er dem Ausschuß zu Hilfe; er legt sich nachdrücklich gegen die Entchristianisierung ins Zeug und befürwortet das Gesetz vom 14. Frimaire über die Zentralisierung der Regierungsgewalt. Worauf will er hinaus? Zweifellos meint er, daß die Zeit zum Abtreten der Revolutionsregierung gekommen sei, und zwar nicht nur, weil seine Freunde im Gefängnis sind oder jeden Augenblick verhaftet werden können, sondern auch, weil die Atempause in den Kampfhandlungen ihm der geeignete Augenblick für Friedensbemühungen zu sein scheint. Jetzt geht es erst einmal darum, Milde zu fordern (»Ich verlange, daß mit Menschenblut sparsam umgegangen wird!«), die Personen anzugreifen, die hinter der Sansculottenbewegung stehen, den Konvent vom Druck der Straße zu befreien. Später hofft er dann Robespierre von der Linken im Ausschuß (Collot d'Herbois und Billaud-Varenne) zu trennen und mit ihm die Regierungsverantwortung zu teilen. Sein Helfer ist Camille Desmoulins, der am 15. Frimaire (5. Dezember) eine neue Zeitschrift herausbringt: *Le Vieux Cordelier*. Die erste Nummer beschimpft die Extremisten als *agents de Pitt*, als Mittelsmänner Englands also; fünf Tage später werden Cloots und die ganze antichristliche Strömung angeprangert; am 15. Dezember wird sehr geschickt im Rahmen eines Vergleichs zwischen Republik und Monarchie der Revolutionsregierung die prinzipielle Berechtigung bestritten; am 24. Dezember (4. Nivôse) schließlich fordert

Desmoulins in seinem Blatt die Freilassung von zweihunderttausend Verdächtigen und die Schaffung eines Begnadigungsausschusses. Gleichzeitig geht der Kampf gegen die Hébertisten verstärkt weiter. Am 17. Dezember erwirkt Fabre d'Églantine die Verhaftung von Vincent, Ronsin und Héron (einem Angestellten des Sicherheitsausschusses); zwei Tage später kommt Mazuel, ein Offizier der »Revolutionsarmee« an die Reihe.

In drei Punkten hat Robespierre die gleichen Sorgen wie Danton. Soll er den Forderungen nach verstärktem Terror, den Angriffen auf die 73 wegen ihres Protestes gegen den 2. Juni inhaftierten Abgeordneten und auf die Konventsmitglieder des *Marais* nachgeben? Damit würde er die einzig mögliche Mehrheit im Parlament zerstören; ganz eindeutig sagt er es am 27. Januar im Jakobinerklub: »Seit dem 31. Mai gibt es keinen *Marais* mehr!« Wenn er die gewaltsame Entchristianisierung akzeptiert, so gerät er innen- und außenpolitisch in die Isolierung. Vor allem aber scheint es, als habe Robespierre um diese Zeit seine scharfe Weigerung, mit dem Ausland zu verhandeln, die er noch im März und im September unterstrichen hat, schon aufgegeben.

Doch diese Annäherung der Standpunkte ist sehr labil; denn Robespierre muß auch einen anderen Teil der Mehrheit berücksichtigen: die vielen Männer, die sich auf das Schreckensregiment und den revolutionären Krieg im Lande festgelegt und sich dabei hervorgetan haben. Außerdem wird er ganz massiv in diese Richtung gezwungen. Von seinen Freunden benachrichtigt, eilt Collot d'Herbois am 1. Nivôse (21. Dezember) aus Lyon herbei und rechtfertigt die Unterdrückung der Gegenrevolution in zwei großen Reden, erst vor dem Konvent, dann bei den Jakobinern; er verteidigt Ronsin und wettert gegen jede Nachsicht. Am 6. Nivôse bringt Billaud-Varenne die Versammlung dazu, einen »Gerechtigkeitsausschuß« wieder aufzulösen, den sie wenige Tage zuvor auf Antrag der Nachsichtigen gebildet hat. Collot und Billaud wenden gegen Danton dessen eigene Taktik an. Um Robespierre den Weg zu verbauen, veranlassen sie den Sicherheitsausschuß, bei Delaunay Haussuchung zu halten, und siehe da, man »entdeckt« das verfälschte Dekret mit der Unterschrift von Fabre d'Églantine, von dessen Existenz die Regierung seit einem Monat weiß! Jetzt läßt es sich nicht mehr umgehen. Fabre d'Églantine (am 12. Januar) zu verhaften. Am Tag darauf verteidigt ihn Danton vor der Versammlung, aber er steht allein. Das Bündnis, das er sich erträumt hat, ist gescheitert.

Der von Collot d'Herbois und Billaud-Varenne geführte Gegenstoß zwingt Robespierre wiederum zum Einlenken. Am 5. Nivôse (25. Dezember) rechtfertigt er in einer Erwiderung auf Camille Desmoulins die

Revolutionsregierung. Er erklärt, seiner Meinung nach bedrohten zwei Gefahren die Revolution: »der Moderantismus, der sich zur echten Moderation verhält wie die Impotenz zur Keuschheit, und die Übertreibung, die sich zur Energie verhält wie die Wassersucht zur Gesundheit«. Aber er zeigt sich weiterhin tolerant gegenüber Camille Desmoulins und hält zäh daran fest, die Brücken nicht abzubrechen. In diesen ersten Wochen des Jahres 1794 erweist sich seine Position als so schwach wie nie zuvor. Tugend und Terror, die er am 17. Pluviôse (5. Februar) als die Triebfedern der Revolutionsregierung bezeichnet, sind gewiß ein Ideal im Moralischen, aber keine Definition für eine politische Mehrheit. Die Stunde für die Amputation der gefahrbringenden Glieder ist gekommen.

Die Freilassung von Ronsin und Vincent am 14. Pluviôse führt zu neuerlicher Agitation der Cordeliers; im Ventôse nimmt sie unter dem Druck der wirtschaftlichen Schwierigkeiten und der politischen Unzufriedenheit eher noch zu. Teuerung und Lebensmittelknappheit halten das Volk in Bedrängnis und Empörung.

Den führenden Leuten der Sansculottenbewegung allerdings scheint es um etwas anderes zu gehen: um Posten. »Alle Mitbürger, die ein hinreichendes Einkommen oder Vermögen haben, um ihr Leben zu fristen, dürfen keine bezahlten Stellungen in den Behörden innehaben; sie sollen ihnen genommen werden, damit sie unbegüterten Mitbürgern, soweit sie Familienväter und gute Patrioten sind, zufallen.« Diese Postenjagd, für die Vincent in den Amtsstellen des Kriegsministeriums das leuchtende Vorbild gegeben hat, steht hinter der Auseinandersetzung zwischen den »Patrioten von 93« und den »Patrioten von 89«. Robespierre hat so unrecht nicht, als er Hébert zuruft: »Ihr wollt ja nur unsere Posten!« Der von Vincent gewonnene Cordeliers-Klub setzt sich an die Spitze der Offensive. Schon am 24. Pluviôse (12. Februar) geißelt Hébert die Clique, »die das Wort Ultrarevolutionär erfunden hat«. Am 4. Ventôse (22. Februar) fordert er durchgreifende Lösungen für die Lebensmittelkrise. Während Collot d'Herbois sich vergeblich bemüht, das Bündnis zwischen Cordeliers und Jakobinern zu retten, versucht Saint-Just den Zündstoff wegzuräumen, indem er am 8. Ventôse ein Dekret über die Beschlagnahme des Eigentums der Verdächtigen vorlegt. Zusammen mit dem Dekret vom 13. Ventôse scheint es darauf hinauszulaufen, daß die so beschlagnahmten Vermögenswerte den Bedürftigen zugute kommen sollen. In mitreißenden Sätzen verleiht Saint-Just der jahrhundertealten großen Hoffnung Ausdruck: »Die Armen sind die eigentlichen Mächtigen in der Welt. Sie haben das Recht, als die Herren und Meister zu den Regierungen zu sprechen, die sich ihrer nicht annehmen.« Aber weder der Konvent (dem an einer Sofortlösung des Versorgungsproblems liegt) noch die Cordeliers (die an die Macht wollen) lassen sich blenden: es ist ein Manöver, um die Führer der Bewegung von den Volksmassen zu isolieren. Am 12. Ventôse spricht Ronsin von Aufstand. Am 14. Ventôse (4. März) verhüllen die Cordeliers die Tafel mit den Menschenrechten. Carrier fordert gar einen »heiligen« Aufstand, und Hébert schließt sich ihm an. Aber wegen der ungenügenden Vorbereitung und der mangelnden Beteiligung der Sektionen ist die Bewegung zum Scheitern verurteilt. Ein letztes Mal streckt Collot d'Herbois seinen einstigen Gefährten die Hand hin, aber Ronsin lehnt in schroffen Worten jeden Kompromiß ab. Die Führer der Cordeliers stehen allein. Auch Chaumette, Pache, Hanriot und Bouchotte haben sie im Stich gelassen. In der Nacht auf den 24. Ventôse (14. März) werden sie verhaftet. Vom 1. bis 4. Germinal stehen sie vor Gericht. Eine geschickte Anklagetechnik gibt die Möglichkeit, zusammen mit den militanten Volksführern (Hébert, Vincent, Ronsin, Monoro und vier weiteren »Patrioten von 1793«) einen Polizeispitzel, die im Brumaire verhafteten Ausländer und ihre Freunde (Cloots, Proly, Pereira, Desfieux) und einen royalistischer Neigungen verdächtigen General abzuurteilen. Chaumette wird vorläufig geschont; er kommt mit Héberts Witwe erst bei einem der nächsten Schübe an die Reihe.

Am Tage nach der Verhaftung der Cordeliers bringt Camille Desmoulins die siebte Nummer des *Vieux Cordelier* heraus. Es reicht Camille nicht mehr, nur den linken Flügel der Regierung zu attackieren. Er fordert die Neubesetzung des Wohlfahrtsausschusses und wirft Barère vor, er weigere sich, Frieden zu schließen. In den folgenden Tagen starten Danton und seine Freunde einen Angriff nach dem anderen: gegen Bouchotte vor allem und gegen Héron (der für kurze Zeit sogar unter Anklage gestellt wird). Gleichzeitig bemühen sie sich, Fabre d'Églantine zu retten, der am 29. Ventôse mit den anderen bestochenen Abgeordneten unter Anklage gestellt worden ist.

Wird Robespierre nachgeben? Schon am 25. Ventôse hat er deutlich zu erkennen gegeben, daß er die Achse seiner Mehrheit erhalten möchte, sich also nicht von dem linken Flügel der Bergpartei zu trennen bereit ist, der beim revolutionären Krieg und beim Terror bleiben will: »Die größte Gefahr wäre es, die Patrioten den Verschwörern in die Arme zu treiben!« Das Schicksal der bestochenen Abgeordneten ist besiegelt, aber sollen Danton und Desmoulins es teilen? Werden die politischen Notwendigkeiten stärker sein als die Bande der Freundschaft und der brüderlich miteinander durchgestandenen Kämpfe? Nach den Aufzeichnungen von Barère sieht es so aus, als habe Robespierre jedenfalls Camille retten wollen, und wir wissen, daß er lange gezögert hat, bevor er Danton mit auf die Liste setzte. Aber Danton schonen, das bedeutet, alle gegen die Regierung aufbringen, die sich beim Terror die Hände schmutzig gemacht haben. Collot d'Herbois, Billaud-Varenne und der Sicherheitsausschuß geben den Ausschlag. Am 10. Germinal (30. März) abends befiehlt der Wohlfahrtsausschuß die Verhaftung von Danton, Delacroix, Desmoulins und Philippeaux unter der Anklage der Mittäterschaft mit Fabre d'Églantine und Chabot. Als einziges Ausschußmitglied weigert sich Lindet, die Haftbefehle zu unterschreiben. Er soll erklärt haben: »Ich bin nicht hier, Frankreich zu guillotinieren, sondern es zu ernähren.«

Am anderen Morgen verlangt Legendre im Konvent die Anhörung der in der Nacht verhafteten Abgeordneten vor der Versammlung. Ein Teil der Mitglieder ist bereit, seinem Vorschlag zuzustimmen; die ständige Dezimierung des Hauses hat sie verschreckt. Aber Robespierre schaltet sich ein. Seine Rede ist sehr geschickt; er macht der Mehrheit klar, daß sie kollektiv für das ganze vollbrachte Werk verantwortlich ist: »Was habt ihr getan, das ihr nicht freiwillig getan hättet? Wer in diesem Hause könnte nicht von sich sagen, er habe die Republik gerettet?« Es gelingt ihm, die notwendigen Stimmen für die Ablehnung des Antrags zu gewinnen.

Am 13. Germinal (2. April) beginnt der Prozeß. Es ist eine wildbewegte Verhandlung. Nach bewährtem Rezept hat man zugleich mit den vier politischen Angeklagten die vier pflichtvergessenen Abgeordneten (Fabre d'Églantine, Chabot, Basire, Delaunay), Hérault de Séchelles, den Spanier Guzman, die Bankiersbrüder Frey und den General Westermann vor Gericht gestellt. Danton denkt nicht daran zu kapitulieren. Seine mächtige Stimme dringt weit aus dem Sitzungssaal hinaus, und es kommt zu Volksaufläufen. Fouquier-Tinville, der die Anklage selber führt, wendet sich an den Wohlfahrtsausschuß, der seinerseits vom Konvent ein Dekret erwirkt, das es gestattet, die Angeklagten bei Störungen der öffentlichen Ordnung von der Verhandlung auszuschließen. Am 16. werden Danton und Delacroix des Saales verwiesen. Am selben Tage fällt das Urteil und erfolgt die Hinrichtung.

Der Wohlfahrtsausschuß geht anscheinend gestärkt aus dieser Germinal-Krise hervor. In Wahrheit hat er sich sein eigenes Grab geschaufelt.

Nur scheinbar besteht ein Gleichgewicht zwischen den beiden großen Germinal-Prozessen. Damit, daß der Wohlfahrtsausschuß die Führungsgruppe der Cordeliers aufs Schafott gebracht hat, ist es ihm gelungen, das Parlament der Nation von dem Druck der Straße zu befreien, der seit dem 10. August 1792 die bürgerliche Revolution aus ihrer Bahn gebracht hatte. Das macht den Germinal zum entscheidenden Monat: auf allen

Gebieten beginnt jetzt die Rückkehr zu den Normen des bürgerlichen Liberalismus, die man sehr zu Unrecht nur den Männern des Nach-Thermidor zugute gehalten oder angelastet hat. Durch die Hinrichtung von Danton dagegen hat man den Widerspruch nicht aus der Welt geschafft, den man zu beseitigen gehofft hatte: daß das neue, seit 1789 selbstbewußter gewordene Bürgertum zu einem liberalen Regime zurückfinden möchte, ohne deswegen auf die Früchte des Krieges zu verzichten. Von Germinal bis Thermidor beruhigt die Regierung Robespierre die bürgerlichen Kräfte; sie bleibt aber beim Terror und wagt es oder schafft es nicht, Frieden zu schließen. So rettet sie sich in die Flucht nach vorn, in die Diktatur und in den Mythos. Thermidor vollendet dann nur noch die Hinwendung zur Realität, paßt die Institutionen der seit Germinal veränderten Lage an.

Die Revolution »ist eingefroren«, erklärt Saint-Just. Und der Historiker Michelet meint: »Der Genius der Stadt Paris ist mit ihrer *Commune* gestorben.« Die Persönlichkeiten sind tot oder ausgeschaltet, die unabhängigen Gremien verschwinden, die Bürokratie dringt in alle Lebensbereiche. Die Pariser Stadtverwaltung ist nur noch ein Transmissionsriemen für die Befehle von oben. Im Floréal und Prairial müssen sich die »volkstümlichen Gesellschaften« auflösen. Nach dem Dekret vom 23. Ventôse (13. März) ist nur noch der Wohlfahrtsausschuß berechtigt, seine Kommissare in die Provinz zu entsenden; die bevollmächtigten Konventsabgeordneten werden Ende Germinal in Scharen zurückbeordert. Doch diese Stärkung der Diktatur ist ein zweischneidiges Schwert. Sie ist zwar nützlich, um die Sansculottengefahr abzuwenden, aber sie erregt auch den ängstlichen Unwillen der *Plaine*.

Die wirtschaftlichen Maßnahmen allerdings sind jetzt danach angetan, die verschiedenen Schichten des Bürgertums aufatmen zu lassen. Warenhortung ist zwar theoretisch noch ein Delikt, es steht aber nur noch Geldstrafe darauf. Schon am 12. Germinal werden die Warenbestandskommissare abberufen. Die Händler sollen beruhigt werden: das Dekret vom 23. Ventôse unterscheidet ausdrücklich zwischen »ehrbaren Kaufleuten« und Spekulanten. Das Maximum gilt weiter, aber der Wohlfahrtsausschuß genehmigt viele Ausnahmen und Abmilderungen, indem er den Lieferanten Preiserhöhungen oder Prämien zubilligt. Dem Außenhandel wird nach und nach wieder freie Hand gegeben. Die Lebensbedingungen der Lohnempfänger verschlechtern sich. Solange die *Commune* ihre Verbindung mit der Volksbewegung aufrechterhalten hat, ist sie bereit gewesen, Verstöße gegen den Lohnstop durchgehen zu lassen; die neue Bürokratie ist entschlossen, dieses Maximum streng anzuwenden. Am 15. Floréal (4. Mai) ergeht auf Antrag von Barère ein Dekret, das die zwangsweise Heranziehung von Arbeitskräften für den Warentransport gestattet; am

29. Prairial (17. Juni) stellt der Konvent die Rädelsführer von Streiks in den für die nationale Verteidigung arbeitenden Werkstätten unter Strafverfolgung; am 1. Thermidor (19. Juli) läßt Saint-Just streikende Arbeiter als »Verdächtige« verhaften; am 5. Thermidor gibt die Pariser Stadtverwaltung ein neues Lohnmaximum bekannt, das praktisch eine Senkung des Arbeitspreises darstellt.

Solche Konzessionen machen den Wunsch nach politischer Stabilisierung und nach ruhigen Verhältnissen nur immer größer. Und zur gleichen Zeit greift der Wohlfahrtsausschuß, der ohnehin schon fast allein steht, immer verzweifelter zu blutigen, utopischen Lösungen.

Das Schreckensregiment wird noch härter. Trotz der vielen tragischen »Abgänge« bleiben die Pariser Gefängnisse überfüllt (7800 Häftlinge sind es am 10. Thermidor). Das auf Vortrag von Couthon verabschiedete Gesetz vom 22. Prairial (10. Juni) hebt alle Rechtsgarantien auf; vor allem die Definition der »Revolutionsfeindlichkeit« ist so unpräzise, daß man jeden unter diesem Vorwurf verhaften kann. Warum hat man dieses Blutgesetz geschaffen? Wie es heißt, sollen Couthon und Robespierre angesichts der gegen sie gerichteten Attentatsversuche den Kopf verloren haben. Vielleicht. Vor allem aber scheint sich die Gruppe um Robespierre mangels eigener klarer politischer Perspektiven verzweifelt an die Mittel zu klammern, die ihr zur Verfügung stehen. So beginnt die »Große Schrekkenszeit«, *La Grande Terreur:* 1285 Todesurteile, unter anderem gegen den Dichter André Chénier, zwischen dem 10. Juni und dem 27. Juli. Dieser Terror macht nicht nur das Bürgertum schaudern, sondern auch die Volksmassen. Das Grauen, das nun alle erfaßt, ist bereits ein Vorbote des 9. Thermidor.

Für die »Große Schreckenszeit« reicht die bloße Tugend nicht mehr aus: das Régime braucht nicht nur eine moralische, sondern auch eine metaphysische Basis. Am 18. Floréal (7. Mai) 1794 erklärt Robespierre den Abgeordneten, der Parteienstreit komme von der moralischen Zerrüttung und diese wiederum von der Gottlosigkeit. Er spricht nicht als Philosoph, sondern als Politiker: »In den Augen des Gesetzgebers ist alles Wahrheit, was der Welt nützt und in der Praxis gut ist. Die Vorstellung von einem Höchsten Wesen und von der Unsterblichkeit der Seele ist eine ständige Mahnung zur Gerechtigkeit; sie ist also sozial und republikanisch.« Das daraufhin vom Konvent beschlossene Dekret verkündet: »Das französische Volk anerkennt die Existenz eines Höchsten Wesens und die Unsterblichkeit der Seele.« Vier große republikanische Feste werden eingeführt und für jede Dekade, also für jeden der drei Teile des Monats, die Feier einer Staatsbürgertugend vorgeschrieben. Für den 20. Prairial (8. Juni) organisiert David das große »Fest des Höchsten Wesens und der

Natur«. Einen Ährenstrauß in der Hand, schreitet Robespierre als der Held des Tages in dem langen Zuge, der sich von den Tuilerien auf das Marsfeld begibt. Aus dem Ausland und aus Frankreich erreichen ihn Glückwunschadressen: ist diese Feier das Vorspiel zu einer religiösen Restauration? Für den Augenblick schafft sie jedenfalls eine noch tiefere Kluft zwischen der Menge der Regierten und Robespierre.

Seit Monaten werden alle Kräfte für die Kriegführung eingespannt. Bekleidung und Montierung haben sich durch die Ausschöpfung aller erdenklichen Möglichkeiten bewerkstelligen lassen. Aber die hinlängliche Bewaffnung ist erschwert durch den Mangel an einigen Rohstoffen, obwohl man alle Bodenschätze intensiv ausgenutzt hat. Im Schloß von Meudon stehen so fähige Wissenschaftler wie Chaptal, Monge und Berthollet im Dienste der Verteidigungsanstrengungen. Die auf eine halbe Million Mann gebrachte Armee hat jetzt einen stärkeren inneren Zusammenhalt, steht in strengerer Disziplin und wird auch besser geführt, obwohl im Winter noch mehr Generäle versetzt worden sind. Im Ventôse wird Hoche unter dem Verdacht des Hébertismus verhaftet: »Wir haben Beweise, daß General Hoche ein Verräter ist«, schreibt Robespierre.

Carnot hat einen Gesamtplan für den Feldzug 1794 ausgearbeitet. Die Armeen an den Nebenfronten sollen sich auf kleinere Vorstöße beschränken. Diese Anweisungen führen zum Konflikt mit Dumerbion, dem Oberbefehlshaber der Alpenarmee und der Italienarmee, der nach Piemont einfallen möchte und von Bonaparte in seinen Absichten bestärkt wird. Die Ostpyrenäenarmee unter Dugommier bemächtigt sich einiger Orte in Katalonien, während Müller im Südwesten den Angriff der Spanier zurückschlägt. Aber die Hauptfront liegt weiterhin im Norden. Drei Armeen sollen ihre Anstrengungen koordinieren. Pichegru mit der Nordarmee (150 000 Mann) hat den Auftrag, nach Seeflandern vorzudringen, Charbonnier mit der Ardennenarmee und Jourdan mit der Moselarmee sollen jeweils einen Entlastungsangriff auf Charleroi bzw. Lüttich führen. Der Plan bewährt sich nicht. Pichegru kann den Prinzen von Sachsen-Coburg nicht daran hindern, Landrecies zu erobern (30. April), und trotz seines Sieges bei Tourcoing (18. Mai) gelingt es ihm nicht, den Gegner zur entscheidenden Schlacht zu stellen. Vor allem aber entsteht im Wohlfahrtsausschuß eine heftige Auseinandersetzung zwischen Carnot, der den linken Flügel für den Durchbruch nach Seeflandern stärker machen will, und Saint-Just, der entschlossen ist, den Übergang über die Sambre zu erzwingen. Am 8. Juni übergibt Saint-Just den Oberbefehl über die Moselarmee und über die Ardennenarmee an Jourdan. Bei den Gefechten an der Sambre kämpft er selber mit. Am 25. Juni wird Charleroi erobert. Am 26. (8. Messidor des Jahres II) schlägt Jourdan bei Fleurus den Prinzen von Sachsen-Coburg; seine Armee erhält den Ehrentitel »Sambre- und Maasarmee«. Pichegru vereinigt sich mit ihm in Brüssel (10. Juli), bricht aber dann wieder nach Norden auf und läßt Jourdan allein in Richtung auf die Maas marschieren. Am 9. Thermidor, als Robespierre gestürzt wird, rücken Pichegru in Antwerpen und Jourdan in Lüttich ein. Es ist doch noch ein siegreiches Frühjahr geworden.

Gegen Robespierre sind zugleich die oberflächlichen Unzufriedenheiten und die tiefen Strömungen der Zeit gerichtet. Die einstigen Prokonsuln, die man wegen ihrer Terrorexzesse oder wegen ihrer schamlosen Bereicherung aus den Provinzstädten nach Paris zurückberufen hat, hören es nicht gerne, daß soviel von der »Bestrafung der Pflichtvergessenen« die Rede ist. Tallien, dessen Maitresse seit Prairial im Gefängnis ist, Fouché, Barras und Fréron beklagen sich bitter, aber kaum einer will etwas von ihnen wissen, weil ihre Vergangenheit zu abschreckend ist. Ernster zu nehmen ist schon die Eifersucht des Sicherheitsausschusses; Amar und Vadier gehören zum religionsfeindlichen und kriegsbegeisterten Flügel der Bergpartei: sie hassen den Pontifex des Höchsten Wesens und verübeln es ihm, daß er ein Polizeibüro eingerichtet hat, das nicht ihrem Ausschuß untersteht. Aber auch im Wohlfahrtsausschuß selber herrscht Zwietracht. Seit dem 15. Messidor (3. Juli) weigert sich Robespierre, zu den Sitzungen zu kommen. Am 5. Thermidor (23. Juli) stimmt er auf Drängen von Saint-Just einer Vollversammlung des Ausschusses zu, aber schon am Tage darauf erscheint er nicht mehr. Am 8. Thermidor wählt er den Konvent als Forum und erhebt dort seine Vorwürfe, ohne seine Gegner beim Namen zu nennen.

Wer führt die Opposition? Immer wieder wird der entscheidende Beitrag Carnots betont. Gewiß, er ist mehrfach heftig in Streit geraten mit Saint-Just (wegen Jourdan) und Robespierre (wegen Bonaparte), und die »Fachleute« Lindet und Prieur de la Côte d'Or halten zu ihm. Aber am 9. Thermidor hängt sein Erfolg oder sein Scheitern ganz von drei Kollegen ab. Barère, das ist die Verbindung zur *Plaine*, zu den Abgeordneten in der Mitte des Nationalkonvents, die für Kontinuität und Legalität der Revolution bürgen. Billaud-Varenne und Collot d'Herbois, das ist die Rückendeckung von seiten der Politikergeneration, die durch das Schrekkensregiment groß geworden ist und deren Heil vom militärischen Sieg abhängt. Dantons Rechnung, Freiheit und Frieden, aber ohne die Gewißheit des Sieges, ist nicht aufgegangen. Jetzt macht der Sieg die Freiheit möglich. Alle Gruppen dürfen hoffen, dabei auf ihre Rechnung zu kommen. Robespierre stürzt, weil er hartnäckig daran festhält, zwei unvereinbare Dinge zugleich zu wollen: Terror in der Zeit des Sieges. In der Nacht vom 8. auf den 9. Thermidor zeichnet sich die Verschwörung deutlich ab. Collot d'Herbois, der amtierende Präsident des Nationalkonvents, übernimmt die Aufgabe, Robespierre und Saint-Just am folgenden Tage daran zu hindern, das Wort zu ergreifen. Mit der *Plaine* ist man sich einig geworden. Sie ist bereit, Robespierre zu opfern gegen die Zusage, daß der Terror aufhört.

Am 9. Thermidor (27. Juli) um 9 Uhr morgens wird die Sitzung des Konvents eröffnet. Gegen 12 Uhr ergreift Saint-Just das Wort, Tallien unterbricht ihn. Billaud-Varenne tritt ans Pult und greift Robespierre an. Dieser will zur Tribüne, um zu antworten, aber Collot d'Herbois verweigert ihm das Wort und schwingt die Präsidentenglocke, um seine Stimme zu übertönen. Auf Antrag von Barère wird ein Dekret angenommen, das Hanriot den Befehl über die Nationalgarde entzieht. Louchet bleibt es vorbehalten, den Nationalkonvent aufzufordern, Robespierre, Saint-Just und Couthon unter Anklage zu stellen. Die Versammlung stimmt zu. Augustin Robespierre, der sechs Jahre jüngere Bruder, und Lebas fordern den »Ehrenerweis«, ebenso behandelt zu werden wie die drei: »Die Republik ist verloren, die Schurken triumphieren!« Die Gefangenen werden zum Sicherheitsausschuß abgeführt.

Der letzte Akt spielt auf dem Grève-Platz vor dem Rathaus. Die *Commune* und Hanriot haben sofort beim Eintreffen der Hiobsbotschaft die Sturmglocken läuten lassen und die Sektionen auf den Spätnachmittag zu den Waffen gerufen. Die in verschiedene Pariser Gefängnisse geschafften Männer sind bald befreit, aber sie zögern, sich zum Rathaus zu begeben; Couthon als letzter trifft erst gegen 1 Uhr früh ein. Sie sind unentschlossen und mutlos; sie wissen, wie man im Parlament vorgeht, aber nicht, wie man einen Aufstand leitet. Außerdem ist dem Aufruf an die Sektionen kein Erfolg beschieden; nur 16 von 48 Sektionen haben überhaupt Bewaffnete geschickt.

Der Konvent dagegen handelt. Barras erhält den Befehl über die Streitkräfte und stellt aus den Kontingenten von Westparis und der Stadtmitte eine kleine Armee zusammen. Unterdessen lösen sich die Truppen, die das Rathaus verteidigen, nach und nach auf. Gegen 2 Uhr früh dringen die Vorausabteilungen von Barras in das Gebäude ein. Augustin Robespierre springt aus dem Fenster, Lebas nimmt sich mit einem Pistolenschuß das Leben, Robespierre wird am Unterkiefer verletzt (oder verletzt sich selber). Am 10. Thermidor werden Robespierre und 21 seiner Freunde ohne Verhandlung und ohne Urteil hingerichtet. Die Arbeiter, die noch am Tag zuvor für eine Lohnerhöhung demonstriert haben, rufen, als der Karren vorbeirumpelt: »Zum Henker mit dem Maximum!«

Die Verhaftung des »Tyrannen« und seiner Freunde (9./10. Thermidor des Jahres II). Robespierre wird durch einen Schuß am Unterkiefer verletzt, Saint-Just fängt den Zusammenbrechenden auf, der gelähmte Couthon verteidigt sich mit einem Dolch. Das ist eine der Versionen für die Vorgänge dieser Nacht im Rathaus.

Seit dem 10. August 1792 ist die Revolution durch den Krieg und durch den Druck der Pariser Menge von der großen Bahn abgedrängt worden, die ihr das kluge und reiche 18. Jahrhundert vorgezeichnet hatte. Eine gleichmacherische Leidenschaft ist an die Oberfläche gelangt, die jenseits aller schwachen, fein ersonnenen Formeln ein Ausdruck für den mächtig aufgestauten Unmut der Gedemütigten und für die Zukunftshoffnungen des Volkes ist. Den einfachen Menschen schwebt ein Bild vor, das die Gesellschaft des Ancien Régime, in der alles Stand und Privileg war, umgekehrt zeigt. Die Welt, die den Sansculotten vor Augen steht, ist eine Welt ohne Hierarchie, ohne herausgehobene Einzelpersönlichkeiten, ohne Ansehen des Vermögens oder der Begabung, eine Welt, aus der alles verbannt sein soll, was an das verwünschte Wort »Aristokrat« erinnern könnte. Hinter der von Jaurès so klar verstandenen politischen Revolution steht die von Michelet intuitiv begriffene Revolution: die Revolution der dunklen Gewalten Elend und Zorn.

Die Politiker der Bergpartei mußten mit dieser Revolution auskommen, und sie haben ihr die Knochen hingeworfen, die sie forderte: das Große Aufgebot, das Maximum und den Terror. Aber es ist ihnen gelungen, das Entscheidende zu behalten: die Macht. Sobald die Verhältnisse es erlaubten, haben sie nacheinander die vorgeschobenen Positionen der Volksbewegung zurückerobert, erst die Komitees, dann die Sektionen und schließlich die brüderlichen Gesellschaften. Germinal im Jahr II ist der Augenblick des endgültigen Bruchs. Zwar versuchen die Sansculotten im Prairial des Jahres III noch einmal die Waagschale der Geschichte herunterzudrücken, aber vergebens. Denn seit Germinal ist die Geschichte weitergegangen auf ihrem Weg, der für mehr als ein Jahrhundert ein liberaler, bürgerlicher Weg bleibt.

Doch der Krieg, Ursache aller Abweichungen, aller Abstriche vom Ideal des Jahres 1789, geht weiter. Kein einzelner und keine Gruppe hat ihm gegenüber eine unveränderte Einstellung gezeigt. Nicht Danton, der erst die natürlichen Grenzen gefordert und sich dann verzweifelt um Verhandlungen bemüht hat; nicht Robespierre, der seine klare Erkenntnis vom Frühjahr 1792 über Bord wirft, als es sich im Frühjahr 1793 als notwendig erweist; aber auch nicht Carnot, der im Thermidor auf seine »geographischen« Grenzen vom Jahr zuvor verzichtet. Zu den alten bürgerlichen Schichten, die zum Teil durch die Inflation oder durch die Behinderung des Handels geschwächt worden sind, treten neue Gruppen, die durch Heereslieferungen, Rüstungsfabrikation oder Spekulation reich geworden sind. Etliche mit diesen Gruppen verbundene Politiker haben sich auf eine Linie festgelegt, zu der notwendig der Sieg gehört. Und jenseits aller solcher sozialen Gruppierungen hat der Krieg aus Leidenschaft,

Traum und Wunschdenken etwas Neues entstehen lassen: die »Grande Nation«. Jetzt muß man es im Gegensatz zu früher allen recht machen.

Danton hat die Bemühung um eine Lösung, die ein bloßer Kompromiß war, mit seinem Kopf bezahlt. Robespierres Kopf muß rollen, weil er keine Perspektiven aufgezeigt hat. Der Krieg hat ja auch das Schrekkensregiment zur Folge gehabt, das schließlich alle in gemeinsamem Abscheu zusammenbrachte. Die Bauern sind erbost wegen der Getreidezwangsablieferung, die Bürger wollen endlich wieder das Leben genießen, aber alle miteinander wollen nicht mehr das allwöchentliche Kontingent für den Henkerskarren stellen.

Das politische Geschäft, das am 9. Thermidor zustande gekommen ist, bedeutet eine Wette auf die Zukunft: Werden die Siege wirklich einen Eroberungsfrieden ermöglichen? Nur unter dieser Bedingung läßt sich der Zins, den die Revolution aus ihrem Kapital geschlagen hat, sichern und die Sehnsucht nach Entspannung befriedigen.

Die Zeitgenossen allerdings sehen ein solches Dilemma nicht. Sie haben noch nicht alle Illusionen verloren.

Ouf!

TEIL II

VOM 9. THERMIDOR ZUM 18. BRUMAIRE

ERSTES KAPITEL

Thermidor oder das Nichtvergessenkönnen

Der Nationalkonvent überlebte Robespierre um eineinviertel Jahre. Äußerlich hat sich nichts geändert. Die Versammlung ist die gleiche, der Kampf gegen das Europa der Könige und Aristokraten ist der gleiche. Und doch ist alles anders geworden. Schon am 10. Thermidor tanzt Paris, singt Paris, atmet Paris eine neue Luft. Viele Monate lang bemüht sich der Nationalkonvent, gegen alle Schwierigkeiten und trotz aller Rückschläge sein Ideal zu verwirklichen: die Regierung der Notabeln, der Honoratioren.

Die Thermidorperiode hat in unserer kollektiven Erinnerung einen recht kläglichen Eindruck hinterlassen. Auf politischem Gebiet eine Konkurserklärung: das Regime, das diese Zeit hervorgebracht hat, ist ohne Tragik und ohne Glorie und mit gar nicht so heftiger Nachhilfe von Bonapartes Soldaten zusammengebrochen. Die kontrastierenden Bilder des Elends der Massen und des schamlos zur Schau gestellten Luxuslebens der Emporkömmlinge haben wir in die dunkelsten Ecken unseres Unterbewußtseins verdrängt. Und die Sitten jener Jahre – da führen höchst verschiedene Hemmungen und Tabus zur einhelligen Verurteilung: die gutbürgerliche Moral der Louis-Philippe-Zeit verbunden mit der Tugendsehnsucht der Robespierre-Anhänger.

Die Historiker haben zwei große Themen herausgehoben: die Reaktion und die Rückkehr zu den Vorstellungen von 1789. »Thermidorreaktion«, dieser Begriff ist von den Unterlegenen nach dem

Germinal des Jahres III aufgebracht und von Aulard und Mathiez unter erheblicher Sinnverschiebung gegenüber der Originalbedeutung übernommen worden. Das 18. Jahrhundert hat das Wort »Reaktion« nur als einen Terminus der Physik gekannt; erst nach Thermidor taucht es im Wörterbuch der Akademie von 1798 auf: »Reaktion. In übertragener Bedeutung eine Partei, die sich rächt und ihrerseits tätig wird.« Noch zu dieser Zeit also zeigt es keine der später hinzugefügten politischen und sozialen Färbungen. Heute denkt man dabei an das, was das 19. Jahrhundert als »Widerstand« gegen die »Bewegung« bezeichnet hat. Damit sind wir weit von der Wirklichkeit des Nach-Thermidor entfernt. Die revolutionäre Bewegung geht nicht nur weiter, sie wächst geradezu über sich selber hinaus in der Bemühung, ihre entscheidenden Errungenschaften – die Grundfreiheiten und das Eigentum ohne Privileg – zu befestigen. Man mag einwenden, die Männer des Thermidor hätten gegen die Unterklassen, gegen deren Anspruch auf Mitbestimmung in der Regierung des Landes »reagiert«. Das ist zweifellos richtig, aber diese in der Logik einer solchen Revolution der Aufklärung liegende Strömung hat sich schon lange vorher, und zwar seit dem Germinal des Jahres II, wieder Bahn gebrochen: hier setzt Boissy d'Anglas nur fort, was Robespierre angefangen hat.

Es ist richtig, daß nach der kurzen Episode des Jahres II das Bürgertum nunmehr wieder in aller Öffentlichkeit die Ziele verfolgt, die es nie aus dem Auge verloren hat: die wirtschaftliche Freiheit, das individuelle Eigentum und das Zensuswahlrecht. Damit knüpft Thermidor »das Band zum Jahr 1789«. Aber welch ein Unterschied zwischen der Eroberung der Bastille und der Hinrichtung Robespierres! Ein ganz anderer Sommer ist dies; die Herzen sind nicht die gleichen, das Blut kreist weniger leicht. Man denke nur an den strahlenden Optimismus bei Barnave und bei den Schöpfern der Menschenrechte-Erklärung von 1789, an das Vertrauen auf den starken Arm des Volkes, der den Bau des Ancien Régime schon einreißen wird! Jetzt, fünf Jahre später, ist man bei der Pflichten-Erklärung für das Volk angelangt: »Niemand ist ein tugendhafter Mann, der nicht willig und fromm die Gesetze befolgt.« Eine verängstigte Vorsicht, die man nach den Jahren des »Maximum«, der »Pariser Tage« und der Guillotine sehr wohl verstehen kann, geht mit dem Festhalten an den wohlerworbenen Interessen einher. »Ein von den Besitzenden regiertes Land lebt in der Ordnung der Gesellschaft. Ein Land, in dem die Nichtbesitzenden regieren, lebt im Naturzustand.« Diese philosophische Erkenntnis eines Boissy d'Anglas zeigt, daß hier einer aus Erfahrung spricht. Man weiß nicht, ist es die Lehre der Physiokraten oder die Erinnerung an den 10. August, die Dupont de Nemours zu der Äußerung bewegt: »Es liegt am Tage, daß die Besitzenden, ohne deren Zustimmung keiner im Lande essen oder wohnen könnte, die eigentlichen Staatsbürger sind.« Die Konventsmitglieder von 1795 wirken wie Söhne aus gutem Hause, die sich in der Freiheit die Hörner abgestoßen haben und sich nun wieder brav im Notarsbüro hinter den Schreibtisch setzen. Und um sie herum hat sich die Welt verändert. Die Führungsschichten des alten Bürgertums sind zerbrochen. Die Salons tun sich den Emporkömmlingen auf, den Spekulanten, den Rüstungsfabrikanten und Kriegsgewinnlern. Die Entschlossenheit, ihr Vermögen zu behalten und zu mehren, haben sie mit den Bürgern alten Schlages gemein. Aber sie kennen im Gegensatz zu ihnen nicht die beseligende Trunkenheit der Aufklärungsphilosophie.

Unmittelbar nach der Palastrevolution bemühten sich die Sieger, es bei einem bloßen Wechsel der Personen bewenden zu lassen. Die Parole war einfach: Alles Böse ist von Robespierre gekommen. Das *Journal des hommes libres* vom 13. Thermidor geißelte den Personenkult mit den Worten: »Nein, die Freiheit kann nicht untergehen. Nein, nie wird ein anderer Mann den Versuch wagen, sie zu vernichten; denn den Franzosen wird hoffentlich ein für allemal diese Form der Beweihräucherung und Vergötzung einzelner Persönlichkeiten vergällt sein, die sie beinahe ins Unglück gestürzt hätte.« Barère wagte die Prophezeiung: »Die Kraft der Revolutionsregierung wird durch den Sturz des Tyrannen, der ihre Tätigkeit hemmte, verhundertfacht werden.«

Es war schwierig, solche Illusionen lange zu bewahren. Das erlaubte weder das Kräfteverhältnis im Nationalkonvent noch das plötzliche Erwachen der öffentlichen Meinung.

Das Bündnis derer, die Robespierre gestürzt oder durch ihre Stimme die Veränderungen vom 9. Thermidor gebilligt hatten, verdeckte tiefgehende Meinungsverschiedenheiten. Die entscheidende Rolle hatten die Ausschußmitglieder gespielt; Billaud-Varenne, Collot d'Herbois und Barère im Wohlfahrtsausschuß, Amar und Vadier im Sicherheitsausschuß, gestützt auf die Kreise, deren Einfluß an den Eroberungskrieg und die Entchristianisierung geknüpft war. Sie waren nicht sehr beliebt, und selbst ihre Kollegen Carnot und Lindet hielten bald gebührenden Abstand. Die Nutznießer des 9. Thermidor, vom Publikum als Helden gefeiert, waren Tallien, Barras, Fréron und Merlin de Thionville. Für die Zeitgenossen hießen sie »Altcordeliers« oder »Dantonisten«. Tatsächlich waren diese Prokonsuln den Weg vom extremen Terrorismus zur Nachsicht gegangen; Dantons breiter Schatten hatte ihnen als willkommene Deckung gedient. Die Mehrheit der Versammlung war sich zwar einig gewesen gegen Robespierre, zeigte sich jedoch uneinig darin, wie die Zukunft aussehen sollte. Die *Plaine*, wo jetzt die einst mit der Gironde Sympathisierenden aus ihrer erzwungenen Untätigkeit aufwachen durften, wuchs um etliche einsichtig gewordene und zerknirschte Männer der Bergpartei wie Thibaudeau und vor allem Cambacérès. Der Berg wurde nach und nach kahl, aber um Levasseur, Duhem und Ramps geschart standen die Getreuen der Revolutionsregierung bereit, ihre letzten Gefechte zu liefern.

Jede Gruppe dachte an die Macht. Der Wohlfahrtsausschuß wollte sie behalten und ohne Robespierre die gleiche Politik weiterführen. Die »Thermidorianer«, wie man Tallien und seine Freunde von Stund an nannte, wollten sie an sich reißen. Die Girondisten wollten ihre am 31. Mai verbannten Kollegen zurückholen und die Mehrheit auf ihre Seite bringen. Die *Plaine* und die Bekehrten vom Berge wollten die Kontrolle über die Exekutive wiedererlangen.

Unter diesen Bedingungen mußte Barère seine Hoffnungen begraben. Innerhalb weniger Wochen nahm der Nationalkonvent der Revolutionsregierung ihre beiden Hauptwaffen: die Zentralisierung der Regierungsgewalt und die Guillotine.

Aber wie sollte man dem Terror ein Ende setzen, ohne die Terroristen in die Schlußrechnung einzubeziehen? Sogleich verflog die Fiktion vom Personenkult; es stellte sich das Problem der Schuldigen. Die Mehrheit der Versammlung war dafür, die Vergangenheit ruhen zu lassen, doch in Revolutionszeiten kann man es nicht vermeiden, zurückzublicken. Die öffentliche Meinung trat auf den Plan.

Der Sturz Robespierres hatte mehr als ein bloßes Gefühl der Erleichterung gebracht: auf einen Schlag wurden alle lang unterdrückten Leidenschaften freigesetzt. Schon am 12. Thermidor schrieb ein Journalist: »Überall tritt die Freude an die Stelle der schrecklichen bangen Angst, die auf allen Gemütern lastete.« Der junge Charles de Lacretelle erlebte bei der Rückkehr nach Paris diese Wiedergeburt: »Überall, auf der Straße, im Theater, fielen die Menschen einander in die Arme, konnten sich nicht genug verwundern, einander am Leben zu sehen. Das verdoppelte die Freude und machte die Leute fast närrisch.« Paris stürzte sich in einen Festestaumel, in eine »Hüpfseuche«, wie sie Duval nannte und Gardel in seinem Ballett »Die Tanzwut« darstellte.

Spontan rief man nach der Befreiung der Gefangenen und nach der Bestrafung der Terroristen. Schon am 15. Thermidor hatten Verwandte und Freunde der Häftlinge in den Sektionsversammlungen den Anstoß zu dieser Bewegung gegeben. Am 9. Fructidor veröffentlichte Méhée de La Touche, ein ehemaliges Mitglied der Commune vom 10. August, eine Schmähschrift, die sofort reißenden Absatz fand: »Robespierres Schwanz«. Was nützte es, den Kopf abgeschlagen zu haben, wenn der Schwanz (Billaud-Varenne, Collot d'Herbois und Barère) sich noch bewegte?

In diesem Angriff trafen sich die unterdrückte Wut des Volkes und die Rachegelüste des Bürgertums. Mathiez hat darin eine nachträgliche Rechtfertigung für die Politik Robespierres gegen die Gruppenbildung innerhalb der Revolution erblickt. Georges Lefebvre hat die aufrichtige Entschlossenheit der neo-hébertistischen Volksführer unterstrichen, aber festgestellt: »Ihre Zusammenarbeit mit den Reaktionären steht außer Zweifel.« Das hieße vielleicht das unwillkürliche Zusammentreffen allen Abscheus, allen Ekels gegen Robespierre unterschätzen. Im »Wählerklub« (im Saal des Erzbischofspalastes) und in der Sektion Muséum starteten die Führer der Sansculottenbewegung heftige Angriffe gegen die Männer des Jahres II. Im *Journal de la liberté de la presse* pries Babeuf in höchsten Tönen Tallien und Fréron, verdammte »Maximilien den Grausamen« und warf dem Nationalkonvent vor, er verfahre zu milde mit den Terroristen. Für ihn wurde das Jahr II eine Zeitlang geradezu identisch mit Gegenrevolution. Und Varlet, den seine Lobrede auf Lecointre ins Gefängnis gebracht hatte, sah im Revolutionsregime »eine für die Nation mörderische Regierung, ein gesellschaftliches Monstrum, ein machiavellistisches Meisterstück«.

Von diesem Strom der öffentlichen Meinung getragen, erhob Lecointre am 26. August vor dem Konvent Anklage gegen Barère, Billaud-Varenne, Collot d'Herbois, Vadier, Amar und David. Der Konvent dachte nicht daran, dem Antrag stattzugeben, sondern bezeichnete ihn als verleumderische Denunziation. Thibaudeau hat später geschildert, in welcher Zwangslage die Versammlung war. Weigerte sie sich, die Terroristen zu verfolgen, so erweckte sie den

Anschein, ihre Verbrechen zu billigen. Machte sie ihnen den Prozeß, so klagte sie sich selber an: hatte sie denn nicht durch ihr Votum oder ihr Schweigen die Maßnahmen des Wohlfahrtsausschusses gutgeheißen? Dies war die Stunde der Gemäßigten, der *Plaine*. Am 1. September verließen die drei Verfemten den Wohlfahrtsausschuß, aber auch Tallien, von den Vorwürfen Lecointres mitbetroffen, mußte gehen. Die bedrohten Thermidorianer suchten sich nun die nötige Unterstützung außerhalb der Versammlung, auf der Straße, in der Presse, in den Theatern: in der Öffentlichkeit.

Fréron und Merlin de Thionville hatten eine gewisse technische Erfahrung in einer aktiven Politik der Minderheit. Sie machten sich, und zwar mit einer völlig anderen sozialen Basis, die Erpressungsmethode von 1792/93 zu eigen: den Druck der Straße. So entstand die »Jeunesse dorée« Frérons. Ihre ersten Anführer waren Schauspieler, Sänger, Tänzer, Musiker. »Sie setzte sich aus allen jungen Leuten der oberen Schichten der Pariser Gesellschaft zusammen«, schreibt Duval; »außerdem gehörten alle Notars-, Anwalts- und Auktionarsschreiber dazu, fast alle Handlungsgehilfen, kurz, alles, was zum ehrbaren Bürgertum zählt.« Viele Kriegsdienstflüchtige waren darunter und Leute wie der berüchtigte Saint-Huruge, die eben noch für die Revolution agitiert hatten. Sie trugen Knotenstöcke, waren an ihrem großen viereckigen Kragenaufschlag und an der über die Koteletten herabfallenden gepflegten Haarsträhne zu erkennen und trafen sich in den öffentlichen Gärten, vor allem im ehemaligen Café de Chartres (nun Café des Canonniers) im einstigen Palais-Royal, das jetzt »Maison-Égalité« hieß.

Der 1. Fructidor wurde zum Schicksalstag für die jakobinische Presse: der Wohlfahrtsausschuß beschloß die Streichung der von ihm finanzierten Zeitungsabonnements. Rasch entstand eine gemäßigte Presse, deren Grundzüge (wenn man Lacretelle glauben darf) von ihren wichtigsten Redakteuren gemeinsam abgesprochen worden waren. Auffallend war die Politisierung der Theater. »Jedes bemühte sich, Stücke ausfindig zu machen und aufzuführen, in denen die Schurken, deren ehernes Joch uns so lange zu Boden gedrückt hatte, zum Gegenstand der Verachtung und des Abscheus gemacht wurden.« Bei der schönen Theresa, jetzt Madame Tallien und als »Unsere Liebe Frau von der Gnädigen Errettung« umjubelt, bei de Vaines, bei Le Hoc mischten sich die Abgeordneten unter Bankiers, Kriegsgewinnler und Überlebende des einstigen Adels. Eine gefährliche Versuchung für die Volksvertreter! Thibaudeau als guter Beobachter hat das beschrieben: »Man schmeichelte ihnen und feierte sie einzig und allein, um eine Gefälligkeit von ihnen zu erlangen oder ihre Überzeugung zu korrumpieren. Man bot alle Künste der Verführung für sie auf, aber hinter ihrem Rücken machte man sich über sie lustig ... Zunächst wagte man in ihrer Gegenwart ein paar ironische Bemerkungen über die Revolution. Wie hätten sie das übelnehmen können? Es war ja eine schöne Frau, die sich das herausnahm. Die republikanische Gesinnung war nicht so stark wie die Angst, unliebsam aufzufallen oder sich lächerlich zu machen.«

Auch die Sitten verloren mehr und mehr die revolutionäre Strenge. Die rote Mütze, auf die das junge Volk der Jeunesse dorée Jagd machte, verschwand fast völlig aus dem Straßenbild. Die Kokarde war zwar noch vorgeschrieben, aber sie wurde immer unbeliebter, und die Polizeiberichte meldeten viele Verstöße gegen die Vorschrift. Das Duzen fremder Personen galt wieder als ungehörig, und das Wort »Sansculotte« fiel der Verachtung anheim: »Es erinnert die französische Nation nur allzu sehr an die barbarischen Schrekkenstaten, die sie hat erdulden müssen«, schrieb ein Journalist, »und so gebietet es wohl die Ehre der Nation, dieses Wort ein für allemal aus unserem Vokabular zu streichen.« In der Öffentlichkeit blieb es bei der Anrede »Citoyen«, aber hinter den Türen der Salons hieß es schon wieder »Monsieur«. Im Januar 1795 fanden die Gegner des Schreckensregimes auch ihre Hymne: »Das Erwachen des Volkes«, eine Weise von Gaveaux auf Worte von Souriguères, die zur Rache an der »gräßlichen Rotte der Mörder und Räuber« aufriefen.

Der Nationalkonvent konnte von dieser Strömung nicht ausgespart bleiben. Schritt für Schritt gab er ihr nach, trotz mancher mutiger Auflehnung. Der Prozeß gegen 132 Bürger von Nantes, die vor dem 9. Thermidor nach Paris geschafft worden waren, brachte die Untaten des Abgeordneten Carrier ans Licht. Am 22. Vendémiaire (13. Oktober) wurde der allmächtige Prokonsul von gestern unter Anklage gestellt. Im November blies die Jeunesse dorée zum Angriff auf den Jakobinerklub; am 11. gab der Konvent nach und bestätigte die Schließung. Im Dezember, wenige Tage vor der Hinrichtung von Carrier, wurde die Wiederzulassung der 63 Abgeordneten beschlossen, die als Freunde der Girondisten gegen den 31. Mai protestiert hatten. Und es begann von neuem und sehr viel heftiger die Attacke gegen die Mitglieder des alten Wohlfahrtsausschusses. Trotz des Widerstands von Carnot und Lindet entschied sich der Konvent am 27. November (7. Nivôse) für die Bildung einer Kommission, die den Prozeß gegen Collot d'Herbois, Billaud-Varenne, Vadier und Barère vorbereiten sollte. Unzufrieden mit der behutsam vorgehenden Versammlung, starteten Frérons Banden im Januar gleich zwei Agitationsunternehmen. Zunächst wurde die Auseinandersetzung ins Theater getragen: man zwang Schauspieler, die als Jakobiner verdächtig waren, auf offener Bühne das »Erwachen des Volkes« zu singen und Selbstkritik zu üben. Dann wurde überall Jagd auf die Büsten von Marat gemacht; man schleppte sie aus Straßen und Plätzen fort und warf sie in die Abwasserkanäle. Am 9. Februar (21. Pluviôse) mußte der Nationalkonvent sich beugen: die Leichname Marats und aller »Märtyrer der Revolution« wurden aus dem Pantheon entfernt. Am 2. März (12. Ventôse) beschloß der Konvent die Verhaftung der vier »Terroristen« und ihre Aburteilung; am 2. Germinal begann der Prozeß. Gleichzeitig wurden alle ausgestoßenen und für gesetzlos erklärten Girondisten wieder ins Parlament berufen.

Die Jakobiner waren dieser Offensive nicht gewachsen gewesen. Mehr als Frérons Jünglinge hatten der Abscheu vor dem Terror und die Gleichgültigkeit der Menge zu ihrer Niederlage beigetragen. Levasseur gibt es in seinen Memoiren unumwunden zu: »Sehr viele Franzosen, die uns eben noch unterstützt hatten, betrachteten uns nun als Narren, als Besessene, wenn nicht gar als Verbrecher.« Das Volk der Vorstädte und der Sektionen im Zentrum von Alt-Paris aber habe »sozusagen demissioniert«. Tatsächlich vertraute es unmittelbar nach dem 9. Thermidor nicht einmal mehr auf wirtschaftlichem Gebiet dem heilsamen Zwang. Der »Wählerklub« brachte am 10. Vendémiaire eine Petition beim Konvent ein, die Freiheit für den Handel und Einstellung der Beschlagnahmen forderte. Man hat darin sehr zu Unrecht den Beweis für eine heimliche Zusammenarbeit mit der Reaktion der Gemäßigten gesehen. Das kürzlich erschienene Werk von Kare Tönnesson bestätigt, was ein Polizeibericht vom 17. Vendémiaire so ausdrückte: »Die Mehrheit des Volkes wünscht, daß der Handel gänzlich freigegeben werde, außer Export und Hortung. Sie meint, dann werde wieder Überfluß an Waren eintreten; zunächst würden die Preise zwar steigen, aber unter dem Druck der Konkurrenz bald wieder fallen.« Die wirtschaftliche Freiheit ist zweifellos eine Zeitlang eine verbreitete Forderung der kleinen Leute gewesen.

Die Haltung der unteren Klassen hat sich erst im Winter 1794/95 geändert, und zwar unter dem Einfluß von zwei Erscheinungen sehr verschiedener Bedeutung. Die eine war politischer Natur und machte sich unter den führenden Persönlichkeiten bemerkbar; die andere, wirtschaftliche, brachte die Volksmenge in Wallung.

Im Januar versuchte sich die Jeunesse dorée mit den Handwerkern der Vorstädte zu verbrüdern. Aber weder einzelne Trinkgelage noch feierliche Abordnungen konnten die Kluft schließen, die sich in den Sektionen immer gefährlicher auftat; man verfolgte ja nicht nur die Anhänger des Schreckensregiments, sondern stürzte sich auf alles, was nach Sansculotte aussah. Dieser Druck von seiten der Gemäßigten mußte Jakobiner und Sansculotten zusammenführen. So ging es bald nicht mehr um eine Auseinandersetzung zwischen Robespierristen und Verteidigern der Menschenrechte, sondern zwischen Verfechtern der Republik der Reichen und Anhängern der Republik der Armen, zwischen dem *Peuple doré* und dem *Peuple sans-culotte*.

Daß sich die Anführer der Jakobiner und der Sansculotten in dieser Weise näherkamen, wäre wohl ohne Folgen geblieben, hätte sich nicht das Elend immer mehr verschlimmert. Die am 4. Nivôse des Jahres IV (24. Dezember 1794) durch Dekret verkündete Abschaffung des Maximums wurde zunächst freudig begrüßt. Aber der rapide Kursverfall der Assignaten führte zum Ruin der meisten Lohnempfänger, Handwerker und kleinen Ladenbesitzer. Der Preis für Heizmaterial stieg in diesem besonders strengen Winter ebenso wie der für Lebensmittel. Vor allem aber machte im Gegensatz zum Jahr II das Nebeneinander eines freien, reichlich versehenen Marktes und immer knapperer Versorgungsmöglichkeiten für die kleinen Leute die gesellschaftlichen Unterschiede in besonders krasser Weise deutlich.

Die Unzufriedenheit des Volkes fand ihren Ausdruck in der Parole: »Brot und die Verfassung von 1793!« Die Thermidorianer bewiesen ihre außerordentliche Geschicklichkeit, indem sie die Demonstranten und die Abgeordneten des Berges zugleich unterdrückten. Am 12. Germinal (1. April) bildete sich aus den Sektionen der Innenstadt ein Auflauf von Frauen, Bauarbeitern und Handwerkern, denen es gelang, den Sitzungssaal des Nationalkonvents zu »erobern« und vier Stunden lang besetzt zu halten. Nur dank der Nationalgarde aus den Westpariser Sektionen konnten die Ausschüsse die Lage wieder bereinigen. Barère, Collot d'Herbois und Billaud-Verenne wurden daraufhin ohne Gerichtsurteil nach Guayana deportiert, acht Abgeordnete des Berges (unter ihnen Thuriot und Lecointre) verhaftet. Für Paris wurde der Belagerungszustand verkündet, 1600 militante Volksführer ins Gefängnis gebracht. Am 1. Prairial (20. Mai) ertönten von neuem die Sturmglocken in den Vorstädten. Wieder wurde der Nationalkonvent belagert. Der Abgeordnete Féraud wurde ermordet. Nach drei Tagen war die Ordnung wiederhergestellt, und der Faubourg Saint-Antoine mußte vor der bewaffneten Macht kapitulieren. Damit hatte das revolutionäre Paris seine Rolle bis 1830 ausgespielt.

Die letzten Monate des Nationalkonvents waren gekennzeichnet durch ein immer deutlicheres Auseinanderrücken der Sieger vom Thermidor und ihrer Verbündeten auf der Rechten (zurückgekommenen girondistischen Abgeordneten, Journalisten, Jeunesse dorée), die einer konstitutionellen Monarchie zuneigten. Die allgemeine Stimmung, die Tallien und Fréron zunächst gegen die Bergpartei gelenkt hatten, richtete sich mehr und mehr gegen sie selber.

Die im Februar verkündete Freiheit der Religionsausübung hätte an sich der Regierungsstabilität dienlich sein können, aber weil keine starke Regierung da war, ermutigte sie bloß die Royalisten.

Bis zum Frühjahr 1795 hatte die Konventsmehrheit nichts gegen die ständig wachsende Aktivität der Königstreuen und den entfesselten »Weißen Terror« in Südfrankreich unternommen. Wiederum gibt Thibaudeau die einleuchtende Erklärung: »Ich fürchtete für die Republik viel mehr die Terroristen des Jahres II als die royalistischen Terroristen des Jahres III.« Die meisten royalistischen

Journalisten fühlten sich zu den Feuillants hingezogen: sie wünschten eine konstitutionelle Monarchie, nicht etwa eine Rückkehr zum Ancien Régime. Aber der Kronprinz, der zehnjährige Dauphin oder König Ludwig XVII., als den ihn die Königstreuen ausgerufen hatten, starb am 8. Juni 1795 als Gefangener im Temple. Damit ging der Anspruch auf die Krone auf den Bruder Ludwigs XVI. über, auf »Monsieur«, den Grafen von der Provence, der sich fortan Ludwig XVIII. nannte und in Verona ein gegenrevolutionäres Manifest erließ. Die von den Anhängern einer konstitutionellen Monarchie verurteilte Landung der Emigranten in Quiberon (27. Juni) endete mit einer Katastrophe, aber die Kluft zwischen der Rechten und den Thermidorianern wurde nur noch breiter. Diesen blieb nichts übrig, als an den revolutionären Patriotismus zu appellieren, Soldaten und Jakobinern die Jagd auf die »Muscadins«, die herausfordernd gekleideten Jünglinge der Jeunesse dorée, freizugeben und die Marseillaise wieder durchzusetzen. Die Rechte beklagte das »Blutbad« von Quiberon und wies immer nachdrücklicher auf die Terroristenvergangenheit von Tallien, Fréron und Chénier hin.

Die *Plaine* bemühte sich nach Kräften, es nicht gänzlich zum Bruch kommen zu lassen. Am 8. August ließ sie sogar zehn Abgeordnete des Berges, unter ihnen Fouché, verhaften. Sie veröffentlichte Aufrufe zum Bündnis zwischen »Patrioten von 1789, konstitutionellen Monarchisten, republikanischen Demokraten«. Beflissen stimmte sie für die von Boissy d'Anglas am 2. August vorgelegte Verfassung, die beide, Thermidorianer und konstitutionelle Monarchisten, zufriedenstellen sollte. Die Wiedereinführung des Zensuswahlrechts und die einschränkende Formulierung der Menschenrechte zeigten die Absicht, den Einfluß des einfachen Volkes ein für allemal auszuschalten. Die außerordentlich weit getriebene Dezentralisierung der Gewalten (zwei gesetzgebende Versammlungen, ein »Direktorium« als Exekutive) sollte die Rückkehr zu einer Parlamentsdiktatur unmöglich machen. Aber die entscheidende Frage blieb die der Macht. Die *Plaine* wollte sie nicht aus der Hand geben. Durch die Dekrete vom 5. und 13. Fructidor (22. und 31. August) bestimmte sie, daß zwei Drittel der neuen Abgeordneten aus dem Nationalkonvent übernommen werden müßten; falls die Wähler dieses Zahlenverhältnis nicht respektieren sollten, dürften die Konventsmitglieder ihre Reihen durch Zuwahl ergänzen. »Diese Dekrete«, schrieb Madame de Staël, »brachen den stillschweigend geschlossenen Vertrag zwischen dem Konvent und den anständigen Menschen.« Viele ehemalige Abgeordnete der Verfassunggebenden und der Gesetzgebenden Versammlung und etliche gemäßigte Journalisten, die auf ein politisches Amt brannten, fanden jetzt in der gegen die »Immerwährenden« aufgebrachten öffentlichen Meinung ein fruchtbares Betätigungsfeld. Am 13. Vendémiaire des Jahres IV (5. Oktober 1795) erhoben sich nun die Westpariser Sektionen: reiche Geschäftsleute, Angehörige der freien Berufe und Beamte waren unter ihnen. Die Besitzbürger der Hauptstadt wollten nicht das Ancien Régime wieder einführen, sondern die Abgeordneten, die sich an die Macht klammerten, vertreiben. Barras berief etliche als Jakobiner aus der Armee ausgestoßene Offiziere, ernannte Bonaparte zum Stabschef und stellte mühelos die Ordnung wieder her.

Nach diesem 13. Vendémiaire erwachte ein neuer revolutionärer Schwung. Man nahm die im Thermidor entlassenen Offiziere wieder in die Armee auf, ließ die verhafteten Jakobiner frei, bekämpfte den Weißen Terror in Südfrankreich und holte schließlich auch die zehn Abgeordneten des Berges im Zuge einer allgemeinen Amnestie aus dem Gefängnis. Tallien und Fréron, die von den Wählerversammlungen nicht wieder berufen worden waren, wollten sogar noch weiter gehen und die Führer der Rechten unter Anklage stellen, die Wahlen für ungültig erklären, zu einer »Wohlfahrts«-Politik zurückkehren. Die *Plaine* weigerte sich, ihnen auf diesem

Wege zu folgen und zeigte äußerste Zurückhaltung bei der Behandlung der Vendémiaire-Aufständischen: nur zwei wurden hingerichtet. Und angesichts der Gefahr einer Wiederkehr der Zustände des Jahres II erinnerte Thibaudeau seinen Kollegen Tallien in aller Öffentlichkeit an seine Verteidigungsrede für die Septembermorde. Als sich der Nationalkonvent am 26. Oktober 1795 auflöste, hatte die *Plaine* zwar fast alle Thermidorverschwörer von der Macht abgedrängt, aber die Kontrolle über die Exekutive nur um den Preis einer schweren Belastung der neuen Institutionen wieder in ihre Hände gebracht.

Verweilen wir einen Augenblick bei dieser Fehlentwicklung. Ihr Hauptgrund lag in der Schwäche der parlamentarischen Gewalt gegenüber der doppelten Bedrohung durch die Royalisten und die Terroristen. Den Zeitgenossen leuchtete es vollkommen ein, daß »es für den Nationalkonvent fast unmöglich sein mußte, die Mitte zwischen den beiden dräuenden Klippen zu halten. Vielleicht hätte ein integrer und willensstarker Mann das geschafft; für eine mit sich selber zerstrittene Versammlung war das nicht denkbar.« Aber diese naheliegende Erklärung durch den unentrinnbaren Mechanismus innerhalb der Institutionen befriedigt nicht sehr. Die Öffentlichkeit hätte ein neues Schreckensregiment nicht hingenommen, und die gemäßigten Royalisten träumten ja von der Konsolidierung der Errungenschaften von 1789 in der Form einer konstitutionellen Monarchie. Die Grundlage des Regimes war also nicht ernstlich bedroht.

Müssen wir die Schuld im keineswegs unterbrochenen Krieg suchen? Er zwang schließlich die Republik weiter auf der ständigen Flucht nach vorn. In dem Maße, wie sich die Royalisten für die Grenzen von 1789 einsetzten, die Armee sich aber weigerte, die Früchte ihrer Siege aufzugeben, mußten sich die Thermidorianer mehr oder weniger resigniert mit der von Sieyès und Reubell vertretenen Politik der »natürlichen Grenzen« identifizieren. Mit solchen Forderungen ließ sich jedoch ein allgemeiner Friedensschluß nicht erreichen, und seit 1792 hatte die Erfahrung gelehrt, daß die Fortsetzung des Krieges das richtige Funktionieren einer verfassungsmäßigen Regierung unmöglich machte. Dennoch wurde für den Augenblick die Berechtigung dieser Außenpolitik von niemandem ernstlich bezweifelt.

Die Männer an der Macht waren es, an denen man zweifelte. Den Nationalkonvent trennte von der Öffentlichkeit eine tiefe Kluft. Der Versammlung fehlte der Konsensus, der allein echte Legitimität verleiht. Die Unterklassen waren durch Kaufkraftschwund und Hungersnot so geschwächt, daß sie keinen Einfluß mehr auf die Regierungsentscheidungen hatten. Das Bürgertum freute sich dessen und las händereibend Sätze wie diesen in der *Gazette française*: »Das eigentliche Volk scheint des Gebrauchs seiner Denkfähigkeit beraubt zu sein und ist völlig mit der Befriedigung seiner animalischen Bedürfnisse beschäftigt; es macht ganz den Eindruck, als sei es noch betäubt von der schrankenlosen Souveränität, die es in so wunderlicher Weise ausgeübt hat.« Dabei war die Meinung im Bürgertum durchaus nicht einhellig, sondern zutiefst gespalten und in verschiedene Gruppen zersplittert; es sah sich in der Versammlung nicht repräsentiert, obwohl diese Versammlung gerade der Spiegel seiner Uneinigkeit war. Das französische Wahlvolk und seine Abgeordneten lebten in Scheidung, nicht wegen unüberbrückbarer Gegensätzlichkeit, sondern wegen übergroßer Entsprechung. Die öffentliche Meinung verlangte von ihren Vertretern eine klare Führung, nicht eine Wiederholung ihrer Schwächen.

Die Uneinigkeit im Nationalkonvent zeigte sich weniger in der Beurteilung der Zukunft als vielmehr in der Bewältigung der Vergangenheit. Man kann nicht genug betonen, daß die großen Debatten des Nach-Thermidor retrospektiv gewesen sind. Studiert man die Reden, liest man die Memoiren, so merkt man, wie diese bedrückende Allgegenwärtigkeit der Vergangenheit offenbar alles und alle überschattete. Zwei Gespenster gingen in den Tuilerien um: der 31. Mai 1793 und das Schreckensregiment. Levasseur spricht in seinen Erinnerungen ausführlich und immer wieder davon: »Ja, die Gironde war republikanisch gesonnen ... Ja, ihre Verbannung war ein Unglück gewesen.« Aber »indem die Thermidorianer den 31. Mai nachträglich verurteilten, stellten sie per Dekret fest, daß wir ehrgeizige Parteigänger gewesen waren; mit diesem Dekret trafen diese Voreiligen sich selber.« Und Thibaudeau meint lapidar: »Um den am 31. Mai erfolgten Verstoß gegen die Immunität der Abgeordneten wiedergutzumachen, fügte sich der Konvent selber schweren Schaden zu.« Mit dem Tage, da die junge parlamentarische Gewalt nun auch noch das Repräsentativsystem durch die Zuwahl aus den eigenen Reihen verletzt hatte, stand ihre Legitimität auf tönernen Füßen. Die Thermidorianer trugen noch lange daran. Aber viel schwerer wog das andere Erbe: der Terror. Babeuf konnte sich dazu versteigen, ihn schlankweg mit der Gegenrevolution gleichzusetzen; bei einem Mann, der nie an der Macht gewesen war und das Jahr II nur aus der Gefängnisperspektive erlebt hatte, war das verständlich. Aber auch die Konventsmitglieder, und zwar gerade diejenigen, die seinerzeit für die großen Schreckensmaßnahmen gestimmt hatten, vermochten diese Vergangenheit nicht zu bannen. Thibaudeau, einer von ihnen, konstatiert rückblickend mit geradezu selbstzerfleischender Klarheit: »Der Terror von 1793 war nicht eine notwendige Folge der Revolution, sondern eine unselige Verirrung. Er schadete der Festigung der Republik mehr als er nützte, weil sich niemand dazu bekennen konnte.«

Thermidor: Das Nichtvergessenkönnen.

»Ich betrüge sie beide«, steht unter diesem Schmähbild auf die neue Politik des Nationalkonvents. Der Frau aus dem Volke zeigt sich die Versammlung mit vertrauenerweckend ernstem Gesicht und in Sansculottentracht, dem eleganten Stutzer im Gewand des »Muscadin«.

Der 9. Thermidor war keine Revolution gewesen. Die Nachricht von der Hinrichtung des Triumvirats Robespierre–Saint–Just–Couthon wurde von der Öffentlichkeit mit Jubel begrüßt: die Arbeiter zeigten sich befriedigt, die »volkstümlichen Gesellschaften« und die Sektionsversammlungen richteten zahlreiche Glückwunschadressen an den Nationalkonvent, die Bürger schöpften neue Hoffnung. Aber es herrschte keineswegs der Eindruck, daß etwas Einschneidendes geschehen sei. Die von den Ausschüssen ausgegebene und von der Presse aufgenommene Parole lautete: die Personen ächten, das System preisen.

Die Toten zu verdammen und die Überlebenden, die sich besonders kompromittiert hatten, zu bestrafen – das war eine einfache Sache. In der denkwürdigen Sitzung vom 9. Thermidor hatten die Führer des Bündnisses schon ihre ersten Pfeile abgeschossen: nach Billaud-Varenne war der Tyrann ein verkappter Gemäßigter, nach Vadier ein Beschützer der Priester. Straßensänger und Journalisten variierten diese Themen. Ein neues Lied auf die Melodie der »Carmagnole« beschuldigte den Tyrannen, er habe die Armee verleumdet. Die Zeitungen verglichen ihn je nach ihrer Leserschaft mit einem Tiger oder mit Cromwell. Seine Pläne? Eine neue Bartholomäusnacht hatte er geplant, vor allem aber zur Befriedigung seines maßlosen Ehrgeizes eine royalistische Restauration. *Le Sansculotte* vom 12. Thermidor wies darauf hin, um ein Haar habe Robespierre es geschafft, daß »ihr erlebt hättet, wie die königlichen Lilien an die Stelle der Trikolore getreten wären, eine neue Priesterschaft die eben von euch verjagte abgelöst hätte und die Tyrannei auf euren rauchenden Leichnam errichtet worden wäre«. *Le Journal de Perlet* lockte am 20. Thermidor mit überraschenden Enthüllungen aus dem Lotterleben Robespierres und Couthons: »Der Schleier, mit dem der Tyrann sein Privatleben sorgfältig verbarg, löst sich jetzt in Fetzen auf, und wir sehen, daß diese Sittenstrenge, diese Selbstlosigkeit, von der er unablässig sprach, ihm ebenso fremd war wie die Tugend, deren Namen er fortwährend mißbrauchte. Nach zuverlässigen Informationen hatte er sich in Issy das Palais der ehemaligen Prinzessin von Chimay angeeignet... Das war das Trianon dieses Nachfolgers der Capets... Um sich in den Augen seiner zukünftigen gekrönten Spießgesellen mehr Glanz zu verschaffen, beabsichtigte der Tyrann, die junge Capet so in seine Gewalt zu bekommen, daß sie ihn heiratete...« Eine große Lehre also: keinen Menschen zum Idol erheben und sich treu an die Prinzipien halten. »Die Prinzipien, Freunde, die Prinzipien sind unser Banner!«

Die Prinzipien hießen Revolutionsregierung und Terror. Die ersten amtlichen Verlautbarungen bestätigten diese Richtung. Am 11. Thermidor faßte Barère die Veränderung ganz eng; er bezeichnete sie als eine

»Teilerschütterung, die der Regierung ihre volle Funktionsfähigkeit für politische, administrative und revolutionäre Maßnahmen beläßt, nach innen und nach außen«. Er forderte Nachsicht für unbeabsichtigte Fehler, nicht aber für die Aristokraten, »deren Manöver strafbare Handlungen und deren Fehler Verbrechen sind«. Die Presse folgte willig dieser Sprachregelung und betonte schon am folgenden Tage, die Volksvertretung, ihrer Tyrannen ledig, sei entschlossen, eine Regierung aufrechtzuerhalten, die für Aristokraten und Übeltäter schrecklich bleiben werde. Von Barras und Tallien konnte ein Zeitgenosse später versichern: »Ich glaube nicht, daß sie wirklich beabsichtigten, Robespierres Politik fortzusetzen. Aber ich glaube, sie wollten den Karren der Revolution allenfalls halb aus der Spur lenken, in die er geraten war.«

Man darf nicht meinen, diese Entschlossenheit zur Kontinuität sei ohne Einfluß geblieben oder habe nur kurzfristige Wirkungen gezeitigt. In der Provinz blieben in den Verwaltungsorganen, Überwachungsausschüssen und volkstümlichen Gesellschaften noch fast einen Monat lang die Männer aus dem Jahr II am Ruder und machten auch durchaus im alten Sinne weiter. Die Hinrichtungen endeten nicht mit der von Robespierre; General Moreau verlor seinen Vater, der am 13. Thermidor in Brest aufs Schafott geführt wurde. Selbst im Nationalkonvent gab es eine Zeitlang nebeneinander reaktionäre Äußerungen und Treuekundgebungen zum Geist von 1793. Als Legendre schon am 11. Thermidor den Jakobinerklub wieder eröffnete, erklärte er ausdrücklich: »Es muß alles getan werden, damit nicht die Aristokratie triumphiert.« Drei Monate lang empfingen die Soldaten der Republik auf Grund der vom Wohlfahrtsausschuß bezahlten Abonnements das *Journal universel* von Audouin und das *Journal des hommes libres* von Vatar, in denen das System Robespierres ohne Robespierre verteidigt wurde. Und selbst als die zentrale Regierungsgewalt zerschlagen, selbst als Wohlfahrts- und Sicherheitsausschuß längst umgebildet worden waren, blieb die neue Mehrheit entschlossen, nicht mit der Vergangenheit zu brechen. Am 20. September wurde Lindet zum Berichterstatter für beide Ausschüsse ernannt: sein Name war ein Symbol für diese Treue. Am Tag darauf fand ein offizieller Festakt statt: Marats Leichnam wurde in feierlichem Zuge zum Pantheon geleitet. Noch am 9. Oktober erklärte Cambacérès in einem Aufruf an das französische Volk: »Der Nationalkonvent, beständig in seinem Walten, gestützt auf den Willen des Volkes, wird die Regierung, der die Republik ihre Rettung verdankt, in neue Regeln fassen, sie aber durchaus erhalten.« Und auf den Bänken des Berges waren viele mit Levasseur der Meinung, man brauche nur die Ausschreitungen zu verurteilen, könne und müsse aber den revolutionären Schwung beibehalten.

Der Nationalkonvent möchte möglichst eindrucksvoll Einigkeit und Prinzipientreue demonstrieren. Jean-Jacques Rousseau wird feierlich ins Pantheon überführt; alle Konventsabgeordneten nehmen an dem Staatsbegräbnis teil, ein Exemplar des »Gesellschaftsvertrages« wird ihnen vorangetragen.

So versteht man besser, warum die entgegengesetztesten Befürchtungen – die der Sansculotten ebenso wie die der Gemäßigten – sich fürs erste miteinander verbanden und sich in der Freude über die wiedergewonnene Sicherheit fanden. Charles de Lacretelle hat in seinen Memoiren diese zeitliche Verschiebung zwischen dem Tod Robespierres und dem Gefühl echten Freiseins eindrucksvoll geschildert. Würde das Opfer eines einzelnen das Signal für die Befreiung aller sein? Die Antwort mußte vom Konvent und vor allem von der öffentlichen Meinung kommen.

Die Revolutionsregierung konnte sich nur halten, wenn das gegen Robespierre geschlossene Bündnis auch nach dem Siege dauerte. Nun hatte aber jede Gruppe ihre Wünsche und Absichten; alle liebäugelten mit der Macht, die jedoch die verbliebenen Mitglieder des Wohlfahrts- und des Sicherheitsausschusses, Collot d'Herbois, Billaud-Varenne, Vadier und Amar durchaus nicht aufzugeben gesonnen waren.

In den Augen der Menge verdankte man den großen Erfolg Tallien, Barras, Merlin de Thionville und in zweiter Linie Legendre, Thuriot und Lecointre. Das war eine heterogene Mischung, in der sich überzeugte Dantonisten mit reuigen Ultra-Terroristen auf Zeit zusammenfanden. Diese »Thermidorianer« hatten allerdings ein gemeinsames Ziel: aus ihrem moralischen Sieg einen politischen Sieg zu machen, also an die Hebel der Macht zu gelangen.

Die *Plaine* als der unförmige Bauch der Versammlung war jeweils nach dem Zwang der Umstände geschrumpft oder gewachsen. In der Zeit der Not, im Jahr II, als Robespierre schon erklärte, es gebe keinen *Marais* mehr, waren viele ihrer Abgeordneten die Stufen zum Berg hinaufgestiegen. Der Rückstrom setzte pünktlich am 10. Thermidor ein und riß etliche zur Besinnung gekommene Männer der Bergpartei mit. Dieses erweiterte Zentrum war etwas durchaus Logisches und zugleich die reine Inkarnation der bürgerlichen Revolution. *Plaine* hatte Robespierre preisgegeben, um die Kontrolle über die Exekutive wiederzuerlangen, nicht aber, um sie den in ihren Augen gleich korrupten Zweigen der Thermidorverschwörung zu überlassen. Auch in ihrer Mitte zeigte sich mancher durchaus nicht uneigennütziger, gelegentlich ganz unschuldiger Ehrgeiz. Thibaudeau, das weise gewordene Mitglied der Bergpartei, beschreibt das mit gelassener Naivität: »Von Stund an ging eine rasche Änderung mit mir vor. Man konnte in allen Ehren und ohne Scheu Karriere machen; ich tat das sehr eifrig und begann eine aktive Rolle zu spielen.« Diese typischen Vertreter des einstigen Dritten Standes hatten sich bislang wie Sieyès und Cambacérès aus Vorsicht oder wie Thibaudeau aus Bescheidenheit still verhalten. Jetzt wollten sie reden, Einfluß nehmen, führen.

Jean-Jacques Cambacérès, eher Jurist als Politiker, einer der Führer des Zentrums nach dem 9. Thermidor.

Die rechte Seite der Versammlung füllte sich ziemlich rasch. Ehemalige Parteigänger der Girondisten, vor allem Boissy d'Anglas, begrüßten dort nicht ohne Hintergedanken die Führer vom Thermidor – eine eigenartige Verbindung, die sich als sehr zerbrechlich erwies, aber der Gironde zugute kam.

Oben aber saßen, um Duhem, Ramps und Levasseur geschart, die letzten Getreuen der Bergpartei. Ihnen genügte vorerst, daß es mit den Prairial-Exzessen vorbei war. Sie schenkten den Anklägern Robespierres wenig Vertrauen, unterstützten jedoch die jungen unter ihnen, die mit Robespierre an der Macht gewesen waren, um den revolutionären Schwung nicht verebben zu lassen.

Diese einander entgegengesetzten Ansprüche waren völlig unvereinbar.

Nach knapp einem Monat sind die Regierungsinstitutionen aus dem Jahr II schon zerbrochen – so scheint es jedenfalls. Man hat auch später von einer völligen Auflösung der Zentralisierungstendenzen gesprochen. Blickt man genauer hin, vergleicht man die Dekrete und die Form ihrer Anwendung, achtet man mehr auf den Geist als auf den Buchstaben der Texte, so stellt man fest, daß es sich eher um eine Ausweitung der unverändert erhaltenen Zuständigkeiten auf breiter zusammengesetzte Organe handelt. Das Entscheidungszentrum ist zugleich erweitert und gefestigt worden.

Der Weg führte über drei Etappen. Am 11. Thermidor hatte Barras dem Konvent nach dem für solche Fälle schon vorher üblichen System der Zuwahl drei Abgeordnete als Nachfolger für Couthon, Robespierre und Saint-Just vorgeschlagen. Sofort beantragte Merlin de Thionville eine vorhergehende Aussprache. Das war eine Revolution: zum erstenmal seit über einem Jahr wagte man zu diskutieren. Tallien benutzte die Gelegenheit, um ganz unverblümt die Forderung seiner Gruppe zu stellen: keine Fortsetzung der Diktatur derselben über dieselben! Auf seinen Antrag beschloß der Konvent die monatliche Ablösung jedes vierten Mitglieds beider Ausschüsse und ging noch darüber hinaus, indem er eine Wiederwahl der Ausscheidenden erst nach einem Monat gestattete. Zwei Tage später wurden die Ausschüsse weitgehend erneuert. Die Helden vom Thermidor schienen den Sieg davonzutragen. Tallien und Thuriot wurden in den Wohlfahrtsausschuß, Merlin de Thionville und Legendre in den Sicherheitsausschuß gewählt. Das sah ganz nach einer ersten Teilung der Macht zwischen den beiden Flügeln des Bündnisses aus.

Aber die neue Mitte wollte mehr. Was kümmerte sie der Streit um die Erbmasse, wenn sie die suspekten Erben nicht kontrollieren konnte? Cambon war die Seele dieser Bewegung, neben ihm stand Barère, der kühle Finanzexperte aus dem ersten Wohlfahrtsausschuß, auf der Linken und auf der Rechten gleich verhaßt. Cambon schlug schon am 11. Thermidor die Ersatzlösung vor: jeder Exekutivausschuß (das einem Ministerium entsprechende Gremium) sollte fortan mit einem Ausschuß der Versammlung gekoppelt werden. In geänderter und weiterentwickelter Form wurden seine Vorschläge am 7. Fructidor (24. August) gebilligt. Grundsätzlich war jetzt der Wohlfahrtsausschuß einer von vielen Ausschüssen. Er behielt nur die Auswärtigen Angelegenheiten und die militärischen Befugnisse; an den Sicherheitsausschuß trat er – endlich – die Befehlsgewalt über die Polizei ab, an den Gesetzgebungsausschuß die Verwaltung des Landes und die Justiz.

Für Paris bedurfte es besonderer Vorkehrungen. Man hatte zwar den 9. Thermidor benutzt, um ihm seine *Commune* zu nehmen. Am 7. Fructidor hatte man die Macht der Sektionen beschnitten und ihre Überwachungsausschüsse durch Arrondissementsausschüsse ersetzt. Die zukünftige Einteilung der Hauptstadt mit den zunächst 12 Arrondissements zeichnete sich schon ab und legte sich wie ein feines Filigran über die noch bedrohlich unmittelbare Vergangenheit. Doch die Verwaltung der Stadt brauchte einen neuen Rahmen. Zwei Ausschüsse wurden vom Konvent berufen, um die beiden wichtigsten Aufgaben, Polizei und Steuereintreibung, wahrzunehmen. Sie sollten kleinere Komitees mit den übrigen Funktionen betrauen.

Man durfte von diesen Dekreten keine Wirkung verlangen, die sie nicht haben konnten. Paris wurde niemals so unmittelbar von der Regierung geführt wie in diesem Sommer der Befreiung. In der Provinz ging der »Dialog« weiter zwischen den sich taub stellenden De-facto-Behörden (bevollmächtigten Abgeordneten, Departements- und Gemeindeverwaltungen), die fröhlich ihrem Föderalismus lebten, und den mehr oder weniger nachdrücklichen zentralistischen Willensäußerungen aus den Tuilerien. Der Wohlfahrtsausschuß wurde durchaus nicht so entmachtet, wie man das oft dargestellt hat. Seine von Aulard gesammelten und veröffentlichten Erlasse vermitteln ein eindrucksvolles Bild von den ausgedehnten, ihm verbliebenen Befugnissen, und zwar auch über andere Ausschüsse, die nach dem Gesetzesbuchstaben seinem Einfluß entzogen waren. Die Institutionen änderten sich weniger als die Zusammensetzung ihrer Mitglieder.

Eine Teilung der Macht war angesichts der Stimmungswelle gegen den Terror nicht mehr möglich. Die ehemaligen Ausschußmitglieder fühlten sich bedroht und wollten die Vergangenheit rechtfertigen, indem sie sie in die Gegenwart hineinnahmen. Die Emporkömmlinge vom Thermidor dagegen erblickten ihre Chance im Anschluß an die öffentliche Meinung. Schon am 26. Thermidor kam es wegen der Freilassung der Verdächtigen zum Bruch. Am 11. Fructidor (28. August) unterschied Tallien zwischen einer »verängstigten Klasse« und einer »angstmachenden Klasse«. Nach einer anprangernden Rede von Lecointre verließen Barère, Billaud-Varenne und Collot d'Herbois am 1. September den Wohlfahrtsausschuß. Kurzfristig allerdings zahlte es sich nicht aus, auf »Nachsicht« zu setzen. Der Konvent verunglimpfte Lecointre als Verleumder, und Tallien mußte ebenfalls seine Mitgliedschaft im Ausschuß aufgeben. Die Neugewählten, allen voran Merlin de Douai, einigten sich mit den klugen Köpfen der alten Regierung und beschlossen, nach Lindets Vorschlag zu handeln: »Wir wollen uns weder unser Unglück noch unsere Fehler vorwerfen.«

Aber das hieß die Rechnung ohne zwei leidenschaftlich entschlossene Partner machen: die von der Macht Ausgeschlossenen und vor allem die Öffentlichkeit, die nicht nur das System, sondern auch seine Vertreter nicht mehr sehen wollte.

Mit unwiderstehlicher Gewalt erhob sich die Öffentlichkeit gegen die Gefängnisse und ihre Lieferanten. Alle Gruppen, alle Klassen waren ja vom Schreckensregiment betroffen gewesen. Schon am 15. Thermidor, bei der ersten Sitzung der Sektionsversammlungen nach dem Sturz Robespierres, hatten sich Verwandte und Freunde der Gefangenen in Massen in die Sitzungssäle gedrängt, hatten die Freilassung der Häftlinge verlangt und die Überwachungsausschüsse angeklagt. In den Vorstädten und im Stadtzentrum von Paris forderte man die Befreiung der Volksführer, die als Hébertisten eingekerkert worden waren. Andernorts ging es um brave, lediglich des »Aristokratismus« verdächtig gewesene Bürger. In den Gefängnissen lebten Mitglieder des Hochadels – der Herzog von Aumont, der Herzog von Valentinois – neben Generälen der Republik, unter ihnen Kellermann, der Sieger von Valmy, Tür an Tür. Der Nationalkonvent war dem Druck nicht gewachsen. Am 18. Thermidor (5. August) billigte er zwei Anträge von Bourdon de l'Oise. Alle Häftlinge, die nicht unter das Verdächtigengesetz vom 17. September 1793 fielen, waren zu entlassen. Und: fortan hatten die Revolutionskomitees und die bevollmächtigten Abgeordneten ihre Haftbefehle zu begründen.

Paris bot ein unerhörtes Schauspiel. Am 22. Thermidor schrieb *Le Sansculotte*: »Vom Gefängnistor bis an ihre Haustür begleiten herzliche Wünsche die Mitbürger, deren Fesseln endlich gesprengt wurden... Gleichzeitig sind Reue, Scham und Verachtung das Los der Denunzianten geworden.« Binnen fünf Tagen (zwischen dem 18. und dem 23.) wurden auf Anweisung des Sicherheitsausschusses 478 Häftlinge entlassen, unter ihnen der Bühnenschriftsteller und Literarhistoriker Laharpe und die Schauspieler des Théâtre-Français, die im Madelonnettes-Gefängnis eingesessen hatten. Wenig später (am 2. Fructidor) erwirkte Tallien die Freilassung von Theresa Cabarrus.

Den Nationalkonvent beunruhigte diese übermäßige Nachsicht. Am 10. August reorganisierte er den Revolutionsgerichtshof und bewies damit seine Entschlossenheit, das Verdächtigengesetz aufrechtzuerhalten. Um die neuen »Nachsichtigen« zu treffen, stellte die Bergpartei den Antrag, die Versammlung möge den Druck einer Liste beschließen, in der alle freigelassenen Häftlinge und zugleich der Name des für ihren Patriotismus bürgenden Abgeordneten aufgeführt sein sollten. Merlin de Thionville erhob heftige Einwendungen gegen diese schwarze Liste für zukünftige Terrorakte. Vor allem aber vereitelte Tallien das Manöver, indem er erreichte, daß auch die Namen der Denunzianten auf die Liste kamen. Den Bürgerkrieg wollte der Konvent denn doch nicht; er annullierte seine ursprüngliche Zustimmung zu dem Antrag.

Die meisten Überwachungsausschüsse wurden am 7. Fructidor aufgelöst, es blieb nur einer je Distrikt bzw. in Paris je Arrondissement bestehen. Das war immer noch zuviel oder entschieden zuwenig. Für die Gemäßigten wie Lacretelle »öffneten sich die Kerkertüren nur langsam, blieben die Gefängnisse überfüllt«. Konnte man Institutionen abschaffen, ohne zugleich wichtige Männer zu treffen? Konnte man den Terror aufgeben, ohne die Terroristen zu verschrecken?

Das Schreckensregiment als Kind der Notzeit hatte die Triebfedern der Geselligkeit zusammengedrückt gehalten. Obwohl der Krieg weiterging, traten jetzt Lebensfreude und Vernügungslust mit Urgewalt wieder in ihr Recht.

Paris wurde von einer wahren Tanzwut befallen. Georges Duval, damals noch ein kleiner Notarsgehilfe, hat uns ein anschauliches Zeugnis von dieser verzehrenden Leidenschaft hinterlassen: »Die Tanzreaktion kam ganz plötzlich, geradezu erschreckend unwiderstehlich. Die Schafotts waren kaum abgerissen, die Kalkgrube draußen am Tor zeigte den schaudernden Passanten noch ihr klaffendes Maul..., der Boden ringsum hatte noch nicht das ganze Menschenblut aufgesogen, das er seit zwei Monaten zu trinken bekommen hatte, und schon trafen sich überall in der Hauptstadt die Tänzer zum Ball. Die lustigen Klänge von Klarinette, Geige, Tamburin und Spielmannsflöte lockten die Überlebenden der Schreckenszeit zum Tanzvergnügen, und sie drängten in Scharen herzu.« Der erste öffentliche Tanzpalast wurde auf dem rechten Seine-Ufer im »Tivoli« eröffnet, dem Garten des ehemaligen Generalsteuerpächters Boutin. Andere Lustgärten folgten: im »Marbeuf« zum Beispiel, vor dem *Elysée national*, »vormals Palais-Bourbon«, wo der Neger Julien die Kapelle dirigierte. Die Putzmacherinnen aus der Rue Saint-Honoré gingen mit Vorliebe auf den Ball im Kapuzinergarten, die jungen Arbeiterinnen aus dem Marais-Viertel ins »Vauxhall«. Die Schreiber und Angestellten trafen sich am Sonntag im »Ranelagh«. Rendezvous der begüterten jungen Leute waren das »Frascati« und der »Hannoversche Pavillon«. Man tanzte auf der Stadtinsel, man tanzte auf dem linken Ufer von der Rue Dauphine bis zum Karmelitergarten an der Rue de Vaugirard und sogar auf dem alten Friedhof von Saint-Sulpice. Vornehmere Bälle waren den »Abonnenten« vorbehalten. In den Vorstädten wurde der letzte Schuppen ausgeräumt. Anstoß erregte einzig und allein der berühmte »Ball der Opfer«, wo die Erben der Besiegten sich als Todeskandidaten verkleidet hatten, um ihr Überleben noch mehr zu genießen.

Aber auch am Augenschmaus fehlte es nicht, die Theater barsten. Im September 1793 waren die Schauspieler des Théâtre-Français verhaftet, ihr Saal in »Theater der Gleichheit« umgetauft worden. Allgemein hatte man ihre Konkurrenten vom Theater der Republik, unter ihnen Talma, in Verdacht, an ihrem Unglück mitschuldig zu sein. Nach ihrer Befreiung, für die Legendre, der nichts gegen hübsche Schauspielerinnen einzuwenden hatte, persönlich sorgte, feierten sie am 29. Thermidor eine triumphale Wiedereröffnung mit den *Fausses Confidences* von Marivaux. Das Theater der Republik in der Rue de Richelieu hatte sich schon am 26. Thermidor reinzuwaschen versucht mit einer Aufführung der »Virginia« des eben aus dem Gefängnis entlassenen Laharpe. Die Zuschauer klatschten bei jeder Anspielung auf die Diktatur:

Un tyran démasqué n'est plus qu'un vil coupable.
Il invoque la force et la force l'accable.

Ein entlarvter Tyrann ist ein elender Tropf:
er ruft nach Gewalt, doch sie kostet den Kopf.

Im allgemeinen aber beherrschten langweilige patriotische und moraltriefende Rührstücke das Repertoire. In der Rue Feydeau wurde »Die Apotheose des jungen Bara« gegeben, im Cité-Variétés »Die patriotische Heirat«. Wenige Wochen danach wird das Theater zur politischen Anstalt, zur Startrampe für die Geschosse gegen die Jakobiner.

Überall ließ sich Madame Tallien sehen. Theresa Cabarrus, die ehemalige Marquise von Fontenay, hatte endlich doch ihren Retter geheiratet. Sie wurde nun ihrerseits zur Beschützerin der ehemaligen Feuillants und Girondisten, die ihr den Ehrennamen »Unsere Liebe Frau vom Thermidor« oder »Unsere Liebe Frau von der Gnädigen Errettung« gaben. Noch im hohen Alter erinnerte sich Charles de Lacretelle an sie, die ihm 1794 als »die Menschlichkeit in ihrer strahlend schönsten Form« erschienen war. Die spätere Herzogin von Abrantès erblickte in ihr so etwas wie eine Göttin: »Diese Frau überragte die meisten anderen. Aber eine vollkommene Harmonie in ihrer ganzen Person machte das völlig vergessen. Sie war die kapitolinische Venus, nur schöner noch als das Werk des Phidias.« Die Journalisten zeigten weniger Respekt vor dieser republikanischen Königin. Der *Abréviateur universel* vom 8. Januar 1795 spottete: »Die schöne Cabarrus hat ihre Bewunderer, ihre Verehrer, ihre Verleumder und ihre Jünger. Kaum erscheint sie, schon klatscht man begeistert Beifall. Als rette man die Republik, wenn man eine römische oder spanische Figur, eine strahlende Haut, schöne Augen, ein mit Freundlichkeit die Herablassung milderndes Lächeln, ein griechisches Gewand und nackte Arme hat.« Als Tallien später mit der Rechten bricht, wird aus »Ihrer Durchlauchtigsten Hoheit Madame Cabarrus« sehr rasch »Unsere

Madame Tallien, die »schöne Theresa«: ungekrönte Königin der ersten Jahre des Direktoriums.

Liebe Frau vom September«, womit man ihren Mann, der die Septembermorde verteidigt hatte, zu treffen hoffte.

Kontinuität oder Neuanfang? Beides spiegelt sich im Einrichtungsstil und in der Mode. Der Hang zu antiken Vorbildern ist der ganzen Revolution eigen gewesen: wir brauchen nur an die Rhetorik oder an die Symbole des Jahres II zu denken. Nach Thermidor bricht sich diese Neigung vollends Bahn, zur großen Freude der Bauunternehmer. Galt es nicht, mit »der Gotik, dem Feudalstil und allen diesen absonderlich vermengten, in der Sklaverei des Hofes erdachten Formen« zu brechen? Ein beneidenswert ungebrochenes Selbstgefühl hat diese Zeit, die mit der Vergangenheit nur tabula rasa machen kann, indem sie sich nach dem Vorbild einer anderen Vergangenheit kostümiert! Die Frau war nun nicht mehr die tugendhafte Gefährtin mit dem entsagungsvollen Lächeln, von der die Männer des Jahres II geträumt hatten. Madame Tallien diktierte die Mode: ein Musselinkleid in antikem Faltenwurf, an den Schultern von Gemmen gehalten, die hohe Taille durch ein Gürtelband betont, dazu kurze, gelockte Haare oder notfalls eine Perücke, vor allem aber das große Glück der Befreiung: entblößte Schultern und Arme. Ein braver protestantischer Pfarrer, der 1795 aus der Schweiz nach Paris reiste, beschreibt sein erschrockenes Entzücken: »Der Kleidung der Damen fehlt es weder an Geschmack noch an Eleganz. Die flachen Schuhe geben dem Schreiten mehr Sicherheit... Die unter dem Busen geknüpften Gürtelbänder haben etwas Schlichtes und Antikes, zudem verbergen sie geschickt so manche Fehler des Wuchses... Die entblößten Arme, die von der Natur zum Nacktsein geschaffen sind, dürften niemandem mißfallen. Man muß sogar zugestehen, daß es mit dieser neuen Nacktheit so geht wie mit höchst philosophischen Gedanken, wenn sie nur wirklich schön sind: der Reiz der Neuheit macht sie noch verführerischer. Aber es gibt viele Arme in der Welt – selbst in dieser von der Republik erneuerten Welt –, die nicht dabei gewinnen, wenn man sie allzu freigebig zeigt.« Die Herren blieben im allgemeinen schlicht gekleidet. Die Weste und der mit seinen Schößen bis zu den Absätzen reichende Überrock waren die große Mode. Der Schnurrbart, nach Michelet das Zeichen für den bärbeißigen Militarismus à la Père Duchesne, blieb mehr und mehr den republikanischen Patrioten vorbehalten.

Die rote Mütze wurde bald verbannt. Im März 1795 fiel der Abgeordnete Armonville, der sie hartnäckig weiter trug, damit schon unliebsam auf. *La Gazette française* wies ihn darauf hin: »Die Mütze der freien Römer war weiß, die Mütze Wilhelm Tells war braun. Warum haben wir eigentlich die rote Farbe gewählt? Um die anderen Nationen daran zu erinnern, daß man die Freiheit nur erringen kann, indem man ihre Altäre mit Menschenblut besprengt?« Das »Du« verschwand nach und nach aus den Gesprächen. Thibaudeau verteidigt noch eifrig den *Citoyen* gegen den *Monsieur* der Salons: »Trotz aller Krittelei haben unsere ehemaligen Marquisen und Komtessen die Offiziere unserer Revolutionsarmee nicht gar so übel gefunden, und es hat ihnen auch nichts ausgemacht, sich ihnen zu Gefallen als *Citoyennes* anreden zu lassen.«

Wie sollte dieser Wandel der Sitten nicht auch den Nationalkonvent betreffen?

Tallien und Fréron, am 15. Fructidor aus den Ausschüssen gedrängt, wurden zwei Tage später bei den Jakobinern von der Mitgliederliste gestrichen. Daraufhin taten sie sich mit Boissy d'Anglas und den Girondisten zusammen. Diese neue Rechte umfaßte in höchst eigenartiger Weise die Überlebenden der Gironde und die Abtrünnigen vom Berge, »Unterdrückte und Unterdrücker«. Aber ihre 150 Stimmen genügten nicht, um die Mehrheit auf ihre Seite zu bringen. So mußten die Alt-Cordeliers mit ihrer Erfahrung im Ausüben eines Minderheitsdrucks einspringen. Sie mobilisierten die Straße und die Presse.

Die neue Macht, die sich auf den Straßen von Paris zeigte, nannte man »Frérons Jeunesse dorée«. Aber auch Barras und Tallien, Goupilleau de Fontenay und Merlin de Thionville standen hinter der Sache. Nur hatten die führenden Köpfe und die eifrigen Beteiligten weder die politische Vergangenheit noch die Zukunftsvorstellungen dieser Veteranen vom Berge. Ihnen war einfach die Revolution als solche zuwider. Viele von ihnen gehörten zu den Kriegsdienstflüchtigen und prahlten damit. Auch Notarsschreiber und Commis aus dem »ehrbaren Handel« scharten sich mit Zustimmung ihrer Brotherren unter das Panier Frérons. Ihre Anführer waren Schauspieler, allen voran Quesnel vom Théâtre-Français und Henri vom Théâtre du Vaudeville. Elleviou und Souriguères vertraten Gesang und Musik, Trenitz den Tanz. Die Journalisten, vor allem Martainville, Isidore Langlois und Dussault lieferten ihnen die Parolen.

Ihre geckenhafte Ausstaffierung, vor allem die überlangen Kotelettensträhnen und der große eckige Mantelaufschlag, erregten den Zorn der Offiziere und der Jakobiner, die sie als »Muscadins« beschimpften. *Le Muscadin*, schreibt das Wörterbuch der Akademie von 1798, »ist eine kleine Lutschpastille, in der *musc*, Moschusessenz enthalten ist«. Mit ihrem Knotenstock bewaffnet trafen sie sich mit Vorliebe im *Café des Canonniers*, dem ehemaligen *Café de Chartres* im Palais-Royal. Zwei- oder dreimal wöchentlich versammelten sie sich zu »Übungen« in den Gärten der Tuilerien, der Champs-Élysées oder des Luxemburg-Palastes. Aber ihre wahre Aufgabe sahen sie nicht darin, sich herumzuprügeln. Sie wollten das Straßenbild beherrschen, in den Theatern und Cafés den Ton

Der junge Mann von Welt trägt überlange Koteletten, eine hohe Halsbinde, einen engen Rock mit weit herabhängenden Schößen und weiche, spitze Stiefel. Mit seinem Knüppel (der »exekutiven Gewalt«) geht er auf »Terroristenjagd«.

angeben und in den Sektionsversammlungen das Rednerpult mit Beschlag belegen. Gelegentlich ließen sie es auf einen Zusammenstoß mit den erbosten einfachen Leuten ankommen, in der Rue de Gravilliers oder in der Rue du Grenier-Saint-Lazare am Nordostrand der Innenstadt zum Beispiel, aber in die Vorstädte trauten sie sich nicht.

Die Presse war seit dem Tode Héberts zum Monopol der Machthaber und ihrer jakobinischen Gefolgsleute geworden. Theoretisch war sie stets frei geblieben, aber praktisch hatte man ihr Zügel angelegt, und zwar sowohl durch »die alleinige, aber hinlänglich wirksame Zensur des ständig aufgeschlagenen Schafotts« (so Lacretelle) als auch durch die Subventionen, die in Form von Abonnements nur den regierungsfreundlichen Blättern zuflossen. Mit dem 10. Thermidor begann eine leidenschaftliche Kampagne für eine echte und vollständige Pressefreiheit. Auf der Linken setzte Legray bei der Sektion Muséum durch, daß am 30. Thermidor eine Eingabe in diesem Sinne erfolgte, die dann vom »Wählerklub« aufgegriffen und als eigene Petition dem Konvent unterbreitet wurde. Auf der Rechten unternahm Dussault, der Redakteur der *Correspondance politique*, schon am 15. Thermidor seinen Vorstoß, und am 2. Fructidor rief er seine Kollegen zur Mitwirkung auf: »Eine große Revolution hat am 9. Thermidor stattgefunden. Jetzt ist es an uns, sie zu verteidigen und mit Tinte und Papier die Breschen zu schließen, die ihr schon geschlagen worden sind.« Bei den Jakobinern hatte Tallien am 1. Fructidor ausgerufen: »Pressefreiheit oder Tod!« Und acht Tage später erklärte Fréron im Nationalkonvent: »Pressefreiheit gibt es nur, wenn sie uneingeschränkt ist.«

Ohne die Entscheidungen der Versammlung abzuwarten, schlossen sich die Journalisten zusammen. Die doppelte Opposition von Volk und Gemäßigten gegen das System und die Männer des Jahres II schuf auf zwei Monate so etwas wie eine gemeinsame Front. Am 17. Fructidor (3. September) erschien die erste Nummer des *Journal de la liberté de la presse*, das sich einen Monat später in *Le Tribun du Peuple* umbenannte. In diesem Blatt prangerte Babeuf »Maximilien den Grausamen« an, pries Tallien und Merlin de Thionville, verurteilte die Regierung von 1793 als konterrevolutionär. »Ich bleibe dabei«, schrieb er, »daß die Zeit nicht mehr fern ist, da es eine Beleidigung sein wird, zu jemandem zu sagen: du bist ein Jakobiner.«

Den Gemäßigten standen sehr viel einflußreichere Organe zur Verfügung. Die Brüder Bertin von *Les Débats* versammelten einmal wöchentlich in einem Restaurant an der Place du Louvre die wichtigsten Journalisten. Da sah man Langlois vom behutsam abwägenden *Messager du Soir*, Dussault und Lagarde vom *Journal de Perlet*, Michaux von der

Quotidienne, Richer Serizy vom *Accusateur Public*. Charles de Lacretelle, dem wir diese Hinweise verdanken, vertrat in der Runde mit seinem Kollegen His den *Républicain français*. Die ehemaligen Feuillants oder Girondisten neigten zu einer konstitutionellen Monarchie, aber für den Augenblick begnügten sie sich damit, die Überreste des Terrors zu bekämpfen, den Terroristen ihre Vergangenheit vorzuhalten und die neuen Führerpersönlichkeiten der Rechten mit Samthandschuhen anzufassen. Nur Richer Serizy schonte niemanden, nicht einmal Merlin de Thionville, dem er seine Freilassung verdankte. Er verfaßte den Kurzdialog, der rasch Furore machte: »Sie müssen doch zugeben, daß nicht alle Jakobiner Schurken sind?« – »Ja, aber Sie werden zugeben, daß alle Schurken Jakobiner sind.« Blitzende Klugheit mischte sich in diesen Zeitungen mit den abwegigsten Schauermärchen von Couthons Lotterleben oder Barères Stiefeln aus gegerbter Menschenhaut.

Lecointre war am 12. Fructidor mit seinem Angriff gegen Collot d'Herbois, Billaud-Varenne und Barère gescheitert. Tallien mußte aus dem Wohlfahrtsausschuß ausscheiden. Daraufhin konzentrierte sich die neue Rechte auf drei Ziele: den Jakobinern die Pariser Sektionen abspenstig zu machen, die Öffentlichkeit gegen den Jakobinerklub aufzubringen und, von dieser Strömung profitierend, die *Plaine* zur Teilung der Macht zu zwingen. Bis Ende Brumaire, also Mitte November, gelang ihr das; allerdings nur in zwei Punkten.

Die Offensive der Gemäßigten in den Sektionen wurde sehr erleichtert durch die Erregung, die zwei einander widersprechende Eingaben vom Fructidor und vom Vendémiaire hervorgerufen hatten. Die eine, »neo-hébertistische«, war unter dem Einfluß eines ehemaligen Revolutionskommissars namens Legray von der Sektion Muséum abgefaßt worden; sie forderte die Wiedereinführung freier Wahlen, vor allem für die Pariser Stadtverwaltung. Die andere, von den Jakobinern der Stadt Dijon nach Paris geschickt, protestierte gegen die gesetzwidrigen Freilassungen, verlangte die Entlassung der Adeligen und Priester aus allen Ämtern sowie eine Beschränkung der Pressefreiheit. Acht Sektionen stellten sich hinter die Petition von Dijon, vier, unter ihnen zwei im Fauborg Saint-Antoine, unterstützten die der Sektion Muséum. Das war nicht viel, genügte aber, den Nationalkonvent zu beunruhigen. Nach der Demonstration vom 10. Vendémiaire (1. Oktober) griff er scharf durch, verhaftete drei führende Jakobiner und alle Mitglieder eines ehemaligen Revolutionskomitees. Die Gemäßigten fühlten sich bestärkt; mit Hilfe der Jeunesse dorée machten sie sich an die Eroberung der Sektionen. Zu ihnen stießen viele befreite Häftlinge (3600 im Vierteljahr nach Thermidor). Die

Öffentlichkeit war gleichgültig geworden. Binnen zwei Monaten waren die meisten Sektionen »entjakobinisiert«.

Dem Jakobinerklub selber drohte schon seit langem Gefahr. Bereits im Fructidor hatte Merlin de Thionville nach einem Attentatsversuch auf Tallien die Anstifter genannt: die Jakobiner, diese »Guillotinenhelden«. Am 20. September traf die Nachricht von den Zwischenfällen in Marseille ein: etwa hundert Jakobiner hatten dort einen der Ihren befreit, der auf Befehl der bevollmächtigten Abgeordneten ins Gefängnis geworfen worden war. Babeuf schilderte den »gräßlichen Aufruhr in Marseille« in düsteren Farben, Thuriot und Merlin benutzten die Gelegenheit zu einem neuen Angriff auf die Pariser Jakobiner.

Das Schicksal der Jakobiner besiegelten dann die Prozesse, bei denen die Massenhinrichtungen in der Loire zur Sprache kamen. 132 Bürger von Nantes waren im Januar 1794 von Carrier verhaftet, aber ausnahmsweise nicht gleich umgebracht, sondern zur Aburteilung nach Paris verfrachtet worden. Als der Prozeß am 8. September vor dem neugebildeten Revolutionsgerichtshof begann, lebten nur noch 94; die übrigen waren auf der Reise oder im Gefängnis gestorben. Einer der Angeklagten, der ehemalige Präsident des Strafgerichtshofs von Nantes, erhob schwere Vorwürfe gegen die Revolutionskomitees der Stadt. Deren Mitglieder, als Zeugen geladen, beriefen sich auf Befehle des bevollmächtigten Abgeordneten Carrier. Am 29. Fructidor (15. September) wurden die Bürger von Nantes freigesprochen, und jetzt wendete sich die öffentliche Meinung gegen den einstigen Prokonsul. Noch am gleichen Tag erschien ein Flugblatt »Die demaskierten Jakobiner«, andere folgten: »Die Ertränkungen« von Méhée, »Die gesetzlosen Jakobiner« von Martainville, und, von Babeuf, »Das System der Entvölkerung oder Leben und Verbrechen des Carrier«. Der Nationalkonvent gab nur langsam nach. Zunächst hielt er sich an die Komparsen wie General Turreau (am 29. September). Er ordnete einen weiteren Prozeß an, diesmal gegen die Mitglieder der Revolutionskomitees von Nantes. Erst am 9. Brumaire (30. Oktober) beschloß er die Bildung eines Ausschusses, der über die Aufhebung der parlamentarischen Immunität von Carrier befinden sollte. Am 21. Brumaire sprach sich der Ausschuß schließlich für die Aufhebung aus.

Die Bergpartei hatte lange geschwiegen. Aber am 13. Brumaire ließ sich Billaud-Varenne hinreißen: »Der Löwe ist nicht tot, wenn er schlummert, und sobald er aufwacht, zerreißt er alle seine Feinde.« Paris zitterte vor einem neuen großen Revolutionstag. Am 19. und 21. Brumaire schlug die Jeunesse dorée die Fenster im alten Jakobinerkloster ein und verprügelte einzelne Jakobiner. Wohlfahrts- und Sicherheitsausschuß beschlossen mit nachträglicher Billigung des Nationalkonvents die Schließung des Klubs. Dem Land war, wie Thibaudeau feststellte, »übel vor Ekel«. Die neuen Gemäßigten nutzten diese Situation.

Fürs erste allerdings kamen sie nur auf die Klappsitze der Regierungsmacht. Bei der Erneuerung der Ausschüsse am 3. Oktober wurden Carnot, Lindet und Prieur de la Marne durch Männer der *Plaine* ersetzt. Nur in den Sicherheitsausschuß fanden Thermidorianer, nämlich Bentabole und Reubell, Zugang. Der eigentliche Kampf blieb noch auszutragen.

Die Rechte verlangte von Tallien und Fréron als Preis für ihre Unterstützung die Wiederzulassung der 73 Abgeordneten, die gegen den 31. Mai protestiert hatten und von Robespierre vor dem Tode gerettet worden waren. Weder die *Plaine* noch sogar die Thermidorianer gewährten diesen Gegendienst ohne Widerstreben: immerhin bedeutete das, den 31. Mai noch einmal auf die Tagesordnung zu setzen und im nachhinein den Nationalkonvent zu verurteilen, weil er seinerzeit seiner Selbstverstümmelung zugestimmt hatte. Im Vendémiaire ritt Cambon, um Barère zu retten, eine unkluge Attacke gegen die Dantonisten, denen er vorwarf, den 31. Mai organisiert zu haben. Das gab den Thermidorianern Gelegenheit zur Rechtfertigung. »Schon lange waren wir unterdrückt«, rief Thuriot, »als die Revolution vom 31. Mai Frankreich gerettet hat!« Tallien fand die bezeichnende Formulierung für ihre geheimen Wünsche: »In einer Revolution darf keiner zurückblicken!«

Aber, wie Thibaudeau sehr richtig kommentierte, »die Nation blickte zurück«. Die im Prozeß Carrier ans Licht gekommenen Greuel gaben Legendre und Lecointre die Möglichkeit, am 15. Frimaire (5. Dezember) ihre Anklagen gegen den alten Wohlfahrts- und den Sicherheitsausschuß zu wiederholen und eine Prüfung ihrer Akten zu erwirken. Jetzt verhalf eine doppelte Spekulation den 73 zur Rückkehr. Die Bergpartei hoffte, durch eine Bekundung ihres guten Willens die Gefahr abzuwenden, die Barère und seinen Kollegen drohte, und die Thermidorianer hatten nichts dagegen, ihre Mehrheitsposition auszubauen: die Girondisten durften nur nicht an das Vergangene rühren. Am 18. Frimaire (8. Dezember) beschloß der Konvent einstimmig die Wiederzulassung von insgesamt 78 Abgeordneten.

Aber alle Berechnungen waren falsch gewesen. Kaum wieder in die Versammlung eingetreten, trennten sich die Girondisten von der Mehrheit, weil diese sich weigerte, auch die durch das Gesetz vom 31. Mai (27. Frimaire) für gesetzlos erklärten Abgeordneten wieder aufzunehmen. Und am 7. Nivôse (27. Dezember) beschloß die Versammlung gegen den Widerstand der Bergpartei, die Anklage gegen Barère, Collot d'Herbois, Billaud-Varenne und Vadier einzuleiten.

Die Thermidorianer hätten diese Revision der Vergangenheit gern in

Grenzen gehalten. Es war ihnen gelungen, drei Mitglieder des alten Sicherheitsausschusses, unter ihnen David, aus der Sache auszuklammern. Auf Vorschlag von Barras beschlossen sie die Erhebung des 21. Januar, des Jahrestags der Hinrichtung Ludwigs XVI., zum Nationalfeiertag, und sie ließen einen royalistischen Professor der Rechte vor den Revolutionsgerichtshof laden.

Daraufhin ergriff die Jeunesse dorée die Initiative. Am 30. Nivôse (19. Januar) trug der Sänger Gaveaux vor der Sektionsversammlung Guillaume Tell zum erstenmal sein neues Lied vor, das er nach Worten von Souriguères komponiert hatte: »Das Erwachen des Volkes.« Nach wenigen Tagen schon war dieser Rachegesang zu einer Gegenmarseillaise geworden:

Quelle est cette lenteur barbare?
Hâte-toi peuple souverain
De rendre aux monstres du Ténare
Tous ces buveurs de sang humain.

Was ist das für ein falsches Zaudern?
Beeile dich, du souveränes Volk:
Stoß in die Unterwelt zurück mit Schaudern
die Horde, die dein Herzblut saufen wollt'!

Die jungen Männer zwangen die des »Jakobinismus« verdächtigen Schauspieler, Trial und Laïs von der Oper, Vallière vom Theater in der Rue Feydeau, Fusil und Talma vom Theater der Republik, die Hymne von Gaveaux zu singen und in aller Öffentlichkeit ihr »kleines Confiteor mit anschließendem Mea Culpa« abzulegen, wie Duval das nannte. Am 12. Pluviôse (31. Januar) entfernten sie gewaltsam die Marat-Büsten, die Theater und Amtsräume schmückten. Der Nationalkonvent befahl, sie wieder aufzustellen. Vergebens: am Tag darauf ging der Bildersturm weiter. So gab die Versammlung lieber nach. Am 20. Pluviôse beschloß sie, die Ehre des Pantheon sei großen Männern vorbehalten, die mindestens zehn Jahre tot seien. Dieses Ausklammern der unmittelbaren Revolutionserinnerungen gab die Möglichkeit, den *Ami du Peuple* diskret zu »entpantheonisieren«; auch das Bild, das David zu Marats Gedenken gemalt hatte, wurde aus dem Sitzungssaal des Nationalkonvents entfernt.

Die ersten Erfolge der Jeunesse dorée weckten viele Hoffnungen. Auf allen Gebieten verstärkten die Gemäßigten im Februar und März 1795 ihre Stellungen, was wiederum neue Unruhe auf der Gegenseite hervorrief.

Paris vollendete unterdessen seine politische Wandlung. Schon im Frimaire hatten die aktiven Minderheiten des Jahres II ihren maßgebenden Einfluß in einigen Westpariser Sektionen (Champs-Élysées, Invalides) und auf dem linken Seine-Ufer, vor allem in der Sektion Luxembourg, verloren. Eine nach der anderen gingen selbst die noch im Herbst streng jakobinischen Sektionen im Laufe des Winters zu den Gemäßigten über. Die Sektion Le Peletier wurde wieder zur »Bankiers«-Sektion. Die Sektionen der Kleine-Leute-Viertel, wo die Neo-Hébertisten den Ton angaben, hielten länger stand, aber im Pluviôse, nach der »Entpantheonisierung« Marats, fielen auch sie um. Und gleich wollte man nun die Beschlüsse des Jahres II aus den Akten streichen, ja, man bildete Ausschüsse, die das Verhalten der damaligen Beamten zu prüfen hatten. Die verwirkte Strafe nannte man »Vertrauensentzug«: zweihundert Männer wurden so ihrer Staatsbürgerrechte beraubt und der Verachtung der Öffentlichkeit preisgegeben. »Worauf wartet ihr«, rief ein Redner aus der Sektion Montreuil im Faubourg Saint-Antoine, »um die freie Erde von diesen Menschenfressern zu reinigen? Sind euch denn ihre bleiche Haut und ihre hohlen Augen nicht Beweis genug, wer ihre geistigen Väter waren? Die Klinge des Gesetzes wird ihnen die Luft nehmen, die sie schon allzu lange verpestet haben.« Hand in Hand mit dieser Bewegung ging eine Säuberung der diversen Ausschüsse nach bestimmten sozialen Kriterien. Man entfernte alle Mitbürger, die eine manuelle Tätigkeit ausübten. Der Ausschuß des 6. Arrondissements zum Beispiel befand, ein Fransenmacher und ein Schneider »hätten weder die nötige Zeit noch die Befähigung, um das Amt eines Ausschußmitgliedes zu bekleiden«. Man wollte nichts mehr zu tun haben mit »diesen ungebildeten armen Leuten«, die »mit roter Mütze und langer Hose bekleidet herumstehen«.

Der Konvent spürte diesen Trend der allgemeinen Stimmung. Am 5. Ventôse (23. Februar) beschloß er auf Antrag von Merlin de Douai, die seit Thermidor abgesetzten Beamten unter Hausarrest zu stellen und durch die Gemeindeverwaltung bewachen zu lassen. So schaffte man sich Geiseln. Am 12. Ventôse (2. März) erstattete Saladin seinen Bericht über bzw. gegen die vier Belasteten. Der Konvent stimmte ohne Aussprache für Anklageerhebung und sofortige Verhaftung.

Gleichzeitig vervielfachten sich die Wiedergutmachungsmaßnahmen. Im Januar war den nach dem 31. Mai 1793 aus Frankreich geflüchteten Emigranten die Rückkehr gestattet worden, sowie sie in der Landwirtschaft beschäftigt waren oder einen manuellen Beruf ausübten; ihr Eigentum sollte ihnen zurückgegeben bzw., soweit es bereits verkauft war, in Geld ersetzt werden. Am 8. Pluviôse erhielten die Frauen und Kinder der Verurteilten das Recht, ihr bewegliches Eigentum wieder an sich zu nehmen. Am 30. Ventôse beendete man den Verkauf des Grundbesitzes der

Verurteilten. Die Girondisten, die für gesetzlos erklärt worden waren, wurden am 18. Ventôse rehabilitiert, und Sieyès benutzte die Gelegenheit zu einer Rede gegen den 31. Mai. So gestärkt wollte die Rechte noch weiter gehen, und tatsächlich erreichte sie, daß der Nationalfeiertag wieder abgeschafft wurde, der den Jahrestag ihrer Niederlage festlich beging.

Aber diese Welle bewirkte eine Gegenströmung. In den öffentlichen Gärten brachte es die Offiziere in Rage, wenn sie von den Jünglingen beleidigt und als »Helfershelfer Robespierres« tituliert wurden. In der Sektion Quinze-Vingts (im Fauborg Saint-Antoine) und in der »Gesellschaft der Freunde von Freiheit und Menschlichkeit« (im Nordosten der Stadt) kamen die von ihren Truppen verlassenen Stäbe des Neo-Hébertismus und der unerschütterlichen Jakobiner einander näher. Die letzteren machten sich vor allem zu Fürsprechern der Verfassung von 1793, die schon im Ventôse grundlegend umgestaltet zu werden drohte. Im Nationalkonvent zerstritten sich die Thermidorianer. Die echten Dantonisten stellten sich gegen Tallien und Fréron, die es nach wie vor mit der Rechten hielten, und rückten näher an den Berg. Um Thuriot und Lecointre, Goupilleau de Fontenay und Bentabole geschart, widersetzten sich diese »Unabhängigen«, wie sie Mallet du Pan taufte, der Rehabilitierung der Girondisten, der Rückgabe des Besitzes der Verurteilten und der Hinrichtung der Verantwortlichen aus dem Jahr II.

Am 2. Germinal (22. März) begann die Debatte über den Anklagebericht gegen Barère, Collot d'Herbois und Billaud-Varenne. Vadier war die Flucht gelungen. Mit allem Nachdruck wurden sie in Schutz genommen. Lindet, Cambon und die beiden Prieur erklärten sich mit den Angeklagten solidarisch. Carnot machte dem Nationalkonvent klar, daß er mit ihrer Verurteilung sich selber verurteilen würde. Das Spiel war offensichtlich noch nicht gelaufen.

Noch vor dem 9. Thermidor war die königstreue Bewegung in Westfrankreich zu neuer Kraft erwacht. In der Vendée waren seit der katastrophalen Niederlage bei Savenay (23. Dezember 1793) nur noch versprengte Gruppen der »Großen katholischen und königlichen Armee« zu finden, aber die brutalen Unterdrückungsmaßnahmen des Generals Turreau hatten den Krieg neu angefacht. Die Scharen, die Charette im Moorland, Sapinaud im Zentrum und Stofflet in den Mauges befehligte, wuchsen um die obdachlosen Opfer der Schreckenskolonnen an. Nördlich der Loire waren seit dem Frühjahr des Jahres II die Chouans aktiv geworden: eine kleine Minderheit, die sich auf Handstreiche, oft im Schutze der Dunkelheit, beschränken mußte. Man kann immer wieder lesen, die Chouannerie sei aus der mißglückten Vendée-Expedition nach Norden entstanden.

Gewiß haben Anführer aus der Vendée den festen Kern der Rebellion mancherorts verstärkt, aber diese Rebellen waren schon vorher aktiv geworden, spätestens seit dem September 1792: hier wie in der Vendée hatte die Aushebung der Dreihunderttausend zur Bildung von Banden Fahnenflüchtiger in den Wäldern geführt. Altadelige wie La Bourdonnais fanden sich in den Schlupfwinkeln mit eidverweigernden Priestern und »revolutionsgeschädigten« Salzschmugglern, unter ihnen der berühmte Cottereau alias Jean Chouan. Alle trugen die Bauern-Bundhose aus grobem Stoff, die kurze Jacke und den breitkrempigen runden Hut, so wie Balzac in seinem Roman »Die Chouans« diesen Typ des Bauernfreischärlers am Beispiel der Hauptperson Marche-à-Terre geschildert hat.

Nach dem Tod Robespierres trat in Westfrankreich in zwiefacher Hinsicht eine Wende ein. Ein talentierter Führer der Aufständischen, Joseph de Puisaye, dem eine weitgehende Einigung der Chouans gelungen war, fuhr nach England. Er erhielt vom Grafen von Artois den Titel »Oberbefehlshaber der katholischen Armee der Bretagne« und von Pitt die notwendigen Mittel, um ganz Westfrankreich mit falschen Assignaten zu überschwemmen. Gleichzeitig versuchten die Regierung und die bevollmächtigten Abgeordneten mit Milde etwas auszurichten. Hoche und Canclaux, eben aus dem Gefängnis freigelassen, bekamen das Kommando über die Bretagne- und über die Vendée-Armee. Sie unterstützten, jedenfalls anfänglich, dieses Vorgehen. Ab September gewährten die Abgeordneten weitgehende Amnestien und traten in Geheimverhandlungen mit einigen Anführern des gegnerischen Lagers ein. Am 2. Dezember erließ der Nationalkonvent auf Antrag von Carnot ein Dekret, demzufolge allen Rebellen völlige Straffreiheit zugesichert wurde, die binnen eines Monats die Waffen niederlegten. Aber von der Amnestie für die einfachen Truppen zu offiziellen Verhandlungen mit den Anführern blieb ein großer Schritt zu tun.

Drei Verträge kamen zustande. Der erste wurde am 15. Februar in der Nähe des Schlosses La Jaunaye mit Charette unterzeichnet. Die Republik gewährte den Aufständischen Vergessen des Vergangenen, Entschädigung für die erlittenen Zerstörungen und sagte ihre Hilfe beim Wiederaufbau der Dörfer und Gehöfte zu. Sie gab allen ihre Güter zurück, selbst den Emigranten. Sie gestand ferner den Bewohnern der Vendée das Recht zu, ihren Militärdienst ausschließlich im eigenen Lande abzuleisten, und zwar in besonderen Territorialkompanien, in denen sie auf Kosten der Republik ihre eigenen Waffen führen durften. Sie gewährte volle Freiheit der Religionsausübung, auch für eidverweigernde Priester. Andere, ähnliche Verträge wurden im April mit den Chouans und im Mai mit Stofflet geschlossen.

Diese Vereinbarungen sind von den Gegnern der Thermidorianer und von vielen Historikern als Kapitulation der Republik vor den Aufständischen betrachtet worden. Hoche und seine Kameraden wären nach dieser Lesart auf die Rebellen hereingefallen, denen es einzig und allein darum ging, Zeit zu gewinnen. Die in jüngster Vergangenheit von dem englischen Historiker Hott vorgelegten Untersuchungen entkräften dieses vorschnelle Urteil. Hoche und die Thermidorianer haben nämlich schon vor Bonaparte eingesehen, daß dem Aufstand in Westfrankreich nur beizukommen war, indem man die Masse der Bauern von ihren Anführern trennte und ihre religiösen Forderungen befriedigte. Ihre Zugeständnisse beruhten auf einer Beurteilung der Lage, die sich auf lange Sicht als richtig erwies: es gab keinen grundsätzlichen Interessenkonflikt zwischen den Bauern der Vendée und der Republik, wenn diese ihnen die Kirchen ließ, ihre Sicherheit garantierte und sich imstande zeigte, für Ruhe und Ordnung zu sorgen.

Müßig wäre es, Spekulationen über die Aufrichtigkeit der Führer des Aufstandes anzustellen. Ihnen blieb keine andere Wahl. Die von Hoche getroffenen militärischen Maßnahmen, das völlige Ausbleiben englischer Hilfe seit Herbst 1794, die berechtigte Sorge, ihre Truppen könnten auseinanderlaufen – alles zwang sie, die Friedensvorschläge zu billigen. Sie mußten gute Miene zum bösen Spiel machen und als Erfolg hinstellen, was in Wahrheit eine Niederlage war. So konnte Charette zwar am Tage nach dem Vertragsschluß seinen Getreuen erklären: »Ich habe die Republik über den Löffel balbiert«, aber als Cormatin seine Verschwörertätigkeit wieder aufnahm, ließ ihn Hoche verhaften. Daß die Befriedung letzten Endes fehlschlug, lag wie bei vielen anderen Ansätzen der Nachthermidor-Politik an der Kluft zwischen kluger staatsmännischer Konzeption und haarsträubend schlechter Durchführung. Der ständige Kurswechsel der Staatsgewalt und der Krieg gegen England ließen schon im Juni den Brand im Westen wieder aufflackern.

Eines jedenfalls wurde endgültig erreicht: die Ausdehnung der bisher von Grégoire vergeblich geforderten echten Freiheit der Religionsausübung auf ganz Frankreich. Die Grundlage bildete ein Dekret vom 3. Ventôse (21. Februar), allerdings mit sehr einschränkenden Ausführungsbestimmungen; denn für Boissy d'Anglas, der das Dekret beantragte, blieb das Christentum »seiner Natur nach servil, seinem Wesen nach eine Stütze des Despotismus, intolerant und herrschsüchtig, von verdummender Wirkung auf das Menschengeschlecht und ein Gehilfe bei allen Verbrechen der Könige«. Es hieß also überwachen und reglementieren, was man nicht hindern konnte. Sofort strömten die Massen herbei. Fünf Bischöfe, unter ihnen Grégoire, bildeten ein »Komitee der vereinigten Bischöfe«, das den verfassungsmäßigen Kultus neu begründete. Die eigentlichen Nutznießer der wiedergewonnenen Freiheit waren jedoch die Romtreuen: nicht die Gegner der Zivilrechtlichen Konstitution der Geistlichkeit, für die es nach wie vor keinen Pardon gab, sondern diejenigen Priester, die diesen Eid nicht zu leisten gehabt oder jedenfalls den »kleinen« Eid (auf Freiheit und Gleichheit) abgelegt hatten. Der im November 1794 aus dem Gefängnis von Bayonne entlassene Abbé Sicard brachte mit dem Abbé Jauffret zusammen die *Annales religieuses, politiques et littéraires* heraus, die mit den *Annales de la religion* von Grégoire wetteiferten. Aber was ist ein Kultus ohne Kirchen? Am 11. Prairial (30. Mai) sorgte Lanjuinais dafür, daß die Kirchen, soweit sie nicht inzwischen veräußert worden waren, wieder dem Gottesdienst zur Verfügung standen. Wenige Tage später wurde die neue Freiheit in fünfzehn Pariser Kirchen mit großer Pracht gefeiert.

Die Handwerker, kleinen Ladenbesitzer und Arbeiter, die im Jahr II die Cordeliers unterstützt hatten, fanden sich im Frühjahr 1795 nicht zurecht. Sie hatten nach dem 9. Thermidor, geführt von Legray, Varlet und Babeuf, die aus Ekel und Ablehnung geborene Bewegung gegen die Schreckensbürokratie mitgemacht. Zwar hatte in den Sektionen Quinze-Vingts und Gravilliers eine Art Trauerfeier die Hüter der *Commune*-Tradition zusammengeführt; auch hatte Babeuf schon am 28. Frimaire zur Feder gegriffen und Selbstkritik geübt, hatte nicht mehr gegen die Terroristen, sondern gegen die Thermidorianer geeifert: »Die sind aus Gold geformt, wir aus Lehm.« Aber er konnte zum Aufstand rufen, soviel er mochte: das Volk blieb still und stumm.

Im Laufe des Herbstes und zu Beginn des Winters verschlechterte sich die Versorgungslage. Zwar gab es manche Lebensmittel wieder reichlich zu kaufen, vor allem Butter, Eier und Gemüse, aber ein Polizeibericht vom 14. Brumaire weist ausdrücklich darauf hin, »alle Nahrungsmittel seien so teuer, daß sie für einen unvermögenden Mann gänzlich unerschwinglich sind«. Der Gegensatz zwischen dem üppigen, aber teuren Angebot auf dem grauen Markt und der Knappheit auf dem offiziellen Markt zu Festpreisen wurde immer eklatanter. Hier skrupellose Spekulation, dort Schwarzbrot und erfolglose Bemühung um ein Stück Seife, eine Kerze, Öl für die Lampe. Und der strenge Winter machte den Mangel an Brennmaterial besonders spürbar.

Wo lag der Grund für diese Verknappung? Man darf nicht der Schwäche und dem Egoismus der Thermidorianer eine Entwicklung anlasten, die sehr viel tiefer reicht, als daß sie durch bloße Regierungsentscheidungen nachhaltig hätte beeinflußt werden können. Natürlich widersetzten sich angesichts der Inflation die Bauern der Zwangsablieferung, und Wohlfahrts- und Sicherheitsausschuß schreckten vor Gewaltmaßnahmen zurück, die von der verschreckten Öffentlichkeit sogleich als Terror gebrandmarkt worden wären. Aber es gab schwerwiegendere Gründe für diese Erscheinungen, die vom Maximum nur auf eine gewisse Zeit und bis zu einem gewissen Maße verdeckt, doch nicht wirksam eingedämmt worden waren. Die Zunahme des Mannschaftsbestandes der Armeen und die Entwicklung der für sie arbeitenden Manufakturen hatten das im 18. Jahrhundert entstandene Gleichgewicht zwischen Produktion und Konsum zerstört. Mit der Abnahme der Steuerlast hatte der Eigenverbrauch der Bauern zugenommen. Alles deutet darauf hin, daß einem geringeren Angebot eine stärkere Nachfrage gegenüberstand. Hinzu kam, daß die in Dünkirchen, Calais, Dieppe und Le Havre gelöschten Getreideimporte nicht nach Paris geschafft werden konnten, weil der Winter die Straßen unpassierbar machte.

Zunächst waren die Interessen des Bürgertums und die Hoffnungen des Volkes einhellig gegen das Maximum gerichtet, dessen Gültigkeit im September noch einmal verlängert worden war. Während der Herbstmonate bestätigten die Polizeiberichte übereinstimmend, daß die kleinen Leute nicht länger an die Zauberkraft des Zwangs und der Beschlagnahmen glaubten. Sie sahen Überfluß, wo freie Preise galten, und meinten, eine allgemeine Einführung dieser Freiheit würde die Verhältnisse stabilisieren. Am 10. Vendémiaire hörte man in den Volksaufläufen, »das Maximum sei überflüssig, ja, schädlich geworden, und wenn man es abschaffe, würde vielleicht ein paar Tage Teuerung herrschen, aber dann würde sich alles wieder einspielen und die Ware zum gewöhnlichen Preis verkauft werden«. Die unbeschränkte Freiheit des Handels war tatsächlich eine Zeitlang eine Forderung des Volkes. Alles Böse, so hieß es, komme von den Spekulanten, den Assignatenwechslern, der »Händleraristokratie«, die schon wieder »kühn ihr Haupt erhebt«, aber auch von den Beamten der Versorgungsämter.

Hier entsprach die Volksmeinung den Wünschen vieler Interessenten. Die Manufakturbesitzer und Großkaufleute, Finanziers und Reeder waren schon von Robespierre durch Konzessionen ermutigt worden; jetzt wollten sie auch den bescheidenen Wirtschaftsdirigismus beseitigen, zu dem der Krieg die Regierung des Jahres II gezwungen hatte. Am 16. Frimaire (6. Dezember) beschloß der Wohlfahrtsausschuß die Abschaffung der Tageslohnarbeit in den Staatswerkstätten. Der Außenhandel wurde durch mehrere Maßnahmen nach und nach liberalisiert. Am 26. Vendémiaire (17. Oktober) erhielten die Manufakturbetriebe die Erlaubnis zur unbeschränkten Einfuhr; am 6. Frimaire (26. November) wurde die Einfuhr aller Waren freigegeben, außer aus Feindländern. Aber wie ließ sich das mit dem Maximum vereinbaren? Nach einigen Vorhutgefechten gegen die Angestellten der Versorgungsämter und gegen Übergriffe bei der Zwangsablieferung erreichten die Wortführer der Wirtschaftsfreiheit am 4. Nivôse (24. Dezember), daß das Maximum abgeschafft wurde. Nur ein paar vorläufige Einschränkungen waren vorgesehen; sie betrafen die Versorgung der Armeen und der Stadt Paris, für die man beim Zwangsablieferungssystem blieb.

Winter und Frühjahr 1795 waren fürchterlich. Die Papierwährung brach zusammen; damit waren die Bezieher fester Einkommen ruiniert. Die nunmehr frei gehandelten Lebensmittel stiegen erheblich im Preis; Fleisch und Brot, die jedenfalls in Paris vom Staat beschafft wurden, kamen bald in gänzlich unzureichenden Mengen auf den Markt.

Wie erklärt sich der rasche Wertverfall der Assignaten? Der amtliche Kurs blieb unverändert, aber die Wiederaufnahme der internationalen Handelsbeziehungen gab jetzt ein unverfälschtes Bild vom Wert des Papiergelds, das man am Wechselkurs ablesen konnte. Außerdem mußte der Staat wegen der steigenden Preise immer häufiger zur Notenpresse Zuflucht nehmen, um den Krieg und die Haushaltsausgaben zu finanzieren. Der Umlauf an Assignaten, der im November 1794 acht Milliarden Livres betragen hatte, war im Mai 1795 bei elf Milliarden angelangt. Und die Bevölkerung hatte jedes Vertrauen in dieses Geld verloren. Im Vergleich zum Nennwert fiel der Wert der Assignaten von 31 % (Juli 1794) auf 20 % (Dezember) und auf 8 % (März 1795).

Dieser Kursrückgang beschleunigte noch das Steigen der Preise für die Grundnahrungsmittel. Auf der Basis 100 für 1790 betrug der Preisindex bei Zahlung in Assignaten im Januar 1795 schon 580, im März 720, im April 900. Auf dem Pariser Großmarkt kostete ein Pfund Rindfleisch Ende Dezember 34 Sous (1,70 Livres), im März 7 Livres.

Trotz aller Bemühungen des Versorgungsausschusses verödete der durch Zwangsablieferungen zu beschickende Markt. Schon im Januar kam sehr viel weniger herein, und die Vorräte waren aufgezehrt. Die Brotration, ursprünglich zwei Pfund pro Kopf und Tag, sank auf anderthalb Pfund Ende Februar und auf ein halbes Pfund Ende März.

Die sozialen Gegensätze wurden immer ausgeprägter. Georges Duval, nach wie vor Notarsschreiber, berichtet, wie das Brot zu drei Sous oft gefehlt habe; dann habe er eben für hundert Franken ein Stück Kuchen gekauft. »Die Bälle gingen weiter«, schreibt er, »und die Hungersnot auch. Wenn man um Mitternacht oder um ein Uhr aus dem Tanzsaal kam, erblickte man als erstes die schon vollzählig angetretenen Schlangen vor den Bäckerläden.« Zu den Großkaufleuten und Manufakturbesitzern

Bis zum Jahr III der Republik werden elf Milliarden Livres in Assignaten ausgegeben. Auch die Feinde der Republik bringen Papiergeld in Umlauf (rechts oben mit der Unterschrift von Charette).

gesellten sich nun die Neureichen vom Schwarzen Markt. Die große Masse aber sank in tiefstes Elend, und zwar nicht wie einst nur die Lohnempfänger und die kleinen Krämer, sondern die Besitzer von bescheidenen Vermögen in Rentenpapieren, die Pensionäre und die Staatsangestellten, die ja bei jeder Inflation zunächst betroffen sind.

Immer mehr galt der Volkszorn dem Nationalkonvent. Aufrührerische Plakate klebten in der zweiten Märzhälfte an den Mauern. Täglich sammelten sich Unzufriedene auf den Straßen. Zunächst beabsichtigte man, der Versammlung wie gewohnt drohende Petitionen vorzulegen.

Der 12. Germinal des Jahres III (1. April 1795) geriet nur zu einer schwachen Karikatur der großen Revolutionstage von 1792 und 1793.

Seit ungefähr zehn Tagen schwelte der Brand. Am 1. Germinal (21. März) hatten Frauen aus dem Faubourg Saint-Antoine die Sektionsmitglieder veranlaßt, mit ihnen zum Konvent zu ziehen und die Verfassung von 1793 sowie Maßnahmen gegen die Hungersnot zu verlangen. In den Gärten des Palais-Royal und der Tuilerien war es zu Schlägereien zwischen der Jeunesse dorée und Handwerkern aus den Vorstädten gekommen. Nach einer Pause von wenigen Tagen flammte die Bewegung in der Sektion Gravilliers zwischen dem 7. und 9. Germinal von neuem auf. Am 10. ging es in den Sektionsversammlungen erregt zu; in den Vorstädten und den dichtbevölkerten Stadtteilen des Zentrums forderte man Brot, eine demokratische Verfassung, die Freilassung der Patrioten und die Wiedereröffnung der volkstümlichen Gesellschaften. Die Sektion Quinze-Vingts im äußersten Osten von Paris brachte eine scharf formulierte Petition ein. Sie war das Signal zum Aufstand.

Wohlfahrts- und Sicherheitsausschuß waren darauf vorbereitet. Schon am 28. Ventôse hatte der Konvent es den Mitgliedern der Nationalgarde untersagt, sich gegen Geld durch einen Ersatzmann vertreten zu lassen: man wollte Truppen aus den begüterten Klassen um sich scharen. Am 1. Germinal stellte ein Polizeigesetz jede Bedrohung der Volksvertretung unter Todesstrafe. Aber gerade dieses schwere Strafmaß zeigte, wie schwach die Mittel waren, über die der Konvent verfügte. Auf die Soldaten der Linienregimenter konnte er sich nicht mehr verlassen; in der Nationalgarde hatten sich ganze Bataillone aufgelöst oder galten als jakobinisch infiziert. Man bemühte sich, in den gemäßigten Sektionen außer den Bataillonen der Nationalgarde Freiwilligeneinheiten aus vertrauenswürdigen Männern zu bilden, an die man Gewehre ausgab. Am 11. abends forderten zwei Abgeordnete die Jeunesse dorée für den folgenden Tag zum Schutz des Nationalkonvents auf, und der Sicherheitsausschuß gab Befehl, je Sektion sei eine Abordnung von 150 Bewaffneten zu stellen.

Wie zur Zeit der Liga-Aufstände war die Stadtinsel der Ausgangspunkt der Erhebung. Am 12. Germinal morgens sorgten dort die Frauen für Zusammenrottungen vor den Läden und brachten die Sansculotten dazu, sich in Notre-Dame zu versammeln. In der einstigen Kathedrale, jetzt »Tempel der Vernunft«, fand eine illegale Sitzung statt, die den Marsch auf den Konvent beschloß. Unterwegs stießen weitere Unzufriedene dazu. Viele in Untermiete wohnende Arbeiter waren von einem am Tag zuvor erlassenen Dekret betroffen, das sie zwang, auf dem freien Markt zu kaufen; so gingen Steinmetzen, Maurer und Bauarbeiter mit. Zwischen 1 und 2 Uhr durchbrachen die Demonstranten die Tore der Tuilerien, ohne daß die von Dumont und Tallien am Morgen in den Innenhof geführte Jeunesse dorée es wagte, sich ihnen entgegenzustellen.

Jetzt lief das Stück auf zwei Schauplätzen ab. Die Demonstranten drangen in den Sitzungssaal ein und harrten dort vier Stunden aus. Sie unterbrachen Boissy d'Anglas, der gerade einen Bericht über die Versorgungslage erstattete, mit lautem Geschrei: »Brot! Brot!«, begnügten sich jedoch damit, Petitionen vorzutragen. Die Abgeordneten der Rechten konnten unbehelligt den Saal verlassen. Schließlich rieten sogar die Redner der Bergpartei den Demonstranten, sie sollten doch wieder abziehen. Gleichzeitig hatte sich allerdings um die Tuilerien eine immer größere Menschenmenge angesammelt, und zu Beginn hatte der Sicherheitsausschuß den Generalmarsch schlagen und die einzige erlaubte Sturmglocke von Paris, die auf dem »Pavillon de l'Unité« am Ende der Tuilerien, läuten lassen. Die regierungstreuen Bataillone aus dem Westen von Paris kamen lange nicht. Manche mußten durch Stadtteile marschieren, wo sich das Volk auch schon zusammengerottet hatte, vor allem aber griffen viele dieser Bürgersoldaten erst nach dem Essen zu den Waffen. Gegen 6 Uhr waren endlich genügend Leute da, um alle Eindringlinge, ohne einen Schuß abzufeuern, aus den Tuilerien zu drängen.

Die Erregung klang in einigen Sektionen erst spät in der Nacht ab; mancherorts, zum Beispiel in der Sektion Panthéon, tagten wilde Versammlungen.

Waren diese Germinalunruhen wirklich spontan entstanden? Barère und Dyzès blieben bei ihrer Behauptung, die Thermidorianer hätten den Aufstand provoziert, um die in den letzten Wochen erstarkte Linksopposition leichter zerschlagen zu können. Die Thermidorianer wiederum beschuldigten Bourdon, er habe das Eingreifen des Volkes herausgefordert. Beides läßt sich heute nicht mehr nachprüfen.

Fest steht, daß die Rechte durch diese Vorgänge zunächst einmal an Einfluß und Zusammenhalt gewann. Die Thermidorianer nützten ihren

Erfolg noch am gleichen Abend. Dumont gab das Stichwort: »Dieser Tag muß zu Ende geführt werden!« Barère, Billaud-Varenne und Collot d'Herbois wurden ohne Gerichtsurteil nach Guayana deportiert. Vadier, den das gleiche Los treffen sollte, blieb unauffindbar. Gegen acht Abgeordnete der Bergpartei, unter ihnen Charles und Léonard Bourdon, erging ein Verhaftungsdekret. Gegen Mitternacht wurde für Paris der Belagerungszustand verkündet und General Pichegru zum Oberbefehlshaber der Streitkräfte in der Stadt, Barras und Merlin de Thionville zu seinen Stellvertretern ernannt.

Bei zwei Gelegenheiten flackerte die Unruhe am 13. Germinal noch einmal auf. Am frühen Nachmittag weigerte sich die Sektion Gravilliers, Bourdon auszuliefern; das Bataillon der Sektion Temple mußte aufgeboten werden, um ihn abzuführen. Am Abend kam es beim Abtransport der zur Deportation Verurteilten zu Zwischenfällen.

Die Unterdrückung der Revolte in allen ihren Formen ging weiter. Am 16. Germinal wurde gegen acht weitere Abgeordnete ein Verhaftungsdekret erlassen, darunter Cambon (ihm gelang die Flucht), Thuriot und Lecointre, die erst vor kurzem zur Bergpartei gestoßen waren. Am 21. Germinal (10. April) beschloß man die Entwaffnung »aller Männer, von denen bekannt ist, daß sie an den Greueltaten unter der Tyrannei vor dem 9. Thermidor beteiligt gewesen sind«. Diese Maßnahme, die sie zugleich aller Bürgerrechte entkleidete, traf etwa 1500 militante Pariser Sansculotten.

Nun wurde aber in den folgenden Monaten wiederum ein Teil der Thermidorianer wegen dieses Rechtsrucks unruhig. Am 12. Floréal (1. Mai) sprachen Chénier und Louvet warnend von der Gefahr des Royalismus und setzten gegen den Einspruch Talliens ein Dekret gegen die Emigranten und die eidverweigernden Priester durch. Daß es nicht zum Bruch kam, war ausschließlich der von neuem bedrohlich wachsenden Erregung in den Vorstädten zuzuschreiben. Innerhalb eines Monats geriet Paris vom Lebensmittelmangel in eine echte Hungersnot. Das fehlende Brot ließ sich auch nicht durch Reiszuteilungen ersetzen; zwei Unzen Reis war die Tagesration, während man ihn in jedem Laden in beliebiger Menge, aber zum Preis von 26 Sous (1,3 Livres) das Pfund kaufen konnte. Die Unterernährung blieb nicht ohne Folgen; Krankheiten und Selbstmord grassierten.

Die Hungersnot führte zu Verschwörungen, Zusammenrottungen und Schmähschriften. Ende Floréal wurde in aller Öffentlichkeit ein Aufstand vorbereitet. Am 30., dem Sitzungstag der Sektionsversammlungen, gab ein anonymes Pamphlet, »Der Volksaufstand für Brot und Recht«, der Erhebung ihr Programm, ihre Methode und ihre Parole. Das Programm lautete: Anwendung der Verfassung, Verhaftung der Regierenden, Freilassung der Patrioten, Neuwahlen. Die Methode: Marsch der bewaffneten Sektionen auf den Nationalkonvent und Verbrüderung mit den Soldaten. Die Parole: »Brot und die Verfassung von 1793!«

Am frühen Morgen des 1. Prairial (20. Mai) wurden die Vorstädte Saint-Antoine und Saint-Marceau von den Sturmglocken geweckt. Zwischen 5 und 9 Uhr läuteten die Glocken in ganz Ostparis und in der Stadtmitte, vor allem im Gebiet der Sektionen Gravilliers, Arsenal und Arcis. Gegen 1 Uhr zogen die Marschkolonnen in die Stadt. Auf den Hüten der Männer und auf Plakaten, die an den Jacken befestigt waren, standen die Zauberformeln: »Brot oder Tod!«, »Brot und die Verfassung von 1793!«

Als der Nationalkonvent gegen 11 Uhr seine Sitzung eröffnete, hielten schon die ersten Gruppen von Frauen die Tribünen besetzt. Er erklärte die »Rädelsführer« für gesetzlos und rief »alle treuen Staatsbürger« zu den Waffen. Wohlfahrts- und Sicherheitsausschuß, die im Palais-Brionne nördlich der Tuilerien auf halbem Wege zum Louvre tagten, beschlossen gegen 1 Uhr, an die in der Umgebung von Paris stationierten Linientruppen den Befehl zum Sammeln in Les Sablons, westlich der Champs-Élysées, hinausgehen zu lassen. Gleichzeitig ordneten sie die Mobilmachung der Bataillone der Nationalgarde an. Hinter diesem langen Zögern hat man einen machiavellistischen Plan vermutet: den Aufstand sich voll entwickeln zu lassen, um die Opposition zu kompromittieren. In Wirklichkeit fürchteten die Thermidorianer das Eingreifen der Nationalgarde, und zwar nicht zu Unrecht. Die drei Bataillone des Faubourg Saint-Antoine nämlich zogen ohne ihre Offiziere zur Unterstützung der Aufständischen mit, und unterwegs gelang es ihnen, auch das Bataillon der Sektion Arsenal mitzureißen.

Gegen 1/2 4 Uhr trafen diese Männer im Konvent ein. Das war der entscheidende Augenblick. Den Abgeordneten Féraud, der sich ihnen entgegenzustellen versuchte, traf ein Pistolenschuß; sein Kopf wurde mit dem Messer abgeschnitten, auf einer Pike herumgetragen und schließlich gegen 7 Uhr dem Sitzungspräsidenten Boissy d'Anglas vorgehalten. Gegen 9 Uhr forderten die Aufständischen die Wiederaufnahme der Beratungen. Während sich der Volksauflauf rings um die Tuilerien von selber zerstreute, sorgten mehrere Mitglieder der Bergpartei mit lautstarker Unterstützung von den Tribünen für die Annahme der gewünschten Anträge: Freilassung der Patrioten und der im Germinal verhafteten Abgeordneten, Verhaftung von fünf Konventsmitgliedern. Aber gegen 1/2 12 Uhr marschierten zwei Einheiten der Nationalgarde aus den Westpariser Sektionen in den Sitzungssaal. Die Aufständischen versuchten zunächst

1. Prairial des Jahres III (20. Mai 1795): Für wenige Stunden besetzt das Volk (»Brot und die Verfassung von 1793!«) den Nationalkonvent. Drohend wird dem Sitzungspräsidenten Boissy d'Anglas der Kopf des ermordeten Abgeordneten Féraud vorgehalten.

Widerstand zu leisten, aber dann flüchteten sie durch Türen und Fenster. Der befreite Nationalkonvent stimmte sofort für die Verhaftung von vierzehn Abgeordneten des Berges, unter ihnen Prieur de la Marne, Romme und Bourbotte.

Die Ereignisse des 2. Prairial zeigten dann vollends die bedrohliche Schwäche der Organe, die für Ruhe und Ordnung zu sorgen hatten. Der Konvent hatte Linientruppen zu seinem Schutz aufgeboten (Murat trat an diesem Tage in die Geschichte ein), aber auch Sektionsbataillone, die ihren Vorgesetzten nur bedingt gehorchten. Theoretisch konnte die Versammlung auf 40 000 Mann zählen. Aber als gegen 7 Uhr die Bataillone des Faubourg Saint-Antoine ihre Kanonen gegen den Konvent richteten, liefen die Kanoniere der anderen Sektionen zu ihnen über und verbündeten sich mit den Aufständischen. Wohlfahrts- und Sicherheitsausschuß mußten mit den Meuterern verhandeln. Sie schickten einzelne Abgeordnete zum »Fraternisieren« und versprachen das Versorgungsproblem zu lösen. Daraufhin zog sich das Volk nach Einbruch der Dunkelheit wieder in die Vorstädte zurück. Am 2. Prairial scheiterte der Aufstand weniger an seiner zahlenmäßigen als an seiner politischen Schwäche.

Verglichen mit den Germinaltagen zeigten der 1. und 2. Prairial den gleichen Mangel an koordinierender Lenkung, das gleiche Zögern der Massen, die Souveränität wirklich für sich in Anspruch zu nehmen. Das beweist aber rückblickend, welche Bedeutung im Jahr II die Führung durch das Bürgertum, ob Bergpartei oder Hébertisten, gehabt hatte. Auffallend allerdings ist, daß die Prairialbewegung nicht nur radikaler war, sondern auch eine präzise Methode einhielt: Befehlsverweigerung der Nationalgarde, Verbrüderung. So könnte man mit Kare Tönnesson, der eine Feststellung von Buonarroti aufgreift, tatsächlich davon ausgehen, daß der Aufstandsplan nicht von den Beteiligten, sondern von Gefangenen, vor allem von den Häftlingen im Gefängnis Le Plessis, ausgearbeitet worden ist. Das wäre eine Erklärung für den Kontrast zwischen bis ins kleinste getroffener Vorbereitung und fehlerhafter Ausführung.

Am 3. und 4. Prairial zog die Regierung die Initiative wieder an sich. Der Aufstand war von selber erloschen, aber Wohlfahrts- und Sicherheitsausschuß wollten mit dem Faubourg Saint-Antoine, der Keimzelle aller Erhebungen, endgültig Schluß machen, und zwar gedachte man, sich dazu nicht auf die Bataillone der Nationalgarde, sondern auf Freiwillige und einzeln einberufene verläßliche Männer zu stützen. So wurden 20 000 Mann zusammengezogen, gut bewaffnet und dem Befehl von General Menou unterstellt.

Ein erster Versuch, in die Vorstadt einzudringen, fand am 4. Prairial bei Tagesanbruch statt. Angeführt von Kilmaine und Brune marschierten

1200 Mann (die meisten gehörten zur Jeunesse dorée) durch die Rue du Faubourg Saint-Antoine, konnten aber nicht zurück: rasch errichtete Barrikaden versperrten ihnen den Weg. Wohlfahrts- und Sicherheitsausschuß schäumten, als sie von diesem Fehlschlag erfuhren. Gegen 10 Uhr stellten sie den Aufständischen ein Ultimatum. Die Vorstadt antwortete mit der Mobilmachung, aber als Menou seine Soldaten zu Tausenden einschließlich starker Kavallerieverbände vor den Barrikaden aufmarschieren ließ, kapitulierten die Empörer.

Das Strafgericht folgte auf dem Fuße. Im Nationalkonvent wurden weitere Abgeordnete verhaftet. Am 9. Prairial (28. Mai) traf es die Mitglieder der alten Ausschüsse, außer Carnot, dem »Organisator des Sieges«. Am 13. teilten alle ehemaligen bevollmächtigten Abgeordneten ihr Los. In den Pariser Sektionen sorgte man für eine strenge Säuberung: 1200 Personen wurden ins Gefängnis gebracht, 1700 »entwaffnet«, das heißt ihrer Bürgerrechte für verlustig erklärt. Ein Standgericht tagte bis zum 9. Thermidor (27. Juli) und sprach 77 Urteile aus, davon 36 Todesurteile. Am 29. Prairial (17. Juni) versuchten sechs Abgeordnete des Berges sich vor ihrer Hinrichtung das Leben zu nehmen. Romme, Goujon und Duquesnoy gelang es; Soubrany, Duroy und Bourbotte schleifte man sterbend zur Guillotine. Ja, an alle Staatsbürger erging der Befehl, ihre Piken abzuliefern, und die unvermögenden waren nach der Reorganisation vom 28. Prairial praktisch vom Dienst in der Nationalgarde ausgeschlossen.

Auf lange Sicht kam der Sieg nicht den Siegern zustatten. Die Jeunesse dorée hatte nur eine Nebenrolle, noch dazu keine sehr rühmliche, gespielt. Schon im Prairial ärgerte sie die Vorzugsbehandlung, die man der Armee angedeihen ließ, und sie legte sich mit ihren bisherigen Führern an. Thermidorianer und Girondisten hatten das Militär als rettende Instanz gerufen, und weder die Generäle noch die Soldaten dachten daran, die Früchte ihres Sieges zu verschenken. Jetzt würden sie bei passender Gelegenheit im eigenen Interesse die ausschlaggebende Rolle spielen.

Am Tage der Entmachtung Robespierres durch eine Palastrevolte waren die französischen Truppen in Lüttich und Antwerpen einmarschiert.

Anfang September gingen sie wieder zum Angriff über: gegen die Österreicher (im Raume Lüttich), gegen die Preußen (bei Trier) und gegen die verbündeten Engländer und Holländer. Die Sambre- und Maasarmee überschritt die Ourthe und die Rur; die Rhein- und Moselarmee drang in die Pfalz ein. Am 6. Oktober wurde Köln erobert, am 8. Bonn, bald darauf Koblenz. Ende des Monats räumten die Preußen das linke Rheinufer und überließen die österreichischen Garnisonen in Luxemburg, Mainz und im Brückenkopf vor Mannheim ihrem Schicksal.

Eindrucksvoll war vor allem die Eroberung Hollands durch Pichegru. Seine Truppen, denen viele emigrierte holländische Republikaner folgten, bemächtigten sich zunächst der wichtigsten Festungen an der Maas. Mit Einbruch des Winters verloren die zugefrorenen Flüsse ihre Schutzfunktion. Pichegru überschritt den Unterlauf der Maas (am 27. Dezember), die Waal (am 8. Januar) und den Lek (am 15. Januar). Die Holländer, von den Engländern im Stich gelassen, stellten den Kampf ein. Für sie hatte die Stunde des »Friedens à la française« geschlagen.

Der Republik bot sich aber auch die Möglichkeit einer echten europäischen Friedensregelung. Die Koalition, die 1793 gegen das revolutionäre Frankreich zusammengekommen war, konnte zwar ihre tiefen Gegensätze einigermaßen kaschieren, blieb jedoch von innen gefährdet. Ferdinand III. von der Toskana, immerhin ein Habsburger, verhandelte als erster mit den Königsmördern.

Für einen Teil der französischen öffentlichen Meinung, der die Umkehrung der Bündnisse nicht wahrhaben wollte, blieb Preußen die Macht, deren Freundschaft es vor allem zu gewinnen galt. Nun war der König von Preußen nach Lage der Dinge durchaus bereit, sich aus der Sache zurückzuziehen, weil er sich von vielen Seiten bedrängt sah. Da war zunächst einmal die Friedenssehnsucht in etlichen Teilen des Reiches, vor allem in Württemberg und Hessen-Kassel, die den Hohenzollern die Möglichkeit eröffnete, ihre traditionelle Rolle als Gegengewicht gegen den Einfluß des Wiener Hofes zu spielen. Vor allem aber dachte Friedrich Wilhelm II. sehr viel mehr an Polen als an Frankreich. Trotz der Zugeständnisse, die ihm Rußland bei der zweiten Teilung im Januar 1793 gemacht hatte, blieb er unzufrieden. Nach dem Aufstand des Generals Kościuszko im März 1794 versuchten seine Truppen Warschau zu erobern, sie wurden aber besiegt und mußten es am 10. Oktober Suwarows Kosaken überlassen. Katharina die Große, in deren Händen jetzt Polens Schicksal lag, begünstigte Österreich, an das sie Krakau, Lublin und Sandomir abtrat. Der verstimmte König von Preußen fand sich bereit, mit Frankreich zu verhandeln. Die Gespräche begannen schon im Oktober, aber zuerst mußte am 8. Januar 1795 der Vertrag von St. Petersburg zwischen Österreich und Rußland über die dritte polnische Teilung unterschrieben sein, bevor der König einen offiziellen Unterhändler, den Grafen von der Goltz, nach Basel schickte. Es kam alles darauf an, welchen Preis die Republik für diesen Frieden zahlen wollte.

Die französische Öffentlichkeit wünschte einhellig den Frieden. Aber zu welchen Bedingungen? Hier waren sich die Verantwortlichen nicht einig. Der Wohlfahrtsausschuß zeigte sich zumindest anfänglich sehr zurückhaltend und blieb Robespierres Politik treu. Nur wenige Männer unterstützten die zähen Bemühungen von Sieyès und Reubell, in deren Augen die »natürlichen Grenzen«, von denen im Siegestaumel der ersten Monate des Jahres 1793 so viel die Rede gewesen war, ein unantastbares Dogma blieben. Konnte man sich nicht statt des Rheins mit der Maas zufriedengeben? Dieser Ansicht waren Barthélémy, der in Basel verhandelte, und auch Carnot. Aber Logik richtet gegen Leidenschaften nicht viel aus. Die Stimmung unter den Franzosen war eindeutig für die Gleichsetzung von Republik und Rheingrenze. Royalistische und gegenrevolutionäre Journalisten führten einen Pressefeldzug für die Grenzen von 1789, und so wurden die »alten Grenzen« zur Parole der Feinde des Regimes. Sollte man vielleicht ausgerechnet jetzt, da man mit den Resten der Schreckensherrschaft aufzuräumen entschlossen war, den Jakobinern das Monopol auf Patriotismus überlassen? Außerdem war der Nationalismus die große Leidenschaft des Volkes geworden. Es empfahl sich nicht, diese Begeisterung zu dämpfen, wenn man ihm seine anderen Hoffnungen, das allgemeine Wahlrecht und die unmittelbare Demokratie, nehmen mußte. Die Interessen der Besitzbürger, die ein Jahr später ins Spiel kommen, sind bei diesen Erwägungen noch nicht ausschlaggebend gewesen. Nolens volens mußten die Thermidorianer die Rheingrenze auf ihr Panier schreiben.

Preußen gab in diesem Punkt schließlich nach, indem es im Vertrag von Basel am 5. April 1795 die französische Besetzung des linken Rheinufers bis zu einer allgemeinen Friedensregelung zugestand. Allerdings lehnte Preußen es dafür ab, sich mit Frankreich zu verbünden, und erreichte die Neutralisierung von Norddeutschland.

Die Holländer waren die eigentlichen Opfer des Nach-Thermidor. Dabei hatten sie alles getan, um ihre Besatzungsmacht zufriedenzustellen. Am 16. Februar hatten sie im Augenblick der Unabhängigkeitserklärung als »Batavische Republik« ihre Entschlossenheit bekundet, mit Frankreich als Schwesterrepublik zusammenzustehen. Umsonst. Sieyès und Reubell wurden nach Den Haag entsandt, um den Holländern die harte Wirklichkeit klarzumachen. Im Vertrag vom 16. Mai 1795 (27. Floréal) erzwangen sie einen regelrechten Protektoratsstatus. Außerdem schluckte Frankreich den holländischen Teil Flanderns, Maastricht und Vanloo. Zu einer Annektierung Belgiens mochte man sich noch nicht entschließen; erst am 1. Oktober (9. Vendémiaire des Jahres IV) erfolgte die »Wiedervereinigung«. In Holland hatte die Batavische Republik eine Armee von 25000 Mann zu unterhalten. Hundert Millionen Gulden Kriegsentschädigung wurden den Holländern aufgebürdet, nicht zu reden von den vielen Kunstwerken, die nach Paris wanderten. Das alles sollte dazu dienen, die beiden Schwesterrepubliken fortan in Verteidigung und Angriff zu engen Verbündeten zu machen...

Zwischen Spanien, wo als maßgebender Minister der Favorit des Königs, Manuel de Godoy, die Geschicke des Landes lenkte, und der Republik Frankreich waren parallel zu den Kampfhandlungen Friedensgespräche geführt worden, die besser in das Florenz des 15. Jahrhunderts gepaßt hätten. Dugommier, Oberbefehlshaber der Ostpyrenäenarmee, hatte am 17. September die Spanier aus Bellegarde, der letzten von ihnen gehaltenen Festung in Frankreich, vertrieben. Jetzt drang er nach Katalonien vor. Am 20. erhielt er ein geheimnisvolles Schreiben von Godoy, dem ein Ölzweig beigelegt war. Er reichte das ganze an die Regierung in Paris weiter. Noch vor der Eroberung von Figueras (28. November) fiel er, und sein Nachfolger, General Pérignon, bemächtigte sich am 3. Februar der Küstenfestung Rosas. Dennoch zogen sich die Verhandlungen in die Länge; erst nach der Eroberung von Bilbao durch General Moncey kamen sie wieder in Gang. Am 22. Juli 1795 wurde in Basel der Frieden geschlossen. Frankreich erhielt die spanische Hälfte von Santo Domingo zugesprochen und verpflichtete sich, Katalonien und das Baskenland zu räumen.

Aber ein echter Frieden war erst möglich, wenn England und Österreich auf die französischen Bedingungen eingingen. Sie schlossen sich jedoch im Gegenteil enger zusammen, und im Mai 1795 gebot Franz II. über zwei starke Armeen, die eine unter Wurmser auf dem rechten Rheinufer, die andere unter Clerfayt zwischen Main und Ruhr. Die Armeen der Republik hatten sich seit dem Jahr II gewandelt. Der Mannschaftsbestand war zusammengeschmolzen, Fahnenflucht bot fast keine Gefahr mehr. Man hat berechnet, daß im März 1795 bei einer Sollstärke von 1 100 000 Mann nur noch 335 000 Mann an der Front standen, davon 210 000 an der Nord- und Ostgrenze.

Die ganze Verantwortung ruhte auf zwei Generälen: Pichegru, zum Oberbefehlshaber der Rhein- und Moselarmee ernannt, und Jourdan, der weiterhin die Sambre- und Maasarmee führte. Die bevollmächtigten Abgeordneten empfahlen eine gleichzeitige Offensive beider Armeen. Am 7. Mai fiel Luxemburg, aber Pichegru lehnte es ab, ins Feld zu ziehen. Übte er Verrat? Nein, jedenfalls noch nicht. Er trat erst im August in Unterhandlungen mit Abgesandten des Prinzen von Condé ein und legte sich nicht vor der Auflösung des Nationalkonvents fest. Damals war er nichts weiter als ein verbitterter General, wenig angetan von einer Republik, die ihre Helden nicht gebührend zu belohnen wußte. Jourdan gelang am 6. September bei Düsseldorf der Übergang über den Rhein, und er setzte auch zu einer Zangenbewegung gegen Mainz an. Aber da Pichegru ihn nicht unterstützte, mußte er sich am 1. Oktober wieder auf das linke Rheinufer zurückziehen. Drei Tage, nachdem der Nationalkonvent dem Direktorium Platz gemacht hatte, wendeten die Österreicher die Bedrohung von Mainz ab.

Ein neues Phänomen des Nach-Thermidor war der »Weiße Terror« – die blutige Revanche in der Provinz an den Männern der Schreckensherrschaft

Ein Propagandablatt der unterlegenen Jakobiner gegen die Männer des »Weißen Terrors«: der »Freund von Gerechtigkeit und Menschlichkeit«, das Zeichen der Sonnengesellschaft auf der Brust, tritt die Verfassung mit Füßen; seine feigen Spießgesellen erschlagen einen wehrlosen Mann aus dem Volke.

der Jahre 1793/94. Aber diese Rache traf auch viele untadelige Franzosen, die sich seit 1792 in den Dienst der Revolution gestellt hatten.

Ist der Konvent an diesen Massakern mitschuldig gewesen? In seinen Absichten und Maßnahmen darf man ihn für den leidenschaftlichen Ausbruch des Weißen Terrors nicht verantwortlich machen. Dagegen verdient die Versammlung keine mildernden Umstände der Art, daß sie »nichts von den Ausschreitungen gewußt hätte«. Thibaudeau, der seine eigene Einstellung beschreibt, hat uns selber genannt, was vielleicht nicht unbedingt der Schlüssel zum Verständnis seiner Politik sein mag, aber die Triebfeder für sein Verhalten war: »Ich fürchtete die Terroristen des Jahres II viel mehr als die royalistischen Terroristen des Jahres III.« Ein bemerkenswertes Bekenntnis, das den Unterschied zeigt, der so oft zwischen der Wirklichkeit und dem Eindruck festzustellen ist, den diese Wirklichkeit auf die Menschen macht! Es hat nicht viel zu besagen, daß die Geschichte solche Befürchtungen inzwischen entkräftet, ja, im Gegenteil den Verfall des revolutionären Apparats im Jahr III nachgewiesen hat. Allein zählt, daß die Thermidorianer den Weißen Terror geduldet haben in Erinnerung an den anderen Terror.

Die Rache der Weißen tobte sich fast überall in Frankreich aus. Massiv und gewalttätig schlugen sie allerdings nur in der Gegend von Lyon, im Rhonetal, in der Provence und im Languedoc zu.

Nach dem gescheiterten Aufstand von 1793 hatte Lyon alles verloren, nicht nur seine Söhne, die zu Hunderten auf der Guillotine gestorben oder erschossen worden waren, nicht nur den schönsten Teil der Stadt, den Platz Bellecour, der dem Erdboden gleichgemacht worden war, sondern sogar seinen Namen und sein Eigenleben. Den längst arbeitslos gewordenen Seidenwebern blieb gar nichts anderes übrig, als zusammen mit den royalistisch gesonnenen Manufakturbesitzern, die keine Aufträge bekamen, von besseren Zeiten zu träumen. Die Republikaner haben an eine Geheimgesellschaft, die *Compagnie de Jésus*, geglaubt, aber nichts beweist, daß es sie wirklich gegeben oder daß auch nur irgendeine Gruppe sich diesen Namen zugelegt hat. Bewiesen dagegen ist, wie früh und wie heftig die Rache des einfachen Volkes einsetzte. Jakobiner, die man in Lyon nach dem Namen einer besonders armen Seidenweberfamilie als *Mathevons* bezeichnete, wurden schon im Februar 1795 auf den Straßen von der Menge verfolgt und sogar in die Rhone geworfen. Im März begannen die eigentlichen Morde; im Mai wurden die Gefängnisse gestürmt und hundertzwanzig Häftlinge niedergemacht.

Rhoneabwärts, im Languedoc und in der Provence, überlagerten sich soziale und politische Auseinandersetzungen. Die »weißen« Städte wie Aix stellten sich gegen republiktreue »blaue« Städte wie Toulon, Arles und Nîmes. In Südfrankreich wütete die »Sonnenvereinigung«, von der wir nichts wissen, außer daß sie überall Angst und Schrecken verbreitete. Ende Februar 1795 begannen die Gemetzel in Nîmes. Am 10. Mai (21. Floréal) war Aix der Treffpunkt der Royalisten; sie steckten das Gefängnis in Brand und ermordeten sechzig dort inhaftierte Jakobiner. Daraufhin erhoben sich in Toulon Arbeiter und Patrioten, errangen für vier Tage die Herrschaft über die Stadt und versuchten auf Marseille zu marschieren, um die dortigen Gefangenen zu befreien. Sie wurden von den Marseiller Royalisten in die Flucht geschlagen, aber ihr verzweifelter Ausbruch rief eine aus panischer Angst geborene Rache hervor, die an die Septembermorde erinnert. Überall, in Aix, in Tarascon, in Marseille (über hundert Opfer im Fort Saint-Jean) wurde gemordet. Wie könnte man hier Angst und Rachedurst auseinanderhalten?

Die Berichte über die Ausschreitungen des Weißen Terrors wurden von den Pariser Royalisten mit Abscheu zur Kenntnis genommen. Noch lange danach erinnerte sich Charles de Lacretelle: »Das waren grausame Repressalien, die unsere gute Sache besudelten, ein Racherausch, der neue Verbrechen beging, angeblich, um die alten zu bestrafen.« Aber viele Gemäßigte dachten unwillkürlich, was vor ihnen die Demokraten im September 1792 gedacht hatten: kann man eine Politik durchsetzen, ohne zu dulden, daß sich das Volk die Hände schmutzig macht?

Die Dekrete vom 21. Nivôse (10. Januar) und vom 21. Germinal (11. April) hatten vielen Emigranten die Möglichkeit gegeben, unter falschem Namen nach Frankreich zurückzukehren, als Arbeiter verkleidet oder im Gewand ehemaliger Girondisten. Außerdem minderte die Abschaffung des Revolutionsgerichtshofs am 12. Prairial (31. Mai) und der »Staatsbürgerzeugnisse« am 18. Thermidor (5. August) die Gefahr bedeutend. Manche Abgeordnete erreichten auch, daß einzelne Namen von der Liste der des Landes Verwiesenen gestrichen wurden.

Der Royalismus gewann in der öffentlichen Meinung an Boden. Kaum verhüllt äußerte sich das in fast allen Zeitungen. Waren auch Konventsmitglieder schon für die Monarchie? Die Bekundungen der Royalisten muß man mit Vorsicht genießen; sie nahmen allzuoft ihre Wünsche für die Wirklichkeit. Man nannte die Namen von Larivière und Aubry, Lanjuinais und Lesage, aber auch – da wird es unglaubwürdiger – von Boissy d'Anglas, Cambacérès und sogar Tallien.

Tatsächlich war »Royalismus« ein Wort, das zwei nicht nur verschiedene, sondern einander geradezu ausschließende Bedeutungsinhalte deckte. Was waren das, »Royalisten«? Madame de Staël sah es sehr einfach: »Bei diesem Wort denke ich an die Anhänger der absoluten Gewalt.« Diese Spielart war in der Umgebung der beiden Brüder des Königs tonangebend, des Grafen von der Provence, der als »Regent« seit Juni 1794 in Verona residierte, und des Grafen von Artois, der seit kurzem in England lebte. Sie hielten ebenso wie der Graf von Antraigues, der emigrierte

Adelige aus der Nationalversammlung, die Abgeordneten von 1789 für nicht weniger schuldig als die Königsmörder. Aber außer der Bretagne lehnte ganz Frankreich sie ab; in Paris konnten sie nur einen bescheidenen Informationsring unterhalten.

Die »Männer der Monarchie« und die Feuillants waren in Emigranten-

Der Dauphin, seit dem 21. Januar 1793 für die Royalisten König Ludwig XVII., stirbt am 8. Juni 1795 im Gefängnis. Mit dem Tode des zehnjährigen Knaben kommt die Krone auf den Grafen von der Provence, den ganz absolutistisch gesonnenen älteren der Brüder Ludwigs XVI.

kreisen nicht wohlgelitten. Mallet du Pan, die Erzbischöfe Boisgelin und Champion de Cicé fanden kein Gehör, außer in England. Der englische diplomatische Vertreter in der Schweiz, Wickham, unterhielt in Frankreich eine Agentenorganisation, die ganz andere Ziele verfolgte als der d'Antraigues-Ring der absolutistischen Emigration. Diese Anhänger der konstitutionellen Monarchie fanden Kontakt mit vielen enttäuschten

Republikanern, die für die Errungenschaften von 1789 im wahrsten Sinne des Wortes den krönenden Abschluß suchten.

Ein Glücksfall für die Republik war der Tod des zehnjährigen Sohnes von Ludwig XVI., der am 8. Juni 1795 im Temple starb. Die Verfechter eines verfassungsmäßigen Königtums hatten auf ihn ihre Hoffnungen gesetzt und sahen den Weg nun verbaut. Mallet du Pan ermaß, was sie verloren hatten: »Der Tod des jungen Königs Ludwig XVII. ist im Augenblick das betrüblichste Ereignis. Er hat die Monarchisten bestürzt und entmutigt; die Republikaner aber triumphieren.« Bald verwandelte sich die Bestürzung in Verzweiflung. In Verona nahm der Graf von der Provence den Namen Ludwig XVIII. an und unterzeichnete am 24. Juni eine Proklamation, die jede Hoffnung auf eine friedliche Restauration zunichte machte. Er kündigte darin die Bestrafung der Königsmörder an (das war immerhin die Mehrheit der Abgeordneten), die Wiederherstellung der drei Stände, die Bestätigung der römisch-katholischen Kirche als Staatsreligion und die Neueinsetzung der Parlamentsgerichtshöfe. Er hatte nichts dazugelernt und nichts vergessen.

Die Vorzugsbehandlung, die man seit Februar 1795 den Bewohnern der Vendée und den Chouans angedeihen ließ, führte nicht zu einer wirklichen Befriedung dieser Gebiete Westfrankreichs. Mordanschläge auf verfassungstreue Priester und auf Käufer von Nationalgütern wurden während des ganzen Frühjahrs immer wieder gemeldet, und wenn man den bevollmächtigten Abgeordneten glauben darf, entstand so etwas wie eine geheime, von den einstigen Aufständischen geleitete Verwaltung parallel zu den gesetzlichen Behörden. Am 5. Prairial (25. Mai) brach im südbretonischen Departement Morbihan und an mehreren anderen Orten wieder ein Aufstand los. Aber diese Erhebung war verfrüht. Nach dem Schlachtplan von Puisaye sollte sie erst erfolgen, wenn die seit Monaten in London vorbereitete Invasion der Emigranten geglückt war; die Vendée und die Chouans sollten mit Einzelüberfällen Truppen binden, aber erst Ende Juni. Am 23. Juni (5. Messidor) tauchte die englische Flotte vor Audierne im äußersten Westen der Bretagne auf, vertrieb die Schiffe des französischen Admirals Villaret de Joyeuse und setzte die ersten Mannschaften an Land. Zwei Tage später rief Charette in der Vendée zu den Waffen.

Hoche benutzte sehr geschickt die Meinungsverschiedenheiten zwischen den beiden Führern des Landungsunternehmens, Puisaye und d'Hervilly. Der erstere, von England gestützt, zeigte gewisse liberale Neigungen; d'Hervilly dagegen hatte in den Kriegen des 18. Jahrhunderts die unverbrüchliche Treue zum absoluten Monarchen und die Feindschaft gegen England, den großen Rivalen, gelernt. So gelang es Hoche, die Chouans und die Emigranten auf der Halbinsel Quiberon an der Südküste der Bretagne einzuschließen. Am 21. Juli (3. Thermidor) befahl er den entscheidenden Angriff auf das Fort Penthièvre. Puisaye erreichte mit einigen Emigranten und Chouans trotz grober See die Schiffe, das Gros der Königstreuen wurde gefangengenommen. Von den 8000 Mann waren 3600 Chouans und 751 Emigranten; der Rest bestand aus französischen Kriegsgefangenen, die man in England zu dem Unternehmen gepreßt hatte.

Die von Tallien und Blad eingesetzten Standgerichte kannten keine Gnade. Von den 751 Emigranten wurden in buchstabengetreuer Erfüllung der Gesetze 748 erschossen. Solch unnachsichtige Strenge forderten nicht zuletzt die verhaßten englischen Uniformen heraus, die diese Marineoffiziere trugen, die zum Teil wenige Jahre zuvor für die amerikanische Freiheit gekämpft hatten – ein Paradox, wie es zu allen Revolutionen gehört. Die Chouans wurden freigesprochen, was Charette nicht daran hinderte, alle seine Gefangenen erschießen zu lassen.

Am 3. Thermidor des Jahres III (21. Juli 1795) erobern die republikanischen Truppen unter Hoche das Fort Penthièvre am Zugang zur Halbinsel Quiberon: die von englischen Schiffen an Land gesetzten Emigranten und Chouans müssen kapitulieren.

Quiberon hatte unmittelbare Folgen und langfristige Wirkungen. In den Augen der Öffentlichkeit war der Bruch zwischen den Thermidorianern und der Rechten nunmehr vollzogen, aber in der Versammlung blieb das Einende doch stärker als das Trennende.

Die Anhänger einer konstitutionellen Monarchie nämlich waren, wie uns Lacretelle bezeugt, »konsterniert« von dem Invasionsunternehmen der Emigranten; vor allem verurteilten sie das Paktieren mit den Engländern. Aber sie verziehen auch den Thermidorianern, in erster Linie Tallien, die Hinrichtung der Gefangenen nicht. Sie brachten das Gerücht auf, man habe diesen bei der Kapitulation das Leben zugesichert und das Versprechen dann nicht gehalten. Für sie war der Nationalkonvent »wieder bei seiner barbarischen Politik von einst angelangt«, und ihr Haß wurde noch geschürt von dem Erwachen des republikanischen Patriotismus, der die Verbindung zwischen Armee und Revolution neu befestigte. Soldaten und Handwerker jagten auf der Straße die Muscadins; gleichzeitig erschienen als Gegengewicht zur Royalistenpresse neue republikanische Zeitungen: *Le Journal du bonhomme Richard* von Lemaire, *La Sentinelle* von Louvet, *Le Journal des patriotes de 89* von Réal. Am 14. Juli (26. Messidor) erklang zum erstenmal seit einem Jahr wieder die Marseillaise, und es wurde sogar ein Dekret verabschiedet, sie sei fortan täglich beim Aufzug der Wache zu spielen, um »die Energie der echten Republikaner zu stärken«. Erschreckend auf die Gemüter der Gemäßigten wirkte die Freilassung der ehemaligen Jakobiner. Am 6. Thermidor (14. Juli) beschloß der Nationalkonvent die Bildung eines Ausschusses, der die zu Entlassenden auswählen sollte. Wohlfahrts- und Sicherheitsausschuß unterzeichneten unverzüglich zahlreiche Freilassungsbefehle, und zwar zum gleichen Zeitpunkt, da jede Streichung aus den Emigrantenlisten eingestellt wurde.

Die gemäßigten Journalisten und die Jeunesse dorée reagierten sofort. Die Sektionen unterstützten sie, indem sie schon am 13. Thermidor die Aufhebung des Dekrets vom 6. forderten. Die jungen Leute rissen das Theaterpublikum gegen die Marseillaise mit und erreichten, daß man wieder »Das Erwachen des Volkes« anstimmte. Vor den Tuilerien gab es Zwischenfälle beim Aufzug der Wache; General Menou mußte nachgeben und das Lied von Souriguères spielen lassen statt der Hymne von Rouget de Lisle. Tallien hielt man die Septembermorde vor, Fréron die Massenerschießungen in Toulon, Chénier die Hinrichtung seines Bruders. Auch die Frauen wurden nicht verschont: aus »Ihrer Durchlauchtigsten Hoheit Madame Cabarrus« wurde »Unsere Liebe Frau vom September«.

Im Nationalkonvent aber war keinem oder doch fast keinem am Zerbrechen der parlamentarischen Koalition gelegen. Die verbitterten Thermidorianer neigten noch am ehesten dazu, gegen die Rechte vorzugehen, als deren treueste Verbündete sie sich seit einem Jahr erwiesen hatten. Thibaudeau war es eine ausführliche Schilderung wert, wie aus unterdrückter Wut und verletztem Ehrgefühl bei Tallien und Fréron ein tiefer Haß auf Larivière und Lesage entstand. Aber die einstigen Cordeliers brauchten ihre rechten Verbündeten noch, jedenfalls solange sich der Ausgang der Wahlen nicht vorhersagen ließ. Und die *Plaine*, die sich aus diesen leidenschaftlichen Auseinandersetzungen heraushielt, blieb bemüht, eine Auflösung der Einheitsfront der Notabeln mit ihren unabsehbaren Folgen für die Zukunft zu vermeiden. Sie sicherte sich nach links und nach rechts ab und verschärfte die Gegenmaßnahmen gegen den Weißen Terror in Südfrankreich, indem sie allzu laue bevollmächtigte Abgeordnete abberief und für die Verurteilten die Berufung an den Kassationsgerichtshof abschaffte. Gleichzeitig gab sie in der Frage der »Alt-Terroristen« nach. Das Dekret vom 6. Thermidor wurde am 19. aufgehoben, und um ganz deutlich zu zeigen, daß eine Rückkehr zum Jahr II für immer ausgeschlossen sei, wurden weitere zehn Abgeordnete des Berges (unter ihnen Fouché) am gleichen Tage, dem 8. August, unter Anklage gestellt. Das Zentrum nahm also die Zweifrontentaktik Robespierres wieder auf, nur ohne Guillotine. Es rief zur Versöhnung aller, die am Bau der Revolution mitgearbeitet hatten.

Die Gemäßigten hatten gegen diese Politik nichts einzuwenden. Denn seit dem Tode des Dauphins brauchte die Rechte die Unterstützung der *Plaine*, um die Verfassung durchzubringen. Quiberon hatte ihr geschadet, statt ihr Zusammenhalt zu geben. Sie dachte gar nicht daran, in den Chor der Jeunesse dorée einzustimmen, sondern war froh, so billig davonzukommen. Es galt allein, für die Zukunft alle Wege offenzuhalten.

Längst schon war nicht mehr davon die Rede, die übereilt und vornehmlich aus taktischen Erwägungen verabschiedete Verfassung vom Juli 1793 in Kraft treten zu lassen. Seit dem 29. Germinal (11. April 1795) arbeitete ein Ausschuß von elf Mitgliedern an der Vorbereitung eines neuen Grundgesetzes. Sechs von ihnen waren ehemalige Girondisten, vor allem Daunou, der als der eigentliche Schöpfer des neuen Textes zu gelten hat. Selten war ein Ausschuß so repräsentativ für den dynamischen Teil des französischen Bürgertums, der seit dem 10. August unablässig die Regierung des Landes in ein neues Gleichgewicht zu bringen versucht hatte. Der Ausschuß arbeitete zwei Monate und legte am 5. Messidor dem Konvent seinen Bericht vor. Weitere zwei Monate nahm die Diskussion in der Versammlung in Anspruch, wobei sich Sieyès wieder einmal als glänzender Redner hervortat. Schließlich wurde die Verfassung mit einer vorangestellten Rechte- und Pflichtenerklärung am 5. Fructidor (22. August) verabschiedet.

In mancher Hinsicht kommt der aufgeklärte Wunsch nach einem liberalen, bürgerlichen Regime sehr klar zum Ausdruck. Die Rechte-Erklärung als die grundlegende Aussage nimmt mit mehr Präzision und unter Hinzufügung von Garantien das Ideal von 1789 wieder auf. Sie vermeidet zwar Formulierungen, die der widerstrebenden Elite 1793 vom Gegenangriff der Plebs abgerungen worden sind; aber hier spiegelt sich eine prinzipielle Anschauung des Jahrhunderts: das »allgemeine Glück« war für die Aufklärung ein Ziel, nicht ein Rechtsanspruch, und der Begriff der »Fürsorge« erinnerte zu sehr an die »feudalistische« Mildtätigkeit, als daß er nicht das Gewissen des einzelnen beleidigen müßte. Die Gleichheit wurde von ihrer Karikatur, der Gleichmacherei, befreit und als Garantie gleicher Möglichkeiten, nicht als einzuforderndes Anrecht formuliert. Lanjuinais machte es ganz klar, daß man 1789 im Blick auf die Stände und die Privilegien die Gleichheit negativ formuliert habe; jetzt gelte es sie positiv auszudrücken: »Die Gleichheit besteht darin, daß das Gesetz für alle das gleiche ist.« Ein spürbarer Fortschritt zeigt sich hier, die Grundlage für das ganze Verfassungsrecht des 19. Jahrhunderts ist jetzt geschaffen.

Vor allem galt es, die Gefahr einer Diktatur zu bannen. Das am 31. Mai 1793 verletzte repräsentative Prinzip mußte jedenfalls auf dem Papier mit unüberwindlichen Hindernissen nach allen Seiten befestigt werden. Es ging nicht um eine Verurteilung der Revolution, sondern um die Ausschaltung des Drucks aufrührerischer Minderheiten. Boissy d'Anglas erklärte, worauf es ankam: »Wenn ein Aufstand allgemein ist, braucht er keine Rechtfertigung; wenn er nur von Teilen des Volkes getragen wird, ist er stets rechtswidrig.« So wurde das Recht auf Erhebung, das in der Menschenrechte-Erklärung von 1789 mit dem Recht auf Revolution implicite gewährt worden war, in der Verfassung vom Jahr III ganz weggelassen. In diesem Sinne verkündete denn auch die Pflichtenerklärung, welche Aufgabe den Staatsbürgern mit der Gleichheit zufiel: die Respektierung der von den Volksvertretern erarbeiteten Gesetze. Und um Einschüchterung und Gewalt vollends abzuwenden, führte die Verfassung die geheime Wahl ein, die sich die englische Arbeiterbewegung noch im 19. Jahrhundert hartnäckig erkämpfen mußte.

Die Organisation der Gewalten folgte einer Leitvorstellung, die Sieyès eindrucksvoll dargelegt hatte und die zur Grundlage des echten Liberalismus wurde: die Ablehnung jeder Souveränität. Als er auf die Volkssouveränität zu sprechen kam, rief Sieyès: »Dieses Wort hat nur deshalb so mächtig auf die Gemüter gewirkt, weil die Franzosen noch tief im Aberglauben der königlichen Souveränität befangen waren und meinten, sie müßten die neue Souveränität mit dem ganzen überkommenen pompösen Beiwerk und mit der absoluten Gewalt ausstatten, mit denen die usurpierten Souveränitäten glänzten.« Der Staat, das ist weder ein einzelner noch sind es alle, sondern er ist nichts oder hat zumindest hinter die Gesellschaftsordnung zurückzutreten. Es fällt uns, den Kindern des 20. Jahrhunderts, schwer, die ungeheure, befreiende, explosive Kraft zu ermessen, mit der sich die aufgeklärte Gesellschaft gegen jeden Staatsbegriff wandte. Die Gewaltentrennung war nur eine von mehreren Möglichkeiten der Anwendung dieser Kraft; andere, darunter auch die von Sieyès vorgeschlagenen Modalitäten, wurden verworfen. Der ehemalige Priester Sieyès hat diese Ablehnung nie verwunden und blieb zeitlebens ein Gegner der neuen Verfassung. Die Legislative wurde in zwei Kammern aufgeteilt: den Rat der Fünfhundert, bei dem die Gesetzesinitiative lag, und den Rat der Alten, der den Vorschlägen der Fünfhundert erst Gesetzeskraft gab. Die exekutive Gewalt lag bei einem fünfköpfigen Direktorium, das vom Rat der Alten aus einer vom Rat der Fünfhundert vorgelegten Liste mit zehn Kandidaten für jeden Direktorposten gewählt wurde.

Beim Wahlsystem suchte man nach möglichst großer Stabilität. Dabei kam die Demokratie in ihrer theoretisch reinen Form zweifellos zu kurz, aber das System war für die europäischen Verhältnisse des Jahres 1795 nach unten bemerkenswert offen. Die Staatsbürger brauchten nicht mehr wie 1791 eine bestimmte Steuerleistung nachzuweisen: jeder volljährige Franzose, der seit mindestens einem Jahr an seinem Wohnort ansässig war und überhaupt Steuern zahlte, sei es auch in der Form eines freiwilligen Beitrags, durfte an der Wahl der Wahlmänner teilnehmen. Erst auf der nächsten Ebene war wie in der nach der Flucht des Königs revidierten Verfassung die Bremse eingebaut. Der Wahlmann mußte, je nach Größe der Gemeinde, je nach »Ortsklasse«, verschieden strengen Anforderungen an Steuerleistung und Vermögen genügen. Zusätzlich zum Vermögen wurde das Alter als Kriterium eingeführt: fünfundzwanzig Jahre für den Wahlmann, dreißig für das Mitglied des Rates der Fünfhundert, vierzig für die »Alten«. Und um völlige Umwälzungen unter dem Druck eines Stimmungsumschwungs in der Öffentlichkeit auszuschließen, wurde eine laufende Erneuerung der Gewalten vorgesehen: jährlich mußten einer der fünf Direktoren und jeder dritte Abgeordnete gehen. Bastillen gab es keine mehr zu stürmen. Jetzt galt es zu bauen und das Vorhandene klug zu verwalten.

Diese Verfassung ist vom 19. Jahrhundert viel bewundert und vom

20. Jahrhundert sehr kritisiert worden. Es wäre abwegig, sie, wie manche es getan haben, mit der Verfassung von 1793 zu vergleichen. Man kann nicht eine für die Dauer berechnete Architektur mit einer aus der Not der Zeit geborenen bloßen Fassade auf eine Stufe stellen. Wollten die Thermidorianer wirklich die Demokratie verdrängen? Sie hatten ja nur deren immer wieder von der Wirklichkeit widerlegten schönen Schein kennengelernt. Ernstzunehmender ist der Vorwurf mangelnder Berücksichtigung der tatsächlichen Verhältnisse. War es der rechte Augenblick, dem Staat seine Kraft und seinen Anspruch zu nehmen, während das Regime von rechts und von links angegriffen oder jedenfalls nicht respektiert wurde? Das ist eine berechtigte Frage. Aber nichts beweist, daß an diesem Mißkredit die Institutionen schuld waren und nicht doch die Persönlichkeiten.

Der Antiparlamentarismus oder, besser gesagt, der Haß auf die Parlamentarier, entwickelte sich im Sommer und Herbst 1795. Das Phänomen als solches ist nicht weiter erstaunlich. Überraschend sind vielmehr der Zeitpunkt des Auftretens dieser Strömung und die Quellen, aus denen sie sich nährte. Die Notabeln träumten ebenso wie die Abgeordneten von einer liberalen Zukunft und einem Gleichgewicht der Gewalten. Von Seiten des Volkes kamen, nur diesmal von der Rechten ausgenützt, die alten Vorwürfe gegen die »Besitzenden«, die von der Macht profitiert hätten, um sich zu bereichern. Das Bürgertum bewegten andere Gefühle. Es warf den Konventsmitgliedern nicht mangelnde Wirksamkeit, sondern ihre Allmacht vor. »Immer wieder wird erklärt«, berichtet ein Polizeispitzel, »es sei gefährlich, Männer zu halten, die alle Macht an sich gezogen hätten.« Ein erstaunliches Schauspiel ist das, wie da die Öffentlichkeit bei den Konventsmitgliedern nicht dulden mochte, was diese wiederum ihrer eigenen Vergangenheit nicht verzeihen konnten. Den Franzosen mißfiel an ihren Vertretern die Uneinigkeit, die doch im ganzen Land die Menschen entzweite. Die öffentliche Meinung bot den Eindruck eines Kindes, das unter den Auseinandersetzungen der Eltern leidet und sich gegen ihre Autorität auflehnt, weil es mit fester Hand geführt werden möchte. Sie machte die Regierenden, wie uns der gleiche Informant versichert, verantwortlich für »die Zerwürfnisse, die im Nationalkonvent seit seinem Zusammentreten nicht aufgehört haben«. Die Identifizierung war leicht: den Thermidorianern konnte man alles anhängen.

Wäre es nur um ihre Person gegangen, hätten die meisten Konventsabgeordneten dieser Strömung vielleicht nachgegeben. Aber selbst denen, die der Macht schon überdrüssig waren, erschien die Gefahr des Chaos und des Bürgerkriegs erschreckend groß. Was mochte geschehen, wenn die Wähler, wie zu erwarten stand, solche Vertreter erkoren, die durch nichts mit dem Werk der Revolutionäre verbunden waren? Baudin legte den Finger auf die Wunde: »Das Abtreten der Verfassunggebenden Versammlung sollte uns eine hinreichende Lehre sein: Wenn man eine völlig neue gesetzgebende Körperschaft damit betraut, eine bislang nicht angewendete Verfassung zu handhaben, so ist das ein unfehlbares Mittel, diese Verfassung zu zerstören.« Mag sein, daß 1795 gerade das Gegenteil der Fall war. Aber die Last der Vergangenheit war so bedrückend, daß die Konventsmitglieder es mit der Angst bekamen. Am 5. Fructidor (22. August) beschlossen sie, daß die Wahlmänner verpflichtet sein sollten, zwei Drittel der zukünftigen Abgeordneten aus den Reihen des Konvents zu nehmen. Am 13. Fructidor trafen sie die zusätzliche Bestimmung, daß bei Nichtbeachtung dieses Anteils durch die Wahlmännerversammlungen die wiedergewählten Konventsmitglieder sich durch Zuwahl auffüllen sollten. Diese berüchtigten »Zweidritteldekrete« haben also den Antiparlamentarismus nicht etwa hervorgerufen, sondern sind von ihm bewirkt worden.

Sofort begann eine wütende Kampagne der Royalisten und Gemäßigten gegen die »Immerwährenden«. Sie fand reiche Nahrung in einem gequälten und ermatteten Frankreich. Die Polizeiberichte lassen die von Tag zu Tag anwachsende Unzufriedenheit ermessen: »Der Wunsch nach einer Annahme der Verfassung ist fast allgemein, aber das gilt nicht für die Wiederwahl der zwei Drittel. Viele meinen sogar, es sollte nicht ein einziger alter Abgeordneter ins neue Parlament einziehen.« Die Abneigung galt vor allem Tallien, dem man am 21. Fructidor (7. September) die Fenster einwarf, und Marie-Joseph Chénier, dem man in der Oper zurief: »Kain, wo ist dein Bruder?« Besonders erbitterte die Bürger eine Entscheidung des Konvents, daß die im Germinal und Prairial »Entwaffneten« an den Urwahlen teilnehmen dürften. In Paris wurde dieses Dekret denn auch nicht befolgt.

Die Abgeordneten der Rechten hielten sich zurück. Sie befanden sich in einer angenehmen Lage: ihre Opposition in der Versammlung machte sie populär, und um so größer waren ihre Chancen, noch dazu mit Hilfe des Zweidritteldekrets, wiedergewählt zu werden. Aber die Journalisten und die außerparlamentarischen Kräfte sahen keinen Anlaß, Vorsicht zu üben. Sie mobilisierten die Sektionen, zunächst unter Ausnutzung, dann unter Mißachtung der gesetzlichen Vorschriften.

Die Urversammlungen für den Volksentscheid über die Verfassung und die Dekrete traten zwischen dem 20. Fructidor (6. September) und dem 1. Vendémiaire des Jahres IV (23. September 1795) zusammen. Mit einer einzigen Ausnahme (der Sektion Quinze-Vingts) lehnten alle Pariser Sektionen die Dekrete ab. In der Provinz wurde die Verfassung von allen Departements außer einem angenommen, aber von den »Immerwährenden« wollte man in der Umgebung von Paris, im Rhônetal, in Westfrankreich und im nördlichen Elsaß nichts wissen. Dennoch konnte der Nationalkonvent am 1. Vendémiaire folgendes Ergebnis des Volksentscheids verkünden: für die Verfassung 914 853 Ja-Stimmen gegen 41 832 Nein; für die Dekrete 167 758 Ja-Stimmen gegen 95 373 Nein.

Die Rechte war sich nicht einig. Die hundertprozentigen Royalisten lehnten jede Beteiligung an der Auseinandersetzung ab, und aus anderen Gründen, aber mit dem gleichen Resultat, beschlossen die klugen Männer in der Versammlung und in den Salons, keine ungesetzlichen Schritte zu unternehmen. Madame de Staël erklärte dem jungen Lacretelle, eine Kampagne über die Sektionen könne zum Bürgerkrieg führen und eine gemäßigte Entwicklung im Entstehen abwürgen. »Ihr seid noch zu unerfahren im Gerede von der Volkssouveränität«, sagte sie zu ihm, »ihr stammelt in dieser Sprache, die andere besser beherrschen als ihr und ihren Bedürfnissen angepaßt haben.« Damit bezeichnete sie sehr deutlich die Schwäche dieser Fronde. Sich gegen die Volksvertretung auf die unmittelbare Demokratie zu berufen, zugunsten einer monarchischen Ordnung auf das Recht des Volkes zu pochen – das war gewiß kein erfolgversprechendes Mittel, um das gemäßigte Bürgertum aus seiner Reserve zu locken.

Die Jungen, vor allem aber die Journalisten, hörten nicht auf diese weisen Ratschläge. Sie wollten endlich auch ihren Aufstand haben.

Zwischen dem 1. und dem 13. Vendémiaire (5. Oktober) zogen die entschlossensten Mitglieder der Jeunesse dorée als Propagandisten in die Sektionsversammlungen. Am 5. Vendémiaire legte die Sektion Le Peletier dem Nationalkonvent eine von zweiundzwanzig weiteren Sektionen unterzeichnete Petition vor. Als sie am 10. erfuhr, in der Gegend von Dreux, westlich von Paris, seien Unruhen ausgebrochen und sogar die weiße Fahne der Königstreuen gehißt worden, rief sie die Sektionen auf den folgenden Tag vor das Théâtre-Français, und zwar bewaffnet. Aber dieser Aufruf fand nur ein schwaches Echo, und die Versammlung am 11. verlief sich, ohne Entscheidungen getroffen zu haben.

Der Konvent fachte die verglimmende Glut an, indem er am 11. abends einem außerordentlichen Ausschuß von fünf Männern, unter ihnen Barras, dem Mann für alles, umfassende Vollmachten gab. Vor allem berief er zu seinem Schutz wegen jakobinischer Neigungen abgesetzte Offiziere, Freiwillige aus den Vorstädten und den Armeleutevierteln sowie ehemalige Terroristen, die er eigens aus dem Gefängnis holen ließ und die unter der vielmißbrauchten Bezeichnung »Patrioten von 1789« drei Bataillone bildeten. Am 12. Vendémiaire hob der Konvent das Gesetz vom

Vor der Kirche Saint-Roch wird am 13. Vendémiaire des Jahres IV (5. Okt. 1795) der Widerstand der Royalisten gebrochen.

21. Germinal über die »Entwaffnung« der Terroristen auf. Das Gespenst vom Jahr II war wieder da und trieb das panisch verschreckte Bürgertum in die Arme der Aufständischen, die von den Redaktionszimmern aus die Stimmung anheizten. Aber der Konvent blieb entschlossen, seine Zukunft ein für allemal von dieser bedrohlichen Hypothek zu befreien. Am Abend des 12. Vendémiaire wurde General Menou abgesetzt. An seine Stelle trat Barras, der sich mit Generälen umgab, die den Gemäßigten nicht geheuer sein konnten: Brune, Carteaux und Bonaparte. Vier- bis fünftausend Soldaten und tausendfünfhundert »Patrioten von 1789« standen ihnen zur Verfügung.

Am 13. Vendémiaire griff man in Paris zum letztenmal zu den Waffen. Zwanzig- bis fünfundzwanzigtausend Aufständische mochten es sein, aber sie hatten (nach der Ablieferung im Prairial) keine Kanonen, die sie denen hätten entgegensetzen können, die Murat noch in der Nacht aus Les Sablons herangeschafft hatte. Am Vormittag blieb die Situation unentschieden. In den Stadtteilen auf dem linken Ufer der Seine machte niemand den Aufständischen die Macht streitig. Auf dem rechten Ufer bildeten die Truppen unter Carteaux eine schützende Front vom Louvre bis zu den Tuilerien und hielten die Brücken besetzt, während Bonaparte in der Rue Saint-Honoré die Kirche Saint-Roch umstellt hatte. Dort kam es gegen 1/2 5 Uhr zum Kampf. Die Aufständischen vom linken Ufer versuchten über den Pont-Royal und über den Pont-Neuf zu ihren Kameraden vorzudringen, aber ihr Angriff wurde mit Kanonenschüssen abgeschlagen. Bei der Kirche Saint-Roch dauerte der Widerstand bis in die Morgenstunden des 14. Vendémiaire. Rings waren die Straßen ausgestorben: alle waren nach Hause gegangen. Diese Erhebung der Rechten kostete dreihundert Tote und Verwundete: Beamte, Angehörige der freien Berufe, aber auch Rentner und Ladenbesitzer.

Im Nationalkonvent waren die Folgen zwar nicht unerwartet, aber höchst eindrucksvoll. Tallien und Legendre brachen mit den Führern der Rechten, denen sie vorwarfen, sie hätten mit ihrem Schweigen den Aufstand gedeckt. Die Gemäßigten nahmen den Fehdehandschuh auf, und Lanjuinais sprach ganz unverblümt von den »Vendémiaire-Morden«. Dieser Mut überraschte nicht sonderlich, denn die Wahlen hatten begonnen, und schon am 20. Vendémiaire war das Ergebnis abzusehen. Überall ließen die Wähler die Männer des 9. Thermidor fallen und entschieden sich unter den bisherigen Abgeordneten für solche mit weniger belasteter Vergangenheit. Die Thermidorianer mußten jetzt alles auf eine Karte setzen. Am 23. Vendémiaire klagte Tallien vom Berg herab Lanjuinais, Boissy d'Anglas, Lesage und Larivière als Komplizen der Aufständischen vom 13. Vendémiaire an. Der Plan der »Altcordeliers« war sehr einfach:

die Wahlen für ungültig erklären lassen und eine Notstandsregierung bilden.

Doch die *Plaine* kannte dieses Lied zur Genüge. Bei der Bestrafung der Aufständischen hatte sie sorgfältig die Spreu vom Weizen getrennt. Sie ließ nur zwei Rädelsführer hinrichten. Sie nahm die seit Thermidor verabschiedeten Offiziere wieder in die Armee auf, entließ aber gleichzeitig die »Patrioten von 1789«. Thibaudeau antwortete Tallien und erklärte mit Nachdruck, wer die Septembermorde verteidigt habe, sei nicht berufen, sich dem freien Spiel der von der Verfassung vorgesehenen Kräfte in den Weg zu stellen. Die *Plaine* hatte gesiegt.

Dieses Parlament, das einen König enthauptet und die Vorstädte entmachtet hatte, beschloß in seiner letzten Sitzung am 4. Brumaire (26. Oktober), die Place de la Révolution in Place de la Concorde umzubenennen und alle seine Mitglieder zu amnestieren, die es ins Gefängnis geworfen hatte. Es war leichter, die Vergangenheit mit Aufrufen zur »Eintracht« zu bewältigen als die Gespenster zu verjagen, die immer wieder aus dieser Vergangenheit auftauchten.

ZWEITES KAPITEL

Die bürgerliche Republik

Der schlechte Ruf des Direktoriums erklärt sich keineswegs daraus, daß es genau erforscht worden wäre. Im Gegenteil: es ist das Aschenputtel der Geschichtsschreibung. In Frankreich gibt es nicht eine einzige gute Darstellung der Innenpolitik jener Jahre. Man braucht im übrigen nur ein beliebiges Schulbuch durchzublättern, um zu erkennen, wie ungleich sich das Interesse auf die verschiedenen Epochen der Revolution verteilt: der Bericht entwickelt sich majestätisch nach dem Startschuß des Jahres 1789, fließt mit Krieg und Wohlfahrtspolitik breiter und breiter dahin und versickert nach dem 9. Thermidor, sobald er das Direktorium erreicht. Die vier Jahre zwischen dem 13. Vendémiaire des Jahres IV und dem 18. Brumaire des Jahres VIII werden fast immer rascher abgehandelt als die kurze Periode der Gironde und des Berges, und dabei nimmt der ruhmreiche Italienfeldzug noch den meisten Platz ein, als sollte er die innenpolitische Misere vergessen machen und schon auf die grandiose Zukunft des Kaiserreichs hinführen.

Dabei ist aber weniger der französische Nationalismus im Spiel als vielmehr etliche politische Phänomene, die für das öffentliche Leben in Frankreich bestimmend geblieben sind. Das Direktorium wirkt wie ein trister Übergang vom Jahr III zum Konsulat, vom einen großen Abenteuer zum nächsten: zwischen Robespierre und Bonaparte bietet dieses Kollegialregime ganz gewöhnlicher Männer keinen Helden und keinen Retter. Ja, dieses Regime der Mitte hat die junge Tradition der Revolution und die alte Tradition der Ordnung gegen sich. Zu nachdrücklich hat es Robespierre und die Jakobiner verleugnet, zu sehr das Geld und die Frauen geliebt, als daß es den Beifall der Linken finden könnte. Die Rechte wiederum hält sich noch jetzt, nach über hundertfünfzig Jahren, an die einseitige Beurteilung durch die Männer des Brumaire – vergleichbar ihrer Einschätzung der Vierten Republik aus der Optik der Fünften: nach dem Schlamassel ist der Retter erschienen. Schließlich geht die mangelnde Beliebtheit des Direktoriums wohl auf eine zählebige Tradition in der französischen öffentlichen Meinung zurück, den Antiparlamentarismus.

Diese Strömung ist genau in jener Zeit entstanden; sie war zugleich Ursache und Folge des Scheiterns dieses Regimes. Allerdings muß vor einer solchen Behauptung zunächst der Begriff geklärt werden. Versteht man unter Parlamentarismus die Verantwortung der Minister vor einer gewählten Versammlung, so ist das Direktorium mit seinem unverbundenen Nebeneinander von Exekutive und Legislative kein parlamentarisches Regime. Steht und fällt aber der Parlamentarismus mit dem Vorhandensein eines Systems der Volksvertretung, so hat es zwar vor 1795 die drei Versammlungen der Revolution gegeben, aber die ungelöste Frage der Königsgewalt ließ den von der Verfassunggebenden Versammlung ersonnenen Kompromiß nicht wirksam werden, und anschließend zwang der Krieg die Revolution zum Notstandsregime. Das Direktorium ist in der Geschichte Frankreichs der erste Versuch, eine Republik auf das normale Funktionieren von repräsentativen Institutionen zu gründen.

Nach ihrem Wortlaut ist diese Verfassung des Jahres III ganz das Kind des Jahrhunderts. Sie glaubt an die Freiheiten, an die kollektive Förderung der begabten Staatsbürger und an die rationale Einrichtung des Lebens in der Gesellschaft. Die vorgesehenen Mechanismen sollen eine peinlich genaue Gewaltentrennung, eine breite Zensusdemokratie und eine straff zentralisierte Verwaltung sicherstellen. Die fünf Direktoren regieren, die beiden Ratsversammlungen geben die Gesetze, die lokalen Behörden, von den Besitzenden frei gewählt, werden von einem Kommissar des Direktoriums überwacht: das ist eine Rückkehr zum Frankreich der Feuillants, nur ohne König und Adelige, und zugleich die Vorwegnahme des napoleonischen Präfekten, nur ohne das Leitbild der persönlichen Macht. Das neue bürgerliche Frankreich entscheidet sich für das Los und gegen den Personenkult; es versucht, eine Legalität auf den Konsensus und die Fähigkeiten aller Besitzenden zu gründen, und will endlich das voreilige Wort von Barnave aus dem Sommer 1791 rechtfertigen: »Die Revolution ist beendet.« Aber 1795 bedeutet »beendet« auch »vollbracht«, also »legal geworden«.

Dieser Versuch ist von vornherein gefährdet durch das »Zweidritteldekret« und scheitert vollends, als zwei Jahre später im Fructidor die Truppen der Generäle Hoche und Augereau die Ratsversammlungen unter Druck setzen. Dieser Staatsstreich ist nicht nur die Todesstunde für die Republik der Abgeordneten; er führt auch auf Kosten der Gesetzlichkeit von neuem das Ausnahmeregime ein. Der 2. Juli 1792 und der Ausschluß der Girondisten wiederholen sich, allerdings mit dem Unterschied, daß die zwingende Faust nicht mehr die Stadt Paris, sondern das Militär ist. Das Gesetz, das den Männern des 18. Jahrhunderts so sehr am Herzen lag, hat dem Druck der Realität nicht standgehalten.

Diese Realität besteht in der Tatsache, daß das Direktorium weniger ein neues Regime als vielmehr der Erbe, der zum Weitermachen verurteilte Gefangene der Vergangenheit ist.

Die Männer sind die gleichen. In einem Land, wo der 9. Thermidor die royalistische Bedrohung und die konterrevolutionäre Gewalttätigkeit neu belebt haben, beschließen die Konventsmitglieder, sich selber in die neuen Institutionen einzusetzen – auch um den Preis der Kanonenschüsse vom Vendémiaire. Sie haben aus der Naivität der Mitglieder der Verfassunggebenden Versammlung gelernt, die sich selber für die Gesetzgebende Versammlung als unwählbar erklärten. So beanspruchen sie zwei Drittel der Sitze im Rat der Fünfhundert und im Rat der Alten. Das restliche Drittel der neu gewählten Abgeordneten ist in seiner Mehrheit royalistisch gesonnen, aber es kann gegen die von den zwei Dritteln gewählten fünf Direktoren (alle fünf sind »Königsmörder«) nichts ausrichten. Der Klub der Thermidorianer besetzt alle leitenden Staatsämter mit seinen Mitgliedern. Die »Immerwährenden«, wie sie in der Öffentlichkeit höhnisch genannt werden, haben also die Gruppe der Unzufriedenen gegen sich, wie sie jede ungeteilte Erbengemeinschaft hervorruft.

Die Erbschaft wird eher als Tyrannis empfunden denn als einigendes Band, weil zur Erbmasse auch die kaum überstandene Schreckenszeit gehört. Der »Terrorismus« als die extreme Form der Notstandsregierung ist zwar von der neuen Legalität offiziell geächtet worden, hat aber die ganze Generation der Überlebenden zutiefst geprägt. Auf der äußersten Linken wird er nach wie vor als notwendiges Werkzeug der Gleichheit betrachtet, das nicht nur gegen die Adeligen, sondern auch gegen die Reichen einzusetzen ist. Bei den Gemäßigten drängt die entsetzte Erinnerung an die Republik des Jahres II zu einer Wiedereinsetzung des Königtums. Selbst innerhalb des Direktoriums hat der 9. Thermidor die ehemaligen Konventsmitglieder durchaus nicht von ihrer Vergangenheit befreit: Reubell und Barras, die Vertrauensleute der Thermidorianer, sind aus Eigennutz und Überzeugung entschlossene Verfechter eines revolutionären Frankreich. Sie haben angesichts der royalistischen Bedrohung nie einen abergläubischen Respekt vor dem Gesetz gehabt. Carnot dagegen verdankt seine Wahl dem Ruf als Schöpfer der republikanischen Armeen und »Organisator des Sieges«; er möchte seine einstige Mitgliedschaft im Wohlfahrtsausschuß möglichst rasch vergessen machen und sich im Gegensatz zu den Altrevolutionären, die sehnsüchtig an das Jahr II zurückdenken, eine gutbürgerliche Reputation verschaffen: mit seinem Kollegen Letourneur vertritt er die Ordnung und wünscht eine Aussöhnung mit den gemäßigten Royalisten. In der Mitte dieser Fünfer-Exekutive steht der arme La Revellière-Lépeaux, hin- und hergerissen zwischen den Tendenzen, lebendes Symbol für die Widersprüchlichkeit dieser Zeit: als Girondist unter dem Schrekkensregiment verfolgt, fanatisch jeden Terror ablehnend, aber durchaus Girondist geblieben, also antiklerikal und für die Vergrößerung Frankreichs durch Annexion.

In dieser uneinigen Mannschaft gibt es im Grunde nur eine echte Politikerpersönlichkeit: Barras. Wieder einmal hat sich die Revolution ihren Führer aus den Restbeständen der Aristokratie geholt. Nur – ist Barras eine Führergestalt? Zwischen seinen eher dürftigen Kollegen beeindruckt der ehemalige Vicomte durch seine Eleganz und sein auf Wirkung bedachtes Auftreten; vor allem erfaßt er rasch die Situation, besitzt politisches Gespür und die Fähigkeit zu schneller Entscheidung. Doch er ist zugleich träge, nur gelegentlich und sprunghaft arbeitend, dem Vergnügen und dem Geld hörig. Eine komplette kleine, aber aufwendige Hofhaltung umgibt ihn. Er ist kein Wahrzeichen, zu dem man sich bekennen könnte, und ist doch das einzige des Regimes, es sei denn, man wollte sich nur noch mit den Siegen und den Generälen identifizieren.

Denn das ist ja das zweite Erbe der letzten Jahre: der fortdauernde Krieg gegen Europa. England und Österreich haben die Waffen noch nicht aus der Hand gelegt. Seit die Thermidorianer im Frühjahr 1795 Preußen die französische Besetzung des linken Rheinufers aufgezwungen und im Herbst Belgien annektiert haben, stehen sie als die treuen Garanten der Revolutionsdoktrin von den natürlichen Grenzen da; allerdings müssen sie nun auch dem Krieg die Treue halten. Trotz Carnots Abraten (er sucht einen Kompromiß mit Europa) ist ihnen das Abenteuer außerhalb Frankreichs wichtiger als die Stabilisierung im Inneren.

Sie wissen aus eigener Anschauung seit 1792 sehr wohl, daß der Krieg gegen das Europa der Könige und das England der Kaufleute wahrscheinlich unvereinbar ist mit dem Versuch, eine dauerhafte republikanische Regierung aufzurichten. Aber auch ein Friedensschluß wäre ein Sieg für die Royalisten in Frankreich. Zumindest stellt der Krieg die Armee zufrieden, die auf den Trümmern des Jakobinertums die letzte Stütze der Republik zu werden droht. Die Offizierslaufbahn, einst der Aristokratie vorbehalten, bietet die ersehnte Möglichkeit einer Karriere für die Bürgerlichen; weder die Soldaten noch ihre Führer werden sich diesen Weg durch die Aufgabe der Eroberungspolitik nehmen lassen. Außerdem ist der Krieg für die Thermidorianer im Direktorium aus einem weiteren Grunde verlockend: er bringt etwas ein.

Das Regime hat ja auch das schwere Erbe der Assignaten und der schlechten Ernten der Jahre 1794 und 1795 angetreten; es muß eine Finanzkatastrophe und eine Wirtschaftskrise meistern. Seit Jahren schon finanziert die Revolution in einem Land, wo die Steuern nur schleppend eingehen, ihre öffentlichen Ausgaben – und nicht zuletzt den Krieg – nicht durch einen Anteil am Sozialprodukt, sondern durch die Ausgabe von Papiergeld. In der Schlußphase des Nationalkonvents hat eine galoppierende Inflation ungeheure soziale Verzerrungen geschaffen, weil die Thermidorianer auf jede Lenkung der Wirtschaft verzichteten. Die Krise von 1794 bis 1795 ließ die Staatsausgaben wachsen, weil das Direktorium bar zu bezahlendes Getreide importieren mußte; dadurch ist das Papiergeld der Revolution noch schneller im Kurs gefallen und praktisch wertlos geworden. Der Bauer zahlt seine Steuern in Assignaten und verkauft seine Produkte gegen vollwertiges Geld: er bringt also nur wenig auf den Markt, und der ganze Handelsverkehr zwischen Stadt und Land ist in Frage gestellt.

Gegen diese Wirtschaftskrise ist das Direktorium nicht besser gerüstet als einst der König von Frankreich. Aber es ist verwundbarer, weil es für die Assignatenkatastrophe haftet. Die Öffentlichkeit gibt ihm die Schuld an Inflation und Hungersnot. Auch hier ist die Finanzpolitik des Regimes in der Tradition des Nationalkonvents befangen: Vermehrung des Papiergelds, Zwangsanleihen und beschleunigter Ausverkauf der Nationalgüter. Der Krieg mag zwar den Krieg ernähren, kann aber nicht die laufenden Ausgaben der Republik finanzieren.

So verurteilen alle Hypotheken – Terror, Krieg und leere Kassen – das neue Regime zu einer mühevollen Regierungsarbeit.

Immerhin haben die Thermidorianer gegenüber den Versammlungen der Revolution den Vorteil der Erfahrung und der klareren Einsicht. Sie wissen, daß man die Republik nicht auf die Tugend zu begründen hat, wie es die Philosophen des Jahrhunderts geglaubt haben, sondern auf Eroberung und Privatinteresse. Der moderne Pakt zwischen Hochfinanz und Regierungsgewalt tritt an die Stelle von Robespierres Utopie einer spartanischen Republik, und durchaus nicht zufällig sind gerade die beiden »Korrupten« im Direktorium, Barras und Reubell, zugleich die umsichtigsten und entschlossensten Republikaner.

Die Armeen bekommen keinen Sold, keine Verpflegung und keine Uniformen; in den Lazaretten fehlt es am Nötigsten; das Volk schreit nach Brot. Das Regime lebt in Ermangelung regelmäßiger Einnahmen von der Hand in den Mund und druckt in der Nacht die Assignaten für den folgenden Tag. Aber die Verelendung der Armen und der Staatsbankrott kommen den Spekulanten und habgierigen Neureichen zugute. Die Heereslieferungen, die Staatsaufträge und die Kredite ausländischer Kapitalisten geben Gelegenheit zu außerordentlich einträglichen Geschäften. Die Verschleuderung der Nationalgüter gegen wertloses Papier schafft die Möglichkeit, das in den Kapitalgesellschaften verdiente Geld in wertbeständigem Grund und Boden anzulegen. So ist die neue Finanzelite durch gleiche Interessen mit einer breiten Schicht kleiner Landkäufer verbunden, die wie sie allen Anlaß haben, eine Rückkehr des Königs und der Adeligen zu fürchten. Noch mehr allerdings ist sie auf das Regime angewiesen, denn über tausend gewinnträchtige Kanäle, von der kleinen Bestechung bis zur unmittelbaren Beteiligung an der staatlich sanktionierten Ausbeutungspolitik in den eroberten Gebieten, laufen die Verbindungen mit allen, die an der Macht teilhaben. Barras, der selber am besten weiß, wie man nicht zu kurz kommt, kennt die Materie: »Das Amt des Abgeordneten, bis dato als ein Ehrenamt betrachtet, strebte man mit anderen Gefühlen an, als sie die ersten Volksvertreter bewegt hatten. Jetzt wollte man Abgeordneter werden, weil das eine vorteilhafte Position war, nicht um Ruhm, sondern um ein Vermögen zu erwerben. Im gleichen Maße, wie die moralischen Ideale der Revolution verblaßten, traten materielle Überlegungen an ihre Stelle. Man sagte dann wohl, man lebe schließlich in einem ›positiven‹ Jahrhundert.«

So kündigt sich die Machtübernahme des Bürgertums an. Aber die Bourgeoisie ist noch sehr verwundbar; ihr fehlen die sozialen und politischen Wurzeln. Ihre Chance und ihre relativ lange Herrschaft erklären sich nicht nur daraus, daß ihr die Zukunft gehörte oder daß fähige Männer sie aus Eigennutz energisch schützten und verteidigten, sondern auch daraus, daß ihre Gegner so außerordentlich schwach waren. Auf der Linken haben die Jakobiner im Germinal und Prairial des Jahres III die Waffen strecken müssen, und selbst das entsetzliche Elend des Winters 1795/96 frischt den im Vorjahr gebrochenen Elan nicht wieder auf. Die Babeuf-Verschwörung liefert dem Gleichheitsfanatismus der Sansculotten zwar neue Ideen, aber gerade wegen ihrer Gleichmacherei, ihrer unterlegenen gesellschaftlichen Zusammensetzung und ihren Querverbindungen zu den »unverbesserlichen« Konventsmitgliedern ist diese Bewegung nur ein letztes Aufbäumen des Schreckensregiments der einfachen Leute, das Marat, die *Enragés*, Hébert und Robespierre post mortem zu einer Einheit verschmelzen möchte. Die bürgerliche Gegenpropaganda, lautstark vertreten durch Carnot, hat die Babeuf-Bewegung zum Mythos vom drohenden Umsturz aufgewertet; tatsächlich ließ sie sich durch Denunziation und Polizeimaßnahmen mühelos zerschlagen.

Die eigentliche Gefahr droht dem Regime von rechts, von den Royalisten. Die Kanonade vom 13. Vendémiaire hat diesen rachegierigen und zur Abrechnung entschlossenen Weißen Terror nicht zerschlagen, der nach dem 9. Thermidor ans Licht getreten ist. Aber die große Masse wünscht keine Rückkehr zum Ancien Régime. Seit dem Sturz Robespierres hat sich die öffentliche Meinung auf den ursprünglichen Wunsch von 1789 besonnen: die konstitutionelle Monarchie. Als man die wohlhabenden Bauern und die Notabeln der Städte nach den schlimmen Jahren zur Urne ruft, schicken sie gemäßigte Abgeordnete nach Paris, die den Konventsmitgliedern von gestern nicht besonders freundlich gesonnen sind. Das neugewählte Drittel im Rat der Fünfhundert und im Rat der Alten ist der beste Beweis dafür. Es braucht nur ein Prätendent aufzutreten und zugleich diese Verdrossenheit und diese Hoffnung auf sich zu vereinen, schon könnten ihm die Wahlen des Jahres VI ganz legal die Mehrheit bringen.

Aber der Bruder Ludwigs XVI., nunmehr Ludwig XVIII., setzt sein Vertrauen ausschließlich in die Vergangenheit und die Chouans. Die Kirchenspaltung wirkt in die gleiche Richtung, denn der eidverweigernde Priester harrt der Stunde, da seine lange Leidenszeit und die Intensität seines Widerstands ihre Belohnung finden werden. So geht unter dem Direktorium das Trauerspiel des gemäßigten Royalismus in Frankreich weiter. Dieser Royalismus ohne König führt alle Kämpfe gegen die »Immerwährenden« an, gegen alles, was an die Zeit des Nationalkonvents gemahnt. Besonders heftig agitiert er gegen das letzte Gesetz der großen Versammlung der Nation, das am 3. Brumaire des Jahres IV allen Verwandten von Emigranten den Zugang zu öffentlichen Ämtern versperrt hat. Aber die grundsätzliche Ablehnung des Regimes ohne das Angebot eines Kandidaten, der die Nachfolge antreten könnte, nimmt dem gemäßigten Royalismus die Möglichkeit eines dauerhaften Einverständnisses mit den gemäßigten Republikanern auf der einen und den verschworenen Royalisten auf der anderen Seite; weder Carnot noch Cadoudal lassen sich gewinnen.

So hat die erste parlamentarische Republik in der Geschichte Frankreichs keine Mehrheit. Sie überlebt nur, weil sie als Gefangene einer allzu belasteten Vergangenheit eher für drei Schwächen als für drei Kräfte den Ausgleich zu finden hat. Zwischen den sich zum letztenmal aufbäumenden Jakobinern und den entzweiten und im Grunde unentschlossenen Royalisten ist die Interessengemeinschaft der Thermidorianer zwar ständig bedroht, aber sie weiß jedenfalls, auf Geld, Armee und Gleichgültigkeit gestützt, was sie will: am Ruder bleiben. Am 13. Vendémiaire hat sie den Preis dafür bezahlt. Zwei Jahre später wählt sie den gleichen Ausweg, aber diesmal zeigen ihr die rettenden Militärs, daß sie mehr von ihren Verbündeten als von ihren Gegnern zu befürchten hat.

Fehlte wegen des Zweidritteldekrets das Salz in der Suppe? Oder dämpften der Wahlmodus in drei Stufen und das Übergewicht der Besitzbürger die Leidenschaften? Die Wahlen vom Vendémiaire des Jahres IV verliefen ziemlich ruhig. In jedem Departement hatte die Wahlmännerversammlung, die aus den in der Gemeinde und dann im Canton abgegebenen Stimmen hervorgegangen war, den ehemaligen Mitgliedern des Nationalkonvents zwei Drittel der Abgeordnetenplätze vorbehalten. Weil aber viele dieser »Ehemaligen« jeweils in mehreren Departements gewählt wurden, kamen nur 394 anstelle der vorgesehenen 500 zusammen. Die Abgeordneten der Kolonien wurden nicht neu gewählt, sondern in ihrem Amt bestätigt; so fehlten knapp hundert einstige Konventsmitglieder, die von ihren ehemaligen Kollegen schlicht und einfach zugewählt wurden. Naheliegenderweise hatten die Wahlmänner für das letzte Drittel – für 250 Abgeordnete also – kein einziges ehemaliges Konventsmitglied berücksichtigt.

Es gab demnach drei »Arten« von Abgeordneten in den beiden Ratsversammlungen des Direktoriums: die von den Departements wiedergewählten Konventsmitglieder, die von den wiedergewählten Konventsmitgliedern hinzugewählten Konventsmitglieder und das Drittel der neuen Abgeordneten. Bei der ersten Gruppe sorgten die Wahlmännerversammlungen für einen gewissen Ausgleich, indem sie vornehmlich die als besonders gemäßigt geltenden Konventsmitglieder aussuchten, also solche, die sich in der Schreckenszeit zurückgehalten oder danach deutliche Reue gezeigt hatten; einige waren sogar zu den Royalisten gestoßen, der einstige Girondist Lanjuinais zum Beispiel, der in 39, oder Boissy d'Anglas, der in 36 Departements gewählt wurde. In vielen Fällen ließen die Wähler solche Konventsmitglieder, die für den Tod Ludwigs XVI. gestimmt hatten, als »Königsmörder« durchfallen. Dieser Trend wurde abgeschwächt durch die zugewählten Abgeordneten, die zu einem großen Teil von der Linken kamen, andererseits aber wieder massiv verstärkt durch die frei Gewählten des letzten Drittels mit einem besonders großen Anteil von royalistisch oder konterrevolutionär eingestellten Männern.

Nach ihrer Wahl hatten die 750 Abgeordneten als erstes ihr Alter und ihren Familienstand anzugeben. Die Namen der über vierzigjährigen Verheirateten oder Verwitweten wurden in eine Urne getan, und die 250 als erste Gezogenen bildeten den Rat der Alten. Die übrigen versammelten sich im Rat der Fünfhundert.

Auffallendstes Merkmal der Ratsversammlungen des Direktorialregimes ist demnach die Kontinuität. Die Thermidorianer, die zunächst in dem aus der Robespierrezeit übernommenen Rahmen weiterregiert haben, richten sich nun in den Institutionen ein, die sie sich selber geschaffen haben. Die qualifizierten, aber wenig profilierten Männer, vom gleichheitsbesessenen Volk allzusehr verachtet, und die revolutionsbewährten Persönlichkeiten, durch die Beteiligung am Schreckensregiment allzusehr geschwächt, müssen sich zusammenfinden: nur um diesen Preis kann eine bürgerliche Republik funktionieren. Die neuen Ratsversammlungen sind also, wie 1789 der Dritte Stand, das Modell für den Aufstieg einer Klasse, aber mit dem Unterschied der Erfahrung schwerer Jahre – als Gewinn und Handikap.

Der Gewinn ist die politische Bewährung, die Kenntnis der Staatsgeschäfte. So gesehen ist das Dekret, das den meisten Konventsmitgliedern ihr politisches Überleben garantierte, ohne Zweifel sehr nützlich gewesen. Männer wie Carnot, Sieyès, Treilhard, Cambacérès oder Lebrun bringen die reiche Erfahrung aus den von ihnen schon bekleideten Ämtern mit. Die Französische Revolution hat zwar von der Verfassunggebenden Versammlung bis zum Direktorium in sechs Jahren die meisten ihrer Helden zerbrochen und verschlissen, aber sie hat auch die »Talente«, wie das 18. Jahrhundert sie nennt, gefördert und geformt. Sie ist der

Eine feierliche antikisierende Amtstracht soll den Abgeordneten der Ratsversammlungen Würde verleihen: das Mitglied des Rates der Fünfhundert trägt ein weißes Gewand, eine rote Toga und ein blaues Barett.

Schmelztiegel gewesen für eine politische »Klasse«, deren Zeit mit dem Sturz Robespierres ablief; nach dem 9. Thermidor ist das Ringen um die Macht insofern wieder verhältnismäßig offen geworden, als die Guillotine nicht mehr das bestimmende Auslesewerkzeug ist.

Weniger chaotisch wird dieses Ringen deshalb allerdings nicht. Denn viele dieser Männer spüren zwar, daß die Errichtung eines stabilen Regimes Versöhnungs- und Kompromißbereitschaft voraussetzt, aber die Umwälzungen, die sie am eigenen Leibe erlebt haben, sind zu blutig gewesen und noch zu nah, ihre Macht ist noch zuwenig in Geschichte und Gesellschaft verwurzelt, als daß ohne weiteres eine Einigung über die Spielregeln entstehen könnte. Diese Abgeordneten sind die Erben des Ancien Régime und des Sommers 1789, der traditionellen Kirche und der religiösen Spaltung, der europäischen Aufklärung und des Revolutionskrieges, des roten und des weißen Terrors. Sie mußten sich den Wählern stellen oder geradezu aufdrängen. Sie können weder die unmittelbar zurückliegende Tragödie vergessen noch die Rolle, die sie in ihr gespielt haben. Sie sollen ohne eine gemeinverbindliche Interpretation der Vergangenheit und ohne eine noch so bescheidene Einigung über die Zukunft das Symbol der Kontinuität sein.

Auf der Linken bekennt sich eine sehr kleine Anzahl nach wie vor zu den Idealen der Jakobiner und des Jahres II; doch diese Selbsttreue, die da gegen den Strom schwimmt, stempelt ihre Träger zu isolierten Extremisten. Die eigentliche Linke in den Ratsversammlungen besteht aus den Thermidorianern. Sie haben in Quiberon die Emigranten erschießen lassen, haben die Erhebung des 13. Vendémiaire niedergeschlagen und dann, in der letzten Sitzung des Nationalkonvents, mit dem Gesetz vom 3. Brumaire des Jahres IV den Verwandten der Emigranten und den »Vendémiairisten« den Zugang zu allen öffentlichen Ämtern versperrt. Diese Männer verfechten die innen- und außenpolitischen Errungenschaften der Revolution, und sei es um den Preis von Ausnahmegesetzen. Viele sind wie Barras, Tallien oder Merlin de Douai am Schreckensregiment beteiligt gewesen, doch es gibt auch Girondisten unter ihnen, Louvet oder Marie-Joseph Chénier zum Beispiel, die zwar in der Schreckenszeit verfemt waren, denen aber die Verteidigung der Republik so wichtig ist, daß sie selbst dem 13. Vendémiaire ihre Zustimmung nicht versagen.

Die politische Mitte beider Versammlungen besteht aus Männern, die man als die »Direktorialen« bezeichnen könnte: sie sind entschlossen, die Legalität der neuen Institutionen zu verwirklichen, praktisch einzuführen und durchzusetzen. Zwar haben viele von ihnen für das Zweidritteldekret gestimmt, aber sie sind hellhöriger und ablehnender als die Linke, sobald es darum geht, zu den Mitteln der Revolutionszeit zu greifen. So spaltet sich diese Mitte denn auch bei jeder politischen Grundsatzentscheidung des Regimes. La Revellière-Lépeaux, Letourneur, Daunou, Ramel und Roger Ducos zeigen bei solchen Gelegenheiten, daß sie eindeutiger republikanisch gesonnen sind als Carnot, Thibaudeau oder Cambacérès.

Auch auf der Rechten fehlt es nicht an Schattierungen; das einzige einende Band ist der Royalismus. Aber wie viele Spielarten des Royalismus gibt es da! Eine wichtige Fraktion bilden die konstitutionellen Monarchisten, vor allem die ehemaligen Feuillants wie Barbé-Marbois, Tronson du Coudray und Dupont de Nemours, die noch einmal auf die Chancen von 1791 hoffen und das neue Frankreich mit dem der Emigranten versöhnen möchten. Der Konflikt ist für diese liberalen Royalisten noch schwerer als für ihre Vorgänger in der Verfassunggebenden Versammlung: wo sollen sie einen König hernehmen? Der Opfergang Ludwigs XVI. hat die starre Haltung und den legitimen Anspruch seiner Brüder auf eine Rückkehr nur noch verstärkt. Der Herzog von Orléans ist auf dem Schafott gestorben, und sein emigrierter Sohn bemüht sich um eine möglichst unauffällige Existenz. Gleichzeitig sinnt im Lande selber die äußerste Rechte nur auf Rache und bestärkt die Anhänger der bewaffneten Gegenrevolution; besonders die Abgeordneten aus Südostfrankreich, allen voran Lanjuinais und Henry-Larivière, lassen in ihren Reden die aggressiven Töne des Weißen Terrors hören.

Auf der Rechten 150 bis 160 liberale Royalisten, auf der Linken ungefähr 300 Republikaner: zwischen diesen Fronten fällt den gemäßigten Thermidorianern, die gegen Ausnahmegesetze, aber für die Erhaltung der Revolutionserrungenschaften sind, die ausgleichende und führende Rolle im Parlament zu. Diese neuen Verfechter und Wahrer einer kaum begründeten Ordnung möchten dem Geist und dem Buchstaben der neuen Institutionen treu sein, aber der 13. Vendémiaire hat ihnen schon erschreckend klargemacht, wie schmal der Pfad ist, auf dem sie gehen können.

Die erste große Aufgabe der Ratsversammlungen besteht in der Wahl der Direktoren. Immerhin ist der Zuständigkeitsbereich der fünf führenden Persönlichkeiten der Exekutive sehr weit gesteckt worden: Diplomatie, Kriegsführung, Polizei, Leitung der Verwaltungsgremien im Lande und nicht zuletzt die »reglementäre« Gewalt der Auslegung aller von den Ratsversammlungen beschlossenen Gesetze. Der Rat der Fünfhundert hat eine Liste mit fünfzig Namen vorzulegen, aus denen der Rat der Alten die Direktoren wählen muß.

Um nichts dem Zufall zu überlassen, treffen sich die maßgebenden Männer der Mehrheit, also der zwei Drittel aus dem Nationalkonvent, zu einer Vorbesprechung bei einem der Ihren. Sie beschließen, ihren Kollegen die Entscheidung zu »erleichtern«, indem sie eine Liste mit fünfundvierzig unbekannten Namen und fünf angesehenen ehemaligen Konventsmitgliedern aufstellen. Sie wiederholen also das Zweidrittelverfahren in verschärfter Form auf der Ebene der Exekutive. Von den Fünfhundert wird diese Liste nur in einem Punkt geändert: sie setzen den Namen von Cambacérès hinzu, dem Mann aus der *Plaine* des alten Konvents, der seinerzeit für den Hinrichtungsaufschub gestimmt hat und als heimlicher Royalist gilt. Aber genau aus diesem Grund wählt ihn der Rat der Alten nicht und bleibt bei den fünf bekannten Namen, die in der internen Vorbesprechung bestimmt worden sind. So werden – in der Reihenfolge der auf sie entfallenen Stimmen – La Revellière-Lépeaux, Reubell, Sieyès, Letourneur und Barras zu Direktoren gewählt.

Sieyès allerdings lehnt das Amt sofort ab; er beruft sich darauf, daß er dieser Aufgabe nicht gewachsen sei und politisch allein stehe. In Wirklichkeit schmollt er nach wie vor, weil der Nationalkonvent seinen Verfassungsentwurf abgelehnt hat; er will nichts von einem Regime wissen, das ihm die Vaterrolle mißgönnt hat, und bekämpft es auch weiter, bis er seinen Umsturz organisieren darf. Nach seiner Weigerung muß eine neue Liste von zehn Namen zusammengestellt werden, unter denen nur der von Carnot auffällt. Die Fünfhundert versuchen noch einmal Cambacérès ins Gespräch zu bringen, aber die Alten wählen Carnot. Dieser Mann, der alle Rivalitäten im Wohlfahrtsausschuß miterlebt hat, hegt zwar größte Bedenken gegen das kollektive Führungsprinzip im Direktorium, aber er nimmt die Wahl an.

So liegt die Exekutive des neuen Regimes in den Händen von fünf »Königsmördern« aus dem Nationalkonvent. Auch hier ist es also der großen Volksvertretung der Revolution gelungen, sich selber zu überleben und sich trotz ihrer Vergangenheit von einer feindseligen oder gleichgültigen Öffentlichkeit bestätigen zu lassen. Denn wie die Wahl der Ratsversammlungen ist die der fünf Direktoren zunächst und vor allem ein Bekenntnis zur Kontinuität nach dem 9. Thermidor. Barras und Reubell, beide einst am Terror beteiligt, sind die Männer des Vendémiaire und der Ausnahmevorschriften geblieben. Carnot, von seiner Legende je nach dem Standpunkt des Betrachters mit einem Heiligenschein versehen oder zur Fratze entstellt, wäre nach den Prairial-Unruhen beinahe angeklagt worden. Die beiden übrigen Direktoren sind unauffälliger und haben gerade deshalb so viele Stimmen bekommen. La Revellière-Lépeaux, in der Schreckenszeit als Girondist verfolgt, legt eine von seinem Haß auf die Priester beglaubigte republikanische Gesinnung an den Tag; der Pionierhauptmann Letourneur ist wenig mehr als ein treuer Schatten seines Freundes Carnot.

Aber dieses Fünferkollegium ist durch viele latente Meinungsverschiedenheiten gespalten. Man braucht nur die Memoiren der Direktoren zu lesen (die allerdings nach dem 18. Fructidor geschrieben sind), um zu

Direktor Paul Barras

erkennen, wie sehr diese fünf Männer, die täglich mehrere Stunden lang beraten, einander mit Argusaugen beobachtet und aus Mißgunst gehaßt haben. Oft decken sich ihre Zänkereien mit den zunehmenden politischen Auseinandersetzungen. Schon im Wohlfahrtsausschuß hat Carnot nach langem Zögern die Kreuzzugspolitik verworfen; 1795 ist er noch nach-

Direktor Jean-François Reubell

Direktor Charles Letourneur

drücklicher gegen die Eroberungsfeldzüge, weil seiner Meinung nach nur ein Friedensschluß zu einer legalen Regierung im Lande selber führen kann. Er, als der Mann der Jakobiner ins Direktorium gewählt, entpuppt sich bald als der Gemäßigte, der zu seiner im Grunde opportunistischen und konservativen Veranlagung zurückfindet. Letourneur hält zu Carnot.

Direktor Lazare Carnot

Der einstige Girondist La Revellière-Lépeaux verabscheut mit den beiden alle Schreckensmaßnahmen und Ausnahmegesetze, aber er ist von ihnen getrennt durch seinen ungebrochenen Antiklerikalismus und seine Treue zur Annexionspolitik der Gironde. So wird er zum Angelpunkt in dieser neuen Exekutive, zwischen Carnot und dessen Freund Letourneur auf der »Rechten« und den beiden starken Persönlichkeiten Reubell und Barras auf der »Linken«. Reubell, von autoritärem Habitus wie Carnot, ist der Mann der »natürlichen Grenzen«. Dieser ehemalige elsässische Abgeordnete im Nationalkonvent, ein zäher und in allen Verfahrensfragen versierter Taktiker, findet Geschmack an der Macht und steht

Direktor Louis-Marie La Revellière-Lépeaux

zu seinen einmal gefaßten Meinungen: kein glänzender Geist, aber ein treuer Verfechter seiner Überzeugungen aus den Jahren 1789 bis 1793. Barras, der Ex-Aristokrat und Ex-Terrorist, der zum Inbegriff für Thermidor und Vendémiaire geworden ist, regiert in der Gegenwart aus der Vollmacht der jüngsten Vergangenheit: er wacht eifersüchtig über die am 9. Thermidor ergriffene und in neuer Form bewahrte Macht. Seine Ambitionen, sein Reichtum, seine Vergnügungen decken sich mit den Interessen vieler tausend Mitbürger, die von der Revolution auf einen Platz an der Sonne geschwemmt worden sind, aber er, der korrumpierte Genießer, nutzt die Stunde mit mehr Energie und Intelligenz als alle anderen.

Als sich die fünf isoliert dastehenden Direktoren in den leeren Räumen des Luxemburg-Palastes im Herbst 1795 häuslich einrichten, geht es zunächst weniger um Rivalitäten als um die Aufteilung der Zuständigkeiten. Letourneur nimmt das Marineressort, La Revellière-Lépeaux Schulwesen, Künste und Gewerbe. Die bedeutendsten Aufgaben fallen den drei stärksten Persönlichkeiten zu: Carnot bekommt das Kriegsressort, Barras Polizei und Inneres, Reubell Diplomatie, Finanzen und Justiz. Jetzt bleiben nur noch die Minister zu ernennen.

Diese Aufgabe nahm das Direktorium gleich nach seiner Amtseinsetzung in Angriff: es mußte die höchsten Staatsbeamten für die Wahrnehmung der wichtigsten Zuständigkeiten finden, die sechs Minister, die von der Verfassung auf eine rein administrative Tätigkeit als Leiter ihrer Behörden beschränkt worden waren.

Die fünf ersten waren rasch zur Hand: Benezech für das Innere, Delacroix für das Auswärtige, Merlin de Douai für die Justiz, Admiral Truguet für die Marine, Aubert-Dubayet für das Kriegsministerium. Länger dauerte die Suche nach einem Finanzminister, dem heikelsten Posten unter den Bedingungen des Jahres 1795. Ein ehemaliger königlicher Steuerbeamter, Gaudin, lehnte auf Anraten von Sieyès ab; er wahrte seinen Ruf, bis er tatsächlich im Kaiserreich bessere Möglichkeiten bekam. Schließlich verfiel man auf einen Pionierhauptmann – noch einen –, der soeben einen – noch einen – Essay über das Finanzwesen veröffentlicht hatte: Faipoult. Alle diese Männer blickten auf eine revolutionäre Vergangenheit in Armee, Verwaltung oder Parlament zurück; die bekanntesten, Merlin und Delacroix, kamen aus dem Konvent und hatten für den Tod des Königs gestimmt. Trotzdem wurde das Kabinett von den Jakobinern sogleich der Mäßigung, des »Moderantismus« bezichtigt, vor allem Benezech, der eine Adelige geheiratet hatte und verstohlen mit den Royalisten liebäugelte.

Sehr bald verlangte das Direktorium die Schaffung eines siebten, eines Polizeiministeriums – bezeichnend für dieses Regime, das sich von Verschwörungen umringt fühlte und sich nur durch noch mehr Spitzel und Kommissare und durch eine straff zentralisierte Repressionsbehörde geschützt glaubte; diese Forderung übernahm denn Bonaparte auch nach dem 13. Brumaire. Zunächst betraute man Merlin mit dieser wichtigen Aufgabe, indem man im Justizministerium einen Nachfolger für ihn bestimmte. Aber zum Zeitpunkt der Babeuf-Verschwörung übernahm Merlin wieder sein altes Ressort, damit Carnot eine seiner Kreaturen als Polizeiminister einsetzen konnte, einen gewissen Cochon, der es im Kaiserreich noch zum Grafen von Lapparent brachte. Außerdem wurden Anfang 1796 Faipoult als Finanzminister durch den ehemaligen Konventsabgeordneten Ramel-Nogaret ersetzt und Aubert-Dubayet durch Petiet.

Das Direktorium, der Verfassung treu und sehr auf seine Macht bedacht, ließ die Minister niemals an den politischen Entscheidungen teilhaben. Es ernannte Lagarde, früher Anwalt am Parlamentsgerichtshof von Douai, zum Generalsekretär. Das war ein außerordentlich wichtiger Posten. Lagarde redigierte die Sitzungsprotokolle, zeichnete alle Beschlüsse gegen und leitete die Büros des Direktoriums (Protokolle, Sekretariat, Schriftverkehr, Innere Angelegenheiten und Allgemeine Polizei, Archiv) mit Ausnahme der militärischen Büros, die sich Carnot und Reubell vorbehielten.

Bis die lokalen Verwaltungen gewählt waren und mit ihrer Arbeit begannen, verging in den meisten Fällen sehr viel Zeit. Unter diesen Umständen blieb der vom Direktorium ernannte örtliche Kommissar auf lange Sicht die wichtigste Instanz. Um seine Ernennung kümmerte sich jeweils der für die Gegend zuständige Direktor (das Direktorium hatte Frankreich für alle solche Angelegenheiten unter sich aufgeteilt); meistens holte man Männer, die wegen ihrer revolutionären Vergangenheit geeignet schienen.

Als das Direktorium sein Amt antritt, hat sich der am 13. Vendémiaire unterdrückte Royalismus durchaus noch nicht geschlagen gegeben. In Paris kann man ihn im Auge behalten, schon weil er sich vor allem in der nach wie vor sehr beliebten monarchistischen Presse ausdrückt, die auflagenstärker und auch tatsächlich besser gemacht ist als die übrigen Zeitungen. In der Provinz dagegen kommt es immer wieder zu Unruhen, in Amiens, in Rouen und vor allem in Avignon. Und nach wie vor ist das Hauptproblem nicht gelöst, die Erhebung in Westfrankreich. Auf die Nachricht vom Eintreffen des englischen Geschwaders haben Charette und seine Leute im Juni wieder zu den Waffen gegriffen.

Die Vernichtung der Emigranten in Quiberon macht trotz der flehentlichen Aufforderungen Charettes die große Landung, wie sie der Graf von Artois vorgehabt hat, unmöglich; gleichzeitig geht Hoche als neuer Oberbefehlshaber der Westarmee mit Geduld und Härte an die »Befriedung«: dieser Ausdruck bezeichnet eine kombinierte Strategie unter Benutzung militärischer und politischer Mittel. Hoche hat festgestellt, daß die Bauern zwar von Unordnung und Krieg genug haben, daß aber zwei Dinge hinzukommen müssen, um sie von ihren royalistischen Chefs zu trennen: Freiheit der Religionsausübung und Wegfall der Rekrutenaushebung. Er hält sich genau an diese schon vom Nationalkonvent gewährten Vergünstigungen, läßt dabei aber den militärischen Druck nicht geringer werden. Im Gegenteil: in dieser großen Auseinandersetzung zwischen Städtern und Bauern schickt er Schreckenskolonnen aus, die das flache Land fest in die Hand nehmen, die Steuern eintreiben und die Bauern zur Ablieferung ihrer Waffen zwingen. Ohne Zögern befiehlt er die gewaltsame Beschlagnahme von Korn und Vieh, die Verhaftung von Geiseln, ja selbst blinde Repressalien: die Kollektivbestrafung ganzer Gemeinden im Fall eines Übergriffs gegen Menschen oder Sachen beschleunigt die Unterwerfung des Landes. Und die Drohung wird so lange

Der tapfere Vendée-General François-Athanase Charette wird am 29. März 1796 in Nantes hingerichtet. Mit dem Ruf »Vive le Roi!« fällt er unter den Kugeln des Erschießungspeletons.

aufrechterhalten, bis die Anführer der Vendée schließlich ganz von ihren Gefolgsleuten isoliert sind. Stofflet, der im Januar 1796 auf Befehl des Grafen von Artois wieder losgezogen ist, wird schon im Februar aufgegriffen und sofort in Angers erschossen. Selbst der große Charette, der sich bislang jedem Zugriff entzogen hat, muß vor den Nachstellungen Hoches fliehen, wird im März in seinem Kerngebiet im Moorland gefangengenommen und in Nantes erschossen. Der letzte wichtige Aufrührer, d'Autichamp, unterwirft sich noch im Frühjahr. Es bleiben nur die verstreuten Chouans, vor allem im Departement Sarthe (Le Mans) und in der Bretagne mit ihren lokalen Anführern wie Frotté in der südlichen Normandie, Rochecot im Departement Sarthe, Cadoudal im südbretonischen Departement Morbihan. Hoche schickt auch dort mit dem gleichen Erfolg wie in der Vendée seine Schreckenskolonnen in alle abgelegenen Gegenden, bis die Bauern überall ihre Waffen an die Truppen der Republik abgeliefert haben.

So ist im Spätfrühjahr 1796 der Bürgerkrieg erloschen. Das Direktorium löst die Westarmee auf. Was jetzt noch an Raubüberfällen und Verstößen gegen die öffentliche Ordnung vorkommt, erklärt sich eher aus der wirtschaftlichen Misere als aus einem organisierten politischen Willen.

Das Direktorium übernimmt auch das Erbe der Finanzpolitik des Nationalkonvents, und zwar gerade als die Zustände katastrophal geworden sind. Während das »gute Geld« kaum mehr auftaucht, verlieren die in immer größeren Mengen umlaufenden Assignaten mit jedem Tag an Wert. Die Hundertfranken-Assignaten gelten nur noch 0,75 Franken, und die Preise steigen ins Unermeßliche: Der Finanzspekulant ist König, der Gläubiger ruiniert, der Lohnempfänger dem Elend preisgegeben.

Das Direktorium, das nicht nur auf die sechs gewählten, unabhängigen Staatsschatzkommissare, sondern vor allem auf die alle Staatsausgaben beschließenden Ratsversammlungen Rücksicht zu nehmen hat, bestreitet seine Verpflichtungen zunächst nach der bewährten Methode: in vier Monaten verdoppelt sich die Menge der in Umlauf befindlichen Assignaten und erreicht den Betrag von vierzig Milliarden. Um das Unvermeidliche zu vermeiden, schließt das Direktorium die Börse, stellt den Verkauf von Nationalgütern vorläufig ein und gewährt ein Moratorium für alle Schulden. Zugleich aber ist es ein Gefangener der Mechanismen der von ihm selber wiederhergestellten freien Marktwirtschaft, ist abhängig von den Banken und Lieferanten für seinen Geld- und Sachbedarf: Soldaten und Importe wollen bezahlt sein.

Einige Abgeordnete in den Versammlungen setzen sich für die Abschaffung der Assignaten ein. Ihr Hintergedanke dabei ist, die Marktwirtschaft logisch zu Ende zu führen. Weil das in Umlauf befindliche Hartgeld (schätzungsweise 300 Millionen gegenüber 2 Milliarden im Jahre 1789) nicht ausreicht, wollen sie Papiergeld einführen, emittiert von einer Bank der Großkapitalisten, die dem Staat die Zahlungsfähigkeit garantiert. Aber auch auf diesem Gebiet weigert sich die Mehrheit in den Versammlungen, mit der Vergangenheit zu brechen und die Assignaten, das Symbol und Unterpfand der Revolution, preiszugeben. Um sie wieder aufzuwerten, billigt das Parlament im Dezember 1795 eine Zwangsanleihe von 600 Millionen auf das Vermögen der Reichen. Doch diese vom Bürgertum abgelehnte und bekämpfte Lösung verschafft dem Direktorium nur eine kurze Atempause und mindert seine Popularität erheblich.

Am Vorabend des Feldzugs von 1796 steht das Regime also ohne finanzielle Mittel da. Es hat die private Notenbank abgelehnt, und es bleibt ihm kaum etwas anderes als das alte Verfahren: neues Geld ausgeben, das die Assignaten »aufsaugen« soll, und zwar wieder gedeckt durch – weitere – Verkäufe von Nationalgütern. Am 18. März wird das »Territorialmandat« emittiert, gültig für den Kauf von Nationalgütern, und zwar nicht durch Versteigerung, sondern durch freihändige Veräußerung auf Grund einfacher Schätzung. Ein Teil dieses neuen Papiergeldes fließt dem Staatsschatz zu, der Rest ist für das Umwechseln der Assignaten bestimmt, und zwar zu 30 % des Nennwerts, also weit über dem freien Assignatenkurs. Aber trotz der harten Gesetzesvorschriften, die dem neuen Geld seinen Wert sichern sollen (Zwangskurs, Verbot des Verkaufs gegen Hartgeld, schwere Strafen für jede feindselige oder bloß skeptische Beurteilung vor Dritten), scheitert das Territorialmandat, und zwar nicht nur an den unerbittlichen Realitäten des Außenhandels, sondern mehr noch an dem allgemeinen Mißtrauen im Lande. Zwei Wochen nach der Ausgabe hat der Hundertfrankenschein bereits zwei Drittel seines Wertes verloren! Der Versuch schlägt fehl, noch ehe er recht begonnen worden ist: schon im Mai sieht das Direktorium mit den größten Bedenken dem bevorstehenden Verkauf von Nationalgütern gegen die erste Tranche dieses Papiergelds zum Nennwert entgegen. Aber die Ratsversammlungen teilen diese Bedenken nicht, und so endet der Versuch, neues Geld zu schaffen, mit der katastrophalen Verschleuderung von Nationalgütern im Werte von zwei Milliarden an die Neureichen des Regimes, die sich billig mit Territorialmandaten eingedeckt haben. Erst Ende Juli ringt sich der Gesetzgeber dazu durch, sich der Wirklichkeit anzubequemen: die Ratsversammlungen beschließen, das letzte zum Verkauf anstehende Viertel der Nationalgüter müsse gegen Papiergeld zum Wechselkurs veräußert werden. Die Bestimmung, daß der Kurs alle fünf Tage vom Direktorium festgesetzt werden soll, ist die offizielle Todeserklärung des Territorialmandats, und im Februar 1797 verlieren die Assignaten alter und neuer Form endgültig ihren Geldcharakter. Das große Experiment des Papiergelds der Revolution führt – wie 1720 der Versuch Laws unter dem Ancien Régime – zur Rückkehr zum eigenwertigen Münzgeld. Aber dieses Experiment hat die bis dato umfassendste und rascheste Vermögensumschichtung in Frankreich bewirkt.

Das Ende des Assignaten-Abenteuers. Am 19. Februar 1797 werden alles noch vorhandene Papiergeld und alle Druckplatten vor einer großen Menschenmenge auf dem Vendôme-Platz feierlich verbrannt und zerstört.

Die Finanzkrise ist um so bedrohlicher, als zunächst nichts geschieht, um die Einnahmen und Ausgaben des Staates aufeinander abzustimmen. Die direkten Steuern gehen weiterhin äußerst schleppend ein, und die Schaffung indirekter Steuern scheitert an der Ablehnung der Ratsversammlungen. Krieg und Versorgungskrise führen zu immer neuen Ausgaben für Armee und Einfuhren, denen die Ratsversammlungen jeweils kurzfristig zustimmen, ohne die entsprechenden Einnahmen vorzusehen, geschweige denn einen Gesamtplan für den Staatshaushalt zu erarbeiten. Die vielen provisorischen Maßnahmen und die »außerordentlichen« Einnahmen aus den eroberten Gebieten führen das Regime immer mehr dazu, sich durchzuschwindeln wie ein Schuldner vor dem Bankrott.

Während die Zerrüttung des Finanzwesens die Geldleute, Heereslieferanten und Spekulanten rasch bereichert und das Regime zunehmend von kurzfristigen Bündnissen zwischen Politikern und Bankiers lebt, wird die Situation für alle Bezieher fester Einkommen tragisch. Die im November 1795 leicht aufgebesserten Beamtengehälter bleiben weit hinter den rasant steigenden Preisen zurück, die Rentner – unter dem Ancien Régime eine zahlenmäßig sehr beachtliche Gruppe in den Städten – sind praktisch ruiniert, alle Gläubiger trotz immer neuer Gesetze zu ihrem Schutz hart betroffen. Die breiten Schichten des Bürgertums sind von der Finanzkatastrophe nur mehr oder weniger geschädigt, während die einfachen Leute mit ihren entwerteten Löhnen sich in ihrer nackten Existenz bedroht sehen, vor allem als 1795/96 eine schwere Versorgungskrise eintritt.

Die beiden Mißernten 1794 und 1795 führen zur üblichen Verknappung und Verteuerung. Der Bauer, der ohnehin schon wenig Lust zeigte, seine Produkte gegen wertloses Papier abzugeben, hat jetzt kaum mehr etwas zu verkaufen. Die im November 1795 unter dem Zwang der Not wieder eingeführten Beschlagnahmen werden nur halbherzig von den Gemeindebehörden vorgenommen, die vom Lokalegoismus leben und vor allem auch nichts auftreiben können, wo nichts ist. In den Städten trifft der kalte Winter 1795/96 zweifellos von allen Wintern der Revolutionszeit die Unbemittelten am schlimmsten. Überall beweisen ein erschrekkendes Anwachsen der Sterblichkeitsziffer und spontane Hungeraufstände eine schwere Krise; in Bettelei und Straßenraub findet die Verelendung ihren Niederschlag: chronische Übel des alten Wirtschaftssystems findet jetzt eine politische Rechtfertigung: an allen Ecken und Enden werden im Namen des Königs und der Religion Postkutschen angehalten und ausgeplündert, werden Käufer von Nationalgütern ermordet, werden abgelegene Höfe überfallen und die Bewohner gefoltert, bis sie ihre »Schätze« preisgeben.

Das Direktorium, das warnende Beispiel früherer Jahre vor Augen, führt in Paris immer neue Kontrollen ein, erläßt immer neue Vorschriften und sorgt immer wieder für Lebensmittelverteilungen an die Bedürftigen. Dennoch leidet in erster Linie das einfache Volk unter der Papiergeldinflation und der Güterverknappung. Im Jahr IV übersteigt im Departement Seine, also in der Hauptstadt, die Zahl der Todesfälle um 10 000 die der Geburten. Da aber der Luxus ungeniert zur Schau getragen wird und die sozialen Spannungen verschärft, richten sich die Vorwürfe prompt gegen die Regierung der Reichen und gegen die »Immerwährenden«, die sich nicht gescheut haben, ihre Abgeordnetendiäten in soundsoviel Zentnern Weizen zu bemessen. Ein Bericht des Zentralbüros der Polizei vom 2. Januar 1796 stellt fest, daß in Paris »die Leute vom Lande äußerst unbeliebt sind, ebenso alle Händler, vor allem die Bäcker und Fleischer, deren angebliche Raffgier und Pflichtvergessenheit immer neues Murren und Klagen hervorrufen. Das verzweifelte Publikum ergeht sich in Schmähungen gegen die Beamten der Lebensmittelversorgung und die Behörden. Selbst die Regierung bleibt davon nicht verschont.«

Solche Umstände bilden die Grundlage für eine neuerliche Agitation der Jakobiner; diese gibt sich ihren Rahmen in den Pariser Klubs und Gesellschaften, deren Zahl seit dem Herbst 1795 mit stillschweigender Zustimmung des Regimes um ein Mehrfaches zugenommen hat. Um der royalistischen Reaktion zu begegnen, hat das Direktorium nämlich nicht nur die Verwaltung mit Leuten besetzt, die sich in der Schreckenszeit kompromittiert haben, sondern auch die Wiedergründung der Klubs und »volkstümlichen Gesellschaften« gefördert. So protegierte Barras zum Beispiel selber anfänglich den neuen Pantheonklub, in dem sich bald Babeuf einen Namen macht. Die meisten dieser Vereinigungen widmen wie in den glorreichen Jahren ihre Zeit vor allem der politischen Instruktion und der gemeinsamen Lektüre der »richtigen« Zeitungen. Um den Pressekampagnen der Royalisten etwas entgegenzusetzen und die eigene Verbrüderungspolitik mit den Republikanern populär zu machen, hat das Direktorium etliche Linksblätter subventioniert, den *Orateur plébéien* zum Beispiel, wo sich die einstigen Anhänger Robespierres zu Worte melden, das *Journal du bonhomme Richard*, von einem ehemaligen Konkurrenten des »Père Duchesne« redigiert, oder die *Sentinelle* von Louvet, der zu den Abgeordneten der Gironde im Nationalkonvent gehört hat.

Aber die Winterkrise bringt für die Thermidorianer die fast vergessene Gefahr eines Linksdrucks der Straße. Das furchtbare Elend in einer Umwelt, wo sich das Geld zum uneingeschränkten Herrscher aufgeschwungen hat, weckt in vielen politischen Vereinigungen der Hauptstadt die

Sehnsucht nach der Tugend der Robespierrezeit. Der bereits zitierte Polizeibericht meldet denn auch, »daß man viel von patriotischen Gesellschaften reden hört, von denen es zahlreiche geben soll. Ihre Sitzungen geben Anlaß zu vielen Vermutungen und Bedenken; die Gerüchte behaupten sogar, diese Gesellschaften seien ganz aus Terroristen und Jakobinern zusammengesetzt, die jetzt wieder aktiv werden und deren schädliche Grundsätze und Einfluß man fürchtet.«

Von allen Pariser Klubs, die in diesem schlimmen Winter 1795/96 die öffentliche Meinung zunehmend beschäftigen, ist der Pantheonklub einer der aktivsten. Im November mit Genehmigung des Direktoriums eröffnet, hat er zunächst gutbürgerliche Thermidorianer zusammengeführt, die das entstehende Regime in seiner antiroyalistischen Haltung bestärken wollen. Aber sehr bald gesellen sich eben aus dem Gefängnis entlassene Robespierre-Anhänger dazu: der Drucker Lebois zum Beispiel, ein alter Getreuer Marats, oder Filipo Buonarroti aus der Toskana, ein Bewunderer des »Unbestechlichen« und während der Terrorzeit Kommissar der Regierung bei der Italienarmee. Einige von ihnen verkehren gleichzeitig im Salon von Amar, einem ehemaligen Mitglied des Sicherheitsausschusses, der auch viele Monate Haft hinter sich hat. Die plötzlich versöhnten Anhänger von Marat, Hébert und Robespierre suchen eine neue Stütze im Volk und den Ansatz für eine wirkungsvolle Aktion gegen das Direktorium. Beides verschafft ihnen Babeuf.

Dieser François-Noël Babeuf, der weder offiziell dem Pantheonklub beitritt noch an den Versammlungen bei Amar teilnimmt, teilt sein politisches Vorleben mit den meisten dieser Männer. Im September 1792 hat er es zum Administrator im Departement Somme gebracht; im November wird er zum Distriktsratsmitglied in Montdidier gewählt. Aber er verscherzt sich seinen Aufstieg in der Lokalpolitik durch eine leichtfertige Verwaltungsmaßnahme, wird abgesetzt und verurteilt. Nach kurzer Haft freigelassen, lebt er in Paris kläglich auf kleinen Posten als Angestellter bei der Lebensmittelversorgung. Aus dieser Zeit bleibt ihm die Verbitterung gegen die Revolutionsregierung. Begeistert begrüßt er den 9. Thermidor und beteiligt sich zunächst an der Verunglimpfungskampagne gegen den toten Robespierre. Aber angesichts des »gemäßigten« Kurses der Thermidorianer schlägt er bald eine neue Richtung ein und benutzt seine Zeitung, den *Tribun du Peuple*, den »Volkstribunen«, zu Angriffen auf die Männer, die ihn eben noch protegiert haben. So landet er wieder hinter Gittern. Er kommt im Gefängnis von Le Plessis mit den Pariser Terroristen, dann in dem von Arras mit den Terroristen des Departements Pas-de-Calais zusammen. Als im September die Gefahr wieder eher von seiten der Royalisten droht, wird er freigelassen und gibt von neuem seine Zeitung heraus: jetzt gewinnt er historisches Format. Verdankt er diese Bedeutung seinen Taten oder seinen Ideen? Wohl beiden: er ist der erste Kommunist in der Geschichte Frankreichs. Die Furcht der einen und die Hoffnung der anderen haben sich so sehr auf ihn und die von ihm vertretene Lehre konzentriert, daß sein tragisches Schicksal heute stets im Lichte der Gegenwart gesehen wird. Diese Interpretation

François-Noël »Gracchus« Babeuf

des Phänomens Babeuf aus seinen Wirkungen auf die Nachwelt ist zwar erregend, aber sie verfälscht das Bild, denn Babeuf ist eher ein Erbe als ein Vorläufer. Seine Tätigkeit führt nicht moderne Proletarier zur gemeinsamen Aktion, sondern die Anführer der Pariser Sansculotten von gestern. Seine treuesten Gefährten sind demokratisch gesonnene Bürger, die den Zustand von 1793 erneuern möchten: Antonelle, Bertrand, Darthé, Lepeletier (der Bruder des am Tage der Hinrichtung des Königs ermordeten

Abgeordneten) und Drouet, der Held von Varennes, Abgeordneter im Rat der Fünfhundert. Die Ideologie dieser Männer verdankt vieles dem 18. Jahrhundert. Hat der Autodidakt Babeuf auf Anraten des Intellektuellen Buonarroti die Arbeiten von Morelly und Mably gelesen? Italienische Historiker betonen heute den Beitrag Buonarrotis zur Ausbildung der Doktrin. Vielleicht ist das Programm der »Gleichen« wirklich im Gefängnis von Le Plessis entstanden. Die Beziehungen zwischen seinen verschiedenen Verfechtern sind bislang zwar noch ungenügend erforscht, aber es ist sicher, daß der Gutsabgabenregistrator Babeuf sich schon vor 1789 mit den Bauern verbunden fühlte, die ohne Grundbesitz leben mußten, und daß er sich die Kritik am Privateigentum zu eigen machte, die zu den Gemeinplätzen der Aufklärungsphilosophie gehörte. Seit dem Jahr IV nennt er sich »Gracchus« Babeuf – der römische Vorname erinnert an das Agrargesetz und die Landverteilung. Babeufs Kommunismus basiert auf der Aufteilung allen Grund und Bodens bei völlig gleicher Verteilung des Ernteertrages durch ein gemeinsames Magazin. Man erkennt die naheliegende Zwangsvorstellung aller vorindustriellen Wirtschaftskonzeptionen, daß nämlich vor allen anderen zwei Phänomene als Gegebenheiten zu berücksichtigen sind: unzulängliche Bodenverteilung und Nahrungsmittelknappheit. Die katastrophale Konjunktur des Jahres IV hat die Schlechtgestellten in ihrem Gleichheitsfanatismus nur noch bestärkt.

Mehr noch als die Aufklärungsphilosophie haben Marat und die Hébertisten zu den politischen Doktrinen Babeufs und seiner Freunde beigetragen: das unterdrückte und betrogene Volk muß befreit werden, und zwar von einer straff organisierten, zum Aufstand bereiten Minderheit, die entschlossen gegen alle Widerstände eine Diktatur des Volkes errichten soll. Die letzte Welle des revolutionären Extremismus, und zwar die einzige, die eine geistige Synthese der egalitären Leidenschaft jener Zeit gefunden hat, entwickelt in diesen Monaten die Theorie des revolutionären Staatsstreichs, die für das 19. und 20. Jahrhundert nicht ohne Folgen bleibt.

Der furchtbare Winter 1795/96 verschafft der Pressekampagne des *Tribun du peuple* ein eindrucksvolles Echo. Am 27. Februar läßt das Direktorium den Pantheonklub durch General Bonaparte, den Befehlshaber des Heimatheeres, schließen und gibt damit Babeuf das Zeichen für den Beginn der Untergrundarbeit.

Einen Monat später schon entsteht das aus sieben Mitgliedern zusammengesetzte »Geheime Wohlfahrtsdirektorium« mit Kommunisten wie Babeuf, Debon, dem Autor einer verschollenen Abhandlung zum Beweis der Ungerechtigkeit des Anspruchs auf Eigentum, oder Sylvain Maréchal, der das »Manifest der Gleichen« verfaßt. Andere sind »Robespierristen«, Darthé zum Beispiel oder der reiche Bankier Félix Lepeletier, der vielleicht der Geldgeber der Verschwörung gewesen ist. Buonarroti verkörpert den fast zur Fusion getriebenen Übergang von den Anschauungen Robespierres zu denen Babeufs.

In einem von der Wirtschaftskrise geschüttelten Frankreich sind die Monate vor dem Anschluß an die neue Ernte besonders günstig für solche Bemühungen. Andererseits hat sich das einst aggressiv fordernde Volk noch kaum von der scharfen Unterdrückung im Prairial des Jahres III erholt. So müssen die Verschwörer ihre Propaganda und ihre Vorbereitungen mit großer Umsicht betreiben.

Während seine Gefolgsleute jede Zusammenrottung der Hungernden zur Agitation nützen, verteilt Babeuf seine Gewährsmänner für den Tag des Aufstands: einer je Arrondissement, einer je Einheit in der Armee. Die zunächst auf Paris gerichtete Bewegung hat Verästelungen in der Provinz durch die Konventsmitglieder, die sich in der Schreckenszeit kompromittiert haben und im Vorjahr für unwählbar erklärt worden sind; sie werden in das Geheimnis eingeweiht. Die nach dem Aufstand vom »Geheimen Wohlfahrtsdirektorium« zu treffenden Maßnahmen sind vorbereitet; sie haben nichts Grundstürzendes an sich: staatliche Arbeitsverpflichtung für die Bäcker, unentgeltliche Verteilung von Brot, Rückgabe der im Leihhaus versetzten Gegenstände, Einquartierung von Armen bei den Volksfeinden. Aber ...

Aber das Direktorium, das echte, ist genau im Bilde.

Barras berichtet in seinen Memoiren, daß seine Spitzel, die auf die Straßen und Gaststätten verteilt waren, ihn unterrichtet haben »von allem, was Babeuf unternahm und zu bewirken versuchte, sowohl in den Vorstädten als auch in den Sitzungen«, und zwar schon vor der Schließung des Pantheonklubs. Aber Barras liegt so viel an seiner Verbrüderungspolitik zwischen allen Republikanern, er ist so verbohrt in seinen Haß auf die Royalisten, daß er höchst ungern nach links zuschlagen möchte. Außerdem fühlt sich dieser Zyniker doch solidarisch mit seinen ehemaligen Konventskollegen aus den heroischen Jahren. So gibt er die Meldungen nicht weiter.

Doch Anfang Mai erfährt Carnot von der Verschwörung, und zwar durch einen Hauptmann Grisel, der das Spiel der Aufständischen durchschaut, weil er selber als Gewährsmann Babeufs für die Truppen im Lager Grenelle ausersehen ist. Grisel ist zweifellos weniger ein Agent provocateur im Dienste Carnots gewesen als ein Mann, der sein Mäntelchen im entscheidenden Augenblick in den richtigen Wind gehängt hat. Jedenfalls geben seine üppig bezahlten Informationen dem amtierenden Präsidenten Carnot die Möglichkeit, die Mehrzahl seiner Kollegen im Direktorium zu überzeugen. Letourneur schließt sich wie gewohnt seinem bewunderten Freund an, und La Revellière zittert beim Gedanken an eine Terroristenverschwörung. Reubell verhält sich passiv. So sieht sich Barras in die Defensive gedrängt; er versucht die Tragweite der Enthüllungen Grisels herunterzuspielen und die ehemaligen Konventsabgeordneten in Schutz zu nehmen. Carnot dagegen verleugnet fast ingrimmig seine Vergangenheit und gibt sich als Mann der Ordnung, der er im Grunde stets gewesen ist. Als Verantwortlichen für die Landesverteidigung empört ihn die intensive Propaganda der Anhänger Babeufs in der Armee; als guter Bürger des 18. Jahrhunderts ist er überzeugt von der Überlegenheit der »Begabten« und verachtet diese neue Form der »Gleichmacherei«. Auf sein Betreiben bläht das Direktorium die Babeuf-Affaire zu den modernen Dimensionen einer »roten Gefahr« auf.

Am 21. Floréal (10. Mai) werden die Verschwörer von der Polizei festgenommen. Das Direktorium meldet das den Ratsversammlungen in einer zugleich alarmierenden und triumphierenden Botschaft. Die Öffentlichkeit allerdings sieht in diesen Vorgängen nichts weiter als den Sturz einer weiteren Gruppe von Terroristen; tatsächlich sind alle bekannten Leute wie Drouet, Robert Lindet, Vadier und Amar ehemalige Konventsabgeordnete. Die wahren Apostel des »Manifests der Gleichen« sind weniger berühmt; sie stehen im Schatten der übergroßen Vergangenheit. Paradoxerweise gibt gerade die von Carnots Maßnahmen bei Besitzenden und Nichtbesitzenden ausgelöste Panik ihren Ideen die zukunftsträchtige Wirkung: der Kommunismus findet zum erstenmal ein Echo im Volk, und das französische Bürgertum spürt – wie später noch oft – zum erstenmal die große Angst.

Der Rat der Fünfhundert schließt sich trotz aller Bemühungen Talliens dem Vorgehen Carnots an und stellt Drouet unter Anklage. Carnot organisiert trommelrasselnd die Unterdrückung. Er mißtraut Barras und stellt Cochon an die Spitze der Polizei, ihm zur Seite seinen eigenen Bruder, Carnot-Feulins. Eigenhändig unterzeichnet er die 245 Haftbefehle, die unter dem Beifall der gemäßigten Presse in Paris und in der Provinz vollzogen werden. Die schwere wirtschaftliche und soziale Krise hat die Besitzenden ohnehin verängstigt; sie erleichtert Carnot die Panikmache und die Säuberung aller Behörden von den Männern der Schreckenszeit, die im Herbst vom Regime selber berufen worden sind.

Man weiß bis heute nicht, ob die Vorgänge im Lager von Grenelle vier Monate später ein letztes Aufbäumen der Jakobiner oder eine weitere Provokation im Rahmen der Unterdrückung durch die bürgerlichen Politiker gewesen sind. In der Nacht vom 23. auf den 24. Fructidor 1796 (9./10. September) versuchen mehrere hundert militante Befürworter der

Dragoner aus dem 21. Regiment unter Oberst Malo schlagen im Fructidor des Jahres IV (September 1796) jakobinische Agitatoren im Lager von Grenelle zusammen.

Volksregierung die im Lager von Grenelle kasernierten Truppen zum Aufstand zu entflammen. Aber die Dragoner stehen schon bereit und reiten sie über den Haufen; zwanzig Tote bleiben auf der Stätte des ungleichen Kampfes. Carnot und Letourneur waren nämlich vorher von Oberst Malo, dem Kommandeur des 21. Dragonerregiments, unterrichtet. Da sie Barras und Reubell die ganze Angelegenheit verheimlichten, wäre es denkbar, daß sie den Vorfall mit Hilfe von Agenten in den Reihen der Aufständischen selber provoziert haben, um die letzten Robespierre-Anhänger zu liquidieren. Dreißig Angeklagte, unter ihnen drei ehemalige Konventsabgeordnete, werden im Spätherbst vor ein Kriegsgericht gestellt und erschossen.

Damit ist der Ansatz für ein neuerliches Schreckensregiment endgültig zerschlagen. Das Babeuf-Komplott liefert zwar der Nachwelt ein paar Ideen und Leidenschaften, aber für den Augenblick bedeutet es nur ein letztes Aufflackern des Jakobinismus, das bei völliger Gleichgültigkeit der Massen erstickt wird. In Wirklichkeit ist alles schon im Vorjahr entschieden worden, im Prairial. Und was jetzt noch folgt, gehört in die Kriminalgeschichte. Weil Drouet, dem Barras sogar zur Flucht und zu kurzer Freiheit verholfen hat, Abgeordneter war, wurden Babeuf und seine Freunde vor den Staatsgerichtshof gestellt, der aus Furcht vor Reaktionen der Pariser in Vendôme tagte. Nach einem langen Prozeß wurden Babeuf und Darthé zum Tode verurteilt und im Mai 1797 hingerichtet. Ihre zu Gefängnisstrafen verurteilten oder freigesprochenen Kameraden, vor allem Buonarroti, gaben die Tradition der »Gleichen« an die jakobinische und sozialistische Linke des 19. Jahrhunderts weiter.

Im Herbst 1796 tritt das Direktorium in sein erstes Wahljahr ein: ein Drittel der Ratsversammlungen und ein Direktor müssen zu Beginn des Frühjahrs weichen. Dieses Drittel der Parlamentsmitglieder aber kann das Regime aus dem Gleichgewicht bringen. Die Hälfte der Konventsabgeordneten, die im Jahre III ihr eigenes Mandat verlängert haben, muß jetzt abtreten. Erweist sich das neue Drittel des Jahres V als ebenso gemäßigt wie das des Jahres IV, so fällt ihm die Mehrheit in den Ratsversammlungen und damit die Entscheidung über den neuen Direktor zu.

Das Direktorium ist sich in der Vorbereitung auf diesen wichtigen Termin nicht einig. Die Babeuf-Affäre hat Barras und Reubell isoliert und die Fortführung ihrer Politik der Verbrüderung aller Republikaner gegen die royalistische Gefahr unmöglich gemacht. Babeuf, der Held der »Gleichen«, hat das Regime stürzen wollen, indem er die soziale Frage aufwarf. Ungewollt hat er aber die Politik Carnots und den Zusammenschluß der Besitzenden gefördert: im Moment hat diese Politik dank der brutalen Unterdrückung und bei der panischen Angst der Reichen die Oberhand im Direktorium. Noch deutlicher überwiegt ihr Einfluß in den Ratsversammlungen, die schon auf den Wahlkampf und die Veränderung der Mehrheitsverhältnisse schielen, der sie zuvorkommen wollen. Gegen Louvet, gegen Tallien, ja, gegen Sieyès, die das illegale Verfahren gegen die Angeklagten von Grenelle vor einem Kriegsgericht kritisiert haben, versucht ein großer Teil der republikanischen Abgeordneten, sich von der Linken abzusetzen und so etwas wie ein konservatives Zentrum zu bilden. Den Forderungen der Rechten nach einer Abschaffung des Gesetzes vom 3. Brumaire des Jahres IV wollen diese republikanisch gesonnenen Volksvertreter zwar nicht ganz nachgeben, aber sie finden sich bereit, das Verbot des Zutritts zu öffentlichen Ämtern auf die 68 ehemaligen Konventsmitglieder auszudehnen, die nach dem 9. Thermidor angeklagt und nach dem 13. Vendémiaire amnestiert worden sind.

Diese Sammlungspolitik der Mitte wird von der Linken als eine unkluge Konzession an die Royalisten angesehen, solange die Brände in West- und Südfrankreich noch nicht gelöscht sind; tatsächlich ist sie eine Öffnung nach den Verfechtern der konstitutionellen Monarchie hin. Um diese Zeit veröffentlicht ein junger Schweizer, der in Paris in den bürgerlichen Salons sein Glück zu machen sucht, ein Buch für seine Freunde. Der Titel dieser Schrift des jungen Benjamin Constant ist ein Programm: »Von der augenblicklichen Stärke der Regierung Frankreichs und der Notwendigkeit, sie zu unterstützen.« Was schreibt dieser ehrgeizige Nachwuchspolitiker, der dem Direktorium wegen seiner Freundschaft mit der intriganten Madame de Staël nicht unverdächtig ist? Sein Hauptargument lautet, für die Republik spreche, daß es sie schon gibt: »Mindestens die Hälfte der Interessen Frankreichs ist bereits jetzt an die Republik gebunden.« Das »Volk« (nach seiner Definition der einstige Dritte Stand) hat sich entschieden, und zwar »am 14. Juli für die Freiheit, am 11. August für die Republik, am 9. Thermidor und am 4. Prairial gegen die Anarchie«. So wird dem Bürgertum vierunddreißig Jahre vor Louis-Philippe eine komplette Bewältigung der Vergangenheit und eine Zukunftsvision der »guten Mitte« geliefert. Nur ist die Zeit noch nicht reif.

Aber: ist die Regierung wirklich stark? Das steht dahin. Ist sie es, kann es einen echten Zusammenschluß geben. Ist sie es nicht, bedeutet diese Bewegung bloße Taktik, Postenjägerei, Wahlberechnung: innere Aushöhlung des Regimes. Und genau das trifft zu. Der Royalismus durchsetzt die Strukturen, um sie zum Einsturz zu bringen.

Die Chance des Direktoriums liegt darin, daß die Royalisten sich ebenso uneinig sind wie die Anhänger des Regimes: uneinig in den Personen, in den Zielen und den Mitteln. Die Brüder Ludwigs XVI., die vom Ausland her agieren, haben nichts von ihrem Starrsinn eingebüßt. Sie sehen zwar mit Vergnügen, wie der neue »legale« Royalismus wächst, aber das hindert sie nicht daran, ihre geheime Pariser Vertretung nach ihren Anweisungen mit englischem Geld gegen das Direktorium wühlen zu lassen. Die Mehrheit der gemäßigten Notabeln dagegen, die sich in Clichy im Hause des ehemaligen Staatssekretärs Bertin trifft, würde lieber bei den nächsten Wahlen das Regime unterstützen, um auf legale Weise wieder eine konstitutionelle Monarchie zu schaffen – aber sie hat keinen König!

So geht die Tragödie des gemäßigten Royalismus weiter, bis 1830, bis zur Thronbesteigung Louis-Philippes. Viele der gemäßigten Notabeln in Clichy wissen, daß eine Parteinahme für die Brüder Ludwigs XVI. ein größeres Risiko für sie bedeuten würde, als es ihre Vorläufer, die Feuillants, auf sich genommen haben. Denn die konnten 1791 noch hoffen, Ludwig XVI. von der Notwendigkeit seiner neuen Rolle zu überzeugen. Jetzt dagegen wissen sie, daß sie mit fast hundertprozentiger Wahrscheinlichkeit einem rachedurstigen Royalismus und einem neuen Weißen Terror den Weg bereiten würden: vergebens haben sie Ludwig XVIII. ein Amnestieversprechen und eine Verfassung abzuringen versucht. Außerdem ist das Regime noch zu jung, zu ungefestigt, zu sehr mit dem Linksterror verquickt, als daß sie im Namen der sozialen Ordnung und der »anständigen Menschen« so ohne weiteres die Hand des Königsmörders Carnot, geschweige denn die von Barras ergreifen könnten. Die Versöhnung, von der sie träumen, sieht anders aus: einen liberalen Monarchen möchten sie haben. Aber vergebens haben sie sich um eine ausländische Dynastie bemüht. Der junge Herzog von Orléans ist durch seinen Vater Philippe-Égalité kompromittiert, während die legitime Dynastie vom Abglanz des Martyriums profitiert.

So sind die Gemäßigten von Clichy mitsamt ihrem Wortführer, dem General Mathieu Dumas, zur Unentschlossenheit verurteilt. Sie wollen Ordnung im Innern und Frieden mit dem Ausland, Versöhnung zwischen dem Frankreich der Nationalgüter und dem Frankreich der Adeligen. Aber als Gefangene ihrer Zeit bleibt ihnen nur die Wahl zwischen der Republik der Thermidorianer und der Monarchie der Chouans.

Während die Männer von Clichy den Thron keiner neuen Dynastie antragen können, sind die beiden Zweige des französischen Royalismus nicht so sehr voneinander unterschieden wie später, im 19. Jahrhundert. Der eine Zweig, vor allem vom Grafen von Artois und seinen ferngesteuerten Agenten und Verschwörungen gefördert, ist eher auf den Einfluß von außen abgestellt; der andere will verstohlener das Regime über den Wahlzettel in die Hand bekommen. Aber beide brauchen das englische Geld und die Brüder Ludwigs XVI.

Ludwig XVIII. hat den Plan akzeptiert, den ihm 1796 der ehemalige Abgeordnete der Verfassunggebenden Versammlung Dancré (früher d'André, Parlamentsrat in Aix-en-Provence) unterbreitet hat, um die Männer von Clichy unter seinen Einfluß zu bringen. Unter dem Deckmantel eines im gleichen Jahr gegründeten »Philantropischen Instituts« soll eine großangelegte Wahlpropaganda beginnen, die nach Kräften die gemäßigte Öffentlichkeit beruhigt: die vom Institut unterstützten Kandidaten werden für die Wünsche der »anständigen Menschen« eintreten, für Frieden und Ordnung, nichts weiter. In Wirklichkeit beherrschen diese straff gegliederte Geheimorganisation ganz wenige Eingeweihte, die sich selber die »Getreuen der legitimen Söhne« nennen. Das eigentliche Ziel ist die Rückkehr des Thronprätendenten. Im Departement Sarthe leitet der Chouan-Anführer Rochecot dieses zugleich konstitutionelle und absolutistische Komplott. In der noch vom Verlust der Antillen ruinierten, ausgesprochen konterrevolutionären Stadt Bordeaux arbeiten zwei Komitees nebeneinander, aber beide sind in der Hand der Prinzen, die gleichzeitig die subversive Tätigkeit des Abbé Brottier unterstützen.

Dieser wirre Fanatiker hat es sich in den Kopf gesetzt, die Armee für einen Gewaltstreich gegen das Direktorium zu gewinnen. Mit zwei Komplicen (Le Villeurnois, einem ehemaligen Königlichen Rat in Bittstellerangelegenheiten, und Duverne de Presle, einem ehemaligen Marineoffizier) tritt der geistliche Herr an Oberst Malo, den Kommandeur des 21. Dragonerregiments, heran, der eben heldenhaft die Jakobiner im Lager von Grenelle niedergeschlagen hat. Malo geht auf die verlockenden Angebote der Verschwörer ein, aber er hat offensichtlich eine Begabung fürs Doppelspiel: im Januar 1797 zeigt er das Komplott an. Der Abbé und seine Freunde verschwinden hinter Gittern; man entdeckt Dokumente, die viele angeblich verfassungstreue Männer von Clichy und Diener des Regimes wie Benezech und Cochon belasten. Bei der politischen Konjunktur der Sammlungsbewegung läßt sich der Prozeß nicht so einfach erledigen wie der gegen die Anarchisten von Grenelle; Brottier und Duverne de Presle werden nur zu zehn Jahren und Le Villeurnois zu einem Jahr Gefängnis verurteilt, die übrigen Angeklagten freigesprochen.

Aber die Mehrheit der Direktoren hat die Gefahr erkannt und hält unter juristischen Vorwänden alle Beteiligten im Gefängnis fest. Die Sammlungspolitik hat ihren ersten Stoß bekommen. Royalisten und Direktoriumsanhänger machen sich nur um so leidenschaftlicher an die Vorbereitung der Wahlen.

Zum Anwachsen des Royalismus im Sommer und Herbst 1796 hat die Kirche erheblich beigetragen. Sie ist ja für das geistige Leben breiter Volksschichten und für einen guten Teil der bürgerlichen öffentlichen

Meinung nach wie vor maßgebend. Die revolutionären Zeremonien mit der Feier der Dekadi-Tage, die von einigen Antiklerikalen oder Freimaurern unter den Notabeln zusammen mit dem »theophilanthropischen« Kultus, den La Revellière begünstigt, wieder eingeführt worden sind, haben sich nirgends wirklich an die Stelle der herkömmlichen Religionsausübung setzen können. Die Landbevölkerung hält ihrem Gott und seinem Priester die Treue – ist der Pfarrer ein überzeugter »Eidverweigerer«, so schwächt das die Stellung des Regimes in seiner Gemeinde. In den aufgeklärteren Kreisen werden (und zwar trotz der dort verbreiteten Ungläubigkeit) Katholizismus und Revolution seit dem Ende der Schreckenszeit nicht mehr als gänzlich unvereinbar empfunden. Im Gegenteil, gemäßigte Republikaner und konstitutionelle Royalisten sehen beide die traditionelle Religion als eine Stütze der sozialen Ordnung und eine relativ billige Garantie für das Bravbleiben des Volkes an; das verwandelt sie zwar nicht in gläubige Menschen, macht sie aber durchaus geneigt, die Kirche gewähren zu lassen.

Diese Haltung vertritt im Direktorium vor allem Carnot. So führt seine Sammlungspolitik ganz natürlich zu der Bemühung um einen Kompromiß mit der Kirche, der auf zwei Wegen gesucht wird. Im Lande selber beschließt die neue Mehrheit der Ratsversammlungen zwischen Mai und September eine Reihe von Gesetzen, die ohne Änderungen am Wesentlichen die Lage der eidverweigernden Priester verbessern; Polizeiminister Cochon empfiehlt, ihnen gegenüber Geduld und Toleranz zu üben. Nach außen versucht Carnot, gestützt auf die Siege Bonapartes, der im Juni einen Waffenstillstand mit Papst Pius VI. abschließt, mit Rom zu Vereinbarungen über eine Wiederherstellung des Religionsfriedens zu kommen, ein Ziel, das erst durch die Konkordatspolitik 1801 verwirklicht wird. Er kapituliert nicht etwa vor dem katholischen Bekenntnis, sondern wünscht nur die Unterstützung des Papstes für eine politische Lösung der religiösen Frage in Frankreich. Im Juli schickt Pius VI. einen Unterhändler nach Paris, aber das Direktorium, dessen Außenpolitik von Reubell und Delacroix geleitet wird, verlangt die Annullierung aller seit 1789 vom Vatikan für Frankreich erlassenen Verlautbarungen und Vorschriften, vor allem der Bulle, mit der die Zivilrechtliche Konstituierung der Geistlichkeit verurteilt worden ist. An dieser Forderung scheitern die Gespräche.

Im Grunde hat allerdings niemand in Frankreich eine Einigung wirklich gewünscht – weder die eidverweigernden noch die verfassungsmäßigen Priester, die beide dabei zu kurz zu kommen fürchten; weder die Royalisten, die sehr zu Recht auf die Unterstützung der revolutionsfeindlich gebliebenen oder gewordenen Kirche bei den Wahlen hoffen, noch die Mehrheit der Direktoren: La Revellière-Lépeaux, Reubell und Barras finden in ihrer kämpferischen Kirchenfeindlichkeit wieder zusammen. Schon Anfang 1797 ist die Sammlungspolitik praktisch gescheitert; die Aufdeckung des Brottier-Komplotts gibt den letzten Anstoß. Damit haben Annexionspolitik und Antiklerikalismus die Mehrheit in der Exekutive wieder auf die Seite von Barras gebracht, gegen Carnot.

Aber der März steht bevor, und mit ihm die Wahlen.

Auf diese Wahlen hat sich das Direktorium ängstlich gerüstet. Am 7. Ventôse des Jahres IV (25. Februar 1797) nimmt es in den Urwählerversammlungen allen denen das Stimmrecht, die auf einer Emigrantenliste aufgeführt sind. Am 25. Ventôse (15. März) legt es den Ratsversammlungen einen Gesetzentwurf vor, nach dem die von den Urwählerversammlungen bestimmten Wahlmänner ihren Haß »auf Königtum und Anarchie« beschwören müssen; dieser Schwur wird seit einiger Zeit von allen Dienern der Republik gefordert. Aber diese eigenartige Gleichstellung von Wahlmännern und Beamten verwerfen die Ratsversammlungen, die als Ausweg eine Treuebekundung zur Verfassung vorschreiben: diese Erklärung läßt sich allerdings bei einiger Kasuistik auch von Royalisten abgeben. Die ehemaligen Konventsmitglieder schließlich tun alles, damit das unter ihnen auszulosende ausscheidende Drittel möglichst klein wird: gestorbene und zurückgetretene Mitglieder werden als »ausgeschieden« gezählt.

Aber weder solche Rechenkunststücke noch die Ad-hoc-Gesetze noch der Druck der Behörden verschlagen etwas gegen den Einfluß der eidverweigernden Priester, den gewaltigen Aufwand der royalistischen Propaganda und vor allem die spontane Neigung für die gemäßigten Kandidaten bei den Besitzbürgern, in deren Händen ja die Entscheidung liegt: sie trauern nicht etwa dem Ancien Régime oder dem Absolutismus nach, aber nachdem die Abschaffung der Privilegien und gesellschaftlichen Vorrechte um den Preis einer nachträglich höchst beängstigenden Umwälzung erreicht ist, sehnen sie sich aus tiefstem Herzen nach der Beilegung des politischen und religiösen Zwists, nach Sicherheit für Handel und Gewerbe, nach Frieden im Lande – das Abenteuer soll nun ein Ende haben. Eine Republik, die noch im Geruch des Terrors besteht, erscheint ihnen nicht als die beste Form der Sicherung des sozialen Besitzstandes. Die alte Monarchie legt dagegen das Gewicht der jahrhundertelangen Gewöhnung in die von der Ermattung der Bürger ohnehin beschwerte Waagschale. So machen sich die »Gemäßigten« bewußt oder unbewußt zu Gefangenen der royalistischen Aktivisten.

Zugleich allerdings erntet das Direktorium auch die Früchte der harten

Eine bissige Karikatur auf das im Germinal des Jahres V (1797) gewählte konservative neue Drittel der Abgeordneten: auf einer abgeklapperten Mähre kommt der Frischgewählte mit seiner naiven frommen Frau aus der Provinz. Bald wird er ein reicher Mann geworden sein ...

Unterdrückung nach der Babeuf-Affäre. In etlichen Departements, z. B. in der Sarthe, treten die Royalisten als die Herren und Meister auf und verwehren den Republikanern den Zugang. Die Begünstigung der Opposition durch die politische und finanzielle Situation wird durch die unzulänglich garantierte Freiheit der Wahlentscheidung erheblich verstärkt.

So müssen die Ausscheidenden, die erste Hälfte der »Immerwährenden«, diese früheste Welle des Antiparlamentarismus in Frankreich teuer bezahlen: nur 11 von 216 werden wiedergewählt, und von denen gehören zwei, vor allem Boissy d'Anglas, zur Gruppe von Clichy. In allen Departements bis auf etwa zehn siegen Royalisten.

Wird sich das Direktorium diesem Votum beugen?

Die Ratsversammlungen halten in ihrer neuen Zusammensetzung am 1. Prairial ihre erste Sitzung, nachdem das Los Letourneur als den ausscheidenden Direktor bestimmt hat. Alsbald entscheidet sich die Mehrheit für drei vorher in Clichy ausersehene Royalisten: General Pichegru wird Präsident des Rates der Fünfhundert, Barbé-Marbois Präsident des Rates der Alten, und der Diplomat Barthélemy löst Letourneur ab. Aber so entschlossen die Rechte gegen die Exekutive zusammenhält, sie bleibt uneins und zögert angesichts des nun einzuschlagenden Weges, hin- und hergerissen zwischen den »weißen Jakobinern« wie Imbert-Colomès oder Willot und den konstitutionellen Monarchisten wie Portalis oder Mathieu Dumas. Soll sie eine Restauration des Königtums anstreben um den Preis eines Staatsstreichs oder die Sammlungspolitik fortführen und die Zusammenarbeit mit gemäßigten Republikanern wie Carnot und Thibaudeau suchen? Einigkeit besteht nur darin, daß erstmal abgewartet werden muß. »Es gibt nichts Gefährlicheres«, schreibt damals Mallet du Pan, »als die Herrschaften, die man heute in Frankreich die ›anständigen Menschen‹ zu nennen beliebt: sie können noch tausend Jahre lang die gesetzgebenden Körperschaften bevölkern und werden doch nie für eine wirksame Restaurationsmaßnahme stimmen, wenn sie nicht im voraus sicher sind, daß es garantiert gefahrlos ist.«

So stehen sich im Frühjahr 1797 als getreues Spiegelbild der Stimmung im Lande zwei uneinige und unentschlossene Lager gegenüber. Emigranten und eidverweigernde Priester strömen in Massen in die Heimat zurück, die gegenrevolutionäre Tätigkeit nimmt wieder zu; gleichzeitig werden die Käufer von Nationalgütern nervös, in den Städten kommt es zu Unruhen, die Armee entrüstet sich. Die Ratsversammlungen beschließen mit den Stimmen der Rechten die Aufhebung des Gesetzes vom 3. Brumaire des Jahres IV und weitere Vergünstigungen für die eidverweigernden Priester. Vor allem versuchen sie die Exekutive in die Knie zu zwingen durch die Übertragung eines Teils ihrer Finanzbefugnisse auf die sechs unabhängigen Staatsschatzkommissare sowie durch die Verweigerung von Haushaltsmitteln. Das ist allerdings eine zweischneidige Waffe, weil sie die große Menge der Gläubiger des Staates auf die Seite des Direktoriums treibt.

Außerdem entscheidet sich das Direktorium als erstes für die harte Auseinandersetzung und entschließt sich, das notwendige Mittel einzusetzen: Gewalt. Reubell ist schon seit März dazu bereit, La Revellière, trotz aller verlockenden Angebote der Royalisten, im Juni – ihn ärgern die Maßnahmen zugunsten der eidverweigernden Priester. Barras, den die Lage aufs höchste beunruhigt, hat sich für die Zukunft bei der geheimen Pariser »Vertretung« und sogar von seiten Englands abgesichert. Aber er treibt ein Doppelspiel; schon Ende Mai hat er in aller Heimlichkeit einen seiner Freunde zu Bonaparte nach Mailand geschickt, um sich der Unterstützung der Italienarmee gegen die Ratsversammlungen zu vergewissern. Dieser Freund, Fabre de l'Aude, kommt aus Mailand nicht nur mit Bonapartes Zustimmung zurück, sondern mit den Beweisstücken für den Landesverrat Pichegrus und für das Komplott der Royalisten; man hat das Material in den Papieren des Grafen von Antraigues gefunden. So sind die drei maßgebenden Direktoren schon im Frühsommer zum Handeln bereit; indem sie den Appell an das Volk gar nicht erst erwägen, liefern sie sich den Generälen aus.

Die Armeen sind republikanisch gesonnen: die Königstreuen sind desertiert oder haben ihren Abschied genommen, Offiziere und Soldaten verdanken Beute und Ruhm dem Krieg gegen die Könige Europas. Im Sommer 1797 finden an die Ratsversammlungen gerichtete drohende Manifeste großen Beifall bei der Truppe. In der Italienarmee ist die Division Augereau besonders aufgebracht, aber auch die von der Moreauschen Rhein- und Moselarmee abgestellte Division Bernadotte drückt sich sehr deutlich aus: »Wir wissen, daß nicht ein Tag vergeht, ohne daß makellose Republikaner ermordet werden. Wir wissen, daß diese Morde auf das Konto der zurückgekehrten Emigranten und eidverweigernden Priester gehen. Es ist an der Zeit, daß solchen Verbrechen Einhalt geboten und diesen reißenden Tieren klargemacht wird, daß sie sich nicht einbilden dürfen, sie könnten uns von neuem Ketten anlegen. Sprecht nur ein Wort, und sogleich werden diese Schurken, die das Land der Freiheit verunzieren, vom Boden Frankreichs getilgt sein. Um sie zu vernichten, braucht ihr nur ein paar unserer wackeren Waffenbrüder von der Rhein- und Moselarmee und von der Sambre- und Maasarmee zu rufen.«

Die drei Armeen der Republik also stehen zur Verteidigung des Regimes bereit. Die Haltung ihrer Generäle allerdings bringt einige Schattierungen in diese Kollektivbegeisterung. Moreau, der Oberbefehlshaber der Rhein- und Moselarmee, zögert den ganzen Sommer über; er geht zwar nicht auf die Angebote der Royalisten ein, meldet sie aber auch nicht weiter. In Italien benutzt Bonaparte die Schwäche des Direktoriums, um seine persönlichen Ziele, vor allem die Besetzung von Venedig, durchzusetzen. Als er vor den Ratsversammlungen deswegen angegriffen wird, antwortet er zur Feier des 14. Juli mit einem flammenden Aufruf an seine Armee: »...Hohe Berge liegen zwischen uns und Frankreich. Ihr werdet sie, wenn es nottut, rasch wie die Adler überwinden, um die Verfassung zu erhalten, die Freiheit zu retten und die Regierung und die Republikaner zu beschützen...« Er schickt Augereau zur Unterstützung des Direktoriums nach Paris. Zugleich hält er aber wohlweislich Kontakt mit dem anderen Lager, indem er mit Carnot korrespondiert und Barthélemy durch seinen getreuen Lavalette zum Abwarten rät.

Hoche, der Oberbefehlshaber der Sambre- und Maasarmee, verteidigt als einziger rückhaltlos das Regime. Unter dem Vorwand einer Truppenverlegung nach Brest für ein Landungsunternehmen in Irland setzt er schon am 1. Juli 9000 Mann auf Paris in Marsch; seine Kavallerie steht in La Ferté-Alais bei Corbeil, also in der »Verfassungszone«, in der sich theoretisch keine Einheiten der Armee aufhalten dürfen. Als die Rechte in den Ratsversammlungen davon erfährt, spitzt sich die Krise dramatisch zu.

Am 14. Juli haben die Triumvirn im Direktorium zum Schein dem Drängen Carnots nachgegeben, der ein Revirement unter den Ministern zugunsten der Rechten verlangt. Aber sie verkehren den Vorgang in sein Gegenteil: Carnots Gewährsleute – Benezech, Cochon und Petiet – werden entlassen, Merlin und Ramel dagegen, die der Rechten ein Dorn im Auge sind, bleiben im Amt. Hoche bekommt das Kriegs-, François de Neufchâteau das Innen- und Talleyrand das Außenministerium. Daraufhin meldet Petiet den Ratsversammlungen die Anwesenheit der Truppen Hoches in der Nähe von Paris, in der »Verfassungszone«. Jetzt beginnt die Auseinandersetzung.

Die Mehrheit will zurückschlagen, indem sie Pichegru zum Stadtkommandanten von Paris macht und das Direktorium unter Anklage stellt. Sie hofft auf die Hilfe Carnots, aber Carnot lehnt ab: Barras, der etliche Drähte zugleich zieht, hat ihm die Papiere des Grafen von Antraigues gezeigt und den Verrat Pichegrus enthüllt. Weil Carnot die »republikanischen« illegalen Maßnahmen ebenso ablehnt wie das Komplott der Royalisten, hält er sich fortan aus dem Streit heraus. Der Gegenangriff der Ratsversammlungen kommt nicht recht voran. Im August sickern immer mehr Soldaten Hoches nach Paris ein und machen Jagd auf die Royalisten, die als Erkennungszeichen einen schwarzen Kragen tragen. Der energische Augereau übernimmt den Befehl der Pariser Division, und Chérin, ein General aus Hoches Armee, wird zum Kommandeur der Direktoriumsgarde ernannt. Am 7. Fructidor (25. August) schließlich löst La Revellière seinen Kollegen Carnot als amtierender Präsident des Direktoriums ab. Es ist alles bereit.

Als sich die Ratsversammlungen am 17. Fructidor endlich entschließen, das Triumvirat La Revellière–Barras-Reubell unter Anklage zu stellen, ist es zu spät: in der Nacht vom 17. auf den 18. (4./5. September) besetzen Truppen Paris. Im Morgengrauen werden Pichegru, seine Freunde in den Ratsversammlungen und Barthélemy von Augereau verhaftet; Carnot gelingt es, sich zunächst zu verstecken und später ins Ausland zu fliehen. Alles bleibt ruhig. Dieser Staatsstreich vom Fructidor ist

General Pierre Augereau: das »gehorsame Schwert« der Direktoriumsmehrheit.

das Musterbeispiel für einen gemeinsamen Putsch von Politikern und Militärs. Deutlich erkennt man die Handschrift von Barras.

Am Morgen des 18. Fructidor klebt ein großer Aufruf des Direktoriums an den Häuserwänden von Paris: der Staatsstreich wird gerechtfertigt mit dem Komplott der Engländer und Royalisten, mit den Geständnissen der Angeklagten im Prozeß gegen Brottier und Genossen sowie mit den Enthüllungen in den Papieren des Grafen von Antraigues. Gleichzeitig kündigt eine Verordnung an, daß jeder, der sich irgendwelcher Bestrebungen nach der Wiederherstellung des Königtums oder der Verfassung von 1793 schuldig macht, standrechtlich erschossen wird. Das ist die unverhüllte Rückkehr zum Notstandsregime, das Eingeständnis des Versagens der bestehenden Institutionen: ein neuer 2. Juni, diesmal von der Armee herbeigeführt. Krieg und Sieg haben ihre eigene Logik.

General Charles Pichegru, Oberbefehlshaber der Rhein- und Moselarmee, hat aus Ehrgeiz und Habgier mit dem Feind konspiriert. Nach dem 18. Fructidor wird er nach Guayana deportiert.

Noch am gleichen Tage tagen die Versammlungen in schwacher Besetzung und gedrückter Stimmung in den neuen Räumen, die man ihnen zugewiesen hat: der Rat der Fünfhundert im Odeonssaal, der Rat der Alten in der Medizinischen Fakultät. Wie am 2. Juni 1793 bestätigen die Abgeordneten ihre Niederlage, indem sie die beiden vom siegreichen Triumvirat verlangten Ausnahmegesetze billigen. Das wichtigere ist das vom 19. Fructidor: es zählt eine lange Folge von »Wohlfahrtsmaßnahmen« auf, erklärt die Wahlen in 49 Departements für ungültig und bestimmt, daß 53 Abgeordnete, zwei Direktoren (Barthélemy und Carnot), Exminister Cochon und einige weitere notorische Royalisten nach Guayana zu deportieren sind. So verschwindet fast ein Drittel der Mitglieder aus den gesetzgebenden Körperschaften; die Normandie, die Bretagne, Paris und Umgebung sowie das Departement Nord haben überhaupt keine Abgeordneten mehr. Eine Reihe weiterer Maßnahmen trifft mit aller Schärfe die zurückgekehrten Emigranten und die eidverweigernden Priester, denen Todesstrafe oder Deportation angedroht wird. Und schließlich tritt auch das Gesetz vom 3. Brumaire des Jahres IV, das seit dem Amtsantritt der Regierung so viele Auseinandersetzungen entfacht hat, wieder in Kraft.

Am 22. Fructidor beschließen die Ratsversammlungen ein weiteres Gesetz, das der Polizei absolute Gewalt über die Presse gibt und 42 Zeitungen aufführt, deren Mitarbeiter zu deportieren sind.

Barras hat sein Spiel gewonnen, aber alle spüren, daß die Institutionen des Jahres III ihre Daseinsberechtigung verloren haben. Ein neues Abenteuer beginnt.

DRITTES KAPITEL

Das italienische Abenteuer

Der Staatsstreich vom 18. Fructidor hat gezeigt, daß die ausschlaggebende Rolle in den innenpolitischen Auseinandersetzungen von nun an bei der Armee liegt. Bis dahin hatte, trotz aller 1792 von Robespierre geäußerten Befürchtungen, der aus der Revolution entstandene Krieg weder einen Cromwell noch einen Georges Monk gezeugt. Als La Fayette und später Dumouriez sich ihrer Truppen für eigene Zwecke bedienen wollten, war die Armee ihren Generälen nicht gefolgt. Augereau dagegen hat es geschafft, in die politischen Auseinandersetzungen einzugreifen. Wie ist es zu dieser neuen Lage gekommen? Der Feldzug 1796/97 und die im Zuge dieser Unternehmungen abgeschlossenen Verträge haben drei Änderungen gebracht: die Außenpolitik des Direktoriums hat sich gewandelt, Bonaparte hat sich selbständig gemacht, Italien ist wieder in die Weltgeschichte eingetreten. Betrachten wir also zunächst die Argumente, die im Streit um das italienische Abenteuer seither immer wieder benutzt worden sind.

Stets von neuem kommt man in Versuchung, die Diplomatie des Direktoriums in ein kohärentes System bringen zu wollen. Albert Sorel hat in seinem berühmten Werk *L'Europe et la Révolution française* vor einem halben Jahrhundert eine glänzende Synthese geliefert, deren zwei – später von Jacques Bainville aufgegriffenen – Themen die Kontinuität der Politik und die Unvermeidlichkeit des Krieges waren. Danach enthielt der Krieg um die natürlichen Grenzen, ein Erbteil der Revolution aus dem Ancien Régime, im Keim alle Elemente des napoleonischen Dramas bis 1815: weder Österreich (wegen des Rheins) noch England (wegen der Schelde) konnten die französischen Ansprüche akzeptieren. Diese verführerisch einleuchtende These ist von der Geschichtswissenschaft weitgehend widerlegt worden. Man weiß heute, daß weder Heinrich II. noch Ludwig XV., weder Richelieu noch Ludwig XIV. an »natürliche Grenzen« gedacht haben. Man weiß auch, wie zurückhaltend der Wohlfahrtsausschuß in seinen Kriegszielen gewesen ist. Muß man mit Raymond Guyot zu dem Schluß kommen, ohne das Dazwischentreten Bonapartes hätte das Direktorium erreichen können, daß Österreich und vielleicht sogar England die Annexion Belgiens und des linken Rheinufers hinnahmen? Das würde, wiederum nach dieser These, bedeuten, daß gerade das Hinausstreben aus den natürlichen Grenzen, daß die ehrgeizigen Pläne des Oberbefehlshabers in Italien den Mechanismus des permanenten Krieges in Gang gesetzt hätten. Die eigentliche Frage aber bleibt unbeantwortet: warum hat das Direktorium Bonaparte nachgegeben und um eines ausweglosen Abenteuers willen eine erfolgversprechende Politik geopfert?

Eine solche Entscheidung wurde nie eindeutig und grundsätzlich getroffen. Im Oktober 1795 konnte man bei den politischen Gruppierungen mehrere, im einzelnen nicht recht faßbare Vorstellungen von der zukünftigen Außenpolitik beobachten. Die Mehrheit warf der Rechten royalistischer oder gemäßigter Schattierung immer wieder vor, sie wolle auf die alten Grenzen, also auf die von 1789 zurückgehen. Kein einziger Politiker allerdings vertrat in Frankreich öffentlich eine solche Auffassung. Selbst ehemalige Feuillants oder nachdenklich gewordene Republikaner wollten nicht nur Avignon, Nizza und Savoyen behalten, sondern auch einen Teil von Belgien: das war die Maasgrenze, zu deren Verfechtern sich nach dem Thermidor Männer wie Carnot und Barthélemy gemacht hatten. Die Regierung verteidigte offiziell die »verfassungsmäßigen« Grenzen; sie umfaßten das von der Verfassung im Jahr III als unantastbar bezeichnete Gebiet, schlossen also Belgien und die Gegend von Lüttich mit ein. Die natürlichen Grenzen, mit dem linken Rheinufer, forderte ein großer Teil der Öffentlichkeit, zu dessen unnachgiebigem Fürsprecher im Direktorium sich Reubell aufwarf. Er, der Elsässer, wollte seine Heimatprovinz im Norden mit einem beruhigenden Vorfeld versehen wissen. Als er 1793 aus Mainz abziehen mußte, hatte er den wegen Zusammenarbeit mit der französischen Armee kompromittierten Rheinpfälzern versprochen, die Republik werde sie nicht im Stich lassen. Noch in Paris war er von Flüchtlingen umgeben, die ihn in dieser Haltung bestärkten. Aber wenn Österreich diese Forderungen annehmen sollte, mußte man ihm anderweitig Entschädigung bieten, und ein anderer Teil der republiktreuen Öffentlichkeit war nun einmal in der Nachfolge der Girondisten von 1793 weniger für Eroberungen als für die Ausbreitung der Revolution. La Revellière und Sieyès hegten solche Kreuzzugsgedanken, die darauf hinausliefen, Frankreich mit einem Gürtel von Schwesterrepubliken zu umgeben. Anfang 1796 war noch keine endgültige Entscheidung gefallen.

Die Haltungen schwankten auch mit der militärischen und diplomatischen Konjunktur. Oder, wie Reubell schreibt: »Um zu behalten, muß man erst mal haben.« Die Politik der natürlichen Grenzen war in der Zeit des Sieges einflußreich, mußte aber nach den Niederlagen im Herbst etwas zurückstecken. Nach der Schlacht bei Rivoli dagegen ging sie dann über ihr ursprüngliches Ziel hinaus und wünschte eine dauerhafte Ausdehnung weit nach Italien hinein. Wir dürfen die Beschlüsse des Direktoriums nicht in eine klare, durchgehende Linie bringen wollen.

Letzten Endes wäre das schon deshalb nicht sehr sinnvoll, weil die verschiedenen Bestrebungen zum gleichen Ergebnis führen: zur Fortsetzung des Krieges. Jenseits aller diplomatischen Kombinationen ist dies die eigentliche Entscheidung, deren zu einem guten Teil unbewußte Motive es zu prüfen gilt. War die öffentliche Meinung ausschlaggebend? Nein: die »aufgeklärte« Öffentlichkeit, die Notabeln nach Grundbesitz, Vermögen oder Bildung, trat in ihrer großen Mehrheit für den Frieden ein; das patriotische Herzklopfen bei der Lektüre der Siegesbulletins machte diese Männer durchaus noch nicht zu Anhängern des Dogmas von den natürlichen Grenzen. Darf man dem Direktorium kleinliche Motive unterstellen, Angst vor der drohenden Generalität oder Abhängigkeit von den Geldern, die es in Italien zu holen gab? Nach Louis Madelin »konnte man für den Augenblick nur an eines denken: wie beschäftigen wir die Soldaten?« Und Albert Sorel übernimmt die Schlußfolgerungen eines Artikels des scharf beobachtenden Zeitgenossen Rœderer: indem sie zu »Schatzmeistern der Nation« wurden, machten sich die Generäle unentbehrlich. Solche Feststellungen sind zweifellos übertrieben. Denn die Plünderung Italiens hat die Armeen und ihre Nutznießer ernährt, aber nichts zum eigentlichen Staatshaushalt beigetragen. Und: die Angst vor den eigenen Militärs war 1796 nicht größer als 1793.

Die verborgenen Triebfedern dieser Politik liegen in der Gedankenverbindung, die Revolution und Schreckensregime von Anfang an zwischen Krieg und Republik bzw. zwischen Frieden und Königtum hergestellt haben. Dabei fürchten die Direktoren und mit ihnen die frühere Mehrheit im Nationalkonvent weniger den Frieden als die Tatsache, daß er die erste Etappe zu einer monarchistischen Restauration sein könnte, wobei sie diese Gefahr vielleicht überschätzen. Die Interessengemeinschaft der Königsmörder ist gezwungen, die gewaltsame Expansion mit der Republik und die Republik mit sich selber gleichzusetzen. Für sie ist die Fortsetzung des Krieges die beste Absicherung nach rechts.

Aber der Krieg ist auch das ungefährlichste Mittel, um von links keine Bedrohung befürchten zu müssen. Der Patriotismus von 1793 mit seinem verlorenen Haufen, den Hébertisten, hat sich aus zwei Leidenschaften genährt: aus dem Terror und der kriegerischen Gesinnung. Zwar sind die Vorstädte jetzt entwaffnet, aber die Nachrichten, die von der Alpenarmee und von der Rhein- und Moselarmee eintreffen, beweisen, daß sich die Leidenschaften durchaus noch nicht beruhigt haben. Man hat dem Volk seine Pariser Revolutionstage genommen. Kann man jetzt auch noch verlangen, daß es auf seine Eroberungen verzichtet?

Alles in allem ist die von ihrem Oberbefehlshaber straff geführte Italienarmee für das Direktorium noch das kleinere Übel: sie kann als Stütze gegen die Royalisten dienen, fordert aber kein Schrekkensregime. Das italienische Abenteuer entsteht also aus der Abneigung gegen innenpolitische Abenteuer, trägt diese aber nach draußen und hält sie am Leben. Die beiden Schwächen des Regimes werden in eine existenznotwendige, doch zugleich bedrohliche Kraft umgesetzt.

Solche Erklärungen für das Abweichen des Direktoriums vom ursprünglichen Kurs bleiben allerdings unzulänglich, wenn man die Persönlichkeit des Siegers von Lodi und Arcole außer Betracht läßt. Der junge Oberbefehlshaber der Italienarmee zwingt binnen eines Monats Piemont und Lombardei in die Knie, schlägt vor Mantua vier österreichische Entsatzarmeen zurück und diktiert den Fürsten Mittelitaliens seine Bedingungen. Sehr früh schon hat die Propaganda die Wirklichkeit ausgeschmückt, hat einen oft mühsamen Feldzug in einen Triumphzug, einen geschickten Strategen in einen heldenhaften Götterjüngling verwandelt.

Aber: gerade wenn man diese Legende richtigstellen will, verfälscht man die Geschichte. So ist es vor dreißig Jahren Guglielmo Ferrero ergangen. Nach seiner Darstellung war Bonaparte bis zum Vertragsschluß von Leoben nur das getreulich ausführende Organ der in Paris festgelegten Politik, ohne eigene strategische Konzeption, ein blasser Aufguß von Guibert, der in seinen theoretischen

Arbeiten die menschenfreundlichen Regeln der begrenzten Kriegführung, wie sie dem 18. Jahrhundert am Herzen lagen, unterminiert und den Sturm der Revolutionskriege vorausgesagt hatte. Und als durchschnittlich begabter Taktiker konnte Bonaparte einen von anderen ausgearbeiteten Feldzugsplan nur durch zynische Mißachtung der Neutralität etlicher Staaten und dank der Feigheit seiner Gegner so brav ausführen. Indem die Revolution die Ordnung in Italien zerstörte, hat sie sich selber das Grab geschaufelt: »Italien war die großartige Falle, die der Revolution von der Vorsehung gestellt wurde ... Solange Frankreich in seinen und für seine natürlichen Grenzen kämpfte, war es der Stärkere. Die ›unsterbliche Kampagne‹ in Italien und der Frieden von Campo Formio locken es aus diesen Grenzen heraus, dann kann es nicht mehr zurück und stürzt sich in ein Abenteuer, dessen Ende und Ausgang sich nicht absehen lassen.« Bonaparte, von Sorel in den Mechanismus der natürlichen Grenzen gestellt, wird für Ferrero zu einem Staubkorn, das erst der italienische Sturmwind aufgewirbelt hat.

Es ist den anderen Historikern nicht schwergefallen, die Schwächen dieser These aufzuzeigen. Gewiß, Bonaparte hatte Guibert gelesen, dessen »Allgemeines Traktat über die Taktik« massierten Einsatz und Schnelligkeit empfahl. Aber er hatte auch die Feldzüge Friedrichs des Großen studiert, die Arbeiten des Engländers Lloyd, des Chevalier Du Teil sowie die Bücher von Bourcet. Er war nicht der Schüler eines einzelnen Lehrers, sondern ein Offizier, der sich hervorragende strategische Kenntnisse angeeignet hatte. Von 1794 bis 1796 inspirierte Bonaparte alle Feldzugspläne in Norditalien, und die Anweisungen des Direktoriums im Frühjahr 1796 entstanden auf der Grundlage eines Memorandums, das er für Carnot ausgearbeitet hatte. Zwar konnte er die von ihm selber vorgesehene Taktik nicht immer bis in alle Einzelheiten durchführen, aber das ist nicht weiter verwunderlich. Die Kriegskunst besteht ja darin, die Pläne nach den Umständen abzuwandeln und

Fehler des Gegners auszunutzen. Im Unterschied zu Guibert legte Bonaparte allergrößten Wert auf die zahlenmäßige Überlegenheit, die er bei seinen Truppenbewegungen und beim nachdrücklichen Ausnutzen seiner ersten Siege voll ausspielte. Er wußte, wann er ein Risiko auf sich nehmen mußte, aber er zeigte für einen siebenundzwanzigjährigen Heerführer erstaunliche Zurückhaltung, sobald er weit von seiner Basis entfernt zu kämpfen hatte. Man kann Bonaparte sein militärisches Genie nicht absprechen.

Daß er sich sehr bald nicht mehr an die Anordnungen des Direktoriums gebunden fühlte, zeigen sein Briefwechsel mit Paris und seine Proklamationen. Schon bei der Schlacht von Lodi und beim Einzug in Mailand (14. Mai 1796) wird dieser Gegensatz deutlich. Fortan macht er sich auf allen Bereichen unabhängig. Er plündert Italien, aber von den fünfzig Millionen, die er aus dem Land zieht, gibt er nur zehn an das Direktorium weiter; noch im Mai trifft er die eigenmächtige Entscheidung, seinen Truppen die Hälfte des Solds in Hartgeld auszubezahlen. Im Oktober fördert er die Gründung einer Zispadanischen Republik (Modena, Ferrara, Bologna) und enthebt die Armeekommissare der Regierung ihres Amtes zugunsten eines seiner Generäle. Im Schloß Mombello, wo er nach Leoben residiert, umgibt er sich ganz wie ein Fürst mit einem Hof von Offizieren und Botschaftern, Wissenschaftlern und Dichtern.

Man würde es sich zu leicht machen, wollte man diesen außerordentlichen Aufstieg auf ein normales Maß zurückschneiden. Daß Bonaparte und sein gestern noch ärmlich vegetierender Clan sich an der italienischen Beute bereichert haben, wissen wir heute. Nach Frédéric Masson waren es fast drei Millionen, die da zusammenkamen und später von Joseph Bonaparte umsichtig verwaltet wurden. Aber Napoleon ist kein bestechlicher kleiner General: »Geldgier«, sagt er in Sankt Helena, »führt nur zu vulgären Taten.« Er kennt Elend und Entbehrung und weiß, daß Reichtum eine Voraussetzung für Macht ist. Man kann sich auch, wie Michelet, über den Propagandafeldzug entrüsten, den er durch seine Briefe und Proklamationen in Gang hielt. Marcel Reinhardt hat mit der Veröffentlichung des Briefwechsels von Sulkowski, dem Adjutanten Bonapartes, nachgewiesen, wie durch diese, in Paris entsprechend verstärkte Eigenreklame die Erfolge übergroß erschienen und die Rückschläge kaschiert wurden. Aber diese kleinen Schenkelhilfen allein konnten keine Legende entstehen lassen. Die Zeugnisse der Zeitgenossen erlauben keinen Zweifel an der überwältigenden Beliebtheit des Oberbefehlshabers der Italienarmee. Er selber hat berichtet, wie er nach der Schlacht von Lodi spürte, daß ihm Flügel wuchsen: »An jenem Abend betrachtete ich mich zum erstenmal nicht mehr als einen einfachen General, sondern als einen Mann, der dazu berufen war, das Schicksal eines Volkes zu bestimmen. Ich fühlte, daß ich in die Geschichte eingetreten war.« Und wenig später vertraute er Marmont an: »Mein Lieber, sie haben noch gar nichts gesehen ... In unserer Zeit hat niemand etwas wirklich Großes ersonnen; ich werde das Beispiel geben.« Doch Vorsicht: das sind nicht die Worte eines ehrgeizigen Prokonsuls. Bonaparte verachtete Menschen, die einem bestimmten Ziel nachjagten. »Ich habe keinen Ehrgeiz«, schreibt er einmal. Er nahm Italien, wie er bald Frankreich nehmen würde: als eine Bühne, auf der er sein eigenes Drama aufführen konnte.

Es ist durchaus kein Zufall, daß der erste Akt dieses Dramas gerade in Italien spielt. Seit drei Jahrhunderten ein Spielball dynastischer Auseinandersetzungen, seit Menschengedenken bloßes Objekt der Geschichte, die sich außerhalb seiner Grenzen entschied, rückt Italien mit dem Feldzug 1796/97 wieder ins Zentrum – aber nicht bloß wegen der natürlichen Affinität zwischen dem korsischen General und der Halbinsel. Bonaparte traf hier vor allem günstige Vorbedingungen für ein Regime an, das er anschließend Frankreich aufzwingen konnte.

Die meisten Franzosen, die in der Revolutionszeit nach Italien reisten, blickten mit Skepsis oder gar Verachtung auf die italienischen »Patrioten«. Als Delacroix im Juli 1796 die diplomatischen Vertreter in Italien befragte, bekam er von Konsul Fourcade zur Antwort: »Die meisten Italiener zählen nur durch ihre äußeren Formen und durch ihre Laster zum Menschengeschlecht.« Zurückhaltendere Beobachter meinten: sie sind nicht reif für die Freiheit. Diese Kurzsichtigkeit hat viele Historiker angesteckt. In ihren Augen waren Buonarroti und die Exilitaliener in Frankreich entwurzelte Existenzen, die italienischen Jakobiner von ihrem Volk isolierte Träumer in abstrakten Utopien. Die neuere italienische Geschichtsschreibung hat diese Beurteilung richtiggestellt. Von 1789 bis 1796 gab es bei den italienischen Volksmassen eine starke Sympathie für die Revolution, und das jakobinische Gedankengut war dort tiefer eingedrungen als in irgendeinem anderen Land Europas. Andererseits versperrte tatsächlich alles diesen Jakobinern den Weg und verhinderte, daß die italienische Revolution den gleichen Umweg über Terror und Gleichmacherei machte, den die Revolution in Frankreich gegangen war. Wegen der politischen Zersplitterung der Halbinsel und den schwachen Bindungen zwischen Stadt und Land blieb den zentralen Gruppen des aktiven Bürgertums, vor allem im Piemont und in Neapel, gar nichts anderes übrig, als auf die großmütige Hilfe Frankreichs zu warten. Das Direktorium wiederum fürchtete die mit Babeuf und den Verfechtern eines neuen Schreckensregiments verbundenen italienischen Jakobiner; Carnot und viele andere meinten, eine geeinigte italienische Republik würde für Frankreich eine gefährliche Rivalin sein. Vor allem aber mußte die Armee aus dem eroberten Lande leben und brachte die Bevölkerung gegen die Besatzungsmacht auf. Stendhal faßt das in den Satz: »Die guten Leute von Mailand wußten nicht, daß die Anwesenheit einer Armee, auch einer Befreiungsarmee, immer ein Unglück ist.« Die Tragödie der italienischen Jakobiner liegt in diesen Widersprüchlichkeiten.

Aber Freiheit war ja nicht unbedingt gleich Jakobinertum. Für viele liberale Adelige und Bürger, die eben ein neues Patriziat bildeten, bedeutete Freiheit die Vollendung des aufgeklärten Despotismus, das Ideal der Menschenrechte-Erklärung von 1789, korrigiert durch die Erfahrung von 1793, eine Regierung der Besitzenden auf der Grundlage der Freiheit des Einzelnen und der Gleichheit vor dem Gesetz. Bonaparte erkannte das sehr rasch und sah darin ein auf Frankreich anwendbares Modell. Im Oktober 1796 schrieb er an die Bewohner der Zispadanischen Republik: »Ihr seid glücklicher als das französische Volk. Ihr gelangt ohne Revolutionen und ohne Verbrechen zur Freiheit.« In einem Schreiben an das Direktorium bekannte er seine Vorliebe für eine »aristo-demokratische« Republik – ein Gedanke von grundsätzlicher Bedeutung, den er später in seinen Verfassungen in die Wirklichkeit umsetzte, indem er ein Notabelnregime schuf, das der exekutiven Gewalt, also ihm selber, unterstellt war. Im Grunde hatten diese italienischen Patrizier, wie es Albert Sorel gesehen hat, zugleich etwas von den Feuillants des Jahres 1789 und den späteren Republikanern vom Brumaire 1799.

Alle Fäden laufen in diesem italienischen Abenteuer zusammen. Das Direktorium hat den entscheidenden Schritt getan oder hingenommen, der zu einem geographisch nicht mehr eingegrenzten Krieg führte. Dem Helden von Lodi und Arcole hat Italien nicht nur die Flügel des Siegers gegeben; es war die Gußform für den letzten, den größten und vielleicht den einzigen aufgeklärten Despoten.

Während der ersten Monate des Direktoriums war die militärische Lage ungünstig, aber auf der diplomatischen Bühne zeigten sich einige Möglichkeiten. Der Deutschlandfeldzug war nach ermutigenden Anfangserfolgen gescheitert. Pichegru, von den Unterhändlern des Prinzen von Condé für die Sache Ludwigs XVIII. gewonnen, war untätig geblieben und hatte Jourdan dadurch zum Rückzug genötigt. Als im Januar 1796 der Waffenstillstand geschlossen wurde, hatten die Österreicher Mannheim und einen Teil der Pfalz zurückerobert. In Italien war nach dem Sieg bei Loano nichts erreicht worden, weil der unfähige General Scherer seinen Erfolg nicht auszunutzen verstand. Die Armeen schmelzen zusammen; von den achthunderttausend Mann, die im Thermidor des Jahres II unter den Fahnen der Republik gestanden hatten, war durch Krankheit und Desertion nur noch gut die Hälfte übrig. Der in wertlosen Assignaten ausgezahlte Sold, das gänzlich desorganisierte Nachschubwesen, die völlige Konfusion in Heeresverwaltung und Verpflegung mußten zu Disziplinwidrigkeiten und Plünderungen führen.

Sollte man Frieden schließen? Norddeutschland und Preußen hatten seit Juli 1795 Frankreich ihre Neutralität zugesichert. Wien hielt nur unter großen Schwierigkeiten das Reich im Kriege; in Italien waren seine Beziehungen mit Turin nicht sonderlich gut. Zwar hatte Österreich am 28. September sein Bündnis mit Rußland und England fester geknüpft, aber Katharina die Große ließ es bei aufmunternden Worten bewenden, und Pitt neigte angesichts der Finanzkrise und der Hungersnot in seinem Land zu Verhandlungen. Doch die Republik ging von keiner ihrer Forderungen ab, so daß alle Vorverhandlungen im Winter scheiterten. Es half nichts, man mußte sich auf den Feldzug 1796 vorbereiten.

Carnot, dem die Kriegführung anvertraut worden war, suchte die Zustände bei den Armeen zu verbessern. Seine Entscheidungen waren nicht immer glücklich und oft unwirksam. Zur Auffüllung des Mannschaftsbestandes hätte man normalerweise frische Jahrgänge einberufen müssen, die von den Aushebungen des Jahres 1793 nicht betroffen worden waren. Das aber erlaubte die Stimmung im Volke nicht. Also ging man schärfer gegen die Fahnenflüchtigen vor. Vergebens: bis zum Frühjahr kam man mit aller Mühe auf eine Truppenstärke von 460 000 Mann. So mußte man die Zahl der Halbbrigaden verringern, also viele Offiziersstellen wegfallen lassen. Um die Disziplin zu heben und die Generäle besser zu überwachen, ernannte man »Armeekommissare«; sie hatten aber nur Kontroll- und Auskunftsfunktionen, konnten also nicht so nachdrücklich eingreifen wie die früheren bevollmächtigten Abgeordneten.

Die Feldzugspläne wurden vom Historischen und Topographischen Kabinett unter der Leitung von Clarke und Dupont ausgearbeitet. Carnot sorgte nach Prüfung durch die Generäle dafür, daß das Direktorium sie billigte. Wie 1795 sollte der Hauptstoß gegen Österreich durch Deutschland geführt werden, und zwar von der Sambre- und Maasarmee unter Jourdan und von der Rhein- und Moselarmee unter Moreau, der seinen Freund Pichegru abgelöst hatte. Sie sollten über den Rhein setzen und in Richtung auf die Donau vorrücken, aber es fehlte an jeder

Koordination ihrer Bewegungen. Für die von Scherer geführte Italienarmee übernahm Carnot die seit zwei Jahren in mehreren Denkschriften vom Oberbefehlshaber der Heimatarmee, Divisionsgeneral Bonaparte, vorgetragenen Pläne. Noch am 29. Nivôse des Jahres IV (19. Januar 1796) hatte Bonaparte in einem Schreiben seine Vorstellungen zusammengefaßt: im Piemont zum Angriff übergehen, den Turiner Hof zum Austritt aus der Koalition zwingen, in die Lombardei eindringen. Carnot gab Scherer entsprechend diesem Schreiben seine Anweisungen, aber der fühlte sich überfordert und nahm seinen Abschied. Am 2. März wurde er durch Bonaparte ersetzt. Barras rühmt sich in seinen Memoiren, er habe diese Wahl getroffen, aber nach den Bekundungen von La Revellière handelte es sich um einen einstimmigen Beschluß des Direktoriums.

Die napoleonische Legende hat sich bei dieser Episode, die aus dem General vom Vendémiaire 1795 den Oberbefehlshaber der Italienarmee machte, kaum aufgehalten. Dabei kam diese Ernennung durchaus überraschend, und zwar schon deshalb, weil kurz zuvor Saliceti als Kommissar zu eben dieser Armee geschickt worden war. Vielleicht mischte sich in das Erstaunen auch eine Prise Verachtung für die Leute von der Insel, die man als frisch erworbene Beutefranzosen betrachtete. Dupont de Nemours jedenfalls äußerte in einem Brief an Reubell Bedenken: »Wissen Sie denn nicht, was diese Korsen für Menschen sind? Seit zweitausend Jahren hat sich noch nie jemand auf sie verlassen können. Sie sind von Natur unbeständige Gesellen und nur darauf aus, endlich ihr Glück zu machen.« Auch ohne diesen Chauvinismus konnte man vermuten, daß hier ein Emporkömmling durch Intrigen ans Ziel gelangt war. Wer eine Armee führen wollte, mußte ein Hoche oder ein Kellermann sein, ein Kind der Revolution also oder ein altgedienter Bürgerlicher, der sich aus der Truppe emporgearbeitet hatte. Außerdem verstand niemand etwas von den technischen Waffengattungen wie der Artillerie, für Polizeioperationen hatte man auch nur Verachtung übrig, und so konnte ein Bürgerkriegsgeneral kein sonderliches Ansehen genießen.

Über die Gefühle der Öffentlichkeit für den Oberbefehlshaber der Heimatarmee ist schwer etwas zu sagen. Auf der Rechten verabscheute man natürlich den Terroristen, den Jakobiner vom 13. Vendémiaire. Man wußte nicht, daß er noch am 12. Vendémiaire heimlich mit den Royalisten der Sektion Le Peletier verhandelt hatte.

Man sah ihn, umgeben von Offizieren mit Schnurrbart und langem Säbel, von Theater zu Theater ziehen, die Schauspieler zum Absingen der Marseillaise zwingen und »die Chouans züchtigen«. Am 1. Pluviôse des Jahres IV (21. Januar 1795) hatte man erlebt, wie er bei der Feier zum Jahrestag der Hinrichtung Ludwigs XVI. den Vorsitz führte. Kein

General Napoleon Bonaparte

Wunder, daß Royalisten und Gemäßigte diesen Stern, der da aus der Halbwelt des Nach-Thermidor aufging, nicht recht ernst nahmen. Der sonst so klarsichtige Mallet du Pan wirkt geradezu komisch mit seinem Gerede von »diesem korsischen Terroristen, dieser rechten Hand eines Barras«, von dem General, »der keine dreißig Jahre alt und in Kriegsdingen gänzlich unerfahren ist«, von dem »ungekämmten langhaarigen Jüngelchen«, dem »Inselbanditenbastard«. Zu ihrem Unglück übernahmen die kaiserlichen Generäle diese irrigen Vorstellungen und machen sich über den *giovinastro*, den »kleinen Schlingel« lustig, den ihnen die Republik da entgegenstellt.

Teilten die Thermidorianer diese Verachtung? Wir dürfen wohl nicht glauben, was Barras später geschrieben hat; er kehrte ja immer lieber den herablassenden Gönner heraus als den Menschenkenner. Der Bonaparte von 1796, wie er ihn darstellt, dieser Hansdampf in allen Gassen als bequemer Ausputzer für die Republikaner, die von den berühmten Generälen alles zu fürchten hatten, paßt zu gut, um wahr zu sein. Nach Barras habe man damals für einen Plünderungsfeldzug einen mittelmäßigen Abenteurer gebraucht, und für den Gebirgskrieg sei ein kleiner korsischer Hirte besser geeignet erschienen als ein großer Stratege, ja, man habe ihn vor allem gewählt, weil er den regierenden Herren im Luxemburg-Palast besonders brav und unterwürfig begegnet sei. Natürlich imponierten sein von strähnigen langen Haaren eingerahmtes gelbliches Gesicht, seine winzige Gestalt mit der unordentlich gebundenen Generalsschärpe und sein langer Säbel, der auf dem Pflaster klapperte, diesen Politikern nicht, die einen Jourdan oder einen Moreau kannten. Aber die Eingeweihten, allen voran Carnot, wußten sehr genau, daß dieser Artillerist die Ausbildung und die Erfahrung eines großen Heerführers hatte.

Die Leute auf der Straße waren geteilter Meinung, aber durchaus nicht gleichgültig. »Er erfreut sich nicht des Vertrauens der Öffentlichkeit«, berichtet ein Polizeispitzel im Dezember 1794. Aber was war das für eine Öffentlichkeit? Michelet, der ansonsten mit dem Totengräber der Freiheit durchaus nicht zimperlich umgeht, liefert uns eine ganz andere Schilderung. »Mein Vater«, schreibt er, »war erst Angestellter in der Taubstummendruckerei gewesen, dann, nach dem 9. Thermidor, hatte er eine eigene Druckerei gegründet. Er begann Zeitungen herauszubringen und war durchaus in der Lage, die Meinung der Pariser zu beobachten und zu beurteilen. Von ihm weiß ich alles, was ich hier niedergeschrieben habe. Es fiel ihm sehr bald ein erstaunliches Crescendo im Klang eines bestimmten Namens auf, erst ganz schwach, dann plötzlich überwältigend wie rollender Donner. Ein einzigartiges Phänomen, das viele stutzig machte. Dieser Name, eben noch unbekannt, war in aller Munde. Mit einem Male kannte ihn jeder, und jeder behauptete, er sei ein Freund des Generals von Paris.«

Wir haben zwischen diesen Beobachtungen nicht zu wählen, sondern sie zusammenzufügen. Bonaparte trat aus der Anonymität heraus, aber er war, wie die Herzogin von Abrantès notiert, noch für niemanden ein »Fabelwesen«. Er hat die Aufmerksamkeit auf sich gezogen; die Machthaber kennen ihn jetzt. Seine Ernennung wäre nur in einer festgefügten Gesellschaft und von seiten einer stabilen Regierung überraschend gewesen. Inmitten der Schwierigkeiten, mit denen das Direktorium kämpfte, erscheint sie eher als vernünftig kalkuliertes Risiko.

Die Götter hatten den Aufstieg Bonapartes stets begünstigt, obwohl sie ihn immer zunächst zu behindern schienen. »Ich wurde geboren«, schrieb er als Zwanzigjähriger, »als mein Vaterland unterging.« Dabei hat gerade die Annexion Korsikas durch Frankreich dem am 15. August 1769 geborenen zweiten Sohn von Charles Bonaparte die Möglichkeit zu einem unerhofften Fortkommen eröffnet. Was hätte den Bonapartes ihr niederer, wenn auch echter Adel genützt, wenn sie ein bescheidenes Leben zwischen ihren Weinbergen, Ölbäumen und Ziegen hätten führen müssen? Charles, der treue Anhänger des korsischen Freiheitshelden Paoli, verfocht nicht länger die Sache der Unabhängigkeit, stellte sich gut mit den neuen französischen Inselbehörden, und es gelang ihm, 1778 für seine beiden ältesten Söhne Stipendien zu bekommen, die Versailles für die Söhne des weniger bemittelten Provinzadels ausgesetzt hatte.

In Autun und Brienne (1779–1784), anschließend auf der Militärschule am Marsfeld in Paris bekam der junge Napoleon Bonaparte eine gediegene Ausbildung. Zwar vernachlässigte er Deutsch und Latein, aber er begeisterte sich für Geschichte und Geographie und glänzte in Mathematik. Seine Vereinsamung, der Spott, den er wegen seines starken Akzents und seines ausgefallenen Vornamens von seinen Mitschülern erdulden mußte, sind immer wieder übertrieben worden. Immerhin träumt der im November 1785 dem Regiment La Fère zugeteilte Artillerieoberleutnant nur von Korsika und haßt das Land, das die Insel unters Joch gezwungen hat. Er fühlt sich diesem Regime, das bald zerbrechen wird, in keiner Weise verpflichtet; kein Treueverhältnis bindet ihn, ganz im Gegensatz zu so vielen seiner Kameraden aus dem Kleinadel. Er weiß noch nicht, welch eine Überlegenheit ihm seine hervorragende Ausbildung über Generäle wie Hoche, die aus dem Soldatenstand gekommen sind, später einmal verleihen wird.

Von 1786 bis 1793 führt er in Valence, Auxonne und wieder Valence das übliche Garnisonsleben, verbringt aber immer wieder lange Monate in Korsika. An der Revolution erscheint ihm die Chance für begabte Leute bemerkenswert, weniger der Aufschwung der Herzen. Er ist Jakobiner, versucht sich im Philosophieren und in politischen Reden, aber als in Valmy die Kanonen sprechen, wartet er gerade einmal wieder auf das Schiff, das ihn zu seiner Heimatinsel bringen soll. Dennoch ist auch dies eine Chance für ihn, für seine Zukunft: er wird nie befangen sein in der erregenden, aber lähmenden Erinnerung an die großen Pariser Aufstands- und Schreckenstage. Zunächst allerdings ist seine Entscheidung grundverkehrt. In Korsika haben sich die Bonapartes ganz auf die Seite der Revolution geschlagen, während für Paoli und seine Freunde auch das revolutionäre Frankreich der Feind bleibt. Als im April 1793 eine Volkserhebung die Franzosen von der Insel vertreibt, werden die Bonapartes für vogelfrei erklärt, und der junge Napoleon, von seiner Heimat verstoßen, muß wieder als Artilleriehauptmann in einem Lande leben, dem er vergeblich zu entrinnen versucht hat.

So verbrachte Bonaparte im Sommer 1793 seine Zeit in der untergeordneten Stellung eines Hauptmanns im 4. Artillerieregiment der Italienarmee, das in Nizza in Garnison lag. Aber eine Dienstreise nach Avignon machte ihn zum Zufallszeugen der erbitterten bürgerkriegsartigen Auseinandersetzungen in Südfrankreich. Im August schrieb er unter dem Eindruck dieser Erlebnisse eine tagespolitische Schrift, »Das Nachtessen von Beaucaire«, mit dem er die wohlwollende Aufmerksamkeit der bevollmächtigten Abgeordneten auf sich lenkte. Einer, Saliceti, kannte seine Familie und hatte mit ihr gegen Paoli gekämpft. Er war zu den Belagerern vor Toulon geschickt worden, und der Zufall wollte es, daß er Bonaparte gerade in dem Augenblick begegnete, als der Kommandeur der Belagerungsartillerie verwundet worden war. Sofort ersetzte er ihn durch seinen Landsmann, der im September zum Bataillonskommandeur ernannt wurde.

Der Artillerist Bonaparte hatte von früheren Besuchen her die Befestigungen von Toulon genau im Kopf. Ihm war bald klar, daß alles von der englisch-spanischen Flotte abhing, die auf der Reede lag und die man durch Artilleriebeschuß zum Ankerlichten zwingen mußte. Dazu war die Eroberung des Forts Éguillete notwendig. Aber weder der unfähige General Carteaux noch der unbedeutende General Doppet, der ihn an der Spitze der Belagerungsarmee ablöste, wollten auf Bonapartes Pläne eingehen. Endlich entschloß sich der Wohlfahrtsausschuß auf Salicetis und Bonapartes eigenes Drängen, Dugommier zu ernennen und Bonaparte unter der Autorität eines Generals der Artillerie, Du Teil, freie Hand zu geben. Am 17. Dezember verließ die feindliche Flotte die Reede, am 19. zogen die Truppen der Republik wieder in die Stadt ein, am 23. wurde Bonaparte zum Brigadegeneral ernannt.

Sein Name blieb dennoch fast unbekannt. Was war das schon, die Eroberung von Toulon, verglichen mit den Schlachten, die zu dieser Zeit von der Republik an den Grenzen geschlagen wurden! General Junot bekam einen Brief von seinem Vater: »Was ist das für ein General, dieser Bonaparte? Wo sind seine Verdienste? Hat man je so etwas gehört!« Aber unter den wenigen, die ihn kannten, war Augustin Robespierre; er rühmte die »überragenden Leistungen« des Mannes, den er vor Toulon erlebt hatte. Ihm verdankte es Bonaparte, daß er am 7. Februar 1794 zum Befehlshaber der Artillerie bei der Italienarmee ernannt wurde. Die Offensive, die im Frühjahr mit der Eroberung von Oneglia und Saorgo endete, wurde General Dumerbion von seinem Artilleriebefehlshaber abgerungen. Bonaparte hatte den Vormarsch fortsetzen wollen, wie es seine Denkschrift an Augustin Robespierre zeigt, in der man schon in großen Linien seinen Plan von 1796 erkennt. Aber Carnot wollte nichts davon wissen, und am 9. Thermidor stand der Günstling der »Tyrannen« kompromittiert da.

Der Gegenströmung nach dem Sturz Robespierres fiel Bonaparte wie so viele zum Opfer, die ihre rasche Beförderung nur dem Wohlwollen der Herren und Meister von gestern zu verdanken schienen. Zunächst mußte er ins Gefängnis. Die bevollmächtigten Abgeordneten bei der Italienarmee wollten ihren Eifer und ihre Zuverlässigkeit beweisen: sie denunzierten Bonaparte, den Saliceti jetzt den »Mann Robespierres« nannte, den »Pläneschmied, dem wir gehorchen mußten«. Unter der Anklage verräterischer Beziehungen zu Genua wurde er am 6. August im Festungsturm von Antibes gefangengesetzt und von seinem Kommando abgelöst. Zwar kam er bald wieder frei (am 14. September), aber er war nur noch ein verdächtiger Offizier ohne festen Auftrag. Selbst seine Teilnahme am Feldzug, der am 24. September zur Eroberung von Kairo führte, wurde ihm nicht zugute gehalten. Man schätzte in Paris diese jakobinischer Neigungen und abenteuerlicher Gelüste verdächtige Italienarmee nicht sonderlich.

Wie lästig wurde er für seine einstigen Freunde! Saliceti, der sehr auf Solidarität unter Korsen bedacht war, fürchtete zwar, daß ihn dieser Freundschaftsdienst kompromittieren könnte, aber er wagte doch den großen Sprung und beauftragte ihn mit der Wiedereroberung von Korsika gegen Paoli und die Engländer. Bonaparte wünschte sich nichts Besseres, aber er hatte kein Vertrauen in Frankreichs Leistungsfähigkeit zur See. Er ließ die ersten Schiffe ohne ihn von Toulon auslaufen, und tatsächlich kamen sie bald von der englischen Flotte zerschossen wieder zurück. So mußte er sich weiter damit begnügen, sich um den Küstenschutz zu kümmern. Im März 1795 endlich wurde er versetzt: Befehlshaber der Artillerie bei der Westarmee. Er hatte (trotz mancher gegenteiliger Behauptungen) nichts dagegen, sich mit den Aufständischen der Vendée herumzuschlagen. Er bestätigte also die Ernennung und reiste nach Paris ab. Aber Aubry, ein ehemaliger Girondist, der im Wohlfahrtsausschuß das Kriegsbüro leitete, rächte sich an dem Jakobiner Bonaparte, indem er seinen Auftrag änderte: dem Artilleristen, der stolz darauf war, einer technischen Waffengattung anzugehören, vertraute er das Kommando über eine Infanteriebrigade an. Bonaparte, ohne offen den Befehl zu verweigern, zögerte seine Abreise unter allen möglichen Vorwänden hinaus. Eine Zeitlang glaubte er, es werde sich alles einrenken. Im August 1795 wurde Aubry durch Doulcet de Pontécoulant ersetzt, und der machte ihn zum Leiter des Topographischen Kabinetts, wo die Feldzugspläne ausgearbeitet wurden. Bonaparte erinnerte sich seiner Italienerfahrung und verfaßte zwei Denkschriften, in denen er seine Vorstellungen von einer Offensive im Piemont und in der Lombardei darlegte. Aber Doulcet hielt sich nicht lange im Wohlfahrtsausschuß, und sein Schützling, der einen Augenblick lang sogar mit dem Gedanken spielte, in türkische Dienste zu treten, wurde am 15. September aus der Armee entlassen, »angesichts der Tatsache, daß er das ihm zugewiesene Kommando nicht übernommen hat«.

Es folgten unerfreuliche Wochen. Romantische Biographen haben sich ausgemalt, wie Bonaparte mit seinen beiden ergebenen Freunden Marmont und Junot durch die Straßen von Paris irrte und sich freute, wenn er ein paar Brocken vom Tische irgendwelcher reicher Bürger erhaschen konnte. So arg kann es nicht gewesen sein, denn er konnte seiner Mutter noch Geld schicken und hatte sich in seiner ersten Offizierszeit in Valence viel mehr einschränken müssen. Was ihn quälte, war vielmehr, daß er keine Liebe fand. Désirée Clary, die junge Dame aus Marseille, deren Schwester Joseph Bonaparte geheiratet hatte, antwortete nicht auf seine Briefe, in die er seine Träume legte.

Der 13. Vendémiaire war für ihn der Augenblick, Ruhm und Liebe zu finden. Barras kannte ihn seit der Belagerung von Toulon; inzwischen war ihm Bonaparte als Stellungssuchender in den Gängen der Regierungsämter wieder begegnet. Er brauchte zur Niederschlagung der Royalisten Offiziere, die den Säuberungen nach dem 9. Thermidor zum Opfer gefallen waren. Am 13. bekam Bonaparte den Befehl über die Artillerie, erfüllte aber tatsächlich die Aufgabe eines Stabschefs. Jetzt war er aus dem Schatten getreten. Barras und Fréron (der Liebhaber seiner Schwester Pauline) sorgten dafür, daß der Nationalkonvent ihm eine Ovation darbrachte. Er wurde wieder in die Armee aufgenommen, zehn Tage später zum Divisionsgeneral befördert und am 3. Brumaire (25. Oktober) der Nachfolger von Barras als Oberbefehlshaber der Heimatarmee.

Dieser sechsundzwanzigjährige General hatte wenig Gelegenheit gehabt, mit Damen umzugehen. Eintagsabenteuer, ein gelegentlicher Jünglingsschwarm ohne Gegenseitigkeit – ein großes Vakuum also bei diesem stolzen Einzelgänger, dessen Phantasie durch intensive nächtliche Lektüre erregt war. Elie Faure hat zweifellos recht mit seiner Feststellung: er war »das wehrlose Opfer für die erste beste, deren Lächeln weder Ironie noch hochmütige Herablassung zeigte«. Wie hätte er von Joséphine de Beauharnais nicht entflammt sein sollen? Es ist nicht weiter erheblich, ob er sie nun, wie es die Legende berichtet, über ihren als Bittsteller zu ihm gekommenen Sohn Eugène kennengelernt hat oder in den Salons von Barras, einem ihrer zahlreichen Verehrer. Er war sofort hingerissen von dieser nicht mehr ganz jungen Kreolin, die ihm mit dem Zauber reifer Fraulichkeit entgegentrat. Er wurde ihr Liebhaber, aber dennoch »erhitzte sie ihm das Blut«, und er wollte sie heiraten. Man muß schon vor lauter Vorurteilen blind sein, um karrierebedachte Berechnung in diesem Vorhaben zu erblicken, das im Gegenteil von rührender Naivität zeugt. Diese verblühende Sultanin, die in der zwielichtigen Halbwelt des Nach-Thermidor verkehrte und nur Schulden und Kinder besaß, wäre wahrhaftig keine gute Partie für einen ehrgeizigen Mann mit klarem Kopf gewesen. Aber er war völlig verzaubert: »Ich erwache, ganz von Dir erfüllt«, schrieb er ihr. »Dein Bild und die Erinnerung an den berauschenden Abend gestern haben meinen Sinnen keine Ruhe gelassen.« Alles blendete ihn an ihr, sogar ihr Boudoiradel.

Joséphine fand ihn zunächst »komisch«; dann machte ihr diese verzehrende Leidenschaft Angst. Aber auf Anraten von Barras, der entzückt war, eine Maitresse, deren er überdrüssig war, an seinen Schützling weiterreichen zu können, stimmte sie schließlich der Hochzeit zu. Am 9. März heiratete der Oberbefehlshaber der Italienarmee die Bürgerin Beauharnais. Tallien und Barras beehrten das Brautpaar mit ihrer Gegenwart. Drei Tage später war der junge Ehemann unterwegs nach Italien.

Italien, wie es sich Bonaparte darbietet, scheint auf den ersten Blick in uralten Strukturen erstarrt zu sein. Die Karte zeigt die Zersplitterung durch die unaufhörlichen Dynastienrivalitäten seit zwei Jahrhunderten. Im Norden teilen sich sieben souveräne Staaten in die Alpenausläufer, den Piemont und die Tiefebene. Zwei sind oligarchisch regierte Republiken, die von ihrer großen Vergangenheit zehren: Genua mit seinem kleinen, ärmlichen Hinterland, und das stolze Venedig, das sich von Vene-

Eine rührende Idylle: Das Hochzeitsbild des Bürgers Bonaparte und der Bürgerin Beauharnais, »gezeichnet von einem verwundeten Offizier aus der Armee des Generals Bonaparte«.

tien bis zu den Ionischen Inseln erstreckt. Die Landschaft Emilia ist in drei Teile zerstückelt: Ferdinand von Bourbon herrscht über Parma, Piacenza und Guastalla; der letzte d'Este von Modena hat seine einzige Tochter an einen Habsburger verheiratet; Bologna, Ferrara, Ravenna und Forli bilden unter der alten Bezeichnung »Legationen« den nördlichen Teil des Kirchenstaats. Zwei große Gebilde fallen ins Auge. Die seit 1713 österreichische Lombardei hat 1748 ihre westlichen Gebiete verloren (Alessandria und Novara mußten an Piemont abgetreten werden), aber durch den Erwerb von Mantua hat sie sich nach Osten ausgedehnt. Der »savoyische« Staat oder Königreich Sardinien trägt inzwischen beide Namen zu Unrecht; ebenso wie Nizza ist Savoyen seit 1792 französisch, und Sardinien ist nur noch ein unterentwickeltes Anhängsel des Piemont, der das eigentliche Staatsgebiet ausmacht. Der Piemont, im Gegensatz zu den übrigen Staaten in Oberitalien, ist nicht ein altes städtisches Gemeinwesen, das sich nach und nach das Land ringsum einverleibt hat, sondern eine Vielzahl von kleinen Herrschaften, die unter einer Dynastie zusammengefaßt worden sind.

Begeben wir uns nach Mittelitalien. Lassen wir die Republik Lucca rechts liegen und halten wir uns nicht mit dem kleinen »Stato dei presidi« an der Westküste (Talamone, Orbetello, Monte Argentario) auf, der seit

1738 zum Königreich Neapel gehört. Bemerkenswert ist der Gegensatz zwischen dem Großherzogtum Toskana, wo der friedfertige Ferdinand von Habsburg regiert, und dem Kirchenstaat, der vom Appenin in zwei nach Bodengestalt und Bevölkerung grundverschiedene Teile zerschnitten wird: zum Tyrrhenischen Meer hin das arme und zurückgebliebene Latium, zur Adria hin mit den »Marken« (Pesaro, Urbino, Ancona, Macerata, Ascoli) und den Legationen offen für die Zivilisation von Norden her. Weiter im Süden finden wir dann Neapel und Sizilien, theoretisch eigene Staatsgebilde, aber vereint unter einem Szepter, dem des Königs Ferdinand IV. von Bourbon und seiner ehrgeizigen Gemahlin Marie Karoline von Österreich. Alle diese Fürsten stehen durch geschickt und geduldig geknüpfte Bande unter dem Einfluß der Habsburger. Als Könige von Neapel oder Sardinien, Herzöge von Parma oder Modena mußten sie der gegen Frankreich gebildeten Koalition beitreten. Nur Ferdinand von Toskana ist es gelungen, im Februar 1795 auszuscheren.

Zu dieser Kleinstaaterei tritt eine lokal außerordentlich verschiedene ökonomische und soziale Entwicklung. Die Zentren der Wirtschaftstätigkeit und des lebendigen Reichtums (nicht zu verwechseln mit den angehäuften Reichtümern) sind die großen Städte in Oberitalien und in der Toskana und die Landstriche ringsum, die sich im 18. Jahrhundert sehr gewandelt haben. Vor allem im Herzogtum Mailand haben die Grundbesitzer der Lombardei ihre Böden verbessert, die Bewässerungssysteme ausgebaut, Reisfelder und Weiden angelegt; die Seidenraupenzucht hat einen neuen Hochstand erreicht, und in Mailand und Como werden Wolle, Baumwolle und Seide gewebt. Ein neues, noch sehr von Agrarinteressen bestimmtes Bürgertum ist entstanden und fordert seinen Platz neben der Aristokratie, von der ein Teil sich im übrigen für die Möglichkeiten und Ideen des Jahrhunderts aufgeschlossen zeigt. Die Gesellschaft im Piemont ist dagegen zurückgeblieben, was nicht hindert, daß auch hier die Veränderungen zu spüren sind: viele Äcker sind künstlich bewässert, und überall in den Städten haben sich kleine Unternehmen der Textilindustrie niedergelassen. In der Toskana hat vor allem Livorno von der liberalen Einstellung des Großherzogs profitiert.

Südlich von Umbrien ändert sich das Bild. Nicht, daß die Städte weniger volkreich wären. Rom und vor allem Neapel mit seinen 400 000 Einwohnern sind übergroß im Verhältnis zur Gesamtbevölkerungszahl. Aber sie sind keine lebendigen Organismen, sondern Parasitenstädte: die geistliche oder weltliche Feudalhierarchie unterhält eine Unmenge von Dienstleuten und Bettlern, das Bürgertum ist wegen der fehlenden Wirtschaftsaktivität auf die Juristenstellen oder auf die Staatsbürokratie angewiesen. Das flache Land im Mezzogiorno, ohne Verkehrswege und mit einem notorischen Räuberunwesen, liegt seit Jahrhunderten in tiefem Schlaf. Unermeßliche Latifundien nehmen den Bauern jede Aussicht auf ein eigenes Stück Land. Sizilien mit seinen Gebieten, wo der Adel Getreide für den Export anbauen läßt, bildet allerdings eine Ausnahme. Aber dorthin gelangt Bonaparte nicht.

Man sieht, was das Italien von 1796 dem Frankreich Ludwigs XVI. ähnlich macht, aber auch, worin es sich unterscheidet. In diesem wohlhabenden Jahrhundert hat sich, vor allem im Norden, ein städtisches Bürgertum herausgebildet, das nach Freiheit und Reformen strebt. Aber es ist von Stadt zu Stadt durch die politische Zersplitterung getrennt, noch mehr aber insgesamt getrennt von einem Bauerntum ohne Grundbesitz, mit dem das große Bündnis von 1789 – das Bündnis der Besitzenden – offensichtlich nicht möglich ist. Gewiß ist Italien deshalb im 18. Jahrhundert das Land des aufgeklärten Despotismus gewesen. Unterstützt von neuerungsbegeisterten Fürsten oder Ministern – ein Leopold in der Toskana, ein Tanucci in Neapel, ein du Tillot in Parma – haben die Liberalen klar begrenzte Reformen erwirkt, vor allem die Einschränkung der Privilegien und des Vermögens der Geistlichkeit, ohne daß die bestehenden Strukturen deshalb zerstört worden wären.

Doch die Französische Revolution hat tiefgehende Veränderungen hervorgerufen. Auf die Ansteckungsgefahr haben die Fürsten in Italien mit Unterdrückung und der Einstellung jeglichen Entgegenkommens auf dem Gebiet der angefangenen Reformen geantwortet. Verhaftungen und Prozesse sind an der Tagesordnung, und selbst ausgesprochen gemäßigte Untertanen sind davon betroffen. Fürsten, die bislang die jansenistisch gesonnene Geistlichkeit unterstützt haben, sind von der Zivilrechtlichen Konstituierung des Klerus in Frankreich so verschreckt, daß sie ihre Priester der römischen Kurie preisgeben. Diese reaktionäre Welle hat dazu beigetragen, die Reformbewegung zu radikalisieren. Die einstigen Verfechter eines aufgeklärten Despotismus nahmen eine kämpferische Haltung ein, die etwa der in der Verfassunggebenden Versammlung von 1789 entsprach. Andere gingen noch weiter und träumten von einer demokratischen Republik Italien.

Sie standen nicht so ganz allein, wie es oft dargestellt worden ist. Die Französische Revolution fand bei der Masse in Italien einen Widerhall, der nicht eine bloße Auswirkung der Pariser Propaganda war. In Dronero im Piemont erhoben sich 1711 die Einwohner mit dem Ruf: »Es lebe Paris! Es lebe Frankreich!« In Odogna in den Abruzzen erklärte die Gemeindeverwaltung den königlichen Kommissaren, sie wolle sich selber regieren wie die französischen Gemeinden. In Rionero (Basilicate) strömte im Dezember 1793 eine Volksmenge auf den Dorfplatz: »Wir wollen es haben wie die Franzosen!« Die italienischen Historiker bestreiten also aus gutem Grund die Legende von der Gleichgültigkeit oder Feindseligkeit ihrer Landsleute gegenüber der Revolution. Was für die Besatzungszeit nach 1796/97 gilt, war damals durchaus noch nicht gegeben.

Die patriotische Jakobinerbewegung ging vor allem von den Freimaurerlogen aus, die mit der Loge von Marseille in Verbindung standen. In Turin und Neapel gründeten sie sogar Klubs, die Verschwörungen und subversive Anschläge versuchten. Einige von der Polizei verfolgte Jakobiner flohen nach Frankreich und scharten sich um Buonarroti.

Für die Zukunft Italiens war diese Jakobinerbewegung von großer Bedeutung. Zunächst blieb sie jedoch aus zwei Gründen zum Scheitern verurteilt: Die Umstände in Italien begünstigten eher eine gemäßigte Reformentwicklung als den revolutionären Umsturz, und – alles hing von Frankreich ab. Für die französische Regierung aber und auch für die aufgeklärte Öffentlichkeit war Italien nur ein diplomatischer Einsatz und ein Boden, aus dem sich etwas herausholen ließ. Man wollte sich der italienischen Patrioten bedienen statt ihnen zu dienen.

Die »Instruktion für den Oberbefehlshaber der Italienarmee«, die das Direktorium Bonaparte auf den Weg gegeben hatte, griff die Vorstellung auf, die er selber oft vertreten hatte: durch eine rasche Offensive Piemontesen und Österreicher trennen, den Turiner Hof zum Frieden oder besser noch zu einem Bündnis mit Frankreich zwingen und mit so gesichertem Hinterland die Österreicher aus der Lombardei vertreiben. »Die Einzelheiten der Ausführung stehen im Ermessen des Oberbefehlshabers.«

Die französische Armee mit ihren etwa fünfundvierzigtausend Mann sah sich zwei Truppenverbänden gegenüber, an deren Spitze zwei verfeindete alte Heerführer standen. Der Piemontese Colli hatte einschließlich des schwachen österreichischen Korps unter Provera fünfzehn- bis achtzehntausend Mann. Sein Feldlager befand sich in Ceva im Tal des Tanaro. Beaulieu mit seinen fünfundzwanzigtausend Österreichern hatte sich nach Norden abgesetzt. Als Bonaparte in Nizza eintraf, hielt seine Armee die Küste und die Seealpen besetzt bis hinauf zur Paßhöhe von Cadibone, die beherrschend über den Flußtälern von Bormida und Tanaro liegt. Bonaparte schlug am 5. April in Albenga sein Hauptquartier auf, schickte Divisionsgeneral Sérurier in das Gebiet von Caressio zur Sicherung des oberen Tanaro-Tals und zog seine drei übrigen Divisionen unter den Generälen Masséna, Augereau und La Harpe an der Küste um Savona zusammen. Sein Plan lief darauf hinaus, Ceva von beiden Talenden her anzugreifen, Colli und seine Piemontesen also auszuschalten, ehe die Österreicher ihnen zu Hilfe eilen könnten.

Aber die Umstände erzwangen eine Änderung. Am 10. April, an dem von Bonaparte festgesetzten Tag für die Offensive, gehen gleich zwei österreichische Armeen zum Angriff über. Auf dem linken Flügel besetzt Beaulieu die von den Franzosen kampflos geräumte Stadt Voltri, rechts stößt d'Argenteau von Dego aus vor und überrennt die französischen Vorausabteilungen.

Der Angriff der Österreicher hat Bonaparte überrascht. Es gehört schon viel Naivität dazu, um zu glauben, er habe Voltri als Lockspeise benutzt. Jetzt muß er seinen ursprünglichen Plan aufschieben, den Angriff der Österreicher abwehren und um jeden Preis ihre Vereinigung mit den Truppen Collis verhindern. Aber das Ziel bleibt Ceva.

Innerhalb von zwei Wochen erobert Bonapartes Armee ihre Ruhmestitel. Es ist das erste Beispiel napoleonischer Strategie: die zahlenmäßige Überlegenheit, die raschen Bewegungen, die massierten Angriffe treiben d'Argenteaus Truppen in die Flucht. Jetzt kommt es darauf an, die Österreicher zuverlässig von den Piemontesen, die wieder zum Hauptgegner geworden sind, zu trennen. Im Westen besetzt Augereau am 13. Millesimo und stößt auf Ceva vor. Im Norden erobert Masséna das Städtchen Cairo. Provera mit seinem schwachen österreichischen Kontingent igelt sich in Casseria ein und muß am Tag darauf kapitulieren. An diesem 14. April geht der Kampf um das Dorf Dego: Masséna hat es am Morgen erobert, verliert es in der Nacht an die Österreicher und gewinnt es am nächsten Tag zurück. Jetzt ist den Österreichern endgültig der Weg zu ihren Verbündeten versperrt, und der Angriff kann auf Colli konzentriert werden: Augereau kommt von Osten, Sérurier von Westen, Masséna von Norden. Am 17. verläßt Colli sein Feldlager in Ceva und zieht sich auf Mondovi zurück, das er am 19. auch aufgeben muß. Zwei Tage später, während Augereau in Cherasco einmarschiert, ersucht er um einen Waffenstillstand.

Über diesen Waffenstillstand sind viele Spekulationen angestellt worden. Ist Viktor Amadeus, der König von Sardinien, ein ungetreuer und feiger Wächter am Einfallstor nach Italien gewesen? Zweifellos hat er seine Entscheidung auch aus politischer Berechnung getroffen. In Alba, wo Bonafous und Ranza unter den wohlgefälligen Blicken Augereaus die erste Bastion eines freien Italiens schufen, war unverkennbar die Revolution ausgebrochen. Aber auch die militärische Lage sprach durchaus für eine Einstellung des Kampfes. Bonaparte hatte die Hände frei. Ihm kam es vor allem darauf an, seine rückwärtigen Verbindungen zu sichern, und so opferte er die piemontesische Revolution für die Neutralität der Turiner Regierung. Das Direktorium hatte ihm ja eine Art Blankovollmacht gegeben, und so unterzeichnete er am 28. April den Waffenstillstand von

Ein typisches Propagandabild aus dem Frühsommer 1796: »Murat überbringt dem Direktorium den Vertrag von Cherasco und die in Italien eroberten Fahnen.«

Cherasco, der ihm Coni, Toronto und Alessandria auslieferte. Er vergaß nicht, seinen Erfolg ins rechte Licht zu setzen. In der berechtigten Hoffnung, daß sich diese Nachricht herumsprechen würde, machte er Barras nachdrücklich darauf aufmerksam, daß der Gegner in zehn Tagen zwölftausend Gefangene und sechstausend Tote verloren habe. Für seine Soldaten schrieb er eigenhändig seine erste Proklamation, die von den Pariser Zeitungen sogleich abgedruckt wurde: »Soldaten! In zwei Wochen habt ihr sechs Siege errungen ... Aber, Soldaten, noch habt ihr nichts getan, weil euch noch alles zu tun bleibt ... Alle wollen doch, wenn sie in ihre Dörfer heimkehren, sagen können: ich war bei der siegreichen Italienarmee!«

Beaulieu zog sich auf das linke, das nördliche Po-Ufer zurück. Bonapartes Plan sah vor, südlich an seinen Truppen vorbeizustoßen und in Piacenza den Po zu überschreiten. Die Stadt Piacenza, obwohl Guglielmo Ferrero das bestritten hat, gehörte nicht zu einem neutralen Staat, sondern zu einem Mitgliedstaat der Koalition. Am 7. Mai war der Fluß überquert und am 8. kam es bei Fombio zu einem Gefecht. Aber der Oberbefehlshaber der österreichischen Armee wich einer Schlacht nach wie vor aus. Er zog auch über die Adda und ließ nur am Übergang bei Lodi eine schwache Nachhut zurück, während er sich mit dem Gros seiner Truppen ostwärts bis nach Cremona absetzte.

Am 10. Mai morgens erreichten Masséna und Augereau die Brücke von Lodi und wurden mit heftigem Artilleriefeuer empfangen. Die ersten Sturmkompanien hatten außerordentlich hohe Verluste. Aber über eine Sandbank konnte ein Teil der Truppen den Fluß überschreiten; die Jäger zu Pferde fanden weiter nördlich eine Furt und griffen den Gegner im Rücken an.

Die Generäle mußten die Soldaten durch ihr Beispiel mitreißen, aber das berühmte Bild, das Bonaparte mit der Fahne in der Hand an der Spitze der Angreifer zeigt, entspricht in keiner Weise der Wirklichkeit: es ist ein auf Anweisung von Faipoult in Genua angefertigter Kupferstich, ein Propagandablatt, das in Frankreich in hoher Auflage verbreitet wurde. Bonaparte und Saliceti schickten ihrerseits Bulletins und Briefe nach Paris, die Lodi als einen entscheidenden Sieg darstellten. Dabei war das Ziel im Grunde nicht erreicht worden: die österreichische Armee blieb intakt und hatte sich in guter Ordnung zurückgezogen.

In Mailand, das Masséna am 14. Mai mit seiner Division besetzte, zog Bonaparte am 15. Mai als Triumphator ein. Er wurde an der Porta Romana vom Erzbischof und den Dekurionen begrüßt und versprach ihnen feierlich die Achtung ihrer Religion und ihres Eigentums. Dann, einige Schritte vor der Front seiner Truppen, betrat er die Stadt. Am Abend empfing er im Erzbischöflichen Palast verschiedene Abordnungen und wurde nicht müde, ihnen die Freiheit zuzusichern: »Ihr werdet frei sein und eurer Freiheit sicherer als die Franzosen ... Auch wenn Österreich noch einmal angreifen sollte: ich werde euch nie im Stich lassen.« An diesem Abend zeichneten sich die Konturen einer persönlichen Politik ab, die den Oberbefehlshaber bald mit dem Direktorium in Konflikt bringen würde.

Am Vorabend seines Einzugs in Mailand hatte Bonaparte ein Schreiben von Carnot mit den neuen Direktiven der Regierung erhalten. Er sollte darauf verzichten, die österreichischen Truppen bis nach Tirol hinein zu verfolgen und seine Armee statt dessen nach Mittelitalien führen: ›Die italienischen Mächte sollten Sie an eine Rechtsschwenkung denken lassen.« Er gehorchte um so bereitwilliger, als die Untätigkeit der Armeen von Moreau und Jourdan einen Feldzug gegen Tirol im Alleingang riskant erscheinen ließ.

Bonaparte verfolgte in Italien keine klare politische Linie, sondern traf seine Entscheidungen ganz nach den Umständen und militärischen Notwendigkeiten. Trotz Augereaus Einspruch hatte er die Republikaner in

Alba ohne Zögern dem König von Sardinien geopfert. In Mailand dagegen waren für den Augenblick nur die Jakobiner eine echte Stütze der französischen Sache; die liberalen Patrizier mochten sich noch nicht kompromittieren. Am 19. Mai schuf Bonaparte eine aus drei Franzosen bestehende »Militärverwaltung der Lombardei«, ließ aber die Kongregation (eine Art beratender Provinzversammlung) und die Stadt- und Gemeindebehörden bestehen. In Mailand herrschten in der Stadtverwaltung die demokratischen Elemente aus der »Gesellschaft für Freiheit und Gleichheit«; der Einfluß der Gemäßigten wie Pietro Verri blieb schwach. Die Propaganda der Einheitsbegeisterten und der Jakobiner entwickelte sich einige Monate lang in den Zeitungen, dem »Politischen Thermometer« oder dem »Journal der Patrioten Italiens«; Ranza aus dem Piemont, L'Aurora aus Rom und Lauberg aus Neapel taten sich dabei besonders hervor. Bonaparte ließ sie erst einmal gewähren und verstieß damit gegen die Vorstellungen der Pariser Regierung.

Die Instruktionen des Direktoriums hatten die Empfehlung gegeben, nicht nur die Armee aus dem Lande zu ernähren und hohe Kontributionen einzutreiben, sondern eine systematische Plünderung ins Werk zu setzen. Genau diese Politik hatte Carnot zwei Jahre zuvor in Belgien durchführen lassen.

Schon im April hatte sich das Direktorium für die Wallfahrtskirche von Loreto interessiert: »Könnte man nicht die Casa Santa und die Schätze, die seit fünfzehn Jahrhunderten vom Aberglauben in der Basilika angehäuft worden sind, wegschaffen? Man schätzt ihren Wert auf zehn Millionen Pfund Sterling.« Und um Bonaparte vollends zu überzeugen, fügte das Direktorium hinzu: »Sie würden eine der großartigsten Finanzmaßnahmen vollbringen und nur ein paar Mönchen Schaden zufügen.« Die ersten Siege weckten erst richtig den Appetit, und am 7. Mai erhielt der Oberbefehlshaber umfassendere Anweisungen: »Das Exekutivdirektorium ist überzeugt, Bürger General, daß Sie den Ruhm der Bildenden Künste als zum Ruhm der von Ihnen befehligten Armee gehörend empfinden. Italien verdankt den Kunstwerken einen guten Teil seines Reichtums und seines Ansehens. Jetzt ist der Augenblick gekommen, da sie in Frankreich erstrahlen sollten, um die Herrschaft der Freiheit zu verschönen. Das Nationalmuseum Frankreichs muß die berühmten Werke aller Künste enthalten, und Sie werden nicht verfehlen, ihm alle zu verschaffen, die es von den jetzigen und gewiß noch bevorstehenden Eroberungen der Italienarmee erwartet. Dieser glorreiche Feldzug versetzt die Republik in die Lage, ihren Feinden den Frieden zu bringen, aber er muß nun auch die vandalischen Verwüstungen im eigenen Lande beheben helfen und dem Glanz der militärischen Trophäen den Zauber der erquickenden und tröstlichen Künste hinzufügen. Das Exekutivdirektorium fordert Sie also auf, die wertvollsten Objekte solcher Art ausfindig machen, sicherstellen und nach Paris schaffen zu lassen sowie präzise Befehle zur zweckmäßigen Ausführung dieser Maßnahmen zu geben.«

Wir sollten ein solches Schreiben nicht vom Standpunkt der abstrakten Moral beurteilen. Es kommt aus der Mentalität jener Zeit, aus dem ganzen Komplex der von der Revolution entfesselten Leidenschaften, die man damals für »Patriotismus« hielt. Hatte die Revolution nicht aus den Franzosen das erwählte Volk und aus Frankreich die »Grande Nation« gemacht? Die Öffentlichkeit, einschließlich der Gemäßigten, sah diese Raubpolitik mit Wohlgefallen. Noch in seinen Memoiren wettert Thibaudeau gegen »die Kleingeister, die Feinde unseres Ruhms«, die sich über solche Methoden entrüsteten.

Bonaparte war jedenfalls in dieser Hinsicht gänzlich einer Meinung mit dem Direktorium. Hatte er nicht selber bei Feldzugsbeginn seine Soldaten mit Beuteversprechungen geködert? In allen seinen Briefen ans Direktorium schilderte er selbst nach bescheidenen Siegen in verlockenden Tönen den zu erwartenden Profit. Im Piemont strich er unter tätiger Mithilfe Salicetis 400 000 Livres ein, die er in der Staatskasse vorfand, und in dem Gebiet, das ihm der Waffenstillstand von Cherasco zugestanden hatte, erhob er eine Kontribution von fünf Millionen. Selbst das genügte ihm noch nicht. »Im Vorbeigehen werde ich auch dem Herzog von Parma ein Lösegeld abfordern«, schrieb er am 28. April. In der Lombardei nun waren die Möglichkeiten ungleich größer. »Aus diesem Land werden wir zwanzig Millionen holen«, schrieb er am 17. Mai; das entsprechende Dekret erließ er am 19. Mai. Bis eine so gewaltige Summe beigebracht worden war, brauchte man natürlich einen Vorschuß. Zunächst einmal hielt man sich an die Pfänder in den Leihhäusern und die Wohltätigkeitsfonds der Kirche. Alles wurde konfisziert, einschließlich der Schmuckstücke. Außerdem requirierte man Lebensmittel, Pferde und alle erdenklichen Bedarfsartikel. Nach der Lombardei wurden andere italienische Staaten zur Kasse gebeten, um sich die Respektierung ihrer Neutralität zu erkaufen. Der Herzog von Parma mußte zwei Millionen zahlen, der Herzog von Modena rückte zehn heraus und dazu etwa zwanzig Gemälde, darunter den »Heiligen Hieronymus« von Correggio. Später, mit dem Vordringen nach Mittelitalien, wurde der Krieg noch einträglicher. Nach einer Schätzung vom Dezember 1796 hatten die Raubmethoden bis zu diesem Zeitpunkt schon 46 Millionen Franken in bar und zwölf Millionen in Beutegut und Lieferungen eingebracht. Dabei entsprach diese Zahl nur dem legal Erpreßten, ohne die persönliche Bereicherung der Generäle und Soldaten.

In zwei Punkten waren der Oberbefehlshaber und die Regierenden in Paris verschiedener Meinung: in der Verteilung der Lasten und der Aufteilung der Beute. Carnot hatte vorgeschrieben, es sollten die besetzten Länder als Ganzes zahlen, die Massen also nicht geschont werden. Bonaparte und Saliceti aber durften den italienischen Jakobinern, die sie gegen Österreich noch brauchen konnten, ihre Aufgabe nicht allzu sehr erschweren. »Krieg den Palästen, Frieden den Hütten« ...

Im Grunde jedoch bekümmerte sich der Oberbefehlshaber vor allem darum, die Ausbeutung in geordnete Bahnen zu lenken und die falschen Leute von der Beute fernzuhalten; die Italienarmee war ja geradezu von einem Schmarotzerschwarm umgeben, seit die ersten Siege die Spekulanten angelockt hatten. Und wie hätte man die Soldaten vom Plündern abhalten sollen? Die Generäle gingen ja mit schlechtem Beispiel voran, vor allem Masséna, Berthier und Bonaparte selber, der für sich fast drei Millionen aus Italien herausholte, zusätzlich zu den Geschenken, die er den Mitgliedern seiner Familie machte. Zum erstenmal konnten jetzt die Offiziere Geld und Kunstgegenstände nach Hause schicken. Um sich endgültig die Liebe seiner Armee zu sichern, traf Bonaparte am 20. Mai seine große Entscheidung: ab sofort wurde der Sold zur Hälfte in Hartgeld ausbezahlt. Das konnten ihm weder Moreau noch Hoche nachmachen, und der Oberbefehlshaber der Italienarmee wurde für alle Truppen der Republik der General nach ihrem Herzen.

Dem Direktorium waren die Hände gebunden. Man klagte es an, es lebe nur von den Eroberungen, und Rœderer ließ in einem Artikel im *Journal de Paris* durchblicken, die Generäle seien die Schatzmeister der Nation geworden. Er erwähnte Marius und Sulla, die von den unterworfenen Völkern die zur Bestreitung des Staatshaushaltes notwendigen Steuern erhoben hätten. Dieser Eindruck, den die Zeitgenossen bekommen mußten, ist von manchen Historikern übernommen worden. Das Direktorium erhielt aber nur einen bescheidenen Teil der italienischen Beute, insgesamt weniger als zehn Millionen, und die wurden sofort an die Armeen in Deutschland weitergeleitet. Bonaparte hat nur für seine eigenen Zwecke geplündert. Allerdings war das ja auch eine Art Investition.

Das Direktorium schickte immer neue drängende Botschaften, und so entschloß sich Bonaparte im Juni zum befohlenen Marsch in die Emilia und nach Mittelitalien. Der Auftrag lautete: reiche Gebiete zur Kontribution heranziehen, die englischen Schiffe von den Küsten Italiens vertreiben, die Fürsten an den Verhandlungstisch zwingen. Noch vor dem Aufbruch zum Feldzug setzte er Belmonte-Pignatelli unter Druck, den Ferdinand von Neapel nach Brescia entsandt hatte. Am 6. Juni wurde ein Neutralitätsabkommen unterzeichnet: das Kontingent des Königsreichs beider Sizilien, das die Koalition verstärkt hatte, würde nicht mitkämpfen. Dann brach Bonaparte nach Süden auf.

Zwischen dem 18. und 23. Juni besetzten seine Truppen die »Legationen«, also den nördlichen Teil des Kirchenstaats. In Bologna empfing der Oberbefehlshaber die Unterhändler von Pius VI. und gab sich betont schroff, um einen günstigen Kompromiß zu erzwingen. Widersprach der am 23. Juni mit massivem Druck erwirkte Waffenstillstand wirklich den Anweisungen des Direktoriums? Immerhin hatte es die Absetzung des Papstes nicht ausdrücklich gefordert, und Bonaparte war sich in der Beurteilung des Heiligen Vaters, der nur Verachtung und herablassendes Mitleid verdiene, durchaus mit der Regierung in Paris einig. Ausschlaggebend für die Abfassung der Klauseln dieses Vertrages von Bologna waren die finanziellen Bedürfnisse und die militärischen Notwendigkeiten. Der Papst erhielt zwar Ravenna zurück, mußte Bonaparte aber Bologna und Ferrara überlassen, nach der Besetzung durch die französischen Truppen auch Ancona. Er verpflichtete sich zur Zahlung von einundzwanzig Millionen und hatte der Republik hundert Kunstwerke und fünfhundert wertvolle Handschriften auszuliefern. Das reichte wahrhaftig, um Bonaparte die Lust an einem Unternehmen gegen Rom zu nehmen.

Er verließ Bologna in Richtung auf die Toskana, obwohl dieser Staat seit Februar 1795 neutral war. Am 26. Juni besetzt er Pistoia und zwang die ebenfalls, und zwar seit Beginn des Krieges, neutrale Republik Lucca für das Vorrecht, vom Durchzug seiner Truppen verschont zu werden, nicht nur zu einer kräftigen Zahlung in Geld, sondern auch zur Lieferung von sechstausend Gewehren. Dann besetzte Vaubois mit seiner Division die große toskanische Hafenstadt Livorno.

Dieser Blitzkrieg ohne Schlacht, dieser mühelose Feldzug quer durch die Emilia und die Toskana war von erheblicher Bedeutung für das zukünftige Verhalten Bonapartes. Dieser General, vor dem der Papst gezittert, den ein Habsburger zu Tisch gebeten hatte, war nun nicht mehr bereit, sich von den Bevollmächtigten einer Advokatenrepublik am Zeuge flicken zu lassen. Er beklagte sich jetzt ganz offen über die Armeekommissare der Regierung: »Die haben mir in meine Politik nichts hineinzureden.« Vor allem aber fand er in der Emilia eine einzigartige politische Situation vor, ganz verschieden von der, die er in der Lombardei angetroffen hatte. Der Rat der Centumvirn in Ferrara und der Senat von Bologna bestanden aus liberalen Aristokraten und aufgeklärten Großbürgern, deren Vorstellungen vom Stadtregiment sich ohne weiteres mit der Anwesenheit der Franzosen vertrugen. War das nicht, wie Bonaparte es am 2. Juli in einem Brief an Carnot nannte, eine »aristodemokratische

Republik« im Embryonalzustand? Zunächst einmal jedenfalls bestätigte er diese Gremien in ihrem Amt, und für die Zukunft sah er einen dritten Weg als verlockende Möglichkeit: weder das italienische Jakobinertum, das ihm schon auf die Nerven ging, noch die Politik der »auszupressenden Zitrone«, die ihm Carnot vorgeschrieben hatte.

Bald nach dem Einmarsch in Mailand kam es zu den ersten frankreichfeindlichen Reaktionen. In Mailand selber am 21. Mai, vor allem aber in der Gegend von Pavia zwischen dem 23. und 26. Mai brachen Unruhen los. In der Stadt Pavia wurden die Freiheitsbäume ausgerissen, und eine vom Maurer Barbieri geführte bewaffnete Schar zwang die Garnison, sich in die Zitadelle zurückzuziehen. In Binasco und in Arquata-Scrivia wurden französische Soldaten getötet. Bonaparte ließ Binasco von den Leuten der Division Lannes niederbrennen, gab Pavia für vierundzwanzig Stunden der Soldateska zur Plünderung frei und ordnete die Erschießung von Geiseln an. »Ich zweifle nicht«, schrieb er ans Direktorium, »daß diese Maßregeln den Völkern Italiens zur Lehre dienen werden.« Aber bald traf er in der Emilia auf das gleiche Problem. In Ferrara und Bologna sammelten sich die Menschen zu Demonstrationen gegen die Besatzungsmacht. In der Stadt Lugo mußte der Aufstand sogar in einer regelrechten Schlacht niedergezwungen werden. Überall, selbst in Livorno, lebte die Bevölkerung in Angst und Schrecken.

Die Franzosen waren so kindisch von ihrem guten Recht überzeugt, daß sie solche Unruhen nur als das unverständige Verhalten einer unbelehrbaren, wie die Bevölkerung der Vendée von ihren Mönchen und Priestern aufgehetzten Plebs begreifen konnten, die von der Freiheit nichts wissen wollte. Manche Historiker haben diese Illusionen geteilt und für die elementare Auflehnung eines Volkes gegen die landfremden Räuber gegenrevolutionäre Bestrebungen verantwortlich gemacht. Doch so einfach war das nicht. In einem Brief aus Bologna beschreibt Hauptmann Sulkowski die gegen Frankreich eingestellten Menschen geradezu als republikanische Heißsporne: »Eine sehr zahlreiche und überall anzutreffende (zu unserem Glück nicht bewaffnete) Partei sehnt sich nach Unordnung. Sie bezeichnen sich als Revolutionäre; ihre Absicht ist es, alle Franzosen zu ermorden, die ihnen in die Hände fallen, die öffentlichen Abgaben zu verweigern, die Priester zu schröpfen und die Adeligen auszunehmen. Das ist die ›republikanische Partei‹ oder jedenfalls, was man in der Romagna heute so nennt.« In diesen Revolten steckt schon die ganze zukünftige Tragödie des italienischen Patriotismus. Für den Augenblick allerdings bleibt diesen Männern nur die Wahl des geringeren von zwei Übeln. Solange die Österreicher in Mantua stehen, müssen sich die Patrioten, auch wenn sie sich damit den Massen entfremden, auf die französische Revolutionsarmee stützen.

Bonaparte hatte Masséna als Rückendeckung gegen die österreichische Armee in der Lombardei zurückgelassen. Beaulieu stand seit Ende Mai in Tirol; den Mincio hatte er preisgegeben und nur Mantua mit 13 000 Mann stark besetzt. So wurde der Italienfeldzug zur Auseinandersetzung um Mantua.

Die Stadt war schon durch ihre Lage hervorragend geschützt. Nach zwei Seiten hin war sie von Sumpfgebieten umgeben, durch die nur vier feste Straßen führten; im Norden und Westen deckte sie der breite Minciofluß. Die sommerliche Hitze erschwerte die Truppenbewegungen. Man hat immer wieder die Frage gestellt, warum Bonaparte, statt Beaulieu auf den Fersen zu bleiben, so hartnäckig Mantua zu erobern versuchte. Es blieb ihm nichts anderes übrig, weil die österreichische Garnison seine rückwärtigen Verbindungen bedrohen und ihn von hinten angreifen konnte, wenn er nach Tirol vorstieß. Andererseits wollte er sich nicht allein vorwagen, während weder Moreau noch Jourdan die von Carnot gesteckten Ziele in Deutschland erreichten. Stendhal hat es genau erfaßt: »Solange Mantua nicht genommen war, konnte man sagen, die Franzosen seien durch Italien gezogen, hätten es aber nicht erobert.«

Die Julioffensive ist oft als ein Scheitern der Generäle Masséna und Sauret dargestellt worden, das erst Bonapartes Eingreifen auf wunderbare Weise in einen Sieg verwandelt habe. So war es durchaus nicht. Denn als Bonaparte aus Bologna zurückkehrte, war die Lage unverändert: Wurmser, der Beaulieu abgelöst hatte, stand mit 50 000 Mann in Tirol; Bonaparte konnte ihm nur 39 000 Mann entgegensetzen. Aber der österreichische General teilte seine Armee in drei Teile: der eine unter Quosdanovich sollte westlich des Gardasees gegen die linke Flanke Bonapartes vorstoßen, Wurmser selber wollte an der Etsch entlang nach Süden marschieren, und Meszaros schließlich sollte, durch Venetien von Osten nach Westen vordringend, die rechte Flanke der französischen Armee bedrohen.

Dieser Plan schien zunächst aufzugehen. Am 29. Juli begann die Offensive; Bonaparte mußte das Etschland räumen. Sauret wurde von den Truppen unter General Quosdanovich heftig bedrängt. Am 31. Juli schrieb Bonaparte an Augereau: »Der Feind hat unsere Linien an drei Stellen durchbrochen, Corona und Rivoli sind in seiner Hand... Masséna und Joubert haben vor der zahlenmäßigen Überlegenheit zurückweichen müssen; Sauret hat Salo geräumt; Brescia ist vom Feind erobert worden.« Eine zutreffende Diagnose: die Bedrohung der Italienarmee war noch nie so groß gewesen. Aber der Oberbefehlshaber verschwieg sein eigenes Verschulden. Drei Tage lang hatte er seine Untergebenen sich selber überlassen und in Brescia mit der ungetreuen, aber heiß geliebten Joséphine Wiedersehen gefeiert. Das Erwachen war um so erschreckender.

Es galt eine riskante Entscheidung zu treffen: Sollte er sich vor Mantua zur Schlacht stellen? Das war die klassische Strategie, der massierte Einsatz gegen die vereinigten Gegner. Oder sollte er Mantua aufgeben? Damit verlor er das schwere Belagerungsmaterial, die 180 Kanonen vor allem, die er so mühsam zusammengebracht hatte. Aber er konnte Schnelligkeit und Beweglichkeit voll ausspielen, indem er mit geballten Stößen die einzelnen Teile der gegnerischen Armee angriff. Diese Lösung wählte Bonaparte. Er hob die Belagerung auf, schlug Quosdanovich am 3. August bei Lonato und stieß am 5. August gerade noch rechtzeitig zu Augereau, der bei Castiglione von Wurmser zur Schlacht gezwungen worden war. Daraufhin räumte der von der Division Sérurier zusätzlich im Rücken bedrohte österreichische General am 6. August das Feld und zog sich wieder nach Tirol zurück.

Diese Kämpfe zeigten zum erstenmal ganz unverkennbar die napoleonische Strategie. Bisher, im Piemont und bei Lodi, hatte Bonaparte es mit getrennten Gegnern oder mit der Nachhut einer Armee zu tun gehabt, die einer Schlacht auswich. In Castiglione dagegen mußte er seine anfängliche zahlenmäßige Unterlegenheit durch rasch aufeinanderfolgende Schläge gegen die verschiedenen Teile der österreichischen Armee ausgleichen. Es ist erstaunlich, daß die kaiserlichen Generäle sich das nicht zur Lehre dienen ließen.

Die Siegesmeldungen und triumphierenden Briefe, die dem Direktorium nach Castiglione zugingen, entsprachen der Wahrheit nur sehr bedingt. »Die österreichische Armee ist wie ein Spuk verschwunden«, schrieb der Oberbefehlshaber, und Berthier fügte hinzu: »Italien ist sicher in unserer Hand.« Das politische und militärische Kräfteverhältnis war durchaus nicht so günstig. Der kleinste Rückschlag konnte den aufgestauten Haß gegen die französische Armee losbrechen lassen. Wurmsers Armee war kaum angeschlagen und wurde rasch mit frischen Soldaten aufgefüllt. Mangels schweren Materials war an eine echte Belagerung Mantuas nicht zu denken; man konnte es nur einschließen. Vor allem aber war die Italienarmee erschöpft, und zwar ausgerechnet zu dem Zeitpunkt, da sie ihre Anstrengungen mit den in Deutschland kämpfenden Armeen koordinieren sollte, die nach Bayern vordrangen. Vergebens befahl Carnot, Bonaparte solle »die Eroberungen der Republik bis nach Innsbruck ausdehnen«. Dieser war während der drei letzten Augustwochen des Jahres 1796 zur Untätigkeit verurteilt.

Dank der aus Frankreich eintreffenden Verstärkung (die Vendée war »befriedet« worden) konnte er seine Bataillone auffüllen. Bald hatte er wieder 32 000 Mann in drei Divisionen (Masséna, Augereau und Vaubois) zur Verfügung. Am 1. September, als Wurmser mit dem Gros seiner Truppen noch in Trient stand, ging er zum Angriff über. Masséna und Augereau besiegten Davidovich bei Rovereto und schlugen die Nachhut Wurmsers bei Primolano und bald darauf bei Bassano. Der österreichische Heerführer zog sich nach Mantua zurück. Am 15. September versuchte er durch die Vorstadt San Giorgio einen Ausbruch, wurde aber zum Rückzug in die Stadt gezwungen.

Zur gleichen Zeit ließen die Truppen der Republik an den anderen Fronten Schwächeerscheinungen erkennen.

Für Carnot und seine Kollegen blieb Italien ein Nebenkriegsschauplatz. England treffen, Wien durch einen Vorstoß an der Donau bedrohen – das waren die Hauptziele. In beider Hinsicht war der Sommer 1796 zwar ermutigend, aber Herbst und Winter brachten bittere Rückschläge.

England, das sich der Kolonien Frankreichs und der verbündeten Batavischen Republik bemächtigt hatte, blieb für den revolutionären »Patriotismus« der Stein des Anstoßes. Aber es war im Innern geschwächt und durchaus verhandlungsbereit. Eine Landung in Ägypten oder Indien, obwohl Delacroix sie im Juli vorgeschlagen hatte, war illusorisch; also blieben als Ziele Englands Reichtum und seine abhängigen Gebiete. »Verbietet doch«, so forderte *Le Rédacteur* am 17. Oktober, »den Verkauf und den Verbrauch englischer Waren auf dem gesamten Territorium der Republik!« Mit dem Dekret vom 31. Oktober, das ein solches Verbot aussprach, und zwar ohne jede Ausnahme auch für Schiffe unter neutraler Flagge, begann eine Politik, die 1798 und 1807 vollends triumphierte: die Handelsblockade. Ähnlich übertriebene Hoffnungen setzte man auf den Erfolg eines Landungsunternehmens. Das Direktorium ließ sich von den irischen Freiheitskämpfern beeindrucken. Wolfe Tone als Führer der Gesellschaft der »Vereinigten Iren« versicherte, er werde 300 000 Iren zum Aufstand bewegen, wenn Frankreich 20 000 Mann an Land brächte. Carnot schlug dem durchaus nicht abgeneigten Hoche vor, das Kommando dieser Invasionsarmee zu übernehmen. Man beschloß, ehemalige Chouans und Zuchthäusler zu entsenden, die in Wales und in Cornwall den Guerillakrieg organisieren sollten. Am 15. Dezember lief die Flotte von Brest aus, gelangte auch in Sichtweite der irischen Küste, aber Grouchy weigerte sich wegen der groben See mit der Landung zu beginnen. Hoche kam zu spät, wurde vom Sturm abgetrieben und erreichte im Januar 1797 mit knapper Not wieder den Kontinent.

Beschießung und Brand der Stadt Frankfurt am Main am 13./14. Juli 1796.

Carnots Lieblingskinder, die Sambre- und Maasarmee und die Rhein- und Moselarmee, verharrten untätig, während Bonaparte den Piemont besiegte, die Lombardei besetzte und die Emilia und die Toskana schröpfte. Gewiß, sie standen stärkeren Armeen und dem besten General des Kaiserreichs, dem Erzherzog Karl gegenüber. Aber diese Untätigkeit erklärt sich auch aus politischen und strategischen Gründen. Jourdan und Moreau waren hochgeachtet im Luxemburg-Palast; sie beklagten sich ständig über die unzureichende Ausrüstung ihrer Truppen, hatten alle möglichen Einwände gegen Beförderungen und Ernennungen (vor allem gegen die von Marceau als Oberbefehlshaber der Sambre- und Maasarmee) und kritisierten die politischen Maßnahmen des Direktoriums. Vielleicht hatte Carnot tatsächlich in seinem Plan nicht genügend auf eine ständige und sichere Koordinierung zwischen den beiden Armeen geachtet. Jourdan ging am 31. Mai zur Offensive über. Er ließ Kléber den Ruhm des Sieges von Altenkirchen (4. Juni), aber er stand wegen der Untätigkeit Moreaus allein, als Erzherzog Karl ihm das Gros seiner Truppen entgegenwarf. Überstürzt und in voller Auflösung mußte er den Rückzug antreten, zur gleichen Zeit, als Moreau endlich über den Rhein gegangen war. Der Frühjahrsfeldzug war mißglückt. Erst im Hochsommer schien sich das Blatt zu wenden. Jourdan brach auf, hielt durch Bernadotte Verbindung mit Moreau und zwang Erzherzog Karl am 17. August zur Aufgabe der Donaulinie. Am 19. August wurde München besetzt, und die kleinen süddeutschen Staaten flüchteten sich in die Neutralität.

Die französischen Truppen in Bayern, Wurmser nach Tirol zurückgedrängt – alle Bedingungen für einen Vormarsch auf Wien waren gegeben. Die Politik Reubells schien durch die Siege gerechtfertigt. Aber das Stillhalten der Italienarmee während des ganzen Augusts ließ diese vorteilhafte Lage nicht lange bestehen. Als Bonaparte endlich Wurmser in Mantua eingeschlossen hatte, wendete sich das Kriegsglück in Deutschland. Einmal mehr sollten die Niederlagen seiner Rivalen Bonaparte zustatten kommen.

Moreau war bei der Verfolgung des Erzherzogs Karl weit nach Norden vorgestoßen, ohne um durchgehende Verbindungslinien mit den Truppen Bernadottes und Jourdans besorgt zu sein. Der Erzherzog erkannte diese Schwäche, ließ einen seiner Generäle zurück, um Moreau zu beschäftigen, und warf seine Truppen am 23. August gegen Bernadotte und gleich anschließend, am 24. August, gegen Jourdan selber. Die Sambre- und Maasarmee zog sich ohne Halt und Ordnung auf den Main zurück; Ende September mußte sie das rechte Rheinufer räumen. Carnot schäumte über die »schmähliche Flucht« Jourdans und ersetzte ihn durch den mittelmäßigen, mißgünstigen Beurnonville. Am 8. Dezember schloß Beurnonville

Ein österreichisches Flugblatt zur Abschreckung vor den Ausschreitungen der französischen Soldaten: »Unter den Königen war der Neufrank höflich und ehrbar. Jetzt ist er ein Verteidiger des Raubes und der Unzucht.«

einen Waffenstillstand, der dem Erzherzog Gelegenheit gab, seine Truppen gegen Moreau zusammenzuziehen, der zunächst einmal seinen Vormarsch fortgesetzt hatte, ohne sich um das Schicksal der Sambre- und Maasarmee zu kümmern. Im Gefecht bei Biberach hatte Moreau am 2. Oktober gegen La Tour ohne Mühe die Oberhand behalten; dann war er in unerklärlicher Tatenlosigkeit stehengeblieben. Am 20. Oktober hatte er bei Emmendingen eine Schlappe erlitten und sich an den Rhein zurückgezogen, wo er am 26. Oktober angelangt war. Auf dem rechten Ufer hielt die Rhein- und Moselarmee jetzt nur noch Kehl und Hüningen. Am 5. Februar kapitulierte Hüningen, schon Anfang Januar war Kehl von Desaix geräumt worden. Nur Bonaparte profitierte von diesem hinhaltenden Widerstand, weil die Truppen des Erzherzogs gebunden blieben:

ihm kam während des ganzen Feldzugs 1796/97 die fehlende Koordinierung zwischen den Kriegsschauplätzen Deutschland und Italien zugute.

Die Kämpfe um Rovereto und vor Mantua hatten die Italienarmee geschwächt. Über ein Monat (vom 15. September bis Ende Oktober) verging, bis die vom Direktorium geschickte Verstärkung, knapp 5000 Mann, eingegliedert, Disziplinlosigkeit, Plünderung und Fahnenflucht nachhaltig bekämpft und die Führungsstrukturen reorganisiert waren.

Bonaparte nutzte diese Wartezeit, um seinen politischen und diplomatischen Einfluß zu vergrößern. In der Emilia stellte er sich auf die Seite der Revolutionäre von Reggio; er brach am 4. Oktober das Waffenstillstandsabkommen mit dem Herzog von Modena, indem er in der herzoglichen Hauptstadt das Zusammentreten eines Kongresses genehmigte, zu dem am 16. Oktober auch Abgesandte aus Bologna und Ferrara kamen. Dieser Kongreß beschloß die Schaffung einer Zispadanischen Konföderation und einer »Italienischen Legion« mit grün-weiß-roter Kokarde, die erst wenige Tage zuvor von der »Lombardischen Legion« angenommen worden war. Bonaparte konnte das Direktorium nicht daran hindern, nach direkten Verhandlungen am 8. Oktober einen entgegenkommenden Neutralitätsvertrag mit Genua abzuschließen, aber er hatte damit einen guten Vorwand, um nach dem Scheitern der Friedensgespräche mit dem Papst der Pariser Regierung die Schuld zuzuschieben. Am 25. Oktober entkleidete er aus eigener Machtvollkommenheit die Armeekommissare der Regierung ihrer Befugnisse und übertrug sie auf einen seiner Generäle, Baraguay d'Hilliers. In Paris erregte diese Unverfrorenheit bei Carnot und La Revellière Bestürzung, aber angesichts der Lage, in der sich die Armeen der Republik befanden, konnten sie sich den Luxus durchgreifender Sanktionen nicht leisten.

Unter der Führung des ungarischen Generals Alvinczy rückte jetzt eine Armee von 50 000 Mann, zu der noch viele Freiwillige aus dem Adel und der Bauernschaft Tirols stießen, zum Entsatz Mantuas heran. Zum ersten (und letzten) Male während des Italienfeldzugs war Bonapartes Armee zahlenmäßig klar unterlegen. Zwei Wochen lang, vom 1. bis 15. November, mußte sie Schlappen hinnehmen und geriet in Schwierigkeiten, unter denen die Moral der Truppe sehr litt. »Die Soldaten kämpfen nur noch lustlos und fast widerwillig«, schreibt Garreau am 13. November, »selbst die Offiziere lassen den Kopf hängen.« Das hinderte Bonaparte und Berthier nicht daran, Siegesmeldungen nach Paris zu schicken. Am 15. November suchten sie im Rücken von Alvinczy in den Ufersümpfen des Alpone, eines kleinen Nebenflusses der Etsch, den Kampf. Im Gefecht um die Brücke von Arcole mußte Bonaparte, die Fahne in der Hand,

Der Kampf um die Brücke von Arcole (15.–17. November 1796) trägt sehr zur Legende Bonapartes bei: der Oberbefehlshaber stürmt selber mit der Fahne in der Hand, hinter ihm Augereau mit geschwungenem Säbel.

selber mitstürmen, um eine panische Flucht seiner Truppen zu verhindern. Das Zeugnis seines Adjutanten Sulkowski bestätigt die Aussagen anderer Mitkämpfer: die Soldaten waren »unerhört feige« geworden. Erst am 17., nach langem unentschiedenem Hin und Her, konnte Bonaparte Arcole erobern: ein mühsam errungener Sieg ohne wirkliche Bedeutung.

Die folgenden Wochen, zwischen Arcole und Rivoli, waren für Bonaparte die schwierigsten des ganzen Italienfeldzugs. Seine Armee hatte siebentausend Mann verloren (er selber gab nur tausend zu) und deutliche Auflösungserscheinungen gezeigt. Unter dem Eindruck der Niederlagen in Deutschland war Carnot auf dem besten Wege, in Paris eine Politik des ehrenhaften Friedensschlusses durchzusetzen. Am 15. November reiste General Clarke nach Italien ab, um den Zustand der Armee Bonapartes zu prüfen und mit Österreich einen Frieden auszuhandeln, der den Verzicht auf die Lombardei und auf die Zispadanische Republik bedeuten mußte. Der Oberbefehlshaber war vom Fieber und von Magenbeschwerden geschwächt, war vor allem bis zur Besessenheit bedrückt vom Betragen Joséphines, die (nach Elie Faures Worten) in Mailand »den Adler mit Hähnen und Putern betrog«.

Aber er gab das Spiel nicht auf. Schritt für Schritt brachte er seine Armee wieder in Kampfbereitschaft (Anfang Januar waren es über 40 000 Mann), baute seine Divisionen um, zerschlug die Meutereien, lockte mit Belohnungen und Beförderungen. Neue Divisionsgeneräle, vor allem Joubert, traten an die Stelle der Sündenböcke für die Herbstniederlagen. Auf dem politischen Schachbrett schob er seine Bauernlinie weiter vor. Der zweite Zispadanische Kongreß in Reggio vom 27. Dezember bis zum 9. Januar verwandelte die militärische Konföderation in eine Republik. In Mailand sprach man von einer Transpadanischen Republik schon beinahe wie von einer ausgemachten Sache. Clarke erfüllte seinen Auftrag nicht, wie es Carnot gehofft hatte. Zunächst behandelte er seinen »jungen Kameraden« Bonaparte von oben herab, aber bald war dieser Schreibstubengeneral (er bekam später den Spitznamen »Tintenmarschall«) umgestimmt, und durch seine Schreiben trug er sogar zur endgültigen Abschaffung der Armeekommissare bei, die am 6. Dezember erfolgte.

Im Januar wurden die Kampfhandlungen wieder aufgenommen. Die am 14. Januar 1797 beginnende Schlacht bei Rivoli ist ein Paradebeispiel für die napoleonische Strategie. Die einander gegenüberstehenden Kräfte waren etwa gleich stark (40–45 000 Mann), aber die Teilung der österreichischen Truppen gab Bonaparte die Möglichkeit, seinen Angriff konzentriert zu führen. General Alvinczy hatte von seiner Hauptarmee ein ungefähr 20 000 Mann starkes Korps abgetrennt, das durch Friaul und Venetien von Osten her auf Mantua vorstoßen sollte. Er selber ließ seine

Armee in sechs Marschsäulen zwischen dem rechten Ufer der Etsch und dem Gardasee nach Süden ziehen. Bonaparte hatte, wie es aus einem Brief Jouberts an seinen Vater hervorgeht, diese ganze Gegend mit ihren Hochebenen, Schluchten und Bergkuppen sehr genau studiert und von den Pionieren Stellungen vorbereiten lassen. Joubert hielt mit einer Division von 10 000 Mann das Plateau von Rivoli besetzt und mußte am 13. die ersten feindlichen Angriffe abwehren. Am 14. morgens traf die aus Südosten vom Etsch her kommende Division Masséna zu seiner Unterstützung ein, und Bonaparte stellte seine Truppen nunmehr in einer Dreierordnung auf: im Westen unter Masséna, im Zentrum unter Berthier, im Osten unter Joubert. Gegen zehn Uhr drückten drei feindliche Kolonnen den linken Flügel ein, aber Masséna stürzte sich an der Spitze seiner berühmten 32. Halbbrigade selber in den Kampf und rettete die Lage nach kurzer Panik. Jetzt ließ Berthier seine leichte Kavallerie unter dem schneidigen Lassalle auf der Mitte des Plateaus Attacke reiten, während Joubert mit dem rechten Flügel die Kavallerie und die Artillerie des Österreichers Quosdanovich zurückdrängte, die durch die Schlucht von Incanale, den einzigen Zugang von der Etsch her, nach Rivoli zu gelangen versuchten. Im Westen rückte vom Gardasee ein weiteres österreichisches Korps unter Lusignan heran und erreichte sogar die Hügel, die den Schauplatz im Rücken der französischen Truppen beherrschten, aber es griff nicht mehr ein. Am Abend befahl Alvinczy den Rückzug, und in einem großartigen Eilmarsch gelangten die Soldaten Massénas bis vor Mantua, gerade rechtzeitig, um zusammen mit der Division Augereau den von Osten nahenden Provera zur Kapitulation zu zwingen. Unterdessen hatte Joubert auf dem Schlachtfeld von Rivoli 10 000 Gefangene eingebracht. Systematische Vorbereitung, konzentrierte Angriffsstöße, rasche Umgruppierung der Streitkräfte und äußerste Beweglichkeit der Truppen, geschickter Einsatz der leichten Kavallerie: in dieser Schlacht bei Rivoli finden sich alle Elemente, die später zum Erfolg der napoleonischen Armeen beitragen werden.

Worauf konnte der in Mantua eingeschlossene Wurmser noch hoffen? Joubert und Masséna verfolgten die fliehenden Truppen Alvinczys; im Trentino vereinigten sich die beiden Divisionen wieder. Die Besatzung von Mantua war durch Krankheit und Hunger geschwächt. Am 2. Februar streckte Wurmser vor Sérurier die Waffen. Dieser Fall von Mantua war kein bloßes Symbol. Er nahm die letzte Bedrohung von den Franzosen in Italien und gab der Armee Bonapartes die Möglichkeit, wieder zur Offensive überzugehen.

Die Tage nach dem Sieg vergingen in trunkener Begeisterung. Soldaten und Offiziere beweihräucherten ihren Oberbefehlshaber: »Bonaparte, der alles weiß...« schrieb General Brune an Barras. Das Gemälde von Horace Vernet, das den Kampf um die Brücke von Arcole verherrlicht, war bald in unzähligen Exemplaren verbreitet. Selbst das Direktorium schien von der Hochstimmung angesteckt zu sein, aber es hatte ja auch innenpolitische Gründe, um sich kriegerisch zu gebärden. Barras und Reubell brauchten wegen der anhaltenden Bedrohung durch die Royalisten dringend die Unterstützung von La Revellière gegen Carnot und den unscheinbaren Letourneur, denen sie zu Unrecht sträfliche Schwäche vorwarfen. La Revellière, diesen leidenschaftlichen Nachfolger der Girondisten, konnte man aber nur gewinnen, wenn man seinen Haß auf den Katholizismus und seine Vorliebe für »Schwesterrepubliken« zu teilen vorgab. Dieses neue Triumvirat Barras-Reubell-La Revellière gab dem bevollmächtigten General Clarke nunmehr neue strikte Anweisungen: die Lombardei nicht aufgeben, ja nicht einmal Zispadanien, und »nichts vorschlagen und keinen Schritt unternehmen, ohne daß Bonaparte ihn nicht als mit den Interessen der Republik und mit der Sicherheit seiner Armee vereinbar befunden hätte«. Die Mehrheit in der Regierung kam also in dieser Hinsicht aus freien Stücken den Absichten des Oberbefehlshabers entgegen.

War das hinsichtlich des Verhaltens gegenüber dem Papst nicht der Fall? Das kann man mit erheblicher Übertreibung der wirklichen Meinungsverschiedenheiten oft lesen. In der Umgebung von Pius VI. war in den Wochen vor Rivoli die Hoffnung auf einen österreichischen Sieg und auf ein Eingreifen Neapels laut geworden. Das genügte völlig, um den Zorn der Republik zu reizen. Am 3. Februar riet das Direktorium Bonaparte, er solle »die Fackel des Fanatismus austreten« und »das Zentrum der römischen Einheit zerstören«. Aber solche Redensarten gehörten zum Gebaren der kollektiven Mentalität, von der sich selbst Carnot nur in lichten Augenblicken freimachen konnte, und in den Instruktionen stand an anderer Stelle ausdrücklich, dies sei ein Wunsch, kein Befehl. Von Bonaparte haben wir zwei einander widersprechende Äußerungen; man braucht viel Phantasie, wenn man sich für eine der beiden entscheiden will. Er schrieb an Kardinal Matei: »Ich bitte Seiner Heiligkeit meine Versicherung auszurichten, sie könne ohne jede Besorgnis in Rom bleiben. Als erster Diener der Religion wird Seine Heiligkeit in dieser Eigenschaft für sich und ihre Kirche den gebührenden Schutz erhalten.« In seinem Briefwechsel mit dem Direktorium dagegen spricht er von seiner Verachtung für das »Pfaffengesindel«, den »vertrottelten Greis« und das »dumme Geschwätz seiner alten Kardinäle«. Bonapartes Verhalten scheint ganz von militärischen und diplomatischen Erwägungen bestimmt gewesen zu sein. Er wußte jetzt, daß Clarke nicht ohne ihn mit den Österreichern verhandeln würde, und hörte mit Besorgnis von den Kriegsrüstungen des Erzherzogs Karl. So kam es ihm darauf an, möglichst bald den Kampf wieder aufzunehmen, ohne nach Rom ziehen zu müssen. Am 5. Februar marschierte er in Ancona ein und erzwang am 19. in Tolentino von den Gesandten des Papstes einen Frieden, wie ihn die Umstände gestatteten. Es fehlte jede Religionsklausel; dieses Diktat war also nicht etwa ein Vorläufer des späteren Konkordats. Über die Zusagen im Waffenstillstand von Bologna hinaus mußte der Kirchenstaat nun auch noch die Romagna abtreten und weitere fünfzehn Millionen zahlen. Bonaparte zog aus dieser Unternehmung die schlichte Moral: »Dreißig Millionen sind für uns zehnmal mehr wert als Rom.«

Die Armee Bonapartes verwandelte sich nach Rivoli von Grund auf. Aus dem kleinen Expeditionskorps, dem man noch vor einem Jahr ein bloßes Ablenkungsmanöver zugetraut hatte, wurde eine richtige Armee; mit Marcel Reinhardt zu sprechen »die Grande Armée des Jahres 1797«. Im Februar und Anfang März stießen die an der Atlantikküste und am Rhein freigewordenen Halbbrigaden zu ihr. Mit 65 000 Mann stand Bonaparte eine Streitmacht zu Gebote, die es ihm erlaubte, die Zahl seiner Divisionen zu erhöhen und sogar unter Joubert ein eigenes Armeekorps für besondere Aufgaben zu bilden. Das Leibkorps, bis dahin eine bloße taktische Einheit, derer sich der Oberbefehlshaber bedienen konnte, wurde jetzt zur Keimzelle der Konsulsgarde und noch später der Kaiserlichen Garde.

Als Bonaparte am 10. März aufbrach, hatte Erzherzog Karl die Verstärkungen noch nicht erhalten, die aus Deutschland bei ihm eintreffen sollten. Nur 42 000 Mann konnte er einsetzen. Bonaparte hängte die Tatsache, daß er nun in der Übermacht war, nicht an die große Glocke; erst nachträglich räumte er ein, »nachdem Österreich ihm Armeen ohne General entgegengestellt hatte, stellte es ihm schließlich einen General ohne Armee entgegen«. Der Erzherzog war vorsichtig genug, seine Truppen von der Piavelinie zurückzuziehen und sie auf dem rechten Ufer des Tagliamento neu zu gruppieren. Im März wurde auf zwei sehr ungleichen Schauplätzen gekämpft. Die Hauptfront verlief durch Friaul, wo sich die zahlenmäßige Überlegenheit der Franzosen voll auswirkte: am 13. März drängte Masséna die Soldaten Lusignans zurück und besetzte kampflos Belluno. Dann schwenkte er nach Norden und überließ es Bonaparte, mit Guieu, dem Nachfolger von Augereau, den Übergang über den Tagliamento zu erzwingen, was ohne große Anstrengung am 16. März geschah. Unterdessen hatte Joubert in Tirol die schwierige Aufgabe, mit drei Divisionen in ein den Franzosen ausgesprochen feindselig gesonnenes deutschsprachiges Land einzudringen und gegen den Widerstand von 16 000 Österreichern annähernd mit dem gleichzeitigen Vormarsch seines Oberbefehlshabers Schritt zu halten. Bonaparte blieb Erzherzog Karl auf den Fersen, erst nach Gradisca am Isonzo, dann nach Kärnten hinein: am 26. März besetzten seine Truppen Villach und bald darauf Klagenfurt. Von dort sandte er am 31. seinem Gegenspieler aus heiterem Himmel ein höchst erstaunliches Schreiben: »Herr Oberbefehlshaber! Anständige Soldaten führen Krieg und wünschen Frieden... Wir haben jetzt doch wohl genug Menschen getötet und der betrübten Menschheit genügend Leid zugefügt...«

Die Verhandlungen zwischen Bonaparte und den österreichischen Diplomaten führten am 18. April nicht zu einem bloßen Waffenstillstand, sondern zu echten vorläufigen Friedensvereinbarungen, die in Leoben unterzeichnet wurden. In den »offenen« Artikeln trat Österreich Belgien und die Lombardei ab; in der Frage des linken Rheinufers wurde auf den Reichstag verwiesen, der in Rastatt auf der Grundlage der »Integrität des Reiches« mit den Vertretern Frankreichs Gespräche pflegen sollte – für Frankreich bedeutete das den Verzicht auf ein wesentliches Kriegsziel. In Geheimartikeln wurden umwälzende Veränderungen in Italien vorgesehen. Die Lombardei und das ehemalige Herzogtum Modena sollten eine unabhängige Republik bilden, an die Venedig noch die Herrschaften Bergamo und Cremona abzutreten hatte. Außerdem aber sollte Venedig an Österreich Istrien, Dalmatien und das ganze Festlandsterritorium bis zum Oglio abtreten, an Frankreich die Ionischen Inseln. Grundsätzlich sollte es dafür die ehemaligen »Legionen« erhalten, den nördlichen Teil des Kirchenstaats.

Dieser Waffenstillstand hat die Historiker immer wieder beschäftigt. Für Ferrero ist die Sache klar: »Bonaparte hat auf der ganzen Linie nachgegeben und dafür eine riesige Mystifikation eingehandelt, die sich der Wiener Hof mitzuspielen bereitfand.« Indem sie das sehnlichst begehrte Venetien bekam, ohne das Rheinland aufzugeben, hätte die Habsburgermonarchie demnach einen Traumfrieden bekommen. Das hieße etwas zu leichthin urteilen, vor allem hinsichtlich der Verhandlungssituation der österreichischen Diplomaten. In der Hauptstadt herrschte Panik, nachdem der Feind ins Land eingedrungen war, und Bonaparte stellte ein Ultimatum, indem er die Wahl zwischen zwei Möglichkeiten anbot: entweder verzichtete Österreich auf das linke Rheinufer und auf Belgien, durfte aber einen Teil von Venetien zur Lombardei hinzunehmen, oder es behielt das Rheinland und erklärte sich mit dem Tausch Lombardei gegen Venetien einverstanden. Naheliegenderweise entschied es sich für das geringere Übel, aber ein diplomatischer Sieg war das beileibe nicht.

Auch hinsichtlich der Preisgabe des linken Rheinufers durch Bonaparte sind sehr verschiedene Ansichten vorgebracht worden. Wiederum nach Ferrero hat der Oberbefehlshaber mit der Schaffung einer lombardischen Republik nur die vom Direktorium am 7. April übersandten Instruktionen ausgeführt. Raymond Guyot dagegen spricht von einem »endgültigen Verzicht auf die Politik des einstigen Wohlfahrtsausschusses, um Bonapartes Ehrgeiz zu stillen«. Damit vermengt man zwei Programme, das Mindest- und das Höchstprogramm. Außer für Carnot, der nicht an die Dauerhaftigkeit der Abtretung des linken Rheinufers glaubte und Bonaparte zu den Vereinbarungen von Leoben gratulierte, war die Rheingrenze für die Direktoren ein entscheidend wichtiger Punkt. Gleichzeitig aber verlockte sie der Zuwachs in der Lombardei, und sie dachten im stillen, ein glücklicher Frühjahrsfeldzug könne ihnen vielleicht das eine bringen, ohne daß sie auf das andere verzichten müßten. Andernfalls waren sie (»zu ihrem Bedauern«, wie sie an Clarke schrieben) zum Verzicht auf die Lombardei entschlossen.

So hatte Bonaparte eine ganze Palette von Möglichkeiten. Die Gründe für sein Vorgehen liegen auf der Hand. Er wußte, daß die Öffentlichkeit jetzt Frieden wünschte; gleichzeitig würde der Frieden seine eigenen Verdienste ins Licht rücken. Die Armeen am Rhein (wo Hoche soeben Beurnonville abgelöst hatte) waren drauf und dran, ins Feld zu ziehen. So schickte Bonaparte gleich nach der Unterzeichnung des Waffenstillstands schleunigst Leclerc zu Moreau und Hoche, damit die Offensive gestoppt würde. Die Generäle waren darüber gar nicht glücklich und wollten sich zunächst weigern, den Deutschlandfeldzug aufzugeben, mußten sich aber beugen. Das Bild eines von der dumpf grollenden Erhebung in Italien verschreckten Bonaparte, der in aller Eile und zu beliebigen Bedingungen einen Waffenstillstand schließt, ist verführerisch, aber es trügt. Die eben in Venetien ausgebrochenen Unruhen kamen Frankreich im Gegenteil gerade nach den Vereinbarungen von Leoben zustatten.

Es war schwierig, die Republik Frankreich von einem Vertrag zu überzeugen, der den Zugang zum Rhein auf spätere Verhandlungen verschob und mit der Preisgabe von Venedig die alte dynastische Teilungspolitik übernahm, der eben Polen zum Opfer gefallen war. Bonaparte machte dem Direktorium Hoffnungen, diese unvollständigen vorläufigen Vereinbarungen könnten verbessert werden, wenn man Venedig noch mehr beschnitte. Am 22. April schrieb er an die Regierung in Paris: »Diese Präliminarien können beim endgültigen Friedensschluß noch alle von Ihnen gewünschten Veränderungen erfahren ... Die Staaten Venedigs stehen dann unserem Zugriff offen ... Ich denke, wir werden erstens mindestens annähernd die Rheingrenze bekommen und zweitens die lombardische Republik, vergrößert um die Gebiete von Modena, Bologna, Ferrara und um die Romagna.« Das hieß, mit einem Federstrich die alte Dogenstadt um die in Leoben vorgesehenen Kompensationsterritorien bringen und sie selber zugunsten Österreichs von der Landkarte zu tilgen.

Seit dem Beginn der Kämpfe hatte sich Venedig an seine traditionelle Neutralität geklammert. Es war ihm nicht möglich gewesen, die Barbaren am Einmarsch in Verona zu hindern. Hätte es sein Schicksal noch abwenden können, wenn es auf die Bündnisvorschläge eingegangen wäre, die ihm das Direktorium und Bonaparte damals unterbreitet hatten? Venedig hatte ein wohlbestücktes Waffenarsenal und konnte zwanzigtausend Mann ins Feld stellen, war also für italienische Verhältnisse eine ernstzunehmende, »bündnisfähige« Macht. Aber warum hätte es zum damaligen Zeitpunkt schon zu Kreuze kriechen sollen? Die Aristokratie verabscheute aus guten Gründen diese Jakobiner, deren Propaganda die Universität von Padua ansteckte und vielen Klubs, vor allem in Brescia, die Parolen lieferte. Sie hatte nichts Gutes zu erwarten von einer Armee, die in ihre Reihen geschworene Feinde des oligarchischen Regimes aufnahm. Vor allem jedoch wußte sie, und die Zukunft bestätigte ihre Befürchtungen, daß eine Zwangsheirat sie nicht vor dem Untergang retten konnte. So hatte Venedig sich bemüht, jedenfalls alles zu tun, um den Franzosen keinen Vorwand für einen Einmarsch zu geben.

Um Methoden, sich solche Begründungen zu verschaffen, war Bonaparte nicht verlegen. Nach dem Zeugnis von Landrieux, dem damaligen Leiter des Büros für Geheime Angelegenheiten, hatte der Oberbefehlshaber schon im März 1797 seinen Agentendiensten befohlen, in der Gegend von Brescia, Bergamo und Crema Unruhen zu schüren. Die »Revolutionen«, die dort zwischen dem 11. und 28. März ausbrachen, waren alles andere als spontan, und sofort griffen die französischen Truppen zur Verteidigung ihrer Parteigänger ein, um der venezianischen Regierung jede Möglichkeit zur Beilegung der Zwischenfälle zu nehmen. In der Gegend von Verona dagegen versuchte Bonaparte die Bevölkerung aufzuwiegeln, die schon der Freuden französischer Besetzung teilhaftig geworden war. Prompt entlud sich die Unzufriedenheit gegen die Franzosen, aber gerade das gab willkommene Gelegenheit, einen Casus belli daraus zu machen. Am 8. April bekam Kilmaine Befehl, sich marschbereit zu halten; sein Auftrag lautete dann: »In alle Festungen einrücken, alle Garnisonen entwaffnen, alle Adeligen auf dem venezianischen Festland in Haft nehmen.« Gleichzeitig ließ Bonaparte zwei Botschaften sehr ver-

Am 15. Mai 1797 marschieren die französischen Truppen in Venedig ein. Systematisch werden Schiffe und Vorräte weggeschafft, Kirchen und Bibliotheken geplündert. Hier holt man gerade die Bronzepferde von der Markuskirche, die dann bis 1815 in Paris den Arc de Triomphe du Carrousel schmücken.

schiedenen Inhalts hinausgehen. Dem Senat von Venedig teilte er durch Junot mit: »Glauben Sie, daß ich zu einer Zeit, da ich im Herzen Deutschlands stehe, nicht in der Lage wäre, dem ersten Volk des Erdkreises Respekt zu verschaffen?« Er forderte die Räumung aller Festungen. Das hinderte ihn nicht, sich hinter dem Rücken der Regierenden an die Regierten zu wenden: »Der Senat von Venedig herrscht über euch allenfalls mit dem Recht des Eroberers; ich aber will euch befreien!« Zuckerbrot und Peitsche – jedes Mittel ist recht, wenn nur Venedig verschwindet.

Präzedenzfälle aus der Geschichte sind immer gut, wenn es darum geht, einer bedenklichen Sache den Schein des Rechts zu geben. Der 17. April 1797, an dem die Unruhen in der Gegend von Verona begannen, war ein Ostermontag – das genügte, um mit dem Anklang an die Sizilianische Vesper eine Explosion der Unzufriedenheit in ein »Veronesisches Ostern« umzudeuten. War es ein gegenrevolutionärer Aufstand, ähnlich wie in der Vendée? So hieß es damals, und bei dieser Version sind die meisten Historiker geblieben. War der Aufruhr von Bonapartes Agenten provoziert worden? Es wäre immerhin denkbar, daß sich ihr Chef, Landrieux, erst nachträglich gerühmt hat, ein Ereignis herbeigeführt zu haben, das die Pläne seines Herrn und Meisters begünstigte. Wie bei allen franzosenfeindlichen Bewegungen in der Zeit der Revolution und des Kaiserreichs ist der jakobinische Chauvinismus, der nur die Grande Nation vor Augen hat, schnell mit Etiketten wie »unwissend« oder »von den Pfaffen verführt« bei der Hand, wenn sich Menschen aus ganz elementaren Gründen gegen die Grande Armée auflehnen. Ganz zweifellos haben die französischen Agenten sich bemüht, das Feuer zu schüren, und was könnte normaler sein, als daß sich weltliche und geistliche Aristokratie darüber freuten! Für die Geschichte bleibt festzuhalten, wie aus der Tiefe eines ausgebeuteten Volkes diese Flamme emporschlug. Eine Woche lang waren die Dorfbewohner in hellem Aufruhr, Soldaten wurden ermordet, und die Besatzung der Zitadelle von Verona mußte einer regelrechten Belagerung standhalten.

Am 18. wurde ein französisches Schiff durch die Küstenbatterien auf dem Lido beschossen, von den Venezianern erobert und seine Besatzung niedergemacht. Der Senat war bereit, sich zu entschuldigen. Hochfahrend lehnte Bonaparte ab; er erwiderte den venezianischen Bevollmächtigten: »Ich kann sie nicht empfangen. Sie und Ihr Senat triefen von französischem Blut.« Er erklärte einseitig am 2. Mai, daß jetzt zwischen Venedig und der französischen Armee Kriegszustand herrsche. Als er am 12. erfahren hatte, daß die Präliminarien von Leoben in Paris ratifiziert worden waren, sandte er Baraguay d'Hilliers mit seinen Truppen zur Unterstützung der Demokraten, die sich anschickten, die amtierenden Herrscher aus Venedig zu vertreiben. Das hinderte ihn allerdings nicht, vier Tage später von der gestürzten oligarchischen Regierung drei Millionen, fünf Schiffe, zwanzig Gemälde und fünfhundert Handschriften zu fordern.

Im Schloß Mombello bei Mailand richtete Bonaparte sich jetzt seine Residenz ein. Die Bewunderer aus Paris und allen Städten Italiens drängten sich an seinem Hof. Ein seltsames Völkchen war das. Zu Recht berühmte Männer der Wissenschaft und der Kunst verkehrten mit ordenstrotzenden Haudegen und mit der endgültig zu Glanz und Ehren gekommenen Familie des Hausherrn. Der machte sich jetzt an die Neuaufteilung Italiens. Eine erste Veränderung unterbreitete er dem Direktorium schon in einem Brief vom 19. Mai: Um die Vereinbarungen von Leoben zu respektieren, sollten die Legationen und die Romagna von Zispadanien abgetrennt werden; der Rest, also das ehemalige Herzogtum Modena, Massa und Carrara, sollte mit der Lombardei zur Zisalpinischen Republik vereinigt werden. Bonaparte sah vor, diese Republik bis Genua auszudehnen und abzuwarten, bis der Thron von Turin von selber zusammenbrechen würde. Die Zisalpinische Republik wurde am 29. Juni ausgerufen, die übrigen Pläne aber fallengelassen. In Genua kamen die Agenten des Direktoriums Bonaparte zuvor. Am 22. Mai entfesselten sie eine Revolution, und die so entstandene »Ligurische Republik« blieb von ihrer Schwesterrepublik getrennt. Die Legationen und die Romagna dagegen wurden mit der Zisalpinischen Republik schließlich am 27. Juli vereint. Damit waren für Bonaparte die Vereinbarungen von Leoben überholt; seine Hoffnung setzte er auf diesen Gebietszuwachs vor allem deshalb, weil eine gefügige Mehrheit aus Zispadanien jetzt die Demokraten überstimmen würde, die in der Stadt Mailand den Ton angaben.

Die politischen und gesellschaftlichen Konzeptionen des Oberbefehlshabers wurden jetzt nämlich immer deutlicher. Die Zeiten waren vorüber, da er die Jakobiner der Lombardei als Verbündete gegen Österreich gebraucht hatte. Er wünschte jetzt eine gemäßigte, halb aristokratische, halb bürgerliche Strömung zu fördern, die frei sein sollte von der Bevormundung durch die »Pfaffen«, aber auch nicht dem »anarchischen« Druck der Straße ausgesetzt sein durfte. Schon im November hatte Baraguay d'Hilliers in Mailand eine Demonstration der Demokraten zerschlagen. Bei der Verkündung der Ergebnisse eines Wettbewerbs für die beste Regierungsform, die man Italien geben könnte, wurde im Juni der schrittweise Reformplan von Gioia als der beste bezeichnet. Die Verfassung, die Bonaparte der Zisalpinischen Republik am 8. Juli aus eigener Machtvollkommenheit gab, hatte die französische Verfassung vom Jahr III zum Vorbild, allerdings mit der bezeichnenden Einschränkung, daß der General selber die Mitglieder des Direktoriums und des Gesetzgebenden Rates bestimmte. So hoben sich die Züge seiner Idealvorstellungen ab: eine weitgehend der Exekutive untergeordnete Notabelnverwaltung. In Venedig ging er anders vor: dort brauchte er die Bedrohung durch die Jakobiner als Schreckgespenst für die Österreicher. Er ließ die Demokraten von Venedig, Padua und Verona lauthals den Anschluß an die Zisalpinische Republik fordern. Das war ein Trumpf mehr für die Verhandlungen, aber in Venedig waren die Demokraten zum gleichen Schicksal verurteilt wie die Aristokraten – zum Verschwinden.

Wie der Frieden aussehen würde, hing vor allem vom Ausgang der Auseinandersetzungen ab, die zwischen der Mehrheit des Direktoriums und der Mehrheit der beiden Ratsversammlungen in Paris bestanden. In der Zeit zwischen den »Rechts«-Wahlen und dem 18. Fructidor konnten Österreicher und Engländer hoffen, einen wohlfeilen Frieden zu bekommen. In Lille machte Maret, der von Talleyrand unterstützte Vertreter für die Verhandlungen mit den englischen Bevollmächtigten, gemeinsame Sache mit dem Feind. In Paris hatte Freiherr von Thugut, der die Außenpolitik Österreichs leitete, durch einen Mittelsmann geheime Kontakte mit Carnot und Barthélemy aufgenommen. Bonaparte manövrierte lange zwischen den beiden rivalisierenden Gruppen. Er hatte seinen Adjutanten Lavalette, der mit den Gemäßigten in Verbindung stand, zu Carnot geschickt. Aber ein zu entgegenkommender Frieden konnte seinem Ruhm abträglich sein, und nach den Angriffen, die von den Abgeordneten und Journalisten der Rechten wegen seines Vorgehens gegen Venedig auf ihn geführt wurden, entschied er sich für die Dreiermehrheit im Direktorium. Welche Rolle Augereau am 18. Fructidor spielte, haben wir im vorhergehenden Kapitel dargestellt. Die Hauptgefahr lag nunmehr bei Reubell, der den Rhein haben und Venedig nicht aufgeben wollte: das hätte die Wiederaufnahme des Krieges bedeutet. Aber Bonaparte war jetzt der Gläubiger des Direktoriums. Er wollte sich schadlos halten, indem er und kein anderer den Frieden diktierte.

Der Frieden wurde vom Volk gewünscht. Und: ein weiterer Feldzug in Deutschland, wo Augereau zum großen Bedauern Bonapartes Moreaus Nachfolger geworden war, konnte die Siege in Italien in Vergessenheit geraten lassen. So setzte sich der Oberbefehlshaber über die Instruktionen aus Paris hinweg und bot dem österreichischen Unterhändler Cobenzl akzeptable Bedingungen. Österreich erhielt außer Istrien und Dalmatien, die ihm schon in Leoben zugesprochen worden waren, Venedig und das venezianische Festland bis zum Unterlauf der Etsch. Es gab seine Zustimmung zur Einverleibung von Bergamo, Brescia und Crema sowie der »Legationen« in die Zisalpinische Republik. Frankreich behielt die Ionischen Inseln und die venezianischen Besitzungen in Albanien. Die Abtretung des linken Rheinufers war nicht vollständig und widersprach den in Basel mit Preußen getroffenen Vereinbarungen: sie wurde von einer Entscheidung des Reichstags abhängig gemacht. Als Gegenleistung bekam Österreich das Land Salzburg. Der Frieden wurde am 18. Oktober 1797 in Passariano unterzeichnet, wo Bonaparte Quartier genommen hatte. Amtlich trug er den Namen des kleinen Dorfes Campo Formio, das auf halbem Wege zwischen den beiden Delegationen lag.

Die italienischen Patrioten waren tief bestürzt von diesem Vertrag. Venedig von der Landkarte gestrichen – das war das Ende aller Hoffnungen, die eben erst von der Französischen Revolution geweckt worden waren. Der junge Dichter Ugo Foscolo, der Bonaparte noch vor wenigen Wochen hymnisch gepriesen hatte, ließ seiner Entrüstung in seinem Briefroman *Ultime lettere di Jacopo Ortis* freien Lauf. Die meisten Patrioten allerdings erwarteten nun das Heil von der Zisalpinischen Republik.

In Paris traf die Nachricht am späten Abend des 25. Oktober ein. Es wurde eine erregte Nacht im Luxemburg-Palast. Die Direktoren zögerten, den Vertrag Bonapartes zu ratifizieren. Aber verwerfen konnten sie ihn auch nicht. La Revellière schreibt selber in seinen Memoiren: »Hätte das Direktorium die Ratifizierung abgelehnt, wäre sein Ansehen in der Öffentlichkeit dahin gewesen.«

Das italienische Abenteuer, das so eng mit den Vorbereitungen und den Folgen des Fructidor-Staatsstreichs verbunden war, hat die Zukunft des Regimes vom Jahr III weitgehend bestimmt. Auf absehbare Zeit war eine innere Festigung Frankreichs unmöglich: dazu wäre ein vernünftiger und damit dauerhafter Frieden notwendig gewesen.

Nachträglich, mit dem nötigen Abstand, ist es immer leicht, die Linien eines Kraftfeldes zu erkennen, die zur »Fatalität der vollendeten Tatsachen« geführt haben, wie es Albert Sorel genannt hat. Dabei darf man die Geschichte allerdings nicht willkürlich verstümmeln, darf sich nicht eine zerbröckelnde, würdelose zivile Gewalt ausmalen, die vor dem ruhmbedeckten Soldaten zurückweicht. Dem Direktorium gehörten ja intelligente und erfahrene Männer an, und die Italienarmee hat sich nie die Rolle einer Retterin der Gesellschaftsordnung angemaßt.

Die Beziehungen zwischen Frankreich und seinen Armeen hatten sich allerdings geändert, durchaus. Die Zeiten der Phalanx von Valmy und Jemappes waren vorüber. Seit 1793 hatte keine Aushebung mehr widerstrebende Einberufene ihrer Familie entrissen. Im Gegenteil, weil es relativ einfach geworden war, vom Kriegsdienst wieder loszukommen,

Le Pont
Plouharnel
Baye de Quiberon
Presqu'isle de Quiberon
Célèbre par la Victoire que le General Hoche
y remporta sur les Anglais et les Emigrés
le 3. Termidor An 3.e
I. de Houat
Palais
Belle-Isle
Bangor
Mer du Nord
Middelburg
Seine et Marne
Paris
Chalons
De la Marne
Pays Conquis en Allemagne
Par les Armées du Nord, de Sambre et Meuse, et de Rhin et Moselle.
Par celles des Alpes et d'Italie

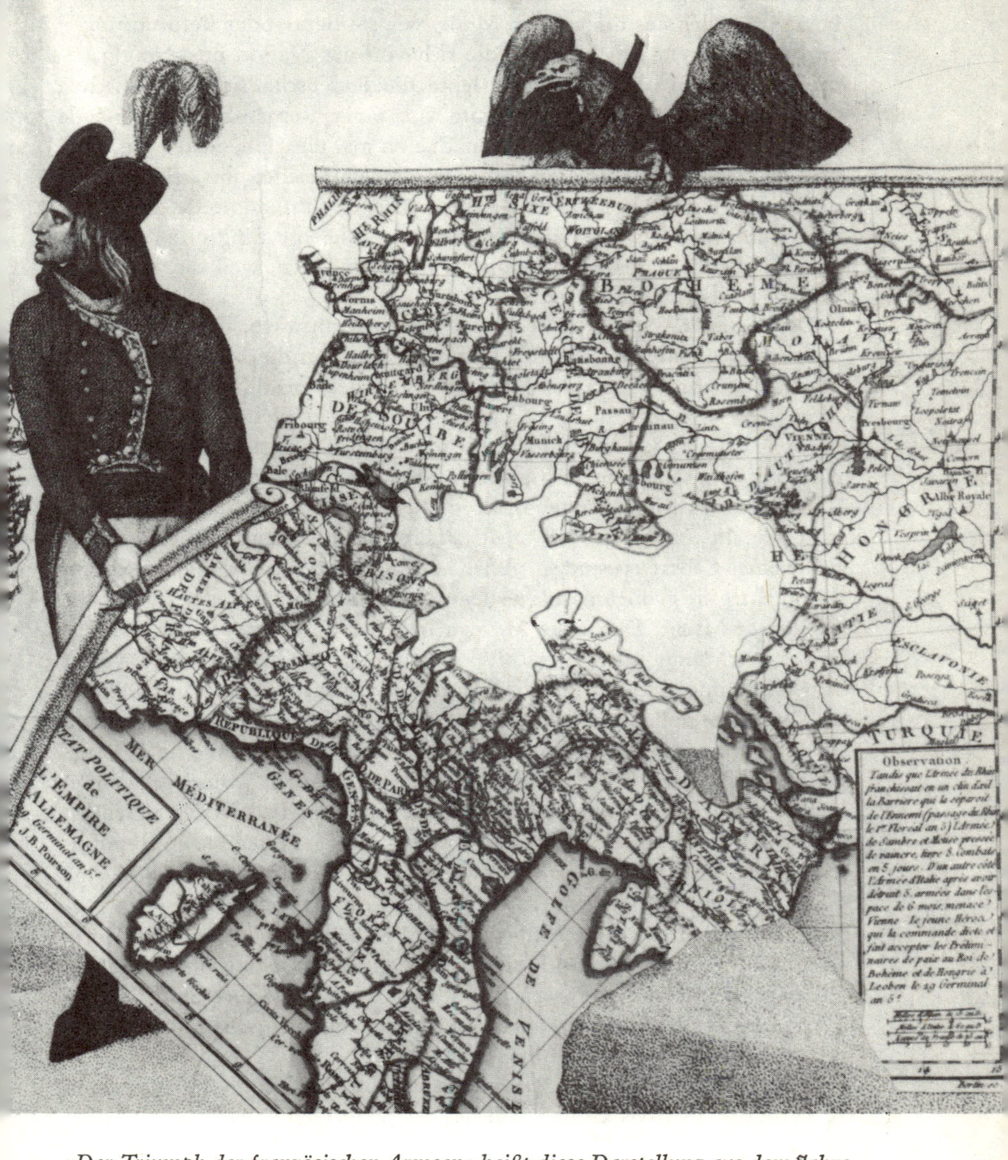

»Der Triumph der französischen Armeen« heißt diese Darstellung aus dem Jahre 1797. Sie will die Stellung des Italiensiegers Bonaparte im Vergleich zu den drei anderen großen Generälen jener Zeit zeigen: Pichegru und Moreau mit Holland und dem Rheinland wirken geradezu kläglich, noch kläglicher aber der gefährliche Konkurrent Bonapartes in der Gunst der Soldaten, Hoche, der sich auf seinen Bürgerkriegssieg von Quiberon kaum zu berufen wagt.

strömten jetzt wirklich Freiwillige zur Fahne; sie standen auf halbem Wege zwischen den Berufssoldaten im königlichen Heer und den Zwangsrekrutierten von 1793. Eine Berufsarmee? Wenn man so will, allerdings nach neuen Regeln. Man gehorchte seinen Vorgesetzten höchst widerstrebend, und auch das nur in dem Maße, wie sie Beute oder Beförderungen zu bieten hatten. Eine Armee, die sich von der Nation unabhängig gemacht hatte? Im Gegenteil: sie lebte die leidenschaftlichen politischen Auseinandersetzungen mit, träumte von einer Republik ohne tönende Reden, von einer Ordnung, die zunächst einmal die glühendsten Verfechter der Ordnung ausschalten sollte, von einem Frieden im Zeichen eigener Vorherrschaft, der nur zu weiteren Kriegen führen konnte. Diese Armee war alles andere als eine Prätorianergarde. Ihr Eingreifen eben im Fructidor und später im Brumaire war nur möglich, weil die zivile Gewalt sie dazu aufgerufen hatte.

Die Generäle selber, so sehr man sie auch umwarb, damit sie in die politischen Konflikte eingriffen, glaubten nicht an die Möglichkeit einer Machtübernahme durch das Militär. Thibaudeau schildert uns in seinen Memoiren, wie unschlüssig und furchtsam sich ein Kléber und ein Bernadotte vor dem 18. Fructidor verhielten. Man hat allzuoft gesagt, Bonaparte sei vom Glück begünstigt gewesen, weil es ihm seine gefährlichsten Rivalen im richtigen Augenblick vom Halse geschafft habe. So könnte man beinahe vergessen, daß nicht ein einziger überhaupt Lust hatte, die Rolle eines Caesar zu spielen. Jeder hatte seinen Ehrgeiz, aber die Revolution hatte sie großgemacht: sie kannten die Schlachtfelder besser als die Wege zur Macht. Der arme Moreau ließ sich absetzen, weil er die Dokumente zu lange unter Verschluß gehalten hatte, die den Landesverrat seines Freundes Pichegru bewiesen: geradezu rührend seine Vorstellung, er könne eine politische Rolle wie der englische Feldherr Monk nach dem Tode Cromwells spielen. Hoche starb im September, gerade noch rechtzeitig, so daß seine Legende nicht von den Tatsachen widerlegt werden konnte. Sorel hat den »Kriegsmann ohne Furcht und Tadel«, den »irrenden Ritter der Hoffnung« glänzend geschildert, dessen Name vielen Republikanern im 19. Jahrhundert so etwas wie ein verlorenes Paradies, eine Geschichte mit glücklichem Ausgang ohne Konsulat und Kaiserreich vorgaukelte. Dabei bot seine Karriere das gleiche Bild unbefriedigter Herrschaftsgelüste und nicht realisierbarer politischer Ambitionen wie bei allen Generälen von 1797. Im Grunde waren sie wie ihre Soldaten unzufriedene Freiwillige; nur waren sie klug genug einzusehen, daß Frankreich keine Militärdiktatur hinnehmen würde.

Bonaparte war anders als sie, ganz anders. Ohne sich in Spekulationen zu verlieren über das Unbegreifliche, das jedes Genie hat, kann man bei ihm alle Merkmale eines außerordentlichen Verständnisses für die Bedingungen der Macht erkennen. In Italien hatte er den Soldaten geboten, was sie forderten: Gold und Siegeslorbeer. Aber er hatte dort auch gelernt, daß ein General erst zum Staatsmann wird, wenn er aufhört, ein bloßer Heerführer zu sein, daß er seine Generalskollegen erst überrundet und beeindruckt, wenn er sich ›als Zivilist‹ von ihnen unterscheidet. So ließ er gelegentlich die Uniform im Schrank, und 1802 erklärte er rückblickend vor dem Staatsrat: »Offizieren, die in dieser Hinsicht Skrupel hatten, habe ich mehr als einmal dargelegt, daß sich ein Militärregime in Frankreich niemals halten könne... Ich regiere nicht als Soldat, sondern weil die Nation glaubt, daß ich die zum Regieren notwendigen staatsmännischen Fähigkeiten habe.« Er wußte auch, wieviel von der Zustimmung der gebildeten Kreise abhing. In Mombello zog er vor allem Monge und Berthollet ins Gespräch, berühmte Kapazitäten auf dem Gebiete der Mathematik und der Chemie. Monge schickte er denn auch zusammen mit seinem Stabschef Berthier nach Paris, um feierlich den Vertrag von Campo Formio zu überbringen. Und am 28. Dezember zog Bonaparte anstelle des vom Fructidor-Triumvirat hinausgedrängten Carnot als Mitglied in die erlauchte Wissenschaftlerversammlung des *Institut* ein.

Das ist ein eindrucksvolles Symbol. Der arme, fleißige Pionierhauptmann Carnot hatte als Regierender ohne Uniform durch sein Wirken die Siege möglich gemacht. Er war gescheitert, weil er den Traum von einer Stabilisierung, für die Frieden sein mußte, zu früh geträumt hatte. Im Grunde fehlte ihm das richtige Verständnis für die Bedürfnisse und Wünsche der gesellschaftlichen und intellektuellen Umwelt, aus der er gerade an die Spitze getragen worden war. Die neuen Herren des Staates entschieden sich lieber für einen General, obwohl dessen italienischer Ruhm nur unvollkommen seine unschöne Staatsstreichs- und Abenteurervergangenheit verdeckte. Vielleicht waren sie die Weitblickenderen. Vielleicht spürten sie, daß dieser Sohn des korsischen Kleinadels in sich auf kurze Zeit, aber zur Vollkommenheit alle ihre Enttäuschungen und Hoffnungen verschmelzen konnte zu einer neuen Verbindung: zu einer geläuterten, mit sich selber ins reine gekommenen Revolution, zu einem von französischem Geist geprägten Europa.

VIERTES KAPITEL

Der permanente Krieg

Würde der Vertrag von Campo Formio das Vorspiel zu einem allgemeinen Frieden sein? Hätten die üblichen Motive dem Konflikt zugrunde gelegen, so ließe sich leicht denken, wie geschickte Diplomaten ein neues Gleichgewicht in Europa hergestellt hätten. England, das jetzt allein gegen die Republik stand, mußte durch Konzessionen in den Kolonien gewonnen oder in die politische und wirtschaftliche Isolierung gedrängt werden. Die Kontinentalmächte, vor allem die Habsburger Monarchie, würden die Rheingrenze nie anders als im Tausch gegen einen territorialen Gewinn akzeptieren. Um eine solche Politik durchführen zu können, mußten die einflußreichen Gruppen in Frankreich dahin gebracht werden, daß sie den von Bonaparte unterzeichneten Vertrag als ein Ziel, nicht als eine Etappe betrachteten, als Krönung für den nationalen Ehrgeiz, nicht als einen ersten Vorteil, den man dem Gegner abgewonnen hatte.

Aber es waren eben andere Kräfte im Spiel als bloße Staatsinteressen. Für die regierenden Fürsten und die Aristokraten in Europa blieb das Frankreich von 1798 das Land des gleichmacherischen Jakobinertums und der Königsmörder; die Revolution war die Verkörperung Satans, das absolute Böse, dem man keine endgültige Stätte einräumen durfte. Der revolutionär gesonnene Teil der französischen Öffentlichkeit wiederum betrachtete die Respektierung der Throne als einen Skandal, als eine Herausforderung der

»Grande Nation«. Und England, dieses moderne Karthago, das den Welthandel an sich gerissen hatte, mußte zerstört werden...

Der Konflikt zwischen England und Frankreich hatte ein respektables Alter. Unter Ludwig XIV. hatte die lange Auseinandersetzung auf den Meeren und in den Kolonien begonnen, die Verträge von Utrecht (1713) und Paris (1763) waren ihre Marksteine, und sie zog sich noch bis 1814 hin. Aber dieser »zweite Hundertjährige Krieg« wurde von der Revolution seinem Wesen nach verändert. Schon 1793 hatte das Land der Pitt und Burke alle Leidenschaften, alle Ideen und fast alle Interessen gegen sich vereinigt. Industrielle und Handwerker hatten bereits den französisch-englischen Handelsvertrag von 1786 mit seiner nachdrücklichen Zollsenkung voller Unbehagen betrachtet. Der Krieg bot die Chance eines Wegfalls dieses »Schandvertrages«. Die Wirtschaftstheoretiker waren fasziniert von dem erdrückenden Übergewicht der französischen Getreideproduktion und blickten verächtlich auf den künstlichen Wohlstand einer Insel, der ganz vom Kredit und von der Zahlungsbilanz abhängig war. Das Volk wiederum übertrug seine aus bösen Erfahrungen gespeiste Abneigung gegen die Welt des Handels einfach auf den »Händlerstaat« England. Die »City« wurde für die einfachen Leute zum Inbegriff aller Schrecken: dort wurden die Schuldner von den Wucherern gejagt, die Maschine verdrängte die Menschen von ihrem Arbeitsplatz, die anonyme »Hochfinanz« schickte die Söhne der anderen Völker in den Tod. Nach Campo Formio gehörte die Anklage gegen das »perfide Albion« zum guten Ton. Barras predigte, als er Bonaparte im Luxemburg-Palast empfing, den Heiligen Krieg: »Pompejus hielt es nicht für unter seiner Würde, die Seeräuber zu bekämpfen. Sie, größer als dieser Römer, werden nun den größten aller Piraten in Ketten schlagen, der alle Meere beherrscht. Gehen Sie nach London und vollziehen Sie dort die Strafe für allzulange ungesühnt gebliebene Missetaten.« Für die Finanzierung des Kampfes wurde eine Anleihe aufgelegt. Die vielen Zeichner aus den Kreisen der kleinen Leute beweisen, wie populär dieser Krieg war.

Denn England, so meinte man, war geschwächt. Die Berichte der Diplomaten und Konsuln stimmten optimistisch. Dieses England, ohne Verbündete, durch die Eroberung von Livorno und den französisch-spanischen Vertrag aus dem Mittelmeer vertrieben, im Innern bedroht durch die Meutereien in der Flotte und noch mehr durch den Aufstand in Irland – es steckte wirklich in einer Krise. Talleyrand erklärte: »Auch wenn sich England noch so glänzend darstellt, ist seine Lage doch erschreckend schwach. Ganz plötzlich und furchtbar kann der Zusammenbruch kommen.« Warum verhandeln? Im September war Malmesbury, Pitts Unterhändler, nach Hause geschickt worden. Jetzt galt es auf drei Fronten anzugreifen: Bonaparte übernahm den Oberbefehl über eine Invasionsarmee. Die Diplomaten würden darauf bedacht sein, London in seiner Isolierung zu halten. Und man würde in verschärfter Form die Wirtschaftsblockade gegen die Insel kehren, die eben noch England gegen Frankreich ausgeübt hatte.

Waren diese Pläne wirklich so abwegig? Nichts sprach von vornherein gegen den Erfolg eines mit dem Aufstand in Irland abgestimmten, massierten Landungsunternehmens. Immerhin waren ja die Schiffe der Hoche-Expedition von 1796 vom Sturm zerstreut worden, nicht von den Admirälen Georgs III. Die britische Wirtschaft war, wie François Crouzet inzwischen nachgewiesen hat, durchaus verwundbar, wenn eine Blockadepolitik nachdrücklich durchgeführt wurde. Die große Exportindustrie und der Außenhandel waren die Erwerbsquelle für ein Viertel der Inselbevölkerung und hingen weitgehend vom europäischen Markt ab. England mußte Getreide importieren, und nicht zuletzt war es für die Versorgung seiner Schiffe auf Einfuhren angewiesen. Die Schwächen des Bank- und Kreditsystems wurden zwar in der französischen Öffentlichkeit überschätzt, aber sie waren zweifellos vorhanden.

Die Hoffnungen des Direktoriums gründeten sich also nicht auf schiere Illusionen.

Aber alle Erwägungen mußten falsch bleiben, so lange man für dieses als vorrangig empfundene Ziel nicht die kleinsten Abstriche zu machen bereit war von den sekundären Interessen, von den Ambitionen einzelner Gruppen und einander widersprechender Leidenschaften. Sollte die Blockade Wirkung zeigen, mußte man der Beteiligung der Vereinigten Staaten sicher sein, die nächst Europa der wichtigste Kunde der britischen Manufakturen waren. Der Einfluß der protektionswütigen französischen Industriellen trug noch stärker als die gewitzte Unredlichkeit Talleyrands zum Scheitern der diesbezüglichen Verhandlungen bei. Und: anstatt in England zu landen, setzte Bonaparte seine Entsendung nach Ägypten durch. Damit wurde die Orientfrage wieder aufgeworfen, Rußland mußte sich in seinen Interessen bedroht fühlen. So verschaffte man Pitt die Waffenhilfe durch die beste Armee des Kontinents. Außerdem weckte die französische Annexionspolitik in Europa auf der anderen Seite des Kanals eine patriotische Gesinnung. In Parlament und Presse galt die Devise einhelligen Zusammenstehens; anstandslos wurden der Regierung die Anleihen und Steuern bewilligt, die sie zur Finanzierung der Kriegsanstrengungen der Verbündeten brauchte.

Die revolutionären Expansionsbestrebungen waren seit 1793 nie ohne wirtschaftliche Nebenabsichten gewesen. Nach Campo Formio wurden diese Absichten zu unverhüllteren Forderungen. Dennoch sollten wir nicht Träume mit Taten verwechseln. In seinen an Talleyrand gerichteten Denkschriften griff Sieyès im Juli 1798 die Gedanken auf, mit denen er schon drei Jahre zuvor hervorgetreten war: »Dem englischen Handel alle Märkte sperren, alle Häfen des Kontinents von Gibraltar bis Holstein oder sogar bis zum Nordkap.« Und der *Moniteur* wagte eine Vorausschau auf die Zukunft, die sich abzeichnete: »Wir werden erleben, wie sich Nordsee und Mittelmeer zusammentun und die Erzeugnisse unseres Gewerbefleißes in die Welt hinaustragen.« Die praktischen Resultate waren dagegen sehr viel bescheidener. Zunächst waren sie das Ergebnis der Plünderungspolitik. Die Kontributionen konnten die Gier nicht befriedigen; die Generäle erhielten Anweisung, alle brauchbaren Maschinen nach Frankreich schaffen zu lassen, die Manufakturen zu durchsuchen und den Zivilbeamten bei ihren Nachforschungen nach den Fabrikationsmethoden jede Hilfe zu gewähren. Mit den Schwesterrepubliken knüpfte man Bande, die auch auf wirtschaftlichem Gebiet für Frankreich sehr einträglich waren. Der im Februar 1798 mit der Zisalpinischen Republik abgeschlossene Handelsvertrag verbot die Erhebung von Schutzzöllen über sechs Prozent des Wertes der eingeführten Waren und gab Frankreich das Monopol des Seetransports. Talleyrand resümierte ganz unverhohlen: »Der Zisalpinischen Republik fehlt es an Manufakturen; diesem Mangel werden die unseren mit ihren Erzeugnissen abhelfen. Es fehlt ihr an Häfen; unsere Schiffe werden also die Ausfuhr von Korn, Hanf, Käse und Seide besorgen.« Um ganz sicher zu gehen, daß sie es nicht jemals zu einem Hafen brachte, verbot man ihr die Aufnahme von Genua in ihren Staatsverband. Aber das Hauptanliegen blieb der Schutz der eigenen Wirtschaft. Schon das Gesetz vom 10. Brumaire des Jahres V (31. Oktober 1796) hatte neutralen Schiffen die Einfuhr von Waren englischen Ursprungs verboten. Das Gesetz vom 29. Nivôse des Jahres VI (18. Januar 1798) verschärfte die Protektionsbestimmungen. Jetzt galt jedes neutrale Schiff als dem Prisenrecht unterworfen, wenn es den geringsten Gegenstand englischer Herkunft an Bord führte oder auch nur einen englischen Hafen angelaufen hatte. Die Vereinigten Staaten schlugen zurück, indem sie alle bestehenden Verträge mit Frankreich aufkündigten und ihren Korsaren die Jagd auf die französischen Handelsschiffe freigaben.

War dieser Drang zu wirtschaftlicher Expansion das Motiv für die Eroberungsfeldzüge? Manche Pläne entstanden zweifellos aus dem Wunsch nach Verstärkung der Blockade. Eine Zeitlang erwog man ein militärisches Unternehmen gegen Portugal unter General Augereau; weil die Spanier es ablehnten, sich zu beteiligen, ließ man das Projekt fallen. Die Annexion von Mülhausen und Genf erklärte sich aus der Absicht, den Schmuggel zu unterbinden. Aber es wurde nicht einmal der Versuch unternommen, die europäischen Küsten nachdrücklich und ständig unter militärische Kontrolle zu bringen. Nichts wies auf die napoleonische Politik nach 1807 hin. Die militärische und politische Expansion blieb geprägt vom Revolutionsmythos und von den Einzelinitiativen der Generäle und Heereslieferanten. Im Februar 1798 wurde die Schweiz besetzt und in die »Helvetische Republik« umgewandelt. Der Papst wurde aus seinem Staat vertrieben und an den Ufern des Tiber eine weitere Republik gegründet. Im Juni zwang Brune Turin zur Aufnahme einer französischen Garnison. Paris diktierte nacheinander Rom, der Schweiz und der Lombardei Verfassungen, die dem Modell der Verfassung des Jahres III unter starker Betonung der Exekutive entsprachen. Etliche Staatsstreichversuche brachten diese Protektorate in den zweifelhaften Genuß der labilen innerfranzösischen Verhältnisse. Die Eroberungspolitik des Jahres 1798 war chaotisch und zögernd: zu wenig, um echte Handlungsfreiheit zu gewinnen, aber genug, um das übrige Europa aufs äußerste zu reizen.

Die Diplomaten der Republik boten keinerlei Zugeständnisse an. In Rastatt hatten sie nach ihren Instruktionen das linke Rheinufer, die Säkularisierung der geistlichen Fürstentümer und die Reorganisation des Römischen Reiches deutscher Nation zu fordern. Der Reichstag gab in den ersten beiden Punkten nach, aber der Kaiser verweigerte seine Sanktion. Sollte man also direkt mit Österreich verhandeln? François de Neufchâteau wurde zu Vorgesprächen nach Seltz im Elsaß entsandt, durfte aber keinerlei Zusicherungen geben. So blieb nur Preußen, die große Hoffnung der Direktoren in Paris. »Österreich hasse ich«, sagte Reubell, »am Wohlergehen Preußens dagegen ist mir außerordentlich gelegen.« Preußen jedoch wollte seine einträgliche Neutralität nicht gegen eine unheilige Allianz vertauschen. Der nach Berlin entsandte Sieyès mußte feststellen, daß diesbezügliche Hoffnungen gänzlich unangebracht waren.

Unter so bewandten Umständen hing alles vom ersten Schwächezeichen ab, das Frankreich geben würde. Die Seeschlacht bei Abukir (1798) brachte die Entwicklung rasch in Gang. Im November rückten die neapolitanischen Truppen in Rom ein. Im Dezember erneuerten und befestigten Rußland und England ihr Bündnis, Rußland setzte seine Truppen in Richtung auf Österreich in Marsch. Noch bevor der Krieg zwischen Frankreich und Österreich im März 1799 offiziell wiederaufgenommen worden war, begannen die Kampfhandlungen. Im Frühjahr und Sommer brachten sie den französischen Armeen katastrophale Rückschläge; die Truppen mußten auf ihre Stellungen von 1795 zurückgehen. Erst die Siege im Herbst bewiesen Europa, daß die Revolution zwar keinen Frieden zustande brachte, aber nach wie vor zu kämpfen wußte.

Die Schwächen dieser Politik zu zeigen ist leichter als ihre tieferen Gründe zu analysieren. Die natürlichen Grenzen waren seit Campo Formio nicht mehr ausschlaggebend; zwar bekannte sich das Direktorium nach wie vor zu ihnen, aber schon vor der Ablösung von Reubell durch Sieyès wurden sie nicht so wörtlich genommen, daß man bereit gewesen wäre, ihnen die Protektorate in Holland und Italien zu opfern. Und als Folge der seit Jahrhunderten bestehenden Kolonialrivalität kann man diese Politik auch nicht ansehen: die Öffentlichkeit interessierte sich wenig für die überseeischen Gebiete; die Regierung hoffte sie zwar wiederzugewinnen, aber nichts deutet darauf hin, daß diese Hoffnung ihre Beschlüsse besonders stark beeinflußt hätte. Die großen diplomatischen Entscheidungen sind offenbar von handfesten Interessen, ideologischen Zwangsvorstellungen und Schwierigkeiten im Innern gleichermaßen bestimmt gewesen.

Die Kreise der Industrie, vor allem der Baumwollverarbeitung, beklagten den Verlust ihrer Märkte in Übersee und hofften, weitere Eroberungen würden diese Einbuße durch neue Absatzgebiete ausgleichen. Sie waren gut organisiert und setzten durch zahlreiche Bitt- und Denkschriften das »Beratende Büro für Handelsfragen« unter Druck, das aus der Monarchie in die revolutionäre Verwaltung übernommen worden war. Die protektionistischen Maßnahmen gehen zu einem guten Teil auf diesen Einfluß zurück. Aber dem Bürgertum von 1798 wirtschaftliche Hegemoniebestrebungen über ganz Europa zutrauen zu wollen, das gehört ins Reich der Illusion und des Anachronismus. Die französische Industrie war gar nicht in der Lage, die Nachfrage des Kontinents zu befriedigen. Kaufleute und Bankiers dachten nicht daran, den Krieg zu predigen: sie sehnten sich nach Frieden. Ebenso falsch wäre es, Reubell und La Revellière zu Marionetten irgendwelcher Lobbys zu stempeln. Ihre Ziele waren vor allem politischer Natur. Sie waren den Klagen der interessierten Kreise nicht unzugänglich, aber sie betrachteten Schutzmaßnahmen und Blockade als Waffen des Krieges und als Werkzeuge neben anderen Werkzeugen, um eine Grandeur zu schmieden, die sie mit der Revolution identifizierten.

Viel deutlicher war der Einfluß der Ideologien. Der Richtungswechsel vom 18. Fructidor hatte in der Heimat und bei den Armeen die Kreuzzugsbegeisterung von 1793 neu belebt. Bei einem Bankett zu Ehren Jourdans lautete der Trinkspruch: »Auf das Wohl der Republik! Möge sie den Erdball umspannen!« Als der Papst aus Rom vertrieben wurde, als später die Könige von Sardinien und Neapel entthront wurden, schien der Traum Wirklichkeit zu werden. Dieses neuerliche Erwachen der prahlerischen Propaganda hat man gelegentlich dem Direktorium zur Last gelegt. Das scheint nicht gerechtfertigt zu sein; im Gegenteil, es bemühte sich, die Hitzköpfe zu bremsen. Der revolutionäre Messianismus mußte gar nicht erst angeheizt werden. Andererseits lehnten die Kräfte, die sich dem Ancien Régime verbunden fühlten, das neue Regiment spontan ab. Talleyrand, einst übertrieben gepriesen, heute übertrieben geschmäht, hat diese Elemente der Leidenschaft im diplomatischen Spiel sehr klar erkannt: »Die Feinde betrachten die mit uns geschlossenen Verträge als bloße Waffenstillstände, so wie sie die Moslems mit den Feinden ihres Glaubens schließen.« Als Suwarow mit dem Gefolge seiner Popen in Turin einmarschierte und überall die Freiheitsbäume durch Kreuze ersetzen ließ, zeigte er damit deutlich, daß der Krieg nicht mehr eine bloße Angelegenheit strategischer Kunstgriffe und diplomatischer Berechnungen war. So gesehen muß man das Direktorium von der Verantwortung für den Konflikt teilweise freisprechen.

Aber nicht ganz. Von Albert Sorel bis Louis Madelin haben viele Historiker das Triumvirat vom 18. Fructidor kritisiert, »diese armseligen Gestalten«, die »weder Mittel noch Folgen ihrer Politik zu überblicken vermochten«. Auf die wohlberechneten Anklagen, mit denen die späteren Männer des Brumaire-Staatsstreichs aufwarteten, sollten wir nicht hereinfallen. Bonaparte gab selber den Ton an, als er aus Ägypten zurückkehrte: »Was haben Sie aus diesem Frankreich gemacht, dem ich solchen Glanz verliehen habe? Ich habe Ihnen Siege hinterlassen und finde Niederlagen!« Später beschuldigte man die Direktoren, sie hätten ganz Europa revolutionieren wollen und den großen Mann in die Wüste geschickt, um ihn sich vom Halse zu schaffen. Dabei hat Reubell weder das italienische Abenteuer noch den Ägyptenfeldzug gutgeheißen. La Revellière war zwar ein Befürworter der Schwesterrepubliken, bekämpfte aber dabei doch die Jakobiner in Europa, deren Extremismus ihm gefährlich erschien. Im Jahr 1798 widersetzte sich das Direktorium mehrere Monate lang in Italien und Holland der Tätigkeit der Generäle und der Propagandisten einer europäischen Revolution. Es wollte bis zuletzt jede Friedenschance nutzen. Seinen Plänen, verglichen mit denen der zukünftigen Männer des Brumaire (Talleyrand und Sieyès), fehlte es durchaus nicht an Umsicht und Klugheit.

Aber etwas anderes fehlte dem Regime: die nötige Autorität. Die sie ihm heute streitig machten, waren gerade seine Ankläger von morgen. Der 18. Fructidor und Campo Formio hatten ihm zwei Danaergeschenke eingebracht: Bonaparte und den Neojakobinismus. Im Glanz seiner Siege, umgeben von einem Schwarm von Generälen und Kriegsgewinnlern, machte sich Bonaparte für den Zug nach Rom stark. Das gegen England geplante Unternehmen lenkte er auf den Nil um, und dieser Umweg über den Orient war, nach den Worten von Georges Lefebvre, »das Aufbruchssignal für die Zweite Koalition«. In Italien, in der Schweiz und in Holland fanden sich Generäle und Heereslieferanten mit den Jakobinern in der Ablehnung der Anweisungen aus Paris zusammen. Für ihre Niederlage am 22. Floréal des Jahres VI revanchierten sie sich am 30. Prairial des Jahres VII. Sieyès wurde zum Lenker der französischen Diplomatie: er lehnte im August 1799 ein spanisch-preußisches Vermittlungsangebot ab, weil es die Räumung Hollands vorsah. Die verbündeten Sieger vom Prairial warfen also der verdrängten Regierung Niederlagen vor, die sie selber herbeiführten.

Seine eigentliche Legitimierung fand dieses Kartell der Regimegegner in den widersprüchlichen Abneigungen der Volksmeinung. Es entsprach ganz dem Bilde, das die Franzosen selber boten, indem es die aufgestauten Leidenschaften ausdrückte, ohne sie zu befriedigen: Frieden, aber auch Expansion! Brüderlichkeit, aber auch Ausbeutung! Unteilbare Republik, aber auch abenteuerliche

Unternehmungen! Neben dem Fehlen eines Thronprätendenten für eine konstitutionelle Monarchie ist der Krieg der Hauptgrund für das einstweilige Scheitern der liberalen Revolution gewesen. Frieden schaffen und einen König finden – es war beides unmöglich. So kam es schließlich zum 18. Brumaire.

Nach Campo Formio stand England allein im Kampf gegen die Republik. Sollte Frankreich den Konflikt verlängern oder Frieden suchen? Den Politikern und der Volksmeinung erschien der Frieden als eine Katastrophe. Im November 1797 schrieb Truguet an Bonaparte: »Der Frieden mit England wäre ein furchtbarer, ein tödlicher Schlag.« Schön, Truguet urteilte als Seemann. Aber Reubell war durchaus der gleichen Ansicht: »Mir scheint, ein Friedensschluß mit England würde den Untergang der Republik bedeuten.«

Bislang waren vor allem die Kolonien in den Krieg gegen England verwickelt. Schon 1793 hatten die Engländer die Westindischen Handelskontore und Saint-Pierre-et-Miquelon vor Neufundland besetzt; den Senegal und die Maskarenen-Inseln im Indischen Ozean verschmähten sie. Das eigentliche Objekt des Krieges um die Kolonien blieb der Besitz der Antillen. Die von den Auswirkungen der gleichmacherischen Revolution beunruhigten Kolonisten, die sich auch tatsächlich bald von Sklavenaufständen bedroht sahen, riefen die Engländer zu Hilfe. Nacheinander gingen von März bis September 1793 Martinique, Santa Lucia, Guadelupe und Santo Domingo an den Feind verloren. Auf Guadelupe allerdings gelang es Victor Hugues, einem zum Kommissar der Republik ernannten ehemaligen Handelsschiffskapitän, im Oktober 1794 mit Unterstützung der Mulatten die Engländer zu vertreiben. Auf Santo Domingo fanden die Schwarzen in Toussaint Louverture ihren Spartakus, der sich für die Sache der Republik entschied, als diese sich unter dem Druck der Umstände dazu durchgerungen hatte, die Sklaverei abzuschaffen (Februar 1794). Er ließ sich zum Divisionsgeneral ernennen und brachte es fertig, die Engländer zu besiegen, dabei aber seine Unabhängigkeit von Frankreich zu wahren. So behielt die Republik vom französischen Kolonialreich nur Guadelupe als wirklich lohnende Besitzung. Auch Frankreichs Verbündete mußten ihren Tribut entrichten: Spanien verlor Trinidad, den Holländern nahm England ihre schönsten Territorien: Guayana, die Kapkolonie und Ceylon.

Der englische Sieg im Kolonialkrieg hatte zwei Folgen. Er führte zur Knappheit an Rohstoffen (vor allem Baumwolle) und wichtigen Nahrungsmitteln wie Zucker und Kaffee, andererseits nahm er der französischen Industrie die Absatzmärkte der Westindischen Inseln. Vor allem aber erschwerte er eine Friedensregelung, weil sich Frankreich ja gegenüber Holland und Spanien verpflichtet hatte, deren überseeische Besitzungen unangetastet zu erhalten. Er lieferte also einen Kriegsgrund mehr.

Falsch wäre es allerdings, die antibritischen Gefühle der Öffentlichkeit hauptsächlich mit den Verlusten in den Kolonien begründen zu wollen. Man haßte England weniger wegen seiner Eroberungspolitik in fernen Ländern, als wegen seiner finanziellen Unterstützung aller Koalitionen der Kontinentalmächte gegen die Republik.

Der Krieg auf Biegen oder Brechen wurde am 26. Oktober 1797 beschlossen. An diesem Tage veröffentlichte das Direktorium einen flammenden Aufruf und ernannte Bonaparte zum Oberbefehlshaber der Englandarmee. Mit seiner Rückkehr nach Paris am 10. Dezember begannen die Vorbereitungen für das Unternehmen. Bis zum Frühjahr 1798 wollte man eine Flotte von 63 Linienschiffen und etwa 50 Fregatten in Brest zusammenziehen. Admiral Brueys sollte mit dem Mittelmeergeschwader zu dieser Armada stoßen. Die Invasion in England wurde zur Herzensangelegenheit der ganzen Nation.

War sie von vornherein zum Scheitern verurteilt? Der Fehlschlag des Landungsunternehmens von Hoche im Dezember 1796 war kein schlüssiges Gegenargument: die englische Flotte hatte die Ausschiffung der Vorausabteilungen in Irland nicht verhindern können; nur ein Sturm hatte Hoche zum Abbruch der Expedition gezwungen. In den Kriegen des 18. Jahrhunderts, vor allem im amerikanischen Unabhängigkeitskrieg, hatten die englischen Schiffe ihre taktische Überlegenheit gezeigt, indem sie den Gegner in der Wasserlinie zu treffen versuchten, anstatt durch die Zerstörung der Masten das feindliche Schiff bewegungsunfähig zu machen und zu entern. Seit 1793 war jedoch keine echte Seeschlacht mehr ausgefochten worden. Die Admiräle Georgs III. begnügten sich damit, die Geschwader auf der Reede der Kriegshäfen Brest und Toulon zu blockieren. Die fast intakt gebliebene französische Flotte konnte sich um die in Italien beschlagnahmten Schiffe verstärken und auf die Unterstützung der spanischen und der holländischen (»batavischen«) Flotte rechnen. Die im Frühjahr unter den englischen Besatzungen ausgebrochenen Meutereien gaben zu großer Zuversicht Anlaß. Irland unter Wolfe Tone stand zur Erhebung bereit. Allerdings überschätzte man in Frankreich die Bedeutung und die Auswirkungen des Kaperkrieges der einzeln in Übersee operierenden französischen Schiffe.

Solche Hoffnungen gingen über die Möglichkeiten hinaus. Die englische Blockade hatte die Erneuerung der Schiffsvorräte (Hanf, Pech, Leinen) verhindert, die zum größten Teil importiert werden mußten. Das (sehr viel stärker noch als das der Landarmee) durch die Emigration geschwächte Seeoffizierskorps hatte in seiner erzwungenen Untätigkeit den Schwung verloren.

Bonaparte und seine Stabsoffiziere kamen sehr pessimistisch gestimmt von ihrer Inspektionsreise zurück. In einer Denkschrift, die er dem Direktorium am 23. Februar unterbreitete, zog der Oberbefehlshaber seine Schlüsse: »Auch bei größten Anstrengungen werden wir auf Jahre hinaus die Überlegenheit zur See nicht erlangen. In England zu landen, ohne Herr der Meere zu sein, wäre das gewagteste und schwierigste Unternehmen, das je versucht worden ist.« Er riet Frieden zu schließen oder den Angriff anderswo vorzutragen, im Hannöverschen oder ... nach Ägypten. England konnte aufatmen. Die Erhebung der Iren scheiterte, und das kleine Expeditionskorps unter General Humbert mußte im September 1798 die Waffen strecken. Karthago in seinen Mauern zu treffen hatte sich als unmöglich erwiesen.

Die Gründe für die Aufgabe des Landungsplans in England liegen auf der Hand. Ganz anders steht es mit den Gründen, die das Direktorium bewogen haben mögen, am 5. März einer Expedition in den Orient zuzustimmen. Ausschlaggebend für diese gefährliche Entscheidung war zunächst einmal die unermüdliche Fürsprache Talleyrands. Seit Monaten bemühte sich dieser ungewöhnliche Außenminister mit Argumenten, die sich gelegentlich widersprachen, die Kriegsanstrengungen der Republik auf Ägypten zu lenken. In einer Denkschrift vom 14. Februar (26. Pluviôse) griff er die Feststellungen des gerade auf Urlaub in Paris befindlichen Generalkonsuls in Kairo, Magallon, auf: Ägypten sei durch Anarchie geschwächt und könne leicht erobert werden, ohne daß man damit den Interessen des Sultans schade. Er, Talleyrand, werde sich selber nach Konstantinopel begeben. Das ägyptische Volk »wird uns mit Freuden einziehen sehen«. Der Weg nach Indien, wo Tipu-Sahib seinen Kampf gegen die Engländer wieder aufgenommen hatte, führte nicht mehr um das Kap der Guten Hoffnung, sondern wie vor dem 16. Jahrhundert über Suez.

Bonaparte hatte sich in den letzten Monaten mehrfach mit Talleyrand über diese Pläne unterhalten. Faszinierte ihn die »orientalische Fata Morgana« wirklich so sehr, wie es Marmont in seinen Memoiren berichtet? Gewiß, er hatte in Leoben darauf bestanden, daß die Ionischen Inseln Frankreich zufielen, er hatte Poussielgue nach Malta geschickt, um die Verteidigungsmöglichkeiten des alten Johanniterordens zu prüfen. Aber es scheint doch, als seien seine Beweggründe vor allem politischer

Natur gewesen. Blieb die Englandarmee untätig, so konnte seine Popularität rasch schwinden; er selber konnte sich in ruhmlosen innenpolitischen Kabalen aufreiben und das auf den Schlachtfeldern Italiens gesammelte Ansehen verlieren. Ein rascher Siegeszug im Orient (im Herbst, so rechnete er, würde er wieder zurück sein) konnte ihm nützen, ohne ihn aus dem Spiel um die Macht zu verdrängen.

Zögerte das Direktorium? Wir wissen es nicht. Die Memoiren der Beteiligten widersprechen einander. Reubell und Barras waren zunächst dagegen, gaben aber nach. Wollten die Direktoren sich einen lästigen, zu groß gewordenen Mann vom Halse schaffen? So haben es die Männer des Brumaire später dargestellt, und viele Historiker haben diese Beurteilung übernommen, ohne daß überzeugende Beweise zutage gefördert worden wären. Es ist naheliegend, daß die Direktoren nichts dagegen hatten, Bonaparte für eine Weile loszuwerden, weil er inzwischen so etwas wie der Führer einer Partei im Lande geworden war. Doch Bonaparte und Talleyrand hatten ihnen zwei Zusicherungen gemacht: der Feldzug werde kurz und nicht gegen die Türkei, sondern gegen England gerichtet sein. Diese Versprechungen standen auf schwachen Füßen; immerhin entheben sie das Direktorium der vollen Verantwortung für ein Unternehmen, das die Orientfrage wieder aufwarf und eine neue Koalition gegen Frankreich zusammenführte.

Die inzwischen in Toulon, Genua und Civitavecchia vorbereitete und mit den im Staatsschatz von Bern beschlagnahmten Millionen finanzierte Expedition stand im Mai bereit. Am 19. lief Bonaparte von Toulon aus. Auf der Höhe von Sardinien stießen von Genua, Korsika und Civitavecchia kommende Geschwader zu ihm. Am 10. Juni traf die Flotte vor Malta ein. Sie bestand aus über dreihundert Schiffen, davon 13 Linienschiffen und 17 Fregatten; 16000 Matrosen waren an Bord. Das Expeditionskorps zählte 38000 Mann unter dem Befehl von 32 Generälen. Malta, nach Poussielgue der »Schlüssel zur Levante«, verteidigte sich nicht. Am 12. Juni rückten die französischen Truppen ein.

Bonaparte ließ 5000 Mann von der Division Vaubois in Malta zurück und stach bald wieder in See, Richtung Ägypten. Am 1. Juli lag die Flotte vor Alexandria. Im Schutze der Nacht gingen die Truppen an Land, und nach einem Gefecht, bei dem Kléber verwundet wurde, besetzten sie am Tag darauf die Stadt.

Eine Stadt, die dem Sultan gehörte, mitten im Frieden zu besetzen, warf schwierige Probleme auf. Seit 1517 war Ägypten eine Provinz des Osmanischen Reiches unter der Verwaltung eines von der Hohen Pforte eingesetzten Paschas. Der Pascha, gestützt auf eine türkische Janitscharentruppe, regierte das Land und zog die Steuern ein. Aber es war eine

General Jean-Baptiste Kléber hat sich als Verteidiger von Mainz und in der Vendée, später bei der Sambre- und Maasarmee, als schneidiger und willensstarker Offizier erwiesen. Er geht mit Bonaparte nach Ägypten, wo er ein Jahr später den Oberbefehl übernehmen muß.

zweite Gewalt in Ägypten entstanden: die Mamelucken, einstige kaukasische und tscherkessische Sklaven, die als hohe Beamte und vor allem als Kriegsleute Verwendung fanden. Diese Mamelucken wurden von vierundzwanzig Beis geführt; zwei von ihnen, Murad und Ibrahim, hatten sich zu fast souveränen Herrschern aufgeschwungen. Bonaparte übernahm die These der Denkschrift Talleyrands und rechtfertigte seine Landung in einem Schreiben an den Pascha und in einem Aufruf an die Einwohner von Alexandria: er sei gekommen, die Rechte des Sultans und noch mehr die Rechte Mohammeds und des Korans respektierend, die

Ägypter wieder in ihre von den Mamelucken, den »Usurpatoren« geschmälerten Rechte einzusetzen.

Kléber blieb mit 3000 Mann in Alexandria. Die übrigen Divisionen, an der Spitze die Division Desaix, brachen nach Kairo auf, und zwar auf dem kürzesten Wege, quer durch die Wüste. Murad erwartete den Angriff mit dem Gros seiner Truppen – etwa 7000 Reitern – nordwestlich von Kairo unweit der Pyramiden. Am 21. Juli brachen seine Kavallerieattacken im Feuer der französischen Karrees zusammen. Murad wandte sich nach Süden, Richtung Assuan, während Ibrahim Kairo räumte und sich an das Rote Meer zurückzog.

Die Vorbereitungen in Toulon waren den Engländern nicht verborgen geblieben, auch wenn sie nicht wußten, wohin die Reise gehen sollte. Schon am 9. Mai hatte Jervis von seinem Geschwader, das die spanische Flotte in Cadix blockiert hielt, Konteradmiral Nelson mit einigen Schiffen zur Beobachtung der französischen Flotte abgestellt. Doch erst am 25. Juli gelang es Nelson, durch die Aufbringung einer französischen Brigg festzustellen, welchem Ziel Bonapartes Expedition galt. Am 1. August traf er mit 14 Schiffen vor der Reede von Abukir ein, wo Admiral Brueys seine Flotte ziemlich weit von den Küstenbatterien entfernt hatte ankern lassen.

Die Verantwortung für diese Entscheidung ist heftig umstritten geblieben. Das Direktorium hatte Brueys angewiesen, seine Flotte nach Korfu zu führen, aber Bonaparte als Oberbefehlshaber, der die Flotte in Reichweite behalten wollte, hatte angeordnet, er solle den alten Hafen von Alexandria auf seine Brauchbarkeit prüfen. Brueys hielt die Einfahrt für unpassierbar und ließ lieber vor Abukir Anker werfen. Es fehlte ihm an der nötigen Autorität; seine Offiziere, anstatt zu ihm zu halten, widersprachen ihm ständig. So lehnte er es ab, die Anker zu lichten, als sich die englische Flotte näherte. Nelson verstieß daraufhin gegen die übliche Taktik der Seeschlacht – parallele Breitseite – und steuerte zwischen die Küste und die französischen Schiffe, um ihnen den Weg abzuschneiden und sie einzeln im rechten Winkel anzugreifen. Alle französischen Schiffe wurden versenkt oder erobert, außer *Guillaume Tell* und *Le Généreux*, denen unter Villeneuve die Flucht nach Korfu gelang. Mehr als 5000 Matrosen fanden den Tod. In einem Tagesbefehl an seine Soldaten erklärte Nelson: »Es gibt keinen englischen Matrosen, der an diesem Tag nicht die Überlegenheit gehorsamer und disziplinierter Besatzungen gespürt hätte gegenüber hemmungslosen Leuten, deren wirre Anstrengungen nicht in eine vernünftige Ordnung gebracht werden konnten.« Die Schlacht vor der Nilmündung war der Sieg der Intelligenz über die Abenteuerlust.

Horatio Nelson, der Sieger von Abukir, in der Kajüte seines Admiralsschiffs.

Diese Katastrophe hatte nicht nur strategische Bedeutung. Nach wenigen Wochen stand Frankreich im Mittelmeer allein da. Bonaparte hatte mit dem Sultan ein gefährliches Spiel getrieben: während er seine friedfertigen Absichten beteuerte, versuchte er, die Griechen auf dem Peloponnes und die Albaner unter Ali Pascha Tepedelenli in Joannina gegen ihn aufzuwiegeln. Nach Abukir schloß sich der Sultan näher an Zar

Paul I. an, öffnete ihm am 20. August die Meerengen, traf am 30. August mit ihm ein Militärabkommen im Hinblick auf die Rückeroberung der Ionischen Inseln und erklärte schließlich am 9. September Frankreich den Krieg. Ali Pascha konnte ungestraft die französischen Garnisonen in Albanien über die Klinge springen lassen, die russisch-türkische Flotte Cerigo, Zante und Kephalonia erobern. Nur Vaubois hielt sich in Malta gegen seinen Belagerer Nelson. Die zweite Koalition wurde im östlichen Mittelmeer geboren.

Die Ägyptenpolitik Bonapartes ist, jedenfalls von der französischen Geschichtsschreibung, lange Zeit als eine Pioniertat gepriesen worden, als die Öffnung Ägyptens für die moderne Zivilisation und den Fortschritt. Schaut man genauer hin, so bemerkt man, daß sie neben unzweifelhaften Neuerungen höchst traditionelle Lösungen für die ewig gleichen Probleme gebracht hat. Die Menschen am Nil hatten in ihrer langen Geschichte schon viele Eroberer erlebt, die als Minderheiten nach Rasse, Kultur und Religion von ihnen verschieden gewesen waren. Alle hatten sich der gleichen Aufgabe gegenübergesehen: die unentbehrliche Verwaltung aus Ortsansässigen zu erhalten, aber auch selber in die Hand zu bekommen; die explosive religiöse Situation durch Toleranz zu entschärfen; Abgaben aus dem Land zu pressen, Revolten niederzuschlagen und die Honoratioren zu gewinnen.

Auf Anraten von Venture de Paradis, einem Orientalisten aus Marseille, der acht Jahre in Kairo gelebt hatte, ernannte Bonaparte gleich nach seiner Ankunft einen »Diwan« aus angesehenen Ägyptern, die für die Stadtverwaltung zuständig sein und unter der Oberaufsicht eines französischen Kommissars die Verantwortlichen für Polizei und Lebensmittelversorgung bestimmen sollten. Am 27. Juli dehnte er dieses System auf ganz Ägypten aus. Als Protektor des Islam beehrte er das Fest des Nils und des Propheten mit seiner Anwesenheit und ließ bis nach Tripolis und Tunis bekanntmachen, daß die Mekka-Pilger in Ägypten herzliche Aufnahme finden würden. Aber die Azhar-Universität konnte diese Alkoholkonsumenten, die nicht einmal beschnitten waren, nicht als gute Muselmanen betrachten, um so mehr als andere Maßnahmen durchaus nicht nach dem Gesetz des Propheten, sondern mit dem Recht des Siegers getroffen wurden. Woher sollte man das nötige Geld nehmen? Die von der türkischen Verwaltung hinterlassenen Kassen waren fast leer. Um die Steuern wie bisher einzutreiben, wandte man sich an die monophysitische koptische Minderheit unter ihrer angesehensten Persönlichkeit, dem Generalintendanten Girges-el-Guhari. Aber diese »Spitzbuben«, wie Bonaparte sie nannte, waren bei den Moslems verhaßt. Außerdem galt es, andere Geldquellen zu erschließen. So wurden den Kaufleuten und den Ehefrauen der Beis immer neue Zwangsanleihen auferlegt. Den Zünften wurde eine Gewerbesteuer abverlangt. Vor allem wurden Einwohnermeldestellen geschaffen, um feste pro-Kopf-Abgaben und Ortswechselsteuern zu erheben.

Der militärische Druck reichte nicht aus, um alle Unmutsäußerungen zu ersticken. Außerhalb der Städte hielten viele Ägypter nach wie vor zu den Mamelucken und überfielen Soldaten und Zivilisten. Schon am 23. Juli verlor Bonaparte auf diese Weise einen seiner liebsten Adjutanten, Hauptmann Julien. Aber erst als die Kriegserklärung des Sultans bekannt wurde, verwandelte sich die Feindseligkeit des Volkes in offene Auflehnung. Am 22. Oktober (1. Brumaire) begannen Zusammenrottungen in verschiedenen Stadtteilen Kairos. Die Läden schlossen. Gegen 10 Uhr wurde der Stadtkommandant General Dupuy getötet. Die Aufständischen hatten sich hinter Barrikaden in den engen Gassen um die Azhar-Moschee verschanzt. Am Tag darauf wurden Sulkowski und an die zehn Leibgardisten überfallen und niedergemacht. Daraufhin erhielt General Bon, der Nachfolger von Dupuy, den Befehl zur Beschießung der Moschee. Die mit der Waffe in der Hand angetroffenen Aufrührer wurden enthauptet und in den Nil geworfen. 250 Franzosen und 2500 Ägypter fanden bei diesen Unruhen den Tod. Bonaparte tat alles, um den Vorgang zu bagatellisieren, aber seine Umgebung ließ sich nicht täuschen. Der Zeichner und Amateurarchäologe Vivant Denon schrieb an Menou: »Der 1. Brumaire hat den philanthropischen Schleier ein wenig gelüftet, den wir über Ägypten gebreitet hatten; ich glaube, es hilft uns nur, wenn wir uns als die Stärkeren erweisen.« Fast überall im Lande ging der Aufruhr weiter.

In vieler Hinsicht sieht es also durchaus nicht danach aus, als sei Bonaparte der Schöpfer des modernen Ägyptens gewesen, als den man ihn uns so oft hingestellt hat. Nicht nur war sein Wirken nicht von Dauer, es war auch an sich nur eine empirische Antwort auf ein uraltes Problem. In zwiefacher Hinsicht allerdings ist sein Abenteuer etwas Besonderes gewesen: es hat der Intelligenz und der Technokratie des 19. Jahrhunderts ein unvergleichliches Experimentierfeld geöffnet.

Seit den Tagen von Mombello hatte Bonaparte Geschmack am Umgang mit Wissenschaftlern, Schriftstellern und Künstlern gefunden, die ihn denn auch im Dezember 1797 der Ehren des *Institut* für würdig erachtet hatten. Als die Ägyptenflotte von Toulon auslief, hatte sie nicht nur die Elite der Italienarmee, sondern auch die besten Männer aus Wissenschaft und Kunst an Bord, die darauf brannten, an die Arbeit zu gehen. Ein Erlaß vom 22. August (5. Fructidor) rief in Kairo ein Institut für

Im Oktober 1798 erhebt sich die Bevölkerung von Kairo gegen die Besatzungsmacht. Unsere volkstümliche Darstellung zeigt die von Bonaparte selber geleitete blutige Niederwerfung des Aufstands.

Wissenschaften und Künste ins Leben; Artikel 2 definierte den Zweck dieser Einrichtung: »Erstens: Fortschritt und Verbreitung der Aufklärung in Ägypten; zweitens: Erforschung, Untersuchung und Veröffentlichung der ägyptischen Landesnatur, Gewerbetätigkeit und Geschichte; drittens: gutachtliche Stellungnahme zu den verschiedenen von der Regierung an das Institut herangetragenen Fragen.« Das erste Ziel wurde nicht erreicht, das zweite brachte nur auf dem Gebiet der Geschichte fruchtbare Ergebnisse. Bonaparte allerdings kam es vor allem auf das dritte an. In der Sektion Mathematik nahm er selber mit Monge, Fourier und Girard an den Sitzungen teil. In die Sektion Physik entsandte er Berthollet, Geoffroy Saint-Hilaire und Conté. In der Sektion Nationalökonomie tagten Sulkowski und Poussielgue mit Tallien, dessen Stern in Paris verblaßt war. Die beiden großen Namen in Literatur und Kunst waren Venture und Denon. Während die gewaltige Arbeit fortschritt, mit der die Ägyptologie begründet wurde, die ihre Krönung in der großartigen »Beschreibung Ägyptens« finden sollte, verlangte Bonaparte von seinen Institutskollegen Auskünfte über ganz präzise Probleme: Wie ließen sich die Backöfen für die Brotherstellung verbessern? Womit konnte man den Hopfen bei der Bierbereitung ersetzen? Was konnte für die Reinigung des Nilwassers unternommen werden?

Eingehend beschäftigte er sich mit dem Plan einer Wiederinbetriebnahme des alten Kanals zwischen dem Roten Meer und dem Nil, reiste sogar im Dezember mit Monge und Berthollet nach Suez und forderte nach seiner Rückkehr die genaue Untersuchung dieser Frage. Gleichzeitig ordnete er an, die Schiffbarkeit des Nils zu verbessern, kümmerte sich um das Straßennetz und erwog die Einführung der auf den Antillen bewährten Pflanzen und Anbaumethoden in Ägypten. Einen wertvollen Helfer fand er in Nicolas-Jacques Conté aus der Normandie, dem ehemaligen Leiter der Freiballonschule von Meudon, der Werkstätten für die Herstellung von Waffen, Uniformen und Präzisionswerkzeugen aus dem Boden stampfte und den Bau von Windmühlen empfahl. Das war ein Werk, das auf die Dauer keinen Bestand hatte und für Ägyptens Zukunft wenig beisteuerte. Aber sein Einfluß blieb bestimmend für die Generation der Polytechniker um die Jahrhundertwende.

Noch bevor Bonaparte Toulon verlassen hatte, war die Republik über die im Vertrag von Campo Formio festgelegten Grenzen hinausgegangen. So wie in Italien hatten auch in der Schweiz französische Truppen neue Revolutionen unterstützt oder provoziert.

Die Schweiz von 1798 war ein Nebeneinander von Territorien verschiedener Verfassung. Zu den dreizehn »Selbstherrlichen Orten« kamen die »Zugewandten Orte« wie Genf, Mülhausen und das Wallis, ferner »Gemeine Herrschaften« sowie einzelörtische »Untertanenlande«, die einzelnen Kantonen unterstanden, das Waadtland zum Beispiel, das der Berner Oligarchie unterstand. Frankreich forderte einige Juratäler, die einst zum Bistum Basel gehört hatten, das seit 1793 zum Departement Mont-Terrible gemacht worden war. Das war ein Verhandlungs-, kein Interventionsgegenstand.

Den Anlaß zum Eingreifen gab eine Mischung aus aufgeputschten Leidenschaften und vordergründigen Interessen. Schon lange hatte die Revolution »Patrioten« verlockt, die davon träumten, ihren Heimatkanton von der aristokratischen Vormundschaft zu befreien oder gar die ganze Schweiz in einen republikanischen Einheitsstaat zu verwandeln. In Paris forderte der Waadtländer Frédéric-César de La Harpe den Einmarsch der französischen Truppen. In Basel war der Kanzler Peter Ochs, ein enger Freund Reubells, seit langem für die Sache der Revolution gewonnen. Bonaparte wiederum, der schon das Veltlin der Zisalpinischen Republik zugeschlagen hatte, wollte durch das Wallis und über den Simplon eine direkte Straßenverbindung zwischen Frankreich und Mailand schaffen. Am 8. Dezember 1797 trafen Ochs und Bonaparte bei Reubell zusammen und einigten sich grundsätzlich auf eine Erhebung, der eine politische Initiative des Direktoriums vorausgehen sollte. Am 18. rang sich das Direktorium dazu durch, allen Waadtländern, die ihn verlangten, ganz offiziell den Schutz Frankreichs zuzusichern. In Lausanne, Basel, Solothurn und Luzern kam es zu Aufständen. Reubell und Ochs hofften ein militärisches Eingreifen noch vermeiden zu können, aber der Widerstand der Berner veranlaßte General Ménard am 3. Februar zum Einmarsch ins Waadtland. Auf Bonapartes Drängen befahl das Direktorium General Brune, Bern zu erobern. Am 5. März wurde die Stadt besetzt. Die Schweiz sollte einen republikanischen Einheitsstaat bilden; Genf und Mülhausen wurden von Frankreich annektiert.

Von der Zisalpinischen Republik aus wollten die Jakobiner im Piemont, in der Toskana und im Kirchenstaat die Revolution herbeiführen. Sie fanden Unterstützung in der Armee, bei den beutelüsternen Heereslieferanten und bei einigen französischen Propagandisten, die vom Fructidor-Staatsstreich auf diplomatische Posten getragen worden waren. Das Direktorium dagegen lehnte eine Italienische Republik einstimmig ab. Rom allerdings war für die Heereslieferanten allzu verlockend. »Dieses Babylon«, schrieb der Protestant Haller, »quillt über von Beute aus der ganzen Welt: es muß uns ernähren und unsere Schulden bezahlen.« Außerdem hatte der 18. Fructidor in den führenden Kreisen Frankreichs den Haß auf das Christentum geweckt. Es fehlte nur noch ein Vorwand.

Auf dem Kapitol wird am 15. Februar 1798 die Römische Republik ausgerufen. Die Bezeichnungen der Amtsträger (Konsuln, Präfekten) und Versammlungen (Tribunat, Senat) sowie der Ort der Handlung sollen an die großen Zeiten des Römischen Reiches anknüpfen.

Der eher zufällige Tod des Generals Duphot bei einer Straßenschlägerei in Rom am 28. Dezember 1797 gab Bonaparte Gelegenheit, für das Eingreifen zu plädieren. Am 10. Februar (22. Pluviôse) marschierte Berthier vor Rom auf, aber der Papst akzeptierte alle seine Forderungen. Erst fünf Tage später versammelten sich etliche hundert »Patrioten« auf dem Kapitol und riefen die Römische Republik aus; jetzt rückte Berthier in Rom ein und schickte den greisen Papst ins Exil in die Toskana.

Die militärische Intervention ging mit einem ständigen politischen Druck einher, der die Schwesterrepubliken in Vasallenstaaten verwandelte. Verfassungen und Staatsstreiche wechselten als Echo auf die Innenpolitik des Direktoriums, während Generäle, Heereslieferanten und Jakobiner einen zähen Kleinkrieg gegen die Zivilbeamten führten, die meistens der revolutionären Propaganda ablehnend gegenüberstanden.

Die Zisalpinische Republik erlebte in einem Jahr zwei Verfassungen und vier Staatsstreiche. Den anderen Republiken in Italien erging es ähnlich. In Rom gaben zwei Artikel der von Daunou und Florent entworfenen Verfassung dem französischen General das Recht, die Abgeordneten zu ernennen, Gesetze zu erlassen und die von den Ratsversammlungen getroffenen Maßnahmen von seiner Zustimmung abhängig zu machen. Das war ein unverhülltes Protektorat, das dabei durchaus nicht Ruhe und Ordnung verbürgte. Es kam in Rom zu einer Revolte der ehemaligen Armee Bernadottes gegen ihren neuen General Masséna, der den Offizieren als Plünderer und Jakobiner verhaßt war.

Die Schweiz und Holland blieben von diesem Klima der Unterdrükkung und Labilität nicht verschont. Merlin und Reubell erarbeiteten mit Ochs eine Einheitsstaatsverfassung nach dem Muster der Verfassung des Jahres III, die aus der Helvetischen Republik eine getreue Schwester Frankreichs machen sollte. Aber das Schweizer Direktorium beging die Unvorsichtigkeit, den Preis zu hoch zu finden, den es für das Bündnis bezahlen sollte. Der Zivilkommissar Rapinat veranstaltete daraufhin am 16. Juni seinen eigenen kleinen 18. Fructidor und verjagte die beiden Direktoren. Und weil die Holländer keine Verfassung zustande brachten, »säuberte« der französische Botschafter Delacroix die Ratsversammlungen von den gemäßigten Elementen und brachte am 22. Januar mit Gewalt die einheitsbeflissenen Jakobiner ans Ruder. Die nahmen alsbald eine Verfassung an, knüpften die Bande mit Frankreich enger und wollten sich sogar an der Macht halten, indem sie per Dekret bestimmten, zwei Drittel der zukünftigen Abgeordneten seien aus ihren Reihen zu wählen. Mit Unterstützung Jouberts wurde der holländische General Daendels, der damit nicht einverstanden war, so lange beim Direktorium vorstellig, bis Delacroix abberufen wurde und Daendels nun seinerseits am 12. Juni

Ein Spottbild aus der Schweiz: das Volk von Zürich tanzt um den Freiheitsbaum, während die Soldaten der Grande Nation das Geld aus der Staatskasse holen.

einen Staatsstreich wagen konnte. Mehrere Monate lang lebte die Batavische Republik daraufhin unter einer Militärdiktatur, die dem späteren Brumaire-Regime in Frankreich nicht unähnlich war.

Alle diese Verfassungen sind ein getreuer Spiegel des fortschreitenden Revisionismus in Frankreich. Überall werden der Exekutive mehr Befugnisse übertragen als in der Verfassung des Jahres III. Die Terminologie der römischen Verfassung ist besonders zukunftsweisend: da gibt es

Konsuln (statt der Direktoren), ein Tribunat und einen Senat, ja, sogar Präfekten. Daunou braucht nach dem 18. Brumaire nur auf sein römisches Verfassungswerk zurückzugreifen.

Die finanzielle und wirtschaftliche Expansionspolitik verfolgte drei Absichten: dem englischen Handel die europäischen Märkte versperren, der französischen Industrie eine privilegierte Stellung verschaffen und durch Kontributionen und Beschlagnahmen das nötige Geld für die Armeen beitreiben. Die Blockade wurde durch das Gesetz vom 18. Januar 1798 (29. Nivôse des Jahres VI) verschärft. Jetzt galt jedes neutrale Schiff als dem Prisenrecht unterworfen, das einen englischen Hafen angelaufen oder irgendeinen Gegenstand englischer Herkunft an Bord hatte. Die Blockade war primär eine wirtschaftliche Waffe im Dienste des Krieges, aber sie entsprach auch den Wünschen der französischen Fabrikanten, deren Sprachrohr das »Beratende Büro für Handelsfragen« war. Mülhausen und Genf wurden vor allem annektiert, um den Schmuggel zu unterbinden.

Die Schweiz wurde von den Generälen und Zivilkommissaren systematisch ausgeplündert. Das Direktorium rechnete damit, etwa dreißig Millionen den Kantonskassen entnehmen zu können. Diese Kassen, vor allem die von Bern, enthielten nicht nur bares Geld, sondern auch Forderungen an fremde Staaten. Die Ergebnisse waren enttäuschend: in Bern fand man nur sechs Millionen (von denen die Hälfte an Bonaparte ging), und alles in allem kamen ganze zehn Millionen zusammen. So schritten die Zivilkommissare zur Zwangskontribution, um die Summe aufzurunden. Insgesamt mußte die Schweiz sechzehn Millionen zahlen. Dabei konnte sie noch von Glück sagen, daß ihr der Bündnisvertrag die Stationierungskosten für eine Besatzungsarmee ersparte, und es wurden auch keine Kunstwerke fortgeschafft.

Kein Land wurde so sehr geschröpft wie Italien. Der im Februar 1798 der Zisalpinischen Republik aufgezwungene Handelsvertrag nahm ihr jede wirtschaftliche und industrielle Unabhängigkeit. Irgendeine Schutzpolitik für die einheimische Wirtschaft war ihr verboten. Der Wertzoll auf französische Waren durfte sechs Prozent nicht übersteigen, und Frankreich erhielt das Monopol auf die Seetransporte der jungen Republik, die sich Genua nicht einverleiben durfte, um ganz auf französische Schiffe angewiesen zu sein. Der Bündnisvertrag zwang sie zu einer jährlichen Zahlung von 18 Millionen für den Unterhalt der französischen Armee. Binnen weniger Monate erreichte das Defizit 33 Millionen Lire, und Mailand mußte seine Zahlungen einstellen. Daraufhin trat man einen Teil der zu Nationalgütern erklärten Kirchenbesitztümer an Frankreich ab. Aber weder in der Zisalpinischen noch in der Ligurischen Republik, die noch eine Anleihe von 800 000 Franken zeichnen mußte, blieb etwas Nennenswertes zu holen.

Dabei hatte die Italienarmee aus Bonapartes Oberbefehlshaberzeit die gierigsten Aasgeier geerbt. Brune und sein Stabschef Suchet waren unersättlich. Vor allem aber trieben seit der Abberufung der bevollmächtigten Armeekommissare die vielen Heereslieferanten völlig unkontrolliert ihr Unwesen.

Rom wurde regelrecht ausgeraubt. Der für die Finanzen der Armee verantwortliche Mann, der berüchtigte Emmanuel Haller, schloß im März mit den römischen Konsuln ein Abkommen, nach dem Frankreich in bar, Banknoten und Wertpapieren 35 Millionen zustanden, obwohl Bonaparte in den letzten zwei Jahren schon 36 Millionen aus den päpstlichen Kassen erpreßt hatte. In diese Summen nicht eingerechnet waren die Meisterwerke der Malerei, denen die Direktoren am 27. Juli in Paris einen feierlichen Empfang bereiteten. Schon am 4. Mai berichteten die Zivilkommissare an das Direktorium: »Italien ist erschöpft. Die Römische und die Zisalpinische Republik sind völlig insolvent geworden.« Sie versuchten gegen die Spekulation vorzugehen und gerieten sich mit den Generälen in die Haare, erst mit Masséna, dann mit Gouvion-Saint-Cyr und nach der ruhigen Zwischenzeit unter Macdonald mit Championnet.

Die Zivilbeamten merkten, wohin diese sinnlose Raubpolitik führen mußte. Mangourit schrieb an Talleyrand: »Wäre ich Römer von Geburt und Gesinnung – wie bitter würde ich die Franzosen hassen!« Daunou gab weise Ratschläge: »Wollt ihr, daß dieses Volk frei bleibt, so sorgt dafür, daß es sich nicht bis zum Weißbluten erschöpft.« Und Faipoult zeigte die Unlogik einer solchen eigensüchtigen Brüderlichkeit: »Wir dürfen nicht von den neuen Republiken als von Schwestern oder Töchtern sprechen und zugleich von ihnen willkürlich Tribute und lästige Vorrechte fordern.« Aber es war schon zu spät, um die Revolte der geschundenen Völker noch zu dämpfen.

Die Aufstände gegen die Armeen und die Verwaltung der Republik in den Jahren 1798 und vor allem 1799 waren ein deutlicher Beweis für die verbreitete Unzufriedenheit im ganzen besetzten Europa. Es ist verführerisch, diese Bewegungen zu unterscheiden nach solchen, die gegenrevolutionären Bestrebungen entsprangen, und solchen, die gerade die von ihm in die Welt gebrachten Grundsätze und Leidenschaften gegen Frankreich wendeten: Einheit, Freiheit und Gleichheit. Aber eine solche Kategorisierung wäre zu willkürlich: überall, außer in Frankreich, deckte das Wort »Patriot« recht unklare Motive. Bezeichnend ist in dieser Hinsicht der Brief eines Abgeordneten des Waadtlandes aus dem Juni 1798: »Sorgt um Gottes willen dafür, daß die Franzosen anderen Instanzen unterworfen werden als ihrem Gutdünken: sie benehmen sich wie reißende Wölfe ... Überall ertönt ein Schrei der Entrüstung über die Franzosen, und die erfreulichste Nachricht für unsere Landsleute wäre die Kriegserklärung gegen diese Menschen. So weit ist es schon gekommen. Und wenn ich sage ›unsere Landsleute‹, so meine ich damit die ›Patrioten‹ ebenso wie ihre politischen Gegner.«

Die Bemühungen der liberalen und demokratischen Minderheiten um die Gewinnung ihrer politischen Unabhängigkeit, auch von den Franzosen, waren geschickter. Für die Gemäßigten als die Vertreter der Tradition des aufgeklärten Despotismus lag es nahe, die diplomatischen und militärischen Schwierigkeiten der Republik zu nützen, um ihr Schicksal nicht ganz an das Frankreichs zu binden. In der Zisalpinischen Republik bemühten sich Melzi (der 1798 nach Rastatt entsandt wurde) und Marescalchi, der Botschafter in Wien, mit Zustimmung Österreichs und Frankreichs ein Stück vom Piemont zu bekommen und dafür die Republik in ein Königreich umzuwandeln, das einem spanischen Bourbonen angetragen werden könnte. Frankreich vereitelte diese Pläne, aber als Hintergedanke blieben sie lebendig. Ähnliche Erwägungen stellten die Mitglieder des holländischen Direktoriums an, die nach der Landung der englischen und russischen Streitkräfte nach Möglichkeiten für einen Separatfrieden suchten.

Die Hauptgefahr allerdings drohte nach Ansicht von Reubell und La Revellière nicht von den Gemäßigten, sondern von den Jakobinern, vor allem in Italien, wo diese »Anarchisten« von einem republikanischen Einheitsstaat Italien träumten; in Paris hegte man den Verdacht, sie seien »Agenten Österreichs«. Wie sah es damit aus? Der Vertrag von Campo Formio, durch den Venedig an Österreich ausgeliefert worden war, hatte den Anstoß zu einer antifranzösischen Strömung unter den »italienischen Patrioten« gegeben. Der Schriftsteller Barzoni erklärte entrüstet: »Bonaparte, der Befreier Italiens, hat Venedig an das Haus Habsburg verschachert.« Foscolo, der Bonaparte noch wenige Monate zuvor hymnisch gepriesen hatte, äußerte seine Verbitterung in einigen der *Ultime lettere di Jacopo Ortis*. Aber die meisten Patrioten fürchteten das Ancien Régime mehr als die Französische Revolution und hofften, aus der Zisalpinischen Republik die Keimzelle eines geeinten Italiens machen zu können. Erst die ablehnende Haltung des Direktoriums, die antijakobinische Reaktion und bald darauf (im Februar 1799) die Einverleibung des Piemont durch Frankreich verwandelten die bloße Anhäufung von Enttäuschung und Mißtrauen in eine regelrechte politische Opposition. Botta, der damals als Arzt bei der Italienarmee Dienst tat, behauptet in einem 1824 veröffentlichten Buch, daß schon Ende 1796 eine »Schwarze Liga« bestanden habe, deren Ziel die vollständige Unabhängigkeit Italiens gewesen sei. »Die Anhänger dieser Sekte«, setzt er hinzu, »hegten gegen Franzosen und Deutsche gleich großen Abscheu ... Sie wollten sich der ersteren bedienen, um die letzteren zu vertreiben und dann mit den vereinten Kräften Italiens die ersteren zu verjagen.« Diese »Schwarze Liga« scheint damals noch keine Organisation gewesen zu sein, sondern eine Bezeichnung für unterschiedliche, nach der Einheit strebende Gruppen, die den Franzosen verdächtig waren. Erst nach Campo Formio entstand, vielleicht aus der Liga, ein echter Geheimbund, die »Strahlende Gesellschaft«, die 1798 kräftig wuchs als eine Folge der Unzufriedenheit, die das Direktorium mit seiner Politik hervorrief. Man kann in dieser Bewegung eine anfängliche maurerische Strömung erkennen, eine Gruppe aktiver Mailänder Jakobiner mit Birague, Pino und Lahoz, und einige Überlebende der Babeuf-Verschwörung. Zwei ernstzunehmende Erhebungsversuche fanden 1799 statt. Nach der Annexion des Piemont erfolgten Aufstände im Monferrato und in der Gegend von Asti; die Stadt Alessandria war zeitweilig von diesen Insurgenten bedroht, die statt einer Kokarde kleine Bildnisse von Marat und Lepeletier angesteckt hatten. Lahoz als Befehlshaber des Departements Rubikon der Zisalpinischen Republik benutzte den Krieg, um eine unabhängige Militärverwaltung aufzubauen; dann schied er aus der französischen Armee aus und setzte sich an die Spitze einer antifranzösischen Erhebung in der Toskana. Er ließ sich von den Österreichern anerkennen und fiel am 10. Oktober vor Ancona von französischer Hand.

Diese Bewegungen sind von großer Bedeutung. Sie sind ein Ausdruck für die Widersprüchlichkeit der revolutionären Expansionsbestrebungen, die in Europa Hoffnungen weckten, deren Verwirklichung nur in der Auflehnung gegen Frankreich möglich war. Sie geben schon einen Vorgeschmack von der spanischen Tragödie des Jahres 1808 und der deutschen des Jahres 1811. Auf kurze Sicht allerdings erscheinen sie nicht sonderlich bedrohlich.

Die meisten frankreichfeindlichen Erhebungen in den Jahren 1798 und 1799 waren nicht nur Widerstandsreflexe gegen Ausschreitungen und Plünderungen; es lag ihnen oft ein »Vendée-Motiv« zugrunde: leidenschaftliche Verbundenheit mit der christlichen Religion und, im Falle der belgischen Departements, Verweigerung des Kriegsdienstes.

Die Aushebung führte in Belgien in der gleichen Weise zum Aufstand auf dem Lande wie 1793 in der Vendée. Kaum wurde das Jourdan-Gesetz vom September 1798 bekannt, taten sich die Bauern auf dem linken Schelde-Ufer zusammen, fällten die Freiheitsbäume und ersetzten sie durch Kreuze, verbrannten die Register der Standesämter und belästigten,

Am 20. Februar 1798 muß Papst Pius VI. zu nächtlicher Stunde mit einer Eskorte französischer Husaren auf Befehl des Direktoriums die Stadt Rom verlassen. Die erste Etappe seines Exils ist Siena.

ziemlich gutartig allerdings, die Anhänger der Republik. Die Städte jedoch hielten zu den Franzosen, und die scharfen Gegenmaßnahmen der Behörden ließen die Erhebung verlöschen, die aber mittlerweile auf Luxemburg übergegriffen hatte, wo die Aufständischen sich der Stadt Hasselt bemächtigten. Nur durch eine regelrechte Schlacht konnten sie besiegt werden. Zahlreiche Priester wurden auf die Insel Ré deportiert.

Im Kirchenstaat kam es sehr früh und heftig zu solchen Bewegungen. Hier gingen sie mit antisemitischen Ausschreitungen einher, weil die meisten Juden für die Republik Partei ergriffen hatten. Noch bevor die französischen Truppen Rom erreicht hatten, wurden die Soldaten, vor allem in der Gegend von Masaccio, von Bauernhaufen unter Führung ihrer Priester angegriffen. Am 25. Februar nutzten die Bewohner des Stadtteils Trastevere die Offiziersmeuterei gegen Masséna zum Aufstand; etliche Juden wurden mit dem Ruf »Es lebe Jesus Christus!« und »Es lebe Maria!« ermordet. Im April erhob sich das Departement Trasimeno. Fortan wurde die Revolte zu einer Epidemie, die keinen Landesteil verschonte. Der Abzug der Franzosen im Sommer 1799 rief entsetzlich hausende Guerillascharen auf den Plan, vor allem in der Toskana. Von Arezzo aus operierend verbreitete eine »Aretinische Armee« Angst und Schrekken. Sie wurde von einer seltsamen Troika geführt: einem ehemaligen Offizier, Lorenzo Mari, seiner Frau, der »Jungfrau vom Valdarno«, und deren Liebhaber, dem englischen Agenten Windham. Bei der Eroberung von Siena wurden Juden erschlagen oder lebendig verbrannt.

Überall zerbrach der von der Republik Frankreich vorgefertigte Rahmen. Nirgends allerdings kam es zu so furchtbaren Unruhen wie im Königreich Neapel.

Die Besetzung Roms hatte Ferdinand IV., den König von Neapel, einen Augenblick lang in Versuchung geführt. War das nicht eine einmalige Gelegenheit, sich Benevent und Pontecorvo einzuverleiben, diese beiden Kirchenstaat-Enklaven in seinem Land? Die Republik zeigte sich verhandlungsbereit, aber der Haß auf die Revolution, von Lady Hamilton und Nelson geschürt, war stärker als der mäßigende Rat des Außenministers Gallo. Ein im Mai mit Österreich abgeschlossener Vertrag wurde im Juli 1798 durch ein Geheimabkommen ergänzt. Nach Abukir und Nelsons triumphaler Rückkehr entfielen die letzten Bedenken gegen einen Krieg. Am 23. November betrat die Armee des Königreichs Neapel unter dem Oberbefehl des österreichischen Generals Mack das Territorium der Römischen Republik. Am 29. November hielt Ferdinand IV. Einzug in Rom, wo Championnet nur eine Garnison in der Engelsburg zurückgelassen hatte. Die neapolitanischen Soldaten richteten zusammen mit der Bevölkerung ein Blutbad unter den Juden und Jakobinern an.

Wie so oft stärkte die Bedrohung die revolutionäre Stimmung in Frankreich. »Krieg! Krieg! So lautet das Feldgeschrei Frankreichs und seiner Armee seit einem halben Jahr«, schrieb *Le Rédacteur*. Am 6. Dezember erklärten die Ratsversammlungen den Königen beider Sizilien und von Sardinien den Krieg. Während Jouberts Truppen Piemont besetzten, zwang Championnet am 12. Dezember Mack zur Räumung Roms und stieß ins Königreich Neapel vor. Seine Generäle Lemoine und Duhesme schlugen sich in den Abruzzen mit bewaffneten Bauern herum; er selber verfolgte ohne große Mühe die neapolitanische Armee, die einer Schlacht auswich. In Neapel wurde der Hof von Panik erfaßt. Die Majestäten flüchteten am 22. Dezember auf dem Admiralsschiff Nelsons nach Palermo. Am 11. Januar sah sich Mack gezwungen, einen Waffenstillstand mit Championnet zu schließen: die Franzosen sollten nach diesem Vertrag nur den nördlichen Teil des Königreichs besetzen und eine Kriegsentschädigung von zehn Millionen erhalten.

Doch ließ sich die Waffenruhe nicht aufrechterhalten. Durch die Straßen von Neapel zogen in Scharen die »Lazzaroni«, die den Krieg fortsetzen wollten. Sie zwangen den Fürsten von Moliterno, sich an ihre Spitze zu setzen. Gleichzeitig forderten die Patrioten und Emigranten, die sich bei der französischen Armee aufhielten, Championnet so flehentlich zum Eingreifen auf, daß er endlich seinen Truppen befahl, den Vormarsch fortzusetzen. Moliterno war es gelungen, mit anderen Patrioten ins Castel Sant'Elmo zu fliehen, und so kämpften die »Lazzaroni« führerlos drei Tage lang in den Straßen Neapels, bis Championnet die Stadt am 23. Januar abends ganz besetzt hatte. Marie Karoline stellte nicht zu unrecht fest: »Das einfache Volk ist doch noch am wenigstens verdorben.«

Das Direktorium wünschte Neapel nicht in eine Vasallenrepublik zu verwandeln. Es fürchtete eine Ausweitung des Krieges und hatte Zivilkommissar Faipoult aufgetragen, für die Zukunft alle Möglichkeiten offenzuhalten, indem er nur eine provisorische französische Verwaltung einrichtete. Aber Championnet weigerte sich, solchen Anweisungen zu gehorchen. Am 24. Januar gab er per Dekret der Republik Neapel, die zwei Tage zuvor von den Patrioten im Castel Sant'Elmo ausgerufen worden war, offiziellen Charakter. Er gestattete die Bildung einer Regierung von zwanzig, später fünfundzwanzig Mitgliedern aus der Elite des aufgeklärten Adels und des Bürgertums. Diese Männer leisteten in wenigen Monaten eine imponierende gesetzgeberische Arbeit. In allen Provinzen des Landes, außer in Südkalabrien, setzte sich das neue Regime mühelos durch, und überall bildeten sich republikanische Gemeindeverwaltungen. Doch litt das Regime unter drei Schwächen:

Faipoult protestierte gegen die selbstherrlichen politischen und finanziellen Entscheidungen Championnets. Er wünschte keine Republik mit eigener Finanzhoheit, und statt der vom General geforderten sechzig Millionen verlangte er die Beschlagnahme aller öffentlichen Kassen. Nachdem ihn die Soldaten am 6. Februar vertrieben hatten, beschwerte er sich in Paris beim Direktorium, das Championnet abberief und vor ein Kriegsgericht stellen ließ. Die Direktoren weigerten sich, die neue (in Frankreich »Parthenopäische« genannte) Republik Neapel anzuerkennen und ließen die Abgesandten nicht vor, die sie nach Paris schickte.

Die Ausbeutung, vor allem aber die Sozialpolitik der neuen Herren in Neapel machte dem Regime die Massen in der Stadt und auf dem Lande abspenstig, die zunächst viel für sich erhofft hatten. Weder die Regierung noch die republikanischen Gemeindebehörden wollten die Feudalhierarchie von heute auf morgen umstoßen. Viele dieser Bürger waren vom Ertrag der Landwirtschaft abhängig, entweder als Grundbesitzer oder als Nutznießer der Feudalabgaben. Die enttäuschten Bauern erhoben sich gegen die Reichen; Räuberbanden wie die des berüchtigten Michele Pezza alias »Fra Diavolo« stahlen, was sie fanden, und legten durch ihre Überfälle die Verkehrsverbindungen lahm. Die Republik Neapel blieb eine von den Massen verachtete Honoratiorenrepublik.

Diese Chance ließ die Gegenseite nicht ungenutzt. Kardinal Ruffo, einer der Ratgeber Ferdinands IV., landete bei Reggio und bildete eine »Christliche und Königliche Armee«, die in zwei Monaten ganz Kalabrien besetzte: eine Glaubensarmee also, deren Kampf aber von Ruffo eine einleuchtende soziale Zielsetzung bekam. Der Kardinal schaffte sofort die neuen Steuern ab; er drückte bei Plünderungen und bei Brandschatzungen der Schlösser ein Auge zu. Diese eigenartige Bauernrevolte im Dienste der Gegenrevolution zwang Macdonald, eine Armee nach Kalabrien zu entsenden. Aber die Aufstandsbewegung ließ erst nach, als der immer weiter um sich greifende Krieg die Franzosen zwang, ihre Truppen aus dem Süden der Halbinsel abzuziehen und die neapolitanischen Patrioten der grausamen Rache der Königin Marie Karoline und des Admirals Nelson zu überlassen.

Die Unzufriedenheit in Europa hat zwar der englischen Diplomatie ihre Arbeit erleichtert, aber sie war nicht der eigentliche Anlaß für die Koalition, die 1799 auf Englands Betreiben gegen Frankreich zustandekam. Diese Koalition war vielmehr die Resultante zweier lange getrennt gebliebener Kräfte: der durch den Ägyptenfeldzug bewirkten Allianz im Mittelmeerraum und des langsamen, fast verschämten Wiedereintretens Österreichs in den europäischen Krieg.

Die abenteuerliche Unternehmung Bonapartes im Orient war für die

Türkei eine direkte, für Rußland eine indirekte Bedrohung. Die Besetzung der Ionischen Inseln durch die Franzosen hatte den Zaren Paul I. nur unwillig gemacht; in seinem Stolz aber fühlte er sich durch die Zerstörung des Malteserordens getroffen, zu dessen Schirmherr er sich vor aller Öffentlichkeit aufgeworfen hatte. Vor allem jedoch waren die seit jeher respektierten machtpolitischen Interessen Rußlands im Spiel: bis dato hatte es noch niemand gewagt, sich an der Türkei zu vergreifen, ohne die Moskauer Herren einzuladen, sich ihren Teil zu nehmen. Abukir beschleunigte die russisch-türkische Annäherung, und mit Unterstützung Englands wurden die Franzosen aus dem östlichen Mittelmeerraum (außer Ägypten) vertrieben. Das kriegslüsterne Herrscherpaar Ferdinand IV. und Marie Karoline von Neapel (die Königin hatte als Schwester Marie Antoinettes ihre eigene Rechnung mit Frankreich zu begleichen) brachte ein Viererbündnis zustande. Am 1. Dezember versprach England dem Königreich beider Sizilien seine Hilfe zur See und finanzielle Unterstützung; Rußland verpflichtete sich am 29. Dezember zur Entsendung von 10 000 Mann; im Januar trat die Türkei unter gleichzeitigem Vertragsabschluß mit London dem Bündnis bei und sagte ebenfalls Truppen zu.

Die entscheidende Achse war die englisch-russische Allianz. Schon am 16. November hatte die Regierung Pitt und Grenville die Kriegsziele formuliert, die seit Nelsons Sieg sehr viel weiter gesteckt waren. Paul I., dem es nur um Ruhm und Ansehen zu tun war, nahm das englische Angebot an. Der am 29. Dezember 1798 abgeschlossene Vertrag bedeutete für England eine schwere finanzielle Belastung: 225 000 Pfund Sterling im Augenblick des russischen Feldzugsbeginns, weitere 75 000 Pfund Sterling monatlich für die Dauer des Krieges. Rußland verpflichtete sich, eine Armee von 45 000 Mann ins Feld zu stellen. Das war die »Vereinbarung, die der Ausbreitung anarchischer Grundsätze ein Ende machen und nach Möglichkeit Frankreich in die Grenzen zurückdrängen soll, die es vor der Revolution gehabt hat«.

Damit diese Allianz wirksam werden und das Mittelmeerbündnis zur Wiederaufnahme der Kampfhandlungen in Deutschland führen konnte, mußten Preußen oder Österreich in den Krieg hereingezogen werden, die beide seit über einem Jahr mit Frankreich in fast aussichtslosen Verhandlungen standen.

1795 in Basel und 1797 in Campo Formio hatten Preußen und Österreich die in Geheimartikeln zugestandenen Gebietsabtrennungen von der Entscheidung des Reichstags abhängig gemacht. Im November 1797 hatten entsprechend diesen Vereinbarungen die Verhandlungen begonnen. Die Anweisungen der französischen Vertreter waren eindeutig: sie sollten vom Reichstag die Abtretung aller linksrheinischen Gebiete, die Säkularisation der geistlichen Fürstentümer zum Zwecke der Entschädigung der auf dem linken Rheinufer enteigneten Fürsten und die Neuordnung des Reiches nach dem Stande von 1648 fordern. Bei entsprechend drohendem Auftreten konnte man zwar erreichen, daß der Reichstag sowohl dem Grundsatz der Abtretung (3. März 1798) als auch dem der Säkularisation (2. April) zustimmte. Aber es war nichts gewonnen, solange der Kaiser sich weigerte, seine Sanktion zu geben.

Alles sprach für seine Ablehnung. Bonaparte hatte in Campo Formio dem Grundsatz zugestimmt, daß spätere Gebietsvergrößerungen Frankreichs durch weitere territoriale Abtretungen an Österreich ausgeglichen werden sollten. Jetzt aber bekam Frankreich das Gebiet von Köln (das im Vertrag ausdrücklich nicht erwähnt worden war) und erweiterte seinen Herrschaftsbereich um die Schweiz und Rom. Weder Österreich noch Frankreich wollten den Krieg, aber ihre Bedingungen für die Aufrechterhaltung des Friedens waren unvereinbar. Am 7. Juli kam es zum Bruch.

Der Neuordnung in Deutschland nicht zuzustimmen, hatten die Unterhändler des Kaisers guten Grund: Preußen wartete nur auf eine solche Gelegenheit, sich zum Anwalt der nationalen Unabhängigkeit zu machen und sich nach der hübschen Formulierung Treilhards »auf Kosten des Kaisers zu patriotisieren«. Die Republik tat alles, um das Bündnis mit Preußen, das für die Franzosen eine Herzensangelegenheit war, zu erneuern. Sieyès reiste mit Sondervollmachten nach Berlin. Aber der »Königsmörder und pflichtvergessene Priester«, den die Geheimdienste Englands und der royalistischen Emigration als die für alle Untaten der Revolution verantwortliche graue Eminenz darstellten, wurde kühl empfangen. Allerdings hätte auch ein anderer an seiner Stelle eine Politik nicht beeinflussen können, die für die Hohenzollern die einzig vernünftige war. Im August mußte Sieyès einsehen, daß die französischen Hoffnungen Illusionen waren. Das Direktorium und seine Diplomaten wollten den Frieden, aber eben einen Frieden, der einseitig die Unternehmungen der französischen Generäle und der jakobinischen Internationale sanktionieren sollte.

So wurde dieser Sommer 1798 zu einer Zeit der Kriegserwartung und -vorbereitung. Preußen hörte wohlwollend zaudernd auf die Angebote der Engländer und Russen. Österreich zog sich langsam und verstohlen vom Verhandlungstisch in Rastatt zurück; es schloß weder einen Vertrag mit England, dessen finanzielle Forderungen ihm nicht behagten, noch mit Rußland, das kein Verständnis für die österreichischen Gelüste in Italien aufbrachte. Aber es besetzte im November Graubünden und erlaubte den russischen Truppen unauffällig den Einmarsch nach Galizien und Mähren. Diese stillschweigende Zustimmung Österreichs zu einem

Der »Gesandtenmord von Rastatt« am 28. April 1799 weckt in Frankreich Revanchegelüste; »Rache!« steht auf den Plakaten, die das Direktorium in Paris anschlagen läßt. Das Bild zeigt die französische Version des Überfalls: österreichische Husaren ermorden die Diplomaten und nehmen die Geheimdokumente an sich.

Krieg, den es nicht offen erklären mochte, gab dem Direktorium Gelegenheit, sich gelassen und friedfertig zu zeigen. Drei Monate lang, von Dezember bis März, unternahm die Pariser Regierung immer neue Schritte, bis sie schließlich am 1. März Jourdan den Befehl erteilte, über den Rhein vorzurücken. Zwölf Tage vergingen noch, bis die Ratsversammlungen sich am 12. März bereitfanden, offiziell den Kriegszustand mit dem Kaiser und mit dem Großherzog von Toskana zu erklären. Wie man sieht, hatte der preußische Botschafter in Paris nicht unrecht, als er nach Berlin meldete: »Hier wollen sie stets den Frieden, aber sie wissen nicht, wie.«

Wie man Krieg zu führen hatte, glaubte man allerdings in Paris sehr wohl zu wissen. Am 24. September schon war die Aushebung von 200 000 Mann beschlossen worden. Weitere Nationalgüter wurden zum Verkauf freigegeben, und die Zivilkommissare bei den Armeen bekamen Anweisung, alle Möglichkeiten zur Geldbeibringung auszuschöpfen. Die Begeisterung von 1793 erlebte eine Neuauflage. »Die Nation ist wieder kriegerischen Sinnes«, erklärte Reubell großspurig. Reichlich einen Monat nach dem Beginn der Feindseligkeiten gab ein Zwischenfall dem Patriotismus neue Nahrung und lieferte ihm zugleich die Rechtfertigung des Angegriffenseins, die er seit vier Jahren entbehren mußte. Am 28. April wurden die französischen Gesandten nach der Abreise von Rastatt nachts im Walde von einer Abteilung ungarischer Husaren überfallen, zwei ermordet, einer schwer verletzt. Vor der Geschichte ist die Frage nach der Verantwortung für dieses Attentat, das Österreich zu vertuschen versuchte, nicht sehr erheblich. Aber die wahre Bedeutung des »Rastatter Gesandtenmords« wurde von den Regierenden und den Völkern sofort verstanden. Den Zögernden zeigte die Koalition, daß man sich im Umgang mit jakobinischen Königsmördern nicht um völkerrechtliche Fragen zu scheren brauchte; in Frankreich schuf die Tat von neuem die Einmütigkeit eines verfolgten und verfolgenden revolutionären Messianismus.

Der Krieg begann für Frankreich 1799 unter ganz anderen Bedingungen als 1793. Das Direktorium hatte den Vorteil der preußischen Neutralität, aber damit ließ sich die innere und äußere Schwäche nicht ausgleichen. Die Generäle, die Bonapartisten und die Jakobiner hatten die Republik auf den Weg des Abenteuers geführt; jetzt empörten sie sich über die nachdrücklich ausgeübten Kontrollfunktionen der zivilen Gewalt. Der Staatsstreich vom 30. Prairial hatte ihnen, wie sie meinten, freie Bahn gegeben, und nun schoben sie mit dem naiven Selbstbewußtsein aller siegreich gebliebenen Oppositionellen dem von ihnen gestürzten Regime die Schuld an ihren Fehlschlägen zu. Vor allem aber trafen auf den Schlachtfeldern die Bürgersoldaten auf eine ebenso volkstümliche und noch nationalbewußtere Armee wie ihre eigene: auf die russische Armee unter Suwarow, dieser großartigen, von seinen Soldaten angebeteten Führerpersönlichkeit.

Vor dem Eintreffen Suwarows war es nur zu unbedeutenden Gefechten gekommen. Die Republik hatte drei Armeen ins Feld gestellt: Die Donauarmee unter Jourdan sollte nach Deutschland eindringen; die Italienarmee unter dem zögernden Scherer sollte über den Unterlauf der Etsch vorstoßen und Venetien besetzen. Zwischen diesen beiden Armeen hatte Masséna die Schweiz zu verteidigen. In Deutschland jedoch mußte Jourdan nach der Schlacht bei Stockach (24. März) den Rückzug antreten; enttäuscht und verbittert nahm er ebenso wie Bernadotte seinen Abschied und ließ seine Armee mitten im Bewegungskrieg im Stich. Scherer wurde am 5. April beim Versuch, die Etsch zu überschreiten, geschlagen, wich bis auf die Addalinie zurück, legte ebenfalls sein Kommando nieder und wurde am 26. April durch Moreau ersetzt. Zwei Tage später fiel Mailand in Feindeshand.

Jetzt stand Moreau den 30 000 Russen unter Suwarow und den Österreichern unter Kray gegenüber, die sich am 15. April vereinigt hatten. Es gelang ihm nicht, im Piemont seine Bewegungen auf die Macdonalds abzustimmen, der von Neapel nach Norden marschierte. Suwarow nutzte diese Lage, um sie einzeln anzugreifen. Am 27. Mai besetzte er Turin und schlug Macdonald am 18. Juni an der Trebbia. Masséna, von Erzherzog Karl bedrängt, leistete in der ersten Schlacht von Zürich am 3. und 4. Juni noch erfolgreich Widerstand, mußte aber dann einen Teil der Schweiz räumen. Joubert, der im August den Oberbefehl über die Italienarmee übernommen hatte, suchte voreilig die Schlacht mit Suwarow; am 15. August wurde er bei Novi besiegt und fand selber den Tod. So blieben den Franzosen im Spätsommer 1799 von Italien nur noch Ligurien und einige abgeschnittene Garnisonen.

Noch bedrohlicher war das Unternehmen der Engländer und Russen gegen Holland. Am 27. August landeten die ersten Truppen; drei Tage später ging die holländische Marine zum Gegner über. In aller Eile wurde Brune mit einer Armee in die Bresche geworfen. Überall schien die Front zusammenzubrechen.

Unterdessen war Bonaparte in Ägypten nicht untätig geblieben. Im Februar brach er mit 12 000 Mann und seinen besten Divisionsgenerälen, Kléber, Lannes, Reynier, Bon und Murat in Richtung Syrien auf. Warum hatte er sich zu diesem Wüstenmarsch entschlossen? Später, in der Einsamkeit von Sankt Helena, rühmte sich Napoleon weitgesteckter Ziele, die eines Alexanders des Großen würdig gewesen wären: Indien erobern, wo Tipu-Sahib seine letzten Gefechte gegen die Engländer unter dem zukünftigen Herzog von Wellington lieferte, oder in die Türkei einfallen, die Meerengen überschreiten, den österreichischen Armeen in den Rücken fallen und als triumphierender Sieger in Paris einmarschieren. In Wirklichkeit wurde er von einer türkischen Armee zu seiner Entscheidung gedrängt, die von Syrien her nach Ägypten eindringen sollte. Seine Expedition war also ein Präventivschlag.

Im Februar 1799 überschritten seine Truppen den Isthmus. Bei El Arisch schlugen sie die Mamelucken, sie besetzten Gaza und eroberten nach verlustreichem Sturm am 7. März Jaffa. Die Stadt hatte sich zu wehren gewagt – so wurde sie der Soldateska vierundzwanzig Stunden zum Morden und Plündern freigegeben.

In Akkon erwartete der Pascha von Syrien, Djezzar, die Franzosen. Am 14. März, vier Tage vor Bonapartes Eintreffen, war ein kleines englisches Geschwader zu seiner Unterstützung gekommen, und zwar unter dem Kommando von Sidney Smith, der erst im April aus dem *Temple*-Gefängnis entwichen war. Ihm zur Seite stand ein französischer Emigrant, der auf der Kriegsschule von Brienne Bonapartes Mitschüler gewesen war: dieser Le Picard de Phélippeaux leitete nun in seinem neuen Rang als englischer Pionieroberst die Verteidigung von Akkon, während Smith die französischen Schiffe abfing und eroberte, auf denen die Artillerie der Belagerer herangeschafft werden sollte. Zwei Monate lang erneuerte Bonapartes Armee die stets blutig abgewiesenen Sturmversuche auf die Stadt und die fruchtlosen Entlastungsangriffe gegen die türkische Armee, die von Damaskus heranzog. Die schweren Verluste zwangen Bonaparte, am 20. Mai die Belagerung abzubrechen. Es folgte ein furchtbarer Rückzug mit gräßlichen Episoden (in Jaffa mußte Bonaparte seine von der Pest befallenen Soldaten vergiften lassen) – mit den Worten Sorels ein »Vorgeschmack auf 1812«. Auf dem Marsch fanden die Truppen nichts vor; alles war zerstört worden, und die Wüstenhitze war nicht weniger mörderisch als dreizehn Jahre später der russische Winter. Als Bonaparte nach Ägypten zurückgekehrt war, hatte er 4000 Mann (ein Drittel seiner Soldaten) und 160 Offiziere verloren. Aber wie immer wußte er seine Niederlage als einen epochalen Sieg darzustellen. Er schrieb nach Paris, er habe Tausende von Gefangenen und Hunderte von Fahnen eingebracht.

Seit seiner Rückkehr nach Kairo am 11. Juni wußte Bonaparte, daß er zwar Siege, aber keine dauerhaften Erfolge erringen konnte. Die ägyptischen Moslems hatten Selbstvertrauen gewonnen, im Süden herrschte offener Aufruhr, und selbst in Kairo gab es Verschwörungen unter den

Der verlustreiche Rückzug aus Palästina im Juni 1799 überzeugt Bonaparte – den die bewundernde Darstellung frisch und entschlossen zu Fuß durch die Wüste marschieren läßt – von der Ausweglosigkeit des »orientalischen Abenteuers«.

Honoratioren. Bald darauf, am 11. Juli, landete bei Abukir eine weitere türkische Armee. Sie war 18 000 Mann stark, und ihr Anführer, Mustafa Pascha, zwang die französische Garnison zur Räumung der Außenwerke. Dann zog er vor Alexandria und schloß Marmont und dessen 1500 Soldaten ein. In Oberägypten nahm Bei Murad die Kampfhandlungen wieder auf, und Bonaparte mußte General Murat aussenden, um ihm den Weg zu verlegen. Er selber trat am 23. Juli bei Alexandria der Armee Mustafa Paschas entgegen und vernichtete sie in mehrtägiger Schlacht. Um die Vergangenheit auszulöschen, taufte er diesen leicht errungenen Sieg die »Schlacht von Abukir«.

Seit Monaten schon erwog er die Rückkehr nach Frankreich. Im Februar hatte er von Hamelin erfahren, daß sich eine neue Koalition in Europa bildete, und sogleich trug er dem Direktorium seine Dienste an. Aber Reubell und La Revellière antworteten nicht auf seine Vorschläge; erst am 27. Mai, kurz vor dem Prairial-Staatsstreich, schickten sie Admiral Bruix nach Ägypten: er solle Bonaparte zurückholen, wenn dieser es wünsche. Doch Sieyès, kaum an die Macht gelangt, gab Gegenbefehl, und Bonaparte erhielt das Schreiben vom 27. Mai auch gar nicht. Was ihn zum Aufbruch bewog, war vielmehr die Lektüre der Zeitungen, die ihm Sidney Smith am 2. August zuspielen ließ: ein geschickter, aber kurzsichtiger Schachzug. Bonaparte wußte nun, wie schlecht es um die französischen Armeen in Deutschland stand, vor allem aber, daß »sein Italien« verlorengegangen war. Folgt man Marmonts Zeugnis, so legte er sich in diesen Tagen jene einseitige Interpretation der Ereignisse zurecht, die er später, im Brumaire, zur allein gültigen machte. »Italien ist verloren... Ich, ich allein habe die ganze Last getragen und durch ständige Siege dieser Regierung ihre Grundlage verschafft. Ohne mich mußte ja alles zusammenbrechen...« Der Sieg über Mustafas Kriegerscharen, den Bonapartes Freunde in Paris geschickt herausstrichen, hob sich natürlich leuchtend von den Niederlagen ab, die seine Rivalen von Suwarow einstecken mußten. In aller Heimlichkeit bereitete er seine Abfahrt vor; nur Admiral Gauteaume, Bourrienne und Eugène de Beauharnais erfuhren, wohin die Reise wirklich gehen sollte. Unter dem Vorwand einer Forschungsexpedition nach Damiette wählte er seinen Stab aus. Monge, Berthollet und Denon brauchte er, damit sie seinen Ruhm ausposaunten, die Generäle Berthier, Murat, Marmont, Lannes und Duroc, um sich in Paris durchzusetzen. Am 22. August schifften sie sich auf den zwei Fregatten *Muiron* und *Carrère* ein.

Die Umstände dieser Abreise haben immer wieder leidenschaftliche Auseinandersetzungen geweckt; dabei sind Moral- und Legalitätserwägungen ins Spiel gebracht worden, die mit einer historischen Betrachtungsweise wenig zu tun haben. Formal war Bonaparte (auf Grund der ausdrücklichen Instruktionen, die er beim Verlassen Frankreichs erhalten hatte) berechtigt, Ägypten zu verlassen und seinen Vertreter selber zu bestimmen. Der gewählte Augenblick jedoch (die Armee wußte, daß sie in der Falle saß), die strikte Geheimhaltung, selbst gegenüber seinem längst bestimmten Nachfolger Kléber, die Auswahl der Mitreisenden, die nur aus seinen treuesten Anhängern bestanden – alles gab dieser Flucht das Ansehen einer Desertation. Die eigentliche Rechtfertigung lag in dem Brief, den er Kléber hinterließ: »Das Interesse des Vaterlandes, sein Ruhm, die Pflicht des Gehorsams und die seit langem in Frankreich eingetretenen außerordentlichen Umstände« zwangen Bonaparte »zu seinem Bedauern«, das Land der Pharaonen zu verlassen. Eine überflüssige Frage ist es, ob »Vaterland« für ihn gleichbedeutend war mit seinem eigenen Schicksal: solche Entscheidungen entziehen sich der Beurteilung durch die Gralshüter der Gesetzlichkeit. Bemerkenswert ist, daß bei seiner Landung in Fréjus am 9. Oktober die Armeen der Republik die militärische Lage wieder gewendet hatten – ohne ihn.

Die französischen Siege im Herbst 1799 wurden durch das mangelnde Einverständnis zwischen den Koalitionspartnern und die Kriegsanstrengungen der Republik gleichermaßen erleichtert. Die Koalition hielt nur zusammen, soweit es um die Zerschlagung der Revolution ging. In allen anderen Fragen blieben die Verbündeten verschiedener Meinung. Der Zar aller Reußen betrachtete und verhielt sich als Wahrer des Rechts, einzig und allein bestrebt, Thron und Altar allerorten wieder aufzurichten. Er entrüstete sich über die Territorialansprüche seiner Verbündeten. Die Österreicher waren in Italien durchaus nicht geneigt, Suwarow die Verwaltung des Königs von Sardinien wieder einsetzen zu lassen; sie wollten Piemont annektieren und hatten in Übereinstimmung mit dem Königspaar in Palermo keine Bedenken, den Kirchenstaat aufzuteilen. Vor allem aber blickte Zar Paul I. voller Mißbilligung auf den Versuch Neapels, sich Malta anzueignen, wo allerdings Vaubois der Flotte Nelsons nach wie vor Widerstand leistete. Die Verteidigung der »Grundsätze« vermochte allerdings das Kabinett Pitt nicht darüber hinwegzutäuschen, daß offensichtlich auch Rußlands Interessen dabei nicht zu kurz kamen: es hatte dank des Bündnisses mit der Türkei schon die Hand auf die Meerengen und die Ionischen Inseln gelegt; wollte es jetzt vielleicht mit Hilfe des Johanniterordens Malta unter seinen Einfluß bringen, dieses Gibraltar des östlichen Mittelmeers? Das Haus Habsburg wiederum war nicht nur mit Suwarows Vorgehen in Italien unzufrieden, sondern machte sich auch Sorgen wegen der englisch-russischen Pläne in Holland: wie würde die Zukunft der Niederlande aussehen? Solche Hintergedanken führten zu einem wahren Ablösungsreigen in der militärischen Führung. Erzherzog Karl wurde an den Niederrhein geschickt, um ein Auge auf die Operationen in Holland zu haben; die Schweiz sollte er Suwarow überlassen, der dafür in Italien durch den Österreicher Mélas ersetzt werden konnte. Militärisch gesehen war das eine wahnwitzige Maßnahme. Zwischen der Entscheidung am 31. Juli und Suwarows Aufbruch am 24. September vergingen fast zwei Monate. Die Franzosen gewannen damit einen wertvollen Alliierten: die Zeit.

Außerdem hatten sie durch den unklaren Prairial-Staatsstreich etwas anderes gewonnen: die fast unerklärlicherweise dem gleichen Ziel, der Kriegsanstrengung nämlich, dienenden Bemühungen und Absichten, die einander bislang diametral entgegengesetzt waren. Man mußte den Jakobinern, bevor man sie zur Räson brachte, eine letzte Gelegenheit geben, das Drama des Jahres II noch einmal durchzuspielen. Den naiven Generälen, vor allem Bernadotte, der sich als ein fähiger Kriegsminister erwies, mußte man doch wohl erlauben, der Welt zu beweisen, daß zu einer »Wohlfahrtspolitik« nicht unbedingt ein Robespierre gehörte. Jourdan erreichte die Verkündung des großen Aufgebots. Trotz der vielen vom Wehrdienst Befreiten, Musterungsflüchtigen und Deserteure kamen auf diese Weise über 100 000 Mann zusammen. Die Zwangsanleihe ließ die Armen ihren Krieg bezahlen, ohne die wohlgespickten Brieftaschen der Herren im Stadtteil Le Peletier allzu sehr zu schröpfen. Die Grande Nation war die vorsichtigen Mahner los und fand unter den belustigten Blicken der Brumaire-Verschwörer von morgen zur begeisterten Kraft des Jahres 1793.

Als wolle auch das Kriegsglück an diese Zeiten anknüpfen, begann der Umschwung nicht in Italien. Nach dem Tode Jouberts wurde Championnet, diese Symbolfigur für die Rache der militärischen Prokonsuln, zum Oberbefehlshaber der Truppen auf der Halbinsel ernannt. Er ließ sich am 4. November bei Genola schlagen, räumte am 5. Dezember Coni und überließ Gouvion-Saint-Cyr die Ehre, Genua der Republik zu erhalten. Alles Entscheidende geschah in der Schweiz und in Holland. Erzherzog Karl wollte nicht in der Schweiz auf Suwarow warten; vergeblich bemühte er sich, die Armee Masséna allein zurückzudrängen. Masséna baute im Gegenteil seine Stellungen aus, ließ General Lecourbe die Österreicher vom St. Gotthard vertreiben und ging selber noch vor Suwarows Eintreffen zum Angriff über. Die »zweite Schlacht von Zürich« war in Wirklichkeit eine Folge von geglückten Unternehmen, die den Gegner vom 23. bis 27. September zur Flucht zwangen. Das russische Armeekorps unter Korsakow und die österreichische Armee unter Hotze mußten bis hinter den Rhein zurückweichen. Unterdessen hielt Lecourbe den heranrückenden Suwarow durch immer neue Manöver auf. Am 5. Oktober verlor der greise russische Heerführer, der über das Verhalten seiner österreichischen Bundesgenossen zutiefst erbost war, die Lust und gab den Befehl zum Rückzug. Sein Zar billigte diesen Befehl, und schon Ende Oktober war der Kampf zu Ende. Zu diesem Zeitpunkt war Holland bereits verloren. Der Herzog von York hatte gehofft, mit seinen 45 000 Mann den von Brune und Daendels organisierten Widerstand der Franzosen und Holländer brechen zu können. Tatsächlich gelang es ihm trotz der Niederlage bei Bergen vom 19. September, die Republikaner bei Alkmaar zurückzudrängen. Aber am 6. Oktober kam der Vormarsch der Engländer und Russen vor Castricum nördlich von Amsterdam zum Stehen. Der Herzog von York sah sich isoliert und unterzeichnete am 18. Oktober einen Waffenstillstand, in dem er sich verpflichtete, seine Truppen wieder einzuschiffen. Als Bonaparte die Macht übernahm, war die Koalition zerbrochen und in die Verteidigung gedrängt. Gohier konnte noch am Morgen des 18. Brumaire mit vollem Recht erklären, die Republik habe über ihre Feinde triumphiert.

Aber es handelt sich in diesem Falle nicht wirklich um einen Treppenwitz der Weltgeschichte. Es ist deutlich, aus welchen Quellen die Popularität und später die Legende des Siegers von den Pyramiden sich speiste: dieser ungeschlagene General landete im richtigen Augenblick, um das Land vor der Anarchie im Innern und der Gefahr von außen zu retten. Zugleich jedoch versteht man, was anspruchsvollere Geister an diesem allzu rosig getönten Bild als Lüge entlarven konnten: bei dieser Schönfärberei wurde unterstellt, daß Bonapartes schwere Verfehlungen gegenüber der zivilen Staatsgewalt und die Katastrophe von Abukir ein für allemal im Sand Ägyptens begraben seien, daß die Siege von Zürich und Bergen nicht zählten, weil sie in Abwesenheit des großen Mannes errungen worden waren. Vergessen sollte sein, daß der neue Heros des Sieges, des Friedens und der Ordnung mehr als irgendein anderer zur Unordnung, zum Krieg und indirekt auch zur Niederlage beigetragen hatte.

Doch hinter den Roßtäuschertricks dieser Propaganda .verbarg sich zweifellos eine tiefere und wunderbar einfache Wahrheit. Bonaparte machte unvereinbare Wünsche vereinbar. Er strich aus der Vergangenheit alles, was ein Volk vergessen wollte, und garantierte die Verwirklichung aller Träume mit seinem Namen. Er war Campo Formio ohne die Koalition, Vendémiaire ohne die Guillotine, die Republik ohne die Verfassung und die Männer des Jahres III. Er wurde der große Retter, weil das Land keinen anderen Ausweg aus seinen widersprüchlichen, aber untrennbar miteinander verbundenen Träumen sah.

FÜNFTES KAPITEL

Das neue Frankreich

Die französische Gesellschaft der Direktoriumszeit, befreit vom Schreckensregiment und der blutigen Tugendnaivität des Jahres II, zeigt deutlich, wie sehr die Revolution die Sozialstrukturen des Landes bleibend verändert hat. Die »natürliche« Familie mit hoher Geburten- und Sterblichkeitsziffer ist schon gegen Ende des Ancien Régime nicht mehr die Regel gewesen, aber allgemeine und örtliche Untersuchungen lassen darauf schließen, daß gerade das Jahrzehnt 1790–1800 ein rapides Absinken der Geburtenfreudigkeit bringt. Schon nach der Zählung von 1792/93 beträgt die Zahl der Geburten nur noch 384 auf 100 Eheschließungen gegenüber 476 auf 100 im Zeitraum zwischen 1778 und 1787. Der Unterschied ist um so bemerkenswerter, als seit der Revolution das Durchschnittsalter der Eheschließenden gesunken ist: die Mädchen heiraten jünger als unter dem Ancien Régime.

Da sich solche demographischen Phänomene erst später auswirken, spürt die französische Bevölkerung in den letzten Jahren des 18. Jahrhunderts die Folgen der geringeren Fruchtbarkeit noch nicht; sie profitiert von den hohen Geburtenziffern und der geringer gewordenen Sterblichkeitsziffer der vorhergegangenen Jahrzehnte; nach wie vor hat Frankreich die höchste Einwohnerzahl aller europäischen Staaten und kann die Armeen für die revolutionären Expansionskriege immer wieder auffüllen. Immerhin ist das Sinken der Geburtenziffern schon ein Ausdruck für die Veränderung der Mentalität: es verrät eindeutig ein bewußteres Sexualverhalten und die rasche Verbreitung von Verhütungsmethoden bei den Eheleuten. Solche Methoden waren in gebildeten Kreisen zwar schon lange bekannt und hatten sich mit wachsendem Wohlstand in der zweiten Jahrhunderthälfte bei immer mehr Menschen herumgesprochen; unter Ludwig XV. und Ludwig XVI. hatten Bevölkerungstheoretiker und Moralisten sie als höchst folgenreich gebrandmarkt – aber damals war das übertrieben. Offensichtlich ist die Anwendung von Verhütungsmethoden erst in den Revolutionsjahren wirklich weithin üblich geworden; sie beweist, daß die Franzosen jetzt eine grundsätzlich andere Einstellung gegenüber den Vorschriften ihrer Kirche haben und die Werte des individuellen Lebens und Glücks anders einschätzen. Im Gegensatz zu den anderen großen Ländern Europas entsteht also in Frankreich der Malthusianismus als die Lehre von der Notwendigkeit und Nützlichkeit freiwilliger Beschränkung der Bevölkerungszahl schon lange vor der industriellen Revolution: ein Beweis mehr für die Reihenfolge geistiger und wirtschaftlicher Wirkungen.

Aber dieses neue Verhalten ist nicht nur ein Anzeichen für die nachlassende Kirchenhörigkeit. Es weist auch auf die neue Situation Frankreichs als eines Landes von Besitzenden hin, die weniger Kinder im Leben mit mehr Nachdruck vorwärtsbringen möchten und jedem einzelnen die bestmöglichen Erfolgschancen bieten wollen. Diese Besitzenden, die sich jetzt durch das für alle gleiche Erbrecht gesichert sehen, sind während der Revolution vor allem auf dem Lande durch den Verkauf der Nationalgüter um ein Mehrfaches zahlreicher geworden. Schon bald, während des Konsulats, wird der Regierung aus den meisten Departements von den Präfekten die Zunahme der Grundbesitzerzahlen gemeldet. Für das Departement Nord hat Georges Lefebvre ermittelt, daß von 30 000 Bauern, die Nationalgüter gekauft haben, etwa 10 000 vor 1789 nichts besaßen. Viele langsam und umsichtig erworbene Vermögen beginnen mit dem Kauf eines Stückchen Landes und dessen Arrondierung: Eugénie Grandets Vater ist keine bloße Romanfigur, sondern höchst bezeichnend für zahllose geduldig aufgebaute Existenzen.

Für die Städte läßt sich das Phänomen schwieriger mit Zahlen belegen, aber es ist auch gegeben: ein ganzes Kleinbürgertum aus Händlern und Handwerkern hat sich in der Notzeit des Warenmangels und der Inflation herausgemausert; gleichzeitig hat die bedrohte Revolution immer mehr Beamtenstellen geschaffen, und durch den Wegfall der käuflichen Ämter des Ancien Régime ist der Zugang zum öffentlichen Dienst demokratisiert worden. Der Jurist ist weniger reich als unter Ludwig XVI., der Kapitalrentner ist ruiniert; das bürgerliche Frankreich in den Städten hat begonnen, seine modernen, von Geld und Macht geprägten Züge anzunehmen: der Kaufmann und der Abgeordnete sind das Vorbild für den Erfolg, der jedem ehrgeizigen Mann im Geschäft und am Schreibtisch winkt. Es gibt keine Schranke der Geburt und keinen ein für allemal festliegenden sozialen Rang mehr; in der egalitären Gesellschaft steht es jedem frei, sich nach Maßgabe seines Talents am riskanten Spiel um Spekulationsgewinn oder vom Wähler gewährte Macht zu beteiligen.

Dabei hat diese neue Gesellschaft von der kaum abgetretenen alten Ordnung mehr Züge übernommen bzw. behalten, als sie wahrhaben will: der Lebensgenuß unter dem Direktorium folgt dem Vorbild des Ancien Régime. Ein Talleyrand erklärt durchaus nicht zufällig, jetzt habe er das *plaisir de vivre* wiedergefunden.

Nur: darf man eine Gesellschaft nach ihrer glänzenden Schauseite beurteilen? Das Frankreich nach dem Ersten Weltkrieg war nicht allein das Paris eines Cocteau, und im Frankreich des Direktoriums bestimmt zwar Madame Tallien den Lebensstil der genußsüchtigen, einflußreichen Kreise von Paris, aber zur gleichen Zeit halten und vermehren unzählige Väter Grandet ihr Vermögen, damit aus ihren Söhnen einmal angesehene Herren werden. Die Sozialgeschichte unserer Tage, die nach den Lebensumständen der Mehrheit fragt, übersieht allerdings allzu leicht, wie fasziniert die vielen auf das Schauspiel blicken, das die wenigen beim strahlenden »Pariser Fest« jener Jahre bieten. Denn die wenigen tausend Menschen, die in einer Epoche tonangebend sind, schaffen nun einmal das Bühnenbild. Die Historiker des Geschehens hinter den Kulissen aber sind so gebannt vom Zusammenspiel der Technik und von dem, was für den nächsten Akt vorbereitet wird, daß sie beinahe das große Spiel vergessen, das gerade über die Bühne geht. Man muß wohl sagen: das Direktorium ist nicht nur, aber auch das Paris von Madame Tallien gewesen.

Die von der Intelligenz und den Salons des 18. Jahrhunderts vorbereitete und von allen großen Ereignissen der Revolution unterstrichene anmaßende Führerrolle der Hauptstadt wird immer deutlicher. Das verlassene Versailles ist nur noch eine Erinnerung: die Stadt hat den Hof besiegt. Zunächst hat sie die Macht in ihre Mauern gezogen, dann gestützt und schließlich terrorisiert. Jedenfalls ist sie ein für allemal mit ihr verbunden, und jetzt, nach den trügerischen Jahren, hat die Stadt das Erbe des Hofes angetreten, ist das Zentrum des Geldes, der Frauen und der Lust, der Traum aller Provinzler geworden: Paris.

Das Geld, das hier für Bankette und Bälle in Strömen fließt, stammt von einer neuen Schicht reicher Leute: die meisten erspekulierten Vermögen des Ancien Régime haben Schreckenszeit und Inflation nicht überlebt. Aber die Neureichen der neunziger Jahre haben ihr Geld auf ähnliche Weise erworben, also weniger aus kapitalistischem Profit moderner Prägung, weil der technische und wirtschaftliche Stillstand dazu nicht angetan sind, als vielmehr aus dem guten alten Spekulationshandel und vor allem aus klugen Geschäften mit dem Defizit des Staates. Die Raffgier der Generalsteuerpächter des Ancien Régime wird von ihren Nachfolgern, den Lieferanten der Republik, noch überboten. Die höheren Ausgaben, der Unterhalt der Armeen, die kümmerlichen Steuereingänge und die schwache Währung haben eine außerordentlich günstige Konjunktur für alle erdenklichen Transaktionen geschaffen; eine neue Oligarchie von Finanzleuten sorgt für die Bezahlung der Verpflichtungen der öffentlichen Hand und läßt sich als Gegenleistung einen großen Teil des Staatsvermögens übereignen. Sie haben mit nichts angefangen und wollen alles haben, können auch alles riskieren, weil die bürgerliche Republik mit ihren Gläubigern nicht so rücksichtslos umspringen kann, wie es sich der König von Frankreich erlauben durfte. Macht und Interesse lassen sich jetzt viel schwieriger auseinanderhalten: Arm in Arm eröffnen Ouvrard und Barras den modernen Reigen von Hochfinanz und Politik.

Aber dieses rasch gewonnene Geld rinnt nicht in die produktiven Kanäle der Spartätigkeit und der bürgerlichen Investitionen, sondern wird höchst aristokratisch für Feste verschwendet. Man könnte meinen, es entdecke da eine ganze Gesellschaft von Parvenüs ahnungslos den alten Aberglauben vom Adeligwerden über den Lebensstil. Sich standesgemäß zu vergnügen ist eben schwieriger als die Macht zu erringen, und die Bürgerlichen des Direktoriums bringen es zumeist nur zu einer Karikatur der Sitten des Ancien Régime. Der Rahmen ist ein anderer geworden: die Paläste im Faubourg Saint-Germain stehen verlassen oder sind verkauft, und auf dem wieder in Mode gekommenen rechten Seine-Ufer ist der öffentliche Ball an die Stelle der privaten Feste getreten. Fast alle Träger der großen Namen von gestern sind im Ausland oder in der Provinz; nur wenige lassen sich von ihren Erinnerungen nach Paris locken und von den Snobs feiern. Einige »Überläufer« müssen sie vorerst vertreten: der einstige Vicomte von Barras, der unabsetzbare Direktor, der neue Regent im königslosen Frankreich, und der aus Amerika heimgekehrte »Bischof« Talleyrand, der noch so manchem zukünftigen Regime zur Verfügung stehen wird. Diese Männer finden »ihre« Welt wieder und nehmen es hin, daß sie zur Halbwelt abgesunken ist.

Die von Schreckenszeit und Krieg an die Spitze getragene neue Gesellschaft kennt tatsächlich kein anderes Vorbild für ihr mondänes Leben als die höfische Aristokratie. So wie in den Armeelieferanten die Generalsteuerpächter fröhliche Urständ feiern, legt sich die neue Gesellschaft ins Bett der Herzoginnen und Prinzen. Dieser Hang zu Zerstreuung und Genuß ist nicht ein bloßer Ausbruch nach der puritanischen Verdrängung der bösen Jahre. Er trägt auch die Züge einer gesellschaftlichen Revanche und verschafft einer ganzen Generation das Gefühl des Aufgestiegenseins. Als der kleine Bonaparte, beeindruckt von allem, was aus ihrem Namen aus der Vergangenheit zu strahlen scheint, Joséphine de Beauharnais heiratet, tut er das nicht aus dem bloßen Snobismus des Emporkömmlings, sondern um endlich die Demütigungen seiner Jugendjahre zu tilgen, also aus einem leidenschaftlichen Gefühl.

So herrscht die Frau über das große Fest des Direktoriums noch mehr als über das des Ancien Régime. Sie, in der sich Luxus und Lust verkörpern, wird nun auch zum Statussymbol für Geld und Erfolg – vereint also alles in sich, was Adel und Bürgertum erträumen. In den kurzen Jahren der revolutionären Befreiung, zwischen dem religiösen und gesellschaftlichen Zwang des Ancien Régime und den nüchtern einengenden Bestimmungen des Code Civil, blüht sie auf, und zwar dank der veränderten sozialen Stellung, die dem Schönheitskanon wieder Geltung verschafft, und dank der Wiederentdeckung ihres Körpers, die in der antikisierend freizügigen Mode Ausdruck findet. Die emsige Joséphine, die den Preis der verrinnenden Zeit, das Gewicht von Vergangenheit und Zukunft kennt, spielt nur die Tragikomödie der vernünftig gewordenen galanten Dame und bildet den Übergang von der Revolution zum Kaiserreich. Das eigentliche Symbol des Direktoriums ist die Tallien, von der Natur mit der Schönheit einer griechischen Statue begnadet; sie, die Maitresse von Barras und Ouvrard, ist die Königin von Paris. Ohne sie ist ein Ball kein Fest.

Die männlichen Helden werden von der Politik erkoren: der Intellektuelle und der Soldat. Auch hier hat die Gesellschaft der Revolutionszeit zwar die elegante Welt des Adels zerstört oder vertrieben, aber sie hat das Erbe des alten Frankreich übernommen, die Akademien, die Ämter und die Uniformen: Sieyès und Bonaparte sind an die Stelle von Turgot und Choiseul getreten. Die traditionellen Werte sind nur um die neuen Dimensionen der Politik und des Krieges erweitert: die Juristen der Monarchie waren herausgehobene Diener, während die Abgeordneten kleine Souveräne sind; die Marschälle des Königs waren Höflinge, die Generäle der Republik sind Befreier. Diese beiden traditionellen Spielarten des einflußreichen Mannes im französischen Staat haben jetzt eine nie gekannte Macht: der 18. Brumaire ist eine abgekartete Sache zwischen Sieyès und Bonaparte. Dabei denkt das Geld gar nicht daran, sich verschämt zurückzuhalten, im Gegenteil, es trumpft auf. Aber: es regiert nicht. Die Revolution hat das ungeschriebene Gesetz der französischen Geschichte eher noch verstärkt, nachdem sich die Männer der Wirtschaft nicht in eigener Person am Kampf um die Macht beteiligen.

Die Schreckenszeit, der »Terror«, ist das Regime der Intellektuellen und Sansculotten gewesen. Das Direktorium ist die Republik der Professoren und Generäle. Vom *Institut de France* aus verbreiten die Ideologen über die Lehrtätigkeit in Universitäten und Gymnasien die Aufklärungsparolen des 18. Jahrhunderts im bürgerlichen Frankreich. Voltaire, Condillac und Condorcet sind nun wirklich an die Macht gelangt: jetzt gilt es den Aberglauben durch die Bildung zu vertreiben und die politische Gesellschaft auf ein rationales Fundament zu stellen. Das 18. Jahrhundert mit seinem maßlosen Ehrgeiz, der Kirche ihre Verwurzelung im Lande zu nehmen und eine »natürliche« Religon an ihre Stelle zu setzen, herrscht in diesen Jahren eindeutiger als zu irgendeiner anderen Epoche der Revolution; aus dieser Utopie und den Macht- und Gewissenskämpfen, die sie auslöst, entsteht ein Wesenszug des modernen Frankreich. Es kann nicht ausbleiben, daß ein solches von den Intellektuellen geschmiedetes gemeinsames Bewußtsein der Revolution zum Sendungsbewußtsein wird: das Banner der Aufklärung ist zugleich die Fahne der französischen Armeen jenseits von Rhein und Alpen. So verleihen die Revolutionskriege – und zwar schon die der Girondisten – dem Soldaten den doppelten Glorienschein der überlegenen Idee und der siegreichen Waffen. Mehr noch als der erfolgreiche Geldmann liefert der siegreiche General der Republik ihre Träume. Dabei ist das Bild, das er bietet, weniger lehrhaft und weniger bieder als das der Ideologen: es spricht das Herz des Volkes unmittelbar an und zeichnet sich in der Auseinandersetzungen Flucht durch seine Unwandelbarkeit aus.

Die geradezu manische Sucht dieser kleinen Pariser Gesellschaft nach Vergnügungen und Festen verrät allerdings zugleich ihre Unsicherheit angesichts der Zukunft. Sie genießt das Heute nicht nur als Gegensatz zum Gestern, sondern auch zum Morgen; alles ist dazu angetan, den entschwindenden Augenblick zum Gott zu erheben.

Seit die Revolution dem König von Frankreich den Kopf abgeschlagen hat, ist es ihr nicht gelungen, eine neue, vom ganzen Land anerkannte politische Macht an seine Stelle zu setzen. Diese aufgeklärte Republik, die von den Professoren des *Institut* gepredigt wird, hat noch keine Wurzeln geschlagen. Nach wie vor sind die Kirche und die Royalisten ihre natürlichen Gegner, und diese Gegner sind in ihrer Ablehnung einiger denn je. Gleichzeitig fällt es der Republik immer schwerer, ihre Nutznießer bei der Stange zu halten: viele Bauern, und zwar auch Käufer von Nationalgütern, sind nach wie vor ihrem Priester hörig und können den Bemühungen der Herren aus der Stadt, den jahrhundertealten Kultus durch etwas anderes zu ersetzen, keinen Geschmack abgewinnen. Hinzu kommt, daß die Revolution das kirchliche Volksschulwesen, die »kleinen Schulen« des Ancien Régime, wo die Kinder aus frommen Büchern lesen und schreiben lernten, zwar aufgelöst, aber nicht ersetzt hat. Sie interessiert sich fast ausschließlich für die Universitäten und Gymnasien, für die Städte und die Bürgerkinder; dem flachen Land bietet sie keine neue Pädagogik. Der französische Bauer, dessen Horizont nur um die zugekauften Parzellen erweitert worden ist, fürchtet nach wie vor die Rückkehr des einstigen Grundbesitzers. Gegen diese Rückkehr verlangt er bessere Garantien als das Staatsstreichkarussell der Pariser Regierungen. Er hegt ein natürliches Mißtrauen gegen seinen Abgeordneten und ist noch so tief in der monarchischen Tradition der Macht befangen, daß er sich wünscht, was sich Mirabeau und so viele andere seit 1789 vergeblich gewünscht haben: einen König der Revolution.

Eben das ist auch der Wunsch weiter Kreise des bürgerlichen Frankreich, die ein neues konservatives Gleichgewicht herstellen möchten. Nach so vielen Inflations-, Kriegs- und Umsturzjahren ist die Stabilität der Traum des Jahres 1798, so wie die Veränderung der Traum des Jahres 1789 gewesen ist. An diesem Merkmal erkennt man die siegreichen Revolutionen.

Die Revolution hat vom 18. Jahrhundert die Begeisterung für Volkszählungen geerbt. Sie hat zwar die Intendanten Ludwigs XVI. gehaßt und ihr Werk zerschlagen, doch das hindert sie nicht, ihrerseits alle erdenklichen Fragebogenaktionen, Untersuchungen und Zählungen durchzuführen. Davon ist immerhin genügend erhalten geblieben, um uns einen statistischen Vergleich mit den Zahlen des Ancien Régime zu ermöglichen.

Im Frühjahr 1796 nimmt das Direktorium einen langen Bericht des großen Mathematikers Prony, der damals Leiter des nationalen Katasteramtes ist, über die französische Bevölkerungssituation entgegen. Die Schätzung ist – wie damals sehr häufig – für das Frankreich in den alten Grenzen vorgenommen worden. Nur Avignon mit Umgebung (das neue Departement Vaucluse), Savoyen sowie Nizza mit seinem Hinterland (das neue Departement Alpes-Maritimes) sind hinzugerechnet: das ist eine hübsche Illustration für die Kluft zwischen einer solchen gleichsam gefühlsmäßigen Anschauung vom Territorium der Nation und der Doktrin von den »natürlichen Grenzen«. Prony hat seine Zahlen nach der gleichen Methode ermittelt wie Terrays oder Neckers Intendanten, indem er nämlich die durchschnittliche jährliche Geburtenziffer mit einem bestimmten Koeffizienten multipliziert hat. Er kommt auf insgesamt 28 Millionen Einwohner. Der *Almanach national* des Jahres VI spricht von 27,8 Millionen bzw. 31,8 mit den belgischen Departements und 32,9 Millionen einschließlich der Kolonien.

Das Frankreich des Direktoriums bleibt also wie das Königreich von 1789 eines der bevölkerungsstärksten von Europa. Die »Entvölkerung« als Folge der Revolutionsereignisse (Krieg, Emigration und vor allem Terrorregime), von der die Feinde der Republik ständig sprechen, ist nicht zu spüren. Tatsächlich kommen die jüngsten Schätzungen für die Gesamtzahl der Emigranten auf 150 000 Personen, für die der Hingerichteten auf 20 000. Der Krieg ist im 18. noch ungleich weniger mörderisch als im 20. Jahrhundert. Selbst wenn man alle diese Verluste addiert, sind sie statistisch gesehen verhältnismäßig gering; jedenfalls haben sie das für die zweite Hälfte des 18. Jahrhunderts bezeichnende Bevölkerungswachstum nicht nennenswert beeinträchtigt. In den Grenzen der Monarchie ist Frankreich demnach von etwa 26 Millionen Einwohnern 1789 auf 27,5 Millionen Einwohner 1795 gewachsen. Tatsächlich belegt auch Prony in seinem Bericht diese demographische Entwicklung mit der Sicherheit des Mathematikers.

Eine junge Adelige aus Burgund, Madame de Chastenay, die während der Schreckenszeit im Gefängnis gewesen ist, verbringt den Winter 1796/1797 bei Freunden in der Hauptstadt. Diese Monate wird sie so bald nicht vergessen: »Nie war ein Winter in Paris lustiger. Die Abonnementsbälle versammelten wie in der Provinz alle Mitglieder der besseren Gesellschaft, die nicht genug Geld hatten, um die Kosten privater Feste zu bestreiten. In ganz Frankreich war damals die Lebensfreude zum Rausch geworden. Eine lange Elendszeit war zu Ende, das Geld und mit ihm der Überfluß waren wieder da. Das Revolutionsregime hatte ganz und gar aufgehört. Man vernahm nichts mehr von Denunzianten oder Polizisten. Nie ging es heiterer zu; auf den Landstraßen traf man fröhliche Maskierte: es war wirklich ein allgemeiner Karneval.«

So ist das 18. Jahrhundert zurückgekehrt: Masken, Feste, Frauen. Aber Madame de Chastenay ist zu jung, um zu merken, daß sich hinter den

»Ein Pariser Salon« heißt diese Darstellung, die deutlich zeigt, wie sich in manchen Kreisen die Lebenslust unter dem Direktorium eher zielstrebig als schöngeistig gibt.

Masken andere Gesichter verbergen, daß andere Kavaliere auf dem öffentlich gewordenen Ball zum Tanze bitten, daß andere Frauen über eine neu verteilte Welt herrschen. Das letzte Jahrhundert der Aristokratie hat seine Sitten an die Emporkömmlinge der Revolutionszeit weitergegeben und blickt schaudernd in den erbarmungslosen Zerrspiegel, auf die »demokratische« Jagd nach dem Vergnügen, das einst wenigen vorbehalten war.

Dieses Phänomen der Kollektivpsychologie ist ein Ausdruck für die Reaktion des Abschüttelns aller Gezwungenheit und Sittenstrenge der gleichheitsbesessenen Schreckenszeit. Für die Parvenüs der Revolution ist eine der großen politischen Ideen des Jahrhunderts, daß nämlich die Republik auf der Tugend errichtet werden müsse, ein für allemal erledigt. Robespierre hat Schrecken und Tugend um ihr Ansehen gebracht. Seine Nachfolger kennen den Preis der spartanischen Utopie, ja, sie würden sie nicht einmal gratis haben wollen. Sie haben die Revolution gemacht, um als Elite leben zu können, nicht als Hungerleider, und nachdem sie die Ämter haben, wollen sie auch das Vergnügen bekommen.

Das Vergnügen ... Eines der großen Geheimnisse der Welt von gestern, das sie sich jetzt aneignen. Denn wenn sie es sind, die sich amüsieren, wenn sie die Empfänge geben, wenn ihre Frauen schön sind, dann ist die Aristokratie wirklich tot. Sie mag zwar hie und da verstohlen bei ihnen in den Salons auftauchen, aber sie ist jetzt Gast, nicht mehr Gastgeber.

Diese ganze Gesellschaft entsteht auf den Trümmern der alten Welt, die verjagt, ruiniert oder zerstört worden ist. Sie lebt in einer Zeit der Tabula rasa: die Adeligen, eben noch die immer absoluteren Herren des Ancien Régime, haben sich innerhalb weniger Jahre in mehreren Emigrationswellen fast widerstandslos in die Flucht treiben lassen. Werden sie nun nach dem 9. Thermidor wieder auftauchen, so wie die Girondisten und die Feuillants? Die Thermidorianer sind durchaus nicht erfreut bei dem Gedanken an die Rückkehr dieser Menschen, die ihre Güter verkauft vorfinden und der royalistischen Restauration weiteren Auftrieb geben würden. So lassen sie das Gesetz vom 8. März 1793 in Kraft, das die Emigranten auf Lebenszeit des Landes verweist und alle auf französischem Territorium Angetroffenen nach bloßer Feststellung ihrer Identität hinzurichten erlaubt; gleich nach dem 13. Vendémiaire verabschieden sie das Gesetz vom 3. Brumaire des Jahres IV, das jedem mit einem Emigranten Verwandten die Ausübung eines öffentlichen Amtes verbietet. Je nach der politischen Konjunktur bedient sich das Direktorium dieser von den Ratsversammlungen immer wieder angegriffenen Ausnahmegesetze mit mehr oder weniger Nachdruck: im Jahr V, zur Zeit der

»Sammlungspolitik«, läßt es die Zügel etwas locker, zieht sie aber nach dem 18. Fructidor wieder straff an. Das Verfahren der Streichung aus der Emigrantenliste, das allein die Möglichkeit zur legalen Rückkehr nach Frankreich bietet, ist nach wie vor mühsam und auf Einzelfälle beschränkt; wer davon Gebrauch macht, unterwirft sich: er kann sich keines Sieges rühmen, ja, ist nicht einmal der Begünstigte einer Amnestie. Am 13. Februar 1797 sind von 17 000 dem Direktorium unterbreiteten Streichungsanträgen ganze 1500 genehmigt worden; von jeweils hundert Emigranten ist nur einer mit amtlicher Erlaubnis zurückgekehrt. Allerdings haben sich manche andere von sympathisierenden oder einfach bestechlichen Beamten eine falsche Wohnsitzbescheinigung ausstellen lassen, die für die Rückkehr ebenfalls ausreicht.

Aber es sind durchaus nicht alle Adeligen außer Landes gegangen. Viele halten sich verborgen, vor allem solche, die zwar geflohen, aber nicht »emigriert« sind. Aus diesem subtilen Unterschied, der vor dem Gesetz nicht gilt, macht Madame de Staël, die unermüdliche Maklerin für die Männer von gestern im bürgerlichen Frankreich, geradezu einen Beruf. Sie betrachtet als »Emigranten« nur die ganz Unbelehrbaren, die Frankreich schon zu Beginn der Revolution verlassen haben und nach wie vor vom Ancien Régime träumen. Die übrigen, die vom Terror zur Flucht gezwungen wurden, sind nur »Vertriebene« und haben demnach Anspruch auf die Heimkehr ins Vaterland, wo sie die Partei der »anständigen Menschen« vergrößern. Für sie, für Männer wie Narbonne oder Talleyrand, verwendet sich die Baronin mit Nachdruck und gelegentlich mit Erfolg.

Mit diesen Bemühungen steht sie durchaus nicht allein; denn was von der alten Aristokratie in der gemischten Gesellschaft des Direktoriums übriggeblieben ist, reicht den Gefährten von einst die Hand. Vor allem die Damen finden darin eine Bestätigung ihrer wiedergewonnenen Rolle: Joséphine de Beauharnais schmeichelt Barras so manche stillschweigende Genehmigung ab. »Meistens waren es die Emigranten«, berichtet der spätere Kanzler Pasquier, »die ihre Großmut und Hilfsbereitschaft ausnutzten, sei es, um aus den Händen eines Standgerichts errettet zu werden oder um Unterstützung für ihre Anträge auf Streichung aus der Liste oder auf Rückerstattung ihrer Güter zu erhalten. Damals begannen sie ja wieder ins Land zu strömen: die meisten hatten entweder ihre Geldmittel aufgebraucht oder konnten es nicht länger ertragen, ihre Existenz der Hilfe fremder Menschen zu verdanken. Die Hoffnung, noch Reste ihres Vermögens vorzufinden, das eine oder andere Erbe zu retten, die Sehnsucht nach ihren Lieben und nach ihrer Heimat ließen sie allen Gefahren einer solchen Rückkehr trotzen.«

Eine grausame Karikatur: »Der Emigrant kehrt zurück.« Er mag nicht mehr gastfreien Menschen im Ausland auf der Tasche liegen und nimmt lieber das Risiko der Verfolgung daheim auf sich. Er ist arm und abgerissen, aber er hat nichts von seinem hochmütigen Stolz verloren.

Daheim erwartet sie das mondäne Leben, das sie besser zu führen verstehen als die Parvenüs der Revolution. Hören wir noch einmal Madame de Chastenay, die sich ganz den Freuden dieses Winters 1796/97, des Winters der »Sammlungspolitik«, hingibt: »Ich habe schon gesagt, daß die Abonnementsbälle das große Vergnügen dieses Winters waren, der nur allzu rasch verging. Die Versöhnung schien so nah zu sein, daß sogar einige steckbrieflich Gesuchte aus der Vendée kamen, ich glaube sogar Madame de Bonchamp. Das Tivoli und der Pavillon de Hanovre waren jetzt die gesuchtesten Treffpunkte. Die Emigranten waren eher noch mehr darauf aus als die anderen; sie bemühten sich kaum noch, sich durch einen falschen Paß zu schützen, oder begnügten sich damit, nur halb wieder eingebürgert zu sein durch irgendwelche falschen Bescheinigungen oder Nachweise der Nichteintragung auf der Emigrantenliste. Die meisten, die sich da zuhauf drängten, waren junge Leute: sie waren wie berauscht, Paris wiederzusehen, einander im Theater zu begegnen und auf der Straße Französisch sprechen zu hören. Es war wirklich bezaubernd.« Und Mathieu Molé, der zukünftige Minister Napoleons, Ludwigs XVIII. und Louis-Philippes, berichtet aus der gleichen Zeit: »Das Leben, das man damals in Paris führte, war höchst angenehm, und wenn ich mich auch wenig in der Welt blicken ließ, erfuhr ich doch genau, was dort vorging. Die meisten Emigranten waren in ihre Heimat zurückgekehrt und füllten die Lücke aus, die das Fehlen einer ganzen Generation in der Gesellschaft hinterlassen hatte ... Es war wie ein Wettstreit, wer die Leidenszeit am raschesten vergäße. Man konnte meinen, das Unglück sei ein Fleck, den jeder möglichst schnell wegzuputzen bemüht war.«

Doch alle diese Zeugnisse stammen aus der Periode der »Sammlungspolitik«; sie kommen von einem Teil des Adels, der schon für eine Versöhnung gewonnen ist und in diesem Jahr 1797 eine der Stützen für die Partei der konstitutionellen Monarchie bildet. Dieser Optimismus ist nach dem 18. Fructidor und der neuerlichen Unterdrückung der Adeligen und Priester wie weggeblasen. Das Direktorium macht also nur einen zögernden und stets bedrohten Anfang mit der Rückkehr des Adels, die erst unter dem Konsulat wirklich erfolgt. Und es ist eine Rückkehr der Besiegten, die ihre bewegliche Habe retten wollen, sich mit dem Unvermeidlichen abfinden und die Gegenwart akzeptieren, wie sie ist.

Einige Mitglieder der alten Aristokratie, die sich während der Schrekkenszeit verborgen gehalten haben oder inzwischen zurückgekehrt sind, mischen sich zwar unter die Gesellschaft des Direktoriums, doch tonangebend sind die Vertreter der neuen Zeit, die Emporkömmlinge der Politik und des Geldes, die oft übrigens beides sind und zumindest gut miteinander auskommen. Schon in diesen Jahren verleiht die enge Verflechtung von Macht und Finanzen einer bestimmten bürgerlichen Politik ganz modern anmutende Züge, was ihr im übrigen sowohl den Haß der antikapitalistischen Rechten als auch der antikapitalistischen Linken einträgt. Der soziale Unterbau dieser ersten »Republik der Kameraderie« beruht auf der Gleichheit der Interessen; sie schafft neue verharmlosende Worte, um sich dafür zu rechtfertigen, daß sie an die Stelle der Aristokratenklüngel und der »Plebs« getreten ist. Sie übt die Macht im Namen der »anständigen Menschen« aus.

Gerade dieses Adjektiv ist ein Beweis für das schlechte Gewissen. Die »anständigen Menschen« verhalten sich eben nicht immer besonders anständig. Gut, sie können auf mildernde Umstände plädieren: das zerrüttete Finanzwesen, die galoppierende Inflation, die übermächtige Versuchung der Nationalgüter, die Spekulation und die Eroberungskriege. Aber diese Umstände haben sie ja selber mitgeschaffen. Der Sturz Robespierres hat die neuerliche Einführung der liberalen Anarchie in einer ausgebluteten Wirtschaft möglich gemacht: zur wiedergefundenen Freiheit gehört auch die Freiheit des Geschäftemachens.

Unser junger Schweizer, Benjamin Constant, der im Mai 1795 nach Paris gekommen ist und sich im Frankreich des Nach-Thermidor gleich wie ein Fisch im Wasser fühlt, erklärt seiner daheim gebliebenen Tante schon bald nach der Ankunft die Technik des Kaufs von Nationalgütern mit wertlos gewordenem Papier: »Die Nationalgüter werden so verkauft, daß sie jährlich $^3/_4$ % einbringen. Für 100 Livres in Assignaten erwerben Sie also eine Rente von 15 Sous in natura oder gutem Geld. 100 Livres in Assignaten kosten zum augenblicklichen Wechselkurs 2,5 bis 3 Livres in bar; für höchstens 3 Livres können Sie demnach 15 Sous Rente bekommen: das ist ein Zinssatz von 25 %.« Diese Rechnung Benjamin Constants, die wirklich sehr simpel und einträglich ist, stellen auch viele Politiker an. Die meisten Passagen in den Briefen des Abgeordneten Rovère an seinen Bruder, den verfassungstreuen Bischof, oder von Le Paige, einem Mitglied des Rates der Alten, an einen Verwaltungsbeamten im Departement Vosges betreffen in aller Ausführlichkeit solche Käufe von Nationalgütern. 1797 hat die unglückliche Ausgabe von »Territorialmandaten« eine wahre Verschleuderung solcher Güter zur Folge gehabt, weil sie zum Nennbetrag der entwerteten Mandate abgegeben wurden. Eine ganze Schicht von gestern noch armen Schluckern bevölkert jetzt die billig erworbenen Schlösser der Aristokratie und die Stadtpaläste, die sich der Adel seit Beginn des Jahrhunderts im Pariser Faubourg Saint-Germain gebaut hat. Die Solidarität dieser neuen Grundbesitzer, die von einer royalistischen Restauration alles zu befürchten haben, ist vielleicht der festeste Kitt für die bürgerliche Republik. Am 15. August 1797, nach der Wahl des neuen Drittels von vorwiegend royalistischen Abgeordneten und vor dem Staatsstreich der drei Direktoren, schreibt Benjamin Constant, der sich in Luzarches in einem ehemaligen Klosterbesitz häuslich eingerichtet hat, in höchster Angst nach Lausanne: »Seit der Amtseinführung des neuen Drittels hat die Regierung keinen Sou mehr... Überall werden Käufer von Nationalgütern ermordet oder tätlich bedroht...« Erst Augereau wird den jungen Mann und seine Mitspekulanten wieder beruhigen.

Noch rascher und nachdrücklicher als die Grundverkäufe der Revolutionsregierungen bewirkt das Durcheinander in den Finanzen eine Umschichtung der Vermögen. Besonders betroffen sind die Besitzbürger der freien Berufe, die schon von der Abschaffung der Ämterkäuflichkeit geschädigt worden sind. Die vielen in den Städten vom Ertrag der Staatspapiere lebenden Rentner sind ruiniert. Aber welch eine gesegnete Epoche für die Schuldner und Spekulanten! Welch ein goldenes Zeitalter für alle Nutznießer der Zerrüttung in den öffentlichen Haushalten! Das Direktorium hat die Regiebetriebe, also die unmittelbare Gewerbetätigkeit des Staates, abgeschafft, weil sie an die verhaßten Zeiten der dirigistischen Wirtschaft erinnerten. Dafür ist es jetzt auf Gnade und Ungnade von Finanzgesellschaften abhängig, die ihm die notwendigen Zahlungen für unverschämte Gegenleistungen ermöglichen. Die Vergabe der Staatsaufträge erfolgt freihändig, also ohne Ausschreibung oder öffentlichen Zuschlag an den Billigstanbietenden: das gibt Gelegenheit zu allen erdenklichen Beeinflussungen und Schmiergeldzahlungen (wie sie im Ancien Régime üblich waren) sowie zur Beteiligung des einen oder anderen Politikers an dem Geschäft. Der ehrliche La Revellière entrüstet sich in seinen Memoiren über die Umgebung eines Mannes wie Barras: Geldleute und Frauen. Aber Barras ist eben auch auf diesem Gebiet tonangebend, indem er sich mit Geschick allen seinen Schützlingen in Politik, Geschäft und Vergnügen widmet, nacheinander mit Bonaparte und Ouvrard, Joséphine de Beauharnais und Madame Tallien plaudert und, wenn es sich als vorteilhaft erweist, Joséphine an Bonaparte und Madame Tallien an Ouvrard »weiterreicht«.

Die Lieferanten der Armeen der Republik gehören zu den vermögendsten Kapitalisten jener Zeit: Jean-Pierre Collot, der mit Bonaparte und der Italienarmee Verbindung hält und einen Teil der Mittel für den Staatsstreich vom 18. Brumaire zur Verfügung stellt; der Belgier Michel Simons, Sohn eines Brüsseler Wagenschmiedes, der sich mit Ouvrard in die Belieferung der Marine teilt und anerkannter Liebhaber der umschwärmten Schauspielerin Lange ist; Hanet-Cléry, Sohn eines Gärtners vom Trianon in Versailles und Bruder des berühmten Kammerdieners Ludwigs XVI., der erst die Armee in Deutschland, dann in der Schweiz »versorgt«. Aber auch die Belieferung des Direktoriums mit Getreide und Bargeld, die Beteiligung an den Finanzmanipulationen, vor allem an der Liquidierung des Territorialmandats, geben Gelegenheit zu einträglichen Coups; das Geld, in dem die vornehme Gesellschaft des Direktoriums schwimmt, stammt weniger aus gutbürgerlichen Investitionen als aus abenteuerlichen Schiebungen. Der »Lieferant« der Republik ist ohne Skrupel an die Stelle des königlichen Steuerpächters getreten.

Die französische Provinz lebt während der Revolutionsjahre ein noch verborgeneres Leben als unter dem Ancien Régime. Einerseits hat Paris auf allen Gebieten mehr denn je die führende Rolle an sich gerissen, andererseits hat die Provinz selber viele ihrer bekannten Persönlichkeiten verloren. In der alten Zeit – das ist keine zehn Jahre her! – kannte man in Versailles die großen Familien, den Gouverneur und den Bischof einer Provinz; die Städte schmückten sich mit dem Ruhm ihres Parlamentsgerichtshofs und ihrer Akademie; die einzelnen Landstriche nannten sich nach dem Namen des Schlosses oder der Kirche. Es gab eine angesehene Gesellschaft in der Provinz, die zusammen mit dem Adel, dem Klerus und den einträglichen Ämtern verschwunden ist. Die Kirchengüter sind verkauft worden, und viele der Erwerber haben die geräumigen Gotteshäuser in den Dienst des bürgerlichen oder bäuerlichen Rentabilitätsstrebens gestellt, indem sie hier eine Abtei in eine Manufaktur, dort eine Kapelle in einen Pferdestall verwandeln. Wenn der Käufer ein gebildeter Mann ist, ist ihm bestenfalls der Nutzen für die Gesellschaft wichtig, und er verachtet die »gotischen« Gebäude des Aberglaubens. Schon dieses Adjektiv »gotisch«, von den klügsten Menschen wie Madame de Staël und später Stendhal als Ausdruck der Geringschätzung gebraucht, bezeichnet die Kluft, die nach der Meinung der Zeitgenossen zwischen der Welt der Aufklärung und den Zeiten der Barbarei liegt.

Der adelige Grundherr ist meistens emigriert. In manchen Fällen ist es ihm durch treue anonyme Mittelsmänner oder durch die geschickte Ausnutzung der neuen Scheidungsmöglichkeiten gelungen, einen Teil seines Vermögens zu retten oder seiner weniger bedrohten Ehefrau jedenfalls das eingebrachte Gut zu erhalten. Aber wenn er nach Frankreich oder nur aus seinem Versteck oder seiner Gefängniszelle zurückkehrt, hat er seine gesellschaftliche Vorrangstellung verloren. Seine Feudalrechte sind ihm genommen, und noch ganz verwirrt von den unbegreiflichen Jahren, die er durchlitten hat, findet er sich jetzt in der inneren Emigration wieder und ist auf die provinzielle Schlichtheit des Lebens auf dem Schloß angewiesen. »Man aß zusammen zu Mittag«, erzählt Graf Molé, »und nach der Mahlzeit setzten sich die Damen mit ihrer Nadelarbeit um einen Tisch im Salon, wobei etwas vorgelesen wurde, das zur Konversation beitragen mochte. Die Herren gesellten sich zu ihnen, gingen spazieren oder begaben sich wieder auf ihr Zimmer. Dann kam das Abendessen, und es folgte die gleiche Trennung oder gemeinsame Beschäftigung ... Gewöhnlich klang der Abend mit ein wenig Musik aus.«

In den Provinzstädten hat sich nur eine einzige Pariser Mode sofort durchgesetzt: Zerstreuung, Vergnügen, Tanz. Doch wohl, weil das die große Kollektivreaktion und weniger die Nachahmung eines Beispiels ist. Aber auch die Gesellschaft, die da tanzt, ist durch Umschichtung der Ränge und Vermögen eine andere geworden. In Dijon zum Beispiel, wenn wir Madame de Chastenay glauben dürfen, »gab es einige Häuser, wo sich mit wenig Heiterkeit und viel affektierter tugendfrommer Trübsal einige Persönlichkeiten des alten Parlamentsgerichtshofes trafen. Ich kannte niemanden davon ... In der Gesellschaft, in der ich verkehrte, wußte man zu erzählen, daß sich die jungen Frauen dort schrecklich langweilten.« Doch in was für einer Gesellschaft verkehrte nun Madame de Chastenay, der so viel an Festen und Konzerten gelegen war? »Wenige Juristen, wenige Honoratioren, und niemand aus den Kreisen des einstigen Parlaments.« Tonangebend war eine »Madame Caristie, eine höchst liebenswürdige Dame, deren Mann, durch Geschäfte reich geworden, ganz unverkennbar ein Parvenü war. Ihr Haus war bei weitem das angenehmste der Stadt.« So verrät das mondäne Leben mit besonderer Schärfe die bestürzend rasche Veränderung der gesellschaftlichen Verhältnisse. Die Revolution hat nicht nur den Klerus ruiniert und den Adel gedemütigt, sie hat auch viele wohlsituierte Bürger des Ancien Régime zu armen Leuten gemacht: die Finanzbeamten des Königs zum Beispiel, die Offiziere, die Rentner und die Hausbesitzer.

Der große Nutznießer dagegen ist der Käufer von Nationalgütern, ganz gleich ob Bürger oder Bauer. Das anrüchige Schauspiel der Spekulation in Paris ist nur der auffallende Teil der Spekulation im ganzen Land, die viel risikoloser und vor allem viel dauerhafter ist. Der immense Grundbesitz von Kirche und Adel geht in die Hände neuer Eigentümer über. Die Verschleuderungspraxis des Direktoriums und vor allem die verfehlte Finanzoperation des Territorialmandats ist vielen Bürgern zugute gekommen, die große Flächen auf einmal gekauft haben, zum Nachteil der ebenfalls kaufwilligen, aber kapitalschwächeren Bauern. Allerdings geht bald aus den Berichten der Präfekten an die Konsulatsregierung hervor, daß in den meisten Departements die Zahl der Grundbesitzer erheblich gestiegen ist, und für das Departement Nord hat Georges

Der Verkauf des Kirchenbesitzes hat unwiederbringliche Verluste gebracht. So ist diese Ansicht der Abtei von Cluny, des großartigsten romanischen Bauwerks der Christenheit, eine der letzten, die wir besitzen. 1789 werden die Mönche vertrieben, 1792 die Kirche von der Revolutionsarmee verwüstet und im April 1798 die ganze Abtei an einen Unternehmer verschleudert, der quer durch das Kirchenschiff eine Straße legen und die Bauten Stein für Stein abreißen läßt.

Lefebvre errechnet, daß von den 30000 Bauern, die Nationalgüter gekauft haben, jeder Dritte 1789 nichts besessen hatte. Die große Enteignung der Revolutionsjahre und die Aufteilung der gemeindlichen Allmende hat also die Stadtbürger und die wohlhabenden Landwirte reicher gemacht, ist aber zugleich einer erheblichen Zahl von bäuerlichen Kleinstbesitzern zugute gekommen. Große und kleine Bauern jedenfalls sind verbürgerlicht.

Auch von der Konjunktur profitiert das flache Land. Der Bauer erwirbt Grund und Boden für Assignaten, zahlt seine Steuern in Assignaten und verkauft sein Korn für gutes Geld. Die Rückkehr zum freien Spiel des Marktes erlaubt ihm dann, die hohen Preise der schlechten Jahre 1795 und 1796 einzustreichen oder sich auf die Selbstversorgung zu beschränken. Die Stadt hungert, während das Land hortet und abwartet. Sicher, das ist ein vereinfachtes Bild, weil eine breite Schicht von Tagelöhnern auf dem Lande an diesem Reicherwerden nicht teilhat. Doch es ist unverkennbar, daß Ende der neunziger Jahre eine ganze Klasse bäuerlicher Grundbesitzer, die von den Errungenschaften der Revolution profitiert hat, sich für das Regime entscheiden wird, das ihr diesen Grundbesitz am dauerhaftesten zu garantieren vermag. Wie sollte sie da zögern bei der Entscheidung zwischen dem Regime eines Barras und den Versprechungen eines Bonaparte?

Das ungeklärteste Phänomen bleibt die Entwicklung der städtischen Sozialstrukturen. Als Ganzes gesehen sprechen die Statistiken für einen langsamen Aufstieg der Volksklassen und für eine zunehmende Zahl von Händlern und Handwerkern. Die von der Inflation 1795/96 hart getroffenen kleinen Leute der Städte erholen sich dank der Deflation während der zweiten Periode des Direktoriums, weil jetzt die Löhne langsamer sinken als die Preise. Zudem hat das immense Anwachsen der Staatsaufgaben während der ganzen Revolutionszeit zahllose neue Posten und Pöstchen nötig gemacht, auf die das Kleinbürgertum drängt, wie es Balzac später in seinem Roman »Die Beamten« geschildert hat. Aber die Industrie? Und der Handel? Die Französische Revolution ist keine ökonomische Revolution gewesen. Sie hat sozusagen beiläufig – durch den Krieg nämlich – das einst mächtige Bürgertum der Hafenstädte, also vor allem in Marseille, Bordeaux und Nantes ruiniert. Sie hat, ohne es zu wollen – durch die Emigration – der Luxusindustrie des Ancien Régime ihre Absatzmöglichkeiten genommen. Oft hat sie andere Geschäfte und Profite an die Stelle der zerstörten gesetzt, aber trotz mancher Bemühungen hat sie von der Verfassunggebenden Versammlung bis zum Direktorium weder die technischen Produktionsbedingungen verbessert noch die Kapitalsammlung und -investition begünstigt. In dieser vorindustriellen Welt haben Kaufleute und Manufakturherren sich je nach Branche und Gegend behauptet, oder es sind neue an ihre Stelle getreten. Der Textilmagnat Oberkampf ist nach wie vor ein erfolgreicher Mann; neue Leute wie Richard und Lenoir errichten im Schutze der Protektionsmaßnahmen große Baumwollspinnereien.

So haben sich nicht nur Paris und die Mode geändert; auch das Frankreich der großen Zahl, der bürgerlichen Tugenden, der Familie und des Sparsinns ist umgekrempelt worden. Die Notwendigkeit des Code Civil, eines einheitlichen Bürgerlichen Gesetzbuches, drängt sich auf. Dabei ist dieses Frankreich aber in seinen Wirtschaftsstrukturen das alte geblieben. Die Stadt hat den Hof endgültig besiegt: Paris ist jetzt Zentrum, Seele und Leben des ganzen Landes. Diese Vorrangstellung ist schon im 18. Jahrhundert vorbereitet worden durch die Verwaltungszentralisierung, das Wachsen der Einwohnerzahl und der Wirtschaftskraft und den Glanz der literarischen Salons. Aber erst durch die Entthronung von Versailles hat die Revolution der Stadt die letzte Macht gegeben, die ihr noch fehlte: die politische Führerrolle und die Verfügung über alle wichtigen Staatsämter. In der jetzt entstehenden bürgerlichen Zivilisation ist eine Verabredung zum Essen zwischen Sieyès und Barras an die Stelle des ergebenen Harrens auf ein Lächeln des Königs in einer Fensternische zu Versailles getreten.

Das große leere Schloß und der vom Unkraut eroberte Park erinnern bestenfalls noch an das Drama vom Oktober 1789. Aber auch Paris hat sich verändert. Es hat zwar noch den gleichen schönen Rahmen, den es Architekten wie Gabriel und seinen Nachfolgern verdankt, aber unverkennbar haben die Herren der Stadt gewechselt. Der riesige Kirchenbesitz ist verkauft worden, vor allem auf den Inseln Cité und Saint-Louis, die früher mit Kirchen und Abteien bedeckt waren. Die Kathedrale Notre-Dame steht verlassen, weil sich kein Mieter gefunden hat, aber die kleineren Gotteshäuser sind gekauft und bewohnt oder abgerissen worden. Saint-Éloi des Barnabites ist eine Kanonengießerei geworden; auf dem Platz, wo eben noch Saint-Pierre d'Arcis stand, erhebt sich jetzt ein Theater. An den Türen von Kirchen wie Sainte-Madeleine oder Saint-Germain-le-Vieux hängen Schilder: »Zu verkaufen oder zu vermieten.« Ebenso sieht es in der Gegend des Quartier Latin aus: zwischen der Place Maubert und der Abtei Val-de-Grâce sind die Kreuzgänge, Gärten und Ordenshäuser in die Hände geschäftstüchtiger Bauunternehmer geraten, die aus dem Abbruch dieser Zeugen großer urbaner Kunst saftige Gewinne schlagen.

Verschwunden ist auch das Paris des Adels im Faubourg Saint-Germain, wo sich die großen Familien im 18. Jahrhundert ihre Stadthäuser gebaut haben, nachdem der Marais, die Umgebung der Place des Vosges, aus der Mode gekommen war. Auf dem linken Seine-Ufer zwischen dem Odéon und dem Hôtel des Invalides, in der Rue de Varenne, der Rue de Tournon oder der Rue de Grenelle sind die leerstehenden Prachtresidenzen den Immobilienhändlern in die Hände gefallen, und es kommt vor, daß solche Häuser mehrmals innerhalb eines Monats verkauft werden, ohne daß einer der Erwerber sie auch nur besichtigt. Bleiben sie von der reinen Spekulation verschont, werden sie vom Profitstreben entweiht: das Hôtel Biron in der Rue de Varenne (das heutige Rodin-Museum) ist ein öffentliches Ballhaus, das Hôtel d'Orsay eine Art Modebazar geworden, wo in den riesigen Räumen viele kleine Läden Unterschlupf gefunden haben.

So vollendet die Herrschaft des Geldes, ohne daß es die Zeitgenossen recht merken, die Taten der Schreckensherrschaft. Eine ganze Lebensweise verschwindet, und mit ihr der Dekor, den sie sich geschaffen hatte. Aber das Geld hat sich seine eigene Umwelt gestaltet: es hat eine Entwicklung beschleunigt und zum Exzeß getrieben, die sich schon in den letzten Jahrzehnten des Ancien Régime beobachten ließ, als die Generalsteuerpächter und alle Finanziers der Monarchie sich auf dem rechten Ufer ihre Stadthäuser und fast idyllischen Landsitze zwischen der Chaussée d'Antin und dem Chemin du Roule bauten. Die Neureichen des Direktoriums sind ihren Vorgängern und Vorbildern aus dem Ancien Régime treu geblieben.

Das rechte Ufer wird der bevorzugte Ort des ununterbrochenen Pariser Festes. Jeden Abend erstrahlen die Lichter der Cafés von den Élysée-Gärten bis zum »Platz der Revolution«, der einstigen Place Louis XV. und späteren Place de la Concorde. Die Champs-Élysées, diese ländliche Gegend mit ihren erst dreißigjährigen Baumreihen zwischen kleinen Schenken und vornehmen Restaurants, kommen als Promenade in Mode. Im eleganten, zweisitzigen Wägelchen, dem Coupé oder *bokay*, wie es der Anglomanie dieser Jahre entsprechend nach dem englischen »buggy« genannt wird, kutschieren die Herrschaften zum Vergnügen. Das Hôtel Beaujon ist wie das Élysée zu einem öffentlichen Ballhaus geworden; Monceau, der englische Garten des Herzogs von Chartres, hat sich in einen Tanzplatz verwandelt. So werden die großen Paläste der Aristokratie von der neuen Zeit zu ihren Zwecken benutzt; gebaut für wenige auserlesene Genießer, dienen sie nun als Rahmen für das Fest der vielen. Im Takt des eben aus Deutschland gekommenen Walzers drehen sich die Paare im Hôtel Biron, im Hôtel d'Aligre und im Hôtel Longueville.

Das Herz dieses neuen Frankreich, dieses jetzt entstehenden *Tout-Paris*, ist die Chaussée d'Antin, aus der Baumschulen und Gemüsekulturen

Die Damen sind stolz auf ihre moderne Einrichtung. Das Schränkchen mit den spiegelausgelegten Eckvitrinen bringt die Nippes zur Geltung, und auf dem antikisierenden dreibeinigen Bronzetischchen steht eine kunstvoll gearbeitete Kaffeekanne.

nach und nach verdrängt werden. Schon zur Regierungszeit Ludwigs XVI. haben die Schauspielerinnen den Anfang gemacht, indem sie sich hier und da vor dem Hintergrund der fast bäuerlichen Umgebung zwischen künstlichen Felsen ihre chinesischen Pavillons bauten. Aber erst nach der Revolution entstehen die Straßen und der bald in Mode kommende Stadtteil, nachdem die Geschäftsleute und Bauunternehmer sich der Sache erst einmal angenommen haben. Viel rasch und leicht verdientes Geld wird in den massiven Naturstein prächtiger Gebäude gesteckt; die Innenarchitektur ist eine einzige unglaubliche klassizistische Luxusdekoration. »Für mich sind die modernen Salons von Paris lauter Mausoleen aus dem alten Rom«, erklärt einer der großen Architekten Ludwigs XVI.

Diese Schaustellung und Konzentration des Reichtums, die nicht selten in Geschmacklosigkeit ausartet, verschärft die gesellschaftliche Isolation der einfachen Leute in den östlichen Vierteln, die unter dem Ancien Régime nicht so eindeutig von den »besseren« Stadtteilen getrennt waren. Die Revolution hat eine Mauer der Angst zwischen dem Paris der Reichen und dem der Elenden errichtet.

Am 5. Juli 1797, wenige Monate nach seiner Rückkehr nach Paris, beschreibt Talleyrand einem in Amerika gebliebenen Freunde das Leben in der Hauptstadt: »Wie wenig Ähnlichkeit hat dieses Paris der neuen Verfassung mit dem Paris der Revolution! Bälle, Schauspiele und Feuerwerke sind an die Stelle der Gefängnisse und Revolutionsausschüsse getreten ... Die Damen des Hofes sind nicht mehr da, aber die Damen der Neureichen haben sie abgelöst; ihr Gefolge bilden wie einst die leichtfertigeren Geschöpfe, die in Luxus und extravaganter Kleidung mit ihnen wetteifern. Rund um diese Sirenen summt der Schwarm der gescheiten jungen Herren, die man früher *Petits-Maîtres* nannte, die jetzt *Merveilleux* heißen, beim Tanz von Politik plaudern und nach der Rückkehr der Monarchie seufzen, indem sie Eis löffeln oder gähnend einem Feuerwerk beiwohnen.«

Der frühere Bischof mit seiner scharfen Beobachtungsgabe hat sogleich das Band erkannt, das die neue mit der alten Gesellschaft verknüpft: die Vorrangstellung der Frauen. Nächst dem Krieg und dem König von Frankreich hat die Frau über die französische Aristokratie des 18. Jahrhunderts geherrscht. In der Welt des Direktoriums tritt sie um so triumphaler wieder in Erscheinung, als sie eine Zeitlang vom Schreckensregime und vom Puritanismus des Volkes aus dem Rampenlicht gedrängt worden ist. Die Halbweltdame gibt es nach wie vor, immer gleich jung und verführerisch; sie heißt jetzt Mademoiselle Lange und nicht mehr die Guimard, aber sie ist die ewige Schauspielerin oder Tänzerin als das Idol für die männliche Eitelkeit geblieben. Die Dame von Welt dagegen hat sich mit der Welt gewandelt: oft aus einfachen Verhältnissen kommend, manchmal vulgär, mehr auf die Verheißungen ihres Körpers als auf ihr Geschick in der Konversation setzend. Die Halbweltdame hat rasch Schule gemacht; die *demi-monde* wird überhaupt erst in der Gesellschaft des Direktoriums zum Begriff.

Wie üblich neigen die Zeitgenossen schon deshalb dazu, die Leichtfertigkeit dieser Frauen zu verallgemeinern, weil sie damit die Moral auf ihre Seite bringen. Es gibt in der Gesellschaft des Direktoriums durchaus seriöse Frauen, wie Madame de Condorcet, und treue, wie Madame Récamier. Aber zwischen der jakobinischen Strenge und der bürgerlichen Tugend, zwischen Terrorzeit und Code Civil sind die von der neuen Scheidungsmöglichkeit gelockerten Sitten nicht prüde: die Königinnen des Direktoriums – Madame Tallien, Madame Hamelin, Joséphine de Beauharnais – wechseln ihre Verehrer, von der Macht zum Geld oder vom Geld zur Macht. Und jedermann weiß, daß sich Joséphine ebensowenig wie ihre Gefährtinnen von der Ehe zur Sittsamkeit bewegen ließ. Begleitet wird dieses mondäne Ballett von einer ebenso wie die Gesellschaft sorgsam abgestuften Prostitution.

In dem Maße, wie die neuen Schönheiten an Geist verloren haben, verlieren die Salons an Reiz. So halten manche ihren Zirkel bewußt klein: die alte Aristokratie, soweit sie nicht emigriert ist, bleibt oft auf ihren Schlössern, die sie sich erhalten oder wiedererlangt hat. In Auteuil pflegt Madame de Condorcet, die Witwe des berühmten Marquis, im Hause ihres getreuen Freundes Cabanis die Tradition des literarischen Salons, indem sie die Leuchten der Wissenschaft zusammenführt; das ist aber bezeichnenderweise nur um den Preis eines Bruchs mit der Gesellschaft der Arrivierten möglich. Die wenigen Damen, die noch wissen, wie es im Ancien Régime zugegangen ist, und die »wie früher« ihre Gäste empfangen wollen, machen ein wahres Babel aus ihrem Salon, wo sich dann bunt durcheinander einstige Robespierre-Anhänger, neue Abgeordnete, aus dem Soldatenstand aufgestiegene Generäle und zur Einsicht gekommene Aristokraten treffen. Man muß hören, in welchem Ton Madame de Staël, die sich noch des Neckerschen Salons erinnert, von diesen Leuten spricht. Die Abgeordneten, diese gewöhnlichen Männer, die nur dank ihrer politischen Stellung bei ihr Eingang finden, wirken linkisch und ungehobelt im Kreise der mit selbstverständlicher Eleganz auftretenden »wohlerzogenen Personen« und erliegen wider Willen dem »Einfluß der guten Gesellschaft«. Tatsächlich ist das Haus der Baronin eines der gastfreiesten in Paris.

Das ist durchaus nicht selbstverständlich, denn viele der Salons des Direktoriums respektieren die von der Politik nahegelegten Grenzen. Bei

Barras im Luxemburg-Palast oder bei Sieyès in der Rue du Rocher drängt sich nur, was mit der Regierung zu tun hat. Die Salons der Royalisten und der Männer von Clichy wiederum versammeln die Opposition und wenige Auserwählte, bei Madame de Vaines zum Beispiel, der Frau eines hohen königlichen Beamten, oder bei der Marquise von Esparbès, wo der Literat Laharpe den Mittelpunkt bildet. Bei Madame de Montesson, der morganatischen Gemahlin von Louis-Philippe d'Orléans, dem Vater von Philippe-Égalité, flüchten eines Abends alle Gäste, als die nicht eingeladene Madame Tallien erscheint.

Germaine de Staël

Aber der Titel einer »Königin von Paris« wird nicht mehr in den abgeschlossenen Salons der besiegten Aristokratie vergeben. Auf den großen eleganten Bällen der neuen Gesellschaft, vor allem im Hôtel Thélusson, ist er längst Madame Tallien und ihrer Schönheit verliehen worden.

Als Madame de Staël im Frühjahr 1795 unter dem Eindruck des gemäßigten Verhaltens der Thermidorianer nach Paris zurückzukehren wagt, setzt sie sogleich, wie das ihrem Temperament entspricht, Himmel und Hölle in Bewegung. Sie hat ihren Salon wieder, den sie so lange entbehren mußte, und will der Bewegung für eine konstitutionelle Monarchie neuen Nachdruck verleihen. Aber wo sind ihre Freunde geblieben? Die umschwärmte Ratgeberin der Feuillants, die mit ihren Freundschaften geradezu einen Kult treibt, unternimmt alle erdenklichen Schritte, um diese spät emigrierten Männer heimzuholen. Ihr Schildknappe bei diesen tapferen Bemühungen ist Benjamin Constant, der unbekannte achtundzwanzigjährige Schweizer, der seit einem Jahr ihr Liebhaber ist und nur darauf sinnt, sich aus eigener Kraft einen Namen zu machen. Doch der

Benjamin Constant

13. Vendémiaire macht zunächst einmal jede Hoffnung auf eine Restauration des Königtums zunichte; das Paar zieht sich in die Schweiz auf Neckers Schloß zurück.

Im Frühjahr 1796 geht Constant allein nach Frankreich. Die Baronin hat per Dekret vom Direktorium Aufenthaltsverbot bekommen, aber das hindert sie nicht, ihrem Freund den Fuß in den Steigbügel zu setzen und ihm aus ihrem unermeßlichen Vermögen einen hinlänglichen Betrag zur Verfügung zu stellen. Der junge Benjamin kommt sehr gut allein zurecht in dieser Welt, die es ebenso wie er auf Geld und Macht abgesehen hat. Ein hübscher Vorwurf für einen historischen Roman wäre das, wie dieser kluge, fiebrig erregte junge Mann auszieht, Paris zu erobern. Indem er mit Neckers Geld in Nationalgütern spekuliert, erwirbt er eine Kirchendomäne im Canton Luzarches nördlich der Hauptstadt. So ist er jetzt Herr auf eigenem Grund und Boden und damit Nutznießer dieser Republik des 18. Jahrhunderts, der er sich auch in seinem Haß auf die Priester und in seinem Freiheitsdrang verbunden fühlt. Grundbesitzer! Das ist eine Eigenschaft, die viele Türen öffnet und auf die er sich berufen kann, um die französische Staatsbürgerschaft zu erwerben; er hat ja nicht das Glück des kleinen korsischen Generals gehabt, dessen Land kurz vor seiner Geburt von Frankreich einverleibt worden ist. Ein weiteres Unterpfand seiner Loyalität gibt er in diesem Sommer 1796, in dem die Babeuf-Bewegung zerschlagen wird, mit der Veröffentlichung seiner kleinen Propagandaschrift »Von der augenblicklichen Stärke der Regierung Frankreichs und der Notwendigkeit, sie zu unterstützen«, die auf eine Kurzfassung des Programms der Thermidorianer hinausläuft. Wie orthodox dieser Emporkömmling sich gibt, zeigt der Satz, Frankreich habe sich »am 14. Juli für die Freiheit, am 11. August für die Republik, am 9. Thermidor und am 4. Prairial gegen die Anarchie« entschieden. Woraus er folgert: »Ich rate keinem monarchisch regierten Staat, sich zu republikanisieren; aber ich beschwöre die Franzosen, nicht gegen die Republik Revolution zu machen.«

So bereitet Constant sich auf die Wahlen vom Frühjahr 1797 vor, aber trotz seiner frischerworbenen französischen Staatsbürgerschaft bringt er es nicht zum passiven Wahlrecht: im Direktorium macht Reubell kein Hehl aus seiner Abneigung gegen diesen Protegé seines Kollegen Barras, und viele Republikaner bleiben mißtrauisch gegen den Liebhaber der Madame de Staël. Weihnachten 1796 hat die Baronin von Barras die Erlaubnis zur Rückkehr erlangt, allerdings mit der Auflage, zurückgezogen in Luzarches bei Benjamin zu leben. Den Winter verbringt sie dort und wartet auf die Entbindung von ihrer kleinen Tochter, für die ihr Mann, der schwedische Botschafter in Paris, seine Vaterschaft anerkennt. Aber von einem »zurückgezogenen« Leben kann keine Rede sein. Weil sie – bis zum Mai – nicht nach Paris kommt, pilgern eben ihre Freunde nach Luzarches: Montesquiou, Mathieu de Montmorency, Rœderer – und Talleyrand.

Der »Bischof« verdankt seine Rückkehr den unablässigen Freundesdiensten von Madame de Staël, deren Liebhaber er vor ein paar Jahren in London gewesen ist. Seit dem Herbst befindet er sich in einer der schwierigsten Phasen seiner glänzenden Laufbahn. Er hat kein Geld und keine

Stellung, also macht er sich scheinbar gelassen, doch höchst umsichtig und methodisch daran, viel Geld und eine hohe Stellung zu erwerben. Er hat keine Überzeugung, aber eine Vergangenheit: er kann allen Parteien dienen, außer der des legitimen Königs. Nach dem Erdrutsch zugunsten der Royalisten bei den Wahlen im Frühjahr 1797 tut er sich mit Benjamin Constant und Republikanern aus den Ratsversammlungen (Cabanis, Daunou, Chénier, Sieyès) zusammen und gründet den »Verfassungszirkel«,

Charles-Maurice de Talleyrand-Périgord

der das Regime und das Triumvirat gegen die mutig werdenden Männer von Clichy verteidigen soll. Mit dieser vorgreifenden Billigung des 18. Fructidor hat er seine Visitenkarte abgegeben.

Aber endgültig setzt ihn erst die unermüdliche Baronin mit Hilfe Benjamin Constants bei Barras und dank dessen Fürsprache bei den sehr widerstrebenden Direktoren durch. Beim Revirement im Kabinett vom 14. Juli 1797, dem ersten Streich der Triumvirn im Zuge ihrer Gegenoffensive, wird der »Bischof« Nachfolger von Delacroix als Außenminister. »Als die Ernennung beschlossen war«, berichtet Barras in seinen Memoiren, »erzählte ich Benjamin Constant die Neuigkeit, damit er sie an die richtige Stelle weitergab ... Talleyrand war im Theater, weil er es sonst vor Spannung nicht mehr ausgehalten hätte, und zwar zusammen mit Herrn von Castellane, seinem Kollegen aus der Zeit der Verfassunggebenden Versammlung und Gefährten aus vielen weniger öffentlichen Versammlungen, dem er später zur Würde eines Pair von Frankreich verhalf. Als Benjamin ihm den glänzenden Erfolg meldete, fiel ihm Talleyrand um den Hals, und Herr von Castellane hielt es für unerläßlich, diese Gefühlsäußerung prompt zu imitieren. Talleyrand verließ auf der Stelle das Theater, nahm seine Freunde am Arm und sagte: ›Wir wollen gleich zu Barras und uns bedanken.‹ Er sprang in den Wagen, setzte sich zwischen die beiden, stützte sich kräftig auf ihre Knie und sang mit kräftiger, aber dumpfer Stimme während der ganzen Fahrt zum Luxemburg-Palast ganze zwei Worte vor sich hin: ›Wir haben den Posten; jetzt werden wir mächtig reich, mächtig reich, mächtig reich ...‹«

Wie man sieht, beherrscht die deklassierte oder bekehrte Aristokratie spontan die Sitten dieser bürgerlichen Zeit, die eben doch ein wenig auch die ihren sind.

Die Thermidorianer denken nicht ausschließlich – und nicht alle – an Geld und Vergnügen. Sie leben aus zwei starken politischen Leidenschaften, dem Haß auf den Adeligen und dem Haß auf den Priester. Das beweist nicht nur ihre Vergangenheit, sondern auch ihr Verhalten in der Gegenwart. Gegen die Adeligen lassen sie der Verfassung zum Trotz Kanonen auffahren. Gegen die Priester halten sie wie das ganze zu Ende gehende Jahrhundert die Erziehung für die beste Waffe: wenn das Volk nach wie vor in seinen alten abergläubischen Vorstellungen befangen ist, so kann das nur an der Unwissenheit liegen, und die wiederum erklärt sich aus dem ungebrochenen Einfluß der Irrlehrer. So gilt es, die Erziehung zu republikanisieren, also ein öffentliches Unterrichtswesen zu schaffen, das die Aufklärung in die Breite trägt.

An der Spitze der neuen Institutionen zur Bildung und Lenkung des Geistes steht das *Institut*, das noch in der letzten Sitzung des Nationalkonvents durch das bedeutende Gesetz vom 3. Brumaire des Jahres IV (25. Oktober 1795) gegründet worden ist. Diese große wissenschaftliche Körperschaft, deren Existenz ebenso wie die des Direktoriums und der Ratsversammlungen unmittelbar aus der Verfassung hervorgeht, bildet fast so etwas wie eine dritte, geistige Gewalt. Außerdem sind die meisten der 144 Mitglieder durch Zuwahl hineingekommen (nachdem die ersten

48 vom Direktorium ernannt wurden): viele sind Abgeordnete oder Würdenträger des Regimes, Daunou, Marie-Joseph Chénier und La Revellière zum Beispiel.

Das *Institut* ist in drei Klassen unterteilt, die alle Disziplinen umfassen: physikalische und mathematische Wissenschaften, Literatur und Schöne Künste, und dann die große Neuerung: moralische und politische Wissenschaften. So fällt ihm eine bedeutende kulturelle und politische Rolle zu, was sich schon bald bei der Vorbereitung des 18. Brumaire erweist. Aber schon vorher, in den wenigen Monaten, die Bonaparte zwischen Italien und Ägypten in Paris zubringt, finden es viele Leute höchst erstaunlich, daß er »sich so schüchtern, untätig und zurückhaltend gibt, indem er jeden Tag ins *Institut* geht und ausschließlich mit seiner Frau, geographischen Karten und Ossians Dichtungen beschäftigt scheint.« Doch das *Institut* ist ein sehr geschickt gewählter Wallfahrtsort. Der Kriegsheld hat sich 1797 von seinen Kollegen, den Leuchten der Wissenschaft und der Republik, als Nachfolger für den ausgeschlossenen Carnot wählen lassen und schafft sich jetzt den Ruf eines großen Mannes von antikem Zuschnitt: er ist nicht nur der Haudegen, sondern auch der Denker. Außerdem versäumt er keine Gelegenheit, den Satz »Meine Religion ist das *Institut*« anzubringen. Dieses *Institut* umfaßt tatsächlich die geistige Elite der Zeit und hat die Akademien des 18. Jahrhunderts abgelöst: ein Konservatorium gleichsam der Aufklärungstradition, die sich zu einer gemeinsamen Weltsicht, der Anschauung der »Ideologen«, kristallisiert hat. Ärzte, Philosophen und Literaten sind es, nur wenige wirklich genial; aber die bedeutendsten dieser Männer – Cabanis, Destutt de Tracy, Volney, Garat, Ginguené – bilden eine wißbegierige und neuerungsbereite Phalanx. Als Schüler Condillacs verwerfen sie die »eingeborenen Ideen« eines Descartes, ja jede metaphysische Erklärung des menschlichen Wissens und Erkennens: sie wollen eine auf den Sinneseindrücken beruhende Wissenschaft von der Entstehung der Ideen begründen – daher ihr Name. Diesen Rationalismus des Experiments bauen sie zu einer Wissenschaft der Sitten und des menschlichen Verhaltens aus, ja sogar zu einer neuen Ästhetik: für Männer wie Fauriel oder Ginguené hat das Studium des Schönen alle Relativismen des Raumes und der Zeit mit einzubeziehen.

Diese Vorläufer des Positivismus gründen ihren Optimismus nicht zuletzt auf die Fortschritte der von allem metaphysischen »Vorausgesetzten« befreiten Naturwissenschaften. Als man Laplace 1796 einen Vorwurf daraus macht, daß er das »Weltsystem« ohne jede Berücksichtigung des Waltens der Vorsehung erkläre, antwortet er gelassen, eine solche Hypothese sei ihm nicht notwendig erschienen. Die großen Naturwissenschaftler jener Zeit – die Mathematiker Lagrange und Monge, die Chemiker Berthollet, Chaptal, Fourcroy und Darcet, die Biologen Lamarck, Cuvier und Geoffroy Saint-Hilaire, die Ärzte Pinel und Bichat – sind durchaus nicht alle Materialisten. Dennoch fördern und verbreiten ihre Arbeiten und Entdeckungen eine Weltsicht, die zu neuartig ist, als daß sie der Religion und der Tradition nicht verdächtig erscheinen müßte.

Gegenüber dieser dogmatischen Strenge der sensualistischen »Ideologen« bleibt Bernardin de Saint-Pierre dem rousseauschen Deismus treu, und Chateaubriand wittert in London das nahende Ende der spezifischen Aufklärung des 18. Jahrhunderts. Die berühmtesten Federn der royalistischen Reaktion führen allerdings Laharpe, der mit der ganzen Entschlossenheit des bekehrten Voltairianers und Jakobiners nunmehr für den überlieferten Glauben eintritt, und der Karrieremacher Fontanes, der sich unter dem Direktorium, jedes Anecken bei den Mächtigen des Augenblicks vermeidend, geschickt seinen Weg sucht und ihn unbeirrt bis in die Restaurationszeit nach 1815 durchhält.

Der Gedanke eines öffentlichen Unterrichtswesens, das dem Volk die Befreiung vom Aberglauben bringen soll, stammt aus der Herrschaftszeit des Berges im Nationalkonvent, hat in den Plänen von Condorcet und Lepeletier seinen Ausdruck und im Volksschulgesetz vom 30. Frimaire des Jahres II (20. Dezember 1793) seinen Niederschlag gefunden. Die bahnbrechenden Durchführungsbestimmungen dagegen sind erst nach dem Sturz Robespierres beschlossen, das System erst unter dem Direktorium wirklich eingeführt worden: die Thermidorianer sind seine eigentlichen Väter.

Die Leitgedanken sind sehr einfach. Das neue Unterrichtswesen ist ein weltliches: damit ist sowohl das einstige Monopol der Kirche abgeschafft als auch der Erziehung jeder Bekenntnischarakter genommen. Die Kirche behält zwar das Recht, eigene Anstalten zu unterhalten, aber die für alle Bürger zugänglichen und in religiösen Fragen neutralen Schulen der Republik haben den unschätzbaren Vorteil, vom Staat unterstützt zu werden. Um welche Schularten handelt es sich dabei? Während die Bergpartei bei ihren Gesetzen vor allem die Volksschulen im Auge gehabt hat, ist die Optik der Thermidorianer bürgerlicher: ihnen geht es mehr darum, die Söhne der Besitzenden auszubilden, als den Bauernkindern Lesen und Schreiben beizubringen. Allerdings kommt auch der Geldmangel hinzu; wenn sie schon nicht alles auf einmal tun können, ist ihnen die Erziehung der Eliten wichtiger.

Das entscheidende Gesetz ist dasselbe, das die Gründung des *Institut* verkündet: mit diesem Gesetz vom 3. Brumaire des Jahres IV nimmt der Nationalkonvent einige seiner allzu demokratischen und kostspieligen

Versprechungen zurück. Jetzt ist nur noch für zwei und mehr Gemeinden eine gemeinsame Schule vorgesehen; vor allem zahlt der Staat nicht mehr für den Lehrer, der auf die Beiträge der Schüler und auf einen Zuschuß von den Gemeinden angewiesen ist. Kein Wort mehr von der allgemeinen Schulpflicht, die 1793 besonders betont worden ist. Dagegen organisiert der Nationalkonvent jetzt nach dem Thermidor sehr sorgfältig den Unterricht an Gymnasien und Hochschulen. Diese Ausdrücke passen allerdings noch nicht recht für jene Zeit; denn die im Gesetz vom 24. Februar 1795 vorgesehenen »Zentralschulen« (eine je Departement), die an die Stelle der Jesuiten- und Oratorianerkollegien aus der Zeit des Ancien Régime treten sollen, stehen auf der Mitte zwischen unseren Oberschulen und Hochschulen. Das Gesetz schreibt drei aufeinanderfolgende Unterrichtszyklen vor: für die Zwölf- bis Vierzehnjährigen Zeichnen, Naturkunde, alte und lebende Sprachen; für die Vierzehn- bis Sechzehnjährigen sodann die Naturwissenschaften, Mathematik, Physik und Chemie; für die über sechzehn Jahre alten Schüler schließlich das, was der Gesetzestext »allgemeine Grammatik« nennt: dazu gehören, deutlich von der sensualistischen Psychologie der »Ideologen« herkommend, Sprachtheorie und Logik, ferner Literatur, Geschichte (die stets die Geographie mit umfaßt) und Gesetzeskunde. Die Teilnahme ist freiwillig, die Schule grundsätzlich vom Departement finanziert; die Professoren werden unter Kandidaten ausgewählt, die sich vor einem besonderen Prüfungsausschuß habilitiert haben. Dieses sehr, ja allzu liberale System bringt bewunderungswürdige Neuerungen; es verwirklicht viele Erziehungsforderungen des Jahrhunderts: Unabhängigkeit von der Kirche, Förderung der Naturwissenschaften, Bevorzugung des Französischen zu Lasten der alten Sprachen, Unterricht in Philosophie.

Darüber wölbt sich eine ganze Kuppel von Hochschulen, die ebenfalls vom Nationalkonvent auf Betreiben der Thermidorianer gegründet worden sind, um Spezialisten auszubilden und der Forschung neue Impulse zu geben: das Konservatorium für Künste und Gewerbe; die Hochschule für den Öffentlichen Dienst (Armee, Marine und Straßen- und Brückenbau), aus der später die berühmte École Polytechnique hervorgeht; drei Hochschulen für Medizin in Paris, Lyon und Montpellier; die Hochschule für Orientalische Sprachen; das Musikkonservatorium. Hinzu kommen die Ausbildungsstätten im Musée des Monuments français, im Muséum d'Histoire naturelle und im Observatorium. Dieses vom *Institut* gekrönte System hat zwei Fehler: es ist zu sehr auf Paris konzentriert und ist unvollständig, weil es oberhalb der »Zentralschulen« für Literatur und Philosophie, aber auch für viele Naturwissenschaften nichts vorsieht. Trotzdem beweist die spätere Entwicklung etlicher dieser 1794/95 geschaffenen Hochschulen, wie bahnbrechend das Werk der Thermidorianer gewesen ist.

Als Mitglieder des Direktoriums müssen die Thermidorianer diese Gesetze nun auch durchführen. Die Entwicklung des Volksschulwesens haben sie selber gefährdet. Die von den Schülern und den Gemeinden miserabel bezahlten Lehrer bleiben eine kleine und überwiegend schlecht vorgebildete Schar; da es keine allgemeine Schulpflicht gibt, sind sie überdies auf den guten Willen der Eltern angewiesen, und die Bauern sind natürlich dafür, »beim Alten zu bleiben«, ihre Kinder zur Arbeit auf dem Hof zu behalten. Und: was nützt schon ein Lehrer, der weder Katechismus- noch Religionsunterricht gibt und nicht mehr auf die Erstkommunion vorbereitet? Die private, sprich kirchliche Schule, die es vielerorts noch gibt, hat die Tradition auf ihrer Seite. So stößt der mangels Geld, Überzeugung und Zeit recht schwache Versuch auf verbreitete Gleichgültigkeit. Erst nach dem 18. Fructidor kommt etwas mehr dabei heraus, weil das Regime jetzt hier und da die konkurrierenden Privatschulen verfolgt: im westfranzösischen Departement Sarthe zum Beispiel machen viele Lehrer ihre Schule lieber zu, als daß sie sich bereitfinden, den Haßschwur auf das Königtum zu leisten oder den neuen patriotisch-republikanischen »Dekadenkult« mitzumachen. Aber sie arbeiten oft insgeheim weiter und verbreiten die fromme Lehre von König und Gott. Es ist kein Anzeichen dafür zu erkennen, daß dem staatlichen Lehrer nach dem 18. Fructidor nennenswert mehr Kinder zugeführt worden wären.

»Zentralschulen« dagegen wurden, wie im Gesetz vorgeschrieben, in jedem Departement eingerichtet. In Paris waren es gleich drei (beim Panthéon in den Gebäuden des jetzigen Lycée Henri-IV; in der Rue Saint-Antoine, wo sich heute das Lycée Charlemagne befindet; sowie im ehemaligen Collège des Quatre-Nations); gegen Ende des Direktoriums wurden sie von rund tausend Schülern besucht, was Rückschlüsse auf die Auslese aus einem sehr engen sozialen Bereich erlaubt. Die Professoren waren oft hervorragende Wissenschaftler; in Paris lehrten zum Beispiel Cuvier, Vauquelin und Fontanes. Doch war die Einrichtung zu liberal und zu anspruchsvoll. Viele Schüler belegten überhaupt nur einen Zyklus; die meisten anderen folgten nicht dem Rhythmus der enzyklopädischen dreimal zwei Jahre, sondern entschieden sich von vornherein nur für die naturwissenschaftlichen oder die philosophischen Fächer, nahmen also die Entwicklung späterer Jahrzehnte der Schulgeschichte voraus. Außerdem war das Unterrichtsniveau oft für das freiwillige und sehr ungleich vorgebildete Auditorium zu hoch. So versuchten schon die Ratsversammlungen der Direktoriumszeit den »Zentralschulen« einen echten Gymnasialcharakter zu geben, indem sie vorschlugen, fünf Lycées und weitere Medizinische Hochschulen für die Absolventen der »Zentralschulen« einzurichten. Wie auf vielen anderen Gebieten gaben sie damit die Anregung zu Reformen, die dann vom Konsulat oder vom Kaiserreich durchgeführt wurden.

Die Kinder des Bürgertums – vor allem die Mädchen – besuchen aber zu einem Teil auch weiterhin die privaten Gymnasien oder bleiben fromm gesonnenen Hauslehrern anvertraut. In der guten Gesellschaft legen viele Familienväter, auch wenn sie ihren Voltaire gelesen haben, nach wie vor Wert darauf, daß ihre Kinder und ihre Frauen die moralische Stütze der überlieferten Religion nicht verlieren. Die Leistungen der Thermidorianer auf dem Gebiete des Unterrichtswesens sind nur um so revolutionärer. Diese Erziehung, die zugunsten des Staates das Monopol des Klerus zerbricht, die einer wirklich modernen Forschung den Weg bahnt, die Naturwissenschaften und naturwissenschaftliches Denken mit allem Nachdruck fördert, hat zwar weder ihr unmittelbares Ziel erreicht noch das Regime gerettet. Doch sie hat dem bürgerlichen Frankreich ein bemerkenswert widerstandsfähiges Fundament geliefert.

Von einem Musikleben kann man für jene Zeit weniger sprechen als von einem Konzertleben. Die offizielle Musik des Direktoriums ist nach wie vor allein durch die Marseillaise und das »Auszugslied der Freiwilligen« vertreten: die Inspiration zu neuen patriotischen Liedern ist zwar versiegt, aber man fühlt sich von den alten immer noch ergriffen, nicht zuletzt bei den großen Festen des Regimes. Auch die Oper ist hochbeliebt, wenn sie als neues Gewand für die antike Mythologie und den republikanischen Vaterlandskult dient: »Die freudige Nachricht« von Boieldieu aus dem Jahre 1797 ist ein in Musik gesetzter Lobpreis auf den Frieden von Campo Formio.

Ganz anders das Konzert! Da geht es nicht um feierliches Gedenken, sondern um die von jedermann geteilte Lust an Romanzen, herzzerbrechenden Liedern und bittersüßen Couplets. Concert Marbeuf, Concert Prévost, Concert de la République, Concert de l'Odéon – Konzertsäle, wohin man blickt. Aber keiner reicht an den Ruhm des Concert Feydeau heran: der große Treffpunkt der eleganten Damen und Herrensöhnchen, der Ort, wo man sich zu zeigen hat, wo die Gerüchte und bissigen Bemerkungen für morgen entstehen, der Tempel französischer Gesangskunst und ihres Gottes, des unvergleichlichen Meisters des Amoroso cantabile: Garat. Er ist der große Star dieser leichtlebigen Zeit und Welt, der, wie es ihm im Pluviôse des Jahres III eine kleine Pariser Zeitung in den Mund legt, zur Mode sagen kann: »O du meine Schutzpatronin! Alle Menschen beklagen ihr Los, ich aber bitte dich, laß mir das meine! Grazien und Genüsse stellen mir nach, reißen sich um mich, ich brauche ihnen nur nachzugeben. Die Menschen vergöttern mich – ich lasse es geschehen. Meine Kleidung, meine Worte, meine Haltung, alles wird dieser Welt zum Gesetz. Eine Romanze von mir ist ein Ereignis, eine chromatische Kadenz ist die große Neuigkeit des Tages, eine leichte Heiserkeit ein

François-Joseph Talma. Seine große Zeit beginnt am Théâtre de la Nation, seiner eigenen Gründung, wo er in »Le Cid«, »Polyeucté« und »Cinna« Triumphe feiert. Er tritt in antiker Gewandung auf (vorher hat man in bürgerlicher Kleidung gespielt) und führt eine von übertriebener Emphase freie Deklamation ein.

öffentlicher Notstand...« Man sieht: der Starkult ist kein Kind des 20. Jahrhunderts.

Wenn es nicht auf dem Ball ist, geht das Frankreich der Direktoriumszeit am Abend ins Theater. Die neue Gesellschaft drängt eher zu öffentlich zugänglichen Veranstaltungen als in die Salons. Ja, dort zeigt sie sich so gern, daß das Schaugeschäft geradezu eine Industrie mit eigenen Spekulanten geworden ist. Es werden so viele neue Theater eröffnet, daß es die Ratsversammlungen schon beunruhigt. Aber es läßt sich nichts dagegen ausrichten. Diese recht gemischte Gesellschaft, die auf den Parkettplätzen die Aristokratie abgelöst hat, will um jeden Preis die Contat und die Raucourt sehen, deren Ruhm schon fest begründet ist, und dazu die neuen Sterne Talma und Mademoiselle Lange. Im übrigen sind jetzt die Lebensäußerungen der Schauspieler und Schauspielerinnen ein wichtiger Gesprächsstoff der Gesellschaft; in den kleinen Zeitungen werden sie genüßlich ausgebreitet. Da haben die Menschen ein strahlendes Beispiel für das Leben als Fest, wie sie es sich erträumten.

Das Repertoire hat sich nicht so rasch geändert wie das Publikum. Die Tyrannei der klassischen Ästhetik, die in der ganzen Revolutionszeit auffällt, ist schon älteren Datums; sie ist jetzt nur durch die Begeisterung für die Antike noch verstärkt worden. Nach wie vor herrscht die Tragödie: Corneille und Racine, aber auch Voltaire und Crébillon, dazu unzählige Miniatur-Crébillons, die sich in die schlotternden Gewänder der großen Vorbilder hüllen. Legouvé ist »ein zweiter Racine«, Arnault bekommt den Ehrennamen Corneille, und der junge Lemercier ist gleich ein Aischylos... Die alte Gesellschaft, die ihre antiken Autoren bei den Jesuiten gelernt hat, ist nicht mehr da, um den Unterschied festzustellen. Die neuen Damen, die sich »antik« herauskostümiert haben, merken nicht, daß die kleinen Tragödienschreiber der Direktoriumszeit auch nur verkleidet sind: beide bemühen sich, ihrer Maske einigermaßen gerecht zu werden.

Das eigentliche Vergnügen der auf deftigere Genüsse sinnenden Welt des Direktoriums ist allerdings das Vaudeville-Stück, sind Spottgestalten wie die ungebildete Neureiche »Madame Angot«, ist der grobe Schwank im Théâtre Montensier oder die Melodramen des Herrn Pixérécourt: drei Stunden Schaudern und Entsetzen. Hinter dem akademischen Klassizismus, der das Herz schon kalt läßt, kündigt sich das Theater der Romantik an.

Die Revolution, für die Franzosen die große Zäsur zwischen »vorher« und »nachher«, hat die Kontinuität in der Bildenden Kunst nicht zerbrochen: der Klassizismus, der Barock und Rokoko verdrängt und in dem der »Directoire«-Stil schwelgt, ist schon zur Zeit Ludwigs XV. entstanden und unter Ludwig XVI. zur Herrschaft gelangt. Ledoux, Boullée und Houdon haben die meisten ihrer Werke vor 1789 geschaffen, und 1784 beendet David in Rom den »Schwur der Horatier«, der geradezu ein Manifest der neuen Schule wird.

Neu ist weniger die systematische Übernahme von Themen aus der Antike – die kannte auch das Barock – als vielmehr die Betonung der

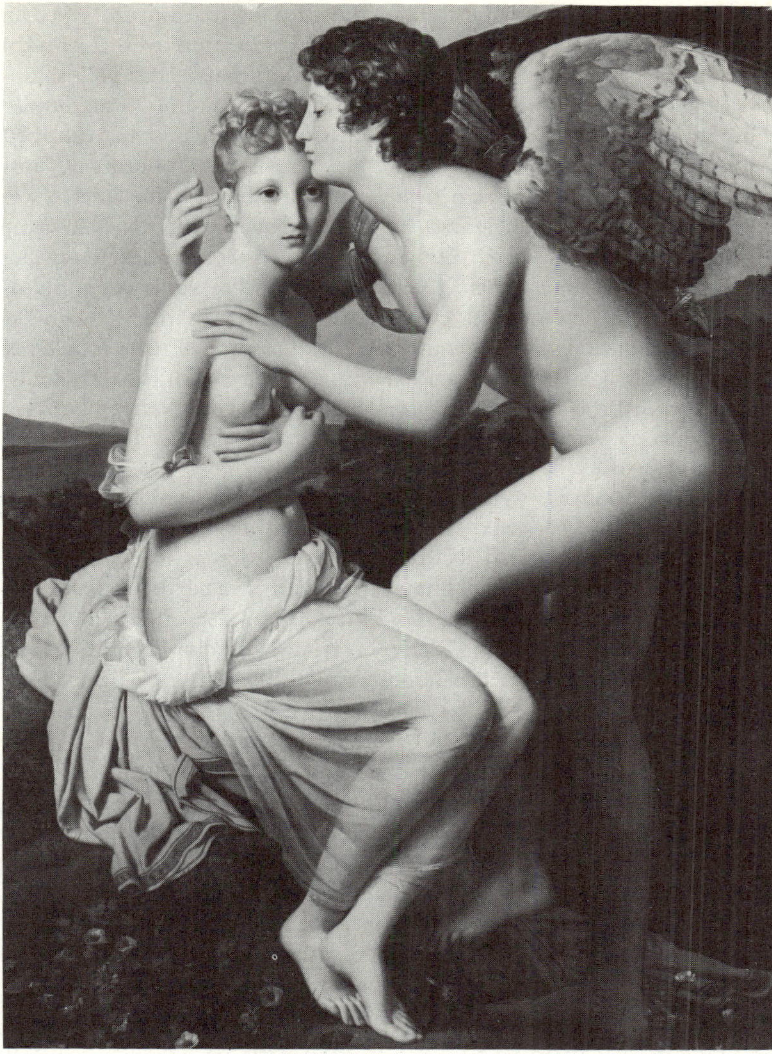

»Psyche empfängt Amors ersten Kuß« von Gérard (1798) erfüllt geradezu exemplarisch die Forderung des Klassizismus nach statuenhafter Nacktheit der Gestalten.

Linie, die theatralische Komposition und der lehrhafte Anspruch, der dem Jahrhundert der Aufklärung so gemäß ist. Denn der antike Stoff ist nicht mehr Ornament, sondern wird als lebendig empfunden: das philosophische Frankreich fühlt sich der römischen Tugend nahe und umgibt sich mit immer mehr Triumphbögen, Rotunden, Säulenhallen und kurulischen Stühlen. Dieses Aufblühen einer auf der Lateinschule erlernten Kunst beweist zweifellos im Tiefsten ihre Ersatzfunktion für eine immer weniger geglaubte Religion: selbst der Kirchenbau nimmt die heidnische Form des Tempels an. Die Ereignisse des Jahres 1789 verstärken nur dieses brüderliche Verbundenheitsgefühl mit der Antike, wie es in der politischen Laufbahn eines David exemplarisch ans Licht tritt; das Frankreich der Revolution spielt »Römische Geschichte« und bezieht vom Tiber seine Rhetorik, seine Feste, seine Titel und seinen Dekor. Der Ballhausschwur ist ein Echo des Schwurs der Horatier, und im Nationalkonvent berufen sich nacheinander Girondisten, Montagnards und Thermidorianer auf den Freiheitshelden Brutus.

Das Direktorium ist weniger heldisch und entsprechend weniger ausschließlich römisch. Es sucht sich neue antike Vorwürfe, vor allem aus Griechenland und Ägypten. Nach dem Muster der griechischen Kunst wird der klassizistische Malstil immer strenger, bis er bei der reinen Linie angelangt ist. In diesem Klima des Extremismus der offiziellen Schule wächst der junge Ingres heran, der 1800 seine Laufbahn beginnt. David, nach wie vor der große Meister und unermüdliche Lehrer, folgt der Entwicklung der Jüngsten und setzt der römischen Auffassung seiner »Horatier« in den »Sabinerinnen« (1796) eine neue, griechische Manier entgegen: eine weitere Anstrengung, seine Kunst von allem Blendwerk und jeder Spur des Virtuosentums zu reinigen. Zugleich allerdings sprengt die Malerei schon den antiken Rahmen; die friedlicher gewordenen Zeiten bringen die Familienszenen eines Louis Boilly wieder zu Ehren, und vor allem werden wieder Porträts gemalt, in denen sich bei Prud'hon die ersten Züge romantischer Melancholie abzeichnen. Die Personen, die da jetzt dargestellt werden, Herr und Frau Sériziat von David oder Herr und Frau Anthony von Prud'hon, sind nicht mehr die Aristokraten von einst in ihrer hieratischen Selbstsicherheit, denen die Maler den Spiegel ihrer Borniertheit vorhielten; sie nehmen in ihren Blick die ganze Außenwelt und die Verantwortung für die revolutionäre Umwälzung hinein. In den zwischenmenschlichen Beziehungen und in jedem Einzelgewissen ist ein Vorhang weggerissen worden.

Auf dem Gebiet der Architektur hat die Revolution mehr zerstört als neu geschaffen, und zwar trotz der Bemühungen des Ausschusses für das Unterrichtswesen und seiner Denkmalsschutzkommission, die das große

Erbe der französischen Kunstwerke bewahren soll. Erst unter dem Direktorium wird wieder gebaut, und zwar im Stil der letzten Architektengeneration des Ancien Régime, der Ledoux, Boullée, Bélanger, Lequeu. Die Pläne, die allerdings meist unausgeführt bleiben, träumen von einer Stadt, wie man sie im Hintergrund der »Sabinerinnen« Davids erblickt: die gleiche Neigung zum Wuchtigen und Schmucklosen, zu geometrischen Grundformen. Die großen Architekten entdecken in solchen antiken Formen die Stadt und das Haus der rousseauschen Utopie. Auch der Städtebau, dem es an Aufträgen fehlt, ist seinem Wesen nach die Transposition einer Ideologie.

Am nachhaltigsten ändert sich unter dem Direktorium das Innere der Häuser. Die Wiederentdeckung des Privatlebens und seiner Genüsse bringt Dekoration, Mobiliar und Mode wieder zu Ehren. Doch auch hier knüpft man an die letzten Jahre des Ancien Régime an, also an die Zeit, als David in seinen Skizzenbüchern aus Rom Zeichnungen von antiken Sesseln, Tischen oder Leuchtern mitbringt, die er dann in Paris anfertigen läßt, um sie nach der Natur als unentbehrliche Versatzstücke für seine Kompositionsbilder »Brutus« oder »Paris und Helena« zu malen. Der eigentliche »Directoire«-Stil ist zwischen 1785 und 1790 entstanden, als Bélanger, Dugourc und Jacob die kleinen »pompejanischen« Bas-Reliefs, die zarten geometrischen Einlegearbeiten, die Bronzebeschläge und Säulchen schufen, die jetzt, in den Jahren 1797 bis 1800, von Percier und Fontaine in unendlichen Abwandlungen auf den Markt gebracht werden. Für die ganze Epoche bleibt David der unerreichte Modenschöpfer, die Schlüsselfigur des neuen Daseinsgefühls, ganz gleich, ob er sich der Gebrauchsgegenstände, der Theaterregie oder der Kleidung annimmt.

Die neue bürgerliche Welt folgt also sehr frei und weniger vulgär, als es viele wahrhaben wollen, den ästhetischen Traditionen der letzten Jahre des Ancien Régime. Sie hat die alten, zur Unfruchtbarkeit verdammenden Monopole der königlichen Akademien gebrochen und zieht die Bildende Kunst über das *Institut* wieder in die Gemeinschaft des Wissens und des Fortschritts. Mehr noch: sie bietet dem großen Publikum durch die Erfindung der öffentlichen Museen den erregenden Zugang zur Kunstgeschichte. Schon 1791 hat der Louvre für die Franzosen eine Ausstellung der Gemälde gebracht, die bei der »Nationalisierung« der Sammlungen aus königlichem, adeligem und kirchlichem Besitz zum Vorschein gekommen sind. 1796/97 werden dann die in Italien geraubten Kunstwerke hinzugefügt. Im Jahre 1795 erreicht der Maler Alexandre Lenoir, der Leiter der Denkmalsschutzkommission, die Schaffung des Musée des Monuments français, das der Plastik und Architekturelementen vorbehalten ist. Dieses erste europäische Museum für die Skulptur des Mittelalters und der Renaissance organisiert er nach dem Grundsatz chronologischer Aufstellung und schafft damit das Vorbild für die ganze moderne Museumstechnik. So erfindet, und dieses Wortpaar ist zumindest erheiternd paradox, gerade die Revolution den schönen Beruf des Konservators.

Zu Beginn der Thermidorzeit ist der französische Klerus tief entzweit. Die Folgen des Schismas von 1791 zwischen vereidigten und unvereidigten Priestern (je nachdem, ob sie sich bereitgefunden haben, der neuen Verfassung Treue zu schwören), sind mit den Ereignissen immer deutlicher geworden. Da gibt es den vereidigten Priester, der kein neues Amt angenommen hat, den von der Revolution gewählten und beförderten vereidigten Priester, den vereidigten Priester, der seinen Eid zurückgenommen hat, den verheirateten Priester – einen ganzen neuen Klerus also, der in der Wurzel verschieden ist: die einen sind vom alten Bischof ordiniert worden, der sich verborgen hält; die anderen vom Bischof, der unter der Revolution eingesetzt worden ist. Im Jahre 1795 hat der Eid keine große Bedeutung mehr, weil Staat und Kirche vom Nationalkonvent getrennt worden sind. Da aber die Pfarrer ihre Unterwerfung unter die Gesetze der Republik bekunden müssen, stehen sie im Grunde vor der alten Entscheidung.

Unmittelbar nach dem Ende des Terrors geht mit der politischen Entspannung ein Wiederaufleben des katholischen Kultus einher. Die örtlichen Gewalttaten der von den Sansculotten betriebenen Entchristianisierung haben die herkömmlichen Formen des Glaubenslebens, die so viele Jahrhunderte lang praktiziert worden sind, nicht ausrotten können. Und da die Revolution Politik und Religion untrennbar verquickt hat, öffnet das Abklingen der Jakobinerherrschaft die Kirchentüren. Damit wird aber nicht etwa der ganze verfassungstreue Klerus schuldig gesprochen; im Gegenteil, die »Unterwerfungswilligen« sehen jetzt den Augenblick gekommen, eine neue Kirche von Frankreich für die Dauer zu organisieren.

In Paris lenkt Abbé Émery von der Kirche Saint-Sulpice diese Bewegung, die in den *Annales de la Religion* für sich wirbt. Auf nationaler Ebene übernimmt Bischof Grégoire schon im März 1795 die Aufgabe, der verfassungstreuen Kirche neues Leben einzuflößen; er unterzeichnet mit einigen seiner Amtsbrüder eine Enzyklika, nach der die Diözesen neu geordnet werden sollen. Nach einer Reverenz gegenüber Rom bekennt sich der Text loyal zur Republik, lehnt aber im gleichen Atemzug die Scheidung für gläubige Katholiken ab, ebenso die Priesterehe; ferner werden der Ausschluß unwürdiger Priester, die Wahl neuer Pfarrer für die verwaisten Stellen und eine demokratische gemeinsame Verwaltung der Diözesen durch den Bischof und seinen Klerus vorgeschlagen. Das sind keine neuen Gedanken. Sie entsprechen den beiden großen Denkrichtungen im 18. Jahrhundert, dem Gallikanismus, der Rom nur noch eine Art Ehrenprimat, den Nationalkirchen dagegen die eigentliche Macht zuerkennen möchte, und dem Jansenismus in der von Richer propagierten Form,

Der Abbé Henri Grégoire, jetzt konstitutioneller Bischof, bemüht sich seit den Tagen der Generalstände unermüdlich um ein Miteinander von Revolution und Christentum.

der eine demokratischere Kirchenordnung durch die Hebung des niederen Klerus fordert. Es ist gewiß kein Zufall, daß viele verfassungstreue Bischöfe – einer der tatkräftigsten ist Le Coz, der Bischof von Rennes – mit dem Jansenismus sympathisieren. So führt eine breite religiöse Strömung auf höchst überraschenden Wegen zu einer Kasuistik der Versöhnung mit dem Faktischen.

Aber diese Männer bleiben offenbar doch in der Minderheit: der »versöhnten« Kirche fehlt es an Priestern und, mehr noch, an Gläubigen. Der Bischof von Toulouse, der als verfassungstreuer Hirte einer Diözese vorsteht, wo die Verfolgungen durch die Jakobiner besonders heftig gewesen sind, schätzt, daß zu Beginn des Direktoriums von hundert Katholiken sechzig gegen die verfassungsmäßige Kirche sind. Von den übrigen vierzig sind fünfundzwanzig vom Glauben abgefallen. Was kann man mit fünfzehn Prozent der Gläubigen anfangen? Alle bleiben ihnen feindselig gesonnen: Rom, der Thronprätendent und nicht zuletzt die nach London emigrierten französischen Bischöfe. Die verfassungsfeindlichen Priester machen ihrerseits die Kluft gegenüber dem verfassungstreuen Klerus immer tiefer. Der Abbé de Boulogne als Sprecher des romtreuen Klerus gibt in seinen vielgelesenen *Annales Catholiques* die Parole aus, der Kauf der Kirchengüter sei nicht rechtens, der Zehnte dagegen nach wie vor; die Ernennung der verfassungstreuen Priester sei null und nichtig – kurz, die Republik wird vom Katholizismus für ungesetzlich erklärt. Aber diese starre, unversöhnliche Haltung überwiegt nur in den Gegenden, wo die Chouans den Ton angeben oder Bürgerkrieg herrscht. Im übrigen Frankreich trägt sie vor allem Verwirrung in die Gewissen und weckt Zweifel an der Vollgültigkeit des vom verfassungstreuen Priester gespendeten Sakraments. Die Öffentlichkeit wünscht gewiß weniger den Sieg des einen Lagers über das andere als vielmehr die Aussöhnung.

Aber den Thermidorianern im Direktorium ist daran durchaus nicht gelegen. Die meisten sind nach wie vor antiklerikal gesonnen und voller Haß auf Papsttum und Priester; die Ausnahmegesetze der Schreckenszeit scheinen ihnen weiterhin gerechtfertigt. 1796, und zwar in der zweiten Januarhälfte, nach der Niederschlagung der Babeuf-Bewegung, gelingt es Carnot, für wenige Monate die Verfolgung der eidverweigernden Priester zu mildern, einen Kompromiß mit Rom anzubahnen und damit der republikloyalen Kirche des Bischofs Grégoire, die 1797 sogar zum Konzil zusammentritt, eine Chance zu geben. Aber gegen diese Politik reagiert das Triumvirat sehr heftig; der 18. Fructidor ist auch eine Antwort auf solche Tendenzen.

Der Antiklerikalismus des Direktoriums entspringt der Aufklärungsphilosophie. Er ist also nicht nur gegen die Priester und die Kirche als weltliche Organisation gerichtet, sondern auch gegen die Offenbarungsreligion, die sie lehren. So findet er viele Gemeinsamkeiten mit einer anderen antiklerikalen Strömung, mit der volkstümlicheren, die 1793 die Entchristianisierungsbemühungen der Sansculotten getragen hat. Die an Voltaire geschulten Bürger in der Regierung profitieren also von einem Phänomen, das es im Ancien Régime nie gegeben hat, außer vielleicht in der Form des schwärmerischen Jansenismus der Jahre 1730–1760. Die Bedeutung dieser Unterstützung aus dem Volke, ihre sozialen und geographischen Grenzen, sind noch nicht hinreichend bekannt, obwohl sich hier zugleich die Frage nach dem Ursprung des Antiklerikalismus bei den werktätigen Schichten stellt, wie wir ihn heute in den Großstädten, aber auch schon auf dem Lande in Frankreich so auffallend vor Augen haben. Am Ende des 18. Jahrhunderts ist es zweifellos noch eine Minderheit, die so denkt. Aber während die Bürger dann in ihrer Mehrzahl den Weg zurück in die traditionelle Kirche finden, verläuft die Entwicklung bei den Unterklassen gerade entgegengesetzt.

Das ist auch eine der möglichen Erklärungen dafür, daß die sich immer antiklerikaler gebärdende Französische Revolution stets im Tiefsten religiös geblieben ist. Als Nachfolgerin des Gottesgnadentums hat sie sich leidenschaftlich bemüht, die neue Ordnung auf Ersatzliturgien und -riten aufzubauen, von der Verehrung der Göttin Vernunft bis hin zur Anbetung des Höchsten Wesens. Indem sie die Gesellschaft von der Kirche löste, wollte sie dieser Gesellschaft gleichzeitig einen anderen Kultus bieten, in dem Moral gelehrt werden und der gute Bürger seine Belohnung empfangen sollte. Die auf den Erfolg gerichtete harte Welt der bürgerlichen Vorherrschaft ist auf den Kollektivmythos vom idealen Gemeinwesen gegründet: das ist eine der Ausdrucksformen, mit denen die europäische Kultur seit der Renaissance den »Fanatismus« und »Aberglauben« der Vergangenheit austreiben möchte.

Die Freimaurerei, die diese Bemühung besonders intensiv betrieben hat, gewinnt unter dem Direktorium wieder an Bedeutung. Ihre beiden Hauptzweige, der Großorient und die Großloge, sind wegen ihrer oligarchischen Mitgliederauswahl in der Schreckenszeit »verdächtig« gewesen; jetzt entwickeln sie sich kräftig und wachsen in die maßgebende Rolle hinein, die sie in wenigen Jahren im Kaiserreich spielen werden. Immerhin stehen sie bei der Regierung im Geruch des Royalismus, und so gibt das Direktorium seine Unterstützung einem neuen Kultus, den Direktor La Revellière nach Kräften fördert: der Theophilanthropie. Am 26. Nivôse des Jahres IV (15. Januar 1797) findet in der Rue Saint-Denis in einem reich mit Vorhängen und Blumen geschmückten Saal die feierliche erste Handlung dieser Ersatzreligion statt, deren Grundsätze denen der meisten Logen weitgehend entsprechen. Die Zeremonie besteht aus Reden und erbaulichen Lesungen, die das Herz des Menschen der »natürlichen« Harmonie öffnen sollen. Zu diesem Naturkult verbinden sich viele typische Geister des 18. Jahrhunderts (Bernardin de Saint-Pierre, Dupont de Nemours, Marie-Joseph Chénier, Servan), aber man trifft dort auch geschworene Gegner des Christentums aus dem Jahre 1793, Rossignol und David zum Beispiel. La Revellière möchte die Theophilanthropie gern zur Staatsreligion erheben. Aber aus bösen Erinnerungen an Robespierres Versuche oder aus Besorgnis, man könnte die Atheisten vor den Kopf stoßen, versagten sowohl das Direktorium als auch die Ratsversammlungen ihre Zustimmung, und es fanden sich nicht allzu viele Gläubige. So blieb dem Regime als bewährte Waffe gegen den Katholizismus und als einigendes Band zum Antiklerikalismus der städtischen Volksmassen nur das Bekenntnis zur Revolution, ihrem Kalender und ihren Festen.

Die Respektierung des republikanischen Kalenders äußert sich vor allem darin, wie der Dekadi, dieser Sonntag der neuen Zehntagewoche, begangen wird. Im Jahre VII führt das zu einer Art Ersatzmesse: die führenden Politiker des Kantons versammeln die Bevölkerung um den Altar des Vaterlandes, verlesen und kommentieren die Gesetze und predigen dann mit Umrahmung durch Orgelmusik und patriotische Lieder über die Bürgertugenden. Oft wird die Dekoration, Symbole aus dem Landleben, mitten in der Kirche aufgebaut; der Altar des Vaterlandes ersetzt den Altar Gottes, als wolle man ganz deutlich zeigen, daß damit der Sprung vom Aberglauben zur Aufklärung getan sei. Am Dekadi kann der Pfarrer in seiner oft von den Theophilanthropen beanspruchten Kirche nur noch die Frühmesse lesen, und er ist noch dazu verpflichtet, alle katholischen Embleme zu entfernen oder zu verhüllen, bevor er den Priestern der Republik das Feld räumt. Es läßt sich denken, daß diese Situation für die Bemühungen der verfassungstreuen Kirche nicht sehr günstig gewesen ist.

Die Tyrannei des Dekaden-Kalenders wurde von 1797 an unter dem Einfluß des Direktoriums und mancher lokaler Behörden sehr viel strenger. Dieser Zehntage-Rhythmus mißfiel nicht nur den Gläubigen. Er brach mit Gewohnheiten, die in fünfzehn Jahrhunderten entstanden waren: die großen Messen, Beginn und Ende der Dienstverhältnisse, der Markttag, die Fälligkeit der Pacht fielen auf ungewohnte Termine, jeder Vorgang war für die kleinen Leute kompliziert geworden. Es war ein Verstoß gegen die Staatsbürgerpflichten, wenn man es wagte, am Dekadi zu arbeiten, was aber nicht hinderte, daß man sich auch am Sonntag ausruhte. Die Prinzipienreiterei des Regimes vergriff sich an einer Tradition, die so alt war wie das Land; den »republikanischen« Kultus ließ man das entgelten.

Mehr Erfolg hatte das Direktorium mit den großen politischen Festen, mit denen die bedeutenden Daten der Republik oder der Natur feierlich begangen wurden: der 14. Juli und der 22. September zum Beispiel, ja sogar der 9. Thermidor, weil das Regime seine Entstehung durchaus nicht verleugnete, aber auch der 10. Messidor (28. Juni), der »Tag der Landwirtschaft«.

Betrachtet man die Wiedergeburt der Kirche, die das Konsulat später zuwege bringt, so ermißt man das völlige Scheitern der antikatholischen Bestrebungen des Direktoriums. Aber weder dieser unvermeidliche Fehlschlag noch die zunehmende Engherzigkeit eines zu Ende gehenden Regimes dürfen uns den Blick für die Bedeutung dieses Abschnitts in der französischen Religionsgeschichte trüben. Mehr als die Entchristianisierungsanstrengungen der Sansculotten, mehr als Robespierres Bemühungen hat der Antiklerikalismus des Direktoriums das moderne Frankreich in den Antagonismus getrieben, der noch heute lebendig ist.

SECHSTES KAPITEL

Das Ende eines Regimes

Die Tragödie des Direktoriums erklärt sich aus dem Gesetz, nach dem es angetreten ist. Den Männern, die Robespierre gestürzt und den Terror gebrochen haben, bleibt keine Wahl: sie müssen eine neue demokratische Legalität schaffen. Zugleich wollen sie das große Werk der Revolution vollenden und Europa eine Gesellschaft ohne König und ohne Adelige vor Augen stellen. Diese beiden Absichten jedoch sind gänzlich unvereinbar.

Dazu haben schon die Schöpfer der Verfassung des Jahres III beigetragen, indem sie als gelehrige Schüler der Aufklärung alle erdenklichen demokratischen Kontrollfunktionen vorsahen. Nicht nur sollen sich die legislative und die exekutive Gewalt die Waage halten, ohne Verbindung miteinander zu haben; sie müssen sich außerdem zwecks Ablösung eines Drittels der Ratsversammlungen und eines Direktors in jedem Jahr den Wählern stellen. Diese Verfassungsvorschrift schafft so etwas wie ein permanentes Wahlkampfklima, obwohl die Republik, ohne Guillotine und ohne Tradition, sich der bürgerlichen Meinung, deren Urteil sie sich unterworfen hat, im Grunde nicht gewachsen fühlt. Schon 1795 zeigen das Zweidritteldekret und der Einsatz des Militärs am 13. Vendémiaire, daß sich das neue Regime nur halten kann, wenn es in den Händen seiner Begründer bleibt, also nicht auf das Votum der Wähler angewiesen ist. Die Republik beruht nicht mehr auf Tugend und Schrecken, sondern darauf, daß die Revolutionäre weiterhin die Macht innehaben und neue Eroberungen möglich machen. Die Schaffung eines allgemein gültigen Gesetzes, dieser Wunschtraum des Jahrhunderts, muß unter solchen Umständen »aufgeklärteren« Zeiten vorbehalten bleiben.

Die hübschen Namen des Revolutionskalenders bezeichnen für die Öffentlichkeit die Männer und Daten dieser Verteidigung der Republik. Aus den »Thermidorianern« werden erst »Vendémiairisten«, dann »Fructidorianer«. Barras, der König der großen Staatsaktionen, hat bei diesen Gelegenheiten ein unnachahmliches Geschick erworben und bewiesen. Aber allzu schwer ist die Passivseite der Bilanz. Das Regime bereitet sich selber den Untergang, weil es sich allzuoft verleugnen muß. Entscheidend ist nicht, daß es seit dem 18. Fructidor ein Gefangener der Armee ist, denn Hoche und Bonaparte sind schließlich auf ausdrückliches Ersuchen der zivilen Gewalt in Aktion getreten, und der eine ist tot, der andere in Ägypten. Aber der Machtzuwachs, den das Direktorium aus dem Eingreifen des Militärs gewonnen hat, nimmt den Ratsversammlungen Rang und Ansehen, und zwar noch mehr als die »Korrektur« der Wahlen vom Floréal des nächsten Jahres, als über hundert schlankweg für Jakobiner erklärte Abgeordnete willkürlich nicht bestätigt werden. Selbst auf nützliche Reformen wie die Sanierung der Finanzen, die inzwischen durchgeführt worden sind, fällt der Makel des in Mißkredit geratenen Regimes. Die Menge des Volkes verhält sich dem Direktorium gegenüber indifferent (das beruht auf Gegenseitigkeit), und die aufgeklärte Öffentlichkeit verliert schließlich selbst das für den Bestand eines auf dem Grundsatz der Repräsentation aufgebauten Regimes notwendige Minimum an Achtung.

Dabei ist das Direktorium durchaus nicht untätig. Während es eine Außenpolitik revolutionärer Expansion durchhält, jätet es die letzten Wurzeln der anglo-royalistischen Verschwörung in Frankreich aus, indem es die Ausnahmegesetze gegen die Emigranten neu in Kraft setzt, die Priester verfolgt und alle Betroffenen nach Guayana oder auf die Gefängnisschiffe vor der Insel Oléron schaffen läßt. In der Treue zur antikatholischen Strömung des Jahrhunderts geht es noch weiter als der Nationalkonvent im Jahr II und bemüht sich nachdrücklich um einen Religionsersatz, indem es die Theophilanthropie fördert, mehr große Jahrestage noch feierlicher begeht und vor allem ganz systematisch den »Dekadenkult« einführt. Aber während das Direktorium sich bemüht, die Menschen zu verändern, und eindeutiger denn je die beiden mächtigsten Gegner, König und Kirche – fünfzehn Jahrhunderte Geschichte! – bekämpft, stellt es sich den Franzosen als das Regime einer Bürgeroligarchie dar, die in immer sektiererischere Gruppen zerfällt.

Die drei maßgeblichen Direktoren, das Triumvirat Barras–La Revellière–Reubell, haben sich nur angesichts der royalistischen Bedrohung zusammengefunden, zum 18. Fructidor. Nach der Flucht Carnots und der Deportierung von Barthélemy bringen die beiden neuen Direktoren, François de Neufchâteau (der im Frühjahr 1799 durch Treilhard ersetzt wird) und Merlin der Exekutive keinen Prestigezuwachs. Merlin übernimmt Carnots Rolle und starrt nur mißtrauisch auf die Jakobiner, während seine Kollegen die Royalisten in die Strafkolonien schicken. Die beiden festen Stützen der Republik, Reubell und Barras, sind aufeinander eifersüchtiger denn je. Barras scheint nach dem 18. Fructidor auf dem Höhepunkt seiner Macht zu stehen; in Wirklichkeit wird er mehr denn je von seinen Geldgeschäften und Vergnügungen in Anspruch genommen. Gerade seine eindrucksvollen Erfolge – Thermidor, Vendémiaire, Fructidor – verführen ihn dazu, sich Illusionen zu machen. Offenbar meint er, seine Trägheit und Sprunghaftigkeit seien nicht bedenklich; im Ernstfall könne er das Schiff der Republik wieder flottmachen. Unterdessen genießt er die Macht und hört zerstreut auf die vielen Verfassungsbastler, die ihm ihre Verbesserungsvorschläge unterbreiten, womit sie ihm nur beweisen, daß ohne ihn offenbar nichts von Bedeutung entstehen kann. Leute wie Benjamin Constant oder Daunou jedenfalls werden nie eine Staatsaktion zustande bringen...

Aber: Barras ist zu verrufen, als daß er Symbol einer Erneuerung der Republik sein könnte. Diese Rolle übernimmt ein anderer Veteran aus den Kämpfen der Revolutionszeit. Der Mann, der die Revolution eröffnet hat, wird sie auch beschließen: Sieyès. Das einstige Konventsmitglied, der »Königsmörder«, hat den unschätzbaren Vorzug, zum Interessenverband der Thermidorianer zu gehören, aber nicht mit dem Regime zusammen in Mißkredit geraten zu sein. Schon 1795 hat er dessen häßliche Mängel vorausschauend gebrandmarkt. Der Rat der Alten verschafft ihm Eingang ins Direktorium, wo er im Frühjahr 1799 an die Stelle seines Feindes Reubell tritt. Das ist der Todesstoß für die wackelige Tyrannis der Exekutive. Die Ratsversammlungen gewinnen Selbstvertrauen, weil es ihnen beim jährlichen Wahlgang wiederum gelungen ist, die Kandidaten der herrschenden Männer nicht zu berücksichtigen. Im Frühjahr 1799 erreichen sie sogar, daß Treilhard, Merlin und La Revellière-Lépeaux zurücktreten, die seit dem 18. Fructidor Inbegriff der Korruption und des Amtsmißbrauchs geworden sind. Sieyès hat diese Rache, die ihm höchst hinderliche Kollegen vom Halse schafft, gebilligt, wenn nicht sogar provoziert. Jetzt bewirkt er, daß einer seiner Getreuen, Roger Ducos, und zwei kläglich unbedeutende Republikaner, Gohier und Moulin, ins Direktorium nachrücken. Barras, der als einziger von den fünf Regierenden übriggeblieben ist, hat seine Kollegen geopfert, um sich zu retten, aber obwohl er im Amt bleibt, hat er doch im Grunde demissioniert: er läßt Sieyès freie Hand. Schon im Prairial wirkt der ehemalige Priester Sieyès als die zentrale Gestalt des großen Kartells der Neinsager, aller Unzufriedenen, die das Regime verleugnen: die Generäle, der kleine Klan der Bonapartisten, die Neojakobiner und Revisionisten in den Ratsversammlungen und im *Institut*.

Doch nicht nur die Spitze der Republik scheint ablösungsreif; auch in der Verwaltung ist Ermattung eingekehrt: seit Jahren haben die Beamten alle Rückwirkungen der Pariser Schaukelpolitik ausgleichen müssen. Die Kommissare des Direktoriums – eher in Erweisung politischer Gefälligkeiten als nach ihrer fachlichen Qualifikation ausgewählt – finden immer weniger Gehorsam. Viele sind am Schreckensregiment des Jahres II beteiligt gewesen und werden nach dem 18. Fructidor wieder zu eifrigen Verfechtern der jakobinischen Tradition, womit sie die öffentliche Meinung eher vor den Kopf stoßen als lenken. Der Ungehorsam der Katholiken und Royalisten geht mancherorts schon in Anarchie über. Die Chouans glauben ihre Stunde gekommen und bereiten in West- und Südfrankreich eine allgemeine Erhebung vor. Die Straßen im ganzen Land sind unsicher geworden; starke Banden von Individuen, die sich dem Regime nicht beugen mögen, plündern die Reisenden aus. Die Bauern zittern vor Mord- und Raubüberfällen. Statt der Staatsgewalt bestimmen blutige Abrechnung zwischen politischen Gegnern und nackte Angst das Leben in den Dörfern.

Unter so bewandten Umständen wird der Krieg in Europa wieder aufgenommen, und die Niederlagen im Frühjahr 1799 tragen ein weiteres Element der Panik in das Bewußtsein der Nation. Die Deutschlandarmee muß hinter den Rhein zurückgenommen, Italien bis zum Piemont geräumt werden. Das Territorium der Republik ist wieder bedroht, und das Schreckgespenst des feindlichen Einmarschs gibt den Jakobinern die Möglichkeit, aus dem Vorrat ihrer alten Argumente zu schöpfen. Die Mehrheit im Rat der Fünfhundert spielt noch einmal in Agitation und emphatischen Reden die großen Szenen der Wohlfahrtspolitik durch, die allen noch gegenwärtig sind: Militärdienstpflicht, Zwangsanleihe, Geiselgesetz ... Am Horizont zeichnet sich ein neues Terrorregime ab. So bekommt die politische Krise in Frankreich wiederum vom Krieg eine neue Dimension. Der letzte Akt des Direktoriums wird zu dritt gespielt: von den Jakobinern, den Royalisten und den Männern des Brumaire.

In Wirklichkeit allerdings sind doch nur zwei Gegner auf dem Plan, und zwar nicht die beiden, die einander am 19. Brumaire gegenüberstehen werden. Als Sieyès und Bonaparte ihren Staatsstreich gegen den Rat der Fünfhundert ausführen, ist den Jakobinern durch die Septembersiege der Armeen schon der Wind aus den Segeln genommen.

In diesem Jahr VII der Republik ist die Situation des Jakobinismus deshalb so schwierig, weil er sich an Erinnerungen klammern muß, statt sich an Tatsachen halten zu können. Die Abgeordneten können zwar auf die äußere Bedrohung verweisen, um Bestrafung zu fordern und Ausnahmegesetze zu beschließen, aber es fehlt ihnen, was ihre Vorgänger im Jahr II stark gemacht hat: die Unterstützung durch das Volk, das Bündnis mit den Vorstädten. Zweimal, im Jahr III und später beim Auftreten Babeufs, hat die Republik die Pariser Sansculottenbewegung im Namen des Privateigentums zerschlagen und entwaffnet. Die ohnehin in ihrem Schwung nachlassenden revolutionären Aktivisten sind ein für allemal gedämpft worden. Die guten Ernten der folgenden Jahre, die Deflation und die sinkenden Preise haben dann die Volksmassen der Städte vollends eingelullt: als passive Zuschauer sehen sie sich an, wie das Regime der Neureichen zugrunde geht.

So hat sich der Jakobinismus in die »Posten« flüchten müssen: er ist nach wie vor die Leitvorstellung für die »Linken« unter den aus der Revolutionszeit übernommenen Männern, die der Thermidorrepublik den Rahmen geben. Der Jakobiner im Rat der Fünfhundert drückt nur aus, was der Departementskommissar oder der Polizeibeamte denkt. In der Armee ist diese Erscheinung noch eindeutiger. Die große Mobilmachung des Jahres II, die bis zum Jourdan-Gesetz von 1798 die Grundlage des Wehrersatzwesens bleibt, hat die Elite der patriotisch gesonnenen Jugend bei der Fahne gehalten; im Kampf gegen die Könige hat sie sich die Offiziersepauletten geholt. Deshalb geht der Jakobinismus von 1799 den gleichen Weg wie Sieyès: er sucht sich ein »Schwert«, und daran fehlt es wahrhaftig nicht. Augereau und Jourdan als Abgeordnete im Rat der Fünfhundert, Bernadotte als Kriegsminister stehen bereit und sind auch durchaus nicht mehr untätig. Gegen Ende des Direktoriums sind die Jakobiner die Militaristen geworden; selbst Bonaparte genießt zwischen seiner Rückkehr aus Ägypten und dem 18. Brumaire bei ihnen eher den Ruf eines vertrauenswürdigen Mannes.

Denn im Grunde ist den Jakobinern mehr am Erhalten als am Erobern gelegen. Sie sind – wie Barras, wie Sieyès, wie Bonaparte – arrivierte Revolutionäre; »Jakobiner« nennen sie sich selber noch, weil die Tradition das nahelegt, und die gemäßigte Öffentlichkeit nennt sie bei diesem abschreckenden Namen, weil sie diese Männer fürchtet. Bezeichnend ist das Verhalten eines großen Vergessenen, der im Sommer 1799 aus der Versenkung auftaucht und Polizeiminister wird: Fouché. Der weiß wahrhaftig aus Erfahrung, was Jakobinismus ist. Obwohl er von den Verschwörern nicht eigentlich ins Vertrauen gezogen worden ist, ahnt er, was dann im Brumaire tatsächlich geschieht, und bemüht sich, alle ehemals am Schreckensregiment Beteiligten im voraus dafür zu gewinnen. Er bittet Bernadotte zu sich und redet ihm zu: »Dummkopf! Was hast du vor? Worauf willst du hinaus? 1793, ja, damals galt es alles zu gewinnen, abzureißen und neu aufzubauen... Aber jetzt, da wir arriviert sind, da wir nur noch verlieren können, warum sollten wir wieder so weitermachen wie einst?« Fouché hat begriffen, daß die in der Öffentlichkeit verbreitete Angst vor den Jakobinern das revolutionäre Lager durch Zwietracht schwächt und zugleich der Gegenrevolution ein Alibi liefert für die eigene bedrohliche Tätigkeit: die Deklamationen im Rat der Fünfhundert mit dem ständigen Ruf nach einer Wohlfahrtspolitik sind zwar nur schöne Erinnerungen und kein konkreter Weg, aber sie beruhen auf einer richtigen Diagnose. Die Gefahr einer royalistischen Restauration ist noch nie so groß gewesen.

Alles wirkt darauf hin – der unglückselige Krieg und die Friedenssehnsucht, der Überdruß an der Zwietracht im Lande, die Krise der Autorität, die wachsende Verachtung für das Repräsentativsystem, die Befürchtungen wegen der Zwangsanleihe und des Geisel-Gesetzes und nicht zuletzt die Tatsache, daß Bonaparte weit weg in Ägypten ist. Die Stimmung schlägt um und neigt dem Königtum zu, der einzigen in Jahrhunderten entstandenen und bewährten Zuflucht: der Wunsch, einem einzigen die Sorge für das Wohl aller zu überlassen, ist in Frankreich noch nicht die Sehnsucht nach einem starken Caesar, sondern das Zurückfallen in die monarchische Tradition. »Es haben zwar etliche denkwürdige Epochen der Revolution unzweifelhafte Aussichten für die Wiedereinsetzung der legitimen Herrschaft in Frankreich geboten«, schreibt Hyde de Neuville, ein Gewährsmann der Prinzen, »aber gewiß waren die Umstände zu keiner Zeit so günstig wie unmittelbar vor dem Sturz des Direktoriums und der Usurpation Bonapartes.« Tatsächlich ist die politische Konjunktur für die Royalisten günstiger als für ein Wiedererstehen des Jakobinismus. Die Chance der Republik liegt allein in der außerordentlichen Schwäche der royalistischen Partei, die sich selber isoliert durch den Fanatismus ihrer führenden Männer, durch die Torheit und Verblendung der Prinzen und Emigranten und durch die kompromittierende Verbindung mit dem Ausland. Die Republikaner aber wollen diese Schwäche nicht wahrhaben; sie überschätzen die restaurativen Kräfte. Sie sehen, wie die Chouans im August Toulouse bedrohen, im Oktober Le Mans und Nantes erobern, sie spüren, daß die Flamme der klerikalen und royalistischen Bewegung jeden Augenblick zum verheerenden Brand werden kann. Das ist ihnen Grund genug zur Eile.

Sieyès hat die Rettung der Revolution in die Hand genommen. Barras muß ihn gewähren lassen: er hat seinen Ruf vollends eingebüßt, er intrigiert mit allen, selbst mit den Royalisten, und ist nur noch darauf bedacht, seine Haut zu retten. Der einstige Priester hingegen, den der Dritte Stand von Paris einst gewählt hat, ist ein schönes Beispiel für die nach wie vor aktiven Revolutionäre der ersten Stunde: dieser Mann, der die Adeligen haßt, ist ein Theoretiker der Bürgerherrschaft. Nacheinander hat er den Generalständen, der *Plaine* in den Versammlungen und schließlich den »Fructidorianern« ihre Argumente geliefert. Sein Klerikernaturell paßt hervorragend zur halb im Geheimen tätigen Augurengestalt, als die er sich mit außerordentlichem Erfolg darstellt. Im Jahr VII prädestiniert ihn sein ganzes Vorleben zu einer großen politischen Rolle, die er auch bereitwillig übernimmt, um der Revolution endlich eine tragfähige Basis zu geben. Es geht ihm darum, die Partei der Thermidorianer auf alle »anständigen Menschen« auszudehnen, und alle, die seit zehn Jahren an der Revolution beteiligt gewesen sind, um eine Verfassung zu sammeln, die der Exekutive mehr Macht geben, zugleich aber die individuellen Freiheiten und die geheiligten Rechte der Besitzenden wahren soll. Denkt Sieyès an eine konstitutionelle Monarchie, um Feuillants und Thermidorianer und mit ihnen die großen Gruppen Gleichgesinnter zu versöhnen? Ganz unmöglich ist das angesichts des Mißkredits, in den die Republik geraten ist, durchaus nicht. Seine Gegner unter den Zeitgenossen allerdings beschuldigten Sieyès eher, er sei dem Herzog von Orléans treu geblieben oder habe gar während seiner Zeit als Botschafter des Direktoriums in Berlin einen deutschen Fürsten ausfindig gemacht. Tatsächlich ließe sich der *Grand Électeur*, den er in seinem Verfassungsentwurf an der Spitze der Exekutive vorgesehen hat, ohne weiteres durch einen konstitutionellen Monarchen ersetzen. Aber der Wunsch, einen neuen Monarchen zu küren, würde Sieyès ja erst recht zum Gegner des Ancien Régime machen. Außerdem braucht man sich nur die Männer anzusehen, die den 18. Brumaire schon im Frühjahr 1799 vorbereiten: Daunou, Marie-Joseph Chénier, Cambacérès, Benjamin Constant, Talleyrand ... Das *Institut*, der Nationalkonvent, die einstigen Schützlinge des Thermidorianers Barras – alle Personen, Institutionen und Gruppen sind vertreten, die den 18. Fructidor gegen den König, die Adeligen und die Priester organisiert haben. Sie wollen eine gemäßigte Republik, äußerstenfalls eine konstitutionelle Monarchie.

Aber um das Regime zu verdrängen, braucht diese Verschwörung der Republikaner die Armee der Republik. Da schürzt sich der dramatische Knoten des Brumaire. Sieyès kann nur auf die jakobinischen, im Mythos befangenen und töricht sektiererischen Generäle zählen. Vermeiden möchte er alle gar zu ehrgeizigen Partner, die sich versucht fühlen könnten, über ihre Helfershelferrolle hinauszugehen. Er nähert sich Joubert, der zustimmt, aber im August bei Novi den Tod findet. Als die Siege im Vendémiaire die militärische Lage wiederhergestellt und den Druck der Jakobiner gemildert haben, wendet er sich an Moreau, aber genau an diesem Oktobertag trifft in Paris die Nachricht von der Rückkehr Bonapartes ein. Die Landung des Ägyptenfeldherrn bringt ein neues Element in die französische Politik, das Sieyès nicht einkalkuliert hat: die Volkstümlichkeit des Kriegshelden. Das von allen Zeitgenossen und Historikern konstatierte Wiedererwachen monarchistischer Neigungen findet seine Erfüllung in einem korsischen Kleinadeligen, der in die Erretterrolle hineinschlüpft, die eigentlich von der Geschichte dem König von Frankreich vorbehalten schien. Und siehe da: diese Rolle paßt ihm wie angegossen, er spielt sie geradezu hinreißend, weist jede Parteinahme von sich, gibt sich als Schiedsrichter, als Vermittler, als ein neuer Heinrich IV. für die unter dem Einfluß der Nationalidee demokratischer gewordenen Zeiten. Kaum ist er da, steht er schon als Sieger zwischen seinen künftigen Gefährten, weil er inmitten von Notabeln das Volk ist.

Brumaire ist also weder ein Sieg des Bürgertums über die Jakobiner noch ein Sieg der Armee über die Thermidorianer. Es ist ein Komplott von Männern der Revolution, die ihre Errungenschaften vor einer Wiederkehr des Ancien Régime retten wollen. Und in dieses Komplott drängt sich im letzten Augenblick ein Mann, um den man nicht herumkommt: ein Caesar, wo man einen Louis-Philippe haben wollte.

In den Tagen nach dem Staatsstreich vom 18. Fructidor galt es zunächst, die beiden der »Säuberung« anheimgefallenen Direktoren Barthélemy und Carnot zu ersetzen. Der Rat der Alten entschied sich dafür, zwei Minister, Merlin de Douai und François de Neufchâteau, zu befördern; sie schnitten um wenige Stimmen besser ab als die auf der Liste des Rates der Fünfhundert gewählten Generäle Masséna und Augereau. Die Undankbarkeit des Rates der Alten verbitterte vor allem Augereau, der sich zur Belohnung für seine Hilfeleistung schon als Direktor sah; statt dessen schickte man ihn nun als Oberbefehlshaber nach Deutschland, um den eben in seinem Feldlager bei Wetzlar gestorbenen Hoche zu ersetzen. Die Säuberung der Exekutive traf viele Beamte. Das Direktorium, dem das Gesetz vom 19. Fructidor das Recht der Beamtenernennung eingeräumt hatte, besetzte Hunderte von Stellen mit neuen Männern. Allerdings fand es auch danach nicht den erhofften blinden Gehorsam, vor allem in Westfrankreich nicht.

Zunächst kam es darauf an, die Schreckensgesetze vom 19. und 22. Fructidor durchzuführen. Die ersten Opfer wurden die Emigranten. Soweit sie nach Frankreich zurückgekehrt waren, blieben ihnen zwei Wochen zum Verlassen des Landes, danach drohte ihnen die Todesstrafe auf bloße Feststellung der Personalien hin. Eigens zu diesem Zweck gebildete Standgerichte verurteilten in buntem Durcheinander zurückgekehrte Emigranten und royalistische Verschwörer, verschüchterte Adelige und aktive Mittelsmänner der Prinzen. Vom Herbst 1797 bis zum Frühjahr 1799 wurden zum Beispiel in Paris 160, in Toulon 56, in Marseille 24 Todesurteile gefällt. Die Verwandten von Emigranten blieben dem Gesetz vom 3. Brumaire des Jahres IV unterworfen.

Einen Augenblick lang erwägt das Regime auf Anregung von Sieyès, der schon zu dieser Zeit eine maßgebende Rolle spielt, noch über diese Maßnahmen hinauszugehen. Nach den Memoiren von La Revellière soll

»Wer möchte mal die Liste sehen?« steht unter diesem Spottbild. Zwei »Aristokraten« entdecken voller Schrecken ihren Namen auf der Emigrantenliste, während ein Sansculotte und seine Frau sich freuen, nicht verzeichnet zu sein.

der einstige Sprecher des Dritten Standes in seinem ungebrochenen Haß auf die Aristokratie vorgeschlagen haben, das Direktorium möge alle Adeligen aus der Republik verbannen. Als La Revellière und Reubell ablehnen, vertraut er seinen Plan dem Abgeordneten Boulay de la Meurthe an, der ihn am 25. Vendémiaire des Jahres VI (16. Oktober 1797) dem Rat der Fünfhundert vorträgt. Aber dieses Ausstoßen des Adels (natürlich nicht der offensichtlich republiktreuen Adeligen wie Barras) aus der Nation erregt in der Mitte des Hauses Entrüstung. Boulay zieht seinen Antrag zurück. Im November verabschieden die Ratsversammlungen einen weniger radikalen Text, der jedoch immerhin allen Adeligen ihre Rechte abspricht, wenn sie sich nicht wie Ausländer »einbürgern« lassen. Weil die Liste der Nichtbetroffenen nicht zustande kommt, wird das Gesetz allerdings niemals angewendet.

Die zweite von der Repression betroffene Gruppe sind die Priester. Viele sind durch die Gesetze aus der Herrschaftszeit des Berges den Emigranten gleichgestellt worden. Soweit sie nach dem 9. Thermidor heimgekehrt sind, ist ihnen die gleiche Strafe angedroht, wenn sie nicht binnen zwei Wochen wieder auswandern. Etwa vierzig von ihnen werden hingerichtet. Bei den übrigen ist die Rechtsgrundlage für eine Strafverfolgung weniger eindeutig. Das Gesetz vom 19. Fructidor scheint zwar die Gesetze aus den Jahren 1792 und 1793 gegen die eidverweigernden Priester wieder in Kraft zu setzen, aber das Direktorium stellt das nie öffentlich fest. Außerdem wird die Todesstrafe durch die Deportation nach Guayana ersetzt. Diese schreckliche Verwaltungsmaßnahme kann jeden treffen, alle Priester, die den Gesetzen aus der Zeit des Berges unterliegen, alle, die sich seither geweigert haben, den »Haßschwur auf Königtum und Anarchie« zu leisten, aber auch jeden, der sich mangelnder Bürgertugend nur verdächtig macht. Wie üblich ist die Verfolgung je nach den örtlichen Verhältnissen verschieden scharf. Im westfranzösischen Departement Sarthe werden zwischen dem 18. Fructidor und dem 18. Brumaire 45 Priester verhaftet; einer wird hingerichtet, 19 werden deportiert und die übrigen eingekerkert. Im Departement Côte d'Or (Dijon) dagegen wird nicht ein einziger Geistlicher festgenommen. In Belgien mißachtet das Direktorium seine eigenen Gesetze und läßt auf Grund eines Kollektiverlasses alle Priester deportieren.

Den meisten Betroffenen gelingt die Flucht ins Ausland, andere finden bei treuen Gläubigen auf dem Lande Unterschlupf. Nur drei Schiffe mit Deportierten laufen von den Sträflingsinseln vor der westfranzösischen Küste nach Guayana aus. Eines wird von den Engländern aufgebracht; die beiden anderen haben 263 französische und belgische Priester an Bord, von denen die Hälfte in Guayana stirbt. Die etwa tausend übrigen zur Deportation Verurteilten bleiben unter furchtbaren Lebensbedingungen auf den Sträflingsschiffen vor den Inseln Ré und Oléron.

Der Terror des Direktoriums wird durch ein System von Zwangsmaßnahmen ergänzt, das in der Öffentlichkeit deutliche Erinnerungen an 1793 wachruft: Haussuchungen bei Verdächtigen, peinlich genaue Filzung ganzer Dörfer durch die Nationalgarde, Öffnen von Briefen, freundlich ermutigte und zur Kenntnis genommene Denunziationen sind wieder an der Tagesordnung. Viele Departementsverwaltungen lassen die ihnen verdächtig erscheinenden Personen ohne Gerichtsurteil vorsorglich in Haft nehmen. Und die Gesetze vom 19. und 22. Fructidor liefern dem Direktorium auch die Presse aus: die royalistischen Zeitungen werden verboten; ihre Redakteure (Laharpe und Fontanes zum Beispiel) müssen sich verborgen halten. Den übrigen Blättern bleibt nur betonte Linientreue, weil sie auf das Wohlwollen der Exekutive angewiesen sind; am 17. Dezember 1797 werden 16 Gazetten durch einen Federstrich beseitigt. Selbst das Theater wird scharf überwacht.

Dieser »Fructidor-Terror« ist begrenzter und weniger blutig als der Schrecken des Jahres II. Aber: er geht allein auf das Konto der Regierung. Die Ausschüsse des Volkes sind daran gänzlich unbeteiligt; wenn es da überhaupt so etwas wie terroristische Anwandlungen gibt, sind sie unbedeutend im Vergleich zu dem Bedürfnis des Regimes, die royalistische Partei zu zerschlagen. Die Wirkung dieser Maßnahmen ist allerdings umstritten. Das so geschaffene politische Klima nämlich hat ohne Zweifel einen großen Teil der Öffentlichkeit, vor allem der katholischen, dem Direktorium entfremdet und so zu dessen ruhmlosem Ende beigetragen. Für den Augenblick dagegen ist es gelungen, durch die Zwangsmaßnahmen die royalistische Gefahr abzuwenden. Es gibt zwar noch unsichere Straßen und Landstriche, in Südostfrankreich zum Beispiel, aber dabei handelt es sich nicht mehr wie vor dem 18. Fructidor um von außen geplante und im Lande verwirklichte echte Verschwörungen. Ende 1797 schreiben die führenden Chouans Puisaye, Frotté und Bourmont an den Grafen von Artois, sie hätten Frankreich zu Unrecht als ein monarchistisch gesonnenes Land hingestellt; es sei nur unzufrieden.

Härter noch als putschende Royalisten werden die Anhänger einer konstitutionellen Monarchie heimgesucht. Dandré flieht in die Schweiz, das »Philanthropische Institut« zerfällt. Ludwig XVIII. wird auf Ersuchen der Pariser Regierung aus Deutschland ausgewiesen, muß den Zaren um Asyl bitten und reist nach Kurland, wo er die nächsten neun Jahre verbringt.

Der Fructidor-Terror hat zwar eine royalistische Gefahr beseitigt, die wahrscheinlich weniger groß war, als es sich die Republikaner eingebildet haben, doch er ist kein Patentrezept gewesen. Das Regime ist erhalten geblieben um den Preis von Ausnahmebestimmungen statt echter Gesetze. Die Ratsversammlungen bereuen zutiefst, daß sie sich zu dieser illegalen Selbstverstümmelung hergegeben haben. Die Exekutive ist alleiniger Herr und Meister – aber die fünf Direktoren sind sich nicht einig. François de Neufchâteau ist und bleibt ein bescheidener Verwaltungsmann. Merlin de Douai dagegen tritt in die Fußstapfen Carnots und versucht den unentschlossenen La Revellière auf die Seite der »anständigen Menschen« zu ziehen. Barras erschöpft sich in Vergnügen und Kabalen und überläßt Reubell die Führerrolle im republikanischen Lager. Vom alten Kabinett ist nur Finanzminister Ramel geblieben, und die neuen Ressortchefs, abgesehen von Talleyrand, sind keine profilierten Persönlichkeiten. Die Demütigung der Legislative hat also nicht einmal die Exekutive stärker gemacht.

In dieser Lage entstehen »revisionistische« Tendenzen, die der Verfassung des Jahres III in einigen Punkten eine andere Form geben möchten. Barras berichtet in seinen Memoiren, es sei ihm immer wieder einmal vorgeschlagen worden, er solle doch allein die Macht übernehmen. Es ist durchaus denkbar, daß auch Madame de Staël und Benjamin Constant, die um diese Zeit Barras sehr nahestehen, dafür gewesen sind. Constant jedenfalls veröffentlicht gerade jetzt eine Schrift, in der Cromwell und Robespierre als die Symbole einer starken und stabilen Exekutive gepriesen werden. Sieyès, der die politische Bühne wieder betreten hat, erntet nun die Früchte seiner Ablehnung der Verfassung des Jahres III und baut sich als den unentbehrlichen Reformator auf. Und natürlich ist die Schwäche des Regimes auch für Bonaparte ein Gegenstand des Nachdenkens: schon zwei Wochen nach dem Fructidor-Staatsstreich legt er Talleyrand in einem Brief seinen Plan für die Stärkung der Exekutive vor und bittet ihn, vertraulich mit Sieyès darüber zu sprechen. Im Dezember, als er vom Direktorium zur Feier des Friedens von Campo Formio festlich in Paris empfangen wird, erklärt er schneidend: »Erst wenn das Glück des französischen Volkes auf einem besseren Grundgesetz beruht, wird ganz Europa zur Freiheit finden.«

Aber schon wird der herannahende Wahltermin zur Hauptsorge. Wieder steht viel auf dem Spiel: 437 Sitze sind zu vergeben, darunter die der zweiten Hälfte der 1795 übernommenen Konventsmitglieder. Das Regime ist bemüht, sich gegen den ungewissen Ausgang abzusichern. Anfang 1798 geben sich die Ratsversammlungen in ihrer alten Zusammensetzung das Recht, die Wahl ihrer zukünftigen Kollegen zu bestätigen und den neuen Direktor zu bestimmen. So wollen sie eine neuerliche royalistische Bedrohung abwenden. François de Neufchâteau, auf den das schwarze Los fällt, übernimmt wieder das Innenministerium und wird durch das ehemalige Konventsmitglied Treilhard ersetzt. Das Direktorium sorgt seinerseits für einen möglichst günstigen Ausgang der Wahlen. Auf Betreiben von Merlin de Douai, der vor allem die Jakobiner fürchtet, empfiehlt die Regierung ihren Anhängern – vor allem also den Beamten – Unfrieden in die Urwählerversammlungen zu tragen, damit jedenfalls die Entscheidung zwischen zwei Kandidaten möglich wird.

Tatsächlich erweist sich Merlins Voraussage als richtig. Die seit dem Fructidor verfolgten Royalisten trauen sich oft nicht, überhaupt zur Urwählerversammlung zu gehen, so daß die Gewährsleute des Direktoriums vor allem die Linke zu bekämpfen haben. Als trotzdem etliche Jakobiner gewählt werden (unter ihnen sogar Lindet und Barère!), läßt das Direktorium durch die folgsamen Ratsversammlungen bei 106 Abgeordneten die Wahl schlankweg für ungültig erklären. Das Gesetz vom 22. Floréal des Jahres VI (11. Mai 1798) annulliert die Wahlen in acht – damit jeder

Vertretung beraubten – Departements, bestätigt in 19 Wahlkreisen die von gesetzwidrig einberufenen Gegenversammlungen gewählten Kandidaten und ändert in etlichen Fällen willkürlich das Wahlergebnis. So sind die Abgeordneten dieses Schubs zu einem guten Teil von der Exekutive bestimmt oder begünstigt worden. Das ist ein Verstoß gegen die Rechtsstaatlichkeit, der eher noch schlimmer ist als der vom Fructidor:

Jean-Baptiste Treilhard, ein renommierter Anwalt, hat seine anti-extremistische Linie seit den Generalständen durchgehalten. Im Wohlfahrtsausschuß ist er betont Jurist geblieben, als Mitglied des Direktoriums ab 15. Mai 1798 bekämpft er mit unnachsichtiger Schärfe Royalisten und Jakobiner.

diesmal fehlt die Ausrede oder Begründung, die Republik sei in Gefahr.

Allerdings verschafft sich das Direktorium damit eine wertvolle Überlebensfrist von einem Jahr, die es auch tatsächlich nutzt, um den Kampf gegen den Royalismus fortzusetzen und die von Ramel und François de Neufchâteau vorgeschlagenen Reformen durchzuführen. Aber beim nächsten Wahltermin, im Frühjahr 1799, sind die Bedingungen durch den wiederaufgenommenen Krieg schlechter geworden. Die Jakobiner, soweit sie nicht »florealisiert« worden sind, prangern immer lauter die Korruption und den Schlendrian des Regimes an. General Bonapartes jüngerer Bruder Lucien, seit einem Jahr als korsischer Abgeordneter in Paris, macht sich durch demagogische Redensarten und den Ruf nach einer »Wohlfahrtspolitik« einen Vornamen. Außerdem genießen diese »Neu-Jakobiner« zwar nicht mehr die Unterstützung der Vorstädte, haben dafür aber gute Freunde in der Armee, denen es nicht an Ehrgeiz fehlt: die Generäle Augereau, Jourdan, Bernadotte, Joubert, Brune und Masséna sind schlecht auf das Direktorium zu sprechen. Selbst die direktoriumstreue Mehrheit in den Ratsversammlungen leidet unter der eigenen Schwäche und der Diktatur der Exekutive. Kurz, der Verfassungs-»Revisionismus« kommt immer mehr in Mode.

Die Wahlen von 1799 zeigen deutlich die feindselige Stimmung gegen das Direktorium: von den 143 von der Regierung »empfohlenen« Männern, quasi offiziellen Kandidaten also, werden nur 71 gewählt. Die Ratsversammlungen geben der aufgebrachten öffentlichen Meinung nach und weigern sich, das Mandat der wie im Vorjahr von verschiedenen Gegenversammlungen im Lande gewählten Abgeordneten zu bestätigen. Außerdem haben sie schon vor der Amtseinführung des neuen Drittels dem Revisionismus den Weg gebahnt, indem sie Sieyès zum Direktor gemacht haben. Das Los hat Reubell, eines der letzten Bollwerke der Thermidorrepublik, zum Ausscheiden gezwungen. Der Rat der Fünfhundert hat zwar General Lefebvre, der als treuer Republikaner gilt, die meisten Stimmen gegeben, aber der Rat der Alten wählt mit 118 von 205 Stimmen Sieyès. Damit ist die Rolle der »Alten« beim 18. Brumaire schon vorgezeichnet. Denn mit dem Eintritt von Sieyès ins Direktorium beginnt die Krise des Regimes: der Mann des Staatsstreichs ist zu einem der Führer des Staates geworden.

Für die Ratsversammlungen ist die Stunde der Rache gekommen. Allzu verlockend ist es, das Direktorium zum Sündenbock für die Niederlagen an der Front zu machen. Als Sieyès Anfang Juni von seiner diplomatischen Mission aus Berlin zurückkehrt, knüpft er alsbald Verbindungen zur parlamentarischen Opposition, zu den Jakobinern und den gemäßigten Revisionisten. Lucien Bonaparte und Sieyès sind unzertrennlich. Es geht darum, die Männer, die dem neuen Direktor nicht passen, aus der Exekutive zu drängen, damit er allein das Heft in die Hand bekommt. Man weiß nicht recht, ob Barras ganz eingeweiht gewesen ist; jedenfalls hilft er den Weg bahnen. Am 17. Juni beschließen die Ratsversammlungen die Annullierung der Wahl von Treilhard, und zwar mit der fadenscheinigen Begründung, zwischen seinem Ausscheiden aus dem Rat der Fünfhundert und seinem Eintritt ins Direktorium sei nicht ganz das vorgeschriebene Jahr verflossen. Treilhard, von Sieyès und Barras bedrängt, gibt nach. Er wird durch Gohier ersetzt, der zur Zeit des Nationalkonvents Justizminister gewesen ist: ein rechtschaffener, barscher Mann. Bald darauf sind La Revellière und Merlin an der Reihe; die beiden vor den Ratsversammlungen heftig angegriffenen und von Barras falsch beratenen Direktoren treten am 30. Prairial (18. Juni) widerstrebend zurück.

Roger Ducos hat im Nationalkonvent jakobinische Neigungen gezeigt und ist 1798 »florealisiert« worden. Als ihn Sieyès am 30. Prairial des Jahres VII (18. Juni 1799) ins Direktorium holt, dankt er ihm diese Gunst durch bedingungslose Gefolgschaftstreue.

Aus der Liste des Rates der Fünfhundert wählen die »Alten« statt ihrer den ehemaligen Konventsabgeordneten Roger Ducos und den unscheinbarsten der überhaupt in Frage kommenden Generäle, Moulin, den Oberbefehlshaber der Westarmee. Sieyès ist sich des ersteren sicher; den letzteren hat Barras durchgesetzt, weil er »jakobinisch« gesonnen sei. Der gleiche Handel kommt bei der Kabinettsumbildung zustande: Sieyès verschafft Cambacérès das Innenministerium, Barras gibt dem Jakobiner Bernadotte das Kriegsministerium.

Dieser »Umsturz« vom 30. Prairial, eine Miniaturausgabe des 9. Thermidor, ist also ein Sieg des Parlaments über die bestehende Exekutive. Damit wird der Floréal des Jahres VI in doppelter Hinsicht gerächt: Die drei neuen Direktoren sind alle im Vorjahr »florealisiert« worden. Und das Direktorium geht aus dieser Machtprobe verachtet und geschwächt hervor – die Republik stützt sich nur noch auf Barras, also auf nichts. Sieyès, der »Maulwurf der Revolution«, hat einen glänzenden Anfang mit seiner Wühlarbeit gemacht, aber auch die Generäle dürfen sich als Sieger fühlen, weil die zivile Gewalt an Autorität verloren hat. Der 30. Prairial verschafft ihnen endgültig das Kriegs- und Armeeministerium. Letzten Endes ist dieser Tag ein nicht präzise zu definierender Triumph aller Unzufriedenen. Und er ist das Sterbedatum des Direktoriums; denn jetzt beginnt die Auseinandersetzung um das Erbe, die erst im Brumaire entschieden wird.

Im Laufe des Jahres VI wurde eine Reihe von Gesetzen verabschiedet, um das von La Revellière schon vor dem 18. Fructidor erarbeitete Programm in die Wirklichkeit umzusetzen: der Katholizismus sollte durch einen neuen Kultus abgelöst werden, ganz Frankreich durch die Verbreitung der Aufklärung und durch die Ausmerzung des jahrhundertealten Aberglaubens erneuert werden. Die von La Revellière eingeführte und geförderte Theophilanthropie hat beim Volk kein Echo gefunden – diese esoterische Moralpredigerei war ganz nach dem Bilde ihres verkniffenen, etwas lächerlichen Papstes geschaffen, der noch dazu mit seinen Kollegen im Direktorium immer wieder politische Schwierigkeiten hatte.

Merlin setzte sich im Direktorium für die öffentliche Propagierung eines eher für die Massen geeigneten Kultus ein, der sich um die Feste des republikanischen Kalenders rankte, um die feierlichen Gedenktage der großen Revolutionsereignisse, die zur Herrschaft der Thermidorianer geführt hatten: Begründung der Republik, 9. Thermidor und 18. Fructidor zum Beispiel. Hinzu kam alle zehn Tage der weniger aufwendig begangene neue Sonntag, der Dekadi. Das Gesetz vom 13. Fructidor des Jahres VI schuf den »Dekadenkult« und ersetzte die Messe durch ein gemeinsames Bekenntnis der Staatsbürger zu ihren Gemeindebehörden und den Gesetzen der Republik.

Die in »Tempel« umgetauften Kirchen dienten also nebeneinander drei verschiedenen Kulthandlungen: erst denen der verfassungstreuen katholischen Kirche, die immer mehr zurückgedrängt wurden; dann denen der Theophilanthropen und schließlich denen des »Dekadi«, die allein offiziell anerkannt und öffentlich waren. Die beiden ersteren mußten sich bei Strafe auf streng private Gottesdienste beschränken. So berichtete zum Beispiel im Juli 1796 die Pariser Polizei mit folgenden Worten entrüstet über das Wiedererwachen des »Priesterfanatismus«: »Auf die Mitteilung, daß mehrere Bürger in Zuwiderhandlung gegen Artikel 13 des Gesetzes vom 7. Vendémiaire des Jahres IV unverkennbare Zeichen ihres Kults in der Öffentlichkeit gezeigt haben, indem sie die auf den Straßen oder unter den Torbögen der Häuser aufgebahrten Toten mit Kreuzen, Weihwasserbecken und anderen Kultgegenständen umgeben haben, hat das Zentralbüro der Polizei den achtundvierzig Polizeikommissaren dringend anempfohlen, auf die Einhaltung des Gesetzes zu achten.«

Vom 18. Fructidor (1797) bis zum Frühjahr 1799 ist das Direktorium, das sich die Ratsversammlungen gefügig gemacht und die Wahlen in seinem Sinne manipuliert hat, Herr der Lage. Diese Stellung benutzt es, um eine Reihe von Reformen in Angriff zu nehmen, die dem späteren Ordnungschaffen unter dem Konsulat zugute kommen.

Gleich nach dem 18. Fructidor, als die parlamentarische Obstruktionspolitik der Royalisten gebrochen ist, läßt das Direktorium von den Ratsversammlungen das große Finanzgesetz vom 9. Vendémiaire (30. September 1797) verabschieden, das Minister Ramel de Nogaret ausgearbeitet hat. Zunächst soll die Staatsschuld getilgt werden, deren Rück- und Zinszahlungstermine für die öffentlichen Finanzen außerordentlich drükkend sind. Das Verfahren ist das altvertraute und verläßt sich wieder auf den großen Reichtum der Revolution, Kirchengut und Emigrantenbesitz. Die Renteninhaber bekommen zur Ablösung ihres Kapitals Schuldverschreibungen, die für den Ankauf von Nationalgütern gültig sind. Ramel möchte auf diese Weise die ganze Schuld abdecken, aber letzten Endes einigt man sich auf zwei Drittel. Das restliche Drittel soll in ein neues »Großes Buch« eingetragen, die Titel dem Bargeld gleichgestellt werden. So bekam die Ramel-Sanierung gleich zwei gängige Namen: »Der Zweidrittelbankrott« oder »das konsolidierte Drittel«.

»Zweidrittelbankrott« deshalb, weil die Schuldverschreibungen über zwei Drittel der Summe den Rentner nicht nur zwangen, sein Kapital in Immobilien anzulegen, sondern weil sie auch mit vielen anderen Staatspapieren konkurrierten, vor allem mit den für Lieferungen an den Staat ausgestellten Zahlungsanweisungen. Als dann zu Beginn des Jahres VII die Nationalgüter voll in bar bezahlt werden mußten, wurde das Kapital der »Zweidrittelpapiere« auf einen Kurswert reduziert, der zwischen 2,50 und 5 Franken für 100 Franken Nennwert betrug. Das »konsolidierte Drittel«, das im Jahr VI noch 18 Franken galt, fiel im Jahr darauf unter die Hälfte dieses Kurses. Da auch die Zinsscheine mit rasch wertlos werdenden Schuldverschreibungen eingelöst wurden, blieb die Lage der Rentner nach Kapital und Ertrag bis zum Ende des Regimes außerordentlich prekär. 1801 wurde die Wiederaufnahme der Rentenzahlungen in Bargeld als *das* Zeichen für die neu gesicherte Ordnung begrüßt.

Jedenfalls gab die Finanzoperation Ramels die Möglichkeit, die Haushaltsansätze um 160 Millionen Franken zu kürzen. Jetzt galt es, die Einnahmen zu erhöhen, vor allem die seit dem Beginn der Revolution nur schleppend und mühsam eingetriebenen Steuern rascher zu kassieren. Das Gesetz vom 22. Brumaire des Jahres VI (12. November 1797) schuf in jedem Departement eine »Agentur für direkte Steuern«; dort wurden unter Aufsicht von Kommissaren des Direktoriums die Steuerrollen ausgefertigt. In jedem Arrondissement residierte fortan ein Einnahmebevollmächtigter, der die eigentlichen Steuereinnehmer zu nachdrücklicher Tätigkeit anzuhalten hatte. Das war ein Schritt in Richtung auf eine weitgehende Unabhängigkeit der Steuerverwaltung, die das Direktorium gern vollständig machen wollte, der sich aber die Ratsversammlungen widersetzten, weil sie fürchteten, der Exekutive damit noch mehr Macht zu geben. Die überlasteten und schlecht bezahlten Kommissare des Direktoriums hatten oft große Mühe, das Steuersystem spürbar zu verbessern. Die Veranlagung erfolgte im wesentlichen auf Grund der Steuerrollen aus der Zeit der Verfassunggebenden Versammlung, also praktisch des Ancien Régime. Das bedeutete, daß ganz allgemein der Grundbesitz zu stark, das bewegliche Vermögen zu gering belastet und in vielen Departements die Ungerechtigkeit nachgerade zum Grundsatz erhoben wurde: im Puy-de-Dôme (Clermont-Ferrand) zum Beispiel zahlten die wirtschaftlich schwachen Gebirgsgegenden weiterhin relativ viel mehr als die Stadtcantons. So gelang es dem Direktorium zwar nicht, die Steuerveranlagung von Grund auf zu reformieren, aber die Eintreibung erfolgte doch sehr viel zügiger, vor allem durch das allgemein benutzte Druckmittel der Zwangseinquartierung von Kriegsinvaliden bei säumigen Steuerzahlern.

Die Regierung hätte gern mehr getan, vor allem die »schmerzlosen« indirekten Steuern erhöht, doch die Ratsversammlungen sträubten sich lange. Erst im Herbst 1798 rangen sie sich angesichts des unvermeidlichen Defizits und des drohenden Krieges zu zwei wichtigen Gesetzen über eine Stempelsteuer und über Verkehrssteuern durch. Gleichzeitig wurde die Gewerbesteuer auf das Ertragssystem umgestellt und die Erhebung der Grund- und Vermögenssteuer neu gestaltet. Eine ganz neue Steuer war die »Tür- und Fenstersteuer«, die Vorläuferin der noch jetzt in Frankreich bestehenden Steuer auf die »äußeren Anzeichen des Reichtums«.

Aber diese allzu spät eingeleiteten Maßnahmen konnten es dem Regime nicht ersparen, auf außerordentliche Einnahmen zurückzugreifen, auf den Verkauf von Nationalgütern, auf Beschlagnahmen mit erheblichem Substanzverlust in den eroberten Gebieten und, wie sollte es anders sein, auf Anleihen. Nach dem Frieden von Campo Formio rechtfertigten die Vorbereitungen auf den entscheidenden Waffengang mit England eine fünfprozentige Anleihe von 80 Millionen in einer Stückelung von tausend Franken, die zur Hälfte in barem Geld zu zeichnen war. Dank der patriotischen Begeisterung ließ sich die Anleihe zunächst gut placieren, aber bald mußte man sie als eine Art Zwangsabgabe bei den Staatslieferanten unterbringen. Das war nichts weniger als ein gerechter Ausgleich; denn in den Jahren IV und V hatten sich diese Lieferanten, Leute wie Ouvrard, Hinguerlot, Seguin und Simons, schamlos an den Staatsaufträgen bereichert. Die Wiederaufnahme der Kampfhandlungen auf dem Kontinent blähte die Aufträge von neuem kräftig auf und trieb die Unverschämtheit der Lieferantenforderungen auf die Spitze. Alsbald mußte das neue Regime alle faulen Finanztricks der Monarchie in ihren verzweifeltsten Jahren anwenden: Zahlungen im Vorgriff auf noch nicht veräußerte Sachwerte oder auf zu erwartende Steuereingänge. Die höchsten Würdenträger der Republik gingen mit schlechtem Beispiel voran: im August 1798 mußte das Direktorium den Generalsekretär des Kriegsministers Scherer wegen Korruption entlassen – er war der leibliche Bruder des Ministers, aber der Minister blieb im Amt.

Die Finanzschwierigkeiten werden noch verstärkt durch die Knappheit an barem Geld, an Münzen, die ja seit 1797 wieder normales Zahlungsmittel sind. Gold und Silber wollen nicht zum Vorschein kommen, und so folgt auf die Inflation die Deflation. So kurz nach der Assignatenkatastrophe halten die kleinen und großen Sparer ihr Geld hartnäckiger denn je zusammen oder investieren allenfalls in Immobilien. Das Fehlen eines Bankenapparats, der durch die Verwandlung von Einlagen in Kredite flüssiges Kapital zur Verfügung stellen könnte, verschärft die Deflationsphänomene: die Preise sinken, das Geld wird immer teurer – schon bekommt man unter 10 % keinen Kredit mehr. Die wenigen in jenen Jahren von weitblickenden Finanziers gegründeten Banken – z. B. die Kontokorrentkasse der Herren Perrégaux und Récamier – sind machtlos gegen das allgemeine Mißtrauen und können nur wenigen Branchen die nötigen Mittel verschaffen.

Unter solchen Bedingungen, die noch verschlechtert werden durch die wachsende Unsicherheit des Verkehrs im Binnenland und den Ruin des Überseehandels, können diese letzten Jahre des Direktoriums der Unternehmerinitiative nicht günstig sein. Die Inflation hat dem ersten Direktorium die breiten Volksschichten abspenstig gemacht, die Deflation entfremdet dem zweiten Direktorium die Kapitalisten. Trotz aller Bemühungen des sachkundigen Innenministers François de Neufchâteau, der 1798 die erste Nationalausstellung eröffnet und die ersten Statistiken über die industrielle Tätigkeit in Auftrag gibt, trägt das Darniederliegen der französischen gewerblichen Produktion entscheidend zur Steuer- und Finanzkrise bei.

Der Bürger hat das Vertrauen zum Regime verloren. Dafür blickt er mit zunehmender Bewunderung auf die Armee. Alles trägt zu dieser Entwicklung bei: die nationale Begeisterung, die Siege, die Eroberungen und die wenig eindrucksvolle zivile Autorität. Selbst die Kriegsmüdigkeit kann dem Ruhm der Heerführer dienen, wenn sie sich wie Bonaparte nach Campo Formio vom Helden von Arcole in den Mann des Friedens verwandeln. Aber es geht nicht allein um den glorreichsten General der Republik: die ganze Armee wird unter dem Direktorium zum Kristallisationspunkt der enttäuschten Hoffnungen einer breiten Öffentlichkeit.

Dazu trägt bei, daß diese Armee das Leben der Nation immer weniger teilt. In den ersten zwei Jahren der Republik (und später zur Zeit des Kaiserreichs) haben der anhaltende Zustrom von Rekruten und die Aushebung ganzer Jahrgänge zu einer ständigen Osmose zwischen dem Lande und seinen Soldaten geführt. Das Direktorium hat jedoch bis 1798 keine neuen Jahrgänge eingezogen. Die Armeen bestehen nach wie vor aus den Regimentern der Revolution, zusammengeschweißt durch die Ereignisse von 1793, von hinderlichen Schlacken befreit durch Beurlaubung und Fahnenflucht. Alle Soldaten, die nach Hause gewollt haben, sind legal oder illegal ausgeschieden. Die bei der Fahne ausgeharrt haben, sind also gleichsam Berufssoldaten geworden. Die Überbevölkerung auf dem Lande, das Erbe des Ancien Régime, hat im Krieg ihr Ventil gefunden. Abenteuerlust und Beutegier, republikanisch patriotische Begeisterung, Hoffnung auf gesellschaftlichen Aufstieg vermischen sich zur gemeinsamen psychologischen Grundhaltung dieser Hunderttausende von jungen Männern, die doch schon alte Soldaten sind. Jetzt brauchen sie nur noch den Glorienschein des Sieges, dann werden sie das naheliegende Symbol für das »wahre« Frankreich gegenüber dem häßlichen politischen Spiel in Paris ... Außerdem: steht und fällt das von den Royalisten bedrohte Spießer-Regime nicht mit den Eroberungen und dem Ruhm der Soldaten ...?

In dieser zum Berufsheer gewordenen aber republikanisch gebliebenen Armee genießt der Offizier wieder unangefochtene Autorität. An die Stelle der Wahl durch die Soldaten ist ein System der Zuwahl aus den nächstniedrigen Rängen durch die höheren Ränge getreten. Die Unteroffiziere legen Kandidatenlisten für den Leutnantsrang vor, die Oberleutnante für den Hauptmannsrang usw. Die Verwaltungsräte der Regimenter, in denen ein Gesetz aus dem Jahr II Soldaten und Offizieren gemeinsam die Mehrheit gegeben hat, werden zunehmend von den Offizieren beherrscht. Das Gesetz vom 13. Brumaire des Jahres V (3. November 1798) schließt die Mannschaftsdienstgrade auch von den Militärgerichten aus, deren Besetzung jetzt vom jeweiligen Kommandeur vorgenommen wird. Die republikanische Armee ist auf dem besten Wege, allein von den »Vorgesetzten« geführt zu werden.

Diese Entwicklung ist um so natürlicher, als die Vorgesetzten eben auch Republikaner sind. Karriere, Geld, Ruhm – alles verdanken Männer wie Hoche, Bernadotte, Augereau, Murat oder Bonaparte der Republik. Auf einen Pichegru, der sich zum Agenten der Royalisten hergibt, auf einen Moreau, der zur Zeit des 18. Fructidor zögert, weil das Zögern in seiner Natur liegt, kommen Hunderte, die sich ganz mit dem großen Kampf gegen die Könige identifizieren. Und jeder Feldwebel sieht in diesem Kampf die Chance, es zum Hauptmann, jeder Hauptmann, es zum General zu bringen. Die Begeisterung für Nation und Demokratie hat das Gesicht des Krieges geändert. Im Grunde jedoch hat auch hier die Revolution das Erbe des Ancien Régime angetreten. So wie die Emporkömmlinge des Geldes und der Politik sich die lockeren Sitten des Hofadels zu eigen machen, übernehmen die in der Armee avancierten Bürgerlichen die Werte der Aristokratie: der Krieg ist, wie einst für die nachgeborenen Söhne des Landadels, nun das Feld der Bewährung und des Vorwärtskommens für die Söhne der Bourgeoisie geworden. Ein Berufsoffiziersstand, den Männer wie Vauvenargues oder der Chevalier d'Arc, die zum Scheitern verurteilten Reformer eines feminin und masochistisch gewordenen Adels, im 18. Jahrhundert vergeblich gepredigt haben, entsteht nun als ungewolltes Produkt der Revolutionskriege. So haben die Offiziere der Armeen der Republik das gesamte Prestige der Vergangenheit und Gegenwart, des Krieges und des Vaterlands an ihre Fahnen geheftet.

Man darf sich von ihnen nicht rückblickend ein Bild nach dem Ausnahmefall Bonaparte machen. Bis zum Ende des Direktoriums greifen sie nur dann in das Leben der Nation ein, wenn die legale Gewalt sie ruft: im Sommer 1797 werden Hoche und Bonaparte von der Mehrheit im Direktorium ausdrücklich um ihre Hilfe gebeten. Selbst die Vorgänge am 18. Brumaire gehen von einem Teil der Ratsversammlungen und zwei Direktoren aus. Die politischen Umtriebe der Generäle als bezeichnendes Phänomen für das zweite Direktorium erklären sich im wesentlichen aus dem servilen Entgegenkommen der zivilen Gewalt – irgendwo muß sich das Regime ja seine Stütze suchen. Schlimmer ist, daß sich seit dem Jahr II eine Art Umschichtung des Ansehens vollzogen hat. Die Armee ist zum reinen Spiegel einer von ihren politischen Führern verunstalteten Republik geworden.

Der strahlende Glanz der Armee verdeckt allerdings auch viel Schatten. Die katastrophalen Lebensbedingungen des Soldaten der Republik sind ebenso in die Legende eingegangen wie seine Siege. In seinem immer wieder geflickten blauen Rock und mit seiner wahllos zusammengeklaubten Ausrüstung ist aus dem einstigen Freiwilligen des Jahres II ein ans halbwilde Leben gewöhnter, abgebrühter Landser geworden. Einigermaßen regelmäßig bekommt er nur seine Brotration. Seinen Tagessold von zweieinhalb Sous empfängt er, wenn überhaupt, in wertlosen Assignaten. Als Bonaparte erklärt, er werde die Soldaten seiner Italienarmee fortan zur Hälfte in bar besolden (während das Direktorium Jourdan und Moreau diese Vergünstigung nicht gewährt), weiß er sehr genau, daß er sich damit eine ergebene Hausmacht schafft.

Der Soldat, schlecht verpflegt und schlecht bezahlt, ist aufs Marodieren und Plündern im eroberten Land angewiesen. Die Offiziere drücken beide Augen zu und profitieren oft selber von solchen Möglichkeiten der »Aufbesserung«. Die ungestüm vorgetragenen Offensiven beweisen, was im Ancien Régime noch nicht so sehr auffiel, daß nämlich das gesamte Versorgungswesen kläglich unzureichend ist. So bleibt nur das Mittel der Requisition, und wenn der General requiriert, fühlt sich der Soldat zum Plündern ermutigt.

Diese verbreitete Disziplinlosigkeit äußert sich auch in zahlreichen Fällen von Fahnenflucht. Es kommen beileibe nicht nur Invaliden in die Heimat zurück. Viele Freiwillige haben nach ein oder zwei Feldzügen das Gefühl, sie hätten nun ihre Zeit abgedient. Es ist ja nicht ihre Schuld, wenn das Vaterland so schlecht für sie sorgt... Hinzu kommt die Ungerechtigkeit des Aushebungssystems. Beim Großen Aufgebot von 1793 sind alle ledigen Männer zwischen 18 und 25 Jahren eingezogen worden. Dann war Schluß. Die Armeen der Republik sind also ein für allemal in diesem Jahr II aufgefüllt worden, und das für einen Krieg, der kein Ende finden will. Als das Vaterland nicht mehr in Gefahr schien, nach dem Sieg bei Fleurus und dem Sturz Robespierres, hat eine erste Welle von Fahnenflüchtigen dem Waffenhandwerk den Rücken gekehrt. Und dieser Aderlaß ist trotz aller Bemühungen des Direktoriums nie ganz gestillt worden. Als 1798 ein neuer Krieg in Europa droht, ist der schwache Mannschaftsbestand höchst bedenklich.

Um dem abzuhelfen, erreicht Jourdan, daß die Ratsversammlungen am 19. Fructidor des Jahres VI ein Gesetz beschließen, das wieder die allge-

Der Jahrestag der Gründung der Republik wird feierlich begangen. Weil die Armee in den wirren Zeitläuften der Masse der Staatsbürger als die einzige feste Stütze des Vaterlandes gilt, wird sie besonders herausgehoben. Am 1. Vendémiaire des Jahres VII (22. September 1798) überreichen die fünf Direktoren verwundeten Soldaten »im Namen der Republik Frankreich« Lorbeerkränze.

meine Wehrpflicht einführt. Alle Franzosen zwischen dem 20. und 25. Lebensjahr, soweit sie nicht vor dem 23. Nivôse des Jahres VI (12. Januar 1798), also mehrere Monate vor Inkrafttreten des Gesetzes, verheiratet gewesen sind, gelten fortan als wehrpflichtig. Die Regierung kann nach Bedarf diese fünf Jahrgänge, bei den Jüngsten beginnend, zu den Waffen rufen. Freikauf durch Stellen eines Ersatzmannes ist verboten, Drückebergerei wird mit hohen Strafen bedroht: Aberkennung aller politischen Rechte, Ausschluß von allen öffentlichen Ämtern und sogar Entziehung etlicher bürgerlicher Rechte.

Dieses Jourdan-Gesetz, das den Gedanken des Großen Aufgebots von 1793 wieder aufnimmt und neu formuliert, trifft vielerorts auf erbitterten Widerstand. Für Westfrankreich, wo die Aushebung schon im März 1793 der Funke gewesen ist, der die Erhebung ausgelöst hat, läßt sich das Direktorium von vornherein die Genehmigung erteilen, in den kaum befriedeten Aufstandsgebieten Ausnahmen zuzulassen. In Belgien läßt das Regime solche Vorsicht nicht walten, und prompt kommt es in Flandern auf dem flachen Land zum Aufruhr. Der »Bauernaufstand«, der dort im November 1798 ausbricht, wird brutal niedergeschlagen. Selbst in Gegenden, die dem revolutionären Aushebungsverfahren weniger ablehnend gegenüberstehen, verlassen die Männer oft nur widerstrebend ihre Heimat, und viele schlagen sich auf dem Wege zu ihrem Regiment in die Büsche. Die Aushebung des ersten Jahrgangs mit seinen 150 000 als diensttauglich befundenen Rekruten führt der Armee knapp 80 000 Mann zu. So verabschieden die Ratsversammlungen im Frühjahr 1799 ein weiteres Gesetz, das die Auffüllung aus dem zweiten und dritten Jahrgang vorsieht, aber jetzt erlauben sie das Stellen eines Ersatzmannes, um trotz der offensichtlich fehlenden Begeisterung die notwendige Zahl von Soldaten zusammenzubringen.

Die öffentliche Meinung des Bürgertums hat dem von und für die Thermidorianer zurechtgezimmerten Direktorialregime niemals mit großer Begeisterung angehangen; sie hat dieses Regime allenfalls unterstützt als das kleinere Übel. Außerdem ließ sich unter seinem Schutz trefflich in die eigene Tasche wirtschaften. Aber die Sanierung der Finanzen in den Jahren 1797/98 ist zu einschneidend gewesen; sie hat die Wirtschaft und viele Einzelinteressen geschädigt. Der »Zweidrittelbankrott« hat die Besitzer der wertlos gewordenen Rentenpapiere ganz offiziell ruiniert; die Rückkehr zum Hartgeld und die Deflation haben auf die Preise gedrückt und das gute Geld eher noch knapper werden lassen. Die Geschäfte lassen sich schlecht an, und die Regierung weigert sich, die Bemühungen der Privatbanken um eine Erneuerung des Kreditwesens zu unterstützen.

Drei reiche Ernten in den Jahren 1796, 1797 und 1798 nach den zwei Hungerjahren 1794 und 1795 drücken mit ihrem Überangebot noch zusätzlich auf die Preise. In Paris zum Beispiel kostet der Vierpfundlaib Brot im Frühjahr 1798 ganze acht Sous: damit ist die alte Forderung der kleinen Leute nach dem »gerechten Preis« von zwei Sous für das Pfund Brot erfüllt. In einem Bericht über das letzte Quartal des Jahres VI stellt die Verwaltung des Departements Seine fest: »Für die Bewohner von Paris ist der Wunsch in Erfüllung gegangen, den sie unter dem Ancien Régime immer wieder vorgebracht haben: der Laib Brot um 8 Sous, der Wein um 8 Sous, das Fleisch um 8 Sous.« Aber des einen Freud ist des anderen Leid. Der Produzent auf dem Lande wird jetzt vom Preisverfall ebenso betroffen wie der Kapitalist in der Stadt von der Deflation. Kleine und große Geschäftsleute sind unzufrieden. Im Januar 1799 schreibt der Exekutivkommissar des Departements Seine: »Die niedrigen Lebensmittelpreise treiben die Bauern zur Verzweiflung. Fast alle versichern, sie könnten ihre Steuern nicht zahlen, und bieten Korn statt Geld.«

Jedenfalls sichert diese Konjunktur dem Direktorium die zufriedene Ruhe der städtischen Volksmassen, vor denen es eben noch so gezittert hat. Aber gerade dieses Wohlverhalten ist eher ein Zeichen der Verachtung als der Zustimmung. Die Anhänger Robespierres haben nach wie vor die Unterdrückung der Babeuf-Bewegung nicht verwunden, den Jakobinern steht noch die Säuberungswelle vom Floréal vor Augen, und das ganze Volk hat ein feines Gespür dafür, daß sich dieses Regime ständig am Rande der Legalität bewegt. Die republikanische Agitation hat sich auf die Armeen verlagert. Eine naheliegende Feststellung kennzeichnet für viele Beobachter dieses Nachlassen der Aufsässigkeit des Volkes, die mit dem Laib Brot um acht Sous vollends verschwunden ist: die Franzosen sind unpolitisch geworden. Die öffentlichen Angelegenheiten sind jetzt ein Tummelplatz, der den Eliten vorbehalten ist.

Alle Berichte der – jakobinisch gesonnenen – Pariser Polizei über die Stimmung im Publikum weisen mit Bedauern auf diese Lethargie hin. Im Floréal des Jahres VII (Mai 1799), nach dem Mord an den französischen Gesandten in Rastatt, stellt die Polizei fest: »Das Gefühl der Verantwortung für die Staatsangelegenheiten war eingeschlafen. Nun hofften die Freunde der Freiheit, so sehr das Vorkommnis sie betrübte, dieses Gefühl möchte bei der Nachricht von dem schändlichen Anschlag auf die bevollmächtigten Friedensunterhändler der Grande Nation wieder erwachen. Tatsächlich fand die Untat Widerhall in allen Herzen, aber bei aller Entrüstung fühlte sich doch beileibe nicht jedermann betroffen, und nur in wenigen Seelen wurde die herrliche Begeisterung erweckt, die eigentlich alle hätte beflügeln sollen.« Einen Monat später heißt es über die Reaktion auf die Niederlagen in Italien: »Ich stelle es mit Bedauern fest: die Staatsgesinnung ist seit den Unglücksmeldungen aus Italien am Erlöschen. Die Priester beschwätzen das Volk, das in Erbitterung um seine Söhne zittert, von denen man ihm sagt, sie seien zur Schlachtbank geführt worden. Diese ungeheuerliche Beleidigung wird um so begieriger aufgenommen, als neben den treu bei der Fahne Ausharrenden andere feige desertieren und daheim ein gräßliches Bild malen, und zwar nicht nur von den Entbehrungen in der Armee, sondern auch davon, wie man die einfachen Soldaten in der Patsche sitzen lasse... Die Patrioten sind aufgebracht und verstört. Sie verzehren sich in schrecklicher Ungewißheit. Die Anweisungen der Behörden werden unwillig und schleppend befolgt.« Der Gesamtbericht für den Monat Prairial (Juni) des Jahres VII schließlich stellt fest: »Staatsgesinnung. Der lethargische Schlummer, in dem sie befangen ist, läßt ihr völliges Erlöschen befürchten. Unsere Rückschläge oder Erfolge rufen weder Freude noch Beunruhigung hervor; bei der Lektüre der Berichte von unseren Schlachten haben die Leute das Gefühl, die Geschichte eines fremden Volkes zu lesen. Die Veränderungen im Lande erregen niemanden mehr. Man fragt aus Neugier, hört die Antwort ohne wirkliches Interesse und nimmt Neuigkeiten gleichgültig zur Kenntnis. Es wäre dringend an der Zeit, die Bürger aus diesem totenähnlichen Schlaf zu wecken!«

Aber der Kommissar des Direktoriums weiß, daß es bei diesem frommen Wunsch bleiben wird. Zehn Jahre nach den ersten Revolutionsereignissen ist das Land müde geworden, müde des unrühmlichen Krieges, müde der Agitation und des Abenteuers. Es ist schon reif für den Mann, der ihm Ruhe und Ordnung, Siege und Frieden verspricht und dafür sorgt, daß es seine Führer nicht mehr verachten muß. Nur: wer wird dieser neue, von der Ermattung des revolutionären Volkes gekrönte König sein?

Der Widerstand gegen die Aushebungen vergrößert die Anarchie in der Republik Frankreich, weil die Räuberbanden neuen Zulauf finden. Dieses Aufflammen des Vagabunden- und Banditenunwesens ist im alten bäuerlichen Frankreich ein periodisch wiederkehrendes Phänomen gewesen, aber erst die »schwache Tyrannis«, die für das letzte Jahr des Direktoriums bezeichnend ist, gibt den Gesetzesbrechern Mut und so etwas wie eine Rechtfertigung. Das in Mißkredit geratene Regime findet immer weniger Gehorsam bei seinen örtlichen Behörden, die dem Druck der jährlichen Teilwiederwahl ausgesetzt und zugleich von dem nicht durchschaubaren Spiel der Beförderungen und Entlassungen durch die zentralistische Exekutive betroffen sind. Außerdem kann die Korruption, die sich in Paris breitmacht, die Tugend der subalternen Beamten nicht stärken. Im Frankreich von 1799 wimmelt es von Staatsdienern, und trotzdem ist das Land unter-verwaltet: alle Beteiligten haben gemerkt, daß es keinen Staat mehr gibt.

Eine Reise in der Postkutsche ist jetzt ein Abenteuer. An jeder Straßenbiegung, an jedem Waldrand kann plötzlich eine Bande von Gesetzesverächtern den Pferden in die Zügel fallen. Diese Banden beherrschen das flache Land; sie sind das Sammelbecken für alle Gescheiterten der alten und der neuen Welt: Steuerbetrüger und Wehrdienstflüchtige, Deserteure aus der republikanischen Armee, Überlebende der Royalistenaufstände, heruntergekommene Adelige und Straßenräuber. Wehe dem Fahrgast, der ein Amt bekleidet, zu den Honoratioren der Gegend gehört, Nationalgüter erworben hat oder als Priester den Eid auf die Verfassung abgelegt hat – kurz, der in irgendeiner Weise auf seiten der »Ordnung« steht. Ihn kann eine solche Begegnung das Leben kosten, während seine Mitreisenden sich freikaufen und weiterfahren dürfen. Aber diese »Briganten des Königs« beherrschen nicht nur die Straßen. Ihr Reich ist die Nacht, wenn die Wachen und die Vertreter der Obrigkeit mit der Trikolorenschärpe schlafen. Mit Mord und Erpressung entscheiden sie viele örtliche Streitigkeiten.

Dieser Terror auf dem Lande ist, wenn man dem Zeugnis der Zeitgenossen glauben darf, mehr oder weniger intensiv über ganz Frankreich verbreitet, hat aber natürlich seine Zentren in den Gegenden, wo die Chouans und die königstreuen Aktivisten besonders stark sind: in etwa zehn westfranzösischen Departements zwischen Le Mans und Vannes, ferner im Südfrankreich des »Weißen Terrors«, dessen Geschichte noch wenig erforscht ist, und dort wiederum vor allem im Rhonetal und den westlich anstoßenden Cevennen. Aber überall zeigt sich hinter diesem Verschwörerroyalismus die barbarische Grausamkeit der alten bäuerlichen Zivilisation.

Seit dem 30. Prairial segeln die Ratsversammlungen mit Rückenwind. Der Sieg der vor einem Jahr »Florealisierten«, die Ernennung Bernadottes zum Kriegsminister und vor allem die des eben noch verfemten Robert Lindet zum Finanzminister zeigen deutlich, daß die Revanche der Legislative mit einer heftigen Agitation der Jakobiner einhergeht: die Klubs öffnen wieder ihre Türen, die vom Maulkorb befreite Presse kritisiert und geht von neuem zum Angriff über. Im Rat der Fünfhundert übernehmen die Führer der Linken – Destrem, Grandmaison, Poullain-Grandprey – mit dem alten Schwung ihre große historische Rolle aus dem Jahr II. Sie klagen das Regime der Korruption und der Vergeudung von Staatsgeldern an und wollen die früheren Direktoren sowie Ex-Kriegsminister Scherer vor Gericht stellen.

Das Räuberunwesen nimmt in den beiden letzten Jahren des Direktoriums erschreckend zu. Reisende und Gehöfte werden überfallen. Die Folter des »Füßebrennens«, die dem Opfer das Verraten seiner versteckten Schätze abzwingen soll, ist so verbreitet, daß die Räuber allgemein als »Chauffards« bezeichnet werden. Hier ist ein Wirtshaus von einer Bande heimgesucht worden.

Ihre Stärke kommt nicht mehr aus der Unterstützung durch das Volk, sondern fast ausschließlich von den katastrophalen Rückschlägen in der Außen- und Militärpolitik: das neue Jakobinertum hat mit dem alten nur die Umstände seiner Entstehung gemein. Tatsächlich sieht es an den Fronten schlecht aus. Jourdan, bei Stockach geschlagen, hat sich auf den Rhein zurückgezogen; Moreau und Macdonald räumen Italien, und in der Schweiz steht Masséna diesseits der Limmat. Zum erstenmal seit sechs Jahren ist das französische Territorium wieder durch feindliche Truppen bedroht. Im Lande selber sehen die aktiven Royalisten, die schon so lange darauf gewartet haben, endlich ihre Stunde gekommen. Die einzelnen Gruppen der Chouans nehmen Verbindung miteinander auf und bereiten sich auf den Angriff vor; selbst der Graf von Artois erwägt eine Landung in Frankreich.

Die Jakobiner in den Ratsversammlungen reagieren mit drei großen Gesetzen, die an 1793 gemahnen. Das Gesetz vom 10. Messidor (28. Juni) verkündet das Große Aufgebot: alle fünf vom Jourdan-Gesetz betroffenen Jahrgänge werden eingezogen, das Stellen eines Ersatzmannes ist verboten. Alle seit 1793 gewährten Entlassungen aus der Armee werden widerrufen. Am 24. Messidor (12. Juli) ergeht das Schreckensgesetz, das ein Geiselsystem einführt: in allen auf Vorschlag des Direktoriums von den Ratsversammlungen für »in Aufruhr befindlich« erklärten Departements haben die Behörden unter den Verwandten der Emigranten oder Chouans Geiseln zu bestimmen. Bei jedem Mord an einem Beamten, Käufer von Nationalgütern oder verfassungstreuen Priester sind vier dieser Geiseln zu deportieren. Außerdem haften alle Geiseln gesamtschuldnerisch mit ihrem Vermögen für alle Schäden, die von den Aufständischen angerichtet werden. Eine dritte Maßnahme vervollständigt diese des Wohlfahrtsausschusses würdige Gesetzgebung: die den Reichen auferlegte Zwangsanleihe von hundert Millionen, die Jourdan vorgeschlagen hat und die nach heftigem Widerstreben des Rates der Alten in veränderter Form am 19. Thermidor (6. August) beschlossen wird. Für die Zwangszeichnung der Anleihe ist eine starke Progression vorgesehen; betroffen sind nur Vermögen, aus denen jährlich mindestens dreihundert Franken Grundsteuer bezahlt werden. Von viertausend Franken Grundsteuer aufwärts soll die Anleihe drei Viertel der jährlichen Einkünfte ausmachen. Für die beweglichen Vermögen hat ein Gremium von nicht steuerpflichtigen Bürgern das von der Anleihe betroffene Kapital festzusetzen; die Zeichnungspflicht beginnt bei hundert Franken jährlichen Kapitalertrags. Die Zahlungstermine sind sehr knapp angesetzt. Wer nicht zahlt, dem wird ipse facto die Wohnsitzbescheinigung verweigert, die den Staatsbürger vom Emigranten unterscheidet.

Die Zwangsanleihe schafft eine Panikstimmung in der Geschäftswelt und bei allen Grundeigentümern. Das Geld sucht in allen möglichen Verstecken Zuflucht, und jeder Besitzende sinnt nur darauf, wie er diesen Staat betrügen kann, der sich so schlecht aufführt und ehrgeizige Pläne verfolgt, zu denen ihm die Kraft fehlt. Die allgemeine Wehrpflicht aber trifft alle Franzosen, und sie ist sehr rasch unpopulär, weil nichts den Krieg so unbeliebt macht wie eine Reihe von Niederlagen. Nur etwa die Hälfte der Einberufenen kommt überhaupt bei der Armee an; viele halten sich verborgen oder schließen sich im Zeichen der allgemeinen Anarchie den Räuberbanden an: wenn schon sterben, dann lieber daheim.

Die Offensive der Jakobiner in den Ratsversammlungen beunruhigt auch die beiden maßgebenden Männer im Direktorium, Barras und Sieyès. Barras fühlt sich von der Anprangerung der Korruption und von der Anklage gegen seine ehemaligen Kollegen mitbetroffen. Sieyès, dem man nachsagt, er wolle zugunsten des Herzogs von Orléans oder eines deutschen Fürsten die Monarchie wieder aufrichten, ist zur Zielscheibe der Linkspresse und des Manège-Klubs geworden, wo sich die Jakobiner ein neues Forum geschaffen haben. Er muß die gemäßigte republikanische Öffentlichkeit wieder in den Griff bekommen, um sie auf die von

Der allzu kompromittierte Konventsabgeordnete Joseph Fouché hat sich der Politik fernhalten müssen. Am 1. August 1799 holt Sieyès den intriganten Ex-Jakobiner als Polizeiminister, der nur allzu gern die Brumaire-Verschwörung gegen das verhaßte Direktorium deckt.

ihm vorbereitete Revision einzustimmen. Im August beginnt er mit Barras' Unterstützung einen Gegenangriff. Er läßt Marbot als Militärkommandanten von Paris durch den getreuen Lefebvre ersetzen. Mit der Leitung der Polizei betraut er den einstigen Schreckensmann Fouché, der schwere Jahre hinter sich hat und nur allzu gern bereit ist, sich um ein künftiges Regime verdient zu machen. Der wiedererstandene Klub der

Jakobiner, dieser Schrecken aller »anständigen Menschen«, wird Ende August geschlossen, ohne daß sich das gleichgültig gewordene Volk rührt.

Doch die Royalistenerhebung in Südfrankreich, die für kurze Zeit sogar Toulouse bedroht, die Niederlage bei Novi am 15. August und die Landung der Engländer in Holland geben den Jakobinern im Parlament neuen Auftrieb. Die Abgeordneten wollen per Dekret das »Vaterland in Gefahr« erklären lassen, um einer Wohlfahrtsdiktatur den Weg zu bereiten. Und weil ihnen der Druck der Vorstädte fehlt, suchen sie – wie Sieyès – Unterstützung bei ihren Gesinnungsfreunden unter den Generälen. Aber Jourdan und Augereau sind inzwischen Abgeordnete geworden und haben keine Befehlsgewalt mehr. Bernadotte sucht Zeit zu gewinnen, was dazu führt, daß er mit Barras' Zustimmung von Sieyès »gegangen wird«. Sieyès ist mehr denn je Herr der Lage. Nur: was will er eigentlich?

Seit er aus Berlin zurück ist und den Diplomatenstatus mit dem Sitz im Direktorium vertauscht hat, bemüht sich Sieyès, die Institutionen durch Änderungen zu verbessern. Das ist eine alte Liebe bei ihm. Er, der Verfassungsspezialist, hat es seinerzeit abgelehnt, sich an dem neuen Regime zu beteiligen und es damit durch seinen Namen zu decken. Böse Zungen haben behauptet, das habe er nur aus Abneigung gegen Reubell getan, aber dieser Erzpolitiker hat auch die Funktionsunfähigkeit des Regimes auf der Grundlage der Verfassung des Jahres III vorhergesehen. Ohne deswegen untätig zu bleiben, hat er sich zurückgehalten, bis ihn der Rat der Alten gerufen hat. Jetzt ist er das große Orakel, weil er die unschätzbare Kraft dessen besitzt, der vorauszublicken und abzuwarten gewußt hat, ohne sich mit irgendeiner Seite zu kompromittieren. Der Mann, der 1789 die Macht errungen und sie 1795 von sich gewiesen hat, der umworbene Theoretiker der besten aller Verfassungen, genießt in der politischen Klasse einen ganz außerordentlichen Ruf. Schon in den ersten Sitzungen des Direktoriums, an denen er teilnimmt, drängt er seine Kollegen in die Defensive, ohne deshalb seine Absichten zu enthüllen. »Rätselhaft und mit voller Absicht unverständlich, schien er das große Geheimnis der Volkswohlfahrt im Busen zu bergen«, schreibt der Historiker Albert Vandal.

Dieser als abstrakt verschriene und in seinen innenpolitischen Plänen so kühne Geist taktiert im Sommer 1799 höchst geschickt. Er spürt, daß die öffentliche Meinung der Labilität und des Krieges überdrüssig ist und keinen Sinn mehr hat für das revolutionäre Vokabular, das eine Wiederkehr der unglückseligen Jahre anzukündigen scheint. Indem er die Jakobiner, soweit sie ihm – wie Lucien Bonaparte – vernünftigen Erwägungen zugänglich erscheinen, auf seine Seite zieht, sammelt er zugleich gegen sie die gemäßigten Republikaner, aus denen er so etwas wie eine Dritte Kraft macht: Daunou, Boulay, Chénier, Benjamin Constant, Rœderer und nicht zuletzt Talleyrand, der soeben das Außenministerium abgegeben hat und dessen Hand bei der ganzen »Revisions«-Intrige deutlich im Spiel ist. Auf die Schlüsselpositionen bringt Sieyès zuverlässige Leute wie Roger Ducos, Cambacérès, Fouché und Lefebvre. Barras läßt ihn gewähren und unterstützt ihn sogar durch alle möglichen verwikkelten Kabalen, die sich nur mühsam rekonstruieren lassen: dieser letzte der Thermidorianer sichert sich wie gewohnt in jeder Richtung für die Zukunft ab – beim Thronprätendenten, bei den Jakobinern und nun bei den »Revisionisten«. Er bleibt theoretisch zwischen Gohier und Moulin einerseits, Sieyès und Roger Ducos andererseits in der Exekutive das Zünglein an der Waage. Aber er intrigiert mehr als er handelt. Tatsächlich ist das Direktorium des Barras schon das Direktorium des Sieyès geworden.

Indem Sieyès, der einstige Führer des Dritten Standes, den Angriff der Jakobiner zerschlägt, hat er durchaus nicht im Sinn, den Thronprätendenten an die Macht zu bringen. Im Gegenteil. Er verachtet zwar das Volk, aber seine eigentliche Leidenschaft ist der Haß auf die Aristokratie. Er hat aus den Kulissen – seine Eigenschaft als einstiger Priester kann er nicht verleugnen – die Fructidor-Unterdrückung und den Gesetzesantrag Boulays auf Ausweisung aller Adeligen eingefädelt. Jetzt, im Jahr VII, fürchtet er vor allem, die Gemäßigten könnten sich aus Verzweiflung und traditioneller Anhänglichkeit dem legitimen König zu Füßen werfen und damit unabsichtlich die Gegenrevolution auslösen, die ihm als Theoretiker und als »Königsmörder« höchst bedrohlich erscheint. Sein Plan entspricht also dem der Thermidorianer im Jahr III: die Revolution zum Stillstand bringen durch eine starke Staatsgewalt, der es gelingen müßte, die Errungenschaften der Revolution zu konsolidieren und gegen die Männer des Ancien Régime zu sichern. Wie seine Vorgänger sucht Sieyès nach dem Damm, in dessen Schutz die aus der Revolution hervorgegangene neue politische Klasse sich ihrer Erfolge erfreuen könnte. Sicher ist, daß er mehr als diese Vorgänger dazu neigt, die »Aristokratie der Königsmörder« zu erweitern, um der neuen Gewalt ein breites, sicheres Fundament zu geben. Aber was will er wirklich? Einen König? Seine berühmte Idealverfassung räumt im Gegensatz zur kollektiven Führung des Direktorialregimes einem einzelnen an der Spitze der Exekutive erhebliche Befugnisse ein. Aber falls Sieyès für die Zukunft an einen König denkt, hat er nun den Herzog von Orléans im Sinn, dessen ehrgeizigen Absichten er schon gelegentlich Vorschub geleistet hat, oder einen deutschen Fürsten, wie es ihm die jakobinische Presse vorwirft? Sicher ist nur, daß es sich um einen König der Revolution handeln würde.

Emmanuel-Joseph Sieyès, der große Theoretiker des Dritten Standes, hat sich zurückgehalten, seit der Wind der Revolution zum Sturm geworden ist. Erst 1799 scheint ihm die Zeit gekommen, als Mitglied des Direktoriums die Reformen durchzusetzen, die ihm allein die Rettung der Revolutionserrungenschaften zu verbürgen scheinen. Das Gemälde von Louis David ist 1817 im Brüsseler Exil entstanden.

Doch die Stunde für solche Erwägungen ist noch nicht gekommen, und Sieyès sorgt vorerst für das Nächstliegende. Er hat seinen Plan für einen Staatsstreich fertig, bei dem er sich auf den Rat der Alten stützen will, wo er die Mehrheit auf seiner Seite weiß. Unter dem Eindruck eines angeblichen Komplotts der Jakobiner soll das Hohe Haus die Übersiedlung der Ratsversammlungen nach Saint-Cloud beschließen, um dort, von Sieyès entsprechend vorgewärmt, dessen Plan gutzuheißen: ein *Grand Électeur* und drei Konsuln, auf zehn Jahre gewählt, ein Senat mit auf Lebenszeit gewählten Mitgliedern und ein allgemeines, aber durch »Notabilitätslisten« zweckentsprechend gefiltertes Wahlrecht. Zu einem solchen Unterfangen ist allerdings militärischer Druck unentbehrlich, und Sieyès hat sich beizeiten auf die Suche nach einem »Schwert« gemacht. Er ist zunächst an Joubert herangetreten, den jungen Republikaner, der sich den Kriegsruhm eines Hoche erworben hat, aber der General hat als Oberbefehlshaber der Italienarmee bei der Niederlage von Novi den Tod gefunden.

Die Jakobiner, von ähnlichen Gedanken geleitet, wenden sich in der Krise nach Novi an »ihre« Generäle. Doch die im Vendémiaire errungenen Siege – der von Brune in Holland und vor allem der von Masséna bei Zürich – machen diese zaghaften Versuche hinfällig, weil die Bedrohung von außen abgewendet zu sein scheint.

Sieyès denkt nun an Moreau. Aber da landet der Ägyptenheimkehrer Bonaparte an der Küste der Provence.

Die beiden Fregatten mit Bonaparte und seinem kleinen Gefolge laufen am 9. Oktober nach einem zweiwöchigen Aufenthalt in Ajaccio in den Hafen von Fréjus ein. Am Abend des 13. Oktober erfährt Paris die große Neuigkeit. Joséphine, die bei Gohier zum Diner weilt, wirft sich in einen Wagen, um ihrem Gemahl entgegenzueilen. Sie hat für viele Seitensprünge Verzeihung zu erbitten und will um jeden Preis den Berichten der Sippe Bonaparte zuvorkommen, die schlecht auf sie zu sprechen ist. Aber sie fährt in Richtung Dijon, während ihr Napoleon den kürzesten Weg durch die Ausläufer des Zentralmassivs nimmt und zunächst seine Brüder Joseph, Lucien und Louis wiedersieht, die ihm nicht eine Einzelheit ersparen. So trifft er als erster am 16. morgens in Paris in dem kleinen Haus in der Rue de la Victoire ein. Erst zwei Tage später kommt Joséphine, und nach einer langen Tragikomödie im Treppenhaus, bei der Hortense und Eugène ihrer schluchzenden Mutter Joséphine mit rührenden Erklärungsversuchen zur Seite stehen, öffnet er ihr endlich doch die Tür: die Rolle, in der Bonaparte sich schon jetzt sieht, verbietet ihm jeden Skandal in seinem Privatleben.

Tatsächlich löst die Rückkehr des Helden im ganzen Land eine Welle der Erregung aus. Sieyès hat zwar das Ohr der politischen Klasse, Bonaparte aber ist wirklich populär. Er personifiziert die Aussicht auf den Sieg, der für die Franzosen der einzige Weg zum Frieden ist. »Bonapartes Rückkehr«, steht in einem Polizeibericht aus jenen Tagen zu lesen, »wird als ein verheißungsvolles Omen für unsere Armeen angesehen, als eine Garantie für rasche, glänzende Siege, wenn je sich das Kriegsglück unbeständig zeigen sollte.« Unter diesen Umständen kommt es gar nicht darauf an, daß die militärische Lage ja durch Brune und Masséna während Bonapartes Überfahrt schon wieder verbessert worden ist. Seine Ankunft wird dennoch mit dieser Wendung zum Guten gleichgesetzt. »Der Sieg, Bonapartes treuer Begleiter«, schreibt *Le Moniteur*, »ist ihm diesmal zuvorgekommen: Bonaparte trifft gerade noch rechtzeitig ein, um der zerbrechenden Koalition den Gnadenstoß zu geben. Ha, Mister Pitt, was ist das für eine Schreckensnachricht, die da so kurz nach der Meldung von der völligen Niederlage der verbündeten Engländer und Russen in Holland bei Ihnen eintrifft! Gewiß wären Ihnen drei weitere verlorene Schlachten lieber gewesen als die Rückkehr Bonapartes!« Das Exil in Ägypten hat zur Legende ebenso sehr beigetragen wie die Siege in Italien.

Im Rat der Fünfhundert erregt die Nachricht Begeisterung, und nicht zuletzt die Jakobiner preisen mit Emphase das Symbol für Sieg und Frieden: »Völker Europas, und ihr, Minister in den Kabinetten der Fürsten, die ihr nur auf Frankreichs Erniedrigung und Ruin bedacht gewesen seid..., vernehmt jetzt, daß Frankreich unbesiegbar ist, vernehmt, daß es dazu bestimmt ist, der Welt den Frieden zu bringen... Der Mann, der in Campo Formio die Bedingungen des Sieges und des Friedens diktiert und sich stets des Vertrauens der Republikaner würdig erwiesen hat, wird wieder an der Spitze unserer Armeen stehen. Bald werden wir keine Lobesworte mehr für ihn finden, weil er sie alle verbraucht haben wird.«

Der Enthusiasmus in der Öffentlichkeit ist so groß, daß sich das Direktorium ihm nicht offen entgegenzustellen wagt. In Wirklichkeit ist es nämlich durchaus nicht beglückt: diese unvermutete Rückkehr wirft alle Pläne über den Haufen und bringt einen entscheidenden neuen Faktor ins abgekartete Spiel. Als die Nachricht von der Landung in Fréjus Sieyès im Luxemburg-Palast erreicht, erwartet er gerade den eben aus Italien gekommenen Moreau. Aber das Gespräch ist gegenstandslos geworden. Moreau erklärt, kaum daß man ihn hereingeführt hat: »Jetzt ist ja der Mann da, den Sie brauchen. Der macht Ihnen Ihren Staatsstreich viel besser als ich.«

Bonaparte findet ein Frankreich vor, von dem zwar der Einmarsch feindlicher Truppen abgewendet, das aber nach wie vor vom Bürgerkrieg bedroht ist. Die Siege im Vendémiaire haben dem Aufbäumen der Jakobiner seine Kraft genommen und damit den Royalisten neue Zuversicht gegeben. Am 14. Oktober stürmen die Chouans auf ein Zeichen von Bourmont gegen die großen westfranzösischen Städte und bringen mehrere für Stunden in ihre Gewalt. »Der General« – so heißt er schon, als existierten seine Kollegen gar nicht mehr – bleibt daheim und beobachtet die Bewegung, die alle wichtigen Leute in sein Haus treibt. Er empfängt sie, hört zu und wartet ab. Seine große politische Idee hat er längst parat: er will sich über den Parteien halten, will als der Mann der Versöhnung, der Ruhe und Ordnung, des Friedens erscheinen. Dieser korsische Kleinadelige hat ein besseres Gespür für die Wünsche des Volkes als die gutbürgerlichen Königsmörder. Aber er weiß noch nicht, wie er sich den Weg zur Macht bahnen soll.

Er spielt den bescheidenen, unverdorbenen Republikaner, schmeichelt den Jakobinern und geht sehr höflich mit Moulin und Gohier um, die sich oft bei ihm einfinden. »Der einmütige Empfang, der ihm bereitet wurde«, so erklärt Lucien das in seinen Memoiren, »ließ es ihm zunächst geboten erscheinen, niemanden vor den Kopf zu stoßen.« Mit Barras verknüpfen ihn alte Bande, die er nach außen hin aufrechterhält, ohne sie allerdings vorerst zu verstärken, weil ein allzu enger Umgang mit diesem Mann ihn kompromittiert hätte. Die eigentlichen Verhandlungen führt er mit Sieyès, und zwar über seinen Bruder. Lucien hat ihn gleich bei seinem Eintreffen in alle Einzelheiten der Pläne für den Staatsstreich und die Verfassungsreform eingeweiht. Bonaparte gibt seine grundsätzliche Zustimmung zu erkennen, legt sich aber nicht fest und lehnt es ab, Sieyès unter vier Augen zu treffen: »Ich will kein Aufsehen zur Unzeit. Es liegt nicht in meiner Absicht, mich irgendeiner Partei zu verschreiben. Außerdem brauche ich erst einmal Muße, um das Terrain ein wenig zu sondieren.« Napoleon mißtraut nicht nur dem Ehrgeiz eines Sieyès, sondern auch dem seines Bruders Lucien, der es zum Präsidenten des Rates der Fünfhundert gebracht hat und durchaus auch eigennützige Ziele verfolgt. Und sollte Bonaparte das nicht selber gemerkt haben, wäre Joséphine da, um es ihm klarzumachen.

Die ungeschickt eingefädelten Kontakte kommen nur mühsam zustande. Sie werden immer wieder vom Hochmut und Mißtrauen der Partner beeinträchtigt. Aber die beiden Männer, General Bonaparte und Direktor Sieyès, sind aufeinander angewiesen und haben die gleichen Komplicen: die gemäßigten Politiker und die intellektuellen Voltairianer des *Institut*, also Persönlichkeiten wie Benjamin Constant, Cambacérès, Boulay, Daunou, Cabanis und Volney. Rœderer und der unvermeidliche Talleyrand, der seit Campo Formio mit Bonaparte verbunden ist, sind die bevorzugten Vermittler. Während er bald mit dem einen, bald mit dem anderen die Einzelheiten des Vorhabens durchgeht, bleibt Bonaparte durchaus seiner ursprünglichen Taktik treu: er zeigt sich im *Institut*, umwirbt die mißtrauischen Kameraden Bernadotte und Jourdan, klopft bei Barras an, der zu hohe Forderungen stellt, und legt sich erst am 10. Brumaire fest, als er bei Lucien mit Sieyès zusammentrifft. Er billigt den Plan der Verlegung der Ratsversammlungen ins Schloß von Saint-Cloud nach vorheriger Entscheidung des Rates der Alten, aber er schlägt eine entscheidende Änderung vor: der Staatsstreich soll nicht zur Annahme der von Sieyès entworfenen Verfassung führen, sondern zu einer provisorischen Regierung von drei Konsuln, in der er sich einen Platz ausbedingt. Diese Konsuln sollen den Auftrag erhalten, mit Unterstützung einer aus den Ratsversammlungen gewählten Kommission eine neue Verfassung zu erarbeiten. Wenn diese Bedingung nicht respektiert wird, so betont er, »können Sie nicht auf mich rechnen«. Sieyès bleibt keine Wahl. Er gibt nach, obwohl er sehr wohl weiß, welches Risiko er damit eingeht. »Wenn es um eine große Sache geht«, vertraut er einem Freunde an, »ist man immer gezwungen, etwas dem Zufall zu überlassen.«

Der Zufall entscheidet dann tatsächlich am 18. Brumaire. Bis dahin trifft sich Bonaparte mit einflußreichen Leuten zum Essen, um sich lieb Kind zu machen, und Sieyès nimmt im Garten des Luxemburg-Palastes Reitstunden, um für den großen Tag gerüstet zu sein.

Der 18. Brumaire war ein Kinderspiel. Erst am Tag darauf wäre beinahe alles schiefgegangen.

Im Morgengrauen des 18. werden zwei Aktionen gleichzeitig ins Werk gesetzt. Die Mitglieder des Rates der Alten werden durch eine dringende Ladung zur Sitzung aus den Betten gescheucht, die für manche durchaus nicht überraschend kommt. Die »Saalinspektoren«, deren Amt dem der Quästoren im heutigen französischen Parlament entspricht, berufen die Versammlung unter dem Vorwand einer Anarchistenverschwörung auf 7 Uhr früh ein. Auf der Place de la Concorde steht das 9. Dragonerregiment unter seinem Kommandeur Sébastiani schon bereit. Zur gleichen Stunde hat Bonaparte über den Kopf des Kriegsministers Dubois-Crancé hinweg und im Vorgriff auf ein noch nicht verabschiedetes Dekret alle Befehlshaber der Armee zu sich in die Rue de la Victoire entboten. Er zieht die Widerstrebenden in sein Arbeitszimmer, beruhigt Bernadotte und läßt es nicht an Geschenken und Versprechungen fehlen. Endlich, um 8.30 Uhr, trifft die Deputation des Rates der Alten ein, die ihm das Dekret überbringt, auf Grund dessen die Ratsversammlungen nach Saint-Cloud zu verlegen sind und das ihn, Bonaparte, mit der Durchführung dieser Maßnahme betraut. Es geht also darum, »die Republik zu retten«. Daß sie demnach legal handeln dürfen, veranlaßt die Generäle zu stürmischer Begeisterung.

Der Zug der goldstrotzenden Uniformen zieht hoch zu Roß durch die Stadtmitte von Paris zur Place de la Concorde. Bonaparte, der vom Beifall umrauscht an der Spitze reitet, erscheint als der Triumphator des

Pierre-Louis Rœderer, ein gemäßigter Republikaner, der eher als Publizist und Vermittler denn als Politiker hervorgetreten ist, hat entscheidenden Anteil an der Organisation des 18. Brumaire: er entwirft die Aufrufe, überzeugt Talleyrand und schreibt für Barras die Abdankungserklärung.

Tages. Hinter dem Mann im schon legendär gewordenen kleinen Zweispitz erkennt man Murat, Marmont, Berthier, Lefebvre, Lannes und Macdonald – die Marschälle des nicht mehr allzu fernen Kaiserreichs. Von seinem Fenster aus sieht der Finanzier Ouvrard den Zug vorbeireiten. Er ist von rascher Auffassungsgabe und läßt Bonaparte sogleich die Nachricht zukommen, seine Kasse stehe ihm zur Verfügung.

Überall in Paris tauchen inzwischen die von Rœderer vorbereiteten

Anschläge auf den Mauern auf. Endlich ist die Kavalkade vor den Tuilerien angelangt: jetzt hat Bonaparte seinen ersten Auftritt vor einem Parlament zu bestehen. Er betritt, gefolgt von den Generälen, den Sitzungssaal des Rates der Alten, und anstatt einfach seinen Eid abzulegen, hält er eine kleine, sorgfältig abgewogene Rede, die mit den Worten schließt: »Wir wollen eine Republik, die auf der wahren Freiheit, auf der Bürgerfreiheit, auf der Vertretung der Nation beruht. Und wir werden sie erringen, das schwöre ich in meinem und im Namen meiner Waffengefährten.« – »Wir schwören es«, erschallt wie ein Echo der Chor der Generäle. Der Stil ist reichlich prätorianerhaft, selbst für die Ohren der »Alten«. Aber die gefügige Versammlung vertagt sich auf den folgenden Tag – in Saint-Cloud. Dem Rat der Fünfhundert, die gar nicht davon angetan sind, bleibt zunächst nichts übrig, als sich diesem Vorgehen anzuschließen.

Es folgt die Begegnung mit Sieyès, der vom Luxemburg-Palast herbeigeritten ist, aber schon ganz im Schatten seines draufgängerischen Genossen steht. Zusammen gehen sie in den Tuileriengarten hinunter, wo Bottot, der Sekretär des Direktors Barras, sich bei Bonaparte erkundigt, was eigentlich vorgehe. Der Unglückliche wird am Arm gepackt und wie ein Versatzstück aus einer alten Aufführung zwischen die Truppe und die Generäle hingestellt; er kommt wie gerufen, um einen weiteren genau berechneten Auftritt zu motivieren: »In welchem Zustand habe ich Frankreich verlassen, und wie habe ich es wieder angetroffen! Ich habe euch den Frieden verschafft und finde Krieg vor! Ich habe euch Eroberungen hinterlassen, und jetzt überschreitet der Feind unsere Grenzen! Ich habe unsere Zeughäuser wohlversehen hinterlassen und finde nicht eine Waffe mehr! Ich habe die Millionen aus Italien beigebracht und sehe jetzt nichts als Vergeudungsgesetze und Elend!« Nicht enden wollender Jubel der Soldaten umbrandet Bonaparte.

Die Minister, allen voran Cambacérès und Fouché, schließen sich dem Beispiel des Rates der Alten an und sanktionieren den Staatsstreich. Zwei Direktoren, Sieyès und Roger Ducos, sind schon da und legen wie vereinbart sogleich ihr Amt nieder. Barras hat am Morgen beim Verlassen des Bades zwei Besucher empfangen müssen, den Admiral Bruix und Talleyrand, die ihm eine von Rœderer fertig ausgarbeitete Rücktrittserklärung zur Unterschrift vorlegen. Er schreibt seinen Namen hin und begibt sich alsbald, von einer Abteilung Dragoner eskortiert, auf sein Schloß Grosbois. Was mag in diesem müde gewordenen Mann vorgehen, der doch andere nicht minder dramatische Tage mit Energie und Entschlossenheit durchgestanden hat? Vielleicht hat er den kleinen General unterschätzt, dem er einst in den Sattel geholfen hat. Vielleicht ist er bis zuletzt überzeugt gewesen, es gehe nicht ohne ihn, man werde ihm schon einen Platz in dem Unternehmen warmhalten müssen. Jedenfalls ist es zu spät, sich noch ganz auf die Seite der Jakobiner zu schlagen. Vielleicht hat ihm auch Talleyrand einfach ein paar Millionen gebracht von dem Geld, das Heereslieferant Collot den Verschwörern vorgestreckt hat: in diesem Falle haben sich der abtretende und der kaum arrivierte Liebhaber des Geldes gewiß auf den ersten Blick verstanden... Es bleiben Gohier und Moulin, die unbedeutenden »Jakobiner« im Direktorium, die sich weigern abzutreten. Sie werden von Moreau im Luxemburg-Palast unter Hausarrest gehalten.

Während der Kurs des »konsolidierten Drittels« an der Börse zu steigen beginnt und Paris ruhig bleibt, besprechen die Männer des Komplotts, was morgen geschehen soll. Sieyès wiederholt noch einmal eindringlich seine Forderung, man solle vorsichtshalber vierzig besonders überzeugte Jakobiner unter den Abgeordneten hinter Schloß und Riegel setzen. Aber einmal mehr sträubt sich Bonaparte: er legt Wert darauf, die ganze Sache so legal wie möglich abzuwickeln, und wünscht um jeden Preis eine »ordnungsgemäße« Abstimmung. Er hat keine Erfahrung im Umgang mit Parlamenten und merkt nicht, daß sein heutiges Auftreten als Prätorianer, das er nicht vermeiden konnte, wenn er als der maßgebende Mann respektiert sein wollte, schon jetzt seine Parteigänger beunruhigt und das ganze Unternehmen morgen zum Scheitern bringen kann.

Am 19. Brumaire ist recht schönes Wetter. Die Esplanade vor dem Schloß von Saint-Cloud ist dicht bevölkert; die rasch entschlossenen Besitzer der Restaurants, die für das leibliche Wohl aller dieser Pariser Persönlichkeiten aus Politik und Armee sorgen, verdienen ein kleines Vermögen. Während die Arbeiter, gegenüber dem Zeitplan im Rückstand, noch letzte Hand an die beiden vorgesehenen Sitzungssäle legen (der Rat der Alten soll im ersten Stock des Schlosses tagen, die Fünfhundert im Seitenflügel der Orangerie), wandeln die Abgeordneten in ihrer feierlichen Toga auf und ab, und die Jakobiner aus dem Rat der Fünfhundert bedrängen ihre Kollegen vom Rat der Alten schon mit höchst peinlichen Fragen: Wozu dieser plötzliche Umzug wegen einer gar nicht vorhandenen Verschwörung? Wozu diese militärische Machtentfaltung, wenn es nur um die Reform der Institutionen geht? Wird hier vielleicht eine Diktatur vorbereitet? Die Ereignisse des Vortages, die viele Freunde von Sieyès verschreckt haben, sind durchaus nicht dazu angetan, solche Befürchtungen zu zerstreuen. Bonaparte, der die Arbeiter zur Eile antreibt, läuft mit fiebrig erregter, martialischer Miene herum.

Als die Sitzung der Fünfhundert um zwei Uhr nachmittags endlich eröffnet wird, regt sich sofort der Widerstand. Lucien Bonaparte, der Präsident der Versammlung, vermag sich nicht durchzusetzen gegen das Geschrei der Jakobiner, die »Verfassung oder Tod« fordern. Er gibt dem Druck nach und findet sich bereit, einen Treueschwur auf die Verfassung des Jahres III ablegen zu lassen, und zwar mit namentlichem Aufruf jedes einzelnen Abgeordneten: damit ist schon einmal eine Stunde gewonnen. Aber es kommt noch schlimmer. Im Rat der Alten klappt es nicht mehr. Die Senatoren haben Skrupel bekommen, suchen Ausflüchte und beschließen, eine Botschaft mit dem Verlangen nach Aufklärung an das Direktorium zu senden. Generalsekretär Lagarde erklärt, ein Direktorium gebe es nicht mehr, weil vier seiner Mitglieder (in Wirklichkeit sind es nur drei) zurückgetreten seien. Um halb vier Uhr wird die Sitzung unterbrochen und die Antwort Lagardes an den Rat der Fünfhundert übermittelt. Jetzt gerät alles ins Schwimmen: zwischen den zum Staatsstreich Entschlossenen und den extremen Jakobinern bemüht sich die Menge der wohlmeinenden Parlamentsmitglieder, und das ist die Mehrheit, einen Kompromiß zu finden. Könnte man nicht neue, entschlossenere Direktoren wählen und auf diese Weise die Exekutive stärken, ohne die Verfassung anzutasten? Sieyès behält recht mit seinen Befürchtungen: die Juristen und Intellektuellen im Rat der Alten, die mit den Männern des Brumaire gemeinsame Sache machen wollten, sehen sich jetzt von der Logik, die dem parlamentarischen Kompromiß eigen ist, in die Zange genommen, und sie schrecken vor dem Widerstand der Jakobiner zurück. »Das *Institut* war drauf und dran, mit seinem Staatsstreich zu scheitern«, schreibt Albert Vandal. Ein alarmierendes Zeichen: selbst Talleyrand, der ganz in der Nähe wartet, wird die Zeit zu lang.

Bonaparte, der sich mit Sieyès in einem Nebensaal aufhält, beschließt jetzt selber einzugreifen. »Wer A sagt, muß auch B sagen«, erklärt er Augereau und Bernadotte, die ihn um seine Meinung fragen. Er hat durchaus noch Chancen zu überzeugen, wenn er die Abgeordneten richtig anspricht. Aber er ist ein monologisierender Redner, den große Versammlungen befangen machen. Er betritt den Rat der Alten, als die Abgeordneten gerade während der Sitzungspause plaudern, und bedenkt sie mit einer wirren, brutalen Ansprache, die seine Parteigänger vollends verschreckt. Damit er zu sich finden kann, lassen seine Freunde die Sitzung wieder eröffnen, aber der General verbohrt sich weiter in eine hohle, martialische Römerrhetorik. Als man ihn mit Fragen unterbricht, findet er keine Antwort und beschließt seinen Auftritt mit der Drohung, die er vor gar nicht so langer Zeit den Moslems in Kairo hingeschleudert hat: »Vergessen Sie nicht, daß der Gott des Sieges und der Gott des Krieges meinen Marsch begleiten!« Kurz, er hat sich nur geschadet.

Warum begibt er sich gleich anschließend in den Rat der Fünfhundert, den er doch in seiner Rede vor dem Rat der Alten beschimpft hat? Er hält es mit der Methode von Arcole: ein paar zuverlässige Grenadiere genügen, um sich mit ihnen auf den Feind zu stürzen. Seine Absicht ist es, die scheinheilige »Verfassungstreue« der Jakobiner anzuprangern und seine Gespräche mit Augereau und Jourdan zu enthüllen. Aber er kommt

Destrem, einer der Führer der äußersten Linken im Rat der Fünfhundert, setzt sich am temperamentvollsten gegen den Staatsstreich zur Wehr.

gar nicht erst zu Wort. Lautes »Gesetzesbrecher!«-Geschrei empfängt ihn, etliche Jakobiner aus den Reihen der Abgeordneten drängen und stoßen ihn zurück, so daß er vor der Tribüne in eine Art Handgemenge gerät. Seine Soldaten schaffen ihm mit Hilfe von Lefebvre und Murat freie Bahn und geleiten ihn hinaus. Er keucht und ist einer Ohnmacht nahe. Auf seinem bleichen Gesicht haben ein paar aufgekratzte Pickel Blutspuren hinterlassen.

Jetzt nimmt der »Priester« Sieyès die Zügel in die Hand und rät zur Tat: die Truppe soll den Befehl zum Eingreifen erhalten. Aber Bonaparte zögert. Er ist verstört vom Mißerfolg seines legalen Staatsstreichs und mag sich nicht auf die Ergebenheit der vor dem Schloß Gewehr bei Fuß angetretenen Soldaten verlassen. Ob die Grenadiere der Parlamentswache trotz des Einflusses der Abgeordneten gegen den Rat der Fünfhundert marschieren werden? Unterdessen steht im Saal der Orangerie Lucien allein den Jakobinern gegenüber, die sich in heftigen Reden gegen seinen Bruder überbieten und schließlich beantragen, ihn als Gesetzesbrecher für vogelfrei zu erklären. Eine furchtbare Drohung ist damit ausgesprochen, die Napoleon Bonaparte das gleiche Schicksal bereiten könnte wie Robespierre am 9. Thermidor. Lucien legt mit theatralischer Geste seine Toga und sein Barett ab, verläßt den Präsidentenstuhl und läßt sich von den Grenadieren, die man ihm geschickt hat, gemessenen Schrittes aus dem Saal begleiten. Draußen trifft er auf seinen Bruder, der sich wieder gefaßt hat, und nun spielen die beiden zu Pferde im Abendlicht dieses Novembertages vor den Truppen die große Schlußszene. Lucien versichert in seinen Memoiren, er habe als erster das Wort ergriffen. Jedenfalls gibt seine Ansprache bei den Grenadieren den Ausschlag. Denn jetzt erteilt ihnen der Präsident des Rates der Fünfhundert den Befehl, die »meuchelmörderischen Aufwiegler« unter den Fünfhundert zu verjagen. Und als die Napoleon Bonaparte ergebenen Truppen hören, man habe ihren General ermorden wollen, brauchen sie seine Worte gar nicht mehr zu verstehen. Sie jubeln ihm zu. Jetzt, da man ihnen von Amts wegen den Auftrag gegeben hat, werden sie die Sache schon deichseln. Leclerc, Bonapartes Schwager, und Murat, sein zukünftiger Schwager, führen das Familienunternehmen zum eindrucksvollen Abschluß. Am Eingang zum Saal der Fünfhundert, wo ihm lauter Protest entgegenschallt, gibt Murat seinen Soldaten den knappen Befehl: »Setzt mir die Leute alle an die Luft.« Fünf Minuten später ist der Saal leer.

Die Vertreibung der Fünfhundert bedeutet den Sieg der Verschwörung; denn nun ist es auch mit dem Taktieren des Rates der Alten vorbei. Er beschließt, das Direktorium sei durch einen aus drei Mitgliedern bestehenden provisorischen Exekutivausschuß zu ersetzen. Aber, wie es Sieyès vorausgesehen hat, haben die Ereignisse dieses Tages das Eingreifen der Armee etwas zu auffällig gemacht. Jetzt sind Sieyès und Lucien Bonaparte darauf bedacht, der ganzen Angelegenheit einen »legaleren« Anstrich zu geben.

So werden alle Hebel in Bewegung gesetzt, um die in die Schenken und Gastwirtschaften von Saint-Cloud geflüchteten und merklich abgekühlten Mitglieder des Rates der Fünfhundert aufzustöbern und zu überreden, eine letzte Sitzung abzuhalten. Etwa hundert Abgeordnete finden sich dazu bereit. Bei Kerzenlicht läßt Lucien sie im Saal der Orangerie, wo es nach den Krawallszenen geradezu gespenstisch zugeht, eine Dankadresse an die Generäle verabschieden und die Schaffung eines »konsularischen Exekutivausschusses« beschließen, »der sich aus den ehemaligen Direktoren Bürger Sieyès und Bürger Roger Ducos sowie dem General

Lucien Bonaparte, Napoleons um sechs Jahre jüngerer Bruder, Abgeordneter des korsischen Departements Liamone, spielt am 19. Brumaire als Präsident des Rates der Fünfhundert die ausschlaggebende Rolle.

Bürger Bonaparte zusammensetzt, die den Titel Konsuln der Republik führen«. Zwei Kommissionen mit je fünfundzwanzig Mitgliedern sollen für die Verhandlungen mit den Konsuln an die Stelle der Ratsversammlungen treten. Mit Rücksicht auf die Presse werden die parlamentarischen Spielregeln in diesem Rumpfparlament äußerst sorgfältig gehandhabt: eine Kommission für die Prüfung des Antrags wird gebildet,

Napoleon Bonaparte, dreißig Jahre alt, Erster Konsul der Republik Frankreich.

Boulay erstattet den Bericht dieser Kommission, dann erfolgt eine Aussprache, bei der aber niemand gegen den Antrag Stellung nimmt. Die Komödie geht spät in der Nacht mit einer flammenden Rede des unermüdlichen Lucien zu Ende – für den Vierundzwanzigjährigen ist dies der größte Tag seines Lebens. Die Mitglieder des Rates der Alten, die man schlecht und recht bis um vier Uhr früh wachgehalten hat, ratifizieren den Beschluß und gehen schlafen.

Am frühen Morgen kehrt Bonaparte nach Paris zurück, schweigend und mit dem Ablauf des Tages ziemlich unzufrieden. Noch am Abend hat er seine Version der Ereignisse diktiert, die bald zur offiziellen Lesart wird und darauf abzielt, alle »anständigen Menschen« in der Feindschaft gegen das Jakobinertum zusammenzuführen.

Paris aber hat sich nicht gerührt. Fouché und seine Polizei haben bereitgestanden, doch die Pariser ließ das Ganze kalt: warum sollten sich die Vorstädte auch zur Verteidigung des Thermidorregimes erheben? Diese berühmt-berüchtigten Vorstädte haben vor allem dazu herhalten müssen, die Bürger an den Mythos von den gefährlichen Jakobinern glauben zu lassen. Während des ganzen 19. Brumaire hat sich Madame de Staël mit ihrem bei den verschiedenen Pariser Geschäftsleuten abgehobenen Geld zur Flucht bereitgehalten: »Ich bekam alle Viertelstunde Nachricht aus Saint-Cloud, und je nach dem Inhalt dieser Meldungen beschleunigte oder verschob ich meine Abreise.« So ist der 18. Brumaire für die meisten Zeitgenossen nichts weiter als ein weiterer aufregender »großer Tag« wie so viele vorher. Diesmal geht es eben gegen die Jakobiner. Die wenigsten begreifen, was dieser mit dem angeblich drohenden Aufstand der Anarchisten in den Vorstädten bemäntelte 18. Brumaire bedeutet: die Krönung der Revolution. Allerdings weiß ja auch noch niemand, daß Bonaparte der Kaiser Napoleon von morgen ist.

Personenregister

Die kursiv gesetzten Seitenziffern verweisen auf Abbildungen im Text

Bildquellen

Bibliothèque nationale, Paris (69)
Musée Versailles (6)
Staatsbibliothek Berlin, Bildarchiv (Handke) (2)
Musée de Picardie, Amiens (2)
Photographie Giraudon, Paris (19)
Photographie Bulloz, Paris (13)
Musée Lambinet, Versailles (1)
Musée de Quimper (1)
National Portrait Gallery, London (1)
Photo Hachette (2)
Museo San Martino, Neapel (1)
Musée d'Aix-en-Provence (1)
Musée de Bruxelles (1)